고대 중국의 마음과 몸

MIND AND BODY IN EARLY CHINA

Copyright ⓒ 2018 by EDWARD SLINGERLAND
Korean Translation copyright ⓒ 2020 by GOBAN Publishers
All right reserved.

Published by arrangement with OXFORD UNIVERSITY PRESS

이 책의 한국어판 저작권은 옥스퍼드대학출판부를 통해 저자와 독점 계약한 출판사 고반이 소유합니다.
저작권법에 의해 한국 내에서 보호를 받는 저작물이므로 무단 전재 및 복제를 금합니다.

고대 중국의 마음과 몸

제1판 제1쇄 발행   2020년 12월 28일

지은이	에드워드 슬링거랜드(Edward Slingerland)
옮긴이	김동환
펴낸이	허재식

펴낸곳	고반
주소	(10859) 경기도 파주시 탄현면 헤이리마을길 82-91. B동 301호
전화	031-944-8166
전송	031-944-8167
전자우편	gb@gobanbooks.com
홈페이지	www.gobanbooks.com
블로그	blog.naver.com/gobanbooks
출판신고	제406-2009-000053호(2009년 7월 27일)

ISBN   978-89-97169-50-4 (93150)

값은 뒤표지에 있습니다.
지은이와 협의하여 인지는 생략합니다.

이 도서의 국립중앙도서관 출판예정도서목록(CIP)은 서지정보유통지원시스템 홈페이지(http://seoji.nl.go.kr)와 국가자료공동목록시스템(http://www.nl.go.kr/kolisnet)에서 이용하실 수 있습니다. (CIP제어번호 : CIP2020054741)

고반(考槃)은 『시경(詩經)』에 나오는, 은자(隱者)의 즐거움을 읊은 시입니다.
은자는 단지 숨어 사는 사람이 아니라 현실과 끊임없이 싸우면서 자유로운 정신세계를 지켜낸 큰사람입니다.
출판사 고반은 큰사람의 지식과 지혜를 모아 세상에 이로운 책을 만듭니다.

고대 중국의 마음과 몸

오리엔탈리즘과 전체론, 신화를 넘어

에드워드 슬링거랜드 지음
김동환 옮김

고반

지은이 | **에드워드 슬링거랜드** _Edward Slingerland

스탠포드대학 졸업 후 UC 버클리대학에서 석사학위, 스탠포드대학에서 종교학으로 박사학위를 받았다. 지금은 캐나다의 브리티시컬럼비아대학교(University of British Columbia) 아시아학과의 교수로 재직 중이다.

그는 전국시대(B.C. 5-3세기)의 중국 사상과 종교학뿐 아니라 개념적 혼성 이론과 개념적 은유 이론을 중심으로 한 인지언어학, 윤리학, 진화심리학, 인문학과 자연과학의 통섭에 관심을 두고 연구하고 있다.

저서로는, ⟨*Effortless Action: Wu-wei as Conceptual Metaphor and Spiritual Ideal in Early China*⟩(2003), ⟨*Confucius Analects: With Selections from Traditional Commentaries*⟩(2006), ⟨*What Science Offers the Humanities: Integrating Body and Culture*⟩(2008), ⟨*Trying Not to Try: Ancient China, Modern Science and the Power of Spontaneity*⟩(2014), ⟨*Mind and Body in Early China: Beyond Orientalism and the Myth of Holism*⟩(2018), ⟨*Drunk*⟩(2021 예정)이 있으며, 마크 콜라드 박사와 함께 ⟨*Creating Consilience: Integrating the Sciences and the Humanities*⟩(2012)도 엮었다.

옮긴이 | **김동환** _Kim Donghwan

경북대학교에서 영어학 박사학위를 받았고, 현재 해군사관학교 영어과 교수로 재직 중이다.

그는 인지언어학, 특히 개념적 은유/환유 이론과 개념적 혼성 이론에 관심을 갖고, 인지과학 및 인지심리학, 그리고 인지언어학의 최신 도서를 번역하여 인문학의 대중화에 기여하고 있다. 특히 학제간 통섭을 이루어내려는 다양한 국외 도서를 발굴하여 국내에 소개일의 필요성을 인식하고 그 일을 실천을 하고 있다.

저서로는 『개념적 혼성 이론』(2003, 학술원 우수학술도서), 『인지언어학과 의미』(2005, 문화관광부 우수도서), 『인지언어학과 개념적 혼성 이론』(2013), 『환유와 인지: 인지언어학적 접근법』(2019, 세종도서 학술부문 선정)이 있다.

역서로는 『인지언어학 개론』(1998, 문화관광부 우수도서), 『우리는 어떻게 생각하는가』(2009, 학술원 우수학술도서), 『인지언어학 옥스퍼드 핸드북』(2011), 『몸의 의미』(2012), 『이야기의 언어』(2014), 『과학과 인문학』(2015), 『비판적 담화분석과 인지과학』(2017), 『담화, 문법, 이데올로기』(2017), 『애쓰지 않기 위해 노력하기』(2018, 세종도서 교양부문 선정), 『생각의 기원』(2019) 외 다수가 있다.

옮긴이의 말

인간 이성에 관한 믿음과 사유의 힘은 서양철학 발전의 지도리이다. 인간의 모든 면을 이성과 사유로 이해하려는 신화는 인간을 절대적으로 믿게 했지만, 상상하고 새로운 것을 창조하기 좋아하는 인간에게 지겨운 일이었다. 이에 싫증 난 몇몇 철학자는 사유의 저 건너편에 있는 인간의 몸과 삶에 관심을 가지기 시작했고, 사유의 근원을 삶에서 이해하려 했다. 몸과 삶에 관한 관심은 고정불변의 진리에서 변화 가능성을 내포한 진리로의 이동이다. 저자는 이 책을 통해 만날 수 없을 것 같은 두 진리의 융합을 꿈꾼다.

『고대 중국의 마음과 몸: 오리엔탈리즘과 전체론 신화를 넘어』는 에드워드 슬링거랜드(2018)의 *Mind and Body in Early China: Embodied Cognition, Orientalism and the Myth of Holism*(옥스퍼드대학출판부)을 한국어로 옮긴 것이다. 에드워드 슬링거랜드 교수는 중국철학, 인지과학, 은유 분야에서의 학제간 연구뿐만 아니라 인문학과 자연과학의 통섭에 기여한 것에 비추어 현재 전 세계적으로 매우 중요한 인문학자로 거론된다. 그의 모든 단행본이 우리말로 번역되어 국내에서 그 영향력을 확인할 수 있다. *Effortless Action: Wu-wei as Conceptual Metaphor and Spiritual Ideal in Early China*(2003)는 『힘들이지 않는 행동, 무위: 고대 중국 사상과 인지적 접근법』(2019)으로, *What Science Offers the Humanities: Integrating Body and Culture*(2008)는 『과학과 인문학: 몸과 문화의 통합』(2015)으로, *Trying Not to Try: Ancient China, Modern Science and the Power of Spontaneity*(2014)는 『애쓰지 않기 위해 노력하기: 고대 중국·현대 과학·자발성의 힘』(2018)으로 우리말로 번역되었다.

   그의 가장 최신 단행본인 이 책은 고대 중국을 급진적인 "전체론적" 타자라 설명하는 오리엔탈리즘을 비판한다. 저자는 이 책에서 고대 중국인이 마음과 몸 간의 질적 차이를 인식하지 못하고 "강한" 전체론 견해를 가졌다는 관점을 고고학 증거와 텍스트 증거를 통해 반증한다. 특히 그는 인간 인지에 대한 기본 지식과 함께 디지털 인문학의 연구 방법으로 고대 중국의 전체론 입장을 새롭게 비판한다. 많은 실증적 증거는 "약한" 마음-몸 이원론은 심리적으로 보편적이고, 그것이 없다면 인간의 사회성이 근본적으로 불가능하다는 것을 암시한다. 저자는 인문학이 문화에 대한 사회구성주의 견해를 초월하고, 과학과 인문학을 통합하는 인간 인지와 문화에 대한 견해를 받아들어야 한다고 주장한다. 과거와 다른 문화의 텍스트와 문화유물에 대한 해석은 모든 인간이 공유하는 종(種) 특정적이고 신체화된 공통성의 지식으로 제약되어야 한다.

   저자는 인간을 태어날 때부터 마음-몸 이론자로 본다. 하지만 그는 이런 이원론은 마음과 몸의 두 영역이 확실히 구별되고 서로의 영역을 침범할 수 없는 것으로 인식하는 데카르트의 실체이원론이 아니고, 그런 점에서 강한 이원론이 아닌 약한 이원론이라고 부른다. 강한 이원론에서 마음의 영역은 언어, 논리, 사고를 포함하고, 몸의 영역은 행동을 포함한다. 신체화 이론을 지향하는 저자는 마음을 차단하고 마음이 하는 일을 몸에게 넘길 것을 주장한다. 마음이 하던 생각을 몸이 하는 것, 이것이 '몸 생각(body thinking)'이다. 오로지 마음만 인간 사고와 몸을 제한하는 것이 아니라, 몸 또한 사고를 제한하고 마음을 이끌어 가기도 한다.

   슬링거랜드 교수가 주창하는 약한 이원론은 인지과학의 신체화 개념과 맥을 같이 한다. '신체화하다'(embody)라는 동사와 '신체화'(embodiment)라는 명사는 무언가를 몸의 시각으로 바라보아 '몸화'한다는 뜻이다. 그렇다면 무엇을 신체화한다는 것인가? 바로 우리의 마음이다. 판단하고 분별하는 마음이다. 오늘날 우리는 이성적 판단과 분별을 뇌가 실행한다고 생각하지만, 전국시대 사람은 가슴(心)이 그러한 역할을 한다고 생각했다. 신체화는 몸의 사유 방식이다. 경계설정이 어려운 추상적인 마음을 경계가 명확한 우리 몸에 빗대어 사유하는 것이다. 신체화는 사람의 몸과 몸이 세계와 상호작용하는 '삶의 체험'이 우리의 마음, 행동, 개인적·문화적 정체성을 형성하는 방법이다. 신체화를 연구하기 위해서는 먼저 사고와 언어가 뇌, 몸, 세계 간의 지속적인 역동적 상호작용에서 발생한다는 것을 인식해야 한다. 이원론은 마음과 몸을 명확히 구분하고 상호 침투할 수 없는 것으로 간주한다. 그래서 마음과 몸의 역동적 상호작용은 애초부터 불가능하다. 하지만 신체화의 관점에서 마음과 몸은 구분되지만, 그 둘의 경계는 넘을 수 없는 중앙선이 아닌 변경 가능한 흰색 차선이다. 마음과 몸의 소통이 이원론을 부정하거나 전체론을 찬양하는 것은 아니다. 슬링거랜드 교수는 이런 소통을 전체론도 통속 이원론도 아닌 '약한 이원론'으로 포착하려 한다.

약한 이원론은 저자가 2014년에 출간한 『애쓰지 않기 위해 노력하기』(*Trying Not To Try*)에서 말하는 '무위' 개념으로, 말하지 않고 힘들이지 않으며 자기를 의식하지 않는 행동을 말한다. 몸과 마음이 각자에게 주어진 각자의 일만 하는 서로 독립적인 영역이 아니라 서로에게 자신의 일을 위임하기도 하는 것이다. 이처럼 저자는 몸과 마음의 상호작용을 약한 이원론의 핵심으로 본다. 이런 몸과 마음의 상호작용은 우리 생활에서 흔히 발생하는 과음하면 이성을 잃고 실수를 하는 것이나 걱정이 과하면 육체의 건강을 해치는 것이 그런 사례다. 그리고 알코올 중독이나 마약 중독처럼 마음과 몸의 영역 중 어디에 속하는지를 분류하기 힘든 사례들도 있다.

이 책의 큰 장점은 약한 마음-몸 이원론에 관한 증거로 저자 자신의 생각에만 의존하지 않는 것이다. 제2장과 제3장에서는 고고학적 사실과 텍스트 내용에 의존하는 정성적 방법으로 약한 이원론을 증명한다. 하지만 여기에 머물지 않고 디지털 인문학을 표명하여 정량적 방법으로 약한 이원론을 실증적으로 증명하고자 한다. 국내 데이터 분석과 코퍼스 분석 같은 정량적 연구는 정성적 연구의 필요를 도외시하는 편이다. 데이터 해석에 관한 해석학적 접근의 부재는 수치와 코드에 숨어 있는 철학적 의미를 구명해내지 못한다. 그뿐만 아니라 정성적 연구에 의존하는 전통 인문학 연구자는 수치와 통계에 관한 불신을 가지고 있다. 하지만 이 책의 저자는 정성적 접근과 정량적 접근을 융합함으로써 정성적 접근에서 부족한 통계적 증거와 정량적 접근에서 부족한 철학적 해석을 더 하여 두 접근법의 진정한 통섭을 달성했다. 2008년에 출간된 『과학과 인문학: 몸과 문화의 통합』 (*What Science Offers the Humanities: Integrating Body and Culture*)에서 저자는 '진정한 대학(university)'과 '이중적 대학(biversity)'*에 대해 이야기한다. 대학은 모든 학문 분야를 하나로 통섭하여 다루는 교육기관이다. 하지만 전 세계의 많은 대학에서는 인문학과 자연과학이 분리되어 서로 등을 돌리고 서로를 외면하고 있는 실정이다. 이런 점에서 지금의 대학을 진정한 대학이라 할 수 없고 크게 인문학과 과학이 분리된 이중적 대학이라 해야 한다. 그래서 어떤 형태로든 인문학과 과학의 통섭을 이루어야 한다는 목소리가 높다. 이 책은 이런 통합의 단서이다. 저자는 고대 중국의 약한 이원론을 해석하는 자신의 관점을 고고학 증거와 텍스트 증거뿐만 아니라 정량적 방법, 특히 디지털 인문학의 연구방식으로도 입증한다. 이 책에서 정량적 분석으로 정성적 연구를 풍부하게 보충하는 것은 인문학의 맛을 그대로 살리려는 저자의 노력 때문이다.

● 이중적 대학(biversity) 슬링거랜드 교수가 만든 용어로서, 대학을 뜻하는 영어 university에서 '일(一), 단(單)'을 뜻하는 접두사 uni- 자리에 '둘, 양, 쌍, 중(重), 복(複), 겹' 따위를 뜻하는 접두사 bi-를 대체해서 만든 용어이다. 이상적인 대학에서는 인문학과 과학이라는 캠퍼스의 두 진영의 연구자들이 자신들의 전문지식을 교환하고 공동 연구에 서로 참여하도록 하는 동기를 부여받아서 '학제성(interdisciplinarity)'을 추구한다. 하지만 실제로 전 세계의 대학에서 인문학 분야에 종사하는 학자들은 캠퍼스 건너편에 있는 자연과학의 좋은 신축 건물에 있는 동료들이 무슨 일을 하고 있는지 전혀 모른 채 자신들의 일만 하며 산다. 자연과학의 학자들도 상황은 마찬가지이다. 이로써 이 두 진영은 서로에 대해 완전하고 원칙적인 무지 상태에 있다. 그렇다면 이런 현실에서의 대학은 진정한 대학이 아닌 두 진영으로 나누어진 대학이라는 의미에서 '이중적 대학'이라고 부를 수 있는 것이다. 즉, university와 biversity는 이상 속 대학과 현실 속 대학이라고 할 수 있다. 슬링거랜드 교수는 이제라도 우리 대학에서는 '이중적 대학'에서 '진정한 대학'으로 나아가서, 학제성과 통섭, 통합을 이루어야 할 때라고 피력하고 있다.

나는 개인적으로 이런 저자의 노력을 국내 학도들도 배워야 한다고 생각한다. 최근의 인문학, 특히 인지언어학의 박사학위 논문을 보면 코퍼스언어학 분석 기술을 활용하는 경향이 있다. 인지언어학의 주관성을 극복하기 위한 선택이 코퍼스 분석과 통계 분석인 듯하다. 인문학의 주관성 문제는 개인적 편견과 맥을 같이 하므로 위험한 것은 사실이다. 그래서 이런 주관성을 극복하고 개인적 편견을 타파하여 객관성을 확보하려는 노력이 필요하다. 그렇다고 객관성이 인간를 배제한 과학의 영역에서만 발견되는 것은 아니다. 나의 주관성과 당신의 주관성이 합쳐지면 상호주관성이 되고, 그런 상호주관성은 변화 가능성을 내포한 객관성을 담보할 수 있다. '몸의 사고'에서 불변의 객관성은 있을 수 없다. 몸과 경험은 변화하는 상황과 새로운 대상에 스스로를 맞춰가는 것이 그 본질이기 때문이다. 너와 내가 소통하기 위해서는 양자적 주관성뿐만 아니라 다수의 집단화 된 주관성이 필요하다. 이런 거대한 상호주관성은 집단의 지혜가 되고, 이런 집단의 지혜가 객관성을 담보할 수 있다. 이런 거대한 집단의 지혜를 얻을 수 있는 것이 현재로서는 코퍼스이다.

객관화가 가능한 상호주관성이 확보되기 위해서는 일차적으로 글을 쓰는 나의 주관성이 확립되어야 한다. 그래야 타인의 주관성과 함께 통합될 수 있다. 하지만 지금의 국내 디지털 인문학은 나의 주관성은 뒤로한 채 타인의 주관성만을 활용하여 그 수치를 나열한다. 자신이 주장하는 바를 먼저 정성적으로 분석한 후 다음으로 그것을 입증하기 위해 정량적 분석을 실시해야 한다. 그러나 정성적 분석이 제외된 통계분석은 왜곡된 결과만 도출할 뿐이다. 제4장 "디지털 인문학의 채택: 텍스트 분석과 학문적 지식 공유를 위한 새로운 방법"이 매력적인 것은 제2장과 제3장에서 이루어진 정성적 분석 때문이다. 인문학에서 정성적 분석과 정량적 분석의 관계는 "정량적 방법은 복잡한 역사적 텍스트에 적용될 때 별개로 이용할 수 없고, 정성적 분석을 보충하는 것으로만 사용할 것이다"라는 저자의 생각에서 힌트를 찾을 수 있다. 이런 균형 잡힌 저자의 글쓰기 방법과 탐구의 태도가 우리 한국의 인문학에도 자리를 잡아야 한다는 생각이 간절하다.

저자는 인문학자이다. 인문학이 인문학답기 위해서는 자신의 껍질을 벗어야 한다. 인문학의 '순수성'은 더 이상 인문학을 지켜주지 못한다. 순수성만큼 가장 불결한 개념도 없을 것이다. 인문학 내부에서만 이루어지는 작업이 아닌, 인문학 바깥에서 그 인문학을 들여다봐야 한다. 그 바깥이란 넓은 의미에서의 과학이다. 여기서 말하는 과학은 자연과학, 사회과학, 인지과학, 컴퓨터과학, 뇌과학 등 여러 모습일 수 있다. 저자는 디지털 인문학이 지금보다 더 발전하길 바라면서 인문학자에게 호소한다. 같이 손을 잡고 인문학 진영 저편에 있는 우리 대학 동료가 하는 일에 관심을 갖고, 그들에게 다가가 대화를 하자고, 그들의 생각에 귀를 기울이자고, 그들의 방법론을 인문학 연구에 통섭시키자고 제안한다. 저자의 말을 빌리자면, "'인문학의 위기'에서 벗어날 수 있는 탈출구는 경비절약이나 방어적 태도, 거만함이 아니라 더욱 폭넓은 학계 및 일반 대중과 더욱 깊게 관계하는 것이다." 뿐만 아니라 저자는 진정한 인문학의 발전을 위해 일반 대중에게도 다가가야 한다고 주장한다. 그러기 위해 인문학자는 질좋은 쉬운 글쓰기에 많은 시간과 노력을 기울여야 한다. 인문학을 사랑하는 대중도 인문학 글을 읽는데 충분한 시간과 노력, 인문학자의 마음과 공감하려는 태도가 요구된다. 많은 인문학 독자는 인문학적 글을 통해 과거를 성찰하고 지금의 나를 아름답게 만들려고 한다. 공감의 태도가 크면 클수록, 자신의 만족도 커질 것이다. 이처럼 진정한 인문학은 인문학자와 일반 대중의 상호 노력이 수반되는 일이다.

이 책의 번역을 끝내면서 가장 큰 기쁨은 우리나라 독자에게 알리고 싶은 슬링거랜드 교수의 현재까지 출간된 모든 책들을 한국어판을 통해 최종적으로 마무리했다는 점이다. 물론 현재 슬링거랜드 교수는 2021년에 출간을 목표로 *Drunk: How We Sipped, Danced and Stumbled Our Way to Civilization*을 집필 중이다. 인지과학과 인지언어학에 대한 나의 관심은 슬링거랜드 교수의 책들로 인해 동양사상으로까지 확대되었다. 물론 나는 동양철학 전공이 아니지만 고전의 해석된 모습을 인지과학이라는 이름으로 들여다 볼 수 있었고, 마음과 몸의 이원론 관점을 다시 해석해 볼 수 있었다. 이는 나에게 큰 행복이었다. 이 책을 번역하면서 동양고전에 대해 큰 도움을 준 전남대학교 철학과 박사과정 조현일 선생님에게 큰 감사를 드린다. 조현일 선생님은 동양고전에 대한 번역에도 큰 기여를 했지만 본고의 초고를 몇 번이고 고쳐 읽으면서 우리말 가독성을 높이는 데 너무나도 많은 도움을 주었다. 그리고 이 책의 예비 일반 독자 역할을 기꺼이 맡아주시어 이해하기 힘든 문장과 표현을 지적하고 쉽게 잡아주신 이승주 선생님에게도 감사드린다. 이 두 분이 없었다면 지금의 이 책은 표현상 그리 좋은 모습이 아니었을 것이다. 그리고 『애쓰지 않기 위해 노력하기』라는 첫 번역서에 이어 슬링거랜드 교수의 두 번째 책의 번역서도 과감히 출간해 준 고반출판사 허재식 대표님께도 감사드린다. 대표님께서도 이 책의 초고를 꼼꼼히 검토하시면서 많은 시간을 보태 주셨다. 책에 대한 대표님의 애정이 없었다면 책 내용을 포함한 전체 편집이 이렇게 멋지지 못했을 것이다. 이 자리를 빌려 다시 한 번 대표님께 감사드린다. 마지막으로, 이 책의 저자인 슬링거랜드 교수의 우정에 깊은 감사를 드린다. 특히 그는 이 책의 한국어판 서문을 보내 주어 역자인 본인을 격려해 주고, 이 책의 내용과 관련해 질문을 드리면 언제나 성심성의껏 답변서를 보내 주시어 우리말 번역의 완성도를 높일 수 있게 해 주었다. 특히 2008년도에 착수한 인문학과 자연과학의 통섭이라는 주제를 10년이 지난 지금의 이 책에서 다시 한 번 실천하는 모습에서 공부하는 본인에게 큰 감동이었다. 본인에게 이 주제에 대해 계속 고민하고 연구할 수 있는 기회를 준 슬링거랜드 교수님께 이 자리를 빌려 다시 한 번 감사드린다.

2020년 6월 5일
김동환

한국어판 서문

"신오리엔탈리즘"의 문제와 동아시아 사상의 이국화는 서양 학자들에게만 국한된 것이 아니라 현대 중국, 일본, 한국 학자들 모두에게서도 찾아볼 수 있다.

나는 이번 한국어 번역서가 고대 중국에 관한 한국 학문의 이러한 추세를 뒤집는 데 어느 정도 기여함과 동시에, 고대 중국에 관한 우리의 연구와 인지과학의 다양한 분야에서 나온 현재 최고의 지식을 통합하는 데 도움이 되는 새로운 방법론과 이론적 틀도 마련하기를 바란다.

이 책 자체는 한국 학자들, 특히 광주 전남대학교의 노양진 교수와 양순자 교수 및 그들 동료, 그리고 서울 성균관대학교의 백영선 교수 및 다른 교수들과 나눈 대화에서 큰 도움을 받았다. 이 두 대학에서 나를 초빙하여 강연의 기회를 주고, 그곳에서 받은 훌륭한 피드백과 조언에 감사를 표한다.

마지막으로 지금까지 나의 단행본 몇 권을 능숙하게 번역한 김동환 교수에게 진심 어린 감사를 드리며, 아울러 김동환 교수의 작업에 도움을 준 고대 중국 언어와 사상의 신진 전문가인 조현일 선생에게도 감사를 드린다. 이 두 사람이 새로운 독자가 내 연구에 접근할 수 있게 한 것에 매우 감사드린다.

2020년 5월 9일
캐나다 브리티시컬럼비아 밴쿠버에서
에드워드 슬링거랜드

차례 >> 고대 중국의 마음과 몸

옮긴이의 말 ...5
한국어판 서문 ...13
일러두기 ...19
용어 정리 ...20
감사의 글 ...22

서론 / 27

제1장 / 고대 중국의 전체론 신화 57

중국 전체론의 신오리엔탈리즘 개념 ...61
표의문자 대 표어문자 ...71
구체 대 추상 ...72
내재 대 초월 ...73
원인 대 공명 ...75
실재 대 현상 ...77
본질 대 과정 ...79

강한 마음-몸 전체론 ...81
정신적 내면성의 결핍 ...88
개인 개념의 결핍 ...90
영혼, 내세, "타자 세계" 개념의 결핍 ...93

일반적인 전체론 신화에 반하는 내적 증거 ...95
일반적인 전체론 신화에 반하는 외적 증거 ...103
강한 마음-몸 전체론의 반대 주장 미리보기 ...109

1 | 마음과 몸의 개념에 대한 정성적 접근법

제2장 / 영혼과 몸 *113*
영혼-몸 이원론의 전통적인 고고학 · 텍스트 증거

고고학 기록에서 내세 믿음 ...*114*

내세와 영혼-몸 이원론에 대한 텍스트 이야기 ...*127*

    영혼-몸 이원론 ...*127*

    영혼의 내세적 본질: 정신[神], 혼[魂], 백[魄] ...*139*

현세와 내세: 고대 중국의 신성과 초월 ...*148*

제3장 / 텍스트 기록에서 마음-몸 이원론 *157*

형이상학적 心 ...*158*

    心 대 몸[形, 身, 體] ...*159*

    心 대 신체기관 ...*164*

心과 영혼: 의식, 자유의지, 개인 정체성 ...*170*

    자아의 군주로서 心 ...*176*

    무형의 주동자로서 心 ...*178*

    반성, 자유의지, 도덕적 책임의 중심지로서 心 ...*183*

    心과 정신적 내면성 ...*190*

정성에서 정량으로 ...*204*

2 | 마음과 몸의 개념에 대한 정량적 접근법

제4장 / 디지털 인문학의 수용 *209*
  텍스트 분석과 학문적 지식 공유를 위한 새로운 방법

기본적인 정량적 방법: 키워드 목록과 팀기반 코딩 ...*212*
  간단한 표본조사: 온라인 콘코던스 ...*214*
  더욱 정교한 기법: 팀기반 정성적 코딩 ...*220*

텍스트 "읽기"의 새로운 방법: 반자동·전자동 텍스트 분석 ...*233*
  언어 분석 ...*237*
  계층적 군집 분석 ...*255*
  토픽 모델링 ...*264*

학문적 보급의 새로운 모형: 대규모 데이터베이스 ...*271*

디지털 인문학: 방법론적·이론적 반성 ...*287*
  우둔한 기계 대 영리한 사람 ...*287*
  범주, 질문서, 클릭박스의 폭정 ...*293*

디지털 인문학의 수용 ...*295*

내적 증거에서 외적 증거로 ...*298*

3 | 텍스트 코퍼스의 해석에서 방법론적 논제

제5장 / 해석학적 제약　　　　　　　　　　　301
　　　　　　　　　　　　　　　　　몸속의 마음과 땅 위의 발

해석학적 출발점으로서 공유된 통속 인지 ...303

마음 이론 ...304

평범한 사람은 데카르트가 아니다: "약한" 마음-몸 이원론 ...319

안과 밖: 그릇 자아와 은유의 역할 ...329

마음 이론과 종교적 신앙 ...341
　　초자연적 행위자 ...342
　　내세와 영혼 믿음 ...349
　　무차별적 목적론 ...354
　　신앙심과 마음 이론 스펙트럼 ...358

신체화된 인지와 비교 프로젝트 ...361

자연주의적 해석학 ...369

제6장 / 해석학적 과도함　　　　　　　　　　　373
　　　　　　　　　　　　　　　해석학적 과실과 본질주의적 함정

해석적 과실 ...374
　　차이에서 차연으로 미끄러짐 ...375
　　풍자 대 풍자: 고대 중국의 본질과 서양의 허수아비 주장 ...377

신학적 부정확성 ...386

　　　주장과 가정의 혼동 ...392

　　　단일 의미와 설득적 번역의 오류 ...398

　　　학문과 신학의 분리 ...400

　본질화하지 않고서 배우기 ...407

　　　개인 대 사회 ...410

　　　마음 대 몸 ...414

　　　이성 대 정서, 노하우 대 지식 ...416

비교사상과 심적 통일성 ...420

결론 /　　　　　　　　　　　　　　　　　　　425

　　　　　　　　자연주의적 해석학과 오리엔탈리즘의 종말

가바가이로 충분함: 우리는 모두 호모사피엔스다 ...427

과학을 진지하게 여기기: 과학으로서 우리의 지위를 되찾기 ...433

인문학을 진지하게 여기기: 학술적 논쟁의 완벽한 파트너 되기 ...440

신오리엔탈리즘을 넘어서 ...446

주석 ...451

참고문헌 ...494

찾아보기 ...536

일러두기

1. 동양고전의 인용구는 전통문화연구회 〈동양고전종합 DB〉, 〈완원 교각본(阮元校刻本)〉『십삼경주소(十三經注疏)』, 『장자금주금역(莊子今註今譯)』(陳鼓應, 中華書局, 1991)을 참고하여 한문 원문을 달았다.
2. ( )는 다음과 같이 사용하였다.
   가. 원서의 괄호를 그대로 번역한 경우는 본래의 크기로 사용함.
   나. 본문의 내용을 요약하거나 설명이 필요한 한자의 경우 아래첨자로 표기.
   다. 옮긴이가 붙인 '역자주'는 고딕체 아래첨자로 표기.
   라. 고전 원전의 출전을 보충한 경우 고딕체 아래첨자로 표기.
   마. 인명, 지명, 도서명, 논문명, 매체명을 국문과 원문(한자, 영문 등)을 병기할 때 괄호를 사용하여 아래첨자로 표기. 다만, 국문과 원문(한자, 영문 등)이 다를 경우는 [ ]를 사용하여 아래첨자로 표기.
3. 도서명 및 학술지·신문 등 정기간행물은『 』로, 논문명·편명은「 」로 표기하고, 영문 제목을 병기할 경우 이탤릭체로 하였다.
4. 본문 내에 용어풀이 및 삽화는 독자의 이해를 돕기 위해 첨가하였다.

용어 정리

디지털 인문학(Digital Humanities; DH) 디지털 인문학은 정보통신기술(information, communication, technology; ICT)을 활용해 인문학 연구를 확장 및 심화하는 전반적 활동을 일컫는다. 대용량으로 저장된 정보를 검색, 분류하고 통계적, 전산적 방식으로 패턴을 분석하는 데이터 마이닝(data mining), 무수히 많은 텍스트 속에서 의미 있는 정보와 지식의 구조를 찾는 텍스트 마이닝(text mining), 점과 선을 사용해 행위주체와 집단, 주체와 행위 간의 관계를 규명하는 네트워크 분석 등 그 분야는 점점 확장되고 기계학습의 발달로 인해 분석도 깊이를 더하고 있다.

사고실험 머릿속에서 생각으로 진행하는 실험으로서, 실험에 필요한 장치와 조건을 단순하게 가정한 후 이론을 바탕으로 일어날 현상을 예측한다. 실제로 만들 수 없는 장치나 조건을 가지고 실험할 수 있다.

신체화(embodied) 사람의 몸, 그리고 몸과 세계의 상호작용으로 사람의 마음, 행동, 개인적·문화적 정체성이 형성되는 방법을 가리킨다. 마음과 언어에 대한 신체화된 설명은 인간의 상징이 신체적 경험의 반복되는 패턴에 기초한다는 생각을 받아들이므로, 인간의 인지와 언어적 의미에 대한 이원론적이고 비신체화된 전통적 견해를 거부한다. 신체화의 연구는 사고와 언어가 뇌, 몸, 세계 간의 지속적인 역동적 상호작용에서 발생한다는 인식을 요구한다.

오리엔탈리즘(Orientalism) 원래 유럽의 문화와 예술에서 나타난 동방취미(東方趣味)의 경향을 나타냈던 말이다. 하지만 오늘날에는 동양과 서양을 이분법적으로 구분하여 동양에 대한 서양의 우월성이나 동양에 대한 서양의 지배를 정당화하는, 서양의 동양에 대한 고정되고 왜곡된 인식과 태도 등을 총체적으로 나타내는 말로 쓰인다. 오리엔탈리즘이라는 개념이 '서양의 동양에 대한 인식'이라는 폭넓은 의미로 쓰이게 된 것은 에드워드 사이드(Said, Edward Wadie)의 저서 『오리엔탈리즘』(1978)이 계기가 되었다. 이 책에서 사이드는 서구 국가들이 비(非)서구 사회를 지배하고 식민화하는 과정에서 동양에 대한 왜곡된 인식과 태도가 어떻게 만들어져 확산되었는지를 분석했다. 사이드는 오리엔탈리즘을 '동양과 서양이라는 인식론적인 구별에 근거한 사고방식'이자, '동양을 지배하고 재구성하며 억압하기 위한 서양의 제도 및 스타일'로 정의한다. 서구 국가들은 동양은 비합리적이고 열등하며 도덕적으로 타락되었고 이상(異常)하지만, 서양은 합리적이고 도덕적이며 성숙하고 정상(正常)이라는 식의 인식을 만들어오면서 동양에 대한 지배를 정당화해왔다. 이러한 인식은 문학 등의 예술 작품이나 여행기, 동양의 언어와 역사, 지리, 문화에 관한 학문과 연구를 통해 형성되고 확산되었다. 오늘날에도 다양한 매체와 문화양식들을 통해 동양을 열등하고 착취 가능한 대상으로 파악하는 오리엔탈리즘이 끊임없이 재생산되고 있으며, 근대의 학문과 지식들을 통해 동양인에게도 무비판적으로 수용되고 있다. 이로써 오리엔탈리즘은 동양과 서양을 구별짓는 데 그치는 것이 아니라, 동양을 정신적으로 지배하는 기능을 한다.

윈도(window) 자연언어처리 코퍼스언어학 등에서 사용하는 용어로서, 검색어의 왼쪽과 오른쪽에 몇 개의 단어가 있는지를 의미한다. 마이크 스콧(2016)은 윈도를 "얼마나 많은 단어가 검색어의 왼쪽과 오른쪽에 남는가(how many words to left and right of the search word)"라고 정의한다.

전체론(holism) 어떤 주어진 체계의 특질을 그 체계를 구성하는 부분들만으로는 전부 규정할 수 없다는 생각을 나타내는 용어로서, 하나의 총체로서의 체계는 부분들이 어떻게 기능하는지를 규정한다고 주장한다.

코퍼스(corpus) 말뭉치. 언어 연구를 위해 텍스트를 컴퓨터가 읽을 수 있는 형태로 모아 놓은 언어 자료. 매체, 시간, 공간, 주석 단계 등의 기준에 따라 다양한 종류가 있다.

콘코던스(concordance) 코퍼스언어학에서 널리 사용되는 용어로 "검색어가 포함된 문맥의 목록"(이성민·마이크 스콧(Mike Scott)·신동광, 『코퍼스 분석의 실제적 활용: 워드스미스와 레인지 외』, 한국문화사, 2018.) 또는 "맥락 표시 검색어 목록"(최재웅, 「코퍼스와 언어학」, 『새국어생활』 27권 4호, 국립국어원, 2017, 49쪽)을 의미한다. 마이크 스콧(2016)은 콘코던스를 "문맥을 보여 주는 주어진 단어나 구의 예들의 집합"이라고 정의하였다.

(※ 이 책을 읽기 전에 미리 알아두면 좋을 용어를 정리하였다. _정리: 역자)

감사의 글

나는 십여 년 동안 이 책에 이런저런 형식으로 매달렸다. 다른 프로젝트나 책무들 때문에 이따금씩 이 책에 집중하지 못하기도 했지만, 그것이 새로운 통찰력과 방법으로 이 주제로 되돌아오게 하는 계기가 되기도 했다. 이 연구를 오랫동안 구상해서 그런지 이 연구의 전개와 궤도에 대한 기억이 흐릿하다. 나는 오래전 2008년부터 이 주제를 두고 이야기했다. 물론 도중에 메모를 해두려고 했지만, 10년이 지난 2018년에 이 감사의 글을 썼기에 틀림없이 이 연구에 기여한 분들을 빠뜨리거나 간과하는 것에 미리 사과드린다.

베니스의 카포스카리대학교(2009), 콜레주 드 프랑스(2010), 프린스턴대학교(2010), 텍사스대학교 오스틴캠퍼스(2011), 광저우의 중산대학교(2011), 오르후스대학교(2012), 시카고대학교(2017), 부다페스트의 중앙유럽대학교(2017), 대한민국의 성균관대학교와 전남대학교(2017), 애리조나주립대학교(2017), 미국종교학회 연례회의(2011), 아시아학회(2011, 2013), 미국철학학회 연례회의(태평양 분과)(2010), 국제인지종교학회(2011), 성격과 사회심리학(2011), 제20회 국제종교사학회 5주년 국제회의(2010), 신학과 인지, 종교와 신학 프로젝트에 관한 컨퍼런스(Oxford, 2010), 캘리포니아-로스앤젤레스대학교의 행동과학의 수학에 관한 제이콥 마샥 학제간 세미나(2012)를 포함해 수년 간 이 연구의 여러 측면을 발표했던 학술대회에서 받은 피드백은 매우 큰 도움이 되었다.

특히, 나의 주장을 갈고닦고 개선하는 데 도움이 되었던 의견을 개진해 준 폴 골딘(Goldin, Paul), 안느 청(Cheng, Anne, 程艾蘭), 아틸리오 안드레이니(Andreini, Attilio), 마이클 푸엣(Puett, Michael), 마틴 컨(Kern, Martin), 벤 엘먼(Elman, Ben), 윌러드 피터슨(Peterson, Willard), 조지프 헨리히(Henrich, Joseph), 아라 노렌자얀(Norenzayan, Ara), 주 징(ZHU Jing), 혼 소시(Saussy, Haun), 쿼리 비라그(Virág, Curie), 하녹 벤-야미(Ben-Yami, Hanoch), 백영선, 랜덜프 네스(Nesse, Randolph), 로즈 에임스(Ames, Roger)에게 감사드린다. 또한 동서(東西)의 역사에 대해 조언을 해 준 제브 헨델(Handel, Zev), 『범물유형(凡物流形)』의 몇몇 행을 번역한 황관윤(케빈)(Kuan-Yun (Kevin) Huang), 개인주의와 사회경제적 지위에 관한 참고문헌을 소개해 준 크리스틴 라우린(Laurin, Kristin), 온라인 텍스트 데이터베이스에 관해 조언을 해 준 브루스 러스크(Rusk, Bruce)에게도 감사드린다. 동료들 중에는 원고 전체를 두고 상세한 의견을 주었고, 개별적으로 감사해야 할 많은 유익한 제안을 해 준 막달레나 폴리(Poli, Maddalena)에게 가장 큰 감사를 드린다. 지적 게으름이나 완고함 때문에 그녀의 모든 제안을 받아들이지는 못했고, 남아 있는 오류나 빠진 부분은 전적으로 나의 책임이다. 또한 옥스퍼드대학출판부에 소속된 익명의 독자들에게서 나온 의견 덕분에 이 원고는 상당히 많이 발전되었다. 특히 한 독자는 매우 유익하고 상세한 피드백과 제안을 해 주었다. 마지막으로, (뒤 페이지에서 명확히 하듯이) 결론과 구체적인 많은 주장에 전적으로 동의하지는 않지만, 2013년 〈*Journal of the American Academy of Religion*〉에 수록된 내 논문에 대한 팬 다웨이(2017)의 최근 비판과 부분적으로 2011년 광저우에서 나누었던 대화 덕택에 나의 주장 중에서 몇 가지 양상을 다시 생각하고 명확히 하게 되었는데, 이에 대해 팬 다웨이에게 감사드린다.

제자였던 줄리아 보론초바(Vorontsova, Julia), 알렌 첸(Chen, Allen), 로빈 커티스(Curtis, Robin)에게서 문헌 개관에 많은 도움을 받았다. 로빈 커티스는 또한 이 책의 온라인 색인과 그림, 표 준비에 도움을 주었고, 클레이튼 애쉬튼(Ashton, Clayton), 제니퍼 리치(Ritchie, Jennifer), 아브라함 드 제수스(Abraham de Jesus)는 대규모 정량적 텍스트 분석 연구에서 연구조교 코더(coder) 역할을 해 주었다. 슬링거랜드·추덱(2011b)과 슬링거랜드 外(2017)에서 처음으로 발표한 정량적 연구가 카슨 로건(Logan, Carson)의 결정적인 도움과 동료인 마치에이 추덱(Chudek, Maciej), 라이언 니콜스(Nichols, Ryan), 크리스토퍼 니엘보(Nielbo, Kristoffer)와 함께 진행한 공동연구에서 나온 결과였으니, 내 능력을 초월하는 것이었음을 인정하는 것도 중요하다. 특히 라이언 니콜스는 이런 프로젝트가 계속 진행되게 해 주었다. 그리고 이 책에 관심을 보여준 옥스퍼드대학출판부의 신시아 리드(Read, Cynthia), 뛰어난 편집을 맡아준 패터슨 램(Lamb, Patterson), 출간 때까지 원고를 검토한 수가냐 엘란고(Elango, Suganya)와 한나 캠피누(Campeanu, Hannah)에게 감사드린다.

슬링거랜드(2013a), 슬링거랜드·추덱(2011b), 슬링거랜드 外(2017)에 수록된 많은 내용을 이 책에 그대로 실었다. 이 프로젝트를 위한 초기 연구는 캐나다의 인문사회과학연구회(Social Sciences and Humanities Research Council) 뿐만 아니라 캐나다 연구장(Canada Research Chairs) 프로그램에서 개인 보조금의 지원을 받았다. 존템플턴재단(John Templeton Foundation)의 개인 보조금은 슬링거랜드·추덱(2011b)에서 보고한 프로젝트에 자금을 지원하고, 내가 연구 책임자로 있던 캐나다의 인문사회과학연구회의 파트너십 그랜트(Partnership Grant)는 대규모 자동 텍스트 분석 프로젝트에 자금을 지원하고, 또한 라이언 니콜스에게 브리티시컬럼비아대학교에서 1년간 체류하면서 우리 프로젝트를 돕게 해 주었다.

나는 이 책의 대부분을 2015년부터 2016년까지 앤드류멜론재단(Andrew W. Mellon Foundation)의 회원으로 있던 행동과학응용연구소(Center for Advanced Studies in the Behavioral Sciences; CASBS)의 더할 나위 없는 연구 환경에서 집필했

다. 수년 간 해안가 일대에서 국외 생활을 한 뒤에 돌아오는 것은 완전한 즐거움이었고, 특히 리첸양(Chengyang, Li), 마이클 램퍼트(Lempert, Michael), 애나 순(Sun, Anna), 다니엘 벨(Bell, Daniel), 앤드루 치그넬(Chignell, Andrew), 제이미 존스(Jones, Jamie), 데이비드 웡(Wong, David)과 같은 CASBS 회원들과 이 프로젝트를 두고 몇 개월 간 자극적이고 유익한 대화를 나누었다. 깊은 우정과 헤아릴 수 없을 정도로 매우 복잡한 프랑스 산문이 때로는 헤아릴 수 없을 정도로 매우 복잡한 산문일 뿐임을 인식할 수 있도록 도움을 준 나타샤 이스칸드(Iskander, Natasha)(스탠포드대학교의 대학 동기!)에게도 감사드린다. 마지막으로, 선천적인 인간의 무차별적 목적론(제5장 참조)으로 인해, 에드워드 사에드(Edward Saïd)가 CASBS의 연구원으로 있던 동안(1975~1976) 『오리엔탈리즘』(*Orientalism*)을 집필했다는 것이 의미심장하지 않다고 생각하지 않을 수 없다. 내 연구도 타자(Other)에 대한 문화본질주의적 견해를 무너뜨리고, 시간적으로나 지리적으로 멀리 떨어진 문화의 세계관과 더욱 생산적이고 정확히 연동되도록 도움을 주기를 희망한다.

서론

　단어라는 무미건조한 매체와 사고 자체도 무시하면서 실재의 본질을 직접 포착하기 위해 우리 자신을 그림으로 바로 표현할 수 있는 글말 언어를 상상하여 보라. 정서와 이성, 그리고 개인과 집단 간의 긴장이 없는 문화를 그려보라. 그런 문화는 인류가 타락하기 전처럼 자연계 및 사회계와 조화롭게 있는 곳이고, 자연과 문화, 동물과 인간, 자아와 타자 간의 구분이 점점 사라지는 곳이다. 우리가 알고 있는 시간과 공간, 논리, 범주화, 인과성이 권력을 휘두르지 않는 사고방식 안으로 생각을 통해 한 번 들어가 보라. 할 수 있다면 대안이 되는 "인종적 정경(ethnoscape 또는 culturéalité)"에서 거닐어 보라. 그곳은 "그 공간이 객관적이거나 지리적이거나 수학적인 것이 아니라, '실재'(여기와 '우리'를 위한 곳)와 비실재('타자'만을 위해 실재하는 곳) 간 한계선의 도움 없이 존재하는 코라*의 공간과 비슷한 정경 같은 실재"이다(보츠-본스타인 2006: 167).

• 코라(chora) 이전과 질적으로 전혀 다른 상태로 진입하려면 경계를 넘는 고통이 수반된다. 플라톤은 이 경계를 고대 그리스어로 코라(chora)라고 했다. 코라는 새로운 것을 잉태하기 위해 거쳐야 하는 자리이다. 이전 가치관이 하루아침에 단절되고 새로운 가치관이 바로 그날부터 생성되는 것은 아니다. 이것도 아니고 저것도 아닌 모호하고 불안한 모순의 연속성 속에서 조화로운 통일성이 만들어진다.

중국의(또는 더 일반적으로는 "동양의") 전체론 신화의 틀을 만드는 것은 바로 이와 같은 열광적인 상상물이다. 여기에서 "전체론"은 "서양" 사상의 특유한 특징인 몸-마음, 주체-객체, 정서-이성과 같은 이원론 또는 이분법의 부재를 말한다. 아래에서 주장하듯이, 중국의 전체론 신화는 사에드(1978)가 훌륭하게 입증했던 더욱 광범위한 오리엔탈리즘의 아종(亞種)으로 분류할 수 있다. 아시아학에서 여전히 꽤 흔한 전체론과 언어-문화구성주의•의 자극적인 혼합물은 확실히 오리엔탈리즘의 더욱 오래된 형태를 언어적 불합리의 새로운 층위로 가져갔다. 하지만 예수회 사제가 쓴 유가 사상에 대한 제삼자의 이야기가 유럽 철학자와 예술가의 마음을 사로잡았던 17세기 이후로 전체론의 기본 입장은 거의 변하지 않고 그대로 남아 있었다.[1]

맨 처음부터 전체론적 오리엔탈리즘은 두 가지 구분되는 형식으로 들어왔다. 하나는 동일한 기본 주장을 받아들이는 것이고, 다른 하나는 기본 주장에 정반대의 규범적 가치평가를 스며들게 하는 것이다. 예컨대, 헤겔(Hegel, Georg Wilhelm Friedrich)과 몽테스키외(Montesquieu, Charles De)는 중국 사상의 전체론적 본질이 중국인을 심리적으로 또한 정치적으로 미숙하게 만들었다고 믿었다. 헤겔이 설명하듯이, 중국인의 "노예근성"은 정신적으로 미성숙한 사람의 특징이었다. 그런 사람은 "구분을 인식할 만큼 아직 성숙하지 않은" 사람을 말한다(헤겔 1899/2007: 138). 다른 한편으로, 라이프니츠(Leibniz, Gottfried Wilhelm)와 볼테르(Voltaire, François-Marie Arouet dit) 같은 사상가는 세속과 종교를 구분하지 않는 중국의 마음-몸 전체론을 정확히 병든 유럽 사상에 충격을 주어 침체기에서 벗어나게 하는 데 필요한 약으로 간주했다. 볼테르는 중국 사상을 종교 없이도 강건한 윤리관을 가질 수 있다는 존재증명으로 내세웠고, 라이프니츠는 중국의 물질-정신 전체론과 자신의 반-데카르트적 주장 사이에서 공명을 보았다.[2] 장룽시(張隆溪)는 "타자를 감탄으로 존중하든 경멸로 무시하든, 타자를 바라보는 방식은 이분법의 한 형태에서 또 다른 형태로 바뀌지만 … 문화적 신화를 영속시킬 때 영원한 이분법 자체는 사람들의 마음에 대한 지배력을 풀지 않는 것처럼 보인다"(1998: 55)라고 말한다. 마이클 푸엣도 이런 역학이 중국에 대한 막스 베버(Weber, Max)의 특징묘사와 마르셀 그라네(Granet, Marcel)의 특징묘사 간의 대조에서 작동

> **●구성주의(constructivism)** 지식의 본질과 지식의 형성 과정에 대한 인식론적 논의에서 나온 이론으로, 지식의 절대성이나 지식을 의식과 외부 실재의 일치에서 찾는 기존의 객관주의를 거부하고 사고하는 개인의 자기 경험에 기초하여 구성되는 것으로 바라보는 입장이다. 구성주의는 행동주의나 인지주의와 같은 객관주의를 거부하며, 인식하는 개인의 흥미와 관심에 따라 지식을 구성하는 주관적인 면을 강조한다. 따라서 구성주의는 지식이 인식 주체와 독립하여 외부에 존재하는 것이 아니라 마음의 산물로서 인식 주체가 결정하는 것으로 본다. 객관주의는 사고에 대해 외부 실재를 반영하거나 통제를 받는 것으로 이해되지만, 구성주의에서는 이 사고가 지각과 구성에 기초하며, 신체적이고 사회적인 경험을 통해 성장하는 것으로 본다.

한다고 지적했다. "그라네는 유가에 대한 베버의 견해와 매우 비슷한 일반적인 개요로 '중국 사상'을 소개하는데, 베버가 합리성의 완전한 발달을 제약하는 것으로 간주했던 것이 그라네가 중국 사상의 천재성으로 찬양했던 것이라는 결정적인 차이는 있다"(푸엣 2002: 8).³

현대 학계의 한 가지 이상한 특징은 그런 문화본질주의*의 부정적인 측면이 유해한 오리엔탈리즘으로 지목되어 거부되었지만, 규범적으로 긍정적인 그 표명은 계속해서 번성했다는 사실이다. 내가 생각했던 "행복한 얼굴을 한 헤겔(Hegel with a happy face)"(본질적인 중국 전체론이 똑같이 본질화된 서양 사상에 대한 개선책 역할을 할 수 있다는 생각이다. _역자 주)은 가장 최근 모습에서 초기 유럽 철학자들로부터 레비 브륄(Lévy-Bruhl)(1922)과 그라네(1934) 같은 학자를 거쳐 바로 로저 에임스(Ames, Roger)와 헨리 로즈몬트(Rosemont Jr., Henry)(2009), 프랑수아 줄리앙(Jullien, François)(2007a) 같은 중국 사상을 연구하는 서양의 저명한 현대 학자뿐만 아니라 중국언어권 학문에 종사하는 장쉬에즈(張學智)(2005)나 탕이지에(汤一介)(2007)에게까지 거슬러 올라갈 수 있다.⁴ 1970년대 이후로, 게다가 오리엔탈리즘은 포스트모던 또는 후기구조주의의 전환을 맞이하여, 인간 자아에 대한 급진적 사회구성주의 또는 언어구성주의 견해의 형식을 한 이론적 토대를 획득했다. 그에 따라 발생한 프랑스 이론과 문화본질주의의 자극적인 혼합물은 의외로 현재 아시아학과 비교문화연구의 큰 구획을 손아귀에 쥐고 있다.⁵

물론 오리엔탈리즘은 프랑스 후기구조주의 사상에서도 가장 중요한 위치에 있다. 롤랑 바르트(Barthes, Roland)의 『기호의 제국』(Empire of Signs)에서 일본은 엄청나게 다른 타자(Other)의 역할이다. 푸코(Foucault, Michel)는 다른 "사물의 질서(order of things)"로 생각해 들어가는 것에 대한 절대적인 장벽을 예증하기 위해 보르헤스(Borges, Jorge Luis)의 〈중국인 백과사전

⟨*Chinese encyclopedia*⟩〉을 훌륭하게 사용하고(1966/1970), 데리다(Derrida, Jacques)는 중국의 표의문자(表意文字)를 로고스중심주의**에서 벗어난 문명의 증거로 묘사한다(1967/1998). 장룽시(2010)가 지적했듯이, 푸코와 데리다 같은 이론가는 "서양과 대조하고, 믿기 어려운 장소, 즉 '이소성(異所性, heterotopia)'(사물들이 서로 상이한 방식으로 위치하고 있어 공통되는 위치를 한정하는 것이 불가능한 사물의 상태 _역자 주) 또는 궁극적 '차연(差延, différance)'으로서의 문화 차이를 강조하려고 중국이나 중국어 글자를 사용한다"(344). 레이 초우(Chow, Rey)는 데리다의 중국 표의문자에 대한 맹목적 숭배를 그저 "중국인"에 대한 더욱 일반적인 고정관념에 충만되어 있는 인종차별주의와 문화본질주의의 학술적으로 정제된 형태로 간주한다.

고귀한 이론과 철학의 문맥에서 번역하면, "헤아리기 어려운 중국어(inscrutable Chinese)"는 동양의 수수께끼 같은 외면일 뿐만 아니

•문화본질주의(cultural essentialism) 문화본질주의는 사람이나 대상에게 변하지 않는 내재한 특징이 있다는 본질주의의 한 분야로, 한 문화 내의 혹은 다른 문화의 사람을 집단으로 범주화하는 관행이다. 특히, 이 책에서 문화본질주의는 서양과 동양의 차이를 그들만이 가진 변할 수 없는 내재적 특징을 가진 것으로 분리하여 범주화하는 이분법적 사고방식을 의미한다.

••로고스중심주의(logocentrism) 로고스(logos)라는 개념을 중심으로 서구 형이상학의 전통이 전개되어왔음을 의미하는 것으로 자크 데리다(Jacques Derrida)가 처음으로 사용한 용어이다. 이때 로고스는 단지 언어, 논리뿐 아니라 이성, 질서, 합리성 등의 의미를 내포하고 있으며, 불변의 본질적·절대적 권위를 의미한다고 볼 수 있다.

라, 얼굴(표면), 이미지, 표의문자로 환원되는 전체 언어와 문화이기도 하다. … 따라서 중국인의 얼굴과 중국어 글자의 얼굴은 다른 문화를 물질적이고 언어적으로 다루기 힘든 것으로 낙인을 찍는 합성의 언어적 고정관념, 즉 타자 얼굴로 간주되어야 하는 것으로 수렴된다. (레이 초우 2001: 72)

프랑스 이론가가 동아시아의 지역, 역사, 언어를 거의 알지 못하거나 전혀 모른 채 동아시아를 이렇게 풍자적으로 묘사하는 것은 놀라운 일이 아닐 수 있다. 더욱 곤란한 것은 그런 오리엔탈리즘이 어떻게 실제로 "동양"을 어느 정도 아는 학자들의 글에 계속 스며들어 있는가 하는 것이다. 예컨대, 프랑수아 줄리앙은 『우회와 접근』(*Le Détour et L'Accés*)(1995a)에서 중국 사상에 대한 탐구를 "멀리 떨어진 미묘한 땅으로의 항해", 즉 현저한 대조를 통해 우리에게 "서양 사상을 되짚게"(2000: 10) 하는 여행으로 묘사한다.[6]

고전적 오리엔탈리즘을 탄생시켰던 간단한 이종문화간의 무지와 후기구조주의 사상의 문화상대주의 및 언어상대주의의 결합은 신비화[*]와 풍자예술을 위한 특별히 비옥한 땅을 마련했다. 인문학에 종사하는 누구든 포스터모더니즘의 종말을 기꺼이 알리고, 스스로를 포스트모더니스트라고 하는 학자는 거의 없다. 그럼에도 종교학이나 아시아학 같은 분야의 연구가 확실히 포스트모더니즘의 결정적 자질인 언어적이든 문화적이든 그 둘 다이든 간에 급진적 사회구성주의[**]의 가정에 기반하는 것은 일반적인 것이다(슬링거랜드 2008b: 제2장). 줄리앙과 같은 학자는 "우리 사고의 직물은 인도유럽 언어들로 짜진 것이다"(1995b: 18)라고 말하면서 이런 가정을 강조한다. 지적 결함이 있는 풍습에 스스로 즐겁게 골몰하기 이전에 그 풍습을 침착히 비난하는 트레이드마크인 수사적 행동에서,[7] 그는 중국 존재론을 논의하면서 비록 오리엔탈적 특징의 숭배를 "흔히 의심하지만" "이번에 그것은 논의의 여지가 없는 것처럼 보인다": "서양인이 사물(thing)(개체화 개념)로 번역하는 것은 중국어로 동-서를 의미한다. 그리고 서양인이 풍경(landscape)(통일적 용어)으로 번역하는 것은 중국어로 산-바다를 의미한다"(쥴리앙 2000: 376)라는 것에 주목한다. 그의 견해에서 이런 언어적 증거는 중국인이 구별된 실체가 없는 세계에 살았다는 자신의 주장을 입증한다.[8]

그의 연구가 프랑스 공립학교 학생을 위한 필독서라는 불안감을 주는 사실에도 불구하고, 이 책을 집필하는 나의 주된 관심은 전형적으

● 신비화(mystification) 신비화는 하나의 사회경제적 계급이 다른 계급을 착취할 때 사용하는 수단을 설명하기 위해 마르크스가 처음 사용한 개념으로서, 다른 사람의 경험을 잘못 해석함으로써 의도적으로 왜곡하고 다르게 묘사하거나, 벌어진 사건이나 현상에 대해 모순되고 반대되는 설명을 함으로써 그 속에 내재한 문제를 무시하는 것이다.

●●사회구성주의(social constructivism) 사회학의 지식론으로, 사회의 현실이나 실재가 어떤 방식으로 사회 구성원들에 의해 이해되고 만들어지며 발전하는지에 대한 연구를 진행하는 학문으로서, 사회의 어떤 요소나 특정 사태가 가지는 의미, 개념, 함축 등에 대해서 연구하며, 나아가 사회 구성원들이 이 요소나 사태를 어떤 방식으로 받아들이고 바라보는지에 대하여 탐구하는 사조이다. 사회구성주의는 개개인들이나 집단이 바라보는 사회의 현실을 어떻게 구성해내는지에 집중한다. 곧 사회적 현상이 어떻게 만들어지고 체계화되며 사람들에게 알려지고 전통으로 받아들여지는지를 연구하는 것이다.

로 더욱 엄격한 학자들이 묵살하는 줄리앙과 같은 이색적인 인물 주변에 머물지 않는다.[9] 내가 생각하기에 우리 분야에서 더욱 크고 만연한 문제는 강한 문화상대주의나 언어상대주의가 다른 점에서 침착하고 신중한 중국학자를 위한 기본적인 해석적 가정으로 종종 현대 학문의 배경에 단지 잠복해 있다는 것이다. "고대 중국인이 자신이 살았던 공간을 구축했던 방법"(1)에 집중한, 2006년에 출간된 마크 에드워드 루이스(Lewis, Mark Edward)의 잘 알려진 책에서는 고대 중국에서 물리적 몸을 명백히 자의적으로 선택하고 문화적으로 구축한 "최고 가치의 표지"(20)로 기술하며, 신체적 표면을 끊임없이 "유동적이고 변화하는 교환의 지역"(61)으로 기술한다. 대부분의 서양 전통에서 가치와 개별적 개체성의 중심지로서 몸이 분명하고 직관적으로 중요하다는 것을 고려한다면, 이것은 몸과 마음, 자아-타자 경계라는 개념이 우리에게는 꽤 이국적인 지적 환경에 고대 중국인이 살았음을 암시한다. 이와 비슷하게, 고대 중국의 동물 개념을 연구하는 로엘 스터크(Sterckx, Roel)는 공통 지식의 문제로서 "자연 개념처럼 인간성과 동물성 개념도 문화적 구성물이고, 가변적이고 역사적으로 우연적인 것으로 인식된다"(2002: 15~16)라고 주장한다. 그가 주장하기로, 자연계 자체는 "절충된 현실"(16)이다.

프랑스 이론의 샘물을 깊이 마시면서 영향력 있는 지적 시간을 보내지 않은 사람들에게, 이것은 이상하고 의심스러운 주장이다. 물론 상식은 신뢰할 만한 지식의 확실한 지침과는 거리가 멀다. 하지만 이런 경우에 우리의 소박한 직관은 실제로 현재 최고의 실증적 세계 모형으로 보강된다. 제1장과 제5장에서 논의하듯이, 가령 명확한 몸-세계 경계가 생리적 항상성(恒常性)을 위한 기본 요구조건이고, 이런 생리적 항상성이 다시 생물학적 생명의 근본 조건이라는 것을 암시하는 많은 증거가 있다. 범문화적인 심리적 증거는 특별한 문화적 서사가 무엇이든 간에 인간이 (지금은 호모사피엔스라고 명명하는 유기체의 부류가 아닌 동료 부족 구성원만을 구별하는) "인간"과 비-인간 동물을 구분하고, 인공물을 비롯한 다른 문화적 생산물을 기원과 본질에 있어서 생물학적 종(種) 및 더 일반적으로는 자연계와 질적으로 다른 것으로 지각한다는 것을 암시한다. 이것은 확실히 어느 정도 논쟁의 여지가 있다. 가령, 사회심리학에서는 "통속적" 인간-동물 구분의 보편성에 관해 의견이 일치하지 않고, 역사가로서 우리는 이런 구분의 정확한 윤곽이 문화마다 다르고 시대마다 다르다는 것을 안다.[10] 그럼에도, 내가 생각하기에 다양한 실증 과학 분야의 이런 주제에 관한 적절한 문헌에서 정보를 얻지 않고서 급진적인 문화 차이에 대한 쉬운 가정에서 시작하는 것은 결국 우리에게 손해이다.

직업으로 텍스트를 연구하는 사람이라면 잘 알겠지만, 해석적 여행의 진로는 그 출발점에서 명확하게 결정된다. 어떻게 예지(Vorhabe)("미리 가짐")가 필연적으로 해석학적 목표를 형성하는지에 대한 분석을 인식하기 위해 독일 해석학자의 모든 존재론적 가정을 공유할 필요는 없다 (가다머 1960/2004). 이 책의 한 가지 주된 논점은 적어도 수십 년 동안 고대 중국을 공부하는 대부분의 학생이 이 전통의 텍스트를 실증적으로 정당화할 수 없는 가정으로 접근했다는 것으로서, 이런 배경 가정 때문에 그들은 고대 중국 사상의 이국풍뿐만 아니라 내적 균일성을 체계적으로 과장하게 되었다. 강한 사회구성주의의 배경에서는, 급진적으로 타자이고 하나의 단위를 이루는 전체론적 중국 개념은 실제로 충분히 뜻이 통한다. 고대 중국 사상가는 고대 중국어라는 같은 언어로 글을 쓰고 있었다. 언어가 사고를 결정한다면, 그들은 모두 동일한 것을 생각했음에 틀림없다. 필요한 부분만 약간 수정하면, 고대 그리스인과 전해 내려오는 인도유럽 언어의 사용자도 마찬가지일 것이다.

문제는 급진적 사회구성주의가 인간이 어떻게 생각하고 행동하는지, 그리고 어떻게 문화를 구성하고 전파하는지에 대한 현재 우리가 가진 최고의 지식과 모순된다는 것이다.[11] 이 연구의 출발점은 우리가 추상적 기호나 상징의 바다에서 수영하는 비신체화된 마음이 아니라 신체화된 동물이라는 것이다. 우리는 과거로부터 문화뿐만 아니라 유전자도 물려받는다. 결과적으로, 우리는 전언어적·전문화적 인지의 풍부한 구조를 부여 받아서 세계에 들어가는데, 이런 인지 구조는 우리가 어떤 종류의 문화적 지식을 획득할 수 있고, 어떻게 적절한 정보와 배경 잡음을 구분하는지, 문화적 형태가 우선 어떻게 형성되는지를 결정하게 돕는 구조이다. 언어는 사고를 결정하지 않는다. 말은 일반적으로 전언어적인 아날로그 개념을 참조하고, 이런 개념 자체는 이미지적이고 신체적이다. 실제로 언어와 사고 간에 강력한 피드백 고리가 존재하고, 문화적으로 습득한 개념과 언어적 용어가 종종 특별한 방향으로 우리의 주의를 돌리고, 특정한 방식으로 우리의 추론 과정을 형성하지만, 우리는 결코 탈출할 수 없는 "언어의 감옥"*에 갇힌 수감자는 아닌 것이다.

지면의 제약으로 이 책에서 우리의 인지가 근본적으로 "신체화된다"는 주장을 뒷받침하는 증거를 상세히 이야기하지는 못한다.[12] 하지만 뒷장에서는 인간 인지의 실증적 연구가 어떻게 중국의 상세한 전체론 주장에 관하여 강한 문화구성주의의 이야기가 잘못되었는지를 보여 주는 대표적 사례를 제시한다. 고대 중국의 마음과 몸 개념이라는 이 책의 주제에 대해, 나는 특별히 인간은 직관적으로 "마음"을 소유하는 행위자와 활동력이 없는 사물이 근본적으로 다르고, 정신적 인과성과 물리적 인과성을 다른 것으로 보는 선천적인 마음-몸 이원론자라는 것을 암시하는 많은 증거에 집중한다. 이런 통속적 이원론은 마음과 몸 간의 거역할 수 없는 신비한 존재론적 구분을 단정하는 데카르트의 실체이원론**이 아니다. 물론 실체이원론은 확실히 데카르트와 같은 사상가가 (궁극적으로 직관에 반하는) 자신의 철학적 입장을 구축하기 위한 원료였다. 통속 이원론은 가장 좋게는 "약한" 이원론으로 생각된다. 행위자와 사물을 처리하기 위한 우리의 분리된 인지적 체계는 우리에게 마음과 몸이 다소 질적으로 구분되고 적어도 잠재적인 긴장 속에 있는 것으로 보게 한다. 그래서 "이원론"인 것이다.[13] 이와 동시에 사람

●언어의 감옥 인간의 생각과 사고의 범위가 언어 사용에 의해 구조화된다는 것을 부정적으로 표현한 것이다. 구조주의에 따르면, 인류가 세계를 기술하고 해석하려면 언어를 빌려야 하는데, 동시에 이 언어가 사람이 세계를 인식하는 데 오히려 장애물이 된다. 언어는 늘 모든 것을 개념화하고 고정하려는 규정의 욕망이 있어, 사람들의 사유 습관도 이러한 언어의 속박에서 벗어나기 어려워 언어의 감옥에 갇히게 된다.

●●실체이원론(substance dualism) 몸과 마음이 분리될 수 있다고 믿었던 플라톤, 아리스토텔레스, 데카르트의 이원론은 실체이원론으로, 이에 따르면 실체란 어떠한 다른 것에도 의존하지 않고 독립적으로 존재한다는 것이다. 즉, 마음의 실체와 육체의 실체는 동등하게 독립적으로 존재한다. 데카르트의 심신이원론은 특히 육체의 본질은 연장(extension)이고 마음의 본질은 사유라고 주장하였지만, 이 두 이질적인 실체가 어떻게 서로 만날 수 있는지에 대한 물음에는 두뇌의 송과선에서 동물 정령을 통해 상호작용한다는 대답을 제시함으로써 많은 철학자들이 이 이론을 거부하게 되었다.

들은 동서고금을 막론하고 몸과 마음의 상호작용을 인식했다.[14] 분명한 신체적 행동인 술 마시기는 정신을 잃게 한다. 걱정이나 근심은 신체적 건강을 서서히 해치거나 파괴시킨다. 더욱이 습관이나 알코올 또는 마약 중독과 같이 단순하게 "정신적"이거나 "육체적"인 것으로 분류하기 힘든 능력이나 작용도 많이 있다.

이러한 개념적 혼동과 복잡성은 아마 틀림없이 세계를 마음과 몸으로 나누기를 "원하는" 우리의 선천적인 직관적 인지와 세계가 실제로 작동하는 방법 간의 긴장을 반영한다. 마음-몸 이원론은 실재를 설명하는 것에서는 거의 확실히 틀린 것이다.[15] 우리가 알기로 인간은 기계 속의 유령(ghosts in the machine)이 아니라 통합된 몸-마음 체계이다. 중요한 의미에서, "몸"과 다소 구분되는 "마음"에 대해 이야기하는 것은 무의미하다. 이러한 이야기는 생존과 번식을 촉진시키게 진화한 우리의 선천적인 인지적 경향이 반드시 우리에게 세계에 대한 정확한 그림을 제공하는 것이 아니라 많은 방법 중 하나에 지나지 않는다. 아래에서 더욱 상세히 주장하겠지만, 행위자를 사물과 구분되고, 의도나 의지력 같은 눈에 보이지 않는 무형의 힘으로 작동하는 것으로 간주하는 우리의 경향은 다른 인간의 행동을 더 잘 예측하게 하는 인지적 지름길처럼 보인다. 이것은 인간이 진화했던 복잡한 사회계에서 결정적인 생존 기술이었다. 하지만 그것은 "의도"나 "자유의지"가 세계에서 진정한 인과적 힘이어야 한다는 것을 요구하지는 않는다. 동일한 방식으로, 우리의 색채 지각은 다 익은 딸기를 맛있어 보이는 불그스름한 것으로 간주한다. 물론 이런 색깔은 세계에 객관적으로 "존재하는" 것이 아니라 우리의 종 특정적 지각계와 상호작용하는 특정 화학물질의 빛 반사적 특성의 산물이다.

이 책의 논점에서 핵심 아이러니는 고대 중국을 이국적 전체론으로 묘사하도록 강요하는 것은 다름 아닌 우리의 선천적인 (그리고 어쩌면 잘못된) 마음-몸 이원론이라는 것이다. 마음을 몸 또는 물리적 인과성과 독립적인 것으로 간주하면, 본질적으로 마음과 정신적 산물의 큰 집합체인 문화를 똑같이 자유롭고 독특한 것으로 간주하는 것도 자연스럽다. 문화가 그 자체에 의해서만 유발된다면, 급진적 통약불가능성●은 예외이기보다는 규칙이어야 한다. 이것은 현재 인문학 대부분을 지배하는 '뭐든지 다 된다'라는 사회구성주의로 자연스럽게 이어지며, 이런 사회구성주의에서 중국(또는 "동양")이 단일적으로 균일하고 서양과 근본적으로 다르다는 것은 완전히 뜻이 통한다. 자, 보라! 이원론적 서양(Dualistic West)과 전체론적 동양(Holistic East). 다른 한편으로, 신체화된 인지의 관점에서 분석을 하고, 인간의 사상과 문화를 연구하기 위한 통합된 과학-인문학 접근법을 따르는 것처럼 진정한 전체론 입장을 채택하면, 우리는 문화본질주의의 손아귀에서 자유로워져서 오리엔탈리즘을 완전히 넘어설 수 있다. 문화는 유령 같은 것이 아니라 물리적이다. 문화는 비신체화된 담화의 영역에서 독립적으로 떠다니는 것이 아니라 인공물, 글 표면 위의 표시, 만들어진 환경, 개조된 풍경, 개조된 몸, 공중의 음파, 개별 인간 뇌 속의 신경세포의 형상으로 구성된다. 문화는 전달과 진화적 역학의 독립적인 연쇄를 가지지만, 물리계와 선천적인 인간 인지에

●● 통약불가능성(通約不可能性, incommensurability) 수학에서 빌려온 용어로 공통 기준에 의해 측정할 수 없음을 의미한다. 이 용어는 쿤과 파이어아벤트가 채택한 것으로서, 이들은 연속적으로 이어지는 과학 이론들은 이론들의 특성이나 장점들을 비교할 수 있는 중립적인 방법이 존재하지 않는다는 의미에서 서로 통약불가능하다고 주장한다.

의해 생산되고, 그 둘의 제약을 받으며 그 둘과 끊임없이 상호작용한다.

고대 중국 연구에 관해, 고대 중국인이 몸과 마음이 우리의 것과 매우 비슷하고, 관습적인 문화적 진화[16]로 인해 우리의 것과 대략 비슷한 물리적·문화적 세계에서 활동하는 우리 같은 호모사피엔스였다는 것을 인정해야 한다. 그들은 독특한 문화적 사상과 관습을 만들었지만, 이런 문화적 형식은 궁극적으로 공유된 인간의 인지적 구조와 적응적 도전에 기초한다. 그래서 실제로 우리 학자들은 이런 문화적 형식을 먼저 이해하게 된다. 더욱이 개별적인 유전적 재주, 특유한 발달 궤도, 다양한 국부적인 문화적 입력에 대한 노출들 간의 매우 복잡한 상호작용으로 만들어진 신체화된 존재로서, 고대 중국인은 다시 우리 자신과 매우 비슷한 다양한 한 무리의 사람이다. 지적인 인간 집단에서 발견하듯이, 그들이 공유하는 직관적인 인지적 가정은 세부내용에 대한 끊임없는 의견 불일치의 배경을 제공했다. 자연과 문화는 어떤 관계인가? 마음이나 가슴-마음[心]은 어떤 적절한 역할을 하는가? 인간은 동물과 얼마나 다른가(또는 인간과 동물은 어쨌든 다른가)? 적절한 인간 삶에서 과거의 문화적 전통은 어떤 역할을 하는가? 개인과 사회는 어떤 관계인가? 전국시대 중국 텍스트를 읽어본 사람이라면 누구든 현재까지 계속되는 철학적 논쟁의 초점인 이런 질문에 단 하나의 "중국식" 정답이 없다는 것을 인식한다.[17]

이와 비슷하게, "서양인"이 로고스중심주의나 비신체화된 자아의 신화에 의해 세뇌되었다는 신념을 일단 버리면, 라이프니츠가 데카르트가 아니고, 아리스토텔레스가 플라톤이 아니라는 것을 인정할 수 있는 공간을 만들게 된다. 고대 그리스이든 현대 유럽이든 간에 서양 철학자는 관점과 배경 가정이 전국시대 중국인만큼 다양하다. 그들 또한 동일한 많은 논쟁에 주의를 집중하는데, 이는 비슷한 인지적 경향과 행동 경향을 가진 유기체가 스스로를 이해하고 대규모 사회에서 함께 사는 것에 있어 비슷하고 반복되는 도전에 직면하는 경향이 있기 때문이다. 동일하게 중요한 것은, 엘리트 철학자가 반드시 일반인의 관점을 대표하지 않으며, 심지어 개인의 마음속에서도 명시적인 신조가 암시적 가정과 모순될 수 있다는 것을 인정해야 한다. 일반적으로 문화 전체는 고사하고 단 한 명에게도 다양한 관점이 존재한다.

* * *

나는 이 책에서 마음과 몸에 관한 중국 개념의 전체론적 본질을 둘러싼 주장을 중국의 오리엔탈리즘-본질주의 견해가 우리를 잘못된 방향으로 이끄는 특정한 사례로 사용할 것이다. 이런 전체론적 본질은 텍스트 자체뿐만 아니라 인간 인지의 본질에 대한 현대 최상의 지식에 의해서도 반박된다.

제1장은 고대 중국 학문에 만연한 "전체론 신화"를 탐구하고 증명하면서 시작한다. 여기에서는 서양 언어 연구에 집중하지만, 또한 그런 연구가 중국 학문에 스며드는 정도에도 주목한다. 전체론 신화는 본질적인 중국 전체론이 똑같이 본질화된 서양의 이원론에 대한 개선책일 수 있다는 생각이다. 나는 "신화"를 폴 골딘(Goldin, Paul)이 2008년도 논문 「중국에는 창조 신화가 없다는 신화」(The Myth That China Has No Creation Myth)에서 의도한 의미로 사용한다. 즉, 반증에 인상적인 면역력을 보여주는 신념 같은 믿음이라는 의미로 사용한다.[18] 그 연구에서 골딘은 고대 중국 글에서 창조 신화의 만연한 존재를 증명하는데, 그것은 "중국

서론 _ 41

은 모든 것이 다른 장소라는 신화적 시각"(26)과 충돌하기에 완고하게 간과되었던 창조 신화이다. 그 신화의 옹호자들이 "전체론"이란 특정 용어를 항상 사용하는 것은 아니지만, 구조적 주장은 항상 동일하다. 즉, 서양 사상에 고유한 다양한 종류의 이원론이 중국 사상에는 전혀 없다는 것이다.

제1장에서는 이 전체론 신화의 다양한 표명을 논의하지만, 궁극적으로는 이 책의 주된 주제인 마음-몸 전체론 신화에 집중한다. 마음-몸 개념에 집중하는 것은 이 이원론이 특히 고대 중국에 대한 전체론 주장의 중심인 경향이 있고, 따라서 일반적인 전체론을 관찰하기 위한 유용한 렌즈이기 때문이다. 나는 이른바 급진적 또는 "강한" 마음-몸 전체론 입장의 특징을 묘사한다. 이 입장은 마음과 몸 간의 어떠한 종류의 구분이라도 고대 중국 사상과는 그 성질이 전혀 맞지 않다고 주장한다. 중국인에게 없는 "서양의" 마음과 관련된 다양한 생각에 대한 주장은 마음-몸 이원론 입장에 전형적으로 편승한다. 정신적 내면성(psychological interiority)의 의미, 개인성(individuality)의 개념, 내세(afterlife)의 개념이 그런 생각이다. 이런 주장들 또한 다룰 것이다. 이 장은 고대 중국에 대한 전체론 주장의 다양한 특색에 반하는 텍스트 증거와 텍스트 외적 증거를 간략히 개관하면서 마무리한다. 나는 그런 증거에도 불구하고 전체론이 "신화"로 기능한다고 지적한다. 이는 현장에서의 경험이나 사실과 모순됨에도 사람들의 흥미를 끈다는 의미에서이다. 합리적인 결론은 실증적으로 책임이 있고 광범위하게 알려진 일반적인 인간 인지와 문화의 구조와 원동력을 이해하고서 우리가 연구하는 텍스트에 접근하는 것이 학자와 교수인 우리에게 의무라는 것이다.

제2~4장은 마음-몸 이원론의 특정한 사례로 시선을 돌려 이 주장을 상세히 뒷받침한다. 나는 고대 중국의 마음-몸 관계에 대한 암시적 견해와 명시적 견해를 입증하는데, 그 목표는 이런 견해가 다양함에도 어떤 것도 강한 전체론 관점을 반영한다고 합당하게 말할 수 없음을 증명하는 것이다. 이것은 어느 한 특별한 견해의 정확한 본질에 대한 논쟁을 위해 많은 여지를 남긴다. 리사 라팔스(Raphals, Lisa)(2017)가 최근에 주장했듯이, 고대 중국과 고대 그리스는 모두 마음과 몸이나 영혼과 불멸 같은 주제에 관해 다양하고 상호 모순되는 견해로 특징지어진다. 내 요점은 단지 이런 견해 중 어떤 것도 (적어도 암시적인) "약한" 마음-몸 이원론을 배경으로 하지 않는다면 이해할 수 없다는 것이다. 데카르트의 이원론과 달리, "약한" 이원론은 마음과 몸이 서로 다른 존재론의 영역에 참여한다는 것을 함의하지 않는다. 그럼에도 약한 이원론은 "마음"을 물리적인 몸과 특유하게 대조되는 것으로 지목하는 것처럼 마음과 몸은 근본적이고 질적으로 구분되는 것으로 간주한다. 또한 약한 이원론은 모든 다른 인간 능력보다 "마음"에 특권을 준다. 강한 전체론이 사고, 욕망, 콧물, 소화, 호흡, 달리기, 비장, 머리카락 자르기와 같은 인간 통일체의 모든 양상이 똑같이 물리적이고 또한 똑같이 주의를 받을 가치가 있는 것으로 간주되어야 한다고 예측하지만, 약한 이원론은 물리적 양상과 정신적 양상이라는 자아의 매우 특정한 두 가지 양상 간의 이원론이 고대 중국 사상의 중심이고 특별히 염려스러운 주제라고 예측할 것이다. 나는 이것이 우리가 고대 중국으로 주의를 돌리면서 보게 되는 것이라고 주장한다. 나의 주요한 목적은 일반적인 강한 전체론 주장뿐만 아니라 그것이 한 부분인 신오리엔탈리즘을 의심하기 위해 강한 마음-몸 전체론을 헐뜯는 것이다.

제2장에서는 마음-몸 이원론의 파생물로 간주되는 영혼-몸 이원론

(soul-body dualism) 개념을 조사하면서 정성적 비판을 시작한다. 나는 독자에게 일군의 고고학·텍스트 증거를 제시하여, 그런 증거가 고대 중국인이 죽은 사람에게 음식을 대접하고, 내세에 대해 생각하며, 영혼-몸 이원론의 어떤 형태를 포함해야 했던 가정을 배경으로 점차 철학적이게 되고 있음을 암시한다고 주장한다.[19] 고대 중국인은 비교적 형체가 있고 물리적인 몸과 비교적 형체가 없는 영혼(또는 영혼들)을 구분한 것처럼 보인다. 전자는 물질적인 가시적 세계의 부분이고, 궁극적으로 개인 정체성의 본질에 주변적인 것으로 간주되었다. "마음" 및 "개인적 본질"과 밀접하게 연결된 후자는 조상에게 지내는 제사, 제물, 신탁의 초점이었고, 우리 자신의 세계와 질적으로 구분되는 비가시적인 초자연적 세계에 참여했다. 내세와 그곳에 거주했던 존재의 "특별함"은 그들에게, 그리고 그들과 연상되는 물품과 관습에 유대 기독교 전통에서 신성함의 개념에 전혀 이국적이지 않은 어느 정도의 신성함을 주었다.

제2장은 영혼-몸 이원론 또는 몸이 마음과 영혼 또는 다중 영혼들과 대조되는 더욱 복잡한 모형이 정신 상태나 의식을 사물의 물질계와 질적으로 다른 것으로 간주하는 기본적인 마음-몸 이원론에 궁극적으로 기생한다는 주장으로 마친다. 따라서 제3장에서는 고대 중국인이 적어도 "약한" 마음-몸 이원론자였다는 주장을 증명하는 쪽으로 시선을 돌린다. 엄격한 데카르트 철학과는 달리, 약한 마음-몸 이원론은 마음과 몸이 잠재적으로 이따금씩 중복되기도 하지만 기능적이고 질적으로 구분된다는 개념이다. 전체론 대 이원론에 어떤 견해이든 고대 중국학자는 영어 'mind'에 대응하는 단어가 있다면 그것이 '心'이라는 것에 동의할 것이다. 가슴의 신체기관을 묘사하는 문자에서 도출된 '心'은 고대 중국 텍스트에서 정서, 욕망, 사고의 중심지이고, "가슴(heart)", "가슴-마

음(heart-mind)", "마음(mind)"처럼 다양하게 번역된다. 제3장에서는 '心'이 물리적 자아에서 차지하는 관념적 위치에도 불구하고, 진나라 이전(서기전 221년) 텍스트에서 몸과 질적으로 다른 것으로 묘사된다는 압도적인 증거를 개관한다. '心'은 빈번하게 물리적 몸을 가리키는 가장 일반적인 용어(形, 體, 身)와 명시적이고 암시적으로 대조된다.[20] '心'은 특이한 (그리고 분명히 "초물질적인") 인과성의 힘을 가지고서 다소 무형이거나 형이상학적인 것으로 간주되고, 모든 신체기관 중에서 질적으로 구분되는 것으로 간주되는 영혼 및 개인적 본질과 연결된다.

제2, 3장에서 나는 더욱 전통적인 방식으로 텍스트 증거를 이용하면서 이 학문분야의 문체적 경계 내에 남아 있다. 즉, 나는 내가 동의하지 않는 영혼이나 '心'에 대한 주장에 응수하여, 상술한 주장과 모순되는 것으로 생각되는 일정 수의 구절을 모으고, 더 나아가 이런 구절에 대한 정성적 해석을 함께 제시한다. 제4장에서는 증거를 제시하는 이런 방식의 문제점 몇 가지를 논의하고 정량적 분석의 잠재력을 탐구하는 쪽으로 나아간다. 정성적 분석의 한 가지 명확한 잠재적 문제는 체리피킹(cherry-picking)(관련된 중요한 사례나 자료를 무시한 채 본인의 논증에 유리한 사례만 취사 선택하는 행위 _역자 주)이다. 나는 제2, 3장에서 개관한 고고학 증거와 텍스트 구절이 고대 중국의 영혼-몸과 마음-몸 개념에 대한 공정하고 포괄적인 그림을 제공한다고 믿는다. 더욱이 이 장들에서 제시하는 증거가 나의 해석학적 반대자가 이용하는 주변적이고 가끔 이상하게 해석되는 구절보다 고대 중국의 세계관을 더 많이 대표한다고 믿는다. 하지만 기본적인 인간의 인지적 편견을 간주하면 이 장들에서 내가 선택하고 제시하는 증거가 나의 논증 목표 때문에 왜곡될 가능성도 충분히 있다.

제4장에서는 이 논제에 정면으로 직면하여, 인문학에 종사하는 우

리가 정량적 방법, 특히 디지털 인문학 기법과 결합된 정량적 분석으로 전통적인 정성적 방법을 보충함으로써 얻을 것이 많다고 주장한다. "디지털 인문학"은 학계에서 성가실 정도로 만연한 현학적인 전문용어가 되었다. 종종 디지털 인문학이 무엇을 수반하고 왜 필요한지를 명확하게 인식하지 않고서 디지털 인문학 기치를 날리는 프로젝트에 거액의 돈을 지원하려는 대학 교무처장을 선진국에서 발견하는 것은 어렵지 않다. 오늘날까지 많은 디지털 인문학 프로젝트의 한계를 고려하면, 인문학자가 그런 접근법을 겉만 번드르르하고 종교나 철학의 역사가들에게 유용성이 불명확한 것으로 간주하는 것은 용서할 수 있다. 또한 진정한 인문학을 위한 자금조달을 삭감하거나 텍스트를 다루고 이해하려는 것을 바보 같게 만들기 위한 연막으로 디지털 인문학을 사용하는 것은 아닌가라는 꽤 합당한 걱정도 있다. 하지만 나는 이 장에서 그런 걱정 때문에 디지털 인문학 접근법의 엄청난 잠재력을 무시하는 것은 실수라고 주장한다. 지금 전례 없는 디지털 도구를 활용할 수 있다는 사실에도, 우리가 뒷받침하는 텍스트 증거를 열거하거나 역사적 기록에 대한 신중한 견해를 공유하는 방식이 지난 1천 년 내지 2천 년 동안 많이 변하지 않았다는 것은 우리에게 괴로운 일이어야 한다.

전통적인 중국 텍스트의 통용 코퍼스(corpus; 말뭉치)뿐만 아니라 다른 중요한 텍스트 코퍼스 대다수가 지금은 검색 가능한 온라인 형식으로 이용 가능하다. 오늘날까지 이런 디지털 코퍼스는 그저 아름답게 보이게 하는 콘코던스로 사용되는 경향이 있었다. 특별한 키워드를 포함한 구절의 포괄적인 목록을 빠르고 쉽게 열거할 수 있는 능력은 그런 사이트의 가장 기본적인 기능이다. 하지만 이 기능은 우리 분야에서 거의 활용되지 않고 있다. 이와 비슷하게, 우리는 여전히, 가령 고대 중국이 마음-몸 이원론을 수용한 정도 같은 역사적 기록에 대한 우리의 견해를 디지털 혁명에 의해 대개 변함없이 남이 있던 방식으로 널리 퍼뜨린다. 즉, 전형적으로 그 주제에 대한 다른 학문의 꽤 제한된 조사와 다양하게 연동하여 치밀하게 입증하는 논문들과 단행본들로 널리 퍼뜨린다는 것이다. 많은 학자들이 지금 논문과 심지어 단행본을 전자 형식으로 읽지만, 인문학에서는 키워드 검색이나 자동화된 2차 문헌 조사와 같은 디지털 매체로 제공되는 새로운 행동유도성을 가끔 이용할 뿐이다.

제4장에서는 디지털 인문학 기법을 고대 중국의 영혼-몸과 마음-몸 개념을 분석하는 데 적용하여 그 기법의 유용성을 주장한다. 나는 먼저 디지털 코퍼스에 대한 가장 명백하고 직관적인 사용으로 시작하는데, 이것은 키워드나 키워드들의 결합을 포함하는 포괄적인 구절 목록을 생산할 수 있는 능력이다. 또한 코더(coder)를 활용하고, 코더간 신뢰도를 측정하며, 그 결과를 적절한 통계 분석에 맡김으로써 코퍼스에서 포괄적인 구절 목록을 뽑아내는 것뿐만 아니라 적절한 해석의 객관적인 의미를 얻기 위한 더욱 정교한 방법도 기술한다. 제4장의 핵심은 광대한 양의 텍스트에 대한 전자동 통계 분석을 포함하는 혁신적이고 강력한 방법론("원거리 읽기(distant reading)"; 모레이 2013)에 관한 것으로, 토픽 모델링, 계층적 군집화, 연어 분석이 그 예다. 이런 방법은 코퍼스에서 통계적으로 있음직하지 않은 단어 동시발생을 선택하거나 핵심 용어들 간의 체계적인 관계를 추적한다. 나는 고대 중국 텍스트의 광대한 코퍼스에서 처리된 몇 가지 자동 텍스트 분석 연구의 결과를 보고하는데(슬링거랜드 外 2017), 이 모든 것은 중국인이 적어도 "약한" 마음-몸 이원론자라는 입장을 확증한다.

마지막으로, 나는 디지털 시대에서 학문적 의견의 전파와 관련해 '종교사 데이터베이스(Database of Religious History; DRH. http://religiondatabase.org)의 사례로 시선을 돌린다. 정보 과부하 시대에서 학문적 의견을 정확히 추적하는 도전에 대한 웹 기반적인 디지털 인문학 반응인 DRH는 다양한 주제에 관한 학술 의견의 즉석 스냅사진을 제공하면서, 전문적인 학술 의견을 전파하고 코드화하며 시각화하기 위한 새로운 기술이다. DRH가 아직 데이터 수집의 매우 초기 단계이지만, 나는 "몸-정신" 이원론을 고대 동아시아를 포함한 전 세계와 전 역사의 종교 자질로 강력하게 간주하는 데이터베이스에서 현재 나타내는 학술 의견의 스냅사진을 제시한다. 또한 우리 분야에서 학문 상황을 정확히 일반화하고자 한다면 DRH와 같은 디지털 인문학 플랫폼을 참고하고 그것에 기여하는 것이 점차 규범적인 관행이 될 필요가 있다고 주장한다. 마지막으로, 제4장은 텍스트와 인문학 학문에 대한 빅데이터 접근법을 둘러싼 이론적·방법론적 논제를 일반적으로 논의하고, 신중하고 적절하게 사용한다면 이런 접근법이 인문학에 종사하는 학자들에게 즉각적인 도움이 된다고 주장하면서 마무리한다.

빅데이터, 코더간 신뢰도, 정량적 분석 방법을 텍스트 읽기에 적용하거나 연구 결과를 공유하기 위해 데이터베이스 접근법을 사용하는 것 모두는 과학과 디지털 인문학을 활용하는 것이 우리 분야에 유익하다는 것을 나타낸다. 이런 경우에 우리는 과학에서 비롯된 방법론을 차용한다. 이런 과학이 유용할 수 있는 또 다른 방법은 우리가 관심 있는 영역에 대한 실제 내용 지식을 제공하는 것이다. 더욱 폭넓은 해석학적 논제에 집중하는 이 책의 제3부는 우리의 해석적 작업이 인간 인지와 문화에 대한 현재 최고의 실증적 지식에 확고하게 기반해야 한다는 주장으로 시작한다.

인간 인지의 많은 양상, 그리고 인지와 문화가 상호작용하는 방법은 인지과학의 다양한 분야에서 수십 년 동안 신중하게 연구되었다. 대부분의 특정한 주제에 관한 과학적 견해는 계속 변화하고 있지만, 앞서 지적했듯이 인간은 빈 서판이 아니며, 문화와 언어가 인간의 사고와 행동을 완전히 구조화하는 것은 아니라는 것에 의견이 더욱 폭넓게 일치하고 있다. 1960년대와 1970년대 이후로 강한 문화상대주의는 인문학에서 대부분의 해석 여행을 위한 출발점이었고, 따라서 급진적이고 심지어 비교 불가능한 차이를 발견하기 위한 예상은 일반적인 것이었다. 언어가 우리의 사고를 지속적으로 구조화한다면, 이상한 문자와 매우 다른 입말 언어를 가정하면 고대 중국인은 어떻게 "인류의 다른 질서"(에임스 1993b: 149)일 수가 없었는가? 하지만 우리가 일단 강한 사회구성주의를 지적 쓰레기통으로 던진다면, 우리의 신체화된 실재에 확고히 기반하여 텍스트를 읽고, 그것이 처음에는 아무리 이상하게 보인다 할지라도 다른 문화의 텍스트를 우리와 인지의 많은 기본적인 자질을 공유하는 동료 호모사피엔스의 산물로 간주할 수 있다. 이것은 제5장의 주제이다.

마음-몸 개념의 논제에 관해, 많은 (그리고 점차 증가하는) 일군의 범문화적 증거는 세계를 질적으로 별개인 "행위자"(마음)와 물리적 사물로 나누는 것이 인간의 인지적 보편소라는 것을 암시한다. 범문화적으로, 그리고 매우 고대부터, 인간은 의도적 인과성과 물리적인 당구공 인과성*을 근본적으로 다른 것으로 간주한다. 이것은 다시 사람들에게 마음과 몸(또는 어떤 다른 물리적 사물)을 질적으로 다른 것으로 간주하게 한다. 아이들은 4세나 5세경에 상황의 실재에 대응하지 않는 다른 행위자의 정신적 표상인 "허위신념(false belief)"을 명시적으로 모형화할 수 있다. 이것은 다시 풍자와 아이러니를 사용하고 이해하거나 지식의

> •당구공 인과성(billiard-ball causation) 알튀세르의 인과성 개념 중 하나인 선형적 또는 기계적 인과성과 비슷한 개념으로서, 하나의 당구공이 다른 공에 맞으면 그 맞은 공이 움직이듯이 하나의 원인이 하나의 결과를 낳는다고 보는 개념이다.

순환적 층위(Z가 A를 모른다고 Y가 [잘못] 믿는다는 것을 X는 안다)를 빠르고 직관적으로 사용할 수 있는 능력을 유발하는 언어와 문화 의존적인 학습 과정의 기초이다. 이런 "마음 이론(Theory of Mind)" 또는 정신적 상태를 이해하는 정신화 능력에는 잘 이해되는 유전적 기초가 있고, 범문화적으로 뇌의 동일한 부위에서 국부화되며, 명확히 사회적 삶의 복잡성에 대한 적응이다. 따라서 이런 능력은 호모사피엔스가 특유한 진화적 적소를 차지하는 능력의 토대이다. 즉, "초사회적" 유인원•의 능력을 위한 토대이다.

이 장에서는 또한 역사적 지식과 인문학적 전문지식이 어떻게 인지과학에 기여할 수 있고 기여해야 하는지를 논의한다. 보편적인 "통속적" 마음-몸 이원론의 경우, 마음-몸(마음-몸-영혼) 관계의 고대 중국 개념은 통속 이원론의 본질을 더욱 명확히 생각하게 돕는다. 이 주제에 관한 초기의 많은 인지과학 문헌은 고대 중국인을 데카르트 이원론자로 간주했다(예를 들어, 블룸 2004). 이와 대조적으로, 고대 중국 사례가 암시하는 것은 우리는 데카르트적이지 않고, 더욱이 반드시 이원론자일 필요도 없다는 것인데, 이는 몸이 종종 고대 중국 텍스트에서 영혼과 마음 모두와 대조하기 때문이다. 더욱 복잡한 이런 그림은 통속 이원론에 관한 실증적 문헌의 최근 결과와 정확히 일치하고, 그런 결과를 더 잘 해석하게 돕는다.

　나는 더 나아가 고대 중국인에게는 정신적 내면성의 의미가 결핍되었다는 생각과 같은 강한 전체론 입장의 하위주장으로 시선을 돌리면서, 인간이 보편적으로 의도적 행위자가 반드시 외부에서 지각되는 것이 아닌 내적 동기와 사고를 가지는 것으로 예상한다는 증거를 개관한다. 더욱이 몸에 기반한 개인성뿐만 아니라 몸이 그릇이라는 직관적인 의미도 삶 그 자체의 가장 근본적인 양상에 기반하는 것은 명확하다. 마지막으로, 직관적인 마음-몸 이원론은 또한 영혼과 내세 개념, 사물이 어떤 이유로 발생한다는 생각, 초자연적 행위자가 존재한다는 믿음과 같이 우리가 "종교적"인 것으로 분류하는 신념과 행동을 확실하게 쫓아버린다. 따라서 그런 현상이 고대 중국에서 발견되는 것은 놀라운 사실이 아니고, 그것은 유대 기독교 세계관을 패배한 식민지 종속인에게 부과하는 것의 결과도 아니다.

　나는 위의 주장에 대한 실증적 증거를 몇 가지 개관한 후에, 이것이 우리가 고대 중국 텍스트를 해석하는 방식에 약간의 제약을 가하는 것이라고 주장한다. 마음-몸 이원론이 호모사피엔스에게 인지적 보편소처럼 보이고, 고대 중국인이 호모사피엔스라면, 이원론이 그들에게 완전히 이질적인 것은 매우 놀라운 일이다. 어쩌면 이질적이었다. 그런 경우에는 현재 인지과학적 의견일치를 다시 검토해야 한다. 덧붙여 말하

●**초사회적 유인원** 인간과 우리가 속한 영장류 모두 사회적 동물이지만, 우리 호모 사피엔스만이 문명을 꽃피웠다. 다른 동물과 구분되는 이런 인간의 사회성을 초사회성이라고 한다.

면 이것은 매우 흥분되는 것이고, 해결하는 데 오랜 시간이 걸릴 것이다. 하지만 제5장까지 읽은 사람은 누구든 이원론이 고대 중국인에게 이질적이라는 결론에 도달할 것 같지 않고, 나는 여기에서 제시하는 인지과학적 증거가 마음-몸 전체론 주장에 미련 있는 애정을 일소할 것이라고 희망한다. 나는 유전자-문화 공진화에 기반한 문화에 대한 진화적 접근법과 동서고금을 막론하고 인간 문화가 점차 북유럽 개신교의 이념으로 수렴된다는 완전히 무관한 견해인 "진화론"을 구분하면서 이 장을 마무리한다. 진화주의 접근법이기보다는 진화적 접근법은 이른바

> ●자연주의적 해석학(naturalistic hermeneutics) 자연주의적 해석은 과학적 방법의 통일성에 대한 입장을 제안하고, 인문학의 자립성에 대한 주장으로부터 그 입장을 지킨다. 그 자체로 유의미한 인간 행동과 텍스트는 자연과학에서 사용되는 표준 방법인 가설-연역적 방법(hypothetico-deductive method)으로 적절하게 다루어질 수 있다는 것이다. 해석학적 방법은 인간 행동과 텍스트를 이해하고 해석하기 위한 대안적 방법이 아니라, 유의미한 자료에 적용되는 가설-연역적 방법과 같은 것이다. 따라서 자연과학, 사회과학, 인문학 간에 근본적인 방법론적 차이가 없다고 볼 수 있다. C. Mantzavinos(2005: ix)에서는 자연주의적 해석학에 대해 다음과 같이 설명한다. "인간 행동을 유의미한 것으로 간주하고, 텍스트와 인간 행동의 다른 부산물을 유의미한 자료로 간주하는 것은 일반적이다. 자연과학의 방법으로 의미를 이해하는 것은 문제가 있거나 불가능한 것으로 간주하는 것도 일반적이었다. 이 책에서는 인간 행동이 유의미하다는 견해와 이와 동시에 인간 행동과 모든 유의미한 자료가 자연과학에서 널리 보급되어 있는 방법을 사용해서 과학적으로 다루어질 수 있다는 견해를 신봉하는 것이 가능하다는 것을 보여 준다. 다시 말해 나는 한편으로 자연과학과 다른 한편으로 사회과학 및 인문학 간에 근본적인 방법론적 차이가 없다는 명제를 옹호한다."

"자연주의적 해석학"*을 위한 이론적 토대일 수 있는데, 이것은 신체화된 공통성의 가정을 배경으로 발생하는 텍스트와 다른 문화의 해석에 대한 접근법이다.

대부분 한동안 이용 가능했던 고대 중국에 대한 강한 전체론 주장에 반대하는 텍스트·고고학·심리적 증거가 상당히 많다고 한다면, 어떻게 이 주제에 대한 학문은 그렇게 실패했는가? 제6장에서는 우리의 신체화된 본질을 무시하는 가장 근본적인 것 외에, 문화 차이에 대한 과장된 주장에 기여하는 해석의 더욱 특정한 오류나 과도함을 식별하여 이 질문을 다루고자 한다. 이것은 "차이에서 차연으로의 미끄러짐(slide from difference to différance)"이라는 수사적 행동에 관한 것이다. 이런 미끄러짐에서 학자들은 특정 중국 사상가와 특정 서양 사상가 간의 일정한 차이에 대해 다른 점에서는 합리적인 관찰을 한 뒤, 그들 자신의 증거를 초월하는 급진적 문화 차이에 관한 극적이고 모든 것을 아우르는 주장을 함으로써 결론을 내린다. 다른 일반적인 행동은 허수아비 주장과 허수아비 주장을 비교하고, 주장을 가정으로 오해하며, 특정한 중국 용어에 일원적 해석을 강요하고, 학문적 정확성보다는 신학적 목표나 윤리적 목표에 우선권을 둔다. 이 모든 해석적 과도함은 궁극적으로 급진적인 문화본질주의의 가정으로 동기화되고 승인된다. 이 가정을 버리면 이해하고 해석하는 법을 배우며 우리 생애를 보낸 텍스트와 고고학 증거를 더욱 정확히 지각하고 논의할 수 있게 된다.

신화는 문화나 학문분야의 정신적 질서에서 기능하고 그 토대에 진실의 일면이 있을 때 지속하는 경향이 있다. 제6장의 후반부에서는 비교사상을 공부하는 학생뿐만 아니라 인지과학에 종사하는 연구자가 "전체론적" 중국에 대한 더욱 합리적인 견해에서 많이 배우는 방식을 탐구한다. 나는 이런 문맥에서 종교학자를 비롯한 다른 인문학자들이 인지과학자에게 그들의 범주를 충분히 생각하고, 종종 꽤 역사적이고 문화적으로 편협한 인간 인지의 모형을 초월하게 돕는 데 중요한 역할을 할 수 있고 해야 하는 방식을 논의한다. 예컨대, 현세와 내세나 마음과 몸 간의 존재론적 연속성에 관한 고대 중국 견해는 우리에게 "통속" 개념을 더욱 정확히 알게 돕고, 실제로 최고의 현대 과학 지식과 더욱 일치한다. 정서와 이성 간의 극도로 날카로운 구분의 부재에 관한 고대 중국 견해는 또한 현대 관점에서 꽤 선경지명이 있는 것처럼 보인다.

    이것은 그저 역사적 흥밋거리만은 아니다. 고대 중국 사상가는 자아의 본질에 대한 심리적으로 실재하는 견해를 가지고 연구했기에, 그들에게서 배울 것이 많다. 내가 로저 에임스, 작고한 헨리 로즈몬트, 프랑수아 줄리앙과 같은 학자의 전반적인 논점과 접근법을 비판함에도, 이런 학자들은 우리가 자아 개념의 존재를 인정해야 하고, 고대 중국의 자아 개념이 최근의 서양 철학 사상을 지배했던 비신체화된 초합리주의 모형에 유익한 대조를 이루는 마음-몸, 이성-정서, 개인-사회 관계의 모형을 제공한다는 견해를 가지고 있다. 이것이 철학이나 종교를 초월하는 것은 철학에서 나온 심리적으로 비실재적인 모형이 법적·정치적·교육적 정책에 해로운 영향을 미쳤고 계속 미치기 때문이다(슬링거랜드 2011b, 2011c). 이런 모형은 또한 이른바 1세대 인지과학을 궁극적으로 막다른 길로 이끌었고, 이 영향으로 그 분야 전체는 최근에서야 회복하였다. 이런 점에서 고대 중국의 자아 모형에 관여하는 것은 최근의 철학적-종교적 과도함과 잘못 든 길에 대한 중요한 실재적인 개선책일 수 있다. 다른 종교적·철학적 전통을 본질화하지 않고서 그런 전통에서 배우는 능력은 비교사상과 일반적인 문화연구로 나아가는 가장 유망한 방법을 제공한다.

제6장에서 제시하는 의견은 자연스럽게 결론에서 다루는 주제로 이어진다. 한 가지 주제는 과학-인문학 통합이 양방향적일 필요가 있다는 것이다(슬링거랜드·콜라드 2012b). 지난 2008년에 『과학은 인문학에 무엇을 제공하는가』(*What Science Offers the Humanities*)(이 책은 2015년에 『과학과 인문학: 몸과 문화의 통합』(김동환·최영호 옮김)이라는 제목으로 한국어로 번역 출간되었다._역자 주)라는 제목의 책을 출간한 이후에, 많은 동료들은 나에게 인문학이 과학에 무엇을 제공하는가라는 동일하게 시급한 질문은 왜 다루지 않았는지 물었다. 실제로 후자의 질문은 최근 몇 년간 내 연구의 중심이었다. 인지과학자는 전통적으로 종교나 도덕성과 같은 인문학에 속하는 주제를 연구하는 데 점차 관심을 갖기 시작했다. 일부 드문 경우를 제외하고, 인지과학자는 전형적으로 인문학에 종사하는 그 누구도 이 주제에 관해 유용한 것을 쓰거나 생각하지 않은 것처럼 이런 주제에 접근한다. 우리 인문학자들 중에서 남의 말에 더욱 민감한 인문학자는 이것을 과학의 오만함의 탓으로 하지만, 내 경험에서 그것은 흔히 단순한 무지의 산물이다. 그런 무지에 직면할 때 내 동료들의 아주 일반적인 반응은 조롱하듯이 콧방귀를 끼며 자리를 뜨는 것이다. 이것은 학술적으로 건설적이지 않고 장기적으로 흥미로운 것도 아니다. 캠퍼스의 다른 진영에 있는 동료의 일에 기본적으로 친숙하게 되면, 우리는 그들이 그 일을 더 잘 하게 도울 수 있다. 이런 종류의 참여는 또한 과학자와 (종종 과학 출신인) 대학 관리자에게 인문학적 전문지식이 어떻게 어디에서 적절한지를 강요할 것이다.

모든 형태의 오리엔탈리즘을 종식시키는 것은 단지 인문학자의 입장에서 현실에 대한 더욱 폭넓고 매우 필요한 재참여의 한 가지 차원이다. 강한 사회구성주의는 그야말로 존경할 만한 지적 또는 실증적 입장으로서 가망이 없다. 인문학자는 이것을 마침내 인식하고, 그것의 제한적인 포위에서 해방되어야 한다. 급진적인 사회구성주의는 내적인 비일관성 외에도 인간의 몸-뇌가 어떻게 작동하는지, 또는 문화적 정보가 어떻게 창조되고 의사소통되며 저장되는지에 대한 가장 기본적인 지식과도 완전히 모순된다. 프랑스 이론이 1970~1990년대에 매우 유행시킨 영묘하고 도발적이지만 궁극적으로는 이해 불가능한 산문은 약한 논점이나 지지할 수 없는 주장을 흐리게 할 뿐이다. 우리는 뒷받침할 만한 텍스트 증거 없이 내놓는 주장을 의심하고, 평범한 정성적 기법을 다른 학문분야의 연구방법으로 보충하는 것을 생각해 보아야 한다.

나는 급진적 사회구성주의와 반과학주의를 뒤로 하고 무시하지 않는다면, 비교종교학, 아시아학, 더욱 일반적인 문화연구가 실제적으로 위험에 처할 것이라는 강한 느낌이 든다. 급진적 사회구성주의와 반과학주의의 영향으로, 우리의 수사적 방식과 증거와 관계하는 방식은 과학뿐만 아니라 일반 대중과도 멀어지게 되었다. 인문학의 "위기"에서 벗어날 수 있는 탈출구는 경비절약이나 방어적 태도, 거만함이 아니라 더욱 폭넓은 학계 및 일반 대중과 매우 깊게 관계하는 것이다. 이 책은 고대 중국의 마음과 몸 개념에 구체적으로 집중했다. 더욱 폭넓게, 이 책은 고대 중국 사상의 연구에 관해 오리엔탈리즘과 문화본질주의 신화를 넘어서면 얻게 되는 이익을 예증하기 위한 렌즈로 이 주제를 사용하고자 한다. 하지만 가장 일반적인 층위에서 나의 주장은 인문학자가 자신의 전문지식이 어떻게 학문적·인간적 지식의 더욱 넓은 체제와 일치하는지를 보기 위해 자신의 분야와 핵심 인문학 자체의 난간 위로 머리를 내밀려고 더 많은 노력을 해야 한다는 것이다. 그리고 확실히 그러하듯이, 인문학이 유의미하고 유용하며 우리의 가장 열정적인 지지를 받을 가치가 있다고 느끼고자 한다면 더 늦지 않게 서둘러 그렇게 해야 한다.

1
고대 중국의 전체론 신화

언어학자이자 법학자인 프랑스계 미국인 피터 스테판 뒤 퐁소(Du Ponceau, Peter Stephen)는 한문이 "분절음의 도움 없이 눈을 통해 마음에 이르는 보편적 언어를 위한 모형"인 순수한 표의문자로 구성되어 있다는 만연한 오늘날의 오해에 관해 설명하면서 다음과 같이 말했다.

> 이런 열광적인 의견은 지난 세기 중반쯤 가톨릭 선교사를 통해 유럽에 소개되었다. 이런 덕망 있는 사람들은 국민적 허영심이 끝이 없는 중국 문인에게서 이런 의견을 받아들였다. 이러한 의견은 신성한 신탁으로 받아들여졌고, 뛰어난 것에 매료되는 박식한 사람들 사이에서 빠르게 퍼져 나갔다. 이 계몽된 시대에도 이런 의견은 다른 문제에 대한 판단이 만인의 존경을 받을 자격이 있는 사람들에게서 여전히 지지를 받는다. (1838: 7~8)

지적 경향, 즉 "뛰어난 것에 매료되는" 기본적인 인간 성향에 뿌리를 둔 지적 경향인 이른바 "오리엔탈리즘"에 대해 이보다 더 통찰력 있는 특징묘사는 없을 것이다. 뒤 퐁소의 말은 오늘날에도 강하게 울려 퍼진다. 150년이 지난 후, 마이클 푸엣(Puett, Michael)은 『창조의 유동성』(*The Ambivalence of Creation*)(2001)에서 열광적이지만 근본적으로 정확하지 않은 이런 의견과 스스로 싸웠다. 푸엣은 "자연계와 아무런 단절도 단정하지 않았고"(14), 사상가는 어쩌면 근동과 그리스 사상에 매우 기본적인 자연/문화, 신성/인간, 창조/연속성 등의 구분과 마주 하지 않았던(12~16) 중국을 구상함으로써, 인위적이고 동적인 서양과 대조되는 자연스럽고 정적인 중국에 대한 초기 계몽주의 묘사가 중국에 대한 현대 학문을 계속 오해하게 한 방식을 겨냥했다.

푸엣은 자연-문화 구분이 "전체론적" 중국에 완전히 이질적이라는 주장을 손상시키는 것에 특히 관심이 있었지만, 자연-문화 전체론은 중국 또는 "동양"에 흔히 있다고 생각되는 더 넓은 전체론의 한 가지 국면일 뿐이다. 『신이 된다는 것』(*To Become a God*)(2002)에서, 푸엣은 이 주제를 마르셀 그라네와 조지프 니덤(Needham, Joseph)으로부터 프레드릭 모트(Mote, Frederick), 창(Chang, K. C.), 그레이엄(Graham, A. C.), 데이비드 홀(Hall, David), 로저 에임스로까지 계속 추적한다(푸엣 2002: 14~18). 예컨대, 니덤은 자신이 "대등적 사유(coordinative thinking)"라고 명명한 특별한 중국식 사고방식을 언급했다.

> 대등적 사유에서, 개념은 서로 아래에 포함되는 것이 아니라 나란한 패턴을 이루고, 사물은 기계적 인과성의 행동이 아닌 일종의 "자기유도(inductance)"에 의해 서로에게 영향을 미친다. … 중국

사상의 핵심 단어는 질서(Order)와 특히 패턴(Pattern)(그리고 내가 처음으로 은밀히 말할 수 있다면 유기체(Organism))이다. 상징적 상관성이나 대응은 모두 한 가지 거대한 패턴의 부분을 형성했다. 사물이 특별한 방식으로 작동하는 것은 반드시 다른 사물의 이전 행동이나 충격 때문이 아니라, 계속 움직이는 순환적 우주에서 차지하는 그 위치로 인해 그 작동을 필연적이게 만들었던 내재적 본질 때문이다. 사물이 그런 특별한 방식으로 작동하지 않는다면, 전체에서 차지하는 관계적 위치(지금의 그것으로 만들어 주었던 것)를 잃고서, 그 자체가 아닌 어떤 것으로 변할 것이다. 따라서 사물은 전체 세계-유기체에 대한 존재론적 의존성 속에 있는 부분이다. 그리고 사물은 기계적 충격이나 인과성이 아니라 신비로운 울림에 의해 서로 작용했다. (니덤 1956: 281)

니덤의 견해에서, 우주 만물이 "신비로운 울림"으로 연결된다는 독특한 중국식 사고방식은 또한 인도-이란이나 아브라함 신념에서 당연시되는 다른 구분의 발달을 막았던 강한 전체론 세계관의 결과이다. 그는 "고대 중국 사상에는 '내세'와 같은 것이 전혀 없었다. 즉, 하늘이나 지옥, 창조자 신, 우주가 일단 태고의 혼돈에서 발생했다면 우주의 예상되는 종말은 없었다. 모든 것은 자연스러웠고, 자연 속에 있었다"(1974: 98)라고 말한다.

중국에 대한 전체론 사고의 또 다른 계보는 미란다 브라운(Brown, Miranda)이 추적하는데, 그는 현대 중국학에서 특별히 중국의 전체론 사고방식이라는 개념과 "본원적" 사고에 관한 뤼시앙 레비 브륄(Lévy-Bruhl, Lucien)의 설명을 연결한다. 이런 설명에는 인과성, 마음-몸 이원론, 논리,

시간, 추상, 분석과 같은 "서양의" 개념은 없다(브라운 2006: 224~230).

> 본원적 인식은 모든 지각의 필수 부분을 형성하는 집단적 표상의 신비한 본질 때문에 근본적으로 신비하다. 우리의 본원적 인식은 어쨌든 우리를 둘러싸고 있는 사물들 대부분에 대해 신비롭지 않게 되었다. 어떤 것도 사물과 우리에게 비슷해 보이지 않는다. 우리에게 친숙한 언어를 사용하는 우리 자신과 같은 사람들에게, 그들의 사고방식으로 들어가는 데는 극복할 수 없는 어려움이 있다. 우리는 그들 사이에서 더 오래 살수록 그들의 정신적 태도에 더 가까워지고, 그들의 정신적 태도를 완전히 따르는 것이 얼마나 불가능한지를 더 많이 인식하게 된다. (레비 브륄 1926/1985: 44~45; 브라운 2006: 225는 번역을 수정함).

레비 브륄의 초기 견해에서, "본원적" 사고와 우리 자신의 사고 간의 차이는 궁극적으로 극복할 수 없는 장애물이다. 하지만 브라운은 레비 브륄이 부분적으로 그의 문화본질주의에 대한 강한 비판에 반응하여 후기 연구가 이 입장에서 다소 후퇴했다고 지적한다. 그의 후기 연구는 서로 다른 사고방식을 정도의 차이로 묘사하는 경향이 있다(2006: 230). 이와 비슷하게, 마르셀 그라네, 니덤 또는 그레이엄과 같은 중국학자가 형식화한 전체론 개념은 본질주의에 관해서 절대론적이지 않았다. 예컨대, 그라네는 중국 전체론을 그 전통의 "지침 원리나 생각"(les idées directrices)으로 이야기했다. 브라운은 "중국 사상과 유럽 사상 간의 차이를 이상적 유형이나 정신성으로 나타내기보다는, 이런 결정은 그라네에게 그 차이를 각 전통 내에 어떤 생각이나 사고 습관이 상대적으로 널리 퍼져 있는 것으로 설명하게 했다"(234~235)라고 지적한다. 그레이엄은 또한 상관적인 중국의 전체론 사상과 분석적인 서양 철학을 훌륭하게 대조하지만, 자신이 기술한 차이가 비교할 수 없는 정신구조(mentalités)라기보다는 상대적 만연성이나 이론화 층위의 문제라는 것을 비슷하게 인정했다(1986: 1~2, 6~7, 23).

중국 전체론의 신오리엔탈리즘 개념

중국 전체론의 이러한 초기 형태는 덜 극단적이고 덜 문화본질주의였다. 이는 주로 그런 형태가 문화적 변이를 예리하게 인식했지만, 어떤 층위에서 여전히 일종의 심리적 보편주의를 받아들인 학자가 이를 형식화했기 때문이다. 가령, 고대 중국과 고대 그리스 간의 문화적 세계관의 중요한 차이에도, 이런 문화적 세계관은 비슷한 본질을 부여 받았고, 비슷한 문제와 싸우는 인간에 의해 형식화되었다. 여전히 현대 인문학 바깥에 널리 퍼져 있는 인간 본질과 문화 차이에 대한 이러한 상식적 견해는 물론 지금 우리 분야에서 지독히 소박하고 심지어 케케묵은 것이다. 지난 수십 년 동안, 극단적인 언어구성주의나 사회구성주의가 인문학 분야 대부분에서 정설이었기에(슬링거랜드 2008b: 제2장), 전체론 주장은 그에 상응해서 더욱 극단적이고 본질주의적 전환을 맞이했다. 인간이 문화와 언어의 산물이면, "유력"에 대한 이야기는 문화적 통약불가능성의 종합적 설명으로 대체된다. 전형적으로 중국 전체론의 현대 설명에 충만되어 있는 문화본질주의와 효과적인 옛날식 오리엔탈리즘의 혼합물은 내가 "신오리엔탈리즘(neo-Orientalism)"이라고 부르는 것이다.

예상하듯이, 프랑스 사회구성주의 이론가들은 신오리엔탈리즘을 즐겼다. 성의 없는 부인에도 불구하고,¹ 일본의 형식을 한 "동양"이 롤랑 바르트의 『기호의 제국』(*Empire of Signs*)에서 비교 불가능한 타자의 역할로 선택된 것은 우연이 아니다. 데리다는 『그라마톨로지에 대하여』(*Of Grammatology*)(1967/1998)에서 중국 표의문자를 서양 언어의 로고스중심주의 감옥에 대한 완전히 다른 대안으로 본다. 제인 기니(Geaney, Jane)는 "데리다는 문자가 '그 자체와 같은 독자적이고 특유한 실재'와 '상징적' 관계를 맺는다는 생각을 모방하지만, 한문에 대해 반어법 없이 '모든 로고스중심주의 외부로의 문명 운동'으로 생각하는 듯하다"(2010: 251)라고 말한다.² 아마 가장 유명한 것은, 푸코는 생각에 잠겨 다른 "사물의 질서"로 들어가는 것에 대한 절대적 장벽을 매우 진지하게 예증하기 위해 보르헤스의 유머러스한 〈중국인 백과사전〉*을 사용하는 것이다. 다음과 같은 "어떤 중국인 백과사전"을 보라.

> 동물은 (a) 황제에게 속하는 것, (b) 방부 처리된 것, (c) 길들여진 것, (d) 아직 젖을 떼지 않은 돼지, (e) 인어, (f) 전설에 나오는 것, (g) 길을 잃은 개, (h) 현재 분류에 포함된 것, (i) 열광한 것, (j) 무수히 많은 것, (k) 매우 미세한 낙타털 솔로 빗은 것, (l) 기타 등등, (m) 주전자를 막 깨뜨린 것, (n) 멀리에서 파리처럼 보이는 것으로 나뉜다.

푸코는 이 구절의 풍자적 의도를 무시하면서, 그것을 "또 다른 사고 체계의 이국적인 매력"뿐만 아니라 "우리 사고의 한계, 즉 그것을 생각하는 완전한 불가능성"(1966/1970: xv)의 표현으로 묘사한다.³ 푸코가 분명히 밝히듯이, 중국은 "우리가 사는 지구의 다른 한쪽 끝에서 전적으로 공간의 질서화에 헌신하는 문화, 그러나 다수의 기존 사물에 대해 우리가 명명하고 이야기하고 사고하는 것을 가능하게 하는 어떠한 범주로도 분류하지 않는 문화"(xix)를 대표한다.⁴

중국에 대한 이런 설명은 현대 중국학 대부분 영역에 스며들어 있는, 장룽시(張隆溪)가 말하는 "타자의 신화(myth of the Other)"(1998: 제1장)의 특별히 강한 형태를 나타낸다.⁵ 『아시아학 저널』(*Journal of Asian Studies*)의 편집자인 데이비드 벅은 1991년에 "상대주의 해석이 보편주의 생각보다 아시

• **중국인 백과사전** 아르헨티나의 소설가 호르헤 루이스 보르헤스(Borges, Jorge Luis)가 남긴 단편 가운데, "존 윌킨스의 분석적 언어"는 짧은 글이 있다. 영국의 자연철학자이자 왕립협회(Royal Society)의 창시자 가운데 한 사람이었던 존 윌킨스(1614~1672) 주교가 고안한 보편언어(universal language)를 설명하는 글이다. 이 속에서 보르헤스는 존 윌킨스가 우주를 40개의 범주로 파악하여 보편언어에 담으려 한 시도가 얼마나 작위적인 것인지를 이야기한다. 푸코는 『말과 사물』의 첫 페이지에서 보르헤스의 수필집 『또 다른 심문』(1952) 중 "존 윌킨스의 분석적 언어"에 나오는 '중국인 백과사전'을 인용한다. 이것은 진짜처럼 보이지만 실은 보르헤스가 상상해낸 백과사전이다. 보르헤스는 이 백과사전도 세계를 작위적으로 범주화한다고 적는다. 푸코는 보르헤스의 중국인 백과사전에 등장하는 동물 분류방식을 인용한다. 황제에게 속한 것, 미라화한 것, 길들인 것, 젖 빠는 돼지, 주인 없는 개, 광폭한 것, 셀 수 없는 것 등이 바로 그것이다. 포유류, 조류, 파충류 등의 체계를 단 하나의 진리로 가르치고 배워 온 우리에게는 웃음 밖에 나오지 않는 내용이다. 이 분류의 인용을 시작으로 푸코는 우리가 만들어 온 인식체계의 근원을 흔든다. 말로 구축한 세계의 실상과 허상을 허물어 나간다.

아주의자 사이에서 그리고 실제로 JAS(『아시아학 저널』)에서 훨씬 더 빈번하게 제시되었다"(벽 1991: 32)라고 말했다. (벽이 동의했던) 이런 추세는 전형적으로 이론적 풍조에 있어서 다른 인문학 분야보다 10여 년 정도 뒤처진 북아메리카와 유럽의 아시아어와 동아시아연구 학과에서 강한 사회구성주의 이데올로기가 점차 지배하는 현상을 잘 추적한다.[6]

강한 문화구성주의와 급진적 타자성의 신화가 어떻게 현대 중국학에 스며들어 있는지 설명하는 데 도움이 되는 예는 황쥔제(黃俊傑)·에릭 쥐르허(Zürcher, Erik)의 책 『중국 문화의 시간과 공간』(Time and Space in Chinese Culture)(1995)에 수록된 엮은이의 서론이다. 개인이 시간과 공간 같은 기본적인 존재의 차원을 이해하는 방식에서 근본적인 범문화적 (실제로 종들 간의) 유사성이 있어야 한다고 생각해도 무방하다. 동물계와 식물계 전역에 있는 유기체는 규칙적인 주간·연간 리듬을 중심으로 그들의 행동을 조직하고, 물리적 공간도 세계의 다양한 생명체에 의해 인지적으로 처리되고 그런 생명체에 비슷한 제약을 발휘하는 것 같다.

황쥔제·쥐르허는 우리가 그런 순진한 개념을 깨닫기를 열망한다. 그들의 책에서는 "'시간'과 '공간'이라는 개념이 중국 문화에서 얼마나 특별하고 구체적으로 중국적이고, 역으로 특별히 이런 중국의 시간과 공간 개념이 어떻게 중국 문화라고 불리는 웅장한 생활 전통을 형성하는지에 대해 대단한 이야기를 한다"(3). 그들은 시간과 공간이 인간 이해의 형태라는 점에 대해 칸트와 동의하지만, 시간과 공간을 초월적 범주로 인식하는 것을 거부하는데, 이는 인간 경험에는 보편성이 없고 특이성만 있기 때문이다. 시간과 공간은 "형태"이지만, "우리 사고와 경험의 형태 자체는 다양한 문화적 사고와 행동 양식에 의해 구체적이고 다양하게 만들어진다"(4). 인간 경험의 모든 차원은 문화에 의해 결정되는데, 문화란

"동물성의 단순한 분출이 아니라, 우리의 경험이 뜻이 통하고, 그 자체를 인간적으로 유의미한 것으로 구분하는 담화의 우주인 우리가 '인간인' 자궁"(4)이다. 우리는 "문화만큼 많은 종류의 공간과 시간의 형태가 있고"(4), "세계에서 인간 삶의 한 가지 특별한 양식은 중국 문화, 즉 철저하게 구체적이고 합리적인 문화이다"(4)라는 것을 자신 있게 확신한다.

공간과 시간의 중국 개념을 매우 "합리적인" 것으로 만드는 것은 그 개념이 내재적이고 역사적인 것으로서, "이론적 추상의 플라톤적 천국에서 미리 만들어진 것"이 아니라 "우리 삶의 변천에서 발달된 것"(9)이라는 점이다. 동일한 주제에 관한 후기 연구에서 황권제는 다음과 같이 설명한다.

> 중국의 시간은 시계 시간(절대시간(chromos))이 아니라 인간적으로 체험한 시간이다. … 중국 문화에서의 시간은 비개인적 사건이 아니라 벡터적 의욕[勢]이 역사적 개인의 삶과 수행에서 뛰고 있는 인간적으로 형성된 환경에 대한 (상대시간(Kairos)과 비슷한) 상황적 적시이다. (황권제 2006: 20)

역사가 "인간적으로 체험한 시간"이라는 이러한 생각은 "역사가 사회적·정치적·경제적 힘의 기계론적 밀고 당김인 서양의 인과적 설명"과는 매우 다른 묘사이다. 이와 대조적으로, 중국 역사는 개인적인 것으로서, 인간적 행위성이 이런 요인을 창조하지는 않더라도 이런 요인과 조화를 이루고 영향을 미친다"(25).

중국의 시간 개념이 "우리 서양의 것"과 매우 다르다는 이러한 견해는 이 분야에서 흔히 접할 수 있고, 종종 중국어의 본질과 연결된다. 프랑수아 줄리앙이 분명히 말하듯이, "중국어에는 **동사 어형변화가 없다.** 평이하고 그냥 주어진 이런 사실은 매우 중요하다. 이런 이유로 중국인은 동사 어형변화의 과정에서 암시되는 시제/시간(temps)을 구분하지 못한다. 따라서 중국인은 일반적인 종류로서의 시간(le temps)을 더욱 생각하지 못하고, 그 합성에 대해서도 생각하지 못한다"(줄리앙 2001: 30; 원본의 강조). 세계가 공간에서 이동하는 별개의 사물들로 구성된 것으로 생각하고, 시간이 공간에서의 사물 이동을 반영하는 것으로 생각하는 그리스 사상의 후계자와는 달리, 중국인은 전체론적으로 체험한 현실의 항상 존재하는 "순간" 속에 머문다.

> 중국 사상은 세상을 보는 완전히 새로운 방법의 출발점을 우리가 보게 한다. 순간[時] 개념은 시간 개념 아래로 범주화되거나 분류되지 않는다. 순간은 다른 어떤 것을 구성하는 요소나 적어도 각각 (시간상의 한 순간과 같은 성분으로) 이해할 수 있는 것이 아니라, 대안적 관점을 유도하고 대안적 사고 경로에 참여한다. 즉, 레버를 작동시켜 다시 움직이게 하고 진정으로 시간의 질문을 **변속하는** 레버를 작동시키는, 경계가 만들어지고, 균열의 지점이 나타난다. (줄리앙 2001: 121)

서양의 시간 개념은 사물이 고립에 감금되는 형이상학을 발생시켰지만, 중국 사상가는 줄리앙이 명확히 말하는 심오한 개념적 실수와 어쩌면 도덕적 실수를 피할 수 있었다.

수천 년간 발전한 중국 사상은 결코 시간 개념을 이용하지 않았고 이용할 필요가 없었다. 그 "길"은 존재와 상황 안에 머물면서 그것을 구성하기를 결코 그만두는 것이 아니라, 존재와 상황은 그 자체의 경향에 의해서만 옮겨 가는 것으로 생각된다.[7] 중국어에는 원형 형태의 개념은 없고, 스스로를 실현하면서 "형태를 갖추는"[形] 것에 관한 개념만 있다. 그 용어 자체는 또한 동사이다.

(줄리앙 2001: 121)

중국 시간은 분명히 코엔(Coen) 형제의 《위대한 레보스키》(*The Big Lebowski*)(1998)에 나오는 듀드(Dude)처럼 움직이거나 흐르지 않고, 사물이 움직이거나 이동하게 강요하지 않는다. 그것은 머무를 뿐이다.[8]

우리는 이런 예들에서 신오리엔탈리즘 입장의 모든 중심 특징을 보게 된다.

- 극단적 언어구성주의 또는 사회구성주의. 중국어는 근본적으로 서양 언어와는 다르고, 사고 패턴에서 그에 상응하는 통약 불가능성을 결정한다.
- 많은 포스트모던 글의 특징이기도 하듯이, 이해 불가능하다고 말할 수도 있는 엄청나게 기만적인 언어 스타일로 표현되는 추상적 개념에 대한 주장. 서양 논리의 한계에서 해방된다는 것은 또한 우리를 명확한 의사소통의 규범이나 이해성의 자본주의적 개념에서 해방시킨다.
- 플라톤과 계몽주의 사상가의 비판. 종종 풍자적으로 그려지는 고대 그리스나 계몽주의 유럽에서 특별한 철학적 입장은 그 모든 역사에서 모든 서양 사상을 대신한다.

- 단일적이고 초시간적인 문화. "중국" 문화와 사상은 불변하고 영구적이며, (어쩌면) 상(商)왕조의 안개 속에서 형태를 갖추고, 현재까지 변치 않고 남아 있다. 필요한 부분만 약간 수정하면, 서양 사상에도 동일하게 적용된다.
- 구체적이고 강력하게 전체론적인 중국 문화. 이런 단일적인 중국 문화는 독특하고 강력하게 전체론적이거나 구체적인 것으로 묘사되고, 이원론적이고 추상적인 서양과는 대조된다.
- 규범적으로 우월한 중국의 "타자". 서양의 이원론과 추상은 내재적으로 나쁜 것인데, 이는 전형적으로 저자들이 명확히 하거나 옹호하는 것이 아니라 독자가 공유하는 것으로 가정되는 이유 때문이다. 암시적인 주장은 중국 전체론이 세상과 연대하면서 "건전하다"는 것인데, 이는 과학, 각성, 고립, 신자유주의, WTO, 현대 세계의 모든 재난을 유발했던 서양 이원론의 냉혹한 추상과는 다르다. 이것은 수세기 동안 유럽 지성인의 마음을 움켜쥐고 있었던 고상한 야만인* 신화의 사소한 재가공일 뿐이다.⁹

중국 적시(適時)의 체험된 전체성과 서양 시계 시간의 엄연한 추상의 대조는 고대 중국에서 "전체론 신화"의 한 가지 표명이다. 아마도 영어권 학술 관점의 가장 두드러진 대변인인 로저 에임스는 다음과 같은 말로 최근의 한 연구를 시작한다. "고대 중국 경전에 대한 해석적 문맥인 전체론적 미적 우주론이 이론과 실천을 구분하고, 형식과 비형식을 구분하는 친숙한 이원론을 질색으로 여긴다고 말하는 것은 평범한 것이다"(2016: 37). 그는 초기 연구에서 이원론의 "친숙한" 서양 형태의 구조를 고대 그리스와 후기 기독교 사상의 기초인 기본적인 형이상학에 기반한다.

이원론이 무(無)에서 학설에서 존재하는 것은 근본적으로 쉽게 가늠할 수 없고 무조건적인 힘이 세계의 본질적 의미와 질서를 결정하는 것으로 단정되기 때문이다. 이것은 초월적이고 비의존적인 창의적 근원과 그 창조의 결정적이고 의존적인 사물 간의 급진적 분리 때문에 "이원론"이다. … 다양한 형태를 가진 이 이원론은 서양 우주발생론의 발달에 널리 퍼진 힘이었다. (에임스 1993a: 159)

그런 이원론은 중국 유미주의**나 "양극론(polarism)"과 대조될 수 있다.

이것들은 고대 중국 형이상학의 첫 형성과 진화에서 주된 설명 원리였다. 나에게 "양극론"은 공생(共生; symbiosis)이다. 그것은 그 자체가 되기 위한 필요조건으로 서로를 필요로 하는 두 개의 유기

• **고상한 야만인(Noble Savage)** 영화 '부시맨'에서는 아프리카 칼라하리 사막에 사는 부시맨이라는 종족이 나온다. 그들은 문명세계와 완전히 단절되어 원시적 생활을 하지만 전쟁과 싸움을 모르고 평화롭게 살아간다. 이를 통해 인간은 선하게 태어나지만 문명과 사회 속에서 타락한다는 견해를 표명한다. 자연 상태의 인간은 욕심이 없고 평화로우며 탐욕, 근심, 폭력 등은 문명의 산물이다. 고상한 야만인은 이런 생각을 대변하는 용어다.

•• **유미주의(唯美主義, aestheticism)** 미(美)가 인생에서 가장 높은 단계이고, 미를 위한 미, 예술을 위한 예술을 추구하는 입장을 말한다. 미와 예술은 오직 자족적이고 자율적이며 자기 목적으로서, 사회, 정치, 종교 등 어떤 기준에 의해 판단되어서는 안 된다.

적 과정의 통일성을 말한다. 이 패러다임에서 각 실존자는 자생적이고 자체 결정적이다. 존재에 대한 각 참여자는 "스스로 그러함(so-of-itself)"이고, 어떤 초월적 근원에서 그 의미와 질서를 도출하지 않는다. (에임스 1993a: 159)

동양과 서양 간의 이러한 분리는 구식이고 종합적인 것으로 묘사되며, 각각의 철학 전통은 17세기에 동양-서양 접촉이 시작될 때까지 특별한 세계관 안으로 가두어진다. 프랑수아 줄리앙은 중국 사상에 충만되어 있는 전체론적인 기(氣)에 기반한 우주에 대해 언급하면서 "유럽과 만나기 전에는 어느 중국 사상가도 이러한 개념적 체제에서 벗어나지 못했거나 그것의 예감 함축(prenotional implication)을 의심하지 않았을 것이다"(2007b: 76)라고 주장했다. 비슷한 견해는 아시아어 학문에서도 흔하다. 예컨대, "유가의 현대적 의의"에 대한 탕이지에의 주장은 서양의 데카르트 이원론과 대조적으로 "중국 철학은 '하늘과 인간의 통일성'(주체와 객체는 연결되고 구분될 수 없다)에 기반한다"라는 주장을 바탕으로 한다.[10] 귀지융도 비슷하게 고대 중국 철학의 변별적인 "존재론적 지혜"가 서양 사상의 특징인 자연/인간, 자아/타자, 개인/사회, 몸/마음 구분을 초월하는 전체론에 바탕을 두는 것으로 특징짓는다(2003).

서양 사상을 괴롭히지만 신선할 정도로 중국에 부재하는 다양한 이원론의 목록은 학자들마다 조금씩 다르다. 에임스는 서양의 초월주의가 "서양의 형이상학적 공론을 구조화했던 이원론의 정교한 패턴을 한 진정한 판도라 상자였다"라고 지적한다. "초자연/자연, 실재/현상, 존재/생성, 지식/의견, 자아/타자, 주체/객체, 내용/속성, 마음/물질, 형태/물질, 행위자/행동, 생물/무생물, 출생/죽음, 무에서의 창조/유에서의 소멸

등"(1993a: 159)이 그 예이다. 다음은 마음-몸 전체론 신화라는 나의 주요 표적으로 좁혀 들어가기 전에, 서로 밀접하게 관련된 다양한 전체론 신화의 국면을 간략히 개관할 것이다.

표의문자 대 표어문자

처음에 나온 뒤 퐁소의 인용이 입증하듯이, 유럽 지성인은 처음부터 한눈에 알 수 있는 중국어의 그림문자 본질에 매혹되었다. 실제로 알파벳이나 음절을 가진 언어로 교육 받은 학식 있는 개인에게 중국어 문자의 순전한 지각적 이국성은 중국 타자성의 힘과 많은 관련이 있다. 중국어 문자의 겉모양은 서양 문자와 너무 다르기에 그것은 비언어적이고 어쩌면 초언어적인 것처럼 보이고, 구체적인 세계로 가는 직접적인 도관처럼 보인다. 혼 소시(Saussy, Haun)가 말했듯이, 그림문자와 사물 간의 지각된 직접적인 연결 때문에 "한문은 유럽에서 알려진 이후 종종 완벽한 글의 모형으로 이용되었다"(2001: 35).[11] 에드워드 맥도널드는 뒤 퐁소를 매우 괴롭혔던 기발한 발상을 17세기 초 프랜시스 베이컨의 글로 더듬어 올라갔다.

> 중국을 비롯한 극동(High Levant)의 여러 왕국은 실물 상징을 사용하여 기록하기도 한다. 이것은 문자나 말을 대신해서 표현하는 수단이 아니라, 사물이나 관념을 직접 표현하는 수단이다. 서로의 언어를 이해하지 못하는 나라들이나 지역들 사이에서도 서로의 표기를 읽을 수 있는 것은, 실물 상징이 언어보다 널리 받아들여지기 때문이다. 그런 나라와 지역에 근원어의 수효만큼 많은 실물 상징이 존재한다는 상상도 가능하다. (베이컨 1605/1998: 82~83, 맥도널드 2009: 1195~1196에서 인용)

중국 글자가 구체적인 세계를 직접 나타낸다는 의미에서 "실물적"이라는 베이컨의 생각은 현실을 직접적으로 포착하고 의사소통하는 중국어 "표의문자"가 "말소리와 아무런 관련이 없는 수많은 사물에 대한 소형 그림"이라는 신화를 처음 표현한 것이다(장롱시 1998: 45). 현대 중국학계에서 이런 입장은 헤얼리 크릴(Creel, Herrlee. 1936, 1938)과 가장 많이 연관되지만, 20세기 초에는 에르네스트 페넬로사(Fenellosa, Ernest)·에즈라 파운드(Pound, Ezra)(1920)를 통해 일반 대중에게 널리 유포되었다. 더욱 최근 옹호자로는 채드 한센(Hansen, Chad)(1993)이 있고, 어쩌면 중국어 표의문자의 특이한 힘은 전체론 신화에 대한 많은 다른 표명의 배경에 잠복해 있다. 예컨대, 공자의 『논어』에 대한 로저 에임스·헨리 로즈몬트의 논의는 고대 중국어가 "모든 다른 비-중국어뿐만 아니라 (고대와 현대의) 입말 중국어와도 명확히 구분된다는 점에서 특이하다"라는 주장에 기반한다(1999: 289~290).

구체 대 추상

중국어 글자의 특이한 지위는 종종 로저 에임스가 묘사하는 "은유(또는 종종 '유추')에 의한 주장이 중국에서 논법의 중심적 또는 전형적 방식이라는 보편적으로 인정되는 사실[!]"(2008a: 35)에 대한 이유로 인용된다. 이것은 중국어에서 은유와 유추 사용을 중국인이 추상적 사고에 무관심하다는 신호로 간주했던 더크 보드(Bodde, Derk)의 초기 설명을 반영한다. 보드는 "중국 철학은 유추를 특별히 강조하기에 논리적으로 전개된 논문 형식으로 쓰는 것이 아니라, 핵심 생각을 예증하기 위해 함께 묶인 생생한 은유, 우화, 일화로 구성되어 있다. … 그 결과 중국 철학은 논리적이기보다 시적이다"(1967: 228)라고 주장한다. 이와 비슷하게 우광밍(吳光明)(1995)도 중국 사상이 이미지에 기반하고, 서양 사상을 지배했던 무형적이고 비신체화된 이성과는 완전히 구분된다고 주장한다.[12] 실제로 우광밍은 중국에서 발생한 독특한 철학 방식을 가리키는 "이야기-생각(story-thinking)"이라는 새로운 전문용어를 만들어 내도록 동기부여 되었다. 중국 사상은 역사, 저널, 문학의 이야기를 말하기 때문에 이야기-생각하고, 스토리텔링과 스토리 읽기, 스토리 방식을 민감하게 고려함으로써 "이야기-생각한다. 중국 사상은 서양 철학과는 달리 논리적으로 생각하고 분석하고 강제적으로 증명하지 않는다"(우광밍 2005: 217).[13]

시적이고 비강제적인 중국식 사고방식을 믿는 학자들에게, 서양 언어로 중국 철학에 대해 이야기하려는 것은 핵심적인 본질을 파괴하여, 중국 철학에서 세계와의 초생적 조화를 벗겨내고, 소외된 서양 추상화의 구속으로 중국 철학을 강요하는 것이다. 왕화이위(Huaiyu Wang)는 중국 사상이 너무 구체적이고 전체론적이라서 서양 언어로는 포착할 수 없는 도(道) 개념을 중심으로 행해진다고 주장한다. 도는 "명명할 수 없는 것을 가리키는 이름이다. 즉, 인간 삶과 자연적 존재의 중추적 발생[生]의 기원과 방식을 특징짓는 말로 표현할 수 없는 불가사의를 가리키는 이름이다. 그리고 도는 형이상학적으로 특징짓는 것도 피한다"(왕화이위 2007: 204). 따라서 중국어 텍스트를 "서양의 형이상학적 언어"로 번역하게 되면 반드시 "고대 중국 사상의 순박함, 시, 불가사의(비밀[14], 오묘함[玄])"를 놓치게 된다(204).

내재 대 초월

서양 사상의 "형이상학적" 본질에 대한 이러한 막연한 느낌은 전체론 신화에 대한 또 다른 일반적인 평가와 연결되어 있는데, 그것은 서양의 초월(超越, transcendence)과 중국의 내재(內在, immanence) 간의 대조이다. 이것은 유서 깊은 주제로서, 헤겔의 고정된 중국(Static China)으로 되돌아가고, "개인적·초월적·윤리적 신의 부재"(베버 1922/1991: 56) 때문에 어떤 윤리적 예언자도 중국(또는 그 문제에 관해 인도)에서 소생할 수 없다는 막스 베버의 주장에 충만되어 있다. 중국 문화의 독자적인 윤리학인 유가는 "형이상학적 신조와의 모든 연결을 완전히 거부했고"(72), "구원이나 윤리학을 위한 초월적 의지물이 필요하다는 느낌이 전혀 없다는 것"이 특징이었다. 그리고 "실질적으로 그 자리에 관료주의적 계급제도에 적절한 관습의 기회주의적이고 (미적으로 매력적이긴 하지만) 공리주의적 신조가 들어 있다"(90).

오리엔탈리즘 진영의 규범적으로 부정적인 면에 기반을 두고서 베버는 이러한 초월의 결핍을 중국 윤리학의 기본적인 결함으로 간주했는데, 이런 중국 윤리학은 "교육 받은 사람의 입장에서 세계에 대한 현명한 적응"(227) 그 이상에 결코 이르지 않았다. 다른 한편, 동시대의 신오리엔탈주의자는 베버의 규범적 위계를 뒤집고, 중국의 내재성을 도덕적 장점으로 묘사했다. 로저 에임스·데이비드 홀이 『도덕경』을 번역하면서 중국의 '天' 개념을 "Heaven"으로 표현해서는 안 된다고 설명하는 것은 '天'이 서양 종교의 초월적 신성과 아무런 관계가 없기 때문이다.

> 때때로 환유적으로 "하늘"로 언급되는 성경의 신은 세계를 창조하셨지만, 고대 중국어에서는 天이 곧 세계이다. 天은 능산적 자연(natura naturans)이다. 즉, "생산하는 자연(nature naturing)"이다. "발생하는 모든 산물"을 가리키는 표현인 "만 개의 과정과 사건[萬物]"은 질서가 정해진 것과 독립적으로 서 있는 天의 생명체가 아니

라 그것을 구성한다. 이에 기초해서 天은 그것을 구성하는 많은 특색의 기질에서 절충된 발현적 질서로 기술할 수 있고, 인간도 예외는 아니다. (에임스·홀 2003: 65)

여기에서 규범적 평가는 암시적이지만 명확하다. 현대 서양인은 절대 명령에 의한 창조라기보다는 "특색의 기질에서 절충된 발현적 질서"를 선호하지 않겠는가? 비슷한 맥락에서, 한스-게오르그 묄러(Moeller, Hans-Georg)는 『도덕경』의 우주론에서 "그 과정을 '안내하는' 외적인 기원이나 근원, 능동적인 힘은 없다"(2006: 50)라고 지적한다. 창조가 소외된 창조자에게는 시시한 일인 "서양 전통"(52)과 대조적으로, 『도덕경』은 "자기창조적(autopoetic)"이다. 여기에서 다소 이해할 수 없는 것은 어쩌면 개별화와 구분에서 완전히 결핍된 존재론적 체계가 현대 서양의 개인주의의 문맥에서만 긍정적인 가치로 이해되는 자립적이고 비강제적이며 절충되는 단어와 그런 존재론적 체계를 연상시킴으로써 규범적으로 긍정적인 저의를 부여받는 방식이다.

원인 대 공명

프랑수아 줄리앙은 중국에는 초월/내재 구분이 없다는 생각을 받아들이면서 그것을 가시적 세계와 비가시적 세계 간의 연속성의 결과로 설명한다. 줄리앙은 "존재론적 균열(ontological rift)"(2000: 290~291)의 부재를 중국 세계관의 특유한 장점으로 묘사한다. 이러한 존재론적 균열의 결핍은 중국 사상의 또 다른 변별적인 자질과 관련이 있는데, 그것은 인과성(causality)에 대한 중국 사상의 견해이다. 중국인에 대해 줄리앙은 "어떤 것도 분리하여 고려할 수 없다. 사물들은 상호관련에 의해서만 존재한다"(2000: 376)라고 분명히 말한다. 이는 그가 "경향"(勢)(la propension)과 같은 고대 중국 개념에 집중하는 이유다. 이것은 "전체 문화를 꿰뚫는 공통된 모형"을 드러내는 경향이고, 사물의 형상이나 기질이 대립과 상관성을 통해 작동하는 경향을 말한다. 이것은 기계론적이고 어쩌면 강제적인 원인과 결과의 서양 개념과는 명확히 대조된다(1995b: 17).

독특한 중국의 인과성 개념은 때때로 "공명적(resonant)" 또는 "유기적(organic)"이라 하는데, 이것은 니덤이 중국 전체론을 훌륭하게 특징지으며 "슬며시 퍼뜨린" 용어이다. 제임스 베후니악(Behuniak, James)이 설명하듯이, 이 용어는 "사물의 상호관련성에 주의를 환기하고, 절대적 공간과 시간 속의 선형적인 인과적 관계에서 개별 사물의 부재를 강조한다"(2005: 4). 서양의 형이상학은 조잡한 물리적 접촉과 힘의 전달을 통해서만 서로에게 영향을 미치는, 별도의 물리적 사물들로 구성된 우주를 묘사하지만, 중국인은 상호 영향의 유기적 망을 경험한다. 카린 데포트(Defoort, Carine)는 이 관점을 "직공이 없는 망(web without a weaver)"으로 묘사한다. 그녀는 니덤이 묘사한 중국의 인과성 관점을 요약하며 "사건은 강력하고 선행하는 하나의 사건으로 유발되는 것이 아니라, 사물들이 기계론적 원동력이기보다는 신비로운 공명에 의해 서로 작용하는 거대한 패턴인 상호의존적인 마디들의 망에서 엮여지는 것으로 간주되었다"(데포트 1997: 167)라고 설명한다.[15]

중국식 우주에 대한 이러한 유기적 모형은 또한 중국의 부분전체론적 존재론(mereological ontology)의 변별적인 본질과도 관련 있는데, 이런 존재론에서 우주는 개별 사물들의 집합이기보다는 무한히 확장되는 물질들로 구성된 것으로 이해된다. 이 견해는 아마도 채드 한센의 질량명사 가설의 문맥에서 가장 잘 알려져 있는데, 이 가설에서 모든 중국어 명사가 영어의 질량명사(water, food)처럼 기능하고, 실제로 고대 중국어에는 가산명사가 전혀 없다고 주장한다. 이것은 어쩌면 세계를 "중복되고 서로 스며드는 물질들의 집합"(한센 1983: 30)으로 간주하는 존재론 견해를 반영한다. 단어는 서양 사상과 같이 개별 사물들의 추상적 집합을 가리키는 것이 아니라, 집합의 모든 구성원들이 단지 "하나의 불연속적 물건"으로 간주되는 "구체적인 부분전체론적 사물"(31)을 가리킨다. 따라서 이름을 붙이는 것은 "추상적 개념, 특성, 본질, 이상적 유형의 개념에 기반하는 것이 아니라, 사물들 간의 '경계'를 발견하는 것에 기반한다"(32).

실재 대 현상

초기 그리스인에게 너무 중요한 실재(reality) 대 현상(appearance) 이분법이 "중국에는 그 상관물이 없다"(시빈 1995a: 13)라는 생각 역시 일반적으로 단언되는 중국 전체론의 실례이다. 제인 기니는 전국시대 텍스트의 감각에 관한 연구에서 "'우리에게 보이는 그대로의' 사물"과 '그 자체인' 사물 간의 구분은 철학적 문제가 아니다"라고 지적한다. "물론 전국시대 텍스트는 하나 또는 그 이상의 감각이 신뢰할 수 없는 것으로 보이는 경우를 지적하지만, 감각 전체에 대한 회의론을 표현하는 일에 착수하지는 않는다"(기니 2002: 33).[16]

실재와는 대조적으로 현상에 대한 관심 부족은 종종 중국인이 진리의 대응 이론을 갖고 있지 않다는 주장과 연결된다. 단어와 실재를 정확히 사상하는 것이 주된 관심사인 『묵경(墨經)』에서, 채드 한센과 같은 학자는 이것이 서양 철학적 가정에서 유발한 오해라고 주장한다. 當[사상(mapping), 대응(correspondence)]과 誖[비뚤어진(perverse), 모순적(contradictory), 허위(false)]와 같은 용어는 언뜻 보면 진리에 대한 서양식 표상 모형을 가리키는 것처럼 보이지만 그렇지는 않다. 묵자 논리에서도, "지배적인 관심사는 참이나 거짓이 아니라 어떤 문맥에서 어떤 말을 하는 것이 적절한지에 있다"(한센 1983: 124).[17]

데이비드 홀·로저 에임스는 이와 같은 진리와 허위에 대한 관심 결핍과 "대부분의 서양 언어"와는 달리 "명제적 발화에 기초하지" 않는 고대 중국어의 본질을 연결한다. 고대 중국어에는 주어-술어 형식이 결여되어 있다. 즉, 문장 대신에 명사들의 연속체만 제공한다. 그들이 결론 내리기로, "고대 중국어가 의미적 내용을 표현할 때 문장과 명제에 의존하지 않는다는 인상적인 주장"은 다음과 같다.

> 이런 주장은 모든 중국어 단어가 이름이고, 합성어, 구, 문장은 이름들의 연속체라는 결과를 함의한다. 이런 결과는 다시 고대 중국인의 입장에서 "진리"와 "허위"의 질문에 대한 관심 결핍을 인식해야 할 것을 요구한다. 이름으로서 단어는 적절하거나 부적절한 것으로 판단할 수 있다. 진정한 의미에서 명제만이 참이거나 거짓일 수 있다. (홀·에임스 1987: 298~299)

흔히 서양 사상의 냉혹한 추상화와 대조적으로, 중국 윤리학의 실용주의 본질을 강조하려는 학자는 진리나 허위의 문제에 대한 관심 결핍을 흔히 되풀이 한다. 홀·에임스(1987: 299)는 "중국어는 서양 전통에서 가장 엄격한 실용주의자도 찬양하는 방식에서 실용주의적이다"라고 주장한다. 이와 비슷하게, 리첸양(Li, Chenyang)도 중국 사상의 "조화" 개념을 연구하면서 다음과 같이 설명한다.

중국인은 전형적으로 진리를 세계에 객관적인 사실과의 대응으로 간주하지 않고, 좋은 사람, 좋은 아버지, 좋은 아들처럼 존재의 방식으로 이해한다. 그들에게는 돌에 새겨진 객관적인 진리는 없으므로, 사물이 따라서 작용해야 하는 궁극적인 고정된 질서가 세계에는 없다. (리첸양 2006: 594)

위안진메이(袁勁梅)도 이와 비슷하게 중국 사상의 뛰어난 실용주의(= 조화로운, = 좋은) 본질을 중국의 시간성(temporality) 개념의 특별한 본질에 근거한다. "중국의 논리적 추론의 목표는 보편적 진리를 표상하는 것이 아니라, 세계와 관련된 특별한 진리, 즉 다시 말해 단 한 순간에 특별한 분야에서 특별한 것들 간의 관계의 조화를 지적하는[指] 것이다." (위안진메이 2006: 137).

본질 대 과정

현상 대 실재 구분이 중국식 사고방식과 맞지 않다는 것에 대해 자주 인용되는 한 가지 이유는 중국인이 분명히 고정된 본질과 동적인 과정, 즉 선천적 본질과 양육의 진행 중 발달을 구분하지 않는다는 것이다. 프랑수아 줄리앙은 "중국인의 독창성은 사물의 최종 목적인 텔로스(telos) 개념에 무관심한 것에 있는데, 이는 그들이 작동 중인 실제 과정에 내재한 단 한 가지 논리의 관점에서 실재를 전적으로 그 자체에 기초해서만 해석하고자 했기 때문이다"(1995: 17)라고 분명히 말한다. 로저 에임스도 이와 비슷하게 인간 "존재"의 본질주의적인 불연속적 개념을 유가 텍스트에 부과함으로써 "중국인의 발을 그리스 신발에 억지로 집어넣을"(2011: 88) 때 중국 유가 사상을 잘못 이해한다라고 주장한다.[18] 그

대신 인간적 "되기(becomings)"를 이야기해야 하는데, 이는 유학자에게는 개별적이고 본질을 지닌 인간 존재는 없고, 동적인 발달의 상호의존적인 과정만 있기 때문이다. 제임스 베후니악이 말하듯이, 우리는 싹이나 묘목에 대한 맹자의 이야기나 꽃이 열매를 맺는 공자의 은유를 "엄격하고 목적을 유도하는 의미"로 받아들이지 않는다(2005: xiv). 이는 중국인에게는 생물학적 과정에 본질적 텔로스의 개념이 없기 때문이다.

다른 점에서는 냉철한 고대 중국 사상의 주석가도 때때로 이 수사학으로 미끄러져 간다. 아이린 블룸(Bloom, Irene)은 맹자가 "정확히 자신의 자연 개념이 본질주의적이기보다는 발달적이고, 정적이기보다는 동적이기 때문에 '자연' 대 '양육' 간의 고전적인 서양식 구분"(2002: 99~100)에 저항했을 것이라고 말한다. "발달적"이나 "동적"이 어떻게 "자연" 개념을 배제하는지는 바로 명확하지 않다. 우리는 맹자와 마찬가지로 아리스토텔레스도 식물과 동물이 자란다는 것을 알았을 것이라고 가정할 것이다. 그럼에도, 하고자 하는 주장은 고대 중국의 자연 개념에 근본적으로 다른 무언가가 실제로 있는 것처럼 보인다는 것이다. 쾅로이 슌(Kwong-loi Shun)도 이와 비슷하게, 맹자의 개념적 특이성이 중국에서 선천적 본질에 대한 신념이 분명히 결핍되어 있다는 것과 관련 있는 것으로 보고, 『맹자』에서 '情'을 "본질(essence)"로 번역하는 것에 반대하는데, 이는 "고대 중국 사상가가 본질적 특성과 우연적 특성을 구분한다는 것이 불명확하기"(1997: 7) 때문이다. 로엘 스터크가 결론내리기로, 선천적 본질 개념이 없을 때 고대 중국인에게는 심지어 "종(種)의 고정성도 자명하지 않거나 바람직하지 않은데," 이들은 모든 생물을 "종들 간의 상호 관계가 우연적이고 연속적이며 상호의존적인 것으로 특징지어지는 유기적 전체"의 부분으로 보았다(2002: 5).

강한 마음-몸 전체론

고대 중국인에게 생물학적 종 개념이 없다는 것은 매우 의심스럽지만, 앞서 기술한 중국 전체론에 대한 주장의 변이형들이 어느 특정한 연구자도 일반적으로 한 가지 변이형에서 또 다른 변이형으로 매끄럽게 이동하면서, 스터크의 말을 빌리자면 "연속적이고 상호의존적"이라는 것은 사실이다. 어쩌면 가장 평범한 변이형은 강한 마음-몸 전체론 개념으로서, 이것은 전형적으로 앞서 기술한 많은 전체론 유형을 당연하게 여긴다.

고대 중국의 마음-몸 전체론[19]에 대한 주장은 일반적으로 글자 '心'에 집중한다. 이것은 "가슴(heart)"(원래 문자는 명확히 신체기관을 묘사한다)이나 "가슴-마음(heart-mind)", "마음(mind)"으로 다양하게 번역된다.[20] 텍스트와 역사적 기간에 따라서 '心'이 신체기관 자체나 더 추상적으로는 서양 문화에서 마음과 전형적으로 연상되는 고등 인지뿐만 아니라 몸과 더욱 연상되는 경향이 있는 정서나 느낌의 중심지일 수 있다는 것은 이 분야에서 상대적으로 논란의 여지가 없다. 고대 중국에 관한 현대 서양 학문에서 엥거스 그레이엄(Graham, A. C.)의 『도의 논쟁자들』(*Disputers of the Dao*)(1989)은 고대 중국에서 마음-몸 전체론이 불교의 영향을 받은 후기 중국 사상과 현대 서양 모두에 매우 이국적이라는 생각을 유례 깊고 영향력 있게 형식화한다. 그레이엄은 허버트 핑가렛(Fingarette, Herbert)의 연구를 언급하면서 마음-몸 이분법에 대해 다음과 같이 말한다. 마음-몸 이분법은 "한(漢)나라 이전 철학에는 결코 등장하지 않았다. 心('가슴')이라는 글자는 가끔 'mind(마음)'로 번역되는데, 이것은 인도 불교의 영향을 받은 후대 철학에서는 충분히 타당하다. 그러나 고대에 이 글자는 인간이 생각하고 시인하고 부인하는 내부 기관으로서의 'heart(가슴)'만 가리킨다"(그레이엄 1989: 25).

그레이엄의 주장은 두 가지로 이해할 수 있다. 마음-몸 전체론 입장의 덜 극단적인 형태, 즉 내가 궁극적으로 옹호하는 입장은 고대 중국에서는 서양의 철학 입장이나 신학 입장을 특징짓는 완전히 무형인 마음(mind), 정신(esprit), 영혼(Geist)과 유형인 몸(body) 간의 존재론적 구분을 발견할 수 없다는 것이다. 아쉽게도, 데카르트의 존재론적 이원론이 불교 이전의 중국 사상에서는 알려지지 않았고 알려졌다 하더라도 흔하지 않았다는 더욱 신중하고 정확한 견해에 대한 옹호는 종종 문화적 풍자로 재빨리 미끄러져 들어간다. 혹자는 학자들이 데카르트가 옹호하는 실제로 다소 이상한 입장은 "서양" 사상이 항상 관여했던 것이라고 주장한다고 생각하는데, 이는 중국인이 데카르트주의자가 아니기에 여하튼 급진적으로 다르고, 심지어 "인류의 다른 질서"(에임스 1993b: 149)여야 한다는 것을 의미한다.

그런 급진적인 차이는 두 가지 주된 주장으로 특징지어지는 강한 전체론 입장의 부분이다. 첫째, 고대 중국인(또는 "중국인"이나 심지어 더 일반적으로는 "동양인")에게는 우리가 마음이라고 부를 수 있는 것과 물리적 몸이나 다른 신체기관 간에 질적인 구분이 전혀 존재하지 않는다. 예컨대, 로저 에임스는 고대 중국인은 사람을 "전체론적으로 정신신체적 과정"으로 생각했고, 몸이 물질이라는 생각은 중국인에게 낯설었다고 주장한다. "몸은 '사물'이기보다는 '과정'으로서, 우리가 '가진' 것이기보다는 '행하는' 것이다"(1993b: 168).[21] 에임스는 적어도 유가 사상에서 心이 "가슴"이나 "마음", "가슴마음"으로 번역되어서는 안 되는데, 이는 그것을 "'몸가슴마음화(bodyheartminding)'의 진화적 과정"으로 이해해야 하기 때문이라고 분명히 말한다.

> 心은 몸, 가슴, 마음으로 분리될 수 있는 주격 사물들의 결합물이기보다는 연속적인 동명사적 사건이다. 그것은 이질적 사물들의 통합이기보다는 연속적인 전체론적 경험의 질적 폭로이다. 心은 몸이자 동시에 가슴이자 마음이다. 즉, 사려 깊은 느낌에 대한 존재론적이고 신체적으로 경험된 과정이다. (에임스 2015: 172)[22]

에임스의 수사적 줄타기 이후에 특징 없이 냉철하게 들리게도,[23] 프랑수아 줄리앙도 이와 비슷하게 중국인은 우리가 몸과 영혼, 마음이라고 부르고자 하는 것을 단지 에너지의 연속적이고 끊임없이 변화하는 스펙트럼에 있는 점들로 간주했기 때문에, "어떤 이원론도 가능하지 않다"(2007: 69)라고 설명한다. 그는 중국 사상은 "유럽 문화가 매우 강력하게 그 자체를 형성하게 했던 몸과 영혼 간의 거대한 구분을 교묘히 피한다"(8)라고 분명히 말한다. 함재봉이 명확히 말하듯이, (플라톤, 기독교 사상, 데카르트 철학, 칸트 철학을 포함해) 서양의 철학 전통은 "물리적인 것보다는 형이상학적인 것이 우선하고 일차적임을 강조한다." 이에 반해 유가는 다음과 같다.

> 유가는 서양 사상에 매우 귀중한 영혼-몸 이분법, 사유-실체-연장실체* 이분법을 받아들이지 않았다. 유가는 영혼이나 사유를 인간 존재의 별도의 영역으로 인식하지 않는다. … 따라서 유가가 영혼보다 몸을 "우선시 한다"라고 말하는 것은 오해의 소지가 있다. … 더 나아가 유가에 있어서 몸은 존재하는 모든 것이라고

> •사유실체(res cogitans)-연장실체(res extensa) '사유실체'는 시간의 영향은 받지만 공간은 차지하지 않는 인간의 기억·자아·영혼 같은 것이고, '연장실체'는 구더기와 인간의 몸같이 3차원적 공간을 차지하며 흐르는 시간 속에 존재하는 것이다.

말해야 한다. (함재봉 2001: 316)[24]

이승환은 "유가적 몸(Confucian body)"에 관한 연구에서 "마음-몸 이원론이 유가에서 존재하지 않는다"(2008: 191)라고 단호히 주장하며, 마음-몸 이원론과 "현대 서양 철학"을 연결하는데, 현대 서양 철학에서 "그 경향은 실존적 세계가 정신적/영적 세계와 물리적/물질적 세계로 나누어지는 형이상학적 이원론과 밀접하게 연상된다."[25] 에리카 브린들리(Brindley, Erica)는 마음과 몸 간의 "전반적인 분열"의 부재를 고대 중국 사상을 특징짓는 더욱 넓은 전체론에 연결한다.

> 진리/본질과 현상 간의 엄격한 이분법이 없는 고대 중국 자아는 마음과 몸, 또는 "참된" 본질과 경험 간의 전반적인 분열에 방해받지 않는다. 오히려, 고대 중국 자아는 유기체와 더욱 비슷한데, 이것은 환경과 상호작용하고 환경과 관련될 때 내부와 외부에서 발생하는 복잡한 과정으로 되어 있고, 그것에서 발생한다. (브린들리 2010: xxix)

강한 전체론 입장의 두 번째 양상은 '心'이 다른 신체기관과 질적으로 다른 것이 아니라 몸속의 한 가지 기관일 뿐이라는 주장이다. 이 주장은 첫 번째 주장과 명확히 관련이 있다. 즉, 마음과 몸이 질적으로 구분되지 않는다면, 영어 mind와 가장 연상하고 싶은 자아의 기관이나 성분에 대해 특별한 것은 아무것도 없어야 한다. 제인 기니는 어쩌면 강한 전체론 입장의 이 양상을 가장 완벽하게 설명했다. 『고대 중국에서 감각들의 인식론에 관하여』(On the Epistemology of the Senses in Early China)(2002)의 목표는 "가슴마음[心]이 감각들과 급진적으로 구분된다는 견해를 약화시키는 것"이다. 그녀는 "가슴마음은 그 자체가 감각은 아니지만 감각과 매우 밀접한 관련이 있다"(84)라고 분명히 말한다. 즉, '心'이 유기적 자아에서 그 스스로의 기능을 하지만, 그 기능은 어떤 의미에서도 다른 신체기관의 기능과 질적으로 전혀 다르지 않았다. 그녀가 다른 곳에서 지적하듯이, "[心]은 감각들처럼 행동하고, 감각 기능으로 간주되는 듯하다. … 더욱이 그것은 (보기와 듣기의 작용을 입증하기 위한) 특별한 지식 능력이 있지만, 몸에서 분리되어서는 그렇지 않다"(13). 기니의 단행본이 이 주제를 가장 체계적으로 발전시킨 것이지만, '心'이 다른 신체기관 중 한 가지일 뿐이라는 생각은 이 분야에서 꽤 일반적이다. 그것은 "중국인은 마음이 몸의 부분이고, 더 다듬어졌고 본질화되었지만 동일한 물질이라는 것을 받아들였다"라는 마크 에드워드 루이스(Lewis, Mark Edward)(2006: 20)의 주장으로 넌지시 비추어진다.[26]

마음-몸 전체론의 강한 견해는 현대 중국 학자들 사이에서 기본적인 입장은 아니지만 꽤 일반적이다. 예컨대, 장자이린(張再林)은 고대 중국 사상을 특이한 "신체철학(身體哲學)"으로 본다. 그는 고대 중국 사상에는 마음 대 물리적 몸의 이분법이 없고, 오히려 정신적 과정이 통일적인 물질-기능[體用] 방식으로 몸에 의해 전체론적으로 생산되는 전체론 개념이 있다고 말한다(2008: 29). 장쉐지(張學智)는 몸과 마음에 대한 고대 중국의 전체론 견해와 서양 사상을 특징짓는 예리한 이원론을 대조한다.

> 가장 초기의 기원부터, 중국 사상은 항상 정체성, 통일성, 추상적 형태보다는 구체적인 현상을 강력하게 강조하는 특징이 있었다. 고대 중국 사상은 시작부터 몸과 마음을 기능적으로 통일되고 신비롭고 상호 영향을 미치는 단위로 생각했는데, 이런 단위에서 사고나 의도[意]는 생리적 기(氣)를 안내하고, 그 둘은 완전히 섞여 있고 분리할 수 없다. 중국 사상은 현상학적이고, 일원론적이며, 급격하게 이원론적이지 않은 몸과 마음의 이론을 지향했다. 그래서 중국 사상은 바로 처음부터 실체이원론(substance dualism)을 거부했고, 몸과 마음을 서로에게 상호 영향을 미칠 수 없는 두 개의 분리된 실체로 간주하지 않았다. (장쉐지 2005: 7)

유아사 야스오(湯淺泰雄)(1987)와 같은 일본 학자도 대륙 사상, 특히 하이데거 사상을 다른 점에서 특징적인 서양의 이원론에 대한 예외로 보는 경향은 있지만, 동양 사상의 독특한 마음-몸 전체론을 오랫동안 옹호했었다.[27]

강한 전체론의 두 번째 요소인 신체기관으로서 心에 대해 질적으로 독특한 것은 아무것도 없다는 기니의 견해도 이와 비슷하게 아시아 학자들 사이에서 널리 공유된다. 예컨대, 류청지(劉成基)는 중국 미학에 관한 논문에서 맹자와 같은 사상가는 心의 생각할 수 있는 능력 때문에 더욱 "고등" 기관으로 간주하긴 하지만 心은 여전히 "물리적인 신체부위"라고 지적한다(2008: 579). 팬 다웨이도 이와 비슷하게 "心은 인지적 활동의 중심이지만 항상 물리적 몸에 영향력을 행사하는 무형의 행위자가 아니라 몸의 부분으로 간주된다"(2017: 1022)라고 주장하고, 이것을 중국에 마음-몸 이원론이 존재한다는 것에 대한 결정적인 반박으로 간주한다. 心이 자아의 질서에서 그 자체의 할당된 기능이 있을 수 있지만, 그것은 이와 관련해 간이나 비장과 다른 것은 아니다.

心에 대한 강한 전체론 견해는 중국학 외부의 분야에서도 상식이 되었고, 이런 분야에서 심리학자, 인류학자, 인지언어학자는 心에 대한 중국 개념을 마음-몸 이원론이 인지적 보편소라는 것에 반대하는 증거로 여겼다. 예컨대, 心의 개념적 은유와 중국 개념에 관해 광범위하게 집필한 인지언어학자 닝위(Yu, Ning)는 중국인에게 "마음은 몸을 통제하지만 또한 몸과 분리되어 있기보다는 몸의 부분이다(또는 그 안에 위치한다). 그래서 그것은 실제로 마음이 '비신체화되고', 몸과 단절된 것으로 간주되며, 정신적 실체가 물리적 실체와 전혀 다른 것으로 간주되는 서양 철학 전통의 데카르트 이원론과 명확히 대조되는 '신체화된' 마음 견해이다"(2007: 38)라고 설명한다. 언어학자 시앙쳉둥(项成东)도 이와 비슷하게, 서양의 실체이원론을 인지와 정서가 통일되고, 사고와 행동이 구분되지 않는 중국 철학에서 발견할 수 있는 통합된 견해와 성질이 다른 것으로 묘사한다(2010: 80). 안나 비르츠비츠카(Wierzbicka, Anna)와 같은 인류학자는 일본어 こころ(心)와 같은 단어의 전체론적 지시물이 마음-몸 이원론에 대한 단 하나의 "통속" 개념이 있을 수 없다는 것을 의미한다고 주장하는데, 이는 모든 언어에 영어 단어 body와 상응하는 단어가 있지만, 다른 문화·언어에는 영어 단어 mind에 대한 정확한 등가물이 없기 때문이다(2006: 165). 마음-몸 전체론 지혜의 샘으로서 중국이나 더 일반적으로 "동양"은 물론 현대 대중문화의 핵심이다.

일반적인 전체론처럼, 강한 마음-몸 전체론은 조금씩 나아가면서 중국에 없는 다른 개념들에 대한 구별은 가능하나 상호 관련된 몇 가지 주장을 그 흔적으로 남긴다. 이런 주장을 개별적으로 기술하고, 현대 학문에서 이런 주장의 빈번함을 입증하는 것은 가치가 있다.

정신적 내면성의 결핍

이 개념은 『논어』의 공자에 관한 허버트 핑가렛의 주장과 가장 흔히 연관된다. 여전히 널리 읽히는 1972년에 출간된 『공자: 성스러운 범속인』(Confucius: The Secular as Sacred)에서 핑가렛은 『논어』의 공자에게는 정신적 내면성(psychological interiority)의 개념이 전혀 없다고 주장한다. 그는 확실히 이것을 가장 강한 의미로 의도한다.

> 나는 공자의 말이 내면적 정신(inner psyche)을 언급하지 않고자 의도되었다는 것이 나의 논지가 아님을 강조해야 한다. 만약 공자가 그러한 기본적인 은유를 염두에 두고는 있었고 그것이 타당하다는 것을 알았지만, 반성을 통해 그것을 거부하기로 작정했다고 한다면, 그가 내면적 정신을 언급하지 않았을 수는 있다. 그러나 이것은 내가 이 자리에서 논의하고자 하는 것은 아니다. 나의 논지는 그러한 전체 개념이 그의 머릿속에 전혀 떠오르지도 않았다는 것이다. 우리 서양인에게 매우 친숙한 내면적 정신의 모든 파생물에서 내면적 정신 세계의 은유는 『논어』에는 전혀 존재하지 않고, 심지어 거부된 가능성으로도 존재하지 않는다. (핑가렛 1972: 45)

그레이엄은 핑가렛의 입장을 논의하고 전국시대 텍스트에서 "안/밖" 이분법의 실례를 볼 수 있다고 지적하면서 그의 입장을 어느 정도 누그러뜨리지만, 결국에는 핑가렛의 입장을 시인하듯이 다음과 같이 요약한다. "공자는 마음을 '기계 속의 유령'으로 간주하는 데카르트 이후 미신의 희생물이 아니다. … [공자는 위엄 있고 존경에 찬 수행으로서 제식과 공허한 격식으로서 제식의 차이를 수행자의 마음속에 위엄과 격식의 존재 여부에 비추어 판단하지 않는다"(그레이엄 1989: 26).

핑가렛이 처음 이런 주장을 한지 35년 이상이 지났고, 최근 수십 년 동안 몇몇 다른 관점에서 비판을 받았음에도,[28] 이 주장은 이 분야에서 널리 통용되는 입장으로 남아 있다. 핑가렛 자신도 이 주장을 계속 유지하고,[29] 고대 중국을 연구하는 학자들도 이 주장을 빈번히 반복하고 반영한다. 로즈몬트·에임스는 『효경』(2009: 81)을 번역하면서 "仁을 '자비심(benevolence)'로 번역하는 것은 인간 경험을 정의하고 강화하려는 노력에 정신의 개념을 필요로 하지 않는 전통에서 仁을 '심리학적으로 고찰하는 것(psychologize)'이다"라고 분명히 말한다.[30] 함재봉은 일반적인 유가에 대해 이야기하면서 다음과 같이 설명한다.

> 영혼 내에 깊숙이 숨겨진 "내부 덕(inner virtue)"은 없다. 활동이나 행동에서 표명되거나 반영되지 않는 "성격(character)"은 없다. 나의 덕, 정서, 의도는 다른 이들의 상호주관적 관점에서 드러나고 그것에 노출되는 한에서만 국한된다. 내 몸뿐만 아니라 내 사고도 다른 사람의 모습에 노출된다. (2001: 317)[31]

프랑수아 줄리앙은 이 일반화를 불교 이전 중국 사상으로 확장하고, 비가시적인 "영혼"이 없는 곳에는 정신적 내면성도 있을 수 없다고 분명히 한다(2007b: 61). 이와 비슷하게, 마이클 나일랜(Nylan, Michael)은 자신의 주장을 "상대적 중요성"에 대한 것으로 제한하지만, 불교 이전 중국 글에서 안/밖 이분법의 심리적 적절성을 묵살한다. "물론 이런 구분이 전혀 부재하는 것이 아니라, 內/外 대조는 표면과 진정한 핵심 간의 분리를 단정하는 개념보다는 공식/비공식이나 가시/비가시, 공적/사적 구분을 더 자주 가리킨다"(나일랜 2016: 99).

개인 개념의 결핍

로저 에임스와 동료들은 오랫동안 중국 사상에서 몸에 대한 "빈 철사 옷걸이" 견해를 주장했다. 이 견해에서 개별적인 문화 이전의 몸은 사회적 역할을 매달 텅 빈 위치 표시만을 제공한다. 로즈몬트·에임스는 "유가 전통에서 사람은 역할을 수행하지 않고 관계를 가지지 않는다. 실제로 사람은 이런 역할과 관계에 의해 구성된다. 한 사람은 딸이자 친구이자 선생님이지 그 외 다른 어떤 것이 아니다"(2009: 80)라고 설명한다.[32] 로즈몬트는 다른 곳에서 다음과 같이 상세히 설명한다.

> 초기 유학자는 역할 놀이를 하거나 역할을 수행하는 것이 아니라 다른 사람들과 조화를 이루면서 사는 역할이고 그런 역할이기에, 모든 역할이 명시되고, 그런 역할들의 상호관계가 표명될 때 나는 자유롭고 자립적이고 선택하는 자아를 묶을 식별 가능한 느슨한 실을 거의 갖지 않은 특유한 사람으로 완전히 상술되었다. (1991: 91)

다른 곳에서 에임스는 중국에 개인성이 결여되어 있다는 사실과 엄격한 구분을 배제하는 더욱 일반적인 전체론을 연결한다. 에임스는 음양 상관적 우주론의 시각을 통해 『논어』 제12편 「안연」을 읽으면서 다음과 같이 권한다.

> 우리는 유가의 구분이 상호 수반하고 상호 의존적인 상관어구들이지, 심층의 존재론적 격차를 나타낸다는 의미에서 이원론이 아님을 기억해야 한다. 음은 항상 "양이 되거나", 양은 항상 "음이 되는데", 이것은 "낮"이 "밤이 되고", 밤이 "낮이 되는 것"과 마찬가지이다. 己/人 구분의 경우에 "자아"는 항상 "타인이 되는 것"이고, "타인"은 항상 "자아가 되는 것"이다. (1991: 107)

크리스 조킴(Jochim, Chris)과 유아사 야스오 같은 학자는 이 견해를 되풀이 한다. 특히 크리스 조킴(1998)은 고대 중국 존재론이 자아가 결코 비-자아와 분리되거나 차단되는 것으로 생각되지 않는 개념적 배경을 창조한다고 주장하고, 유아사 야오스(2005: 180)는 "동아시아에서 인간과 세계는 분리된 것이 아니고 서로 대립하는 것도 아니다. 도가와 선불교의 존재론에서 개인과 세계는 항상 전체론적이고 보편적인 일체의 관계 속에 거주한다"라고 주장한다.[33]

이런 많은 학자의 관심사가 문화 이전의 몸이 내용을 전혀 제공하지 않는, 중국의 자아 개념에 대한 뗄래야 뗄 수 없는 사회적 또는 상호관련된 본질을 강조하는 것이지만, 다른 학자들은 중국에서 몸의 개념에 문제를 제기한다. 존 에머슨(Emerson, John)은 잘 알려진 1996년 논문에서 전국시대 사상가 양주(楊朱)의 "몸의 발견" 이전에는 고대 중국인이 스스로를 개별화되고 구체화된 사람으로 생각하지 않았다고 주장한다. 고대 중국의 몸 개념이 "타자화되는" 또 다른 방법은 어쩌면 고정되고 개별화되며 불침투성의 서양식 몸과 윤곽이 분명하지 않는 중국의 신체적 공간을 대조하는 것이다. 예컨대, 마이클 나일랜은 중국인에게 신체적 경계는 유연하고 침투 가능하다는 의미에서 정치적 경계와 유추하여 볼 수 있다고 주장했다. 그녀는 "몸과 정치적 통일체의 건강은 고정성에 의존하기보다는 항상 흐름과 변화에 의존하는 것으로 생각된다"(2001b: 356)라고 설명한다.[34] 더욱이 정적이고 본질주의적인 서양의 몸 개념과는 달리, 중국인에게 있어서 몸과 국가 모두는 개인이 소유하는 실체가 아니었다. 둘 다 다소 "진행 중인 작품(works in progress)"이었다(356). 마크 에드워드 루이스도 이와 비슷하게 중국에서 몸의 개념화를 한정된 그릇이기보다는 "교환의 구역(zone of exchange)"으로 기술하면서 서양의 몸 개념에 도전한다.

> 자아는 안과 밖 간의 분리를 유지함으로써 지속하지만, 이런 구분이 결코 절대적일 수는 없다. 지배적인 고대 중국의 자아 모형은 사람과 외부 세계 간의 에너지의 흐름을 부인하기보다는 그런 흐름의 규제를 요구했다. 이 모형은 동적인 교환이 일어난 몸과 외부 세계의 접촉면에 많은 주의를 기울였다. 국가 경계처럼, 이것들은 고정된 한계가 아니라 내부 영역이 잘 규제될 때는 외부로 확장되고, 그렇지 않을 때는 내부에서 붕괴되는 다소 유연한 구역이다. (루이스 2006: 61)

우리는 이것을 근본적이고 합리적으로 동서고금을 막론하고 대부분의 사람들처럼 고대 중국인도 생물학적 몸이 환경과의 끊임없는 상호작용을 통해서 그리고 그런 상호작용 때문에 존속한다는 것을 인식했다는 의견으로 해석하고 싶을 수도 있다. 우주적 "에너지의 흐름"을 유지하려는 관심사는 우리가 어린 아이들이 큰 비닐봉지를 가지고 놀게 허용하지 않는 이유이다. 하지만 루이스는 가령 몸의 표면을 "의미의 자리"로 기술할 때 강력한 사회구성주의 계획을 추구하고 있다는 것을 분명히 하고, 몸이 처리하는 "동적인 교환"은 명확히 더욱 형이상학적으로 불길한 의미로 읽힐 의도이다.[35] 독자는 고대 중국의 몸 개념이 "서양의" 것과 급진적으로 다르다는 느낌을 갖고 떠나게 의도된다.

영혼, 내세, "타자 세계" 개념의 결핍

중국인이 정신적 내면성이 결핍되어 있고, 서로를 끊임없이 변화하고 침투할 수 있으며 변하기 쉬운 몸에 느슨하게 기반한 사회적 역할의 혼합물로 간주한다면, 중국인에게는 개인적 내세 또는 개인적 불멸의 개념이 결핍되어 있다는 결론이 나올 것이다. 줄리앙은 "고대 중국인에게는 불멸의 개념이 없었고"(2007b: 16), 그들은 "우리가 영혼이라고 부르는 것을 그 자체의 운명과 신명으로서의 본질을 가진 독특한 실체로 생각하지 않았다"(2007: 56~57)라고 설명한다. 이 견해는 적어도 중국 사상의 "현세적" 본질을 강조하는 베버(1951: 156, 228)에게까지 거슬러 올라가고, "중국의 세계관은 현시점의 삶에 사람의 주의를 기울였다"라고 분명히 말한 프레드릭 모트(Mote, Frederick)(1971: 26)의 『중국의 철학적 기초』(*Intellectual Foundations of China*)와 같은 연구를 통해 고대 중국에 관한 서양 언어 학문에서 고착되었다.

실제로 전체론 입장의 강한 형태는 전형적으로 고대 중국에서 마음-몸 이원론의 완전한 부재와 내면의 삶, 합리성-정서 구분, 자유의지나 개인주의, 개인적 내세 개념의 결핍*을 연결한다. 예컨대, 자크 제르네

• **개인적 내세 개념의 결핍** 서양과 동양의 내세관에 관해 지금 이 자리에서 정리하는 것은 불가능하다. 이 책의 저자는 서양의 이원론과 동양의 이원론 사이에서 고민하며 이원론도 일원론도 아닌 약한 이원론을 고수한다. 이원론과 일원론 사이에서 고민하는 저자의 관점과 일반적으로 알려진 서양과 동양의 내세관에 따라 정리하면 다음과 같이 말할 수 있다. 여기서 말하는 중국인에게 내세가 결핍되어 있다는 것은 서양의 기독교적 세계관에 기반한 설명이다. 기독교 이전 그리스, 로마신화 시대는 사람이 죽으면 하데스가 다스리는 지하세계로 간다고 생각했고, 기독교 시대에 들어와서는 천국과 지옥으로 간다고 생각했다. 하데스의 지하세계, 기독교의 천국과 지옥은 현실의 삶과 단절된 공간이다. 이러한 생각을 기반으로 저자는 고대 중국에 내세에 관한 관념이 없다고 생각했고, 이는 이 책에서 다루는 전체론과 닿아 있다. 사람이 죽으면 그 망자가 갈 곳에서의 삶을 위해 부장품을 묻거나 순장을 하는 관습이 있었다. 제의에서 사용되는 음식과 용품들은 모두 망자가 직접 와서 먹고 제의의 현장에 와 있다고 생각한다. 부장품과 순장, 제의에 사용되는 음식은 모두 망자가 현실의 세계와 소통하고 있음을 의미한다. 서양 내세관과 같이 망자가 가는 특정한 공간을 중국에서는 제시하지 않지만, 망자가 현실과 다른 공간이 있는 것은 맞다. 하지만 중국 사상에는 이 공간이 현실과 단절된 것이 아니라 망자가 자유로이 오간다는 측면에서 연결된 것으로 인식하고 있는 듯하다.

(Gernet, Jacques)는 "영혼과 몸 간의 실질적 대립은 중국인에게 상당히 알려지지 않았을 뿐만 아니라 … 처음에는 그것과 분리될 수 없는 감각적인 것과 합리적인 것 간의 구분도 그러했다. 중국인은 자주적이고 독립적인 이성의 능력이 존재한다는 것을 전혀 믿지 않았다. 기독교에서는 매우 본질적인 것이지만, 이성이 부여되고 선이나 악을 위해 자유롭게 행동할 수 있는 영혼의 개념은 그들에게는 맞지 않았다"(1985: 147)라고 설명한다. 더욱 동시대의 예는 파올로 산탄젤로(Santangelo, Paolo)의 연구에

서 발견할 수 있다. 그는 "서양 문화"와는 대조적으로, 중국에는 "정신과 물질, 또는 영혼과 몸이 명확히 분리되지 않는다. … '마음-가슴'(心)의 개념은 이성이 부여되고 자유로운 의사결정을 할 수 있는 전적으로 인간의 영혼이라는 개념과는 다르다. … 역시 여기에서도 영혼 불멸의 개념으로부터 유럽에서 일어난 개인의 개념에 대한 장소는 없다"(2007: 292)라고 주장한다.

일반적인 전체론 신화에 반하는 내적 증거

강한 영혼-몸 또는 마음-몸 전체론에 반대하는 주장은 이 책에서 많은 분량을 차지한다. 하지만 더욱 집중적인 분석을 시작하기 전에, 앞서 기술한 전체론의 다양한 형태에 반대하는 작은 증거를 간략히 개관하는 것은 가치가 있다. 서론에서 지적했듯이, 나는 중국 전체론 개념이 분명히 반증의 영향을 받지 않는다는 의미에서 신화 같은 기능을 하는 것으로 간주한다. 이런 주장에 반대했던 광범위한 텍스트 자료를 개관하면 이것은 명확해 진다. 나는 이런 종류의 증거를 "내적" 증거라고 부르는데, 이는 그런 증거에 접근하기 위해 텍스트를 넘어설 필요가 없다는 의미에서다. 그런 다음에 전체론 입장을 반박하는 인지과학의 다양한 분야에서 나온 "외적" 증거를 간략히 논의할 것이다. 이런 2단계 반박 과정은 제3~5장에서 마음-몸 전체론에 반대하는 더욱 상세한 주장을 작게나마 예상하게 한다..

시간의 개념으로 시작해 보자. 황퀀제(黃俊傑)·취르허(Zürcher)(1995)가 중국 시간 개념의 매우 이국적인 본질에 관해 주장하는 단행본에서, 크리스토프 합스마이어(Harbsmeier, Christoph)의 장에서는 적어도 강한 형태의 그런 주장을 진지하게 받아들 수 없는 몇 가지 기본적인 이유를 신중히 검토한다. 예를 하나 들자면, 역사학적 관행의 본질은 어떤 종류의 추상적 시간 개념을 반드시 전제하는 사마천(司馬遷)의 『사기(史記)』와 같은 신중한 연대표에 기초한다. 고대 중국어 코퍼스에 시간에 대한 광범위한 추상적 설명이 남아 있지는 않지만, 합스마이어는 다음과 같이 지적한다.

> 우리에게는 시간에 대한 추상적 질문에 틀림없이 강력한 지적 관심이 있었다는 결과가 있다. 『묵경』 권10 「경」 상에서 우리는 바라는 만큼 지속의 시간에 대한 추상적 정의를 가지고 있다.
> 久, 彌異時也. (시간이란, 다른 시간까지 가득 차는 것이다.)
> 宇, 彌異所也. (공간이란, 다른 장소까지 가득 차는 것이다.)
> "지속: 서로 다른 시간들을 채우는 것(즉, 시간의 순간들)
> 확장: 서로 다른 위치를 채우는 것(즉, 공간상의 지점)"[36]
> 후기 묵자들은 時("구체적인 시점")와 久("지속")을 명확히 구분했다. (1995: 51)

합스마이어가 주장하기로, 『묵경』의 이 단편은 "인류학적 빙산의 일각"을 나타냄에 틀림없다. "묵자의 정의는 시간에 관한 매우 광범위한 토의와 토론의 결과였음에 틀림없다. 그런 정의는 결정적으로 시간 개념에 대한 처음에 산재한 사고들이 아니다"(52).[37] 그는 더 나아가 우리 자신의 것과 그렇게 다르지 않은 시간에 대한 배경 개념을 가정하지 않고서는 이해할 수 없는 표준인 "주류의" 고대 중국 근원에서 나온 많은 예를 제공한다.[38] 중국에서 공간 구분의 개념에 관한 단행본에 수록된 대략 같은 시기의 한 논문에서 로빈 예이츠(Yates, Robin)(1994: 61~63)는 기본적인 의견으로 고대 중국의 공간 개념이 다소 유연하거나 침투할 수 있거나 서양과는 매우 이국적인 방식으로 끊임없이 변화한다는 생각을 약화시킨다. 예이츠가 지적하듯이 "중국에서 초기 국가가 발전하는 내내, 영토의 구분과 경계설정, 영해의 단속, 육지의 분배는 주요한 정치적이고 경제적이며 문화적으로 의미심장하고 상징적인 통치 행위였다"(62).[39]

앞서 기술한 중국 전체론의 다양한 주장이 틀렸음을 드러내는 논문이나 책을 집필할 수 있고 집필되었다.[40] 이런 주장은 부재에 대한 강한 주장, 즉 고대 중국 사상계와는 전혀 맞지 않는 개념이나 구분에 관한 강한 주장이기에, 반론이나 분명한 반증을 직면하는 데 그리 오래 걸리지 않는다. 예를 하나 들자면, 장룽시는 중국 글자가 "표의문자"로 기능하여 현실에 대한 직접적이고 그림문자 표상을 제공한다는 생각을 "죽기를 거부하는 연중 끊이지 않는 서양의 오해"(1998: 45)라며 혹평했다. 이런 생각은 오랫동안 전문 언어학자를 격노하게 했다. 윌리엄 볼츠(Boltz, William)는 "진기하게 돈키호테식이고 '표의문자인' 중국 글자의 본질에 대한 오래된 고상한 애장품"을 "더 이상 묵인할 수 없는 속임수"라고 혹평을 한다(1986: 406). 그는 표의문자 본질에 대한 결정적인 비판이 앞서 인용한 뒤 퐁소(1760~1844)와 앙리 코르디에(Cordier, Henri)(1849~1925)의 시대 이후로 이용 가능했다고 지적한다. 비슷한 맥락에서 장젱셍(Zhang Zheng-sheng)과 같은 전문 교육자는 표의문자 신화가 중국어 교수법에 미쳤던 유독한 효과를 계속해서 비판한다(2009).[41] 크리스토프 합스마이어(1991)는 채드 한센이 제시한 것과 같은 질량명사 가설의 강한 형태를 반박하는 고대 중국 문법에 대한 기본적인 의견을 오래 전에 제시했다.[42] 중국어에는 주어-동사 통사론이 없고, 서양인에게 "문장"처럼 보이는 것이 단순히 명사들의 연속체라는 데이비드 홀과 로저 에임스의 주장 또한 완전히 환각적인 것으로서, 이것은 고대 중국어의 교재뿐만 아니라 고대 중국어 텍스트를 읽을 수 있는 에임스 자신의 능력에 의해서도 반박된다.[43]

이와 비슷하게, 고대 중국인이 본질 대 현상에 관심이 없었기에 고대 중국 사상가가 제시한 많은 기본적인 주장은 이해하기 어렵다. 우리는 증오의 대상인 "향원(鄉愿)"*에 대해 이야기할 것인데, 공자는 『논어』 제17편 「양화」에서 이런 사람을 "덕의 도둑(thief of virtue)"으로 비판한다. 공자가 마을에서 평판이 좋은 사람을 증오하는 이유를 상세히 설명할 때, 맹자는 공자가 "나는 비슷해 보이나 사실이 아닌 것을 경멸한다. 잡초를 경멸하는 것은 그것들이 잘 기른 싹으로 오인 받을까 두렵기 때문이다"(「진심 하」 37)라고 말했다고 전한다. 이 행은 종 특정적인 생물학적 본질의 개념, 현상과 본질 간의 분리에 대한 잠재성, 생물학적 목적론의 개념을 명확히 증명하기 때문에 좋은 행이다. 즉, 모두 하나로 된 깔끔한 꾸러미이다. 잡초는 겉으로는 집에서 기르는 식물과 닮았지만, 내부는 다르다. 정말로 중요하고 재배할 과일(또는 과일의 결핍)을 결정하는 것은 다름 아닌 바로 이 내적인 본질이다.[44] 맹자의 자기수양 개념이 실

● 향원(鄉愿) 겉으로는 선량한 척하면서 환곡이나 공물을 중간에서 가로채는 따위의 일을 하는 사람으로서, 모든 관습과 예를 외적으로 준수하여 사회의 존경을 받지만, 참된 도에 대한 내적 헌신이 부족한 사람이다.

제로 농업의 "싹"[端] 은유에 기초하지만 그 개념의 거의 어떤 양상도 내적 본질과 자연적 목적론을 가정하지 않고서는 이해하기 어렵다(아이반호 1993/2000, 슬링거랜드 2003b: 제5장).⁴⁵

이와 비슷하게 도가의 글도 저자가 현상과 실재 간의 잠재적인 분리에 대해 걱정한다고 가정하지 않는다면 이해하기 어렵다. 예컨대,『장자』시작 부분에는 "하늘의 깊은 푸른색은 하늘의 참된 색[其正色]인가" 아니면, 하늘이 더욱 멀리 있어 가장 먼 곳을 헤아릴 수 없기에 그저 그렇게 우리에게 보이는 것일까?"(왓슨 1968: 29)라는 질문이 있다. 어쩌면 가장 중요하게도, 장자의 나비 꿈은 우리가 현실이라고 생각하는 것이 실제로는 환상인지에 대해 의문을 제기하는 듯하다(왓슨 1968: 49). 꿈과 현실 간의 혼동에 관한 몇몇 다른 이야기도 그러하다(예를 들어, 왓슨 1968: 47~48). 예상되듯이, 꿈과 현실 간의 차이에 관한 가장 간결한 진술을 위해서는『묵경』으로 시선을 돌리면 된다. 그들은 "꿈"을 "잠자지만 깨어 있는 때처럼 행동하는"⁴⁶으로 정의하는데, 이것은 몽상이 아닌 깨어 있는 경험과 꿈의 환상 간의 명확한 개념적 구분을 반영한다.

외부 현상과 심층의 실재 간의 구분은 본질과 자연종에 대한 통속 견해 또는 암시적 견해와 결합하여 후기 전국시대에 명시적인 지시 이론으로 완전히 발달했는데, 이런 이론에서 범주는 우리의 감각기관으로 식별되는 현상의 유사성에 기초한다. 예컨대,『순자』제22편 「정명」에서 설명하듯이 감각기관의 기능은 공통된 본질을 공유하는 동일종의 개인들에게 동일한데, 이는 다시 이런 개인에게 사물의 명명법에 동의하게 한다.

그러면 무엇을 근거로 "같은 것"과 "다른 것"을 구별하는가? 우리의 자연적 능력에 의존한다고 말하겠다. 동일한 유형/종[類]의 모든 대상에게 있어서, 같은 본질[情]을 공유하고, 그들의 자연적 능력이 대상을 개념화하는 방식은 동일하다. 그러므로 그 능력은 대상들의 유사함을 비교할 수 있고, 이런 방식으로 소통한다. 이는 그것을 공유하는 방법으로 대상의 명칭을 동의하게 하여 사람이 서로 연합하게 한다.[47]

然則何緣而以同異? 曰 : 緣天官. 凡同類, 同情者, 其天官之意物也同, 故比方之疑似而通, 是所以共其約名以相期也. (휴턴 2014: 238)

類는 전형적으로 "유형"이나 "범주"로 표현되지만, 어쩌면 살아 있는 생명체를 말하는 "종(species)"으로 가장 잘 번역된다. 이 세상의 개별 사물이나 생명체[物]는 동일한 본질[情]을 소유하는 것에 기초하여 동일한 類로 분류된다. 확실히 「정명」에서 제시된 순자의 지시 이론은 현대 서양의 분석철학에서 발전한 전문적이고 형식적인 대응 진리의 모형*과 동일하지는 않다. 그럼에도, 그것은 명확히 이름이 부적절하게 적용될 수 있고, 세상에 대한 진술이 틀릴 수 있거나 세상에 대한 지각이 잘못될 수도 있다는 신념을 암시한다. 브라이언 밴 노던은 고대 중국인이 진리에 무관심했다는 채드 한센이나 홀·에임스 같은 학자의 주장에 응수하여 "고대 중국인이 진리의 대응 이론에 관심이 없다는 사실에서 중국 사상가들이 진리에 무관심했거나 무조건적으로 합리적인 논증을 제시하지 않았거나 어떤 신념을 찬성하거나 반대하는 주장을 하지 않았다는 결론으로 추리하는 것은 불합리한 추론이다"(밴 노던 2007: 363; 고대 중국의 타당성 개념에 대해서는 로츠 1993b 참조)라고 말했다. 알렉서스 맥러드(McLeod, Alexus)(2015)의 최근 책 한권 분량의 연구에서는 진리 개념, 즉 "철학 발달의 중심이 되는 기본적인 인간 구성물"(x)이 어떻게 전 세계의 다른 철학 전통과 같이 중국 사상에서도 근본적인 역할을 하는지를 상세히 기록한다.

물론 장자는 언어적 형식화가 세계의 오류를 드러내기 위해서만 세계 속의 사실을 추적한다는 생각에 의존하지만, 그래도 그는 그 개념에 친숙하다. 더욱이 "도가" 글의 무모한 상대주의적 단락에서도 여전히 생물학적 본질과 본성에 대한 우리의 개념과 비슷하다는 의미에서 매우 단조로운 개념을 지각할 수 있다. 『장자』에서 그럴듯하게 원시주의적인 제8편 「병무」는 "자연스러워지는" 정상적이고 종 특정적인 방법이 있고, 이런 자연성에 반하는 것이 기괴하다는 직관에 개념적 바탕을 둔

> ●대응 진리(correspondence truth)의 모형 진리와 거짓을 대립시키되 진리 개념을 그 실재 존재와 결부시키는 모형이다. 예컨대 어떤 진술문이 사실을 사실대로 착오 없이 설명하고 있다면 그 진술문은 참(진리)이다. 가령, "삼각형 세 각의 합은 180도다"라는 진술은 참이다. 즉, 도형 삼각형, 그것이 가지고 있는 각도들, 그것을 합한 값 180도 등의 각이 경험적으로나 논리적으로 존재하는 것이다. 존재들과 진술이 대응하기 때문에 그 진술은 진리이다. 경험 세계나 이론 세계에 존재하는 사태나 사건을 진술문로 나타냈을 때, 그 언어적 진술과 객관적 실재가 정확히 대응하고 일치할 때 그 진술은 진리란 것이다. 논리 전개의 전제가 없는 "앞뜰의 감나무에 감이 주렁주렁 달려 있다"라는 진술이 진리가 되려면, 진술된 내용과 객관적 실재가 대응하면 된다. 즉, 이때 감나무에 붉은 감이 주렁주렁 매달려 있는 실재가 놓여 있어야 하는 것이다. 만약 녹색 감 열매, 사과나무, 한두 개의 감, 땅에 떨어진 감 등이 실재일 때는, 언술과 실재는 대응이 일어나지 않아 진리 아닌 거짓이 된다.

다. 이와 비슷하게, 제9편 「마제」에서는 천성에 대한 확고한 목적론적 개념을 제시한다.

> 말발굽은 서리나 눈을 밟기 위해 만들어 졌고, 말의 털은 바람과 추위를 막기 위한 것이다. 풀을 우적우적 먹고, 개울에서 물을 마시고, 발을 들어 내달리는 것, 이것이 그들의 참된 본성이다. … 이에 백락에게 이르러, "나는 말 다루기에 능숙하다"라고 말하며 털을 그슬리게 하고, 털을 깎고, 발굽을 도려내고, 낙인을 찍고, 가슴과 엉덩이를 결속하여, 그들을 안정되게 묶어 마판에 매었다. 이때까지 열 마리 중 두세 마리가 죽어버렸다. (왓슨 1968: 104)
> 馬, 蹄可以踐霜雪, 毛可以禦風寒, 齕草飮水, 翹足而陸, 此馬之真性也 . . . 及至伯樂, 曰:「我善治馬.」燒之剔之, 刻之雒之, 連之以羈縶, 編之以皁棧, 馬之死者十二三矣.

스포일러: 그 이후에 말은 그저 악화되었다. 말의 "참된 본성[眞性]"을 이렇게 칭찬하는 것과 순박한 본질을 통제하거나 바꾸어 그 본질을 망치는 것을 비판하는 것은 현대 철학자가 말하는 자연스러운 것이 규범적으로 좋은 것이라는 "자연주의 오류(naturalistic fallacy)"와 함께 생물학적 본질의 가정을 배경으로 하지 않으면 뜻이 통하지 않는다. 순자(그리고 어쩌면 『논어』의 공자)가 이 경향에 완강하게 반대하지만, 주요한 전국시대 사상가 대부분은 자연주의 오류를 매우 편안하게 여기고, 실제로 전형적으로는 그들의 주장은 이 자연주의 오류에 바탕을 둔다. 선천적 본질과 자연적 목적론에 대한 널리 공유되고 깊이 스며든 견해가 없다면 이것은 조금도 뜻이 통하지 않는다.

일반적인 전체론 신화에 반하는 외적 증거

우리는 이 시점에서 고대 중국 사상에 대한 강한 전체론 주장이 문제의 실제 텍스트와 접하는 순간 무너진다는 사실에 충격을 받을 수 있다. 그렇지만 강한 전체론 옹호자가 지적하듯이, 나는 앞의 구절들을 논의하면서 몇 가지 근본적인 가정을 한다. 대략적으로 말해, 나는 고대 중국 사상가가 현대 서양의 "우리"처럼 식물 재배와 관련해 비슷한 경험을 했다고 가정한다. 즉, 땅에 씨를 뿌리고, 씨는 보리나 옥수수 식물로 자라고 "싶어 하며", 올바른 자양물을 받고 물을 주고 잡초를 제거하면 그렇게 자랄 것이다. 나는 이와 비슷하게 고대 중국인의 꿈 경험이 서양인의 꿈 경험과 많이 다르지 않았다고 가정한다. 이는 중국인이 꿈과 깨어 있는 동안 경험한 사건을 구분하고, 꿈이 어떤 점에서는 일상 경험보다 현실에 적게 기초한다고 생각했었다는 점에서이다. 정신적 내면성에 대한 나의 주장은 결정적으로 "그릇 논리"가 우리와 마찬가지로 고대 중국인에게도 동일했었다는 가정에 기초한다. 예컨대, 그릇 내부에 있는 사물은 반드시 외부에서 볼 수 없다는 것이나 그릇 내부에 있는 것은 동시에 그릇 바깥에 있을 수 없다는 것이 그러한 논리이다.

명확한 텍스트 반증에도 불구하고, 앞서 열거한 전체론 주장 중 어떤 것이라도 유지할 수 있는 유일한 방법은 모두 쉽게 손에 넣을 수 있다고 가정하는 것이다. 즉, 가장 기본적인 지각과 인지의 자질도 문화와 시간마다 매우 다를 수 있다고 가정하는 것이다. 강한 전체론 옹호자는 우리가 싹이 농작물로 자라는 것에 대한 고대 중국 구절을 읽을 때, 생물학적 본질과 목적론의 동일한 개념이 작동했다고 가정할 수 없다고 주장해야 한다. 이와 비슷하게, 유가의 군자가 "마음속에서 반성한다"[內省]라고 할 때, 이것이 그릇 내부를 들여다보는 우리 자신의 경험과 비슷하다고 가정할 수 없다고 주장해야 한다. 공유된 인간 현실에 대한 매우 신랄한 회의주의에도 불구하고, 내적 증거의 경계 안에만 머무는 것만으로는 충분하지 않다. 인간과 주변 세계에 대한 우리의 더욱 넓은 지식과 완전히 분리된 채 탐구하는 고대 중국 코퍼스 텍스트는 빠져 나올 수 없는 거울로 만든 도깨비 집으로 변한다.

바로 여기에서 신체화된 실재론에 관한 문헌이나 인지과학에서 나오는 적절한 연구와 같은 "외적" 증거를 활용하는 것은 인문학자로서 우리 연구에 근본적인 역할을 해야 한다. 우리는 인간이 상징적 문화 체계에 의해 구성되므로 어쩔 수 없이 그 덫에 잡히는 순수한 언어적 또는 언어적-문화적 존재라는 생각에서 벗어나야 한다. 그런 생각은 인간의 몸-뇌가 작동하는 방식에 대해 우리가 아는 모든 것에 위배된다. 더 구체적으로, 두 가지 기본적인 가정은 현재 우리가 급진적인 문화적 통약불가능성의 용인을 대신해야 한다. 첫째, 은유와 은유적 혼성은 중요하고, 인간의 공통된 신체화된 경험에 기초한다. 둘째, 생물학은 중요하다. 인간의 사고와 지각의 양상을 형성하고 변형시키는 문화의 거대한 힘에도 불구하고, 모든 호모사피엔스는 기본적이고 공통된 인지적 구조를 갖고 세상에 나온다. 그렇지 않다면, 우선 문화를 배울 수조차 없다(투비·코즈미다스 1992: 34). 어린 호모사피엔스가 주변의 다른 호모사피엔스의 언어, 금기어, 기술, 정서적 표현 규칙을 선택하지만, 닭이나 바위는 그렇게 하지 못하는 이유가 있다. 우리 종(種)의 어린이는 문화적 입력의 특정 유형을 예상하고 문화적 정보 근원의 상대적 신뢰도를 구별하게 선천적으로 장비를 갖추고 있고, 이런 지식을 조직하고 적절한 정보와 배경의 소음을 분리하는 정교한 기제를 가지고 있다(헨리히 2015).

나는 지난 15년 동안 종교학과 고대 중국 연구에 관해 출간한 많은 연구에서 조지 레이코프(Lakoff, George)와 마크 존슨(Johnson, Mark)(개념적 은유 이론(conceptual metaphor theory)), 그리고 마크 터너(Turner, Mark)와 질 포코니에(Fauconnier, Gilles)(개념적 혼성 이론(conceptual blending theory))의 개척적인 연구에서 나온 첫 번째 논점을 주장하는 데 전념했다.[48] 여기에서는 이런 주장을 상세히 이야기하지 않을 것이다. 주목해야 하는 것은 중국 사상의 "이미지적" 본질이 실제로는 일반적인 인간 인지의 기본 자질이라는 사실이다. 1990년대 무렵 이후로 적어도 우리의 많은 개념이 환경과의 감각운동 연대에서 개발되고, 감각운동 도식이라는 폭넓은 의미에서 아날로그 이미지로 저장되고 접근된다는 것은 비교적 논란의 여지가 없었다.[49] 순수한 추상적 개념으로 강요하려 드는 서양 철학의 자만은 정확히 다음과 같다. 그것은 서양의 몸-마음을 포함해 몸-마음이 작동하는 방식에 관한 실증적 연구로 지지받지 못하는 자만이다. 중국 사상가가 유추나 은유에 의한 추론에 분명히 편안해 할 수 있지만, 이미지적 추론에 대해 문화적으로 특이한 것은 아무것도 없다. 중국 철학이 본질상 은유적이라고 주장하는 고대 중국 사상 학자들이 은유가 인간 마음속에서 실제로 어떻게 작동하는지를 아는 데 거의 관심을 보이지 않았다는 것은 정말 화가 나는 일이다. 나는 이 문헌을 참고하고 싶어 하는 동료들에게 1970년대, 1980년대, 1990년대에 레이코프와 존슨의 개척적인 연구 이후에 상당히 발전한 21세기에 이루어진 연구에 익숙해지도록 촉구하고자 한다. 개념적 은유 이론은 지금 신체화된 사회적 실천에서 신체화와 교육의 다양한 유형이 어떻게 매우 기본적인 영상도식을 변형시킬 수 있는가와 같은 문화적 변이를 강조한다(예를 들어, 깁스 1999, 2006, 킴멜 2005). 개념적 혼성 이론(포코니에·터너 2002)은 은유 표현이 어떻게 둘 또는 그 이상의 정신공간을 "혼성하여" 어느 입력공간에도 없던 발현구조를 창조하는지 보여 줌으로써 개념적 은유 이론을 넘어섰다. 그런 다음 이러한 혼성공간은 추가 혼성공간을 위한 입력공간이 될 수 있어서, 신체화되고 보편적이며 기본적인 은유에서 몇 단계 더 멀리 나아갈 수 있다. 전 세계와 전 시대를 통틀어 목격되는 풍부한 문화적 변이가 어떻게 보편적인 신체화된 공통성에서 발생하고, 궁극적으로 그것으로 다시 추적할 수 있는지에 대한 강력하고 실증적으로 타당한 모형이 결과로 나온다(슬링거랜드 2008b: 제4장).

생물학이 중요하다는 두 번째 논점에 관해, 생물학과 인지과학의 기본 연구에 조금만 친숙해도 우리는 앞서 약술한 강한 전체론 주장 모두를 매우 의심할 수 있다. 예컨대, 시간의 개념에 관해, 모든 형태와 크기의 지상 유기체는 100만분의 1초에 해당하는 마이크로세컨드에서부터 날과 계절에 이르기까지 다양한 척도로 시간을 추적하는 정밀한 눈금의 기제를 진화시켰다(부오노마노 2007). 유기체의 유형이나 해당하는 시간 척도에 따라서 특정한 생물학적·화학적 과정이 매우 다양하지만, 모두 이 우주와 이 행성에 있는 빛의 속도, 주간/야간 교체, 계절 변화 등과 같은 삶의 물리적 실재에 단단히 기반한다. 그러한 과정은 태양 주변의 지구이든 들쥐에게서 튕겨 나와 맹금의 눈 안으로 들어가는 광자이든 간에 시간이 경계가 있는 사물의 움직임에서 객관적 간격이라는 "서양식" 개념을 취한다. 프랑수아 줄리앙에게는 실례지만, 그러한 시간 개념은 우리가 생물학적 유기체로 진화했던 우주의 적절한 자질을 반영한다. 이런 구조는 양자 층위나 우리가 빛의 속도에 접근할 때 무너질 수 있다. 이것은 다양한 유형의 유사-과학적 신비주의자와 포스트모더니스트가 요란하게 선전한 사실이다. 하지만 이런 시간 구조가 무너진다는 것은 거시 층위와 생물학적 세계에서 경험하는 속도에서 기능하게 진화한 유기체에게는 완전히 부적절하다.

그래서 인간들 사이에서 가장 일반적이고 범문화적으로 보편적인 개념적 은유 중 하나는 시간은 공간이다이다. 즉, 추상적인 시간 개념을 개념화하기 위해 물리적 공간에 대한 경험을 사용한다(레이코프·존슨 1999: 137~169). 실제로 이 관계는 너무 기본적이고 보편적이어서 시간과 공간의 통합양식적 연상이 인간의 뇌와 어쩌면 다른 종의 신경계 안에 미리 고정되어 있는 것처럼 보인다(핑커 1997: 352~357). 새로운 생산 기술과 방식 때문에 시간은 자원이다라는 새롭고 문화적으로 특정한 시간 은유가 발생할 수 있지만("내 시간을 낭비하지 마세요(Don't waste my time)", "시간 절약하기(saving time)" 등), 시간은 공간이다는 시간성에 대한 모든 인간 경험을 근본적으로 구조화하는 것처럼 보인다. 고대 중국어에서, 시간을 가리키는 가장 흔한 은유가 공간적인 것임을 알아차릴 수 있다(폴리블랭크 1995: 159~160). 이것은 표준 중국어와 같은 입말 중국어의 현대 방언에서도 연속되는 패턴이다(보로디츠키·퍼만·맥코믹 2011).

인간 개념적 세계의 기본 자질로 시선을 돌리면, 인간을 비롯한 다른 동물들 또한 기본적인 존재론에 관해 폭넓게 공유하는 세계에 있는 듯하다. 발달심리학자 엘리자베스 스펠크는 다양한 동물 종이 공유하고, 물리적 사물, 의도적 행위자, 수, 물리적 공간을 처리하기 위한 별도의 체계를 포함하는 심오한 "핵심 지식(core knowledge)"에 대해 주장했다(스펠크 2000, 스펠크·킨즐러 2007; 캐리 2011 참조). 물리적 사물에 관해, 유아는 세계가 규칙적인 방식으로 공간에서 이동하고 물리적 접촉을 통해서만 서로에게 영향을 미치는 독립적이고 일관성 있는 사물로 구성된 것으로 간주하면서 선천적인 뉴턴 학설을 믿는 사람처럼 보인다(스펠크·필립스·

우드워드 1995). 약 1세 정도의 어린아이가 특성에 따라 사물을 개별화하고 종류별로 분류하는 것이 범문화적으로 관찰되고(수페이·캐리 1996), 인간이 아닌 영장류에서도 이 경향을 뒷받침하는 증거가 있다(멘데스·라코치·캘 2008). 통속 물리학에 관한 연구는 공간을 이동하고 서로에게 부딪치는 단단하고 한정된 사물의 뉴턴식 세계와 같은 것이 생후 6개월 이상의 모든 인간(바야르종 2004, 바야르종 外 2011)뿐만 아니라 침팬지와 다른 포유동물(포비넬리 2000, 블레이스텔 外 2006)에게서도 모호한 층위에서 공유된다는 것을 암시한다. 또한 기본적인 공간적·기하학적 예측이 동물계에서 널리 공유된다는 증거도 있다(스펠크·이상아 2012). 질량명사와 가산명사 간의 구분 또한 보편적이고, 세계의 많은 언어의 통사론에서 형식적으로 부호화되고, 2세정도의 어릴 적부터 단어 의미에 대한 아이들의 추측을 안내한다(캐리·스펠크 1994, 수페이·캐리 1996).

더욱이 매우 어릴 적부터, 인간은 생물과 무생물을 구분하고, 전자에는 그 자체의 "유형"을 번식할 수 있는 능력과 내적인 선천적 본질, 고유하게 목적론적 본질을 포함해 특유한 선천적인 특성이 있는 것으로 생각한다(키엘 1994, 세토흐 外 2013). 인류학자 스콧 애트런은 전 세계 문화에서 "생물학적 본질"의 통속 개념을 입증했는데, 이 개념에 의해 "속종(屬種)"(대략 현대 과학 분류에서 속(屬)에 대응하는 층위에서 범주화되는 동물)은 종 특정적 행동과 발달, 모습을 유도하는 데 책임이 있는 특유하고 내재적인 목적론적 본질을 가지고 있는 것으로 간주된다(애트런 1998).[50] 따라서 생물학적 본질과 생물학적 목적론의 생각은 아리스토텔레스가 만든 것이 아니라 기본적인 인간의 인지적 기본값으로 보인다(드 제수스 2010).[51]

강한 마음-몸 전체론의 반대 주장 미리보기

앞서 기술한 중국의 것으로 추정되는 전체론의 다양한 형태에 관해, 내가 지면을 할애해 제시한 적은 양의 내적 (텍스트적) 증거와 외적 (인지과학적) 증거는 우리가 그런 전체론의 형태를 실행 불가능한 입장으로 묵살할 수 있다는 것을 암시한다. 내가 뒷장에서 하고자 하는 것은 여기에서 기술하는 정신-몸 전체론이나 마음-몸 전체론과 같은 전체론의 마지막 형태로 시선을 돌려, 그것을 훨씬 더 광범위하게 조사하는 것으로서, 이때도 내적인 텍스트 및 고고학 증거와 인지과학이나 철학의 외적 증거를 결합하는 동일한 전략을 이용할 것이다. 나는 또한 디지털 인문학의 발전으로 최근에서야 가능한 대규모 텍스트 분석과 학문적 의견 공유의 새로운 기법을 여기에서 예시되는 방법에 추가한다.

이 책에서 마음-몸 전체론에 주로 집중하려는 것은 그것이 문헌에서 발견되는 강한 전체론의 가장 일반적 표명이기 때문이다. 마음-몸 전체론 그 자체는 강한 전체론의 유익한 대용물이다. 따라서 나는 마음-몸 전체론이 틀렸음을 신중하고 철저하게 드러내어 일반적인 강한 전체론이 손상되기를 희망한다. 나는 영혼-몸 전체론과 내세 개념에 집중하고, 고고학 기록과 통용 텍스트 전통 모두의 전통적 증거를 개관하면서 제2장을 시작할 것이다.

1

마음과 몸의 개념에 대한 정성적 접근법

2
영혼과 몸
영혼-몸 이원론의 전통적인 고고학·텍스트 증거

이 장에서는 진나라 이전 중국에서 영혼-몸 이원론의 존재를 주장하기 위해 고고학·텍스트 자료에 대한 정성적 해석에 의존한다. 우리는 영혼-몸 이원론이 이용 가능한 증거에서 명확히 식별될 뿐만 아니라, 현세와 내세 간의 질적 이원론에 의해서도 알아차릴 수 있다는 것을 보게 될 것이다. 또한 영혼-몸 이원론은 궁극적으로 마음-몸 이원론에 기생하는 것처럼 보이는데, 이는 한 개인의 비신체화된 본질인 영혼이 본질적으로 그 개인의 정신적 특성과 연결된다는 의미에서다. 고대 중국의 영혼을 보는 한 가지 방법은 단지 몸이 없는 의식으로 보는 것이다. 영혼-몸 이원론의 존재를 입증하고 난 뒤 제3장에서 더 구체적으로 영혼 빙의(憑依)를 가능하게 하는 자아의 성분에 집중할 것이다. 이것은 부수적으로 왜 대부분의 다른 문화에서처럼 고대 중국 문화에서도 인간(또는 의인화된 비인간)만이 영혼을 가진 것으로 생각되는지를 설명할 것이다.

내가 줄곧 진나라 이전 시대에 집중하는 것은 영혼-몸 이원론이나 마음-몸 이원론이 불교가 도래한 이후 중국 사상의 특징이 아니라는 주장이 잘못된 것처럼 보이기 때문이다. 즉, 불교가 내세의 정교한 이미지, 실체가 없는 영혼의 많은 정교한 모형, 명시적으로 이원론적인 형이상학적 견해를 중국에 도입했다는 것이다.[1] 나는 이 논점을 납득시키기 위해 잠재적으로 불교의 영향을 받은 한나라의 한 구절을 논의하는 일에 집중할 것이다. 이것은 이원론 가정의 극한에 있는 데카르트 철학을 반영하는 『열자(列子)』의 이야기다. 하지만 대체로 뒷장에서 나의 표적은 어떠한 형태의 영혼-몸이나 마음-몸 이원론도 불교 이전 중국 사상에서는 존재하지 않았다는 약간 더 옹호할 수 있는 입장이며, 나는 대부분의 증거를 한나라 이전 시대에서 가져온다.

고고학 기록에서 내세 믿음

조상숭배는 전형적으로 고대 중국 종교 풍습의 핵심적인 특징으로 인용된다. 리우리(刘莉)(1996)와 같은 학자는 제물 구덩이에 대한 공간적 분석을 통해 강력하게 암시되듯이 조상숭배가 앙소(仰韶)시대(서기전 5000년~서기전 4000년경)만큼 일찍이 황하강 계곡에서 행해졌다고 주장했다. 이런 조상숭배가 육체적 송장과 분리될 수 있는 개인의 양상인 "영혼(soul)"에 대한 신념을 포함했다는 것은 옆에 구멍이 뚫린 서기전 5천 년의 옹관에서 암시된다. 많은 사람은 그 구멍을 영혼이 장례용 항아리 안과 밖으로 드나드는 문으로 해석한다. 우훙(巫鴻 1994: 84)은 이런 고고학적 물품을 중국에서 "자립적 영혼(autonomous soul)" 개념의 가장 초기 증거로 식별한다. 자립적 영혼이란 삶과 죽음의 "거대한 경계"를 횡단할 수 있는 실체를 말한다.² 황하강 중류에서 첫 번째 국가 수준의 문화인 이리두(二里頭)(서기전 1900~서기전 1500년경)의 고고학 유물도 공들인 장례 풍습과 조상숭배 풍습을 암시한다(리우리·첸싱칸 2012: 262~274, 레인하트 2015).

일단 상(商)왕조(서기전 1600~서기전 1046년)로 들어가면, 고고학 자료와 문서 자료는 내세와 초자연적 믿음을 더 명확히 묘사하는데, 여기에서 중심적인 국가적 종교 활동은 이전의 인간 존재 및 비-인간 존재와 의사소통하기 위해 살아 있는 인간 세계의 경계를 가로지르는 것에 집중된다. 엘리트 계층의 상왕조 장례는 거대한 묘를 포함했는데, 여기에서 죽은 사람은 상당히 많은 보물뿐만 아니라 분명히 (영적으로) 내세까지 동행할 인간과 동물 "길동무"와 함께 보내졌다.³ 알랭 토트(Thote, Alain)는 종종 무기와 함께 매장된 인간 길동무가 어쩌면 "죽은 사람을 내세에서 보호하고 보살펴 줄 보호자로 간주되었다"(2009: 116)라고 말한다.

상왕조의 갑골은 조상이 아닌 고귀한 신[帝]에서부터 많은 자연신과 왕족의 조상에 이르기까지 다양한 초자연적 신에게 하는 질문과 기원을 담고 있다. 제의는 많은 초자연적 행위자에게 하는 것이었지만, 제물과 기원은 조상의 영혼[神]에게 집중하는 경향이 있었다. 이런 조상은 "위[上]"에 거주하는 것으로 묘사되지만 살아 있는 것들과 끊임없이 상호작용하기도 한다. 그들은 땅으로 내려와 제물과 다른 중요한 의식에서 신령의 형태로 존재하는 것으로 생각되었다. 이런 의식에서 조상들은 신의 가호와 지속적인 지지를 보장하기 위해 음식과 마실 것(이것들로부터 그들은 눈에 보이지 않는 본질만을 빼어내었다)을 대접받았다. 한 고대시의 서술자는 매우 만족스럽게 "혼들이 완전히 취했다!"라고 한다. 이것은 의식이 이제 안전하게 마무리될 수 있다는 신호다.⁴ 푸무추(蒲慕

州)는 상왕조의 청동제품에 관한 이케다 수에토시(池田末利)(1981)의 연구가 표준 형태에서 嚴(엄)이나 翼(익)으로 표현되는 죽은 왕족 조상을 가리키는 문자가 조상의 "영혼(soul)"이나 "정신(spirit)"의 개념을 나타내는 것으로 보인다고 제안한다(2004: 175). 학자들은 서주(西周)시대 청동 그릇 비명이 살아 있는 후손이 아닌 신령이 그 텍스트를 읽을 것으로 의도되었기 때문에 그릇 안에 적었다라고 말했다. 이는 신령이 의식적일 뿐만 아니라 학식도 있다는 것을 암시한다(쇼네시 1991, 폰 팔켄하우젠 1995). 서주 유적의 초라한 주거지에서도 갑골이 발견되었다는 것은 상왕조와 주나라 궁중의 관행과 신념이 일반 백성과 공유되었다는 것을 암시한다(푸무추 1998: 35). 상왕조에서처럼, 서주 조상도 인간 세계 위쪽 어딘가에 있고 인간 세계에 어느 정도 침투할 수 있는 어렴풋한 공간에서 거주하는 것으로 생각되었다. 논란이 되는 한 가지 논제는 산 사람의 영역과 죽은 사람의 영역인 이 두 영역 간의 관계를 어떻게 이해할 수 있는가 하는 것이다. 마틴 컨은 제물을 바치는 서주의 왕족 의식에 대해 다음과 같이 기술한다.

> 서주에서 제물을 바치는 의식은 조상의 신령이 산 사람들과 뒤섞일 수 있는 공간을 창조하여, 후손에게 제물을 받고 그 보답으로 그들에게 신의 가호를 준다. 산 사람은 선조와 분리된 것이 아니고, 죽은 사람도 가고 없는 것이 아니다. 비록 "높은 곳"[上]이나 하늘[天]에 거주하는 것으로 생각되는 신령은 정기적으로 신령스러운 제물로 내려와서 왕조의 삶과 힘의 근원인 그들의 존재를 매번 새롭게 한다. (컨 2009: 153)

"산 사람은 선조와 분리된 것이 아니고, 죽은 사람도 가고 없는 것이 아니다"라는 주장은 언뜻 보면 약간 이상하다. 후손 옆에 앉아 정상적인 방식으로 음식과 마실 것을 즐기는 것처럼 물리적으로 존재하는 것이 아니라는 의미에서 죽은 사람은 확실히 가고 없다. 물론 컨은 이 주장을 상세히 설명하거나 옹호하지도 않지만, 서양의 비전체론적 또는 초월적 상관물과는 은근히 대조적으로, 이 주장은 이 두 세계 간의 관계에 대한 "전체론적" 또는 "내재적" 해석에 대한 신념의 신호로서만 뜻이 통한다. "우리가" (=서양에서) 죽은 사람과 초자연적 존재의 영역이 우리 자신의 영역을 완전히 초월하는 것으로 이해하는 것과는 다소 질적으로 다른 방식으로 죽은 사람이 후손에게 존재한다는 의미에서 "가고 없는 것이 아니다."

나는 주나라 조상이 제물에 "존재"한다는 것을 과장하는 것은 서양의 종교 풍습을 풍자하고, "존재"의 의미를 한계점 넘어서까지 확장하는 것이라고 주장한다. 주나라 조상이 제물에 존재한다는 것은 성체의 빵과 포도주에 예수 그리스도가 존재하는 것과 별반 다를 것 없이 "내재적"이다. 주나라 조상과의 의사소통은 유대-기독교 신이나 기독교 성인에게 하는 기도만큼이나 어렵고, 신비롭고, 해석적 도전으로 가득하다. 두드러진 논점, 즉 어느 한 세계관의 근본적인 **이원론** 양상은 죽은 사람이 물리적으로 가고 없다는 것이다. 왜 우리는 공들인 의식과 사치스럽고 특별한 용품, 그들과 이야기하는 종교 전문가를 필요로 했겠는가? 그리고 테이브스(Taves)(2009)가 일상생활의 다른 활동으로부터 종교 관습을 구분하는 타자성이나 신성함, 신성의 의미를 명명하듯이, 왜 그들과의 거래가 "특별하게 만들기"라는 강력한 의미로 둘러싸였겠는가?

어쨌든 내세를 별개의 영역으로 구분하는 것은 "명기(明器)"를 무덤 안에 두는 후기 주나라 풍습에 관한 고고학 기록에서 매우 명확히 두드러진다. 명기는 어쩌면 돈을 아끼기 위한 것이지만 또한 분명히 상징적 기능을 위해 의도적으로 작동하지 않는 실물의 복사나 표상이었다. 한나라 텍스트에서 그럴듯하지만 『예기』 「단궁 상」은 아마 틀림없이 명기에 대한 초기 정서를 반영하는데, 이것은 또한 『순자』와 같은 전국 시대 문헌에서도 반영된다.

> 죽은 자를 대함에서, 그들을 완전히 죽었거나 가고 없는 것으로 대하는 것은 애정의 결핍이고, 그렇게 해서는 안 된다. 반면에, 그들을 여전히 완전히 산 자와 같이 대하는 것은 (상황의 현실성에 관한) 인식의 결핍이기에, 이 또한 용인할 수 없는 일이다. 이런 이유로, (무덤에 매장된) 대나무 그릇은 쓰기에 완전히 알맞은 것이 아니고, 질그릇은 사실 좀 먹힐 수 없고, 나무그릇은 불완전하게 깎여지며, 현악기는 줄이 팽팽하여도 음률이 맞지 않고, 관악기는 그 형태가 완벽해도 조화로운 소리를 실제 만들 수 없고, 차임이 있으나 악기 틀에 세울 수 없다. 이 모든 것을 일러 "명

• 명기(明器) 순장 풍습의 폐해를 없애고자 추령과 같은 인형이나 소형 그릇을 목기, 칠기, 와기, 도기, 자기 등으로 제작하여 무덤에 부장한 것을 이른다. 명기와 관련된 가장 오래된 기록은 『예기』 「단궁 상」에서 찾을 수 있는데, "명기는 귀신의 그릇이요, 제기는 사람의 그릇이다(夫明器鬼器也 祭器人器也)"라는 내용이 있다.

기"(明器; 문자 그대로 "밝은 그릇")라고 하는 것은 "영적 지성"(神明)을 위한 것이기 때문이다.

之死而致死之,⁵ 不仁而不可爲也; 之死而致生之, 不知而不可爲也「是故, 竹不成用, 瓦不成味, 木不成斲, 琴瑟張而不平, 竽笙備而不和, 有鐘磬而無簨虡, 其曰明器, 神明之也.⁶

로타 폰 팔켄하우젠(Falkenhausen, Lothar Von)은 "제의 용품과 죽은 사람의 사회적 지위에 맞는 예복"(1995: 138)이나 죽은 사람이 산 사람에게 잠재적으로 줄 수 있는 도움을 강조함으로써 상왕조와 초기 주왕조의 장례 풍습이 현세와 내세 간의 연속성에 더 집중했다고 주장했다. 하지만 후기 주왕조 무렵과 전국시대에 돌입할 쯤에, 명기의 사용은 "아마 틀림없이 산 사람과 죽은 사람 간의 대조에 대한 강한 강조를 반영한다." "이것은 후기 전국시대에 분명히 널리 퍼져 있고 다양한 사상가의 학파들 사이에서 공유되는, 죽은 사람은 산 사람과 일반적으로 구분된다는 견해를 입증하는 그 주제에 대한 소수의 문서 출처에서 표현된다"(1995: 152~153).

더욱이 춘추시대(서기전 771년~서기전 476년)와 초기 전국시대 무렵에, 우리는 지하계에 각기 고유한 이름을 가진 신들의 조직적인 위계가 있다는 더욱 정교한 내세 믿음의 증거를 볼 수 있다. 『춘추좌씨전』과 같은 통용 텍스트에는 산 사람이 "황천(黃泉)"과 같은 땅 아래의 공간에서 죽은 사람을 만나는 것에 대한 모호한 지시가 포함되어 있다.⁷ 하지만 고고학 자료는 특정한 초자연적 존재가 통치하는 더욱 복잡하고 구조화된 지하계를 암시한다. 푸무추는 서기전 560년경의 정(鼎)에는 주 왕실의 귀족인 그 주인이 강공을 섬기기 위해 땅 밑에 죽었다"(1998: 65)라는 것을 설명하는 비명이 있다고 지적한다. 이것은 전국시대에 일반적이던

정(鼎) 중국 고대의 제례용(祭禮用) 용기(容器) 중에 하나로 3개 다리가 붙고 양쪽에 귀가 달린 형태이다. 처음에는 음식을 익히거나 죄인을 삶아 죽이는 데 쓰다가, 뒤에 왕위 전승의 보기(寶器)로 삼은 후 국가·왕위·제업을 뜻하게 되었다. (역자 주)

내세 관료주의라는 개념의 뿌리가 더 이르다는 것을 암시한다.

컨(Kern)처럼 푸무추도 자신이 연구하는 고대 중국 내세 믿음의 전체론적 본질을 강조하는 경향이 있다. 예컨대, 그는 이런 힘을 "초자연적"이라고 명명하는 것에 난처한 기색을 보이는데, 그가 이런 힘이 "인간계와 경계가 접해 있거나 그것의 연속적 확장"(28)으로 생각되었다고 믿기 때문이다. 서주 조상이 산 사람과 "분리되지 않았다"라는 묘사처럼, 여기에서도 역시 이것은 "경계가 접해 있는"과 "연속적"이라는 용어를 다소 부자연스럽게 사용한다. 상왕조 조상, 자연신, 帝는 "자연"계에 속한 것들과는 달리 비가시적이고 무형적이며 전문가가 수행하는 공들인 제의 절차를 통해서만 의사소통할 수 있었다. 그들은 자연계와 어느 정도 접촉을 유지한다는 의미에서 "경계가 접해 있었다." 즉, 갑골 질문은 그들에게 닿을 수 있고, 음식과 마실 것의 제물은 그들이 초자연적으로 즐길 수 있으며, 인간은 죽을 때 조상 신령으로 다소 변형될 수 있다.

그러나 조상과 신은 명확히 질적으로 다른 별도의 영역에서 거주했다. 당신은 조상의 묘 안으로 불쑥 들어가 산 사람과 대화하듯이 그와 대화를 할 수 없고, 강공 왕자를 만나기 위해 지하계로 내려갈 수도 없다.

최근에 발견된 매력적인 고고학 텍스트인 『범물유형(凡物流形)』[8]은 전국시대 사람이 이승과 저승 간의 관계에 당혹했다는 것을 명확히 한다. 우주의 기원과 본질에 대한 많은 질문은 조상에게 바치는 제물에 대한 다음과 같은 묵상을 포함한다.

귀신/영혼[鬼]은 사람에게서 나는데, 어떻게 그들이 영적 지성[神明]를 소유하는가? 그들의 살과 뼈[骨肉]가 이미 먼지가 되었음에도, 그들의 지혜는 살아 있을 때보다 더욱 뛰어나다. 그들은 작별을 고한 뒤 어디로 가는가? 누가 그들의 한계를 알겠는가? 귀신/영혼[鬼]은 사람에게서 나는데, 무슨 이유에서 그들을 섬기겠는가? 살과 뼈[骨肉]가 이미 먼지가 되어, 그들의 몸[身體]이 더 이상 보이지 않는데, 왜 내가 그들을 먹여야 하는가? "그들이 오는 것을 예상할 수 없다."[9] 그러면 어떻게 내가 언제 그들을 무덤에서 기다려야 하는지 알겠는가? 제물이 어떻게 그들에게 이른단 말인가? 내가 어찌 영혼을 배불리게 먹일 수 있단 말인가? … 하늘의 총명함을 생각하면, 어떻게 그것을 얻는가? 귀신/영혼의 신비한/영적[神] 본질을 생각하면, 어떻게 그들을 먹이겠는가? 선왕들의 지혜를 생각하면, 어떻게 그것에 정통하겠는가?

鬼生於人, 奚故神明? 骨肉之既靡, 其智愈彰, 其訣奚適, 孰知其疆? 鬼生於人, 吾奚故事之? 骨肉之既靡, 身體不見, 吾奚自食之? 其來無度, 吾奚待之窟? 祭祀奚逐? 吾如之何使飽? … 天之明奚

得? 鬼之神奚食?鬼之神奚食? 先王之智奚備? (조각 5~7)

"그들의 살과 뼈가 이미 먼지가 되어, 몸이 더 이상 보이지 않는데, 왜 내가 그들을 먹여야 하는가?" 이것은 우리만큼이나 전국시대 텍스트 저자에게도 당황스러운 질문이다. "공통 경계의" 우주에 대한 주장에도 불구하고, 이 구절은 현세와 내세에 대한 고대 중국의 "통속" 가정이 지금의 것과 그렇게 다르지 않았다는 것을 명확히 한다. 고대 중국의 영혼과 신에게 "초자연적"이라는 용어를 적용하는 것에 지나치게 까다로운 유일한 이유는 "초자연적"이 자연계와 자연 외의 세계 간의 절대적인 단절을 함의한다는 생각을 암시적으로 믿기 때문이다. 이것은 유대-기독교 신념의 풍자와 전문적인 신학과 일상의 인간 인지의 통합에 기반하는 고대 중국 세계관과 "서양" 세계관 간의 매우 유익하지 않은 비교 기준선이다.[10]

후기 전국시대와 한나라 초기 무렵에 더욱 풍부한 고고학 기록은 영혼-몸 이원론 문맥 바깥에서는 뜻이 통할 수 없는 정교한 내세와 영혼 믿음을 포함하는 종교적 세계관이나 산 사람의 세계와 죽은 사람의 세계가 근본적으로 다르다는 배경 신념을 제시한다. 전국시대에 들어가면 지역적이고 연대적으로 명확히 달랐던 고대 중국의 내세 개념을 정확히 어떻게 이해할지를 두고 문헌에서 논쟁이 지속되었다.[11] 전국시대 소타(邵佗)의 무덤(서기전 316년)에 대한 상세한 연구에서, 콘스턴스 쿡(Cook, Constance)은 무덤의 구체적인 증거가 "영묘한 자아와 물리적 몸의 분리에 대한 생각을 지속적인 고대 중국 신념으로 확고하게 지지한다"(2006: 17)라고 주장한다. 그녀의 견해에서 소타의 무덤은 정신 여행에 대한 신념뿐만 아니라 내세에 대한 정교한 그림도 명확히 반영한다. 부장품 목록에는 "여행에 사용되는 용품"(219)이 있고, "天胥(천서)"라는 글자가 새겨진 말 장식은 "정신 여행에서 말의 역할"을 암시하며(59), 무덤 속 작품은 나중에 정신 여행과 명시적으로 연상되었던 여행, 사냥, 신화적 존재(용, 불사조)를 표현하는 그림으로 가득하다(124~127). 그가 말하기로, "부장품은 고대 중국인이 믿기로 무엇이 위험한 초자연적 환경을 여행하기 위한 필수품임을 나타낸다." 이것은 그가 길을 따라 가며 만나는 다양한 영혼에게 제시할 정체성의 증거와 학자의 일인 특별한 일의 도구를 포함한다(46~48).

이런 무덤에 대한 쿡의 정신 여행 해석은 후난성(湖南省) 창사(長沙) 자탄고(子彈庫)에서 발굴된 또 다른 후기 전국시대 무덤으로 견고해진다. 이 무덤에는 한 남자가 용을 타고 승천하는 비단 그림이 그려져 있다. 라이구오롱(来国龙)이 말하듯이, 그 남자는 확실히 내세로 여행가는 무덤의 주인이고, 이 전국시대 관습에서 명백히 비신체화된 정신 여행에 관한 후기 한왕조의 이야기와 공통점이 있다(2005: 15~16). 라이구오롱은 또한 후베이성(湖北省) 구점(九店)에 있는 전국시대 무덤에서 발견된 고고학 텍스트[12]가 부주(不周)(직역: "무한한")라는 북서쪽 끝에서 알려진 세계의 모서리에 있는 신화적 지역을 참조하는데, 이것은 전국시대와 초기 한나라의 통용 텍스트에서 영혼 세계로 들어가는 문으로 간주된다. 그리고 이런 고고학 텍스트는 분명 죽은 군인의 영혼이 가족에게 되돌아가 제물을 받기 위해 "휴가"를 얻는 것을 목표로 하는 주문이다(2005: 8~9).

확실히 소타의 무덤에 대한 정신 여행 해석은 일반적으로 의견이 일치하는 것은 아니다. 우훙과 같은 학자는 한나라의 정신 여행 개념이 전국시대의 장례 풍습에 작동하는 것에 반대하고, 그 대신에 전국시대 무덤을 준-육체적 정신을 영원히 수용하는 "행복한 집"으로 해석한다

(1994). 폰 팔켄하우젠 또한 "행복한 집" 개념이 전국시대 무덤에서 작용하는 것으로 간주하는데, 물론 그는 그 이면의 동기가 산 사람이 잠재적으로 위험한 영혼의 접근을 막으려는 욕망에서 유도된 것으로 이해한다. 잘 갖추어진 무덤에서는 "아무것도 부족하지 않기에, 죽은 자는 바깥 세계에서 돌아다니고 후손에게 출몰하기보다는 그곳에서 만족스럽게 머문다"(폰 팔켄하우젠 1994: 153). 죽은 자는 달래거나 견제하지 않으면 잠재적으로 위험하다는 생각은 확실히 고대 중국에서 널리 퍼져 있었다. 푸무추는 "으스스한 귀신"(厲鬼)(불행하고 억울한 죽음을 당했거나 제사를 지낼 후손을 남기지 못하고 죽어 전염병과 같은 해를 일으킨다고 여겨지는 귀신 _역자 주)에 대한 이야기가 통용 텍스트 전통뿐만 아니라 고고학에서 나온 귀신학에서도 발견되고, 전 세계에서 발견되는 통속 신념과 내용 및 구조가 매우 비슷하다고 지적한다(2004: 181~183). 병을 비롯한 다른 불운은 종종 죽은 영혼 탓인데, 이들은 제대로 묻히지 않았거나 제물을 제대로 바치지 않았거나 보상을 요구하는 폭력적이거나 부자연스러운 죽음을 맞이했기에 산 사람을 괴롭히려고 되돌아 왔다.

이런 이야기 중에서 어쩌면 가장 유명한 것은 『춘추좌씨전』으로서, 정(鄭)나라에서 쫓겨나 정적에게 죽임을 당한 전 관료인 백유(伯有)의 귀신에 관한 이야기이다. 정나라에서 가문의 지위를 잃어 분명 엄청난 제물을 빼앗겼기 때문에 백유의 귀신은 정나라를 공포에 떨게 했다. 예컨대, 그는 갑옷을 입고 적의 죽음을 예언하면서 누군가의 꿈에 나타났다고 한다. 그리고 그의 적은 실제로 예언한 날에 죽었다고 전해진다. 그의 귀신은 정치가 자산(子産)이 백유의 아들을 높은 관직에 앉히고, 그의 가문을 원래의 명성으로 복권시키며, 조상을 위한 풍부한 제물을 보장하고 나서야 달래졌다. 그 이후에 자산은 귀신의 형이상학, 그리고 조상의 혼과 제물 간의 연결을 설명한다.

> 자산이 진나라에 갔을 때, 조경자가 그에게 묻기를, "백유가 정말 귀신이 되었습니까?"
> 자산이 대답하기를, "그렇습니다. 사람이 태어나 처음 변화하는 것을 백이라 합니다. 백이 생기고, 그 양기를 혼이라 합니다. 만약 영혼이 적절한 물질적 제물을 받아 풍부한 영적 본질을 취한다면, 혼백은 강해지고, 그 본질은 매우 강력하여 영적 지성[神明]에 도달하게 됩니다." 심지어 평범한 사람이 비명횡사하면 그들의 혼백은 다른 사람을 침범하여 소유하고, 사악한 악령을 만들어냅니다. … (백유는 고대 정 가문의 중요한 후계자이고), 귀한 다채로운 물질적 제물을 후하게 받았고, 그의 영은 그것에서 풍부한 영적 본질을 취할 수 있습니다. 더욱이 그의 가문은 거대하여 얻을 수 있는 깊은 자원을 가졌습니다. 비명횡사하여 사악한 악령이 되는 것 또한 마땅한 것이 아니겠습니까?
> 及子產適晉, 趙景子問焉, 曰:「伯有猶能為鬼乎」子產曰:「能. 人生始化曰魄, 既生魄, 陽曰魂. 用物精多, 則魂魄強, 是以有精爽至於神明. 匹夫匹婦強死, 其魂魄猶能馮依於人, 以為淫厲. … 其用物也弘矣, 其取精也多矣, 其族又大, 所馮厚矣, 而強死, 能為鬼, 不亦宜乎!」 (소공 7년, 듀란트·리와이이·쉐버그 2016: 1427)

우리는 여기에서 아래에서 논의하고 나중에 한나라 텍스트에서 상세히 설명할 영혼의 혼백(魂魄) 개념에 대한 가장 초기 표현을 볼 수 있다. 우리가 전국시대 무덤에 대한 "행복한 집" 해석을 받아들일지라도, 그것이 상대적으로 비신체화된 영혼의 개념에 의존하는 것으로 가장 잘 이해되는 것은 무덤의 주인이 분명히 죽은 사람이 되살아난 송장으로 생각되지 않았기 때문이다. 그것은 다중 영혼에 대한 더욱 정교한 신념을 포함한다. 이것은 알랭 토트의 견해로서, 그는 (서기전 433년경으로 추정되는) 중(曾)나라 승상 을[侯乙]의 묘를 논의하면서 "그 건축은 죽은 자의 영혼 중 하나(송장과 함께 남아 있는 영혼, 즉 魄)가 무덤 안에서 돌아다닌다는 것을 시사한다"(2009: 133)라고 결론 내리는데, 그는 이것이 혼/백 영혼 믿음의 존재를 암시하는 것으로 간주한다(136).

어쨌든 "죽은 자"(즉, 이전에 산 사람의 상대적으로 비신체화된 마음/정신)는 명확히 비가시적이고 무형이며 강력하고 어쩌면 위험한 존재들이 있는 질적으로 다른 질서에 속한다는 사실에는 변함이 없다. 폰 팔켄하우젠이 주장했듯이, 적어도 후기 전국시대 초기의 중국 장례 풍습은 내세가 "산 사람의 세계와 신비하게 분리되고 독립된"(2006: 300) 것이라는 견해를 드러내고, 죽은 자의 정신은 "산 사람과 명확히 다른 것"(306)으로 인식된다. 고대 중국이 중국에 불교가 들어오기 전인 "서양의" 세계와 분리되지만 그런 서양의 세계에 근거해서 모형화된 정교한 정신 여행과 복잡한 영적 영역에 관한 매우 생생하고 널리 분포된 신념들로 풍부했다는 것도 마찬가지로 분명하다. 라이구오롱은 후기 전국시대와 초기 한나라의 다양한 무덤을 폭넓게 재검토하면서, "내세에 대한 후기 전국시대와 초기 한나라의 개념은 죽음 이후에 의식을 가진 영혼의 개념과 일반적으로 일치한다. 이런 개념은 또한 죽은 자의 땅, 사후의 천국, 매장 상태를 넘어서 영혼의 여행이라는 생각도 수용한다"(2005: 42)라고 결론 내린다.[13] 궈주에(郭珏)는 한나라의 부장품과 텍스트를 재검토하면서 고대 중국인이 불교가 도입되고 나서야 내세에 대한 시각을 가지게 되었다는 생각을 증거에 비추어 입증할 수 없다고 비슷하게 결론 내린다(2011: 85~87).[14]

내세와 영혼-몸 이원론에 대한 텍스트 이야기

내세에 대한 더욱 광범위한 텍스트 이야기로 시선을 돌리면 영혼-몸 이원론은 한층 더 명시적이게 된다. 또한 기록에서 점차 명확해지는 것은 영혼-몸 이원론과 마음-몸 이원론 간의 고유한 연결이다. 우리는 통용되는 고대 중국 텍스트 자료와 고고학 텍스트 자료 모두에서 "약한" 통속 이원론에 관한 모든 주된 성분을 볼 수 있다. 제5장에서 "약한" 통속 이원론을 선천적인 인간 인지의 기본 특징으로 논의할 것이다.

영혼-몸 이원론

기록에서는 장례 풍습과 더 짧은 제의 텍스트에서 함축되는 내세 믿음이 고대 중국에 널리 퍼졌을 뿐만 아니라 영혼-몸 이원론에 근본적으로 의존한다는 것을 명확히 한다. 죽은 자의 영혼과 다른 영혼은 몸이 없음에도 (또는 매우 빈약하고 비가시적인 몸만 가지고서도) 마음과 개인적 본질을 지속적으로 소유하고 있기에 평범한 사회적 상호작용에 근거해서 모형화되는 방식으로 상호작용한 인간으로 생각한 듯하다. 폴 골딘(Goldin, Paul)이 강력하게 주장했듯이, 우리는 죽은 조상이 물리적 몸의 결핍에도 의식(마음)은 온전히 있는 일종의 사람으로서 무형의 형태로 계속 존재하는 것으로 생각되었다는, 상왕조의 갑골과 청동

비명만큼 멀리까지 거슬러 올라가는 증거를 발견한다. 그런 조상의 심리적 상태에 대한 관심으로 인해 그들을 단순히 제물을 통해 기계론적으로 조작할 수 있는 비인간적 힘으로 간주하는 해석은 배제된다(2015: 75~77).

통용되는 초기의 출처는 또한 "죽은 자의 의식", 다시 말해 조상의 마음이 물리적 몸의 소멸 이후에도 계속 존재한다는 신념을 반영한다. 폴 골딘은 『시경』 247(「既醉」)을 인용한다.

> 이미 술에 취하고 이미 덕에 충분히 만족했다.
> 군자에게 천년만년! 빛나는 복이 더하길!
> 이미 술에 취하고 이미 진수성찬이 차려졌다.
> 군자에게 천년만년! 눈부신 통찰력이 더하길!
> 눈부신 통찰력은 발산하고, 높고 밝게 좋은 끝맺음이 있다.
> 좋은 끝맺음에서 시작한다. 가장의 배우(공시)가 상서로운 말을 한다.
> 그의 말씀이 무엇입니까?
> "籩 제기와 豆 제기가 정렬하고 상서롭다. 벗이 돕고, 그의 도움에 위엄과 예의가 있다. 그들의 위엄과 예의는 완벽하게 때에 맞다. 군자는 효성이 지극한 자식을 두었다.
> 자식의 효성은 시들지 않을 것이다. 영원한 복을 받을 것이다."
> 복이란 것은 무엇인가?
> "집안의 복이다. 군자에게 천년만년! 영원한 축복과 자손을 받을 것이다."
> 자손이란 것은 무엇인가?

"하늘이 번영을 주신다. 군자에게 천년만년! 빛나는 책무와 함께 식구를 주실 것이다."

식구란 것은 누구인가?

"어진 아내를 얻는 것이다. 어진 아내를 얻는 것이다. 그녀에서 자손이 나오는 것이다."**15**

既醉以酒, 既飽以德. 君子萬年, 介爾景福.

既醉以酒, 爾殽既將. 君子萬年, 介爾昭明.

昭明有融, 高朗令終. 令終有俶, 公尸嘉告.

其告維何? 籩豆靜嘉. 朋友攸攝, 攝以威儀.

威儀孔時, 君子有孝子. 孝子不匱, 永錫爾類.

其類維何? 室家之壼. 君子萬年, 永錫祚胤.

其胤維何? 天被爾祿. 君子萬年, 景命有僕.

其僕維何? 釐爾女士. 釐爾女士, 從以孫子.

골딘이 말하듯이, 다른 초기 텍스트에서 입증된바와 같이 이 시에서 묘사하는 "가장의 배우[公尸]"(직역: "죽은 임금의 시체")를 고용하는 풍습은 살아 있는 배우를 "조상의 영혼을 담는 물리적 그릇"(2015: 79)으로 생각할 것을 요구한다. 위의 번역에서 인용부호**16**는 시인이 죽은 자의 분장자가 말하는 단어를 인용하는 부분을 암시한다. 그리고 이런 단어는 내세로부터의 직접적인 의사소통으로 이해되는 것이다. 골딘이 설명하듯이, "[배우가] 웅대한 '발표'를 할 때, 뒤에 나오는 것은 조상 영혼의 말로 이해된다." "그것은 그 자신의 말이 아니다. 그것은 그의 몸을 통해 현세에서 실현되는 내세적 영혼의 말이다. 그 자신의 마음은 다소 일시적으로 차단된다"(2015: 79).

앞서 보았듯이, 『춘추좌씨전』과 같이 초기에 전해진 다른 텍스트에서도 죽은 자가 생전에 소유했던 것과 동일한 성격과 관심사를 유지하면서 무형이지만 개인적 형태로 계속 존재하는 것으로 생각했다는 것을 명확히 한다.[17] 죽은 자의 배우 풍습처럼, 죽은 자의 영혼은 또한 잠재적으로 되돌아와 산 사람의 몸을 소유할 수 있는 것으로 간주되었다. 평공(平公)이 자기 나라에서 불길한 초자연적 현상에 대해 음악의 거장에게서 충고를 듣는 『춘추좌씨전』의 한 이야기는 무형의 영혼이 돌로 "빙의할[憑]" 수 있고, 그런 돌이 이야기하게 유발할 수 있다는 것을 암시한다.[18] 『국어』의 한 이야기는 같은 동사를 사용해서 요임금의 전설적인 아들인 단주(丹朱)의 영혼이 주나라 소왕(昭王)의 아내와 성관계를 위해 다른 남자의 몸에 들어가는 사건을 묘사한다.

> 옛날 소왕께서 방나라 여자를 맞이하여, 방후라고 하였다. 실제로 방후의 덕이 형편없었고 마침내 단주와 함께 신나서 뛰놀았다. 단주는 다른 이의 몸을 소유하여 방후와 관계를 맺었고, 그 후에 방후는 목왕을 낳았다. 이는 주나라 후손의 복에 오랜 그림자를 드리우게 했다. 영은 사람과 함께 있고 그들 옆을 절대 떠나지 않는다.
> 昔昭王娶于房, 曰房后, 實有爽德, 協于丹朱, 丹朱憑身以儀 之, 生穆王焉. 是實臨照周之子孫而禍福之. 夫神壹不遠徙遷 (『국어』;
> 슈위안가오 2002: 30)

이 이야기에서 매우 흥미로운 것은 여왕과 실제로 성관계를 한 사람이 주석에서는 남자 시중이라고 암시하는 어쩌면 익명의 한 남자의 몸이지만, 물리적 몸은 상관없다는 것이다. 여왕과 성관계를 했고, 어쩌면 그런 범죄에서 감각적 즐거움을 얻었으며, 주 왕조 혈통의 조상으로 간주되는 사람은 단주이지만, 그는 그 행위가 있기 오래 전에 죽었다. 더욱 흥미로운 것은 (상스럽게 표현하자면) 정액이 익명의 남자의 것이지만, 그래도 목왕(穆王)의 선조이므로 주 왕조 혈통에 특별히 관심 가진 사람은 다름 아닌 단주라는 명백한 함축이다. 단주의 개인적 본질은 그가 육체적으로 참여하지 않는 육체적 행동을 통해 어느 정도 전달되었다. 우리는 여기에서 개인적 본질이 어떻게 무형으로 간주되고, 죽은 자의 의식적 마음에 연결되지만, 그래도 현세에서 물질적 효과를 가질 수 있는지를 보게 된다.

죽은 자를 제대로 대우하지 않아 일어난 폭력적이지만 또 다른 비슷한 "영혼 빙의" 이야기는 『묵자』에서 발견된다. 여기에서 우리는 이를테면 활동 중인 영혼 빙의를 실제로 "목격한다."

> 옛날에, 송나라 문군, 포의 시대(서기전 610~서기전 589년)에, 사제인 관고(觀辜)라는 관리는 귀신(厲)을 섬기는 일을 수행했다. 매개자가 지팡이를 들고 나와 관고에게 말했다. "관고여, 왜 옥판과 원판이 완전한 척도에 맞지 않는가? 왜 술과 젯밥은 깨끗하지 않은가? 왜 봄, 여름, 가을, 겨울의 제물이 때에 적절하지 않은가? 관고 그대의 책임인가? 아니면 포의 책임인가?"
>
> 관고가 대답했다. "포는 어리고 미숙합니다. 그는 여전히 강보 속에 있습니다. 포가 이것을 어떻게 알겠습니까? 직무 책임 있는 이 관고가 특히 한 것입니다." 매개자가 그의 지팡이를 들어 그를 쳐, 제단 위에서 그를 죽였다. 그때 송나라 사람 중 그것을 목

격하지 않은 이가 없었다. 멀리 있는 곳의 사람도 듣지 않은 이가 없었다. 이것은 송나라 역사에 기록되었다.

제후들이 [이 이야기를] 전하고 말했다. "제의에 경건하거나 삼가지 않는 누구에게나 귀신과 영이 내리는 벌이 이처럼 혹독하고 신속할 것이다." 우리가 기록된 그런 이야기에서 [이 문제를] 본다면, 어찌 귀신과 영혼의 존재를 의심할 수 있는가?[19]

昔者宋文君鮑之時, 有臣曰祝觀辜固嘗從事於厲, 祩子杖楫出,

與言曰:「觀辜, 是何珪璧之不滿度量, 酒醴粢盛之不淨潔也, 犧牲之不全肥, 春秋冬夏選失時, 豈女為之與? 意鮑為之與?」

觀辜曰:「鮑幼弱, 在荷繈之中, 鮑何與識焉? 官臣觀辜特為之.」 祩子舉楫而槁之, 殪之壇上. 當是時, 宋人從者莫不見, 遠者莫不聞, 著在宋之春秋.

諸侯傳而語之曰:「諸不敬慎祭祀者, 鬼神之誅, 至若此其憯遫也!」以若書之說觀之, 鬼神之有, 豈可疑哉.

폴 골딘은 이 이야기를 분석하면서 다음과 같이 말한다.

영혼 빙의의 이 흥미로운 이야기에서 매개자[祩子]는 단지 분개한 귀신의 물리적 그릇으로 이해된다. 우리가 매개자 그 자신이 의도적으로 관고를 때려 죽였다고 믿는 것으로 생각된다면, 그 이야기는 『묵자』의 문맥에서는 아무런 목적이 없을 것이다. 오히려 전체 논점은 이름 없는 귀신이 매개자의 몸을 통해 태만한 사제를 처벌할 수 있다는 것이다. 우리는 이 사건이 어쨌든 실제로 일어났는지에 대해 의혹을 품을 수 있다. 또는 그 사건이 일어났다면, 우리는 『묵자』가 그것을 정확히 다른 형식으로 말하고 있다고 의혹을 품을 수 있다. 그러나 우리는 이 구절을 읽는 독자가 영혼 빙의의 개념을 이해한다는 것은 의심치 않는다. (2015: 85)

골딘은 또한 이 이야기가 영혼-몸과 마음-몸 이원론 모두의 매우 강한 개념 없이는 뜻이 통할 수 없다고 지적한다. 죽은 사람의 비가시적인 영혼, 즉 그 사람의 의식과 동기, 정체성을 지닌 자는 또 다른 사람의 물리적 몸 안에 들어가고 그것을 완전히 소유한다는 것이다. 골딘은 "여기에서는 가능한 한 가장 엄격한 의미에서 기계 속의 유령이 있다. … 이 텍스트의 저자는 분명히 아무런 어려움 없이 유형의 몸과 무형의 영혼이 거주하는 이원론적 우주를 생각한다"(2003: 236~237)라고 지적한다.[20] 이와 같은 구절은 마음과 몸이 "별개의 실체"(2003: 228)라는 견해가 내세와 귀신, 영혼에 대한 신념과 진나라 이전 중국에서 영혼 빙의와 같은 현상을 이해하는 데 필요하다는 것을 명확히 한다.[21]

전국시대 텍스트에는 몸과 영혼을 명시적으로나 암묵적으로 대조하는 구절이 풍부하다. 이 모든 텍스트에 충만되어 있는 배경 가정은 개인 정체성이 몸과 별개이고, 소멸된 이후에 생존할 뿐만 아니라 어쩌면 물리계에 "도달하기" 전에도 존재하는 것처럼 보인다는 것이다. 『장자』의 한 구절에서는 그의 시대에 정신적으로 무능한 사람을 다음과 같이 꾸짖는다.

이 형성된 몸[成形]을 받으면, 그 몸이 완전히 다할 때까지 그것에 집중할 수밖에 없다. 세상의 물질적 사물에 맞서 찢고 문질러, 그것을 마지막으로 밀어내는 것이 마치 전력으로 질주하는 경주마와 같아 멈추게 할 수 없으니, 이 또한 슬프지 않은가?―受其成形, 不忘以待盡. 與物相刃相靡, 其行盡如馳, 而莫之能止, 不亦悲乎! (왓슨 1968: 38)

여기에서 몸은 사람이 "받아서", 제대로 관리하지 못한 신발처럼 (아쉽게도) 흔히 남용하고 다 써버리는 것으로 묘사된다. 사람은 몸을 받기 전에 무엇이고 어디에 있으며, 몸이 고갈된 후에 어떤 일이 발생하는지는 명시되지 않지만, 어쨌든 이 구절은 "우리"가 다소 몸과 독립적이라는 배경 가정 없이는 이해할 수 없다.[22] 『도덕경』의 한 구절도 비슷하게 말한다. "내게 큰 근심이 있는 것은 내게 몸[身]이 있기 때문이네. 내게 몸이 없다면 내게 어떤 근심이 있겠는가?"[23] 또한 적어도 "생명 이전"의 암묵적 가정은 앞서 논의한 상하이박물관 죽간 텍스트 『범물유형』에서 발견된 질문에 내포되어 있다. "사람이 물리적 형태[流形]로 흘러갈 때, 살아 있기 위해 얻는 것은 무엇인가? 물리적 형태로의 이 흐름이 몸의 형태[成體]를 가지면, 사람이 죽게 하는 무엇을 잃게 되는가?"[24]

물리적 몸이 교체되거나 대체될 수 있다는 생각은 사람을 지금의 모습으로 만드는 개인 정체성이나 본질이 체외적 정신(extra-somatic spirit)에 위치한 것으로 이해된다는 것을 강력하게 암시한다. 『장자』의 또 다른 구절은 이것을 매우 훌륭하게 예증한다. 공자는 새끼 돼지들이 최근에 죽은 어미의 몸을 돌보다 갑자기 멈추고 달아다는 것을 목격한다. 그가 주목하듯이, 이런 반응의 이유는 다음과 같다.

그들은 더 이상 스스로 어미를 볼 수 없었고, 그들은 더 이상 그녀를 같은 무리[類]로 바라볼 수도 없었다. 그들이 어미를 사랑한 것은 그 몸이 아니라 그 몸을 움직이게 하고/명령하는 것[使]이었다. 전쟁에서 죽은 사람은 그의 전쟁 도구 없이 묻히고, 그의 발이 절단된 사람이 신발을 고려해야 할 이유가 없다. 두 경우 모두, 그 근본[本]이 되는 것을 잃었기 때문이다. (제5편 「덕충부」, 왓슨 1968: 73)

여기에서 우리는 죽자마자 물리적 몸을 떠나 텅 빈 껍데기만 남기는 자아의 형체가 없는 "본질적" 요소, 즉 개인 행위성과 정체성의 중심지인 요소의 명확한 개념을 본다.[25] 다시 한 번, 이것은 마음-몸 이원론에 기반한 영혼-몸 이원론의 문맥이 아니면 전혀 뜻이 통하지 않는다. 형태가 있는 몸은 죽고 썩지만 의식과 개인 정체성의 중심지인 마음은 형체가 없거나 기껏해야 준 무형의 형태에서 지속한다. 어쩌면 암컷의 물리적 몸이 죽을 때 "분실된" 것은 무엇이든 간에 그것은 이 텍스트의 제2장에서 언뜻 보았던 "진정한 통치자"와 관련이 있다. "[자아의 한 부분에] 진정한 통치자가 있지만, 그 존재의 징후를 찾는 것은 특히 어렵다. 그것의 작용을 확신하지만, 그 형태[形]를 볼 수 없다. 그것은 본질은 있으니 물리적 형태는 없다."[26]

마음과 몸에 대한 전체론 견해가 있을 것으로 예상되는 한나라 이전의 의학 텍스트에서도 상대적으로 무형의 정신이 유형의 물리적 몸에 거주한다는 널리 퍼진 이원론의 이야기가 있다. 엘리자베스 수(Hsu, Elizabeth)는 다음과 같이 지적한다.

바깥에서 보이는 몸은 정서와 느낌, 의지, 정신, 기와 같이 시각을 통해서 직접적으로 이해할 수 없는 몸 내적인 양상과 대조된다. 인간 존재의 가시적 양상과 비가시적 양상 사이에서 환기되는 이원론은 현대의 생물의학적 대립을 생각나게 하고, 어느 정도는 인간 존재의 주로 시각적 이해에 내재적일 수 있다. 인간에게는 시각적으로 지각되는 물리적 몸보다 더 많은 것이 있다. 이것은 범문화적으로 타당한 경험임에 틀림없다. (2009: 119)

안젤리카 메스너(Messner, Angelika)(2006) 또한 『황제내경』「소문」에서 체계적인 이원론을 증명한다. 이것은 정신[神]과 몸[形] 간의 대조를 포함한다. 또는 종종 "의도"나 "정신적 기질[志]"과 연결된 기분, 느낌, 정서의 "내부" 세계와 외적이고 가시적인 물리적 몸의 영역[形] 간의 대조를 포함한다. 비록 그녀가 이 텍스트에서 실재하는 실용적인 충고가 구체적인 몸에 집중한다고 강조하지만, 이런 의학적인 충고는 어느 정도의 정신-몸 이원론을 가정하는 배경에서 나온다. 캐서린 데스퍼(Despeux, Catherine)도 "영혼"(l'âme)이 초기 의학 텍스트에 나오는 神에 대한 가장 좋은 번역이고, 영혼은 "호흡"(le souffle; 氣)과 밀접하게 연결된 것으로 간주된다는 비슷한 주장을 했다. 그녀는 "영혼과 호흡은 생명에 없어서는 안 되는 것이고, 생명을 지탱하는 핵심 요소다"라고 말한다. "이런 호흡이 없다면, 사람은 죽는다. 안내자와 조정자로서 영혼을 잃으면, 그는 더 이상 살 수 없다"(2007: 74).**27**

데스퍼는 고대 중국 의학 텍스트에서 묘사되는 자아는 3자로 이뤄진 것(몸, 마음, 영혼)이고, 더욱 간단한 영혼-몸 이원론은 후기 중세 시대에 이르러서야 일반적이게 된다고 주장한다. 우리는 실제로 한나라 이전 시대의 많은 구절이 적어도 암시적인 마음-몸-영혼의 3자간 구분을 반영한다는 것을 알 수 있다. 이것은 제5장에서 주장하듯이 범문화적으로 일반적인 명확한 통속 모형이다. 그럼에도, 더욱 간단한 이원론 모형처럼, 3자간 모형도 개인적 본질과 물리적 몸의 분리를 요구하고, 이와 비슷하게 마음-몸 이원론에 기생한다.

한나라 초기(서기전 3세기)에, 영혼-몸 이원론은 더욱 뚜렷하다. 즉, 통용되는 텍스트 기록과 발굴된 고고학 이미지 및 텍스트는 마음이나 영혼을 물리적 몸에서 해방시키기 위한 종교적 기법, 죽기 전이나 사후의 정신 여행, 가시적인 세계의 아래나 위 또는 먼 극단에 위치한 것으로 생각되는 내세의 복잡한 지형에 대한 상세한 설명으로 가득하다.[28] 유잉시(余英時)는 권위 있는 1987년도 연구에서 백서본 무덤 그림에서 묘사되는 "생생한 저승"(382) 개념을 논의하고, "영혼 소환" 제의, 즉 復("되돌리다, 소환하다") 제의에 대한 초기 한나라 문학적 이야기 이면의 이원론 개념을 탐구한다. 그는 다음과 같이 말한다.

> 그 제의는 혼이 백과 분리되어 인간의 몸을 떠날 때 생명이 끝난다는 신념에 기초한다. 하지만 죽음이 먼저 일어나는 순간에, 산 사람은 사랑하는 사람이 정말로 영원히 떠났다는 믿음을 견디지 못한다. 산 사람은 먼저 영혼이 일시적으로만 떠난다고 가정해야 한다. 따라서 떠난 영혼을 다시 소환할 수 있다면 죽은 사람을 다시 생명으로 데리고 오는 것이 가능하다. 복(復) 제의가 목적을 달성하지 못할 때만 죽은 것으로 선언될 수 있고, 그 이후에 죽은 사람의 몸은 자기 방 안의 침대 위에 놓여 수의로 덮일 것이다. (365)

유잉시는 영혼과 기(중추적 본질, 또한 "호흡") 간의 연결에 대해 이야기하면서, 이러한 "영혼 소환" 제의와 같은 풍습이 영혼이 "호흡 같은 생명력"(377, 주석 31번)이라는 개념에 기반한다고 주장하는데, 이것은 극동이나 지중해의 다른 고대 문화에도 유사물이 있다. 호흡의 물리적 행동이 전형적으로 생명의 신호로 받아들여진다고 가정하면 죽는 순간에 사라지는 것이 호흡-영혼이라는 생각은 명확히 직관적으로 뜻이 통하고, 이 호흡을 다시 불러옴으로써 죽음을 바로잡을 수 있다고 생각하는 것은 이와 비슷하게 자연스럽다. 우훙이 복(復) 제의에 관해 주장하듯이, 그것은 영혼을 죽은 몸으로 불러내는 것을 목표로 하는 것이 아니라, "막 호흡을 그만두어서 죽은 것처럼 보이는 식구의 생명을 소생시키려는"(우훙 1992: 113) 절대 절명의 노력처럼 보인다. 그는 병을 영혼이 물리적 몸에서 벗어나는 탓으로 돌리는 관련된 고대 중국 의학 풍습과 그 의례를 연결하고, 다른 문화에 있는 비슷한 신념과의 연결을 지적한다(114). 이와 같은 풍습 이면의 특정한 신념과 예상이 무엇이든 간에, 그것은 명확히 강력한 영혼-몸 이원론에 기초한다.

날카로운 데카르트의 이원론이 강한 영혼-몸 전체론 옹호자를 단념시킬 유일한 것이지만, 그것을 이해하기 위해 전국시대를 너무 멀리 지날 필요는 없다. 십중팔구 중요한 전국시대 자료를 포함하면서도 3세기에 모아서 정리한 연대가 불명확한 『열자』와 같은 텍스트에서(크리거 2016) 어느 모로 보나 데카르트 철학만큼 뚜렷한 형이상학적 이원론이 작용하는 것을 볼 수 있다. 분명히 가죽과 나무로 만든 자동인형에 대해 이야기하는 매우 이상하고 흥미로운 한 구절이 있다.[29] 그 인형은 공연 중에 왕의 한 첩에게 윙크를 하여 왕을 노하게 할 정도로 "실제" 사람과 분간되지 않는다. 그 자동인형을 분리하여 기계일 뿐이라는 것이 드러나서야, 즉 마음이나 영혼이 없는 물질일 뿐이라는 것이 드러나고 나서야 왕의 분노는 가라앉는다. 이 구절의 연대가 언제이든 간에, 동진왕조(317~420년) 주석가 장담(張湛)의 시대쯤에, 이 구절이 제기하는 "자동기계 문제(automaton problem)"[30]는 본질적으로 실체이원론 관점으로부터 유물론(materialism)에 대한 대단히 방어적인 비판을 고무시킨다. 장담은 "오늘날 인간의 정신[靈]이 단지 기계론[機關]에 의해 생산되는 것이라고 말하는 사람들이 있다. 어떻게 이럴 수 있는가?"라고 말한다. 진화 이론에 가하는 현대 기독교 천지창조설의 비난을 반영하는 언어로, 그는 창조된[造] 자연계의 지대한 오묘함[至妙]과 인간 기술의 서투름을 대조하고, "어쩌면 누군가가 어떻게 생물에 영적 주인이 결핍되어 있다고 말할 수 있는가[神主]!"(양러빈 2007: 181)라고 단언하며 결론 내린다. 이것은 현실의 기계론적인 물리적-물질적 층위와 비신체화되고 창의적이며 자유로운 의도적 정신 간의 날카로운 이분법을 가장 명확히 표현한 것이다.

영혼의 내세적 본질: 정신[神], 혼[魂], 백[魄]

정확히 몸에 연결되어 나오는 자유롭고 의도적인 "정신(spirit)"이 무엇인지, 즉 그것은 무엇으로 만들어지고, 어디에서 왔으며, 물리적 몸은 죽은 후에 어디로 가는지에 대한 단 하나의 일관성 있는 개념은 고대 중국에 없는 것 같다. 가장 경제적인 모형은 비가시적이고 신비한 세계의 부분인 근본적으로 무형의 "정신[神]"과 가시적인 세계의 확고한 부분이고 그것에 결속된 물리적 몸 간의 간단한 이원론을 포함하는 것 같다. 마이클 푸엣은 청동기 시대의 중국 텍스트에서 神은 신성만을 가리키고, 전국시대에서만 신성의 세계와 연결되거나 그것을 통제하게 이용할 수 있는 인간 내의 힘이나 물질을 가리킨다고 주장했다(2002: 21~23). 영어 "spirit"은 이런 의미 모두를 망라하므로, 많은 문맥에서 영어 번역으로 꽤 효과적이다.

하지만 전국시대에 들어가면 神의 의미 범위는 매우 폭넓다. 해롤드 로스(Roth, Harold)는 神을 감성이나 의식을 공통된 핵으로 가지는 "다가(多價)의 종교적·철학적 용어"(1989: 11)로 기술했다. 이러한 감성의 공통된 자질은 "우리가 수호신, 죽은 조상의 영혼, 강이나 산, 나무의 영혼이 명확한 의식, 형이상학적 인지, 성인의 발달에 책임이 있는 인간 머릿속의 중요한 요소와 동일한 용어로 암시되는 것을 발견하는"(11) 이유다. 로엘 스터크도 이와 비슷하게 神의 의미적 유연성에 대해 언급했다.

> 神이 가리키는 지시물은 추상적이고 찰나의 정신적 영향에서부터 성인과 계몽된 인간, 의인화된 신과 조상 또는 괴물을 비롯해 산과 호수, 산에 사는 귀신에게까지 이른다. 그것의 어원은 그 문자가 처음 자연의 힘(예를 들어, 번개나 천둥)을 포함하는 힘이나 행동, 인간 세계를 넘어서 확장되는 깊이를 헤아릴 수 없는 실체의 개념, 자연계의 규칙성을 초월하는 힘을 나타내었을 수 있다는 것을 암시한다. (2007: 23)

스터크는 후기 전국시대에 "神은 모든 존재의 기초가 되는 우주적 에너지인 힘을 나타낸다. 그것은 만물의 불가사의하거나 신비한 본질과 대응하거나 다르게는 우리의 물리적 또는 신체적 존재의 영적 차원이나 그 상관물을 나타내는 데 사용된다"(2007: 27)라고 설명한다. 따라서 형용사로서 神이 종종 "초자연적", "신령의", "신비한" 또는 과감히 말하자면 "신성한"으로 번역되는 것은 놀라운 일이 아니다.[31]

神의 모든 의미를 망라하는 단 하나의 영어 단어를 찾는 것이 어쩌면 불가능하지만, 그 의미의 지형은 명확하다. 그것은 원래 비가시적이지만 의식적인 조상의 영혼을 가리키는데, 이것은 로스가 감성을 핵심 자질로 식별하는 이유이다. 이런 정신이 또 다른 신령한 영역에 거주한다는 사실은 神에 "불가사의하거나 신비한" 힘을 제공한다. 이것은 다음 절에서 다룰 논제이다. 여기에서 나는 "우리의 물리적 또는 신체적 존재의 영적 차원이나 그 상관물"(스터크 2007: 27)이라는 神의 의미에 집중한다. 이것은 神이 한나라 이전 텍스트에서 빈번하게 물리적 몸과 대조하는 개인적 영혼으로 나타나고, 그런 문맥에서 "정신"은 번역으로서 가장 잘 작용한다. 예컨대, 『묵자』에서는 임금이 될 능력이 없는 자에 대해 "몸을 상하게 하고 정신을 낭비하며, 마음을 괴롭히고 의식을 소진하게 하지만, 그 나라를 더욱 더 위험에 처하게 할 뿐이고, 그들의 백성을 더욱 더 굴욕하게 만든다"[32]라고 말한다. 『순자』에는 "하늘의 일이 이뤄지고, 하늘의 업적이 결실을 맺었을 때, 몸은 완전해지고 정신이 생겨난다(天功既成, 形具而神生)"라는 구절이 나온다.[33]

하지만 神의 자기 교육적 용법에 대한 모형은 때때로 아주 복잡하고, 많은 구절을 이해하기 위해 데스퍼(2007)가 기술하는 3자적 마음-몸-영혼 모형이 필요하다. 예컨대, 『관자』의 한 구절은 "스스로 욕망을 비워 정신이 들어와 머물게 하라. 불결한 것에서 스스로 말끔하게 한 후에 오직 정신만이 남아 머물 것이다"라고 권한다.[34] 누구 또는 무엇이 "비우기"와 "말끔히 씻기"를 하고 있는가? 어쩌면 그것은 행위성의 중심지인 의식적 마음이다. 이 구절에서 욕심은 물리적 몸과 연상이 되는 듯하고, 정신이 와서 "들어오게" 유도될 수 있다면 물리적 몸은 또한 마음, 욕심, 정신을 담는 그릇 역할을 한다. 이와 비슷하게, 한 유명한 구절에서 순자는 心이 "몸[形]의 군주요 영적 지성[神明]의 주인이다"(휴턴

2014: 229)라고 분명히 밝히는데, 이는 마음이 정신의 부분이기보다는 정신을 통제한다는 것을 암시한다. 3자적인 마음-영혼-몸 모형은 또한 다음과 같은 『회남자』의 잘 알려진 구절에 충만되어 있는 듯하다.

> 본질적 정신(精神)은 하늘과 관련된 것인 반면에, 뼈와 골격(骨骸)은 땅에 속한 것이다. 본질적 정신이 그 문으로 들어가고, 골격 형체가 그 뿌리로 돌아갈 때, 어떻게 나는 존재할 수가 있는가? … 본질적 정신은 하늘에서 받은 것이고, 물리적 형체(形體)는 땅에서 받은 것이다.
> 精神, 天之有也; 而骨骸者, 地之有也. 精神入其門, 而骨骸反其根, 我尚何存? … 夫精神者, 所受於天也; 而形體者, 所稟於地也.[35]

이와 비슷하게, 양러빈(楊儒賓)은 『맹자』의 자아 성분들이 반드시 마음-몸 이원론으로 깔끔하게 사상되지 않고, 몸-기(氣)-마음 구분을 반영하는 것으로 특징지어진다고 주장했다(1996: 154). 그는 이 문맥에서 『회남자』의 한 구절을 인용하고, 이 구절이 맹자의 자아 개념을 요약하는 것으로 본다. "몸[形]은 산 것의 거처이고, 기는 산 것을 채우는 것이고, 정신[神]은 산 것을 통제한다."[36]

서로 중의적인 관계일 뿐만 아니라 神과도 중의적인 관계인 魂(혼)과 魄(백)이라는 용어를 중심으로 모인 신념들을 고려하면, 진나라 이전과 한나라 초의 영혼 개념의 복잡성뿐만 아니라 일관성이나 일치성의 결핍은 더욱 극단적이게 된다. 많은 문헌에서 통용되는 그림은 하늘로 올라가거나 내세로 떠나는 "구름 영혼[魂]"과 무덤 속의 송장에 연결되어 있는 "땅 영혼[魄]"이라는 이중적 영혼의 그림이다. 실제 그림은 분명하지 않다. 로월강(Lo Yuet Keung)(2008)은 글자 魄의 가장 초기 형태가 서기 전 11세기로 추정하는 최근에 발견된 주나라 갑골에서 나온다고 지적한다(25). 많은 초기 문맥에서 魄은 홀로 나오고, 인간에게서 "생명 원리"를 가리키는 것으로 보이는데, 이것은 "그 존재나 부재가 사람의 생명이나 죽음을 결정한다"(26)라는 의미에서다. 로월강은 많은 전국시대 이전 시기에 혼(魂)과 백(魄)이 영혼을 가리키는 별개의 지역적 용어로서, 전자는 남부에서 사용되고, 후자는 북부에서 사용된다고 주장한다. 약 서기전 6세기에 이 둘은 문화적 상호작용의 결과로 함께 융합되어 구름 영혼과 땅 영혼의 이원론 개념을 만들었다. 마지막으로, 불교가 도입된 후, 중국의 종교적 견해는 단 하나의 단일적 영혼으로 초점을 돌렸는데, 그것은 불교 카르마*의 운반자인 신(神)이다.

이런 이야기는 서사로서 만족스럽지만, 너무 깔끔하고 우리가 전혀 발견하지 못하는 통용되는 고고학 텍스트 전통에서 어느 정도의 일치성과 일관성을 요구한다.[37] 나는 魄과 그 다음에 魂이 순서대로 생성되지만[38] 그런 다음에 "영적 지성[神明]"과 어느 정도 관련이 있는 단위로 기능하는 것으로 기술하는 『춘추좌씨전』의 꽤 초기의 구절을 앞서 인용했다.[39] 『장자』와 같은 텍스트는 魂을 단독으로 사용하거나 魄과 결

• 카르마 불교에서 중생이 몸과 입과 뜻으로 짓는 선악의 소행을 말하며 또는 전생의 소행으로 말미암아 현세에 받는 응보를 가리킨다. 일반적으로 신업(身業)·구업(口業)·의업(意業)으로 나누고 이를 삼업이라 하는데, 신업은 신체적 행동으로 나타나고 구업은 언어적 표현으로 나타나며 의업은 정신적 활동으로 나타난다.

합해서 사용하여 물리적 몸에 대한 무형의 영적 상관물을 가리키는 것처럼 보이는데, 물론 어쩌면 이것이 그 텍스트에서 연대상 서로 다른 구간을 반영하는 것이라 주장할 수 있다. 예컨대, 제2장의 앞서 인용한 한 구절에서는 "사람의 몸이 잠 들었을 때, 그들의 정신[魂]이 방문한다"라고 되어 있지만, 제22편(「지북유」)에는 "영혼[魂魄]이 떠나면, 몸이 그 뒤를 따르니, 그들의 길이 위대한 돌아감이다"라는 구절이 있다."[40] 케니스 브래셔(Brashier, Kenneth)의 개관(1996)은 여전히 고대 중국에서 魂과 魄에 대한 명확한 논의로 남아 있으며, 이 개관에서 그는 "혼백(魂魄) 이원론은 죽음에 대한 일반적인 신념이 아니라 기껏해야 스콜라 철학의 영역에 속한다. 대부분의 비지식인과 일부 지식인 자료는 이런 용어를 포괄적이고 상호 교환하여 사용하는 경향이 있고, 일반적으로 몸과 구분되는 단 하나의 실체를 가리킨다"(138)라고 주장한다. 브래셔는 다음과 같이 결론 내린다.

> 고대 중국 자료에서 혼백(魂魄)과 상대적으로 더 오래된 신(神)의 개념 간의 정확하고 일치하는 관계는 형식화할 수 없고, 어쩌면 이 두 개념은 완전히 종합되지 않고 그저 뒤섞여 있었다. 기껏해야 우리는 혼백(魂魄)이 몸 복합체를 가리키는 경향이 있고, 신(神)이나 정신은 더욱 난해한 상태를 가리키는 경향이 있다고 결론내릴 수 있다(149).[41]

3자간의 영혼이 우리에게 충분히 복잡하지 않다면, 브래셔는 후기 출처가 자아에 열 개의 실체를 가정하며, 魂과 魄 영혼이 3 대 7의 비율이라고 지적한다(1996).

용어의 이런 다양성과 구분 이면에 통일적인 자질이 있다면, 그것은 神으로 지칭되든 魄이나 魂, 이런 용어들의 어떤 결합으로 지칭되든 간에 영혼이 의식이나 마음과 밀접하게 관련이 있다는 것이다. 마크 에드워드 루이스는 죽음의 점진적 과정을 묘사하는 『회남자』의 한 구절에 대해 언급하면서 "몸의 쇠약은 더 높은 물질을 벗겨내는 것이다. 물리적 에너지, 그 다음에 혼백(魂魄), 마지막으로 정신(神). 신(神)이 떠나면 죽은 해골의 몸만 남는다"(2006: 54)라고 말한다. 그는 여러 단계가 수반됨에도, "몸에서 핵심적인 구분이 혼백(魂魄), 기(氣), 정(精), 신(神)과 같은 더욱 정제되고 동적인 물질과 더욱 거친 살과 뼈 사이에 있다"(55)라고 결론 내린다. 다시 말해, 다층 도식 이면에는 정신-마음과 물리적 몸 간의 더욱 기본적인 분리가 있다. 브래셔도 이와 비슷하게 여러 부분으로 나뉘는 매우 복잡한 영혼 믿음이 "몸 복합체"와 "더욱 정화된 상태" 간의 더욱 기본적인 대조에 본질적으로 기생하는 것으로 요약한다(1996: 149).

이와 같은 더욱 "정제된" 또는 "정화된" 상태가 근본적으로 마음과 개인적 의식에 연결된다는 것은 명확하다. 브래서가 또한 지적하듯이, 『춘추좌씨전』만큼 일찍이 개인이 혼백(魂魄)을 잃는 것은 정신적 혼동이나 결손과 연상된다. 그런 문맥에서 혼백은 "지혜"로 번역할 수 있다 (1996: 143~146).[42] 『장자』 제11편(「재유」)의 한 구절에서, 신(神)과 혼(魂)을 제거하는 것은 무위에 있는 것과 연상되는데, 무위는 이 문맥에서 의도나 의식이 전혀 없다는 더욱 문자적인 의미에서의 "비행동(nonaction)"을 가리킨다.

"마음 기르기[心養]"에 있어서, 그대가 무위 혹은 비행동에 그저 머문다면, 사물은 그 스스로 변할 것이다. 물리적 몸[形體]을 무너뜨리고, 지성과 의식(총명)을 토해내어, 그대가 다른 사물 중에 함께하는 사물임을 잊으면, 깊고 끝없는 것과 성대하게 조화로울 수 있다. 마음을 스스로 자유케 하고[解心], 정신을 떠나보내고[釋神], 그대는 의식하지 못하여 영혼이 없게[無魂] 될 것이다. 그러면 만물이 각각 그 근본으로 돌아가고, 근본으로 돌아가는 그들은 그들이 그렇게 하는 것을 알지 못할 것이다. (왓슨 1968: 122)

心養. 汝徒處無為, 而物自化. 墮爾形體, 吐爾聰明, 倫與物忘; 大同乎涬溟, 解心釋神, 莫然無魂. 萬物云云, 各復其根, 各復其根而不知.

더욱 후기의 이 구절에 대한 성현영(成玄英, 630~660년에 활약)의 복주에서는 魂을 "알기와 행하기[또는 지식과 행동]를 좋아하는 것[知為]"으로 해석한다(궈칭판 1961, 2권: 391). 그러나 우리가 비록 일차적 텍스트에만 국한하지만, 魂과 神이 의식적 지식과 의도적 행동에 근본적으로 연결되어 있다는 것은 명확하다. 이와 비슷하게, 물리적 몸의 통제에 관해 한 지성이나 의식을 또 다른 지성이나 의식으로 교체하는 것인 영혼 빙의는 때때로 혼백(魂魄)을 옮겨놓는 것으로 묘사된다. 예컨대, 『한비자』에는 귀신이 사람을 "채워서" 영혼[魂魄]을 밖으로 밀어내어 정신적/영적[精神] 혼동을 유발할 때 "홀림[祟]"이 발생한다는 내용이 있다.[43]

고대 중국에서 영혼 개념의 잠재적인 다중성은 2차 문헌에서 혼동을 유발했는데, 이런 문헌에서 몸 하나에 하나의 영혼이 있다는 간단한 모형에 대안이 있다는 사실은 급진적으로 다른 내세 개념 또는 (더 적절하게도) 내세 개념의 결핍에 대한 증거로 빈번하게 받아들여진다. 예컨대, 제인 기니는 고대 중국에서 "사람은 변치 않는 하나의 영혼과 덧

없는 하나의 몸으로 나뉘지 않는다. 그 대신, 죽음 이후에 분리되고 흩어지는 많은 영혼이 있다"(2002: 12)라고 말한다. 그것이 정확한 일반화가 아니라는 사실 외에도, 사람에게 여러 영혼이 있다고 믿는다고 해서 그런 영혼들이 반드시 "죽음 후에 흩어져야" 한다는 것을 의미한다고 믿을 이유는 없다. 실제로 앞서 보았듯이, 물리적 몸이 죽은 이후에 상대적으로 단일한 자아가 계속 존재한다는 믿음 없이 뜻이 통하는 고대 중국의 장례나 제의 풍습의 양상은 없다. 고대 중국에는 물리적 몸이 죽은 후에 흩어질 것으로 생각되는 존재가 있지만, 이런 존재는 사람이 아니다. 『예기』「제법」에서 죽음에서 온전히 살아남을 수 있는 능력은 특유한 인간 특성으로 묘사되고, 정확히 기니가 언급하는 "흩어짐"은 비인간 동물에 국한되는 운명으로 묘사된다.

> 대개, 하늘과 땅 사이에 태어나는 생명체는 그들이 받은 수명[命]이 있다한다. 그 중에서, 만물(예를 들어, 비인간 동물)이 죽고, 이는 언제나 "해체되었다[折]"라고 한다. 그러나 사람이 죽으면, 이는 언제나 영혼[鬼]이 되었다고 한다.
> 大凡生於天地之間者, 皆曰命. 其萬物死, 皆曰折; 人死, 曰鬼. (레지 1885/2010, 2권: 203~204)

로엘 스터크가 지적했듯이, 동물과 달리 인간의 변별적 특징 중 하나는 인간이 영혼을 소유한다는 것이다(2002: 73).[44] 또한 고대 중국에서 마음[心]을 소유한다는 점에서 변별적인 것으로 간주되는 것은 우연이 아니다. 이러한 마음은 개인 정체성을 위한 열쇠일 뿐만 아니라 단순한 "금수(禽獸)"와 달리 자유로운 도덕적 행위자로 행동할 수 있는 수단이다.[45]

따라서 앞서 개관한 물리적 몸의 다양한 개념 및 몸과 영혼의 관계에 대한 기초가 되는 통일적 가닥이 있다. 기본적인 배경 가정은 물리적 몸인 말을 못하는 구체적인 그릇과 이 그릇을 채우거나 그곳에 있는 한 사물이나 사물들의 양자간 구분인 것처럼 보인다. 후자는 의식, 의도, 개인 정체성의 중심이다. 다시 말해, 영혼-몸 이원론은 근본적으로 마음-몸 이원론에 기생한다. 즉, 영혼이나 영혼 복합체는 자아의 감각력이 있는 의식적 부분으로 "구성된다." 심지어 개인 정체성의 어떤 부분이 물리적 송장에 연결되어 있는 혼백(魂魄) 이원론의 형태에서도, 사람 정체성의 이 부분은 말을 하지 않고 감각이 없지만, 제물을 받고, 후손과 의사소통하고 그들을 감시하는 부분은 통일적이고 마음이 부여된 영혼이라는 것은 의미심장하다. 이것은 제5장에서 다룰 주제로서, 제5장에서는 자아의 통속 개념이 종종 고대 중국에서 관찰되는 3자적인 마음-영혼-몸 형식이지만, 이런 3자적 자아가 더욱 기본적인 마음-몸 이원론에 개념적으로 의존한다는 것을 암시하는 인지과학의 증거를 검토할 것이다.

현세와 내세: 고대 중국의 신성과 초월

고대 중국의 마음-몸 이원론을 더욱 상세히 조사하기 전에, 강한 전체론 옹호자가 종종 말하듯이 고대 중국 또는 더 일반적으로 중국이나 동아시아에서는 용납되지 않는 내재 대 초월 또는 세속 대 신성 같은 이분법을 검토하면서 영혼-몸 이원론에 대한 논의를 마무리하는 것은 가치가 있다.

앞서 논의한 고고학 자료에서 추론했듯이, 영혼은 종종 몸을 떠나자마자 어떤 다른 영역으로 이동하는 것으로 생각되었다. 이러한 내세는 전형적으로 인간 세계와 비슷한 것으로 보이지만 산 사람의 세계와 가장 미약하게 연결된 것으로 간주되었다. 어쨌든, 그것들 간의 이동은 가시적 세계에서 A 지점과 B 지점 사이로 이동하는 것보다 훨씬 더 복잡했다. 예컨대, 앞서 언급한 구점(九店) 죽간 텍스트는 전쟁에서 목숨을 잃은 사람의 살아 있는 친척이 작성한 서식처럼 보이는데, 이 서식은 상제(하늘의 군주)가 전사자를 돌보고 지키게 임무를 부여한 무이(武夷)라는 이름의 신성이 죽은 사람의 정신이 음식 제물을 받기 위해 가족에게 되돌아가게 해야 한다고 요구한다. 이것은 전국시대에서도 죽은 자가 일종의 내세에 거주하고, 어떤 특별한 조건에서만 그 두 세계 사이를 이동하는 것으로 생각된다는 것을 강력하게 암시한다.[46]

또한 명백하게도, 적절한 조건 아래에서, 이러한 비신체화된 정신은 되살릴 수 있는 것으로 간주되었다. 『햄릿』을 생각나게 하는 『장자』의 한 유명한 구절에서 장자는 사람의 해골과 대화를 한다. 그리고 이 해골은 영혼을 대표하는 환유적 의지물이다. "만약 내가 운명의 결정권자에 당신의 몸을 다시 살아나게 하고, 당신의 뼈와 살을 만들어, 당신의 부모, 처와 자식, 옛 집과 친구들에게 돌아가게 한다면, 그렇게 하기를 원합니까?"(왓슨 1968: 193). 이 질문이 단지 가설이 아니라는 사실은 저승사자에게서 풀려나 되살아난 단(丹)이라는 사람에 관한 후기 전국시대나 진나라 초 고고학 텍스트에 나온 이야기에서 시사된다(리쉐친 1990, 하퍼 1994). 도널드 하퍼가 말하듯이, 이 텍스트는 "늦어도 서기전 4세기말까지도 저승은 이미 관료주의 국가와 닮았고, 저승의 관료주의와 거래 관계는 전국시대 관료주의의 규범을 따랐다"(1994: 17)라는 것을 암시한다.

따라서 현세와 내세 간에 명확히 유사성[47]뿐만 아니라, 그 두 세계 간의 이동 가능성도 있다. 하지만 앞서 언급한 죽은 사람과 산 사람 간의 구분처럼, 데카르트의 존재론적 이원론이라는 급진적 차이에 미치지 못하는 것이 "전체론적"이거나 "내재적"인 것으로 생각하는 실수를 피해야 한다. 확실히 고대 중국에서 정신을 비롯한 다른 초자연적 존재가 완전히 무형으로 생각되지 않았다고 주장할 수 있다. 즉, 정신은 눈에 보이지 않고 물리적 몸이 없지만, 기가 우주에 스며들어 있는 힘이라는 견해가 더욱 만연해짐에 따라 매우 희박하거나 산만한 물질의 형태로만 간주될 수 있다. 그럼에도, 유형성/가시성의 스펙트럼은 연속적이지 않다. 즉, 물리적 몸을 비롯한 다른 구체적이고 가시적인 사물의 세계와 귀신악마[鬼]와 다양한 정신적 존재와 신이 있는 "신비적인[神, 靈]" 영역 간에 질적인 비약이 있다. 유잉시는 다음과 같이 말한다.

> 실제로 고대 중국 사상에서 "현세"와 "내세" 간의 대조가 우리 문화만큼 뚜렷하지 않았다는 것은 사실이다. 비교 관점에서 표현될 때 "내세"의 고대 중국 개념이 "참신한" 것으로 보인다고 정당하게 주장할 수도 있다. 이는 그것이 다소 다르게 생각되기 때문이다. 그러나 "내세"와 같은 것과 천국이나 지옥 같은 것이 없었다고 말하는 것은 명확히 과장이고, 알려진 역사적·고고학적 사실과 모순되는 입장이다. (1987: 381~382)

제6장에서는 현세와 내세 또는 내재와 초월 간의 공백이 서양의 통속 개념에서보다 고대 중국에서 덜 인상적이라는 가정에 이의를 제기할 것이다. 하지만 유잉시의 의견은 다른 문화에 있는 것과 인상적으로

다르지 않은 죽음과 내세의 견해를 반영하는 텍스트와 고고학 증거로 유익하게 우리의 주의를 돌려준다.

고대 중국의 세계관에서 영혼 세계가 어떤 방식으로 인간 세계와 상호작용하고, 심지어 말로 나타낼 수 없는 방식으로 물질성에 참여한다는 것은 논란의 여지가 없다. 앞서 인용한 『시경』 209에서, 상대적으로 무형의 영혼은 적어도 음식과 마실 것의 비가시적인 본질을 다 먹어버리고 취할 수 있는 것으로 묘사된다. 앞서 언급한 단(丹)의 소생 이야기에서 단(丹)은 이런 충고로 내세에 대한 보고를 결론 내린다. "제물을 만드는 사람은 [경내]를 세심하게 청소하도록 정화해야 한다. 음식을 고깃국에 말아서는 안 된다. 귀신이 먹지 않을 것이다."[48] 폴 골딘이 타당하게 질문했듯이, "귀신은 도대체 어떻게 제대로 대접을 받을 때 음식을 먹을 수 있는가? 우리는 답을 듣지 않는다. 저자는 21세기 독자의 형이상학적 혼동을 해결하는 것이 아니라, 서기전 3세기 독자를 위해 종교 풍습을 분명히 하는 데 관심이 있었다"(2015: 86). 여기에서 우리는 고대 중국인이 마음, 영혼, 정신이 완전히 무형이 아니라, 즉 가시적인 세계와는 다른 것들로 "만들어진" 것이 아니라, 가시적인 세계를 구성하는 물질과의 연속체 상에서 매우 심원한 대상으로 구성되는 것으로 보았다는 점에서 급진적으로 "내재적인" 우주 개념을 가졌다는 주장에서 진실의 일면을 본다.

그럼에도, 가장 초기의 통용되는 기록에서도 영혼의 세계는 비가시적이고 말로 나타낼 수 없으며, 철저히 신비하게 우리 세계와 관련이 있는 것으로 묘사된다. 골딘이 『시경』과 다른 출처에서 영혼 이야기에 대해 지적하듯이, "귀신은 감각기관으로 지각할 수 없다는 취지의 많은 의견은 규칙적인 물질의 특성에 참여하지 않은 실체를 묘사하려는 시도를 암시한다"(2015: 86). 어쩌면 한나라 『중용』의 한 유명한 구절은 이런 복잡한 관계를 예로 설명하고, 영혼이 만물에 있다는 정신에 대한 "내재적" 주장을 하지만 또한 타자성을 강조하고, 『시경』과 같은 훨씬 더 초기 텍스트에 근거한 영혼의 신비한 본질에 관한 생각을 상세히 설명한다.

> 공자께서 말씀하시길, "귀신과 영혼이 덕을 나타내는 방법이 멋있지 않은가! 그들은 보아도 볼 수 없고, 들어도 들을 수 없고, 그들은 사물의 본질을 형성하고 이들이 있지 아니한 것이 없다.[49] 그들은 세상 사람이 스스로 단식하고 정화하게 하고, 가장 눈부시게 멋진 옷을 입어, 그들의 성스러운 제의에 참여한다. 광대하며 끝이 없고, 그들은 우리 위에 있는 거 같고, 그들의 옆에 있는 거 같다. 『시경』에 이르기를, '영혼의 강림! 예측할 수 없고, 상상할 수 없다. 그것을 무시할 수도 있다!' 그런 것은 미묘한 것이 나타나는 방법이다. 그런 것은 정성이 숨겨질 수 없는 방법이다." (챈설리 1963: 102)
>
> 子曰:「鬼神之為德, 其盛矣乎! 視之而弗見, 聽之而弗聞, 體物而不可遺. 使天下之人齊明盛服, 以承祭祀, 洋洋乎如在其上, 如在其左右.《詩》曰:『神之格思, 不可度思! 矧可射思!』夫微之顯, 誠之不可掩如此夫.」

분명히 평범한 물질적 사물에 영혼의 존재를 불어넣을 수 있을지라도, 영혼은 근본적으로 또 다른 질서를 가지고 있다. 푸무추가 지적했듯이, 영혼은 『예기』와 같은 텍스트에서 "인간의 감각으로 탐지되지 않는 형태가 없는 존재"(1998: 54)로 묘사된다. 더욱이 영혼은 인과성이나 행위성의 평범한 개념을 초월하는 방식으로 이동하고, 앞서 논의한 『범물유형』의 구절을 동기화하는 존재론적 수수께끼를 발생시킨다.

윌러드 피터슨(Peterson, Willard)과 같은 학자가 "Numen(신령)"이나 "numinosity(신성)"가 神을 영어로 가장 잘 표현한다고 주장하게 했던 것은 영혼의 바로 이 특별한 특성 때문이다(1982). 피터슨은 陰陽不測之謂神(음양불측지위신)이란 「계사전」의 한 구절을 인용한다. "陰과 陽으로 헤아리지 못하는 것은 'numinous(신령적)'가 의미하는 것이다"(104). 나는 "음과 양[즉, 자연의 이치]로 깊이를 헤아릴 수 없는 것은 우리가 신(神)이라고 명명하는 것이다"를 더 좋아한다. 어쨌든, 나는 "'신성'이든 '신령적'이든 간에 神은 하늘과 땅의 두 가지 근본적인 변화 양상으로서의 陰과 陽이 다른 점에서는 모든 현상을 이해하는 데 사용될 수 있지만 음과 양으로 설명할 수 없는 하늘과 땅의 영역에 존재하는 특성, 상태, 차원을 가리키는 데 사용되는 단어다"(1982: 104)라는 피터슨의 결론에 동의한다.

영혼의 특별함은 그것에 초자연적 힘을 주고, 인간에게 경외감과 경의를 고무시키며, 의사소통과 방문에 신성한 힘을 불어넣는 것이다. 로엘 스터크가 지적하듯이, 영적 세계의 신성한 본질은 그것과 제의상 연결되어 있는 것, 심지어 다른 점에서 평범한 동물은 특별한 지위를 취한다. 그가 말하길, "『예기』는 임금이 제의를 위해 깨끗하게 씻은 소를 지나칠 때 마차에서 내려와야 한다. 이와 비슷하게 제물은 평범한 동물들과 함께 시장에서 팔지 않아야 한다고 규정한다"(2002: 61). 동주(東周)의 점(占)에 관한 연구에서 마크 칼리노프스키는 『춘추좌씨전』에서 영혼의 신탁 선언이 "항상 이례적일 정도로 맞고 정확한 것으로 입증된다"(2009: 348)라고 지적한다. 그는 이것이 영적 세계의 온전한 지식[全知]

을 반영하고, 그 텍스트에서 상술하는 역사적 사건에 서사적 연속성의 느낌을 주고, 내가 덧붙이기를 초자연적인 신성한 의미의 특성을 더한다고 주장한다. 신탁의 인식된 성례는 이런 이야기에서도 명확하다. 조나라 13년(소공 13년)에, 영왕(靈王)은 온 땅을 다스리기를 청하며 하늘에 점을 친다. 그는 불길한 점괘에 불만스러워한다. "거북의 껍질을 내던지며, 그는 하늘을 저주했고 '불쌍하구나, 하늘이 내게 주지 않으려고 하는구나! 나 스스로 가져갈 것이다!'라고 소리쳤다. 이는 백성이 왕의 만족할 줄 모르는 요구에 고통 받았기 때문이다. 그들은 집으로 돌아가는 것만큼 쉽게 반란에 함께 했다."[50] 히브리어 성경의 신이 그렇게 할 것으로 예상하듯이, 하늘이 불경한 왕을 직접 괴롭히지 않는다는 것에 주목하는 것은 가치가 있다. 백성은 왕이 신탁을 경멸하는 것에 반감을 느끼면서 그에게 항의하여 들고 일어난다. 백성은 이런 방식으로 진나라 이전 텍스트에서 빈번하게 그러하듯이 천심의 간접적인 대리인 역할을 한다. 즉, 대중의 폭동은 자연 재해, 후계자를 세우지 못함, 그리고 전쟁에서의 패배 못지않게 하늘이 노했다는 신호다.

하늘[天]의 상대적 추상성과 일반적인 영적 세계는 종종 중국 사상의 세속적 본질의 신호, 즉 초자연적인 것에 대한 관심 결핍의 신호로 간주된다. 나는 그것이 실제로 많은 방식에서 히브리어 성경과 같은 유대-기독교 텍스트에서 볼 수 있는 것보다 초월에 대한 더욱 엄격한 의미와 초자연적인 것과 인간적인 것 간의 공백을 반영하는 것으로 간주된다고 주장할 것이다. 히브리어 성경의 신은 열렬하고 생생하게 의인화된 사람으로서 (우주의 창조자에게 걸맞지 않는 매우 쩨쩨한 질투의 인상을 주는 것을 포함해) 내장적 인간 정서를 경험하거나, 물리적인 형태로 나타나 사람을 깜짝 놀라게 하고 자신을 노하게 하는 사람을 개인적으로 괴롭히기 위해 아래로 내려온다. 어쩌면 추상과 초월의 또 다른 온상인 고대 그리스의 신은 더 나쁜데, 골육상잔의 싸움을 보면 리얼리티 TV 쇼는 그에 비해 유순하고, 가혹하고 호색적으로 인간 세계에 개입하여 상처를 입은 사람, 강탈당한 처녀, 배다른 자식을 남긴다. 기독교의 신은 스스로를 육체로 구현하여, 얼마 동안 세상을 돌아다니며 먹고 마시고 고통스러워했다. 물론 그가 정말로 그런 일을 했는지, 아니면 단순히 그렇게 한 것처럼 보였는지를 두고 상당히 많은 신학적 논쟁은 있다. 삼위일체가 일단 하늘에서 다시 재회하면, 예수와 기독교의 성인은 산 사람의 기도를 듣고, 때로는 빵 조각 안에서 물리적으로 그들에게 나타난다. 심지어 예수는 스스로 (마시고 먹을 수 있도록!) 성찬 제물에서 물질적으로 계속 존재하기 까지 한다. 이것은 모두 당신이 할 수 있는 만큼 나에게 거의 "내재하는" 것처럼 보인다. 이와 대조적으로, 중국의 조상신과 말 없는 하늘은 긍정적으로 쌀쌀한 듯 보인다. 이것은 현세로부터의 초월이 아브라함적 신념의 특유한 자질이라고 주장하지 못하게 중지시켜야 한다.[51] 그것은 또한 깊이 고착된 문화적 신념, 즉 이 경우에 "내재적" 중국 세계관과 "초월"의 문화적 신념이 어떻게 명백한 반증에도 불구하고 계속해서 유지되는지를 훌륭하게 예증한다.

요컨대, 서양 종교 사상의 가장 극단적인 이원론 형태에서도 내세와 현세는 풍부하게 상호 침투한다. 이것은 결코 고대 중국 종교의 특별한 특징이 아니다. 서로 다른 문화와 시대가 초자연적 세계와 자연적 세계가 얼마나 단단히 연결될 수 있는지에 대해 서로 다른 견해를 채택할지라도, 이 두 세계가 서로 완전히 밀폐된 것으로 보는 사람은 아무도 없다. 데카르트의 마음-몸 이원론처럼, 강한 자연-초자연 이원론은 본질적으로 일관성이 없다. 즉, 초자연적 영역이 전적으로 다른 영역으로 간주된다면, 우리는 어떻게 그것에 대해 알 수 있겠는가? 죽은 영혼은 어떻게 그곳에 갈 것인가? 초자연적 존재는 어떻게 우리와 의사소통하고 우리에게 영향을 미칠 것인가?

나는 이런 의견 중 몇 가지를 제6장에서 더 상세히 다룰 것이다. 특히 공식적인 수사학과 실제 신념 및 풍습 간의 빈번한 공백을 자세히 설명할 것이다. 그때까지는 초기 통용 텍스트와 고고학 텍스트 코퍼스에서 제시되는 증거를 정성적으로 조사하면서 이제는 心("마음")-몸 관계의 더욱 협소한 개념으로 시선을 돌릴 것이다.

3
텍스트 기록에서의 마음-몸 이원론

이 장과 제4장에서, 우리는 이제 인간 영혼의 특징인 특별한 힘으로 인해 진나라 이전 사상가들이 자아의 여러 부분들과 질적으로 구분되는 것으로 묘사했던 心 또는 "가슴-마음(heart-mind)"을 논의할 것이다. 心에 대한 정확한 이해가 텍스트마다 (그리고 같은 텍스트 내에서도) 다를 수 있지만, 후기 전국시대 무렵에 心은 개인 정체성, 사고, 자유의지, 도덕적 책임의 중심지 역할을 하는 특별히 중요한 기관으로 특징지어진다. 이 장에서는 이 주장을 뒷받침하는 정성적 텍스트 증거를 제시한다. 제4장에서는 정량적 텍스트 분석 기법으로 이런 주장을 보충하는데, 이런 정량적 분석이 이 장에서 이루어진 편중된 선택이나 해석에 대한 걱정을 완화시킬 것으로 희망한다. 마지막으로는 이 모든 증거의 힘이 제5장에서 개관하는 인지과학의 증거를 통해 결정적으로 강화된다고 주장하는데, 이것은 강한 마음-몸 전체론 옹호자에게 증거의 짐을 무겁게 하여 그 입장을 더 이상 유지할 수 없게 한다.

형이상학적 心

제1장에서 지적했듯이, 강한 전체론 입장의 중심 기둥은 어쨌든 心이 몸속의 다른 신체기관들과 질적으로 다르지 않은 몸속의 신체기관이라는 주장이다. 이 주장은 면밀한 조사를 견뎌내지 못한다. 心은 진나라 이전 텍스트에서 때때로 인지나 걱정 또는 열정과 같은 도덕적 정서에 연결된 사고와 의사결정의 중심지로 가장 일반적으로 특징지어지지만, "이성(reason)"에 주로 관여한다. 특히 일단 전국시대에 들어가면, 心은 몸 자체 및 다른 신체부위들과 매우 빈약한 관계를 유지하면서 기껏해야 몸속에 흐릿하게 위치하고, 종종 물리적 자아의 목록에서 완전히 생략된다. 가장 중요하게도, 자아의 성분들 중에서 心만이 인간의 물리성과 대조되는 것으로 지목된다. 이와 관련해, 心을 물리적 세계의 한계에서 다소 벗어나 형이상학적인 것으로 묘사하는 것은 타당하다.

폴 골딘은 우리의 몸이 쥐의 간이나 곤충의 다리로 변하거나 엉덩이가 수레바퀴로 변하듯이 우리의 물리적 몸이 죽은 후에 재순환하는 것으로 묘사하는 『장자』에 수록된 다양한 이야기가 이 모든 변형 동안 "우리"가 다소 동일하게 남아 있을 거라는 가정과 잘 어울리지 않는다고 말한다. 그는 "이 문제를 받아들일 수 있는 유일한 방법은 우리의 물질이 쥐의 간과 같은 현상적인 것으로 재순환되지만, 우리의 비신체화된 마음은 신비롭게도 영원하고 무형의 장소에서 계속 사는 것으로 가정하는 것이다"(골딘 2003: 231)라고 주장한다. 골딘은 이런 강한 마음-몸 이원론이 『장자』, 『순자』, 『관자』와 같은 텍스트에 국한되는 것으로 간주하지만, 나는 아래에서 유형의 세계에 바탕하는 물리적 몸과 물리적 세계의 한계에 지배되지 않는 무형의 마음 간의 질적인 분리를 가정하지 않고서는 우리의 통용 텍스트와 고고학에서 발견한 진나라 이전 텍스트들 모두에 공통된 특정한 주제를 전혀 이해할 수 없다고 주장할 것이다. 이러한 형이상학적 마음을 소유하는 것이 우리의 개인 정체성과 개인적인 도덕적 책임에 대한 열쇠이고, 그것은 또한 인간을 "만물(萬物)" 중에서 특별한 것으로 만드는 것이기도 하다.

心 대 몸[形, 身, 體]

心의 원래 형태가 물리적 가슴을 묘사한 것임은 거의 확실하다. 어떤 문맥에서 용어 心이 계속해서 몸속의 신체기관이나 특히 의학 텍스트에서 힘의 추상적 "세계"(포커트 1974)를 가리킨다는 것도 명확하다. 이런 신체기관 의미가 心의 폭넓은 의미 범위의 부분으로 남아 있기에 후기 연구자들은 그렇게 하는 것이 수사적 목표나 철학적 목표와 맞을 때 그것을 참조한다. 엘리사 사바티니(Sabattini, Elisa)는 전국시대의 心을 임금에 비유하는 것이 잠재적으로 물리적인 心의 의미를 이용한다고 지적했는데, 이것은 국가 중앙에 있으면서 국가를 통솔하는 임금과 물리적 몸에서 心의 중심적 위치 및 통제 기능을 유추하는 것이다.[1] 하지만 철학자들이 心을 몸속의 신체기관으로 가리키는 가장 유명하고 중요한 실례는 『맹자』「공손추 상」에서 발견된다. 거기에서 맹자는 "의지[志]가 하나가 되면 기를 움직이지만, 기가 하나가 되면 또한 의지를 움직이게 할 수 있다. 압박과 서두름이 기(직역: 호흡)를 움직이지만, 이는 다시 心을 움직인다"라고 설명한다. 다시 말해, (사고와 어쩌면 인지적 정서의 중심지로서) 心에서 비롯되는 압박과 같은 정신적 상태는 호흡 부족이나 과다호흡을 유발할 수 있다. 즉, 마음이 몸에 영향을 미칠 수 있다는 것이다. 이런 생리적 반응은 心에게 다시 쏠려서 사람의 사고와 분위기를 바꿀 수 있다. 맹자는 여기에서 사고, 도덕성, 생리학이 모두 뒤얽혀 있다는 주장을 강요한다. 단순한 의지력으로는 자신의 의도를 생리학적 자아에 부여하지 못하고, 오히려 맹자에게 완벽한 도덕적 용기로 세계를 살아가게 하는 강력한 "홍수 같은 기"를 모을 수 있는 정도로 도덕적-생리적 힘을 서서히 공동으로 발전시킬 필요가 있다. 이것은 맹자의 격언 "마음의 의지를 지키되 몸의 기를 사납게 하지 말라"로 요약된다. 그의 표적은 묵가였는데, 이들은 인간의 정서나 본질을 완전히 무시하면서 공평한 보살핌과 같은 가르침을 즉각적으로 실행할 수 있다고 생각하고, 도덕성이 "외부로부터 용접해 붙여지는" 것이라고 생각하는 "이교도적" 유학자들이다.[2]

『맹자』「공손추 상」2는 어쩌면 心의 생리적 의미를 예증하고자 하는 진나라 이전 사상을 연구하는 학자들에게 가장 일반적으로 인용되는 구절이다. 하지만 이 인용에서 일반적으로 놓치는 것은 이 구절이 매우 드물기 때문에 마음속에서 두드러진다는 것이다. 心이 몸속 기관들과 비교되는 이 텍스트의 다른 구절들과 관련해 논의하겠지만, 맹자는 신체적 정서와 인간의 신체화된 공통성을 도덕적 의미로 진지하게 받아들이는 특별하고 새로운 철학적 시각을 강요한다. 마크 칙센트미하이(Csikszentmihalyi, Mark)가 증명했듯이, 이것은 전국시대 사상에서 "물질적 덕(material virtue)"의 개념을 촉진하는 더욱 넓은 운동의 부분이었는데, 유가 윤리는 물질적 덕의 개념을 우주와 신체적 몸 모두에 토대를 둠으로써 강화되었다(2004).[3] 따라서 「공손추 상」2와 같은 구절에서 맹자는 心과 몸속의 신체기관에 대한 가능한 지시를 무리하게 연결하고 있다. 그러나 그는 거센 물살을 헤쳐 나가고 있다. 만약 이것이 독자가 생각할 수 있는 가장 자연스럽거나 기본적인 의미라고 한다면, 그는 이런 주장을 하고 心의 잠재적인 생리적 의미를 부각할 필요가 없을 것이다. 내가 제6장에서 더욱 상세히 논의하듯이, 고대 중국인이 필연적으로 心을 몸속의 생리적 기관으로 간주했다는 것을 "증명하기" 위해 「공손추상」 2와 같은 구절을 인용하는 것은 두 가지 별도의 오류를 저지르는 것이다. 하나는 단일 의미의 오류이고(心은 코퍼스에서 나올 때마다 정확히 동일한 의미여야 한다), 다른 하나는 주장과 가정을 혼동하는 것이다. 실제로 제4장에서 정량적으로 입증되듯이, 가장 일반적인 지시물이 고등 인지(사고, 반성, 의사결정)의 중심지이면서, 心이 몸속의 신체기관을 가리키는 것은 전국시대 철학 문헌에서는 매우 드물다. 心은 이런 의미로 사용될 때 결정적으로 중의적인 물리적 지위를 가진다. 心은 항상 명확히 물리적 몸속에 위치하지 않고, 나중에 보게 되듯이 많은 문맥에서 실제로 물리적 몸과 명시적으로 대조된다. 따라서 이 분야에서 흔하고 나 스스로도 과거에 그것에 대해 죄의식을 느꼈던 관습으로,[4] 心을 일관되게 "몸속의 구체적인 기관"으로 특징짓는 것은 그 단어의 진나라 이전의 의미 범위에 대한 전반적인 잘못된 특징묘사다.

 心의 특별하고 다소 "초물질적" 지위에 대한 가장 분명한 흔적은 전국시대 문헌의 독자들 누구에게나 친숙한 일반적인 수사적 패턴이다. 물론 이 패턴이 명시적으로 설명된 적은 거의 없다. 心과 "몸" 또는 "육체적 형태"를 가리키는 세 가지 기본 단어(身, 體, 形) 중 하나와 대조하는 것이 그 패턴이다.[5] 이런 대조는 진나라 이전의 모든 장르의 많은 텍스트에서 다양한 형태로 반복된다. 나는 제4장에서 이런 대조가 얼마나 일반적이고, 心이 물리적 몸과 매우 대조된다는 점에서 어떻게 모든 신체기관들 사이에서 특유한지를 포괄적이고 정량적으로 다양하게 예증할 것이다. 그전까지 이 장에서는 정성적으로 몇 가지만 예증할 것이다. 예컨대, 『묵자』에는 보상과 처벌이 실제적인 우수함 또는 위법과 상관없을 때, 이것이 백성에게 보편적으로 "그들의 마음을 게으르고 불분명하게 하고 그들의 몸을 버릇없게 한다[攸心解體]"라는 구절이 있다.[6] 제48편에서 묵자의 문을 지나가는 한 남자는 "몸이 건강하고 마음은 예민한" 것으로 묘사된다. 물리적 특성(신체(身體)와 관련된 것)은 정신적 특성[思慮]과 명확히 구분된다.[7] 『도덕경』의 한 구절에서 진정한 정치적 질서의 열쇠는 백성을 위한 물리적 양육과 정신적 묵인을 결합하는 것으로 묘사된다. "이것이 성인이 그들의 백성을 다스림에서 백성의 心을 비우게 하고, 그들의 배를 채워주며, 그들의 야심[志]을 약하게 하나 그들의 뼈를 강하게 하는 것이다"(제3편). 여기에서는 心과 志("의도, 야심")가 쌍을 이루고, 이 둘은 인간 행동에 열쇠를 쥐고 있고, 신체적 본질과 구분된다. 백성의 배를 채워주고 배를 강하게 하는 것, 즉 물질성을 육성하는 것은 그들의 정신을 비우게 하고 약하게 하려는 혼신의 노력과 나란히 발생할 것이다.

더욱 간결하게, 心과 몸을 가리키는 용어(體, 身, 形) 중 어느 하나의 대조적 짝이나 대등한 쌍은 전국시대 텍스트 전체에서 발견된다. 이것은 전형적으로 인식되지 않고 지나칠 정도로 매우 평범한 수사적 패턴이다.[8] 상하이박물관 텍스트 중 하나인 『팽조(彭祖)』에서는 "의식적인 생각과 거리를 두고 간소함을 이용하라. 너의 心을 희고 순결하게 하고 너의 몸을 느긋이하라"[9]라고 한다. 『장자』나 『여씨춘추』와 같은 텍스트에서는 心과 形이 개념적으로 쌍을 이루는 대립어로 발견된다. 예컨대,

『장자』의 제2편(「제물론」)에서 명상의 상태 또는 어쩌면 화학적으로 촉발된 황홀의 상태에서 벗어나는 성인에게 이렇게 질문한다. "몸[形]을 정말 마른 나무와 같이 만들 수 있는가, 心을 불 꺼진 재와 같이 되게 할 수 있는가?"(왓슨 1968: 36). 『여씨춘추』에는 임금이 될 능력이 없는 자는 "몸을 상하게 하고 정신을 소진하고[傷形費神], 마음을 책망하고 눈과 귀를 수고롭게 한다[愁心勞耳目]"[10]라는 구절이 있다. 心과 사람의 물리성에서 다른 양상들의 이러한 대조적 쌍은 또한 하늘이 장차 그 사람에게 큰 임무를 맡기려 할 때에 꼭 먼저 "마음과 야심[心志]을 쓰라리게 하고, 근육과 뼈를 수고롭게 하고[筋骨], 물리적 몸[體膚](직역: 몸과 살갗)을 굶주리게 하고, 자아[身]를 지치게 하고 모든 점에서 행동을 좌절시킨다"(「고자 하」 15)라고 맹자는 훈계한다.

　마음을 임금으로 보는 비유를 논의하면서 지적하겠지만, 공자의 글은 가장 분명히 心-몸 구분을 규범적으로 바라본다. 『논어』 제17편 「양화」에서 공자는 단순한 육체적 즐거움과 정신적 노력을 명확히 구분하며, "하루 종일 음식으로 스스로를 채우며 결코 한번도 마음[心]을 훈련하지 않는"(슬링거랜드 2003a: 210) 게으른 학생을 한탄한다. 순자도 제4편(「영욕」)에서 비슷한 의견을 표현한다. "우적우적 쩝쩝하며, 입은 씹는다. 꿀꺽꿀꺽 부글부글하며, 배는 채워진다. 스승과 적절할 모범이 없고, 사람의 마음은 그들의 입과 배와 다를 바가 없다."[11] 명확히 이것은 졸렬한 모방이다. 즉, 마음은 입과 배 그 이상이고, 군자의 임무는 조잡한 물리적 감각의 즐거움보다는 마음에 집중하는 것이다. 유가의 도덕성과 몸을 통합하려는 노력에도, 동물적 신체성보다 心에 우선권을 주는 것은 또한 육체적 힘[力]으로 일하는 사람보다는 心으로 일하는 사람을 귀중히 하는 것(「등문공 상」 4)에서부터 비뚤어진 心보다는 비뚤어진 손가락을 더 걱정하는 사람을 조롱하는 것(「고자 상」 12)에 이르기까지 『맹자』의 주요 주제다.

心 대 신체기관

心에 대한 특별하고 초물질적 지위를 암시하는 진나라 이전 텍스트에서 동일하게 주목받지 못한 또 다른 일반적인 수사적 패턴은 心이 완전히 빠진 신체기관이나 인간 물질성의 목록을 종종 접한다는 사실이다. 『묵자』 「비락」에는 다음의 구절이 있다.

> 인자한 사람은 천하를 위한 계획을 세우는 것에 뭇 백성의 눈에 아름답거나, 귀에 즐겁거나, 입에 달거나, 몸에 위안이 되는 것을 만들지 않는다.[12]
> 且夫仁者之爲天下度也, 非爲其目之所美, 耳之所樂, 口之所甘, 身體之所安.

인자, 즉 인자한 사람이 즐겁게 하는 것을 피하는 기관의 이 목록에서 心은 어디에 있는가? 『순자』에서도 모든 인간이 가지고 태어나는 감각기관과 능력의 목록을 제시한다.

> 눈은 희고 검은 것과 아름답고 추한 것을 구별하는 반면에, 귀는 음악과 소음과 맑은 음과 과장된 음을 구별하고, 입은 시고, 짜고, 달고, 쓴 것을 구별하고, 코는 향기와 악취를 구별하고, 물리적 육체와 피부는 차갑고 더운 것과 고통과 부드러움을 구별한다. 이는 사람이 태어나면서 바로 항상 부여받은 능력으로, 발달

시키기 위해 시간이 걸리는 것이 아니다. 이 점에서는 우임금과 걸임금 또한 동일하다.[13]

目辨白黑美惡, 而耳辨音聲淸濁, 口辨酸鹹甘苦, 鼻辨芬芳腥臊, 骨體膚理辨寒暑疾養, 是又人之所常生而有也, 是無待而然者也, 是禹桀之所同也.

心을 많은 신체기관 중에서 한 가지 기관으로 간주한다면, 이 목록에서 心이 빠진 것은 놀라운 일이다. 이 목록을 인간의 선천적이고 생물학적 능력의 목록으로 이해해야만 이 구절은 뜻이 통한다. 이런 능력은 위대한 우임금이든 사악한 걸임금이든 간에 모든 인간에게 동일하다. 앞으로 보겠지만, 心은 완전히 다른 질서를 가지고, 자유의지와 의식적 의사결정의 중심지이므로 순자도 그것을 있는 그대로의 생물학적 능력의 목록에 포함시키지 않는다.[14]

그렇다고 해서 心이 때때로 전국시대 텍스트에서 기관이나 신체부위의 일반적인 목록에 나온다는 것을 부인하는 것은 아니다. 하지만 이런 경우에서도 心은 전형적으로 그 위치에서 구분된다. 예컨대, 『순자』의 제11편에는 다음의 구절이 나온다.

> 그러므로, 사람의 자연적 기질에 있어서, 그 입은 맛있는 것을 좋아하지만, 진실한 왕이 즐긴 맛만큼 훌륭하지 않고, 그 귀는 듣기 좋은 소리를 좋아하지만, 음악에 있어서 진실한 왕이 즐긴 것만큼 위대하지 않고, 그 눈은 아름다운 광경을 좋아하지만, 아름다운 광경에 있어서, 장식과 사랑스런 여인의 그 수에 있어서 견줄 자가 어디에도 없고, 그 몸은 육체적 편안함을 좋아하지만, 진

실한 왕이 즐긴 편안함, 안도감, 즐거움과 평안보다 더 큰 기쁨은 없고, 그 마음은 이익을 좋아하지만, 진실한 왕이 즐겼던 녹봉이나 부보다 더 풍성하지는 않았다.

故人之情, 口好味而臭味莫美焉, 耳好聲而聲樂莫大焉, 目好色而文章致繁, 婦女莫眾焉, 形體好佚而安重閒靜莫愉焉, 心好利而穀祿莫厚焉. (제11편 「왕패」, 휴턴 2014: 108)[15]

이 구절의 수사적 순서는 평범한 감각기관(입, 귀, 눈)을 통해 물리적 몸으로 나아가고, 마지막에 心으로 끝난다. 전달되는 강한 인상은 단순한 물리적 대상의 목록이 남김없이 이야기되고 나서야 언급할 가치가 있는 心에 대한 무언가가 있다는 것이다.

心은 전국시대 이전 구절에서 다른 기관들과 함께 나타나는 경우 거의 항상 목록의 제일 처음이나 마지막에 나오는 것으로 구분된다.[16] 心이 감각기관, 몸, 신체적 에너지의 목록 내에 섞여 있을 때도 『관자』「내업」과 같이 그 자체의 부류로 나타나면서 여전히 그 감각기관들과 구별된다.

사지가 올바르고, 혈과 기가 고요하고, 의식이 하나가 되고, 마음을 집중하면, 귀와 눈이 지나침으로 끌리지 않을 것이다.[17]

四體既正, 血氣既靜, 一意摶心, 耳目不淫

어떤 경우에, 心은 목록에서 물리적 몸과 함께 섞여 있지만, 여전히 다른 기관이나 신체부위 다음에 제시됨으로써 구분된다. 『묵자』의 한 구절은 천자에 대한 옛 선왕의 견해를 전한다.

그는 신이 아니다. 그는 다만 사람의 귀와 눈을 사용하여 그 스스로 보고 듣는 것을 도왔고, 사람의 입술을 사용하여 그 스스로의 말을 도왔고, 사람의 마음을 사용하여 그 스스로의 계획을 도왔고, 사람의 팔다리를 사용하여 그 스스로의 행동을 도왔다. 非神也, 夫唯能使人之耳目助己視聽, 使人之吻助己言談, 使人之心助己思慮, 使人之股肱助己動作.[18]

내가 알기로, 제인 기니는 心과 신체기관의 다양한 목록에서 心이 차지하는 위치에 주의를 집중시킨 유일한 학자다. 하지만 그녀는 心이 다른 감각기관과 함께 목록에 포함된다는 사실은 心이 전혀 특별한 것이 아니라는 자신의 주장을 지지하는 증거라고 논의한다(2002: 97~98). 그녀는 "혹자는 [어떤 예에서] 가슴마음이 목록의 끝에 나타나는데, 이것이 가슴마음을 다른 감각과 구분하는 위치라고 이의를 제기할 수도 있다"(98)라고 인정하지만, 『도덕경』 제12편을 증거로 인용하여 心이 "항상 목록의 최고점에 있는 것은 아니다"(98)라고 말하면서 궁극적으로 이 사실을 묵살했다.

다섯 가지 색은 사람이 눈에서 멀게 한다.
달리며 사냥하는 것은 사람의 마음을 미치게 한다.
얻기 힘든 재화는 사람이 해로운 행위를 하게 한다.
다섯 소리는 사람의 귀를 멀게 한다.
다섯 가지의 맛은 사람의 미각을 상하게 한다.
五色令人目盲
馳騁獵令人心發狂

難得之貨令人行妨

五音令人耳聾

五味令人口爽.

기니는 이 판본(실제로 통용되는 판본이 아닌 백서본 『도덕경』)에서 "가슴마음을 감각 목록과 같은 것의 가운데에 둔다"라고 지적한다(98). 이 증거에 대한 두 가지 의견은 우리에게 기니의 결론을 가감하여 받아들이게 한다. 제4장에서 얼마나 드문지를 정확히 논의하겠지만 첫 번째 의견은 心이 기관들의 목록에서 변별적인 위치에 있지 않는 것은 매우 드물다는 것이다. 따라서 기니가 인용하는 구절은 코퍼스 전체를 제대로 대표하지 않는다. 두 번째 의견은 心이 이 장의 백서본 『도덕경』에서 다른 기관들의 가운데에 나타나지만, 통용되는 왕필(王弼)본의 그곳은 평범한 감각기관들을 언급하고 난 뒤에 예상되는 곳이다.

다섯 가지 색은 사람이 눈에서 멀게 한다.
다섯 소리는 사람의 귀를 멀게 한다.
다섯 가지의 맛은 사람의 미각을 상하게 한다.
달리며 사냥하는 것은 사람의 마음을 미치게 한다.
얻기 힘든 재화는 사람이 해로운 행위를 하게 한다.

五色令人目盲

五音令人耳聾

五味令人口爽

馳畋獵令人心發狂

難得之貨令人行妨

나는 기니가 인용한 이 한 가지 반례가 心을 다른 기관들과 비교할 때 항상 순서로 구분된다는 규칙을 입증하고, 또한 선천적인 인간 인지가 어떻게 편집을 결정하는지에 대한 좋은 예가 된다고 말하고 싶다. 心이 다른 기관들 중간에 끼이는 것은 문체적이고 개념적으로 조금 이상하다. 고고학적으로 찾아낸 그 텍스트의 한 판본[19]이 이런 문체적 기이함에 탐닉한다는 사실에도, 그것은 心을 "적절한" 자리인 끝 가까이에[20] 놓아 그 텍스트를 정돈했던 왕필본이나 통용되는 판본의 후기 모방자에 의해 "교정되었다."

또한 전형적으로 고고학적으로 찾아낸 텍스트에서 心이 기관들의 목록에서 생략된다는 사실은 『도덕경』 구절에 대한 왕필의 "교정"이 한나라 이후의 이원론을 비이원론적인 전국시대 자료에 부여하는 것을 반영한다는 걱정을 가라앉혔다. 예컨대, 상하이박물관 코퍼스 텍스트인 『군자위례(君子爲禮)』에서 공자는 (『논어』 제12편 「안연」을 반영하는 언어로) 안회에게 조언을 한다.

> 말이 옳지 않다면, 입은 그것을 말하지 말아야 한다.
> 시각이 옳지 않다면, 눈은 그것을 보지 말아야 한다.
> 소리가 옳지 않다면, 귀는 그것을 듣지 않아야 한다.
> 행동이 옳지 않다면, 몸(身)은 그것을 행하지 말아야 한다.
> 言之不義, 口勿言也
> 視之不義, 目勿視也
> 聽之不義, 耳勿聽也
> 動之不義, 身勿動也.[21]

통용 텍스트에 규범이듯이, 물리적 몸[身]은 여기에서 감각기관들과 함께 목록에 있지만, 心에 대한 언급은 전혀 없다. 물리적 몸의 목록에서 心을 이처럼 완전히 생략한 것은 心이 이 지은이들의 마음속에서 형이상학적 지위를 즐겼다는 것을 암시한다. 즉, 암시적이든 명시적이든 간에, 心은 가시적인 몸의 구체적인 물질성과 다소 구분되거나 그 위에 있는 것으로 간주되었다.

강한 전체론 입장에서 주장하듯이 이 텍스트의 지은이들이 정신적 기능을 가령, 소화나 시각적 지각과 동등한 수준에 있는 것으로 간주한다면, 위의 예들에서 볼 수 있는 물리적인 것과 정신적인 것을 평범하고 빈번하게 대조하는 것은 뜻이 통하지 않을 것이다. 心과 몸을 대조하는 구절이 힘들이지 않게 처리되고, 전통적인 해석이나 현대의 2차 문헌에서 논의를 거의 유발하지 않는다는 사실은 실로 아주 흥미롭다. 선천적인 인지적 보편소에 관해 이러한 힘들이지 않음은 그 자체로 기준점이다. 우리 자신의 직관적인 마음-몸 이원론이 얼마나 깊은지를 이해하기 위해서는 몸과 예를 들어, 간을 대조한 구절의 기이함을 상상만 하면 된다. 제5장에서 다시 보겠지만, 心의 질적 "타자성"은 정확히 우리의 공유된 선천적 이원론 때문에 전형적으로 간과된다.

心과 영혼: 의식, 자유의지, 개인 정체성

心이 물리적 몸에 관하여 특별한 지위를 즐기는 한 가지 이유는 앞서 보았듯이 그것이 개인적 의식, 정체성, 영혼과 연관되기 때문이며, 이 중에서 영혼 또한 (제2장에서 보았듯이) 전형적으로 물리적 몸과 대조를 이룬다. 제2장에서 탐구한 고대 중국에서 영혼 개념의 복잡성은 사람의 개념이 간단한 영혼-몸 이원론에 항상 기초하기보다는 때로는 더 복잡하다는 것을 암시한다. 하지만 제2장에서 제안했듯이, 영혼의 개념은 아마 틀림없이 마음의 개념에 기생한다. 제2장에서 보았듯이, 인간만이 영혼을 소유한다고 생각하는 것은 우연이 아니다. 영혼이 사람이 아닌 동물이나 자연의 힘, 풍경의 특색에 있는 것으로 생각하면, 이런 속성부여는 의인화와 어느 정도 연결된다. 이는 육체적 죽음 이후에도 생존할 수 있는 특유한 인간 능력이 의식이라는 독특한 인간 특성과 연결되기 때문이다. 이것을 가장 엄격하게 표현하자면, 마음이 없다면 영혼도 없다.

　이런 연결은 전국시대 이전 텍스트의 많은 구절에 반영되어 있다. 이것은 어쩌면 『묵경』에서 가장 명확히 표현되는데, "물리적 육체가 감각과 함께 존재할 때 생명이 있다"²²라는 구절이 있다. 다른 구절은 心과 혼백(魂魄) 같은 영혼을 가리키는 다양한 용어들을 연결함으로써 의식과 영혼을 연결한다. 예컨대, 『춘추좌씨전』 소공(25년)에는 "心(마음)의 가장 고상하고 순수한 양상을 영혼[魂魄]이라 한다. 영혼이 한번 떠나면, 사람이 얼마나 오래 지속되겠는가?"(듀란트·리와이이·쉐버그 2016: 1635).

　전국시대 이전 중국 텍스트를 고찰한 결과는 心에 집중해서 의식과 사고하고 선택할 수 있는 능력이 사람을 동물이나 비활성 물건이기보다 사람으로 만든다는 것이다. 이것은 다시 코퍼스 전체에서는 암시적이지만 공자의 글에서 가장 명시적인 자아의 위계를 설명한다. 여기에서 정신적 특성은 단순한 물리적인 것보다 높이 평가된다. 이런 위계는 『순자』의 유명한 "삶의 사다리"에서 사물의 명시적인 유형론으로 잘 다듬어진다.

물과 불은 기(힘; 에너지)가 있으나, 생명은 없다. 초목은 생명이 있으나, 의식은 없다. 짐승은 의식하지만, 의로움의 기준은 없다. 사람은 기, 생명, 의식과 의로움의 기준이 있으니, 이것이 세상의 다른 어떤 것보다 귀하게 여김을 받는 이유다.
水火有氣而無生, 草木有生而無知, 禽獸有知而無義, 人有氣, 有生, 有知, 亦且有義, 故最為天下貴也.[23]

순자에게 의(義)의 기준은 의식과 생각하고 신중한 선택을 할 수 있는 능력[偽]을 결합하는 생명체만 창조하는 문화적 인공물[24]이다. 무의식적이고 물리적인 세계는 기계론적 원인과 결과의 지배를 받는다. 식물과 동물이 살아 있고 (후자의 경우에) 의식적이긴 하지만, 그들의 행동을 완전히 결정하는 생물학적 본성의 덫에 걸려 있다.[25] 사람의 특별한 점은 유가의 도에서 구체화된 과거부터 축적한 지혜의 도움을 받아 의식적 추론과 개별적 의지의 행동을 통해 본성을 초월한다는 것이다.

心, 자유의지, 개인적 본질 간의 연결은 타자의 心을 자기편으로 끌어들이는 것이 진정한 순종을 얻어내는 열쇠인 이유다. 맹자는 사악한 임금인 걸왕(桀王)과 주왕(紂王)의 그릇된 정치를 언급하면서 "걸왕과 주왕이 세계를 잃은 것은 백성을 잃었기 때문이다. 그들이 백성을 잃은 것은 백성의 마음(心)을 잃었기 때문이다"(「이루(離婁) 상」 9)라고 말한다. 분명히 백성의 귀나 간(肝)의 동의를 확보하는 것은 그렇게 결정적이지 않다. 이런 이유로, 맹자는 물리적 복종을 보장하기 위해 힘을 사용하는 것이 위험하다고 경고한다. 이것은 겉으로는 순종하지만, "정신에 순종적(心服)"이지 않게 하는 것이다.

힘으로 사람을 복종하게 강요하나, 정신으로 복종하는 경우가 아니라, 단지 저항할 물리적 힘이 부족할 뿐이다. 덕(德)으로 사람을 복종하게 하면, 한편으로 그들은 가장 깊숙한 마음[心]으로 기쁘고 만족한다. 이것이 진정한 복종이다.
以力服人者, 非心服也, 力不贍也; 以德服人者, 中心悅而誠服也.
(「공손추 상」 3)

물리적 힘은 물리적 복종만을 얻을 수 있는데, 이것은 진정하고 내적이며 의식적인 사람의 중심에 닿지 않기에 피상적이다. 이런 생각은 『관자』에도 되풀이된다. 여기에서는 백성에게 정신[心]이 아닌 몸[體]으로 당신에게 복종하게 하는 것의 잠재적인 위험에 관한 구절이 나온다.

무릇 백성이 정신[心服]으로 복종하지 않고 오직 그들의 몸[體從]으로 복종하면, 예와 의로움의 문화적 힘으로 백성을 가르치는 것이 불가능하다. 군주는 이런 일이 벌어지지 않게 경계하지 않을 수 없다.
夫民不心服體從, 則不可以禮義之文教也, 君人者不可以不察也.
(제15.47편 「정세」, 리켓 1998: 174)

이것은 앞서 인용한 『도덕경』(제3편)의 구절을 생각나게 한다. 여기에서는 心이나 志("의도, 야심")에 명확한 우선권을 준다. 그 쌍은 인간 행동의 열쇠로 묘사되고, 신체적 본질과는 명확히 구분된다.

영혼-몸 이원론의 논의에서처럼, 우리는 이런 대조가 불교의 영향에서 연구한 후기 편집자에 의해 다른 점에서 전체론적인 진나라 이전 자료들에 체계적으로 부여된 것이 아니라고 확신할 수 있다. 앞서 인용한 통용되는 『도덕경』의 구절은 곽점초간(郭店楚簡)* 본의 구절과 동일하다. 이와 비슷하게, 상하이박물관 죽간 텍스트인 『범물유형』에서는 心이 적절한 통치를 위한 열쇠라는 부분을 볼 수 있다.

> 이런 말을 들었다. 心이 心을 이기지 못하면, 엄청난 혼란이 일어날 것이다. 心이 心을 정복할 수 있다면, 이는 "사소한 계몽[少徹]"이라 불린다. "사소한 계몽"이 무엇을 의미하는가? 이는 사람이 "순수하고 깨끗하게[白]"²⁶ 되어, 통제할 수 있다는 것을 의미한다. 어떻게 우리의 순수함과 깨끗함을 알게 되는가? 자신의 날이 끝날 때까지 자신에게 진실한 것이다[自若]. 말을 아낄 수 있는가? 하나일 수 있는가? 이것을 이루는 것은 "사소한 성취[眇成]"라고 불린다. 이런 말을 들었다. 백성이 가치 있게 여기는 것에는 오직 군주가 있다. 군주가 가치 있게 여기는 것에는 오직 心이 있다. 心이 가치 있게 여기는 것에는 오직 하나를 얻고 하나를 이해하

● **곽점초간** 후베이성 형문시 인근 곽점 1호분에서 나온 죽간을 가리킨다. 이 지역은 전국시대 초 문화의 중심 지역이며, 기남성을 중심으로 여러 기의 초나라 귀족 묘릉이 모여 있는 곳이다. 이미 도굴로 묘릉이 훼손되기 시작했기 때문에 1993년 10월 발굴한 결과 뜻하지 않게 1호분에서 여러 부장품과 함께 고문서를 담은 다량의 죽간이 나왔다. 길이가 다른 여섯 개의 집합으로 이루어진 죽간은 아무것도 쓰여 있지 않은 백간(白簡)을 빼고 모두 7백여 쪽이었고, 그 중 세 개의 집합에서 『노자』와 관련된 71쪽의 죽간이 발견되었다.

는 것이 있다. [그렇게 하여] 위로, 하늘에게 인정받고, 아래로, 가장 깊은 곳을 헤아릴 수 있다. 앉아 그것에 집중하면, 사람의 계획은 천리까지 확장할 수 있고, 일어나서 그것을 실천하면, [인간의 성취는] 사해를 가로질러 확장할 것이다.

聞之曰: 心不勝心, 大亂乃作; 心如能勝心, 是謂少徹. 奚謂少徹? 人白爲執.²⁷ 奚以知其白? 終身自若. 能寡言乎? 能一乎? 夫此之謂訬成. 曰: 百姓之所貴唯君, 君之所貴唯心, 心之所貴唯一得而解之, 上賓於天, 下播於淵. 坐而思之, 謀於千里; 起而用之, 申於四海. (조각 26, 18, 28)²⁸

이것은 매력적인 구절이고, 心에 엄청난 힘을 할당하는 구절이다. 자신의 心을 정복하고 명확히 하는 것은 사람에게 "하나(oneness)"를 말없이 파악하게 하는데, 이것은 하늘의 높은 곳에서부터 바다의 가장 깊은 곳에 이르기까지 우주의 모든 것을 힘들이지 않고 이해하며 정통하게 하는 형이상학적 원리나 정신적 상태를 말한다.²⁹ 心은 물리적 한계에서 자유롭기에 움직이지 않은 채 앉아 있지만, 자신의 계획을 "천리까지 뻗어가게" 할 수 있다. 무엇이 "心이 心을 정복하는 것"에 관여하는지는 이 텍스트에서 설명되지 않지만, 차오펑(曹峰)(2010)이 설득력 있게 주장했듯이, "心 안에 또 다른 心이 숨어 있고, 心의 중심에는 그 안의 또 다른 심이 있다(心以藏心, 心之中又有心焉)"³⁰라는 『관자』「내업」의 구절과 관련이 있을 것 같다.

이 모든 구절은 心, 그것의 의식이나 감성의 힘, 사람의 개인 정체성이나 동기의 참된 중심지와 단순한 물리적 세계로부터 어느 정도의 자유와 그것을 지배하는 힘 간의 감지된 연결을 드러낸다. 앞으로는 心에 있는 것으로 생각되는 질적으로 다른 힘 중 몇 가지를 보여 주면서 이런 특징을 풀어낼 것이다. 이 모든 특정한 능력을 함께 묶는 것은 앞서 지적한 心의 형이상학적 특성이다. 누군가가 물리적 몸 위나 아래에 있기 때문에, 心은 물리적 한계나 기계론적 인과성의 엄격함에 전혀 종속되지 않는다. 그래서 心은 특유한 인간적 동기화나 행동의 열쇠이다.

자아의 군주로서 心

心이 전국시대 텍스트에서 선택되는 한 가지 방식은 그것을 몸이나 물리적 자아의 자연적 "통치자"나 "군주[君]"로 식별하는 것이다.[31] 다음은 『관자』의 잘 알려진 한 구절이다.

> 心은 몸 안에서 군주의 역할을 한다. 아홉 구멍은 그들 스스로의 특별한 의무가 있는데, 군주를 섬기는 각각의 관리와 같다. 만약 心이 그 도에 있으면, 아홉 구멍은 그 이치를 따를 것이다. 반면에, 心이 정욕과 욕망으로 가득 차 압도당하면, 눈은 색을 보지 못하고, 귀는 듣지 못할 것이다.
> 心之在體, 君之位也. 九竅之有職, 官之分也. 心處其道, 九竅循理. 嗜欲充益, 目不見色, 耳不聞聲. (제13편 「심술 상」, 리켓 1998: 71)[32]

고고학에서 찾아낸 텍스트에서 입증되듯이, 이 은유는 전국시대에 널리 퍼져 있고 일반적이다. 예컨대, 곽점초간 『오행』의 한 구절에는 "귀, 눈, 코, 입, 손, 발 이 여섯 개는 모두 마음의 노예다. 마음이 '그렇다'고 말하면, 이 중에서 그 무엇도 '아니요'라고 감히 말하지 못한다. 마음이 그렇다 하면, '그렇겠지'라고 하지, 그 무엇도 감히 의견을 달리하지 못한다"³³라고 밝힌다.

실제로 전국시대 사상가들은 心이 허용해야만 다른 신체기관들이 자신의 일을 하는 것으로 간주한다. 그것은 心이 신체기관들과 질적으로 구분된다는 명확한 증거이다. 『여씨춘추』의 한 구절에는 "귀의 근본적인 본성은 소리를 열망하는 것이다. 그러나 마음이 즐겁지 않으면, 바로 앞의 다섯 음이 알맞아도 귀는 들으려 하지 않을 것이다"라는 말이 있다. 눈, 코, 입에도 동일하게 적용된다고 말한다. 이 구절은 다음과 같이 결론을 내린다.

> 귀, 눈, 코와 입은 욕망의 근원이다. 心은 이런 욕망에 즐거워하거나 즐거워하지 않는다. 心은 즐거워하기 전에 반드시 먼저 조화롭고 안정되어야 하고, 心은 귀, 눈, 코와 입이 그들의 감각적 대상에서 즐거움을 얻기 전에 반드시 먼저 즐거워야 한다. 그러므로 즐거움을 야기하는 열쇠는 조화로운 心에 있고, 조화로운 心을 갖는 열쇠는 적절한 행동에 있다.
> 欲之者, 耳目鼻口也; 樂之弗樂者, 心也. 心必和平然後樂, 心必樂然後耳目鼻口有以欲之, 故樂之務在於和心, 和心在於行適.
>
> (「중하기」, 적음(適音), 놉록·리겔 2000: 142~143)

『순자』의 비슷한 구절에는 "心이 감각지각의 과정에 쓰이지 않으면, 검은색과 흰색이 바로 눈앞에 있어도 그것을 보지 못하고, 천둥소리와 북소리가 바로 옆에서 울리더라도 그것을 듣지 못 할 것이다"(「해폐」 1, 휴턴 2014: 224)라는 말이 있다.³⁴

학자들은 心이 군주라는 은유에 관한 다양한 견해가 전국시대 중국에 있다고 지적했다. 예컨대, 리 이어리(Yearley, Lee)(1980)는 순자의 心이 더욱 독재적이고 비신체화된 군주이고, 몸의 일차적 욕망과 몸에 대한 절대 명령의 힘과 완전히 구분되는 우선권을 가졌다고 설득력 있게 주장했다. 그는 이를 맹자의 心과 대조하는데, 맹자의 心은 책임을 지긴 하지만 일차적인 욕망에서 도덕적 방향을 도출하고 기와 같은 자아의 다른 부분들의 지지를 집결시켜야 한다. 이장희(2005: 50)도 이와 비슷하게 순자가 心의 고등 기능을 일차적 욕망과 구분되는 것으로 간주하지만, 맹자는 도덕성이 그저 心의 욕망 특징의 특별한 유형이라고 주장하면서 도덕성과 욕망을 명확히 구분하지 않는다. 마지막으로, 장자와 같은 사상가는 心이 군주라는 비유를 적극 공격하고, 자아의 통제는 더욱 높은 힘에게 양도되어야 한다고 주장한다. 여기에서 말하는 더욱 높은 힘이란 하늘이 모든 사람에게 부여한 말로 나타낼 수 없는 정신[神]을 말한다.[35]

무형의 주동자로서 心

하지만 이런 입장이 상당히 다를 수 있지만, 心을 자아의 군주 역할을 하게 하는 心에 대해 질적으로 독특한 것이 있다는 널리 공유되는 직관적인 배경 가정이 없다면 이런 입장 중 어떤 것도 뜻이 통할 수 없다. 몰아내고 극복해야 하는 부정적인 특성도 있다. 心의 이런 자질 중 하나는 확실히 중의적인 존재론적 지위로서, 이것은 心을 물질적 제약에서 해방시키고, 心에게 말로 나타낼 수 없는 방식으로 물질적 세계에 통제력을 발휘하게 하는 것이다.

맹자는 心으로 일하는 사람과 물리적 힘[力]으로 일하는 사람을 구분하면서, 특히 원시주의적 비평가에 반대하여 사회 계층화와 노동분업을 훌륭하게 옹호했다. "마음으로 일하는 사람은 다른 사람들의 군주이고, 육체적 힘으로 일하는 사람은 다른 사람들의 지배를 받는다"(「등문공(滕文公) 상」 4). 이런 생각은 『관자』의 한 구절에서 반복되고 상세히 설명된다.

> 그러므로, 평범한 사람은 육체적 힘(力)으로 일하는 사람이 지성(明)으로 일하는 사람을 섬기듯 윗사람을 섬기거나, 몸(形)[36]이 心을 섬기듯이 윗사람을 섬긴다. 이는 그저 사물의 이치다. 모든 면에서 사물을 생각하는 것이 心의 방법이지만,[37] 무턱대고 우왕좌왕하는 것은 몸의 방법이다. 모든 면에서 사물을 생각하는 사람은 스스로 관리하는 것에 헌신하고, 무턱대고 우왕좌왕하는 사람은 스스로 섬기는 것에 헌신한다.
> 是故以人役上, 以力役明. 以形役心. 此物之理也. 心道進退, 而形道滔赶. 進退者主制, 滔赶者主勞. (제11편 「군신 하」, 리켓 2001: 420)

사회 계층은 어떤 행동 방침을 추구할지를 자유롭게 생각하는 마음과 무분별하고 맹목적인 방식으로 여기저기로 이끌리는 몸 사이에 있는 자아 내의 계층에서 궁극적으로 도출된다.

세계에 대한 영향력이 실제로 접촉하고 물리적으로 조작할 수 있는 것에만 국한하는 육체노동자처럼, 전국시대에는 몸과 그 기관들이 물질적 세계와의 자극-반응 관계에 국한하는 명확한 모형이 있다. 다른 한편으로, 心은 하늘이나 백성의 군주처럼 어떤 물리적 행동을 전혀 취하지 않고서 생각이나 소통된 의지의 행동만으로도 세계를 바꿀 수 있다는 점에서 독특하다. 『관자』에는 다음의 구절이 나온다.

> 하늘은 움직이지 않으나 사계절과 만물은 변한다. 군주가 움직이지 않으나 정부 명령은 아래에서 받아들이고, 만 가지 성취가 실현된다. 心은 움직이지 않으나 사지와 눈과 귀를 부리고, 만물이 [그들의 진정한 본성을 찾게 한다?].[38]
> 故天不動, 四時云下, 而萬物化; 君不動, 政令陳下, 而萬功成; 心不動, 使四肢耳目, 而萬物情. (제26편「계」, 리켓 2001: 381~382)

이와 비슷하게, 우리는 고고학 텍스트인『범물유형』에서 보았듯이, 달인은 신비한 통찰력으로 "하나(the One)"을 포착했기에 心을 통해 "위의 하늘에게 환영받고" 아래의 "가장 깊은 곳을 헤아릴 수 있고," 자리를 뜨지 않고도 하나(the One)에 집중하고 목표와 업적을 물리적 세계 전체로 확장시킬 수 있다. 이것은『관자』와『장자』같은 텍스트 전체에서 발견되는 비유법이다.

전형적으로 다채로운 한 구절에서『장자』는 "[발이 하나인 가상의] 노래기는 뱀을 부러워하고, 뱀은 바람을 부러워하고, 바람은 눈을 부러워하고, 눈은 心을 부러워한다"(제17편「추수」, 왓슨 1968: 183)라고 지적한다. 이 모든 것들이 부러워하는 것은 물리적 한계에서의 자유이다. 바람이 눈을 부러워하는 것은 바람이 재빨리 움직일 수 있는 만큼 눈은 그것을 넘어서 볼 수 있고, 눈은 멀리 떨어진 사물과 물리적으로 접촉하지 않아도 그것을 볼 수 있기 때문이다. 하지만 눈이 心을 부러워하는 것은 心이 한 단계 더 가기 때문이다. 즉, 心은 완전히 무형의 방식으로 동시에 모든 것을 지각하기 때문이다.[39]『장자』제22편의 제목은「지북유(知北遊; Knowledge Wandered North)」다. 이 편은 心의 주된 능력 중 하나인 의인화된 "지식[知]"의 여행 이야기로 시작한다.[40] 知는 어떻게 하면 도(道)

를 얻을 수 있는지에 대한 답을 찾아서 세계를 유랑한다. '소북유(消北遊; Digestion Wandered North)'라는 제목이 붙은 편을 접하는 것은 매우 이상하고, 심지어 '식북유(識北遊; Perception Wandered North)'도 조금 이상하다. 이는 눈과 그 기능이 바람보다 장점이 있지만 여전히 물리적 몸에 갇혀 신체기관 안에 기반하기 때문이다. 눈은 지각의 한계선을 응시하지만, 물리적 세계의 족쇄에서 완전히 자유로울 수는 없다. 心의 존재론적 특수성은 또한 『장자』 제11편(「재유」)에서 매우 극적으로 표현된다. 여기에서 노자는 지나치게 열심인 제자에게 "사람의 마음에 간섭하는 것"에 수반하는 도전을 과소평가하지 않도록 훈계한다.

> 온화하고 수줍은 心은 단단하고 강한 것을 구부리고, 깎고 잘라내고, 새기고 다듬는다. 그 뜨거움은 타오르는 불이고, 그 차가움은 단단한 얼음이고, 그 신속함은 고개를 들고 숙이는 시간에 사해와 그 너머를 두 번이나 휩쓰는 것이다. 가만히 있을 때 깊은 연못같이 고요하고, 움직일 때는 먼 하늘로 오르고, 모든 속박에서 뛰쳐 달려 나가려 한다. 이것이 오직 사람의 心이다!
> 淖約柔乎剛強. 廉劌彫琢, 其熱焦火, 其寒凝冰. 其疾俛仰之間, 而再撫四海之外, 其居也淵而靜, 其動也縣而天. 僨驕而不可係者, 其唯人心乎! (왓슨 1968: 116)

이 구절에서 心이 구체적이고 물리적인 몸속의 신체기관이라고 주장하는 사람은 많은 것을 설명해야 한다.

心의 비신체화된 초자연적 힘은 단지 "도교 사상"의 분위기가 나는 텍스트의 주제가 아니다. 통용 코퍼스에서 가장 생리학을 지향하는 철학 텍스트인 『맹자』에서도 心이 형이상학적이거나 거의 신화적인 용어로 묘사되는 것을 발견할 수 있다. 맹자는 유가의 도에 의식적으로 전념하고 자신의 心을 수양하는 것에 몰두하는 것이 중요하다는 것을 강조하며 공자가 했다고 전해지는 말을 인용한다. "'움켜잡으면 보존하게 되고, 버리면 잃게 될 것이다. 오고 나감은 예상할 수 없고, 누구도 그 진짜 집을 알지 못한다.' 이는 우리의 心을 가리킨 말씀이다!"(「고자 상」 8). 그것은 신비롭게 오고가고, 그것의 진짜 집을 아는 이는 아무도 없다. 이 구절이 어떻게 가슴속에 들어 있는 신체기관을 가리킬 수 있겠는가? 이와 비슷하게, 心이 흔들리지 않는 주동자인 하늘의 능력을 띤다는 것과 같이 앞의 『관자』에서 표현된 생각과 매우 비슷한 것은 "귀, 눈, 코, 입과 몸은 각각 그들의 특별한 기능이 있으나, 다른 기능은 없다. 이것이 그것들이 천관(天官)이라 불리는 이유이다. 반면에, 心은 한 가운데 텅 빈 곳이 있고[中虛], 다섯 기관을 다스린다. 이것을 자연의 군주[天君]라 한다"(제17편 「천론」, 휴턴 2014: 176)[41]라고 말하는 『순자』의 구절에 충만되어 있음에 틀림없다.

　이와 같은 구절은 마음-몸 이원론의 가정이 깊이 스며들어서 전형적으로 간과되는지를 알 수 있는 한 가지 방법을 예증한다. 우리는 「지북유」라는 정신 여행의 이야기나 움직이지 않는 사색가가 완전히 태연하고 즉각적인 이해력으로 세계 전체를 즉시 이해하는 이야기를 읽었는데, 이는 우리가 이런 사상가의 기본적인 이원론 가정을 공유하기 때문이다. 가령, 귀가 잠행하는 구절은 우리를 도중에 멈춰 세울 것이다. 이해가 쉽다는 것은 세계에 대한 공유된 암시적 가정의 깊은 토대를 모호하게 한다.

반성, 자유의지, 도덕적 책임의 중심지로서 心

마음의 통속 개념에서 한 가지 필요한 성분은 마음이 반성과 의식적인 자유의지의 중심지라는 것이고, 이는 다시 우리에게 도덕적 책임을 떠맡고 부여하게 한다.[42] 가장 열렬한 강한 전체론자도 의식적 반성이 心의 변별적 기능이라는 것을 인정할 것이다. 반성하고[慮], 있는 힘껏 노력하며[為, 求], 능동적으로 선택하는[擇] 心의 능력은 지각이나 소화와 동등한 수준이 전혀 아니라 질적으로 독특한 것임은 잘 인정되지 않는다. 그것은 인간을 동물과 분리하고, 기계론적 인과성의 단순한 물리적 연쇄에서 인간을 해방시키는 자유의지의 힘이라는 인간에게 특유한 그 힘을 표현한 것이다.

"반성[慮]"에 대한 후기 묵가 경전의 정의는 그것을 "애쓰기[求]"로 해석하고, "그것은 목표 달성의 보장 없이 의식[知]으로 애쓰기의 일종이다. 그것은 곁눈질로 보기[43][모호하거나 멀리에 있는 것을 보는 것]와 비슷하다"(존스턴 2010: 376)라는 설명을 덧붙인다. 의식적 노력의 필요성과 실패의 가능성으로 인해 반성은 눈을 뜨고 무언가를 단순히 볼 수 있는 평범한 지각과는 아주 다르다. 타고난 인간 본성과 자기수양의 의식적 달성 간의 구분에 대한 논의에서 틀이 잡히는 "사고/반성"에 대한 순자의 정의 또한 心과 그 능력이 우리의 생물학적 본질과 질적으로 다르고 그것을 초월한다는 것을 명확히 한다.

> 나면서부터 그러한 것을 "인간 본성[性]"이라 한다. 인간 본성이 조화롭게 생산하고, 정교하게 맞추고 자극하고 반응하기에 자연스럽고 어떤 노력도 없는 것을 "인간 본성"이라 한다. 본성이 좋아하고, 싫어하고, 기뻐하고, 성내고, 슬퍼하고 혹은 즐거워하는

것을 "정서"라 한다. 정서가 일어나고 心이 어떤 정서를 따를지 선택하는데, 이것을 "반성"이라 한다. 心이 반성하고 사람의 능력을 결정하고 실행하는 것을 "의식적 행동[僞]"이라 한다. 반성적 행동이 축적되고 능력의 훈련으로 형성되는 것을 "의식적 행동[僞]"이라 한다.[44]

生之所以然者謂之性; 性之和所生, 精合感應, 不事而自然謂之性. 性之好, 惡, 喜, 怒, 哀, 樂謂之情. 情然而心為之擇謂之慮. 心慮而能為之動謂之偽; 慮積焉, 能習焉, 而後成謂之偽.

비슷한 맥락에서 『순자』 제21편(「해폐」)의 한 구절은 心을 군주에 비유하는 은유의 가장 잘 알려진 진술문으로 시작하고, 더 나아가 心에게 이 역할을 이행하도록 자격을 주는 것이 자유롭고 자립적인 본성이라는 것을 명확히 한다.

心은 몸의 군주이고, 영적 지성의 주인이다. 心은 명령을 내리지만, 아무에게서도 명령을 받지는 않는다. 心은 스스로 제약하고, 스스로 관리하고, 스스로 싸우며, 스스로 조정하고, 스스로 나아가게 하며, 스스로 그치게 한다. 그러므로 입이 침묵하거나 말하게 강요받을 수 있고, 몸은 굽히거나 곧게 하기를 강요받을 수 있으나, 心은 그 마음을 바꾸게 강요받을 수 없다. 옳다고 여기는 것을 받아들이고, 아니라고 여기는 것을 물리친다.

心者, 形之君也, 而神明之主也, 出令而無所受令. 自禁也, 自使也, 自奪也, 自取也, 自行也, 自止也. 故口可劫而使墨云, 形可劫而使詘申, 心不可劫而使易意, 是之則受, 非之則辭. (휴턴 2014: 229)

앞서 언급했듯이, 순자는 心이 신체적 정서나 기와 같은 생리적 힘과 완전히 독립하여 명령을 내릴 수 있는 것으로 보면서, 心에 강한 자립성을 부여한다는 점에서 어쩌면 본체에서 벗어난 사상가다.[45] 하지만 앞에서처럼 우리의 신체화된 본성과 유가적 도덕성의 연결을 주로 옹호하는 맹자도 자립적이고 질적으로 독특한 心의 힘을 자기수양의 열쇠로 간주한다. 『맹자』「고자 상」에서 훌륭히 말하듯이, 자아의 다른 신체기관들은 기계론적인 방식으로 감각적 사물에 맹목적으로 이끌리지만, 생각하고 반성하며 자유롭게 결정하는 心의 능력에는 전혀 다른 질서가 있다.

> 보고 듣는 기관은 생각하지 않으니, 사물의 지배를 받는다. 사물이 다른 사물과 상호작용 할 때[예를 들어, 생각하지 않는 감각], 기계론적 끌림이 있을 뿐이다. 반면에 마음이란 기관은 생각할 수 있다. 마음이 생각하면 대상을 얻고, 생각하지 않으면 얻지 못한다. (밴 노던 2008: 156)

통속적인 마음-몸 이원론의 중심 자질을 더 명확하게 표현한 것은 더 이상 없다. 반성과 자유의지를 포함하는 정신적 인과성과 물리적 세계를 특징짓는 맹목적인 기계론적 상호작용 간의 구분이 이러한 표현이다.

자유의지와 반성의 중심지로서 마음의 기능은 다시 마음을 도덕적 책임의 중심지로 만든다. 순자는 다음과 같이 주장한다.

> 욕망이 과하지만 사람의 행동에 있어 그것을 따르지 않으면, 마

음이 이 일이 일어나는 것을 막았기 때문이다. 마음이 도덕적으로 용인할 수 있다고[可] 판단하는 것이 적절한 이치에 근거한다면, 욕망이 많다고 하더라도 올바른 질서를 이루는 것에 무슨 해가 있겠는가? 욕망이 적지만 사람의 행동에 있어 어떻게든 행동하게 하는 것은 마음이 이 일이 일어나게 했기 때문이다. 마음이 도덕적으로 용인할 수 있다고 판단하는 것이 적절한 이치에 근거하지 않고 심지어 욕망이 적어도 세상의 혼란을 막는 것에 무슨 장벽이 있겠는가? 그러므로, 질서와 혼란의 열쇠는 마음이 도덕적으로 용인할 수 있다고 판단하는 것에 있지, 정서가 욕망하는 것이 아니다.

欲過之而動不及, 心止之也. 心之所可中理, 則欲雖多, 奚傷於治? 欲不及而動過之, 心使之也. 心之所可失理, 則欲雖寡, 奚止於亂? 故治亂在於心之所可, 亡於情之所欲. (제22편 「정명」, 휴턴 2014: 244)

우리는 또한 『맹자』에서도 자유의지라는 이러한 생각과 도덕적 방향을 능동적으로 선택해야 할 필요성을 볼 수 있다. 도덕적 싹이 천성의 부분이지만, 대부분의 사람들은 그것을 무시하고, 그런 싹에 집중하고 기르는 것은 의지의 행동을 요구한다.[46]

다시, 우리는 이 주제가 후기 불교의 영향을 받은 편집자가 고대 중국 사상에 부여한 것이 아니라는 것을 확신할 수 있다. 곽점초간 『성자명출(性自命出)』에서, 물질적 본성과 개인적인 의지의 자유 간의 분리는 인간 본성[性]과 心 간의 구분에 의해 형식화된다.

무릇, 인간은 타고난 본성[性]을 공유하지만, 그들의 心은 고정되거나 혹은 미리 정해진 의도[志]가 없다. 일어나기 전에 心은 물리적 세상과의 접촉을 기다리고, 기뻐하기 전에는 행동을 시작하지 않고, 긴 연습 없이는 고정되지 않는다. … 인간은 타고난 본성을 가지지만, 그 본성을 心이 책임지지 않으면 표현되지 않는다. … 세상 모든 사람은 같은 본성을 가졌다. 그들이 心을 사용하는 방식이 각각 다른 것은 가르침의 결과이다.
凡人雖有性, 心亡定志, 待物而後作, 待悅而後行, 待習而後定. … (人)雖有性, 心弗取不出. … 四海之內其性一也. 其用心各異, 教使然也. (조각 1~6, 쿡 2012, 2권: 700~702)

여기에서 성숙한 인간은 선천적인 생물학적 본성과 문화적 교육을 포함해 상황적 또는 환경적 힘과 우연적인 개인적 결정의 복잡한 혼합으로 묘사된다. 『성자명출』의 더욱 폭넓은 문맥에서 이해되는 "연습[習]"과 "가르침[敎]"은 확실히 개인의 선택이나 통제를 넘어서는 요소를 포함한다. 그 내용(제의, 고전, 음악)은 앞 세대부터 문화로 전해지고, 그것에 정통하기 위해서는 자격이 있고 능숙한 스승의 가르침이 요구된다. 그럼에도, 앞에서 인용한 유가 텍스트 전체에서, 이러한 문화적 유산을 자아로 적절히 통합하기 위해서는 선택, 의지력, 학습자의 끊임없는 적극적 참여가 요구되는 것으로 묘사된다. 교육이 성공적이기 위해서는 "心을 쏟아야 한다[用心]". 이것은 도덕적 수양 상태의 궁극적 책임이 자신에게 있음을 의미한다.

프랭클린 퍼킨스(Perkins, Franklin)(2009: 122)는 이 구절에 대해 설명하면서 心의 결심이 결국 도덕적 가치의 상태를 결정한다는 것을 인정한다. 퍼킨스는 "마음[心]이 우리를 다양하게 하는 것이라면, 그것은 선한 사람과 그렇지 않은 사람을 구분하는 것이기도 하다"라고 지적한다. 하지만 결국 그는 일종의 의지력이나 해당되는 선택과 "자유의지"에 대한 "우리의"(즉, 유럽인의) 개념을 동일시하는 것을 꺼린다. 퍼킨스가 경고하듯이, "마음의 행동이 자유의지의 능력을 소개하는 것으로 요구하는 구절이 유럽 철학의 영향에서 나왔기에 그 구절을 읽는 것은 매력적이다. 이는 특히 그 텍스트가 다른 점에서는 인간의 동기를 그러한 수동적인 용어로 묘사하기 때문이다. 그럼에도, 우리는 유럽의 용어를 투사하고 자립성을 지나치게 강조하는 것에 신중해야 한다"(127). 궁극적으로, 퍼킨스의 논점은 단지 이 특별한 텍스트에서 心의 자유의지가 적어도 급진적으로 아우구스티누스적이지 않다는 것이며, 이것은 놀라운 일이 아니어야 한다.[47]

우리는 확실히 공동체에서 이용 가능한 문화적 형식의 본성과 특성이나 스승의 특성과 같이 개인의 통제를 넘어서는 환경적 또는 상황적 힘을 이 텍스트가 중요하게 여긴다는 것을 인정해야 한다. 하지만 이것은 의식적 선택이나 의지력, 개인적 결심과 같은 것이 하는 명확한 역할을 전혀 제거하지 않는다. 곽점초간뿐만 아니라 진나라 이전의 나머지 유가 전통이 물질적 사물에 의해 결정되는 인간의 양상(우리의 타고난 본성, 우리의 정서)과 물질적 세계를 다소 초월하고 그렇게 해서 선택을 하고 그런 선택에 도덕적으로 책임을 질 수 있는 양상 사이에서 설정하는 이분법을 이해하는 다른 방법은 없다. 지앙광휘(姜廣輝)가 『성자명출』을 참조하여 그런 이분법을 형식화하듯이, "그것은 인간이 '자유의지'를 가지고, 이것이 인간을 세계의 모든 다른 생명체와 구분하는 것임을 지적한다"(2000/2001: 34).⁴⁸ 이와 비슷하게, 곽점초간 『오행』에 관해 궈지융 (郭齊勇)은 다음과 같이 말한다.

> 그것은 "내적 心[內心]"과 "외적 心[外心]"을 구분한다. 이것은 心의 기능이 복잡하고, "하늘의 도"나 "성인"과 연결된 경험이 안에 있는 心의 경험이라는 저자의 인식을 표현한다. 매우 명확한 의미에서 心은 물리적 몸의 제약에서 일시적으로 자유로울 수 있고, "독립[獨]"이나 "신체포기[捨體, body abandonment]"의 개념과 관련이 있다. … 心과 물리적 몸(귀, 눈, 코, 입, 손, 발)은 처음부터 끝까지 서로 통합된다. 이것은 인(benevolence), 의(rightness), 예(ritual propriety), 지(wisdom)가 "네 가지 유형의 행동"을 실현할 수 있는 유일한 방법이다. 하지만 우리가 일단 덕이나 하늘의 도를 실천하는 층위에 도달하면, 心과 물리적 몸(귀, 눈, 코, 입, 손, 발)은 통합에서부터 분리나 "독립" 쪽으로, 또는 초월적인 정신적 국면을 향해 이동해 간다. (2000: 205~206)⁴⁹

이는 공자가 자신의 배(belly)만을 생각하거나(제17편 「양화」 22) 배우려는 동기가 없는(제7편 「술이」 8) 사람에 대한 도덕적 비난을 편하게 느끼거나 맹자가 비뚤어진 心보다는 비뚤어진 손가락을 더 많이 걱정하는 사람을 경멸적으로 묵살하는(「고자 상」 12; 「고자 상」 13~15 참조) 이유다. 동물이나 다른 "사물"과는 달리, 인간은 타고난 재능이나 문화적 환경에 의해 완전히 결정되는 것은 아니다. 우리는 선택하는 힘이 있고, 이 힘을 발휘하지 못하면 도덕적 책임을 져야 한다.

心과 정신적 내면성

心의 마지막 변별적인 자질은 이런 종류의 독립적인 숙고와 선택이 발생하는 장소나 무대를 제공하는 풍부한 내적 삶에 心이 참여한다는 것이다.[50] 나는 제1장에서 고대 중국에서 몸-마음 전체론에 대한 주장의 한 가지 공통된 성분이 중국인에게 정신적 내면성의 개념이 부족했다는 것이라고 지적했다. 그러한 "심리화"는 서양의 몸-마음 이원론의 문맥에서만 뜻이 통하는데, 이런 마음-몸 이원론은 마음이 물리적 몸의 잠재적으로 불투명한 표면 이면에서 작동한다고 가정한다. 중국인은 그 둘을 구분하지 않기에, 정신적 내면성의 개념을 표현하기 위한 개념적 토대조차 빠져 있다.

이것은 완전히 잘못된 것으로 밝혀진 몸-마음 전체론 주장 중 하나이지만,[51] 그 주장은 전혀 터무니없는 것이기에 그 주장에 반대하는 기본 증거를 개관해 볼 것이다. 가장 초기의 통용 텍스트인 『시경』으로 시작해 보자. 『시경』 35("골짜기 바람" 또는 「곡풍」)에서, 아마 아내에게 싫증이 난 남편에게 버림받은 정숙한 아내는 "길을 따라 느릿느릿 걷는 것은 / 나의 가장 깊숙한 心이 내키지 않아서 입니다[行道遲遲/中心有違]"라고 말한다. 내가 "내키지 않는[違]"으로 번역한 용어는 길을 걸으면서 옛 집에서 멀어지는 여류시인의 물리적 행동이나 외부 행동이 "가장 깊은 가슴-마음[中心]"과 충돌한다는 의미에서 글자 그대로 "반대되다"나 "반하다"를 의미한다. 내부의 심리 상태와 외부 행동 간의 충돌에 대한 이보다 더 명확한 표현은 없을 것이다. 『시경』 65("기장 이삭이 너울" 또는 「서리」)에서 표현되는 비슷한 감정을 고려해 보라. 이 시에서는 슬픔으로 가득 찬 시인은 자신의 숙인 머리와 알갱이가 지나치게 많이 달린 기장 줄기를 비교한다.

움직임을 더디 하니,

나의 가장 깊숙한 가슴-마음은 초조하다.

나를 아는 이가,

내 가슴-마음 걱정한다고 하지만,

날 모르는 이는

내가 구하는 것이 무엇인지 묻네.

行邁靡靡, 中心搖搖.

知我者, 謂我心憂,

不知我者, 謂我何求.

머리를 숙이고 걸음이 느린 시인의 물리적 자세는 누군가가 잃어버린 물건을 찾으려 땅을 뒤지는 것을 암시한다. 따라서 그의 내적 슬픔을 모르는 사람은 그가 무엇을 찾는지 묻는다. 하지만 그를 아는 사람은 그가 무언가를 찾는 것이 아님을 인식한다. 그의 걸음걸이와 자세는 실제로 깊은 슬픔과 걱정의 은유적 무게를 반영한다. 여기에서 우리는 다시 내적 느낌이 반드시 그의 외부 행동으로부터 명료한 것은 아니라는 생각을 알 수 있고, 외부 관찰자가 다른 사람의 "내부에서" 일어나는 일을 확실히 아는 것은 어렵다는 추가적인 함축이 있다.[52] 실제로 전통적인 중국 서정시 이론은 서정시를 내부의 "숨겨진"[隱] 의도나 사고[志]가 다른 사람에게 전달되어 잠재적으로 그들에게 영향을 미치는 사회적 기법으로 본다. 상하이 죽간 텍스트 「공자론시(孔子論詩)」의 한 구절은 다음과 같이 설명한다.

사람의 본성은 본래 이렇다. 그들이 품은 의도는 넌지시 알리기

(喻) 위한 통로를 찾아야 한다. 들리는 말이 진실한 의미를 지니면, [다른 사람의 마음] 안으로 들어갈 것이다. 사람이 있는 곳에서 낭송하면 영향을 미쳐, 사람이 저항할 수 없을 것이다.

民性固然, 其吝 (隱) 志必有以輸 (喻) 也.[53] 其言有所載而后內 (入, 納), 或前之而后交 (效), 人不可扞也. (조각 20, Ma 2001: 149)

중심(中心)(직역: "가장 깊숙한 가슴-마음," "가슴들 중의 가슴")은 『시경』에서 16번 등장하고, 명확히 "가운데"나 "내부", "중앙"을 의미하는 中이라는 그릇 논리를 포함한다. 이와 같은 가장 깊숙한 心은 가장 심오한 개인적 사고와 느낌을 포함하는데, 이것은 心이 바깥 몸의 외부 그릇으로 둘러싸여 가려지기에 그 내용물을 다른 사람에게 전달하는 것을 잠재적으로 어렵거나 부분적으로만 성공하게 만들기 때문이다. 숨겨진 사고와 느낌은 『시경』에서 넌지시 암시될[喻] 수 있지만 반드시 완전히 표현되는 것은 아니다.

더욱이 내부의 사고나 느낌을 외부에서 직접 지각할 수 없다는 사실은 내부 심리학과 외부 행동 간의 분리 가능성으로 이어진다. 『시경』에서 지배적인 역할을 하는 그릇 은유는 후기 텍스트에서 "안[內]"과 "밖[外]"이라는 또 다른 생생한 그릇 은유와 결합한다. 대표적인 예는 『논어』 제5편 「공야장」으로서, 공자는 "그저 포기할 수밖에 없구나! 자신의 잘못을 알아 내적으로 스스로 다루는 사람을 아직 만나지 못했다"라고 애석해 한다. "내적으로 스스로 다루다[內自訟]"로 번역되는 구는 글자 그대로 "자신을 꾸짖다"를 의미한다. 사이먼 레이스(Leys 1997: 23)는 자신의 번역 "자신의 잘못을 자신의 마음의 심판에 노출시키다"에서 이 구절의 은유적 취지를 보존하기 위해 문자적 충실성을 희생한다. 그것은 우리가 바라는 만큼이나 강한 정신적 내면성의 의미를 나타낸다. 스스로를 비난하는 은유적 소송은 자아 내에서 전개된다. 매우 비슷한 감수성은 『논어』 제4편 「이인」에서도 표현되는데, 여기에서는 향학심에 불타는 군자에게 자신의 "안을 살펴보라[內自省]"고 권한다. "공자께서 '잘난 이를 만나면 그와 동등해지려 전념하고, 못난 사람을 만나면 스스로 안을 보는 기회로 사용하라'고 말씀하셨다."

"스스로 안을 보는" 이러한 과정의 결과는 도덕적 자기수양의 상태에 대한 정확한 측정이고, 이것은 다시 사회적 반대나 외적인 어려움에도 자신의 덕에 자신감을 준다. 『논어』 제12편 「안연」에서 제자 사마우(司馬牛)가 공자에게 군자의 특징이 무엇인지 묻자, 공자께서 다음과 같이 대답한다.

"군자는 근심과 두려움에서 자유롭다."
사마우가 말하길, "'근심과 두려움에서 자유로우면' 이것을 군자가 된 것이라 합니까?"
"스스로 안을 들여다보고 잘못을 찾을 수 없다면(內省不疚), 무엇이 근심과 두려움을 일으키겠는가?"

우리는 여기에서 자기반성이 이른바 참되거나 진정한 자아에 접근하게 한다는 생각을 보게 된다. 여기서 말하는 진정한 자아는 사람의 "외부"에서 반영될 수도 있고 반영되지 않을 수도 있다. "우리 서양인"이 "정신적 내면성"에 대해 이야기할 때 무엇이 마음속에 있는 것과 더 밀접하게 대응할지 알기란 어렵다.

그렇다고 해서 자아의 "그릇"이 밀봉하여 봉해진다거나 그릇 표면이 그 내용물에서 완전히 떨어져 있는 것은 아니다. 예컨대, 우리의 말이나 행동은 우리의 참된 내적 성격을 드러내는데, 이것은 우리가 연주하는 음악도 특히 훈련 받은 관찰자에게 그런 것과 마찬가지이다. 『논어』 제14편 「헌문」에서 공자가 문간에 앉아 경쇠를 치니 삼태기를 메고 공자가 있는 문을 지나는 농부의 옷차림을 한 사람이 가던 길을 멈추고 그 소리를 듣는다. 얼마 후에 그는 "그 마음에 확실히 무언가 가진 사람이 경쇠를 치는 구나!"[54]라고 말한다. 조금 더 듣고 난 뒤 그는 확실히 그 음악 이면의 의도를 알아차리고 불쾌해 하면서, "이 옹졸한 완고함이 얼마나 하찮은가![55] 이해하는 사람이 없으면, 자기 스스로이면 그만이지"라고 말한다. 내가 다른 곳(슬링거랜드 2003a: 170; 슬링거랜드 2014: 83~87)에서 주장했듯이, 이 음악 비평가는 평범한 농부가 아니라 어쩌면 관습적 세상을 거부하고 『도덕경』 같은 원시주의 생활방식으로 은둔한 이전에 벼슬을 한 학자이다. 이런 생활방식을 선택했음에도 그는 확실히 음악으로 표현된 것에서 내부 의도를 분별하는 능력을 잃지 않았다.

『시경』이나 다른 음악 형식에서 의식적이고 의도적으로 "암시하는 것" 외에, 고대 중국 문헌에는 내적이거나 정신적이거나 정서적인 상태가 어떻게 표정이나 생리적 반응에서 무의식적으로 드러나는지에 대한 묘사로 풍부하다. 공자는 『논어』 제2편 「위정」에서 이렇게 훈계한다. "사람이 사용하는 수단을 살피고, 그 행위의 기본을 관찰하고[所由],[56] 편안하다고 느끼는 곳을 발견하라. 어디에 숨을 수 있겠는가! 어디에 숨을 수 있겠는가!"(슬링거랜드 2003a: 11) 『예기』 「관의」 편에서도 후기 유가 문헌에서 매우 일반적인 비유법을 소개하는데, 그것은 몸의 자세와 신체적 기술이 마음속의 결심과 도덕적 수양 상태를 확실하게 암시한다는 생각이다.

활 쏘는 사람은 나아가고 물러남과 모든 움직임이 예의 과녁에 맞아야 한다. 내적으로, 의도를 바르게 하고, 외적으로 몸을 곧고 똑바르게 한다. 오직 그런 후 활과 화살을 잡는 것에 성공하고 정확하고 고정된 팔을 보인다. 활과 화살을 잡아 정확하고 고정된 팔을 가진 후에야, "과녁을 맞췄다"라고 말할 수 있다. [도덕적 완전함의 수준에서] 이것은 덕스러운 행동으로 식별된다. (제43편, 레지 1885/2010, 2권: 446)

射者, 進退周還必中禮, 內志正, 外體直, 然後持弓矢審固; 持弓矢審固, 然後可以言中, 此可以觀德行矣.

유가의 도와 인간 몸을 연결하는 것에 몰두하는 사상가에게서, 내적인 도와 외적인 모습 간의 이러한 연결은 명백히 생리적 용어로 기술된다.[57] 인간이 적절한 장례 의식을 갖기 전인 먼 과거의 시대를 이야기하면서 맹자는 논으로 가는 길에 여우와 살쾡이가 부모의 시체를 파먹고 파리와 각다귀가 씹고 물어뜯고 있는 것을 본 자식의 반응을 묘사한다.

땀이 그의 이마에서 흘러나와 눈을 돌려 볼 수가 없었다. 이 반응은 남에게 보여주기 위한 것이 아니라, 가장 깊은 감정[中心]의 본능이 얼굴과 눈의 표면에 나타난 것이다. (「등공문 상」 5)

其顙有泚, 睨而不視. 夫泚也, 非為人泚, 中心達於面目

이와 비슷하게, 『맹자』 「진심 상」에는 다른 식으로는 보이지 않는 내적인 덕을 어떻게 자아의 외양으로 알아채는지에 대한 구절이 있다.

군자가 본성으로 여기는 것은 인, 의, 예, 지의 덕인데, 가슴-마음에 뿌리를 두고 있다. 그 덕의 자라남은 얼굴색에 나타나니, 얼굴에 격렬한 솟구침으로 나타나고, 등에 가득 차 사지에 퍼져나가니, 그 존재가 육체적으로 드러나는 것은 말이 필요 없다.
君子所性, 仁義禮智根於心. 其生色也, 睟然見於面, 盎於背. 施於四體, 四體不言而喻.

이 구절은 식물 재배와 그릇 논리에 의존하는 흥미로운 개념적 혼성을 구축한다. 덕은 心에 "뿌리를 두고" 있다. 그릇 속에 있는 내용물처럼, 땅속의 뿌리는 외부에서는 볼 수 없다. 하지만 식물이 자라면[生] 땅을 뚫고 빛으로 나온다. 동일한 방식으로, 덕은 완전히 발달하면 몸 바깥으로 스스로를 드러낸다. 그러면 완전히 성숙한 식물이 다른 식으로는 눈에 보이지 않는 뿌리의 존재를 시각적으로 입증하는 것과 동일한 방식으로, 덕도 "말이 필요 없이 드러나게 된다."

전국시대 또는 초기 한나라 텍스트 중에서 가장 "전체론적인" 장르인 의학 텍스트에서 예상되듯이, 자아의 내부 양상과 외부 양상은 명확히 구분된다. 엘리자베스 수는 『황제내경』에서 인간의 개념을 다음과 같이 특징지었다.

> 바깥에서 보이는 몸은 정서와 느낌, 의지, 정신, 기와 같이 시각을 통해 직접적으로 감지될 수 없는 몸 내적인 양상과 대조된다. 인간 존재의 가시적 양상과 비가시적 양상 사이에서 환기되는 이원론은 현대의 생물의학적 대립을 생각나게 하고, 어느 정도까지는 인간 존재의 주로 시각적 이해에 내재적일 수 있다. 인간에게

는 시각적으로 지각되는 물리적 몸보다 더 많은 것이 있다. 이것은 범문화적으로 타당한 경험임에 틀림없다. 이런 텍스트에서 이원론은 가시적인 바깥의 形(모양)과 안에 위치하는 비가시적인 기 간의 대립으로 틀부여된다. (2009: 119)

그녀는 이 주장을 지지하면서 외부의 물리적 형태와 내부의 심리적 실재를 대조하는 이 텍스트의 「소문」의 구절을 인용한다.

근심의 괴로움이 내부에 영향을 미치고,
물리적 몸을 고통스럽게 하면 외부에 해가 미친다. (제13편)
憂患緣其內
苦形傷其外

외적으로 성인은 일상의 일에 몸을 힘쓰지 않고,
내적으로 성인은 걱정과 생각의 근심이 없다. (제1편)
外不勞形於事
內無思想之患[58]

성인의 이 두 가지 면은 확실히 서로 **연결되어** 있다. 몸을 과로하게 하거나 외적 걱정거리에 얽매이는 것을 피하는 것은 확실히 내적으로 걱정과 생각이 없게 하는 일을 더 쉽게 만든다. 그럼에도 이 두 가지 면은 질적으로 **별개**이고 분리할 수 있는 자아의 양상이다. 예컨대, 수양이 잘된 성인은 외적인 소란에도 내적 평정심을 유지한다.
다시 우리는 정신적 내면성에 대한 언급과 내부와 외부 간의 대조가 후기 편집자가 소개한 불교에서 영감을 받은 혁신이 아니라는 것을 확신해도 된다. 콘스턴스 쿡은 전국시대의 소타(邵佗) 무덤(초나라 좌윤의 가족묘)에 묻혀 있던 점술/의학 텍스트 중 하나에서 "일종의 마비를 겪고 있던 환자의 자아는 '몸과 피부[身皮]'와 '사고[思]'로 나누었는데, 이는 개인적 밖(Outer)과 안(Inner)을 나타낸다"(2006: 71)라고 지적한다. 자아의 이 두 가지 양상은 상보적이지만 서로 구분되는 방식으로 다루어졌다. 곽점초간과 상하이 죽간 코퍼스도 이와 비슷하게 정신적 내면성의 지시들로 풍부하다. 외부 모습과 내부 상태 간의 잠재적 분리에 관한 긴 구절이 있는 상하이 텍스트 『석자군노(昔者君老)』에는 "내적 즐거움이 반드시 외적 표현에서 반영되는 것은 아니다. 즐거움의 외적 표현이 반드시 내부에서 표명되는 것은 아니다"[59]라고 훈계한다. 이와 비슷하게, 상하이박물관 코퍼스 텍스트 『범물유형』의 긴 구절을 논의하면서 지적했듯이, 『관자』「내업」[60]과 같은 통용 텍스트에서 결정적인 용어인 "가장 깊은 마음[中心之心]"은 "마음이 마음을 정복하다[心勝心]"[61]라는 상하이 텍스트의 개념을 이해하기 위해 필요하다. 우리에게 고대 중국어나 영어에서 이런 연구를 힘들이지 않고 이해할 때 배경이 되는 보편적인 인지적 가정의 엄청난 역할은 다시 心을 또 다른 신체기관으로 대체함으로써 전경화될 수 있다. "간 내의 간"이나 "귀가 귀를 정복하다"는 어떤 언어에서도 같은 이유로 뜻이 통하지 않는다. 차례로 포개어 넣은 그릇 은유와 내적인 충돌 은유는 명확한 물리적 차원이나 한계가 없는 사고 및 정신적 내면성과 연상되는 기관이나 능력이 수반될 때만 적절하다.

실제로 진시황제가 명령한 중국어 문자의 통일로 인해 내적인 심리적 상태와 세계에서 행해지는 물리적 행동을 구분하기 위해 전국시대에서 명확한 문자 지시를 이용하던 몇 가지 방법이 우연히 제거되었다.

중산국 청동기 명문 1977년에 출토된 중국 하북성(河北省) 평산현(平山縣) 중산국 왕릉(中山國王陵)에서 출토된 청동기(靑銅器) 명문(銘文)을 말한다. 이 중산국 청동기들은 청동기시대에서 철기시대로 넘어가는 과도기였던 전국시대(戰國時代) 말기의 중국 북방지역 청동기이다. 중산왕릉에서 출토된 많은 청동기 가운데 명문(銘文)이 있는 기물은 4개가 대표적이다. 중산왕 정(中山王 鼎), 중산왕 방호(中山王 方壺), 중산왕 원호(中山王 圓壺) 마지막으로 왕릉의 무덤설계도인 동판조역도(銅板兆域圖)가 그것이다. 중산왕 정(中山王 鼎)에는 469자, 중산왕 방호(中山王 方壺)에는 450자, 중산왕 원호(中山王 圓壺)에는 204자, 조역도(兆域圖)에는 418자의 명문(銘文)이 발견되었다. (사진 좌측부터 중산왕 정, 중산왕 방호, 중산왕 원호) (역자 주)

곽점초간과 중산국 청동기 명문(中山國 靑銅器 銘文)에서,[62] 팡부(2000)는 진나라 글자 개혁으로 心을 정신적 내면성을 암시하는 부수로 이용했던 많은 글자가 제거되었다고 주장했다. 예컨대, 죽간 텍스트는 내적인 심리적 상태를 가리킬 때 心 부수로 적은 글자 爲, 順, 反의 형태를 사용한다. 곽점초간 『궁달이시(窮達以時)』에서, "군자는 자신의 내부를 보는 것에 있어 진지하다(君子惇于 (反+心)己)"는 反에 부수 心을 이용한 형태지만, 글자 그대로의 물리적 되돌아옴을 가리키는 뜻을 가진 다른 구절은 返과 같이 '이동(travel)'을 뜻하는 부수(辶)와 함께 일관성 있게 적는다. 진나라 이후의 표준 글자에서 仁으로 적는 주요한 유가의 덕은 전국시대 죽간 텍스트에서 心 부수가 아래에 있는 身(몸, 자아)으로 적는데, 이는 표준화된 글자로 모호해지는 개인적 자아와 내적인 반성 모두에 관한 관심사를 암시한다.⁶³ 팡부는 내적인 심리를 가리키는 동사와 세계의 외적인 행동을 포함하는 동사를 구분하기 위해 이런 텍스트에서 心 부수가 사용되었다고 결론 내린다.

마지막으로, 내가 생각하기에 "정신적 내면성의 결핍" 주장에 반대하는 가장 중대한 증거는 고대 중국 사상의 근본적인 주제가 정신적 내면성 개념이 없다면 뜻이 통하지 않는다는 것이다.⁶⁴ 우리는 中과 內 같은 은유와 함께 하는 그릇 논리가 心과 연상되고 자아 내부에 위치한 진정한 느낌이나 도덕적 특성은 다른 사람들에게 직접적으로 접근 가능하지 않다는 함의를 제시한다고 지적했다. 그래서 우리는 진나라 이전의 사상 전체에서 자아의 외부에서 수집 가능한 정보가 부정확하다고 막연히 느낀다. 만연한 걱정거리인 도덕적 위선은 그릇 표면(얼굴 표정, 순전한 말, 외부 행동)의 잠재적으로 오해하게 하는 본성과 관련이 있지만, 진정한 덕은 그릇 자아의 "내부"와 일관성 있게 관련이 있다.

예컨대, 『논어』에서는 사람의 언어적 주장의 신뢰성에 대한 심오한 회의론과 그릇 자아의 외부 표면(예를 들면, "생김새"나 色)이 내부 성격과 대응하지 않을 수 있다는 염려를 발견할 수 있다.⁶⁵ 『논어』 제1편 「학이」 3에서 공자는 훌륭하게 "교묘한 말과 묘한 매력이 있는 얼굴에는 인의 기색이 드물다(巧言令色, 鮮矣仁)"⁶⁶라고 분명히 말한다. 또한 제17편 「양화」 12에서는 "내부"의 그릇 은유와 명시적으로 연결된 위선에 대한 걱정을 볼 수 있다. 여기에서 공자는 "엄숙한 용모인 척하나 그 내면이 유약한 사람은, 소인(낮은 계층)을 들어 비유하면 담을 넘는 좀도

둑과 같다"라고 분명히 말한다.[67] "낮은 계층"은 여기에서 더 전형적으로는 "사소한 사람"으로 번역되는 소인(小人)(직역: "작은 사람")을 표현한 것이다. 가난에 찌든 서민이 물건을 훔치려 죄를 짓지만, 물질적으로 풍요롭기에 사실상 도둑질을 할 필요가 없는 귀족층과 지식인층 사이에서 "사소한 사람"은 좋은 평판이나 세속적 명성을 훔치면서 은유적으로 훔친다고 주장하기 위해 "낮은 계층"은 사회경제적 의미에서 명확히 사용되고 있다.

주희가 『논어』 제17편 「양화」를 해설하면서 언급하듯이(쳉슈데 1990, 4권: 1218) 위선이 "물질이 부족하지만 이름을 훔친다"라는 은유적 도둑질이라는 이러한 생각은 제17편 「양화」의 구절에서도 등장한다. 이 구절에서 공자는 "마을의 젠체하는 사람은 덕의 도둑이다"라고 아리송하게 주장한다. 어쩌면 이 구절의 가장 좋은 해설은 『맹자』 「진심 하」에서 발견된다. 여기에서 맹자는 제17편 「양화」를 인용하고, 그런 다음 만장이라는 제자는 추가 설명을 요청한다.

"도대체 어떤 사람이 '마을의 젠체하는 사람'이라 불리는지요?"

"그는 '왜 그렇게 당당하게 야망적입니까'라고 말하는 사람이다. 그의 말은 그의 행위와 상관없고, 그의 행위는 그의 말과 상관없다. 그런 사람은 표방하기로 '옛 사람이여, 옛 사람이여, 오 그렇게 쌀쌀맞고 냉담한가? 당신의 시대에 태어나 스스로 그 시대에 맞추면 된다. 당신이 능숙하게 하는 한, 받아들일 수 있다.' 이렇게 남몰래 당대에 비위 맞추려는 사람이 '마을의 젠체하는 사람이다.'"

"온 마을 사람이 그를 가치 있다고 칭찬하며, 어디에도 그를 가치 있게 여기지 않는 사람을 찾을 수 없는데, 공자께서 그런 사람을 '덕의 도둑'이라 부른 의미는 무엇입니까?"

"그를 질책하려 해도 근거가 없고, 그를 비난하려 해도 잘못을 찾을 수 없다. 그는 모든 저속한 흐름을 따르고 지저분한 세상과 어울린다. 이런 방식으로 살아도, 그는 본분을 다하고, 믿을 수 있고, 이런 방식으로 행해도, 그는 정직하고 순수한 것 같다. 모든 뭇 사람들이 그를 좋아하고, 스스로 또한 그를 좋게 여긴다. 그러나 요와 순의 도로 그는 들어갈 수 없다. 이것이 그를 '덕의 도둑'이라 하는 것이다.

공자께서 말씀하시길, "나는 그런 것 같으나 사실 아닌 것을 경멸한다. 내가 잡초를 경멸하는 것은 그것이 잘 길러진 싹으로 오해받을까 두렵기 때문이다. 내가 입심을 경멸하는 것은 그것이 의로움으로 오해받을까 두렵기 때문이다. 내가 정나라 음악을 경멸하는 것은 그것이 진짜 음악으로 오해받을까 두렵기 때문이다. 내가 자주색을 경멸하는 것은 그것이 붉은색으로 오해받을까 두렵기 때문이다. 내가 마을의 젠체하는 사람을 경멸하는 것은 그들이 덕을 진정으로 가진 사람으로 오해받을까 두렵기 때문이다."

따라서 마을의 젠체하는 사람은 관습으로 지시되는 모든 외부 풍습을 신중하게 준수하여 사회적 존경의 척도를 획득하지만, 진정한 유가의 군자를 특징짓는 도에 대한 **내적인 신념**이 부족한 사람이다. 공자는 이런 사람을 "덕의 도둑"이라고 부르는 데, 이것은 그가 겉으로는 군자처럼 보이고 덕이 있다고 거짓 주장을 하기 때문이다. 마을의 젠체하는 사람은 뭇 사람들에게 덕의 가짜 모범이기에 실제로는 틀린 예언자로서, 자신에게 진정한 덕의 발달을 봉쇄할 뿐만 아니라 다른 사람을 미혹하기도 한다.[68]

그릇 논리와 명시적으로 관련된 위선에 대한 이와 같은 만연한 걱정은 유가 사상에 계속 스며들어 있다. 예컨대, 『예기』 「예운」은 다음과 같이 권고한다. "사람은 그 心을 감추고, 헤아리거나 측량할 수 없다. 선함과 나쁨은 모두 그들의 가슴 안에 있으니, 그 스스로 얼굴에 드러나지 않는다."[69] 그것은 또한 곽점초간에 두드러지게 등장하는데, 여기에서 주된 걱정은 문화적 훈련과 수반되는 덕이 진정이고 진심으로 내재화하게 보장하는 것이다. 『성자명출』은 다음과 같이 권고한다.

> 무릇 배우는 것에 있어, 동기(心)를 구하는 것은 어려운 일이다. 의식적인 노력으로 얻을 수 있는 것에 의지하여, 거의 구할 수 있으나, 음악의 빠른 영향을 이용하는 것만 못하다. 비록 어떤 일을 할 수 있어도, 적절한 동기를 가질 수 없다면, 가치 있는 것이 아니다. 비록 노력으로 적절한 동기를 구할 수 있으나, 반드시 그것을 얻는 것에 성공하지 못할 것이다. 이로부터, 노력/분투로 할 수 없음이 분명하다.
> 凡學者, 求其心爲難. 從其所爲, 近得之矣; 不如以樂之速也. 雖能其事, 不能其心, 不貴. 求其心有爲也, 弗得之矣. 人之不能以爲,[70] 可知也. (조각 36~37, 쿡 2012: 726-727)

여기에서 애쓰는 행동이 문제인 것은 의식적 애쓰기가 덕의 외적인 모양으로만 이어질 것이라는 염려 때문이다.[71]

정성에서 정량으로

앞서 제시한 증거에서 볼 수 있듯이, 자아를 통치하는 心의 권위는 자의적이지 않다. 心이 자아의 군주인 것은 영어의 mind(마음)나 독일어 Geist(정신), 프랑스어 esprit(정신)와 전형적으로 연상되는 것과 밀접하게 일치하는 특별하고 질적으로 특유한 무형의 힘을 소유하기 때문이다. 心의 원래 글자가 신체기관을 가리킨다는 것이 사실이지만, 전국시대, 특히 후기 전국시대에 그 의미 범위의 이런 양상은 心이 자유의지, 반성, 인지적 통제의 비가시적인 무형의 (또는 기껏해야 준-유형의) 중심지를 가리키는 용법으로 거의 전적으로 압도당했다.[72] 우리는 이러한 의미적 전이가 영어 번역에 반영되는 것을 볼 수 있는데, 영어에서 心의 표현은 『시경』과 같은 초기 텍스트에서 "heart(가슴)"로부터 『장자』나 『순자』와 같은 텍스트에서는 "heart-mind(가슴-마음)"와 마침내는 간단히 "mind(마음)"로 전이하는 경향이 있다. 이런 전이에 대한 정량적 증거를 제공할 제4장에서 주장하듯이, 내재적인 통속적 마음-몸 이원론이 그것이 요구하는 특별한 개념적 적소와 더 잘 일치하게 心의 의미 범위를 "확장하는" 결과로 이런 전이 현상을 이해할 수 있다.

초기의 통용되는 고고학 코퍼스에서 心이 몸의 문자적 부분으로 묘사되는 정도뿐만 아니라 물질적 세계로부터의 자립성 정도에서 확실히 차이가 있다. 그럼에도, 心의 일관된 기본적인 그림은 앞서 개관한 텍스트 증거에서 식별할 수 있다. 자아의 모든 성분 중에서 心만이 물리적 몸이나 단순한 신체기관과 대조된다. 心은 사고와 선택의 힘을 소유하고, 물리적 세계와 몸의 다른 기관을 지배하는 인과성과 완전히 구분되는 자유의지라는 인과성의 특별한 중심지다. 心을 가지고 있다는 것은 인간과 동물 또는 사물을 분리하는 것이고, 인간만이 영혼(또는 영혼들)과 내세를 소유하게 한다. 心은 또한 외양이나 말, 행동과 연결되지만 잠재적으로 그것과 분리할 수 있는 비가시적인 내적인 세계에 참여하기도 한다.

물론 고대 중국인이 데카르트의 실체이원론을 받아들였다는 것은 아니다. 心과 몸 또는 자아의 내부 양상과 외부 양상 간의 연결은 복잡하고 다양하다. 그럼에도, 제5장에서 주장하듯이 실체이원론은 인간의 인지적 보편소처럼 보이는 마음-몸 이원론의 모든 기본적인 자질을 공유하는 **이원론**, 더 구체적으로는 마음-몸 이원론을 나타낸다. 편집되지 않은 전국시대의 고고학 텍스트뿐만 아니라 통용 텍스트를 포함하는 앞서 제공한 정성적 증거에 비추어, 누군가가 마음-몸 이원론 개념이 불교 이전의 중국 세계에 완전히 알려지지 않았다고 주장하는 것은 내가 보기에는 완전히 엇나간 것이다.

내 논증의 이 단계에서 나는 고대 중국의 마음-몸 전체론에 대한 극단적이거나 종합적인 주장을 옹호할 수 없었다고 느낀다. 그럼에도, 혹자는 내가 텍스트 증거를 선택할 때 비전형적인 예에 집중하고 있었거나 실제로 초기 코퍼스에서 거의 접하지 못하는 구분을 한다고 주장할 수 있다. 그것은 인문학에서 어떻게 논쟁을 하고 증거를 이용하는가라는 더 큰 문제의 핵심을 찌른다. 나는 그에 응수해서 제4장에서 잠재적으로 편견이 있는 학문적 직관, 즉 고립된 구절을 "그가 말했다, 그녀가 말했다"식으로 뒷거래하는 것을 넘어서기 위해 내가 제안하는 방법을 고려해 볼 것이다. 10여 년 전부터 학자들에게 이용 가능했던 디지털 인문학 기법은 실제적인 정량적 증거로 "일반성"이나 "지배적인 비유법"에 대한 주장을 뒷받침한다. 이것은 다시 학문적 난국을 돌파하고 실제로 논쟁적인 주제에 대해 학문분야를 전진하게 하는 전례 없는 기회를 제공한다.

2

마음과 몸의 개념에 대한 정량적 접근법

4
디지털 인문학의 수용
텍스트 분석과 학문적 지식 공유를 위한 새로운 방법

    인문학자들 간의 거의 모든 논쟁에서 제시되는 증거와 같이, 앞서 제시한 증거의 한 가지 문제는 본인의 논증에 유리한 사례만 취사선택한다는 것이다. 전체론 옹호자는 특별한 텍스트 구절이나 고고학 기록의 세부사항을 부각하고, 반대자는 다른 구절이나 세부사항을 인용한다. 고대 중국인에게 한 특정 개념이 완전히 부재했다는 내용을 담고 있는 극단적인 문화본질주의 주장에서 이런 체리피킹은 크게 문제가 되지 않는다. 이런 문화본질주의에서 소수의 자명한 반례만으로도 어떤 주장이 틀렸음을 드러내는 목적에 충분하다. 하지만 문화 차이에 관한 더욱 타당한 주장은 보통 덜 총체적이고, 완전한 배제의 주장이기보다는 일반 추세나 현저한 패턴에 집중한다. 그레이엄은 중국 사상이 형식적 논리에 상대적으로 무관심하다는 "중국 사상"에 대한 옹호 가능한 일반화가 일반적 추세의 이야기로서 항상 특별한 사상가나 역사적 기록에 대한 예외를 인정한다고 지적한다(그레이엄 1989: 6~7; 밴 노던 2007: 10~15 참조). 중국 세계관의 광범위한 공통된 자질에 대한 자신의 견해를 비평하는 이들에 응수하여 데이비드 홀·로저 에임스는 독자들에게 "반례의 오류(Fallacy of the Counterexample)"(1995: xv)에 빠지지 말라고 권고한다. 반례의 오류에 빠지는 것은 다른 점에서는 타당하고 중요한 일반화가 틀렸음을 입증하기 위해 대표적이지 않은 단 한 가지 예외를 제기하는 것이다.

하지만 흔히 그런 주장에서 고려되지 않고 있는 것은 "일반적인" 또는 "대표적인"과 같은 개념이 본래 정량적이라는 것이다. 한 개념적 자질이 "대표적"이기 위해서는 해당하는 기간 동안 대다수 텍스트나 구절에 존재해야 한다. 그렇지 않다면 가장 영향력 있는 텍스트에 존재해야 하고, 이것은 다시 후기 자료에서 인용된 수, 생산된 텍스트 원고의 수, 주석의 길이와 빈도 등에 관한 정량화의 대상이어야 한다. 그럼에도, 모든 인문학 분야의 학자는 흔히 정량적 증거를 전혀 제시하지 않고서 암시적이거나 심지어 명시적인 정성적 주장을 한다.

예컨대, 로엘 스터크(2002)는 고대 중국에서 동물과 악마 세계의 개념을 연구하면서 고대 중국인이 인간과 동물 간의 질적 구분을 보지 못했다고 주장한다. 그는 중간중간 고대 중국의 많은 문명 이야기에서 문명이 동물계의 상태에서 발생하는 것으로 묘사된다는 것을 인정하지만(93~96), 그래도 지배적인 담론은 동물과 인간의 연속성에 관한 담론이라고 주장한다. 그는 "전국시대와 초기 황제 시대 전체에서 사회적 도덕성의 다양한 기준으로 인간-동물 구분을 가리키는 것이 생물학적 구분에 기초한 논의보다 수적으로 우세하다"(88; 강조 추가)라고 말한다. "수적으로 우세하다"라는 동사를 사용했지만, 실제 수는 전혀 제공하지 않았다. 이와 비슷하게, 나는 제3장에서 '제인 기니는 心이 "항상 목록의 최고점에 있는 것은 아니다"(2002: 98)라는 말과 단 하나의 반례를 인용하면서 신체기관의 목록에서 心의 변별적인 위치의 중요성을 묵살한다'고 지적했다. 그녀가 초기 텍스트에서 心이 차지하는 위치에 대해 평범하거나 독특한 것이 있다는 주장을 믿지 않았다는 것이 그녀의 함축적인 논점인 것처럼 보일 수는 있지만, 이런 반례가 얼마나 대표적인지를 입증하려는 노력은 전혀 없었다. 제1장에서 지적했듯이, 불교 이전의 글에서 정신적 내면성을 가리키는 데 사용되는 안/밖 이분법이 상대적으로 아주 드물다는 마이클 나일랜의 주장도 동일한 문제에 걸려든다. 그녀는 "물론 그런 구분이 완전히 없는 것이 아니라, 안/밖 대조가 표면과 진정한 핵 간의 구별을 단정하는 어떤 개념보다는 공식/비공식 또는 가시/비가시, 공적/사적 구분을 더 자주 가리킨다"(2016: 99; 강조 추가)라고 말한다. 그녀가 하는 주장의 힘은 명백히 정량적 주장에 의존하고, 우리는 뒷받침하는 아무런 증거 없이 그녀의 권위를 믿고 이런 정량적 주장을 받아들일 것으로 예상된다.

우리 분야에서 명시적이거나 암시적인 정량적 주장을 일반적으로 입증하지 못하는 것은 지금 우리 수중에 있는 새로운 디지털 자원을 고려하면 특히 실망스럽다. 지금 우리가 전례 없는 도구를 이용할 수 있다는 사실에도 불구하고, 인문학자가 텍스트 증거를 늘어놓는 방식이 고대 이후로 많이 바뀌지 않았다는 것은 주목할 만하다. 예컨대, 전통적인 중국 텍스트의 대다수 표준 코퍼스는 지금 〈한적전자문헌자료고(漢籍電子文獻資料庫, Scripta Sinica)〉(http://hanchi.ihp.sinica.edu.tw/ihp/hanji.htm)와 〈중국철학서전자화계획(中國哲學書電子化計劃, Chinese Text Project; CTP)〉(http://ctext.org)를 포함해 다양한 온라인 사이트에서 쉽게 검색할 수 있는 형식으로 이용 가능하다. 수년간의 노력을 들인, 전체 85권으로 된 『대정신수대장경

(大正新脩大藏經)』이란 불교 경전은 지금 〈대정신수대장경 텍스트 데이터베이스(SAT大正新脩大藏經テキストデータベース, SAT Daizōkyō Text Database)〉(http://21dzk.l.u-tokyo.ac.jp/SAT/index_en.html)를 통해 검색 가능한 온라인 형식으로 이용 가능하다. 비슷한 자원은 전 세계의 다른 종교·철학 전통에서도 이용 가능하다. 그러나 오늘날까지 이런 사이트는 우리가 이미 가지고 있던 도구의 편리한 형태인 것처럼 미화된 콘코던스로만 사용되는 경향이 있었다. 이런 빅데이터 자료로 시작된 전례 없고 홍분되는 분석적 전략은 거의 탐구되지 않았다. 더욱 놀랍게도, 특별한 키워드를 포함한 구절의 전체 목록을 빠르고 쉽게 정리하는 그런 사이트의 가장 기본적인 기능은 종교학이나 아시아학에서 전혀 이용되지 않고 있다.

기본적인 정량적 방법: 키워드 목록과 팀기반 코딩

인문학자로서 우리가 종종 즐기는 일반적인 문화적 추세에 대한 주장에 관해, 텍스트 증거에 의존하는 전통적인 방법은 있을 수 있는 완고한 편견으로 인해 훼손된다. 마음과 몸에 대한 "전체론" 입장을 암시하는 개별 구절의 문화적 중요성은 그런 구절이 코퍼스 전체에서 얼마나 대표적인지를 명확히 느끼지 않고서는 평가하기가 어렵다. 전통적으로, 이런 "느낌"은 해당 코퍼스를 깊이 알고 있는 학자, 즉 이상적으로 그 코퍼스를 완전히 암기한 학자의 직관적 판단이었다. 그러나 주어진 코퍼스를 깊이 알고 있는 사람도 개인적 선호나 교육, 이론적 신념으로 인해 충분히 중시하지 못하거나 무시하는 맹점 때문에 회상 편견*에 빠지기 쉽고 편협하게 된다. 종교학자로서 우리는 우리가 연구하는 전통에 적절한 텍스트 코퍼스를 깊이 알고 있고, 우리 전통에 대해 일반화할 때 의존하는 구절이 어떤 점에서 반대자의 것보다 더 많은 것을 드러내거나 더 대표적이라고 적어도 암묵적으로 가정한다. 하지만 직관이 종종 그르치기 쉽거나 지적으로 자기 잇속만 차린다는 것도 사실이다.

이와 같은 개인적 편견의 문제는 다양한 자연과학 분야의 주된 걱정거리로서, 이런 분야는 그 영향력을 최소화하기 위해 다양한 방법론을 개발했다. 글 텍스트, 인터뷰의 필사, 인간이나 다른 동물 행동의 비디오와 같은 코퍼스 분석에 관해, 이런 방법론으로는 광범위한 무작위 데이터 표본추출, 독립적인 연구자들의 데이터 코딩, 코더간 신뢰도 점검, 식별된 경향의 중요성을 평가하는 통계 분석이 있다. 지침이 되는 생각은 개별 오류나 해석의 불가피한 변이에도 불구하고, 엄청난 수의 개별 데이터 포인트**의 축적은 유의미한 패턴을 드러낸다는 것이다. 충분히 큰 데이터세트***는 유의미한 정보가 배경 소음에서 나오게 한다.[1]

•회상 편견(recall bias) 연구대상자의 과거 기억에서 회수해야 하는 사건이나 경험의 정확도나 완전성의 차이에 의한 체계적인 오류를 말한다. 특정 질병을 앓고 있는 사람이 특정 사실을 더 잘 기억하여 생기는 편견으로서, 임신 중 감기약의 섭취 여부와 심장 기형의 관련성을 비교하는 연구에서, 기형아를 낳은 엄마들이 기형아를 낳지 않은 엄마들에 비해 감기약을 복용했던 사실을 더 잘 기억하고 응답할 경우 비교 위험도가 과장될 수 있다.

••데이터 포인트(data point) 도표에서 그래프가 지나가는 각 점, 또는 측정값의 쌍.

> •••데이터세트(dataset) 컴퓨터가 처리하거나 분석할 수 있는 형태로 존재하는 관련 정보의 집합체를 말한다. 데이터는 반복적으로 발생하는 사건이나 조건에 대한 정보가 일련의 순서를 갖게 될 때 서로 관련을 맺게 된다. 한 지역 내의 상이한 지점에서 오랜 기간에 걸쳐 일정한 시간적 간격을 두고 관측한 습도나 온도 수치의 집합이 그 예이다. 이 용어는 정보가 컴퓨터로 처리하거나 분석할 수 있게 구조화되었음을 의미한다.

이 장의 다음 절들에서는 매우 기본적인 방법에서 시작하여 기술적으로 복잡한 방법으로 나아가면서 다양한 정량적 방법을 탐구한다. 목표는 이런 방법이 어떻게 텍스트를 조사하여 전통적인 정성적 분석에 참여하는 개인이나 심지어 개인들에게 비가시적인 패턴을 드러나게 하는 완전히 새로운 방법을 나타내는지를 보여 주는 것이다. 정량적 방법이 분명 모든 조건을 만족시킬 수는 없다. 즉, 자동화된 정량적 방법이 제공하는 매우 폭넓은 관점은 계획적으로 세부적인 것을 빠뜨리고 조잡한 의미적 구분만을 발견할 수 있다. 이런 이유로, 정량적 방법은 복잡한 역사적 텍스트에 적용될 때 단독으로 이용될 수 없고, 정성적 분석의 보충자료 그 이상은 아닐 것이다. 하지만 정량적 방법은 정말로 필요한 보충자료이고, 잘못된 직관을 고치며, 다른 점에서는 눈에 보이지 않는 의미 관계의 패턴을 식별하는 데 결정적인 역할을 할 수 있다.

간단한 표본조사: 온라인 콘코던스

나는 이전 두 개의 장에서 문체적 일치성 때문에 폭넓은 일반화를 만들어낸 진나라 이전 텍스트에서만 구절을 선택했다. 하지만 나는 선별한 구절을 이 장에서 더욱 폭넓은 정량적 조사로 보충하겠다고 언급했다. 따라서 중요한 키워드의 용법을 빨리 개관하기 위한 가장 간단한 방법으로 시작할 것이다.

검색 가능한 디지털 형태의 고대 중국 텍스트에 대한 몇 가지 온라인 목록이 있다. 대만 중앙연구원(中央研究院)의 〈한적전자문헌자료고(漢籍電子文獻資料庫)〉(http://hanchi.ihp.sinica.edu.tw/ihp/hanji.htm)나 『사고전서(四庫全書)』의 전자판(http://online.eastview.com/projects/skqs/)이 그것이다. 여기와 앞으로 보고할 연구에서는 도널드 스터전(Sturgeon, Donald)의 〈중국철학서전자화계획(中國哲學書電子化計劃, Chinese Text Project)〉(http://ctext.org)에 초점을 맞춘다.² 〈중국철학서전자화계획〉은 매우 다양한 장르의 총 570만 개 글자의 96개 텍스트로 구성되어 매우 포괄적이다. 그것은 시간적으로 한나라를 통해서 온 가장 초기의 통용 텍스트로부터 송나라만큼 후기의 텍스트까지 확장된다. 더욱이 다른 온라인 코퍼스와는 달리, 〈중국철학서전자화계획〉은 무료이고 사용하기가 쉬우며, 또한 단락을 검색할 텍스트 단위로 사용하면서 키워드의 결합을 검색결과로 보여 준다.³ 〈중국철학서전자화계획〉 같은 도구를 사용하는 키워드 중심 목록은 우리가 종이 콘코던스에 제한될 때처럼 몇 개월이 아니라 이제는 한두 시간만에 모을 수 있다. 실제로 이런 구절을 읽고 분석하고 범주화하는 것은 명확히 더 많은 시간 투자를 필요로 하지만, 코퍼스가 "일반적으로" 또는 "대개" 무엇을 말하는지에 관심이 있다면, 우리는 기꺼이 이런 시간 투자의 노력을 해야 한다.

몇 가지 간단한 응용이 있다. 나는 제2장에서 神("정신")과 몸의 관계에 대해 주장하고, 내 주장을 입증하기 위해 神과 形이 대조되는 몇 가지 구절을 제공했다. Antconc(http://www.laurenceanthony.net/software/antconc/)

라는 오픈소스 텍스트 콘코던스 프로그램을 이용하고, 〈중국철학서전자화계획〉 코퍼스를 검색하면, 진나라 이전 텍스트에서 (좌우) 5자 윈도(window) 내에서 神이 形과 결합하여 나오는 모두 24개의 실례가 발견된다(온라인 부록 1 참조).⁴ 흥미롭게도, 거의 모든 실례는 『장자』나 『순자』 같은 후기 전국시대 텍스트에 집중된다. 따라서 이런 쌍은 초기 한나라에서 더욱 일반적이고, 가령 『논형(論衡)』에서 32번, 『회남자』에서 29번 나온다. 이것은 우리가 더욱 초기 전통에서 영혼-몸 이원론의 명확한 증거를 볼 수 있지만, 그것을 가리키기 위해 이런 특별한 어휘를 사용하는 것은 후기 전국시대 혁신이라는 것을 암시한다. 그것은 또한 『장자』나 도가(道家)의 영향을 많이 받은 『회남자』와 같은 "도가" 텍스트에서 더욱 중심 주제인 것 같다. 神과 身 또는 體 같이 몸을 가리키는 다른 단어의 쌍은 진나라 이전 텍스트에서는 드물다(神에 대해서는 6개이고, 體에 대해서는 3개이다). 물론 이런 결합은 한나라 텍스트에서 훨씬 더 흔하다(부록 1).

자동 검색의 간단한 사용에 대한 또 다른 예는 제3장에서 했던 진술을 보강하는 데 사용할 수 있다. 나는 거기에서 心이 특별한 신체기관이 아니라는 주장에 대해 제인 기니(2002: 97~98)가 인용하는 증거 중 하나가 心이 때때로 다른 감각기관들과 함께 목록에 포함된다는 것임을 지적했다. 하지만 나는 그녀가 心이 거의 항상 마지막(때때로는 처음)이거나, 어떤 경우에는 항상 특정 방식으로 다른 감각기관들과 구분된다는 것을 언급하지 않는다고 주장했다. 이 현상을 포괄적으로 이해하기 위해(내가 "거의 항상"이라는 양화사를 사용한 것을 테스트하기 위해), 우리는 진나라 이전 텍스트에서 心이 耳나 目과 함께 나타나는 모든 단락을 뽑아내기 위해 〈중국철학서전자화계획〉 코퍼스에서 검색할 수 있다. 그리고 이것은 신체기관의 목록을 선택하는 매우 정확한 방법이다. 心이 직선 목록이나 대등한 평행 구에서 다른 기관들과 대등하지 않은 단락을 무시하면 50개 단락이 결과로 나온다(온라인 부록 2).

나는 이런 단락을 분석하여 네 개의 범주로 분류할 것이다. (1) 心은 목록에서 제일 처음이거나 마지막이다(41개 구절); (2) 心은 신체기관들 사이에서 마지막이지만, 일반적인 몸 앞에 나온다(4개 구절); (3) 心은 신체부위들 사이에서 혼합되지만 다른 기관이나 신체적 에너지와는 구분된다(4개 구절); (4) 心은 간단히 다른 신체기관들 사이에서 혼합된다(1개 구절). 그 결과는 그림 4.1로 시각화할 수 있다.

내가 사용한 "거의 항상"은 정당화되는 것처럼 보인다. 즉, 범주 1~3을 결합하면 50개 발생 중 49개인데, 한 가지 예외[5]는 『춘추좌씨전』의 구절이다. 제2장에서 제인 기니의 입장에 대한 나의 비판으로 되돌아가면, 이제 그녀가 자기 주장을 뒷받침하기 위해 인용한 고고학 텍스트

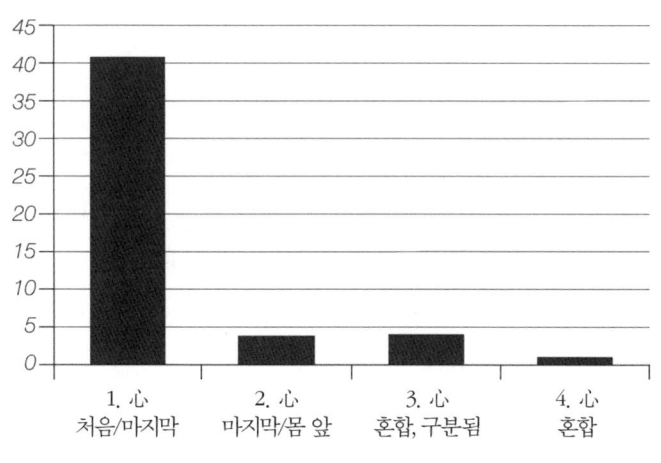

그림 4.1. 心과 다른 신체기관들, 구절의 네 개 범주의 분포   (■: 발생)

구절의 수사적 패턴이 표준 〈중국철학서전자화계획〉 코퍼스에서 2%만 일치한다는 것을 알 수 있다. 이것은 그녀가 선택한 구절이 얼마나 극도로 대표적이지 않은지를 확실하고 정량적으로 암시한다.

우리의 주장을 더 잘 뒷받침하기 위해 키워드 검색을 사용할 수 있는 또 다른 간단한 방법은 포괄적인 구절 목록을 제공하는 것이다. 나는 제3장에서 心이 종종 몸과 대조된다는 주장을 뒷받침하기 위해 작은 일군의 구절을 선택했다. Antconc(언어 표본 추출 집합 코퍼스 프로그램)과 〈중국철학서전자화계획〉 코퍼스를 사용하면, 용어 心이 몸에 대한 세 가지 용어(形, 身, 體) 중 하나의 10개 문자 내에서 나타나는 진나라 이전의 통용 코퍼스[6]에서 모든 구절의 목록을 빨리 생성하는 것이 가능하다. 장 제목을 포함하고, 검색에서 별도로 포착되는 때때로 중복되는 구절을 별도로 계산하면, 모두 236개의 구절이 나온다(온라인 부록 3).

나의 정성적 판단에서 볼 때, 부록 3의 스캔은 제3장에서 초점을 둔 구절이 고대 중국 코퍼스 전체를 대표하지 않는 것은 아님을 암시한다. 하지만 내 동료들은 이런 인상을 언제든 재확인해도 좋다. 이 목록이 명확히 몸과 마음 간의 관계를 평가하는 것에 관련된 모든 구절을 포착하는 것은 아니라는 지적도 중요하다. 용어 知("지식")이나 思("생각/집중/갈망")과 같은 다른 키워드도 적절한 결과를 제시할 것이다. 그럼에도, 부록 3의 구절 목록은 고대 중국에서 마음-몸 관계에 대한 주장을 입증하기 위한 열쇠인 광범위하고 적절하며 대표적인 구절의 표본이다. 다른 전문가가 참고할 수 있게 그런 목록을 부록으로 제시하는 것은 더욱 표준적인 학문적 관행이 되어야 한다.

키워드 기반 구절 목록을 제시하는 것이 매우 힘든 일은 아니다. 더욱이 그것은 종이 콘코던스를 사용하여 오랫동안 가능했던 텍스트 데이터를 제시하기 위한 전략이다. 그런 목록을 제시한 학자가 거의 없다는 사실은 어쩌면 최근까지 그것을 편집하는 데 시간이 많이 걸리고 번거롭다는 사실 때문이다. 하지만 검색 가능한 온라인 텍스트 데이터베이스가 출현하면서 이 과정은 매우 단순화되었고, 학자들이 주어진 코퍼스에 대한 본질적인 통계에 기반한 주장을 하면서 관련 구절의 포괄적인 목록을 빠뜨리는 것에 변명의 여지가 없게 되었다. 발전이 계속됨에 따라, "이러이러한 코퍼스에서 대다수의 구절은 X를 Y로 묘사한다"와 같은 진술에 비록 키워드로 생성되는 구절 목록 형태이긴 하지만 대규모 문서화가 수반되는 것은 대세가 될 것이다.

부록 1~3에서 제시하는 구절 목록과 분석은 다양한 이유로 상대적으로 분류가 되지 않은 자원이다. 우선, 그것은 전체 상황을 보고 해당 요소가 전체 상황에서 어떤 비중과 의미를 갖는지 판단하는 능력은 제공하지 않는다. 즉, 어쩌면 神-形 쌍이 한나라에서 더욱 흔한 것은 그 시대에 더 많고 더 긴 텍스트들이 있기 때문이다. 우리는 그런 목록에서 어떤 구절이 주장의 핵심이 된다는 의미에서 더 중요한지 이해하지 못한다. 우리의 제한된 시간 범위는 가장 초기 구절이 나중 구절에서 인용으로 재생될 수 있다는 점에서 어떤 구절이 나중에 영향력이 있을지 알게 하지만, 이에 대한 정확한 느낌을 얻기 위해서는 후기 텍스트와 텍스트에 대한 주석이 포함된 훨씬 더 완전한 코퍼스가 필요하다. 이것은 곧 가능할 것이다. 베이징의 학술 출판사인 '중화서국(中華書局)'에서 발간한 고전에 대한 표준 교정판 학술적 판본 전 세트를 검색 가능한 디지털 형식으로 곧 모두 이용할 수 있을 것이다. 이런 발달로 인해 고전 텍스트의 구절이 어떻게 인용되고 논의되며 주석이 달리는지를 추적하면서 대규모 텍스트 분석을 수행할 수 있는 우리의 능력은 상당히 향상될 것이다. 그러나 디지털 코퍼스를 완전히 이용하기 위해서는 간단한 구절 목록을 넘어서야 한다.

더욱 정교한 기법: 팀기반 정성적 코딩

일보 전진은 코더간 신뢰도(intercoder reliability)를 평가할 수 있도록 코더의 팀이 이상적으로 실행하는 개념적인 정성적 코딩 도식과 구절 목록을 결합하는 것이다. 그런 연구의 한 가지 예는 진나라 이전 코퍼스에서 心의 개념에 관해 공동연구자 마치에이 추덱(Chudek, Maciej)과 함께 내가 설계하여 운영한 1년짜리 프로젝트다.[7] 우리는 통용되는 진나라 이전의 전체 코퍼스[8]뿐만 아니라 곽점초간 고고학 텍스트[9]의 온라인 데이터베이스에서 心이 들어 있는 구절을 추출했다. 시간에 따른 변화를 짐작하기 위해 이런 텍스트를 대략 세 가지 시대로 분류했다. 전국시대 이전(서기전 1500년~서기전 475년경), 초기 전국시대(서기전 5세기 후반~4세기 중반), 후기 전국시대(서기전 4세기 중반~서기전 221년)가 그것이다. 물론 진나라 이전의 텍스트를 이렇게 연대결정하는 것은 그것이 대략적인 연대결정이라 하더라도 논란의 여지가 있는데, 이는 특히 인쇄기 이전 대부분의 텍스트처럼 진나라 이전 텍스트가 다소 투과성이 있어 다른 시대 자료를 받아들이고 필사적·편집적 변화를 겪기 때문이다. 여전히 진나라 이전 텍스트의 매우 명확하고 "전통적인" 연대기를 옹호하는 학자에서부터 모든 한나라 이전 텍스트의 극단적인 텍스트적 비결정성을 주장해온 급진적 집단에 이르기까지, 고대 중국학 분야에는 현재 다양한 파벌이 있다(예를 들어, 부르스 부룩스·타이코 브룩스 1998). 나는 그 중간 어딘가에 있을 것이고, 이 연구에서 이용한 세 부분의 시대구분을 문헌학적·철학적 근거에서 대체로 옹호할 수 있다고 주장한다(슬링거랜드 2000와 골딘

2011 참조). 어쨌든 전국시대 이전 텍스트와 초기 및 후기 전국시대 텍스트 간의 대조는 확실히 논란의 여지가 없고, 초기 전국시대와 후기 전국시대를 하나의 범주로 합친다면 아래에서 논의할 추세는 여전히 통계상 유의미하다.

이 코퍼스의 心 키워드 검색 결과 1,321개 구절이 발견되었는데, 이것들은 검색 엔진에 의해 전통적으로 확립된 텍스트 단위로 자동으로 덩어리를 이룬다. 우리가 모집한 코더는 내가 탐구하고자 한 가설을 전문적으로 이해하지 못한 내 수업을 듣는 대학원생이었다. 물론 그들은 내 학생이기에 적어도 희미하게나마 이 연구의 목적은 알고 있었다. 우리는 그 다음에 60개 구절을 임의적으로 표본화하고, 心의 용법을 분류하기 위해 29개 코드의 집합을 귀납적으로 개발했다(그림 4.2 참조).

다음으로, 세 명의 코더는 이런 코드를 임의적 순서로 제시되어 임의적으로 표본화된 620개 구절에 적용했다. 첫째, 세 명의 코더 중 두 명이 독립적으로 각 구절을 코딩했다. 두 코더의 결정이 모든 29개 코드와 일치하는 구절은 이 시점에서 최종 승인된 것으로 간주되었다(310개 구절 또는 약 절반). 세 번째 코더(즉, 그 구절을 처음에 코딩했던 한 쌍의 코더에 속하지 않은 코더)는 나머지 구절을 독립적으로 코딩했고, 29개 결정이 첫 번째 두 명의 코더 중에서 정확히 한 코더에 대응하는 경우, 이런 구절은 다시 최종 승인된 것으로 간주되었다(159개 구절, 즉 나머지 구절 중 대략 절반). 남은 불일치는 내가 처음 코더들의 결정과 주석을 완전히 이용해서 조정하고 최종 승인했다. 29개의 별도 결정에 대한 완벽한 일치처럼 일치의 다소 높은 기준을 고려하면, 코더간 신뢰도는 아주 좋았고, 첫 번째 단계에는 최초 0.50 상관도와 0.76 상관도는 두 번째 단계의 마지막에서 달성되었다. 세 번째 단계에서 나 자신의 코

코딩 기준

1	몸과 암시적/명시적으로 대조	몸과의 대조	대조 코드
2	心과 몸 간에 명확한 위계 없음		
3	心은 몸보다 명확히 더 중요함		
4	몸은 心보다 명확히 더 중요함		
5	다른 기관들과 명시적으로 대조됨	다른 신체기관들과의 대조	
6	다른 기관들과 암시적으로 대조됨		
7	다른 기관들과 명시적으로 동일시됨		
8	다른 기관들과 암시적으로 동일시됨		
9	위치(처음이나 마지막)에서 구분되는 다른 기관들과 함께 목록에 올라감		
10	위치에서 구분되지 않는 다른 기관들과 함께 목록에 올라감		
11	문자적인 신체기관	몸	내용 대조
12	정서의 중심지	정서	
13	야심/계획/동기/의도/성격의 중심지	인지	
14	사고/반성/지식/주의의 중심지		
15	의사결정/자유의지/의식적 선택/노력의 중심지		
16	의존	心의 역할	
17	사물/수동/하등		
18	외부라기보다는 내부	心의 위치	
19	내부라기보다는 외부		
20	물리적 위치/장소		
21	국부화되지 않음		
22	자아의 고유한 위치		
23	그릇	心의 특성	
24	거울		
25	물		
26	문자적 중심		
27	물리적/물질적 원인에 의해 손상된 작용	장애	
28	비물리적/물질적 원인에 의해 손상된 작용		
29	코딩 불가능		

그림 4.2. 텍스트 구절에 적용된 코드(슬링거랜드·추덱 2011b)

딩이 그 결과를 왜곡하지 않기 위해 우리는 또한 점검하고, 아래에서 논의할 모든 추세가 내가 코딩 결정을 하기 전 두 번째 단계 이후에도 여전히 유의미했다는 것을 확신했다. 모든 효과는 통계적 유의미성과 방향을 보유했고, 그 크기는 아래에서 보고할 것들에 가까웠다.

이런 구절에 적용한 코드 중에서 두 가지 주요 범주는 이 책의 주제와 관련이 있는 우리의 결과 분석과 직접 관계가 있다. (1) 心이 몸과 대조되는지의 여부와 (2) 心이 신체기관이나 느낌과 정서의 중심지, 마음이 내포하는 계획적이고 반성적인 의미에서 인지의 중심지 중에서 어떤 것을 가리키는지가 그것이다. 우선 우리는 心과 몸 간의 암시적 또는 명시적 대조를 포함하는 구절[10]이 아주 일반적인 것으로서, 전국시대 이전 구절의 4%(7/179)를 구성하고, 초기 전국시대의 8.5%(3/35)와 후기 전국시대 구절의 10%이상(42/406)까지 증가하는 것을 발견했다(그림 4.3 참조). 시간상 대조 빈도의 증가는 통계상 유의미했으며, 이는 마음-몸 분리가 더욱 두드러진 관심사나 주제가 되고 있었음을 암시한다.

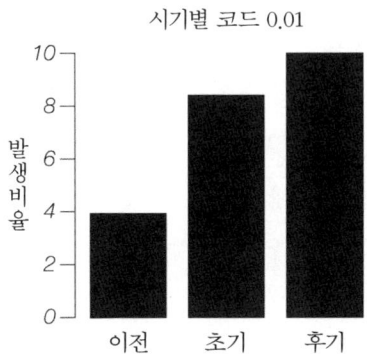

그림 4.3. 세 시기에서 心의 전체 발생 비율로서 코드 01(心과 몸의 암시적/명시적 대조)

예비 결과를 심리학자들에게 제시했을 때 제기된 한 가지 질문은 心-몸 대조의 이런 빈도가 다른 신체기관들과 몸 간의 대조와 어떻게 비교되는가 하는 것이었다. 나의 첫 대답은 다른 신체기관들과 몸이 대조되는 예는 하나도 없다는 것이었다. 비록 心-몸 대조가 우리의 선천적인 통속 이원론과 일치하기에 해석의 범위에서 벗어나지만, 간-몸 또는 귀-몸 대조에 대한 언급은 두드려졌다는 것이 나의 직관이었다. 하지만 우리는 이것을 정량적 증명의 정신으로 시험했다. 즉, 비교를 위한 기준선을 제공하기 위해, 몸과 전국시대 텍스트에서 흔히 언급되는 다른 네 가지 신체기관 간의 대조를 찾는 후속 연구에 빠르게 착수했다. 두 개의 외부 신체기관(目("눈")과 耳("귀"))과 두 개의 내부 신체기관(肝("간")과 腹("배"))이 그것이다. 진나라 이전의 텍스트 데이터베이스에서 이런 용어의 발생을 포함하는 864개 구절 중 337개만이 지배적인 "몸" 용어(形, 身, 體) 중 하나를 포함했기에, 대조를 위한 그럴듯한 후보였다. 상호 배제적인 하위집합에서 독립적으로 작업하는 두 명의 코더는 이런 337개 구절을 코딩했다. 입이 몸과 대조되는 단 하나의 구절[11]인 한 가지 대조만이 발견되었다. 이는 心이 몸과 대조될 수 있는 확률이 우리가 조사한 다른 신체기관들보다 약 77배 더 높다는 것을 의미한다. 다시 말해, 心은 몸과 대조된다는 점에서 본질적으로 특이하다. 이 연구 결과만이 心이 다른 신체기관들과 질적으로 전혀 다르지 않다는 주장을 옹호할 수 없게 하고, 제3장에서 제시한 정성적 분석과도 꼭 일치한다.

우리가 관심을 가졌던 두 번째 경향은 心이 주로 어느 정도까지 신체기관이나 정서의 중심지, "고등" 인지의 중심지로 묘사되는지,[12] 그리고 그런 지시 패턴이 시간이 지나면서 변했는지의 여부였다. 우리는 心이 몸을 가리켰던 빈도가 세 시대마다 크게 다르지 않았고, 心이 인지의 중심지를 가리키는 것과 정서의 중심지를 가리키는 비율은 상당히 달랐다는 것을 발견했다. 이 세 시대 전체에서 心이 물리적 몸 기관을 가리키는 비율은 일관성 있게 낮았다(약 3%). 이것은 몸속의 실제 신체기관이 心의 의미 범위의 부분이지만, 신체기관이 실제로 心이라는 용어의 꽤 드문 용법이라는 제3장에서 제시한 주장을 정량적으로 뒷받침한다. 인지의 중심지인 心은 전국시대 이전 시대와 비교해 초기와 후기 전국시대에서 훨씬 더 빈번했다. 물론 초기와 후기 전국시대 간에 통계상 유의미한 빈도 차이는 없었다. 이와 대조적으로, 정서의 중심지인 心은 역 패턴이었다. 즉, 정서의 중심지인 心은 전국시대 이전 시대보다는 초기와 후기 전국시대에서 덜 유의미하게 언급되었지만, 초기와 후기 사이에도 유의미한 차이는 없었다. 우리 연구 결과의 일반적인 패턴은 그림 4.4로 예증된다.

　전국시대 이전 시대 동안, 心은 거의 동일하게 종종 정서나 인지의 중심지를 가리켰다. 초기 전국시대 무렵에는 정서의 중심지(약 10%)보다는 인지의 중심지(약 80%)를 가리키는 데 더 빈번하게 사용되었고, 이런 패턴은 후기 전국시대까지 지속되었다. 이런 변화는 또한 心과 물리적 몸의 명시적 대조의 빈도 증가와 대응했다(그림 4.4).

　이 연구 결과를 요약하자면, 心은 종종 전국시대 이전(서기전 1500~서기전 450년경)에서 정서뿐만 아니라 다른 인지 능력의 중심지로 묘사되지만, 전국시대가 끝날 무렵 갈수록 정서와 적게 연관되고, 점차 계획, 목표 유지, 합리적 사고, 범주화와 언어 사용, 의사결정, 자발적 의지와 같은 "고등" 인지 능력의 특유한 중심지로 묘사되는 명확한 추세가 있다. 이것은 고대 중국 텍스트의 번역에서 유사한 추세로 깔끔하게 사상된다. 즉, 전국시대 이전 텍스트에서 心은 거의 전적으로 "가슴(heart)"으로 번

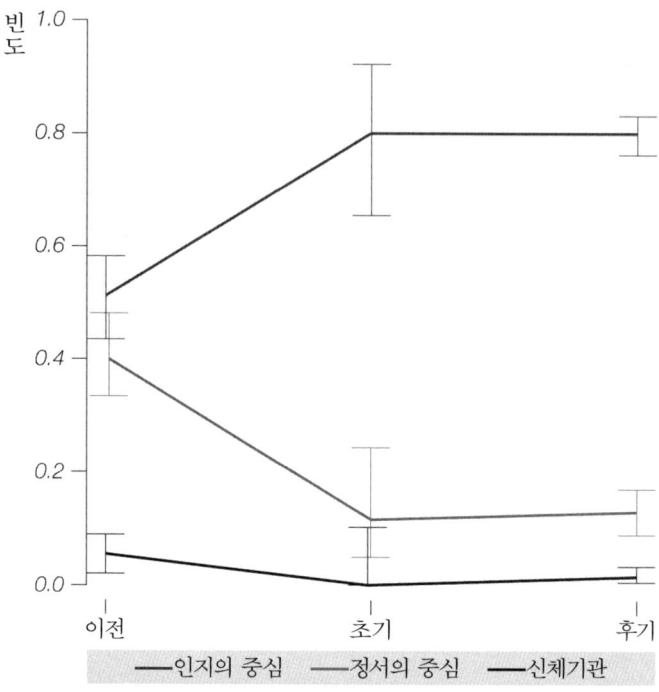

그림 4.4. 가능한 통계 오차 범위인 95% 신뢰 구간을 가진 전국시대 이전, 초기, 후기 전국시대에서 心이 신체기관이나 정서의 중심지, 인지의 중심지를 가리키는 비율의 시간적 추세. (슬링거랜드·추덱 2011b)

역되지만, 초기 전국시대 무렵에 "가슴-마음(heart-mind)"(또는 간단히 "가슴"이나 "마음" 사이에서 변화한다)으로 전환되기 시작하고, 『장자』나 『순자』와 같은 후기 전국시대 텍스트에 이를 때쯤에는 거의 전적으로 "마음"으로 표현되었다. 어쨌든 지적하자면 이런 추세는 번역가의 입장에서 종종 언어적 엉성함 때문이었다. 이 연구는 제3장의 정성적 결론을 뒷받침하면서 실제로 心이 정서, 특히 강한 "비합리적" 정서와의 연상을 점차 벗어 버리고, 그 능력이 영어 mind로 전달되는 통속 개념과 매우 밀접하게 사상되는 능력으로 간주된다는 점에서 상황이 매우 정반대라는 것을 암시한다. 이런 정서가 心에서 일단 삭제된다면 어디로 가는가라는 논제를 체계적으로 탐구하지는 않았지만, 나의 정성적 직관은 이런 정서가 氣로 전송되거나 천성이라는 性에 모호하게 있는 것으로 생각된다는 것이다. 후기 전국시대 무렵에 心에 남아 있는 유일한 정서는 염려나 걱정(憂, 患)과 같은 상대적으로 인지적인 정서다. 여기에서 맹자는 예외로서, 그는 또한 不忍之心(불인지심)("타인의 고통을 참지 못하는 心[느낌]")과 같은 도덕적 정서도 포함한다. 마음-몸 이원론의 기본 개념에 관해서 가장 중요한 것은 모든 기관 중 心만이 물리적 몸을 가리키는 다양한 용어와 대조되는 것으로 선택된다는 것이다.

이러한 고대 중국 경우에 매우 흥미로운 점은 언어적 자료가 마음-몸 이원론에 불리하게 작용하는 것처럼 보인다는 것이다. 즉, 인지의 자리를 가리켰던 용어는 몸속에 들어 있는 구체적 신체기관이고 또한 욕망과 정서의 중심지이기도 한 물리적 가슴을 가리키는 문자로 나타내었다. 그럼에도, 몇 백 년 동안 고대 중국어를 이용하는 텍스트는 제5장에서 보듯이 현대 서양의 통속 개념을 두드러지게 반영하는 마음-몸 이원론의 매우 강한 형태를 어떻게든 발생시켰다. 더욱이 이것은 나머지 중국 역사에서 기본적인 그림으로 남아 있었다.[13] 잠재적 인과성의 식별이 필연적으로 사색적이긴 하지만, 내 동료와 나(슬링거랜드·추덱 2011b)는 이 추세가 후기 전국시대로 나아감에 따라 읽고 쓰는 능력의 광대한 확장을 동반한 향상된 개념적 정확성의 필요성에 의해 유도되고 직관적인 통속 이원론의 안내를 받았던 의미적 전이를 나타낸다는 것이 이 추세를 가장 잘 설명한다고 결론 내렸다. 다시 말해, 더 많은 사람들이 고대 중국어를 의사소통의 수단으로 사용함에 따라, 心과 같은 단어의 의미 범위는 직관적인 통속 이원론이 제공하는 인지적 고정점으로 수렴되었다.

이 연구에서 이용하는 방법이 과학적인 정성적 코딩 활동을 위한 기준이지만, 직업으로 텍스트 해석 교육을 받은 이들에게는 몇 가지 잠재적인 한계가 있다.[14] 첫 코딩 범주의 형식화는 결과 형성에 명확한 역할을 하고, 코딩 결정은 확실히 개별 코더의 문화적 모형과 텍스트에 대한 개별적인 가정 때문에 어느 정도 한쪽으로 치우치게 되었다. 더욱이 "가설 몰이해적(hypothesis-blind)" 코딩이라는 개념은 선택한 키워드와 코딩 범주로 보내진 신호뿐만 아니라 나의 선가정에 대한 코더의 높은 수준의 개인적 지식에 의해 훼손되는 것처럼 보인다. 가장 일반적으로 진 나라 이전의 텍스트는 이해하기가 매우 어렵다. 즉, 고대 중국어는 비굴절 언어이고, 원본 텍스트에 존재하는 필연적인 중의성은 종종 전통적인 주석과 코더가 참조하는 영어 번역으로 매우 특별하지만 어쩌면 부정확한 방향으로 해결된다.

이 외에, 앞서 언급한 적절한 수사적 틀 부여의 문제가 있다. 결국 세 번째 단계에서 내가 판단해야 했던 단 하나의 가장 일반적인 논제는 몸 및 다른 신체기관들과 암시적으로 또는 명시적으로 대조되거나 동일시되는 心과 관련된 다소 추상적인 코드에 관한 것이었다. 심지어 그 분야의 전문가도 어떤 코드를 『맹자』 「고자 상」과 같은 구절에 적용할지에 대해 의견 불일치가 심각하다. 그 구절에서는 눈이 아름다운 것을 좋아하거나 입이 맛있는 음식을 좋아하는 것과 동일한 방식으로 心이 도덕성[義]을 좋아한다고 주장한다. 제6장에서 더욱 상세히 논의하듯이, 제인 기니는 그것을 "0.3 상관도 心은 개념적으로 (명시적으로) 다른 신체기관들과 함께 식별된다"를 코드화했을 것이지만, 나는 적절한 수사적 체제를 선택하기 위해 코드 "0.2 상관도 心은 문법적으로/수사적으로 (암시적으로) 다른 신체기관들과 함께 대조된다"를 추가해야 한다고 주장할 것이다. 암시적인 대조를 가정으로 염두하지 않으면, 명시적인 식별은 뜻이 통하기 어렵다. 이것은 어렵고 논란의 여지가 있다. 마지막으로 나는 인문학자들이 일반적으로 그래프와 차트, 그리고 통계적 오차 범위로 귀착되는 과정으로 텍스트 해석의 복잡성을 다루려는 시도를 의심한다고 말하는 것은 공정하다고 생각한다. 통계적 청정도(statistical cleanliness)는 많은 잠재적인 체계적 복잡성을 잠재적으로 감출 수 있다. 나는 여러 동료들이 슬링거랜드·추덱(2011b)을 해석의 번잡함을 덮어 가리는 데 사용되는, 과학처럼 들리는 교묘한 속임수의 실례로 간주한다는 것을 발견했다. 나 자신의 해석적 의제를 추구하기 위해 "서양의 민속지학"의 명성을 빌리려는 시도라는 것이다.

  나는 분명히 이것에 동의하지 않는다. 이런 방법의 결과를 적용하고 해석할 때 신중해야 할 이유가 많이 있음에도 불구하고, 나는 이런 방법이 대규모 팀기반 분석, 무작위 추출, 통계 분석 같은 자연과학의 기술을 어떻게 인문학에서 잘 사용할 수 있는지에 대한 유용한 예가 된다고 생각한다. 인문학자는 항상 학문적 주장이 텍스트 증거나 고고학 증거에 의해 뒷받침되지 않으면 진지하게 받아들여지지 않는다는 의미에서 실증적인 마음이었다. 하지만 이런 종류의 증거는 전형적으로 매우 편중되고 비체계적인 방식으로 수집되고 제시되었다. 예컨대, 고대 중국에서 마음-몸 전체론을 주장하는 학자는 자신의 주장을 옹호하기 위해 그 주제에 관한 수백 혹은 수천 개의 구절 중에서 십여 개쯤 되는 구절을 선별할 것이다. 으레 현저한 예를 하나 들자면, 프랑수아 줄리앙은 전체론적 마음-몸의 고대 중국 개념이 "우리 서양의" 이원론과 상당히 일치하지 않는다는 주장을 뒷받침하기 위해 단 하나의 실질적인 구절만 인용한다(줄2007b: 제4장). 이 구절은 心을 신체기관으로 묘사하는 후기 전국시대 텍스트에서 나온 것으로서, 이것은 이 시대에서 우리가 코드화했던 구절 중 2%만 차지하는 범주이다. 풍부한 텍스트 증거로 자신의 주장을 입증하려고 많은 노력을 하는 기니와 같은 신중한 학자도 (제3장에서 그러했듯이) 우리 장르의 기준에서 제약을 받아 전혀 공평하지 않은 방식으로 선택한 이용 가능한 구절의 하위집합에 국한된다. 물론 주어진 논쟁에서 각 열성적 지지자는 자신이 선택한 구절이 반대자가 선택한 것보다 더 대표적이거나 더 많은 것을 드러낸다는 가정 아래에서 연구하지만, 개인적 편견은 오랫동안 과학적 방법의 기본적인 특징이었으며, 인문학자는 이런 개인적 편견을 상쇄하기 위한 기술을 선택하는 데 놀라울 정도로 무관심했다.[15]

이 연구에서 대규모 코퍼스 표본추출 방법은 비용이 많이 들고, 솔직히 말하면 실행하기가 귀찮다. 내가 이 프로젝트에 착수하면서 바로 발견했듯이, 대규모 코퍼스 코딩 프로젝트는 일반적인 과학적 탐구의 많은 골칫거리를 공유한다. 이런 프로젝트는 엄청나게 시간 소모적이고 비용이 많이 들며 관리하기 어렵고 지겹다. 자기 연구실에서 소박한 침묵과 함께 혼자 연구하는 데 익숙한 학자에게, 코딩 과정에서 개인적 사연과 특유한 의견을 가진 코더팀을 관리하는 것은 놀랍도록 어렵다. 코딩 용지는 **간단해야** 하고, 코딩 일정은 관대해야 한다는 경험 법칙은 부담을 줄이는 데 도움이 되지만, 자금 한계(코더는 월급을 받아야 하고, 소프트웨어를 구입해야 한다)로 이런 기술의 채택은 분명 늦어질 것이다. 이런 한계에도, 종교학자는 거대한 양의 역사적 자료를 비교적 객관적으로 개관할 수 있는 대규모 코퍼스 분석 능력을 묵살해서는 안

된다.

고대 중국 텍스트의 해석에 내재한 문제를 우리 프로젝트에 잠재적으로 치명적인 것으로 간주하는 에스더 클라인·콜린 클라인(2011)에 응수하며 지적하듯이, 우리의 접근법은 텍스트 해석의 문제를 회피하려는 의도가 아니라, 순수한 양의 힘을 사용하여 정성적 의견 불일치를 넓게 보려는 의도이다.

> 대규모 코딩과 통계 분석은 큰 표본과 통계 추리를 활용함으로써 임의적으로 분포된 해석적 차이의 소음과 진정한 역사적 패턴의 신호를 구분하게 한다. 이런 방법은 또한 정성적 의견 불일치를 정량화하고, 해석에서 얼마나 많은 차이가 존재하는지를 상술하는 코더간 신뢰도를 측정한다. 이런 방법은 반복되고 체계적으로 바뀌며 통계적으로 분석할 수 있는 의견 불일치를 해결하기 위한 정확히 증명된 기술을 명시하여 끝없는 의견 불일치의 순환에서 빠져나오게 한다. (슬링거랜드·추덱 2011a: 185)

그런 기술은 우리의 정성적 직관을 더 잘 이해하고 예상 밖의 패턴을 드러내게 하는 반직관적 결과를 제공할 수도 있다. 예컨대, 나는 후기 전국시대에서 정서의 중심지인 心이 급격히 감소하는 것에 매우 놀랐다. 내 분야 대부분의 연구자가 공유할 것으로 생각되는 나의 직관은 心이 전국시대 내내 강한 정서적 성분을 유지했다는 것이었다. 우리의 연구 결과는 이런 직관이 틀렸고, 어쩌면 『맹자』(이와 관련해 이례적인 텍스트)가 고대 유가 사상을 연구하는 우리들 대부분의 마음속에서 차지하는 큰 발자국에 의해 왜곡된다는 것을 암시한다. 따라서 대규모 코퍼스 분석은 전통적 접근법을 뒷받침하고 보충하며, 필요할 때는 교정하는 데 중요한 역할을 한다.

동시에, 인문학자가 과학에서 정성적 분석을 수행하는 방식에 더욱 친숙해 짐에 따라, 범문화적 비교와 더 일반적으로 해석학에 내재해 있는 문제에 대한 깊은 친숙성은 영향을 미칠 수 있고 미쳐야 한다. 『인지과학』(*Cognitive Science*)에 수록된 그들 연구의 첫 버전에서 에스더 클라인·콜린 클라인은 대부분의 심리학 실험에서 직면하는 더욱 객관적이고 "문제가 없는" 코딩 논제와 고대 중국 텍스트 연구에 내재하는 해석적 도전을 강력하게 대조했다. 실제로, 해석은 대부분의 과학 분야에서 가장 중요하다. 이것은 "과학학" 문헌에서 야단스럽고 명확하게 지적되었고, 가령 영장류동물 행동에 대한 논란의 여지가 있는 해석의 철회를 유발한 주장이다.[16] 이것을 적극적으로 행한다면, 이것은 인문학의 해석학적 고뇌를 그런 과학에 주입하는 것이 매우 유익할 것임을 의미한다. 인지심리학과 사회심리학 연구에 대한 나의 경험에 비추어 보면, 대부분의 과학 연구자는 인문학에 종사하는 누구에게든 너무 뻔한 잠재적인 곤란한 문제에 대해 의당 그러해야 하는 것보다 덜 걱정한다. 번역의 문제, 서로 다른 문화적 모형, 연구자 입장에서 널리 퍼진 개념적 편견을 비롯한 이와 유사한 논제는 연구가 설계되고 결과가 나올 때 눈에 띄지 않게 지나가는 경향이 있다. 이것은 이런 연구의 질이 데이터 제공자(명예 연구조교)뿐만 아니라 연구 설계의 대부분의 예비 단계에 관여하는 이론적·방법론적 조언자로서 인문학자의 입력정보로 인해 상당히 향상된다는 것을 의미한다. 이것은 결론에서 다시 다룰 주제이다.

텍스트 "읽기"의 새로운 방법: 반자동·전자동 텍스트 분석

앞서 말한 팀 코딩 연구는 디지털 인문학 프로젝트로 간주될 수 있다. "디지털 인문학(digital humanities)"은 학계에서 점점 유행어처럼 자주 들린다. 물론 그 정의뿐만 아니라 디지털 기술을 우리 연구에 통합하는 실제 지점에 관해서는 모호한 부분이 많다. 앞서 기술한 프로젝트의 경우, 우리는 주어진 키워드와 관련된 구절을 즉각적으로 끄집어내고 그것을 또 다른 디지털 플랫폼에서 인간 코더들이 이용할 수 있게 만들기 위해 디지털 코퍼스의 특이한 자질을 활용하고 있다. 하지만 이 프로젝트의 이런 결정적인 분석 단계는 선택한 텍스트를 읽고 그 내용에 대해 정성적 판단을 하는 것처럼 여전히 조금은 구식이고 아날로그적이다. 관련된 기술은 분석 과정 자체에서 인간 코더를 부분적으로나 완전히 참여시키지 않고 디지털 코퍼스와 컴퓨터 지원 분석을 결합하여 디지털화를 한 단계 더 발전시킨다. 이 절에서는 마음-몸 이원론의 주제를 예로 들면서 그러한 기술이 종교 역사가나 인문학자에게 어떻게, 언제 유용한지를 논의할 것이다.

나는 운 좋게도 비교적 진보한 북아메리카 캐나다에 살면서 연구하고 있다. 이곳에서 인문학은 강력한 지원을 받고, 흥미로운 프로젝트가 있는 적극적인 연구자는 자금을 받을 수 있는 가능성이 매우 높다. 종교 사상이라는 나의 특별한 부전공 또한 특히 존템플턴재단 풍족하게 보조금을 지원해 주었다. 다른 한편으로, 미국 인문학 연구자에 대한 연구 자금 지원은 상당히 저조하다. 이는 앞서 기술한 팀기반 코딩 프로젝트를 운영하는 데 관심 있는 연구자도 그런 프로젝트로 재정 지원을 받기가 어렵다는 뜻이다. 게다가, 고대 중국어와 같은 문어와 관련된 연구에 관해 적절한 수준의 전문지식을 가진 코더를 찾는 것도 문제다.

더 중요하게도, 개별 구절의 해석을 결정하는 인간 코더에게 의존하는 방법은 천만 개 이상의 글자가 있는 거대한 『대정신수대장경』(http://21dzk.l.u-tokyo.ac.jp/SAT/index_en.html)은 말할 것도 없이 6백만 개 이상의 글자를 포함한 〈중국철학서전자화계획〉 코퍼스로 대표되는 매우 큰 코퍼스에도 불구하고 실패할 수 있다. 우리의 2011년 『인지과학』 연구에 대한 에스더 클라인(Klein, Esther)·콜린 클라인(Klein, Colin)(2011)의 매우 타당한 한 가지 비판은 우리가 분석한 대만 국립고궁박물원 온라인 코퍼스 자료가 주로 진나라 이전의 철학 텍스트로 구성되었고, 역사와 같은 다른 중요한 장르를 빠뜨렸다는 것이다. 우리가 역사 텍스트를 빠뜨린 한 가지 이유는 그런 텍스트가 길고, 우리 코더에게 과중한 짐을 지우지 않도록 코퍼스를 관리하기 쉬운 크기로 유지해야 했기 때문이다.

사람 기반 코딩의 제한은 텍스트 분석의 반자동 방법과 전자동 방법을 탐구하는 것이 장래성이 있음을 암시하는데, 그런 방법은 운영하기에 상대적으로 저렴하고 빠를 뿐만 아니라 어떤 크기의 코퍼스라도 다룰 수 있다는 엄청난 장점이 있다. 이런 기술의 또 다른 장점은 해석적 편견의 많은 통상적인 근원을 제거하는 것이다. 앞으로 보겠지만, 연어(連語, collocation)나 상호정보량(mutual information score)의 의미적 의의를 평가하는 것과 마찬가지로, 범주화된 단어 목록을 만들거나 주어진 코퍼스에 대한 "화제"의 적절한 수를 결정하고 그런 화제가 무엇을 의미하는지 결정하는 것은 해석적 결정을 요구한다. 하지만 화제나 의미 관계를 순전히 통계상 유의미한 물리적 근접성에 기초하여 형식화할 수 있을 때 객관성의 층위가 도입된다. 이것은 전통적인 정성적 분석과 결합될 때 해석학적 논쟁을 해결하고, 우리가 연구하는 텍스트에서 이전에는 눈에 보이지 않던 관계를 식별하기 위한 완전히 새롭고 매우 강력한 기술을 제공할 수 있다.

"반자동" 기술은 여전히 분석의 첫 단계에서 인간 코더를 필요로 한다. 이런 기술에서는 전형적으로 연구자가 단어의 집합을 "정서"나 "고등 인지"와 같은 의미 범주의 "사전"으로 조직하는데(정성적 단계), 이것은 슬링거랜드·추덱(2011) 프로젝트에서 사용된 코딩 범주와 다소 닮았다. 차이는 범주화된 단어 목록이 일단 편집되면, 코더가 특별한 구절에 대해 개인적 판단을 할 필요가 없다는 것이다. 그 대신, 자동 기술은 텍스트나 텍스트들의 코퍼스를 검색하고 목록에서 단어의 발생을 찾아내는 데 사용된다. 예컨대, 세 개 단어의 윈도 내에 있는 "형벌 동사" 목록의 단어가 "초자연적 존재" 목록의 단어 오른쪽에서 나오는 것은 초자연적 형벌의 경우를 암시하는 것으로 간주된다.[17] 두 번째 자동 성분은 거대한 양의 텍스트를 되풀이하여 처리할 수 있는 능력에 대해 분석적 균형, 특히 정성적 뉘앙스를 포함한다. 고대 중국어의 초자연적 존재 단어 바로 오른쪽에서 나오는 형벌 동사는 합당하게 보고되거나 상상 가능한 "초자연적 형벌"의 실례를 위한 대용물로 간주할 수 있다. 수동태 구문을 포착하기 위해 왼쪽을 보고 싶을 수도 있다. 하지만 이 기술은 다양한 이유로 명확히 명사와 동사가 바로 근접해 있지 않은 초자연적 형벌의 실제 경우를 놓친다. 그것은 또한 과잉보고일 수도 있어서, 정성적으로 꼼꼼히 조사한다면 초자연적 형벌과는 아무 관련이 없는 것으로 입증될 단어 범주의 연어에 대한 실례를 선택할 수 있다. 하지만 단어 목록과 연어 윈도가 잘 설계된다면, 이런 기술은 인간 코더가 다루기에는 너무 큰 거대한 코퍼스에서 개념적 관계를 다소 정확하게 개관할 수 있다.

사회과학과 현대 문학 연구자에게 반자동 기술은 흔히 '언어조사와 단어계산'(Linguistic Inquiry and Word Count)("Luke"로 발음되는 LIWC; http://www.liwc.net/)과 같은 영리적으로 이용 가능한 프로그램을 사용해서 실행된다. 이런 프로그램은 표준 중국어를 포함해 다양한 현대 언어를 위한 미리 확립된 사전과 신뢰도 테스트를 거친 사전을 제공한다. 그러나 고대 중국어와 같은 문어의 경우, 연구자는 자신의 사전을 만들거나 기존 의미 분류에 의존해야 한다. 이것은 상당히 많은 양의 연구를 포함할 뿐만 아니라 사전 범주 자체에 대한 코더간 의견일치를 평가하는 도전을 제기한다. 『전당시』의 연어 패턴을 연구하는 리 쥰 시엔(李思源)・왕탁섬(黃得森)(2012)은 코퍼스를 "인간 정서", "계절" 등을 포함해 22개의 의미 범주로 조직한 개척적인 언어학자 왕리(王力)의 연구에 의존했다(1989). 그들은 코퍼스 전체를 분석하고 저자별로 나누면서 의미적 화제의 흥미로운 저자 특정적 패턴과 또한 특별한 계절과 변별적인 단어의 의미 부류 간의 유사성을 입증했다. 형벌과 보상 용어 간의 관계와 초자연적 행위자와 인간 행위자의 다양한 범주를 탐구하기 위해 반자동 기술을 사용하려는 현 시도(니콜스 外 제출중)는 Thesaurus Linguae Sericae(TLS)(《漢學文典》) 팀(http://tls.uni-hd.de/home_en.lasso)에서 만든 수정된 의미 범주에 의존한다.

전자동 기술은 정성적 인간 판단에서 우리를 더욱 멀어지게 한다. 문학자 프랑코 모레티(Moretti, Franco)는 기계 도움을 받는 자동 텍스트 분석을 가리키기 위해 "원거리 읽기(distant reading)"라는 용어를 만들었고, 이 접근법과 텍스트 학자들이 전통적으로 의존하는 개별 구절의 꼼꼼히 읽기(close reading; 근거리 읽기)를 비교하기 위해 나란히 놓았다(모레티 2013; 록웰・싱클레어 2016 참조). 그런 기술은 코퍼스언어학 분야에서 수십 년 동안 사용되었는데, 코퍼스언어학은 매우 큰 자연언어 코퍼스에서 문법적 관행과 의미론에 대한 정보 추출을 목표로 한다. 이런 기술은 핵심적인 인문학 분야에 스며드는 데 더욱 느렸고, 오늘날 주로 문학연구와 정치학에서 채택되었다. 19세기 독일 신약성서 학자들이 자연스럽게 정량적 기술을 개척한 것을 간주하면 그것은 계량문체론(stylometric) 분석에서 가장 일반적으로 적용되었다. 계량문체론이란 개별 저자가 누구인지를 가리거나, 논란이 있는 텍스트를 분류하거나 장르를 특징짓기 위해 단어 용법의 통계 패턴을 사용하는 분석이다.[18] 컴퓨터의 지원으로 텍스트를 "읽을" 수 있는 다양한 방법이 있다. 앞으로 나와 동료들의 최근 연구(슬링거랜드 外 2017)에 의존해서 몇몇 더 일반적인 방법을 탐구하고, 이런 방법이 어떻게 고대 중국의 마음-몸 이원론에 적용되는지를 보여 줄 것이다.[19]

연어 분석

연어는 코퍼스언어학과 계량문체론 분석을 수행하기 위해 지난 수십 년 동안 널리 사용된 기술이다. 연어 분석은 앞서 기술한 반자동 접근법처럼 단어의 범주라기보다는 관심 있는 개별 용어가 주어진 텍스트 윈도 내의 텍스트 코퍼스에서 얼마나 빈번하게 서로 함께 발생하는지를 측정한다. 이 윈도는 때때로 KWIC("keywords in context(문맥에 포함되어 있는 표제어)") 윈도라고 부른다. 코퍼스언어학에서 이 기술은 주로 통사론, 관용어 용법 등에서 패턴과 변화를 추적하는 데 사용되었다. 하지만 대부분의 인문학자들은 단어 대조(word collation)의 의미적 함축에 관심이 더 많을 것이다. 이런 진영(그리스 2013, 주래프스·키마틴 2015, 로데·고너만·플라우트 2006)뿐만 아니라 "재래식(dumb)" 연어 패턴 추출장치가 어떻게 자연언어 의미론에 대해 무언가를 "배울" 수 있는지를 실용적으로 증명하는 데 어느 정도의 발전이 있었다. 연어 패턴은 예를 들어, TOEFL(Tests of English as a Foreign Language) 시험에서 발견된 선다형 동의어 질문에서 타당하게 잘 수행되도록 기계학습 알고리즘을 훈련시키는 데 사용되었다(랜다우어·듀메이스 1997).[20] 다양한 장르(일기, 산문, 설교, 이메일, 여론조사 응답 등)에서 텍스트 연어 패턴으로부터 저자들의 사고와 정서 패턴을 추리하는 문헌 또한 증가하고 있다(튜버트·체르마코바 2007, 샘슨·매카시 2005, 매닝·슈츠 1999 참조).

지금 이 책에는 KWIC 윈도의 크기와 연어의 정도를 보고하는 데 사용되는 통계자료에 많은 변이가 있다. 우리는 KWIC 윈도의 적절한 크기를 두고 의견이 일치할 것으로 예상하지 않는다. 그 크기는 탐구 중인 의미 관계의 유형과 언어마다 상당히 다를 것이다. 통계 측정의 다양한 유형의 타당성에 관해 더욱 열띤 논쟁이 있다. 가장 일반적으로 보고되는 연어 척도 두 가지는 상호정보량(Mutual Information; MI)•과 t-점수(t-score)이다. 단어1과 단어2 간의 MI는 단어2가 단어1의 주어진 KWIC 윈도 내에서 발생하는 빈도를 먼저 측정하고, 그 다음에 코퍼

•상호정보량(Mutual Information; MI) 두 확률변수가 서로 어떤 관계를 가지고 있는지 나타내는 정보량 중의 하나인데, 두 확률변수가 완전히 독립인 경우(사건 A가 일어나는 것이 사건 B가 일어날 확률에 전혀 영향을 주지 않고, 그 역도 마찬가지인 경우) 그 값은 0이 되고, 둘이 서로 밀접한 관련이 있을 경우 커지고(사건 A가 일어날수록 B가 일어날 확률이 높아진다), 역의 방향으로 관련이 있을 경우는 값이 작아진다(사건 A가 일어날수록 B가 일어날 확률이 낮아진다). 즉, 둘이 얼마나 밀접한 관련이 있는지를 계량화하여 판단하는 수치를 말한다.

스에서 그 전체 빈도가 주어지면 단어2가 그 윈도에 나타날 것으로 예상되는 빈도를 계산해서 결정된다. 그런 다음 관찰 빈도(observed frequency)는 기대 빈도(expected frequency)로 나누고, 발생하는 수에서 이항로그(binary logarithm)[21]를 가져온다(비버·존스 2009: 1287). 본질적으로, MI는 코퍼스에서 개별 분포를 간주하면 두 용어가 통계적으로 그럴듯하지 않은 방식으로 함께 발생하는 정도를 측정함으로써 두 용어 간의 관계 강도를 평가하는 것을 목표로 한다(처치·행크스 1990). 양의 값을 갖는 MI는 두 용어가 우연히 함께 나타난 경우와 달리 더 강한 개연성이 있음을 나타내는데, 이것은 두 용어가 어떤 방식으로 상관성이 있음을 암시한다. 반면에 음의 값을 갖는 MI는 두 용어가 실제로 서로를 반발하는 것처럼 보인다는 점에서 활성적 비상관성을 암시한다(오크스 1998, 파페르노 外 2014).

MI가 연어 분석에서 가장 널리 보고되는 측정이지만, MI의 특별한 단점은 해당되는 두 용어가 코퍼스의 전체 빈도에서 상대적으로 동등하다고 가정하는 것이다. 이것이 적용되지 않는 경우, 이 측정은 용어들 중 하나가 매우 드물 때 단어 쌍에 점수를 부풀리는 경향이 있다. 겔린데 마우트너(Mautuner, Gerlinde)가 말하듯이, "MI 점수는 단독으로는 상대적으로 드문 어휘항목을 부각하지만 마디 단어와 함께 발생할 수 있는 무작위 확률보다 더 높은 확률을 가진다"(2007: 55). 마이클 오크스가 결론 내리듯이, 그 결과는 MI 점수만으로는 "드문 사건에 너무 높은 가중치를 제공한다"(1998: 171)라는 것이다.

오크스는 "MI_3"을 개선책으로 사용할 것을 제안하는데, 이것은 MI를 세제곱하는 데이터 변형 기술이다. 이것은 어떤 작은 측정을 훨씬 더 작게 만들어서 자주 발생하지 않는 용어의 과장을 교정한다(1998: 171~172). 또는, 드문 단어로 유발되는 잠재적 왜곡을 내재적으로 교정하는 t-점수와 같은 또 다른 통계 측정으로 시선을 돌릴 수 있다. t-점수는 연상 강도를 측정하는 대신에 연상되는 두 단어의 신뢰를 측정한다(처치 外 1991). t-점수는 실제 빈도에서 나온 목표 용어에 상대적으로 주어진 윈도에서 (코퍼스의 전체 빈도를 고려하면) 한 용어의 기대 빈도를 빼고, 그 결과를 코퍼스 속 용어의 평균 빈도에 상대적으로 해당 용어의 빈도에서 변이의 양으로 나누어서 계산된다. t-점수는 실제로 더 일반적인 용어와 비교되는 드문 용어에 대한 t-점수를 낮추면서 코퍼스 내의 개별 용어의 가중치에 따라 결합확률분포*를 조정하여 MI의 단점을 해결한다. 해석에 관해, 양의 값은 단어 간 연관성이 우연보다는 높고, 음의 값은 연관성이 적음을 의미하고 단어들 간에 서로 영향을 미치지 않는다는 것을 암시한다는 점에서 MI와 비슷하다.

> •**결합확률분포**(joint probability distribution) 두 개 이상의 사건이 동시에 일어날 확률에 대한 분포를 말한다. 따라서 두 개 이상의 확률변수를 가진다. 가령, 두 확률변수(또는 사건) X와 Y에 대한 결합확률은 $P(X, Y)=P(X \cap Y)$와 같이 나타낸다. 이와 같이 결합확률이 되기 위해서는 두 가지 조건이 필요하다. 첫째, 두 개의 주사위를 동시에 던지는 경우처럼 두 사건 X와 Y는 동시에 일어나야 한다. 둘째, 두 사건 X와 Y는 반드시 서로 독립적이어야 한다. 이 두 조건을 만족할 경우 $P(X, Y)=P(X \cap Y)=P(X) \times P(Y)$ 다음과 같이 나타낼 수 있다. 만약 두 사건 X와 Y가 서로 종속적일 경우에는 어떻게 될까? 가령, X가 하늘에 구름이 있을 확률이고, Y가 비가 올 확률이라고 한다면, 비는 구름에서 생성되기 때문에 사건 X와 사건 Y에 영향을 주게 된다. 따라서 두 사건 X와 사건 Y와 서로 독립 사건이 아니다. 이러한 경우에는 결합확률을 사용할 수 없는데, 그 이유는 두 사건 X와 Y가 동시에 일어나지 않기 때문이다. 그러므로 위와 같은 사건에 대한 결합확률은 결국 $P(X \cap Y)=0$이 된다.

슬링거랜드 外(2017)는 전자동 언어 기술을 어떻게 이용할 수 있는지를 한 가지 예로 설명한다. 이런 연구를 위해, 슬링거랜드·추덱(2011a)에서 사용한 것보다 훨씬 큰 코퍼스를 사용했다. 그것은 위의 단어 목록 연구에서 이용한 〈중국철학서전자화계획〉(www.ctext.org) 데이터베이스다. 이 코퍼스는 슬링거랜드·추덱(2011a)에서 사용한 더 작은 코퍼스에 비해 몇 가지 장점이 있다. 〈중국철학서전자화계획〉은 의학, 군사, 수학, 역사 텍스트와 같은 분야를 아우르고,[22] 우리의 텍스트 표본이 시 또는 철학을 선호하는 쪽으로 편향될 수 있다는 걱정에 응수한다(에스더 클라인·콜린 클라인 2011). 〈중국철학서전자화계획〉의 광대한 역사적 범위는 우리가 전국시대 이전(서기전 5세기 이전)에서 전국시대와 한나라(서기전 206~서기 220)의 텍스트뿐만 아니라, 송나라(960~1279)까지 추적되는 한나라 이후의 소수 텍스트를 포함한다는 것을 의미한다. 우리의 정보 회수와 분석이 전자동이기에 그런 광대한 코퍼스를 다룰 수 있을 뿐만 아니라 인간 코더의 잠재적 편견에 대한 걱정에 응수할 수 있다. 기능어, 문법적 불변화사, 지나치게 일반적인 단어를 제거해서 그 코퍼스를 전(前)처리했다.[23] 또한 문장 끝에 있는 구두점을 제외하고는 모든 구두점을 제거했으며, 이로써 의미의 자연스러운 단위인 문장을 주된 분석 단위로 사용할 수 있게 되었다. 코퍼스를 이런 방식으로 전처리하고 나서 그것을 다양한 분석적 도구로 탐구했다.

앞서 보고한 모든 대규모 분석 연구를 위한 지침 가설은 〈중국철학서전자화계획〉 텍스트의 작가들이 강한 마음-몸 전체론을 **암암리에** 가정한다면, 心이 세 가지 일반적인 "몸" 용어(身, 形, 體)에 근접해서 신체 기관을 가리키는 다른 용어들처럼 행동한다는 것이 발견되어야 한다는 것이었다. 다시 말해, 고대 중국 사상가들이 心-몸 관계에 대해 명시적으로 **어떤** 말을 하든지 간에, 그들이 진정성 있고 무의식적으로 몸과 마음의 전체론 견해를 받아들인다면, 心과 몸 용어 간의 연어 패턴은 다른 신체기관의 연어 패턴과 아무런 차이가 없어야 한다. 여기에서의 가정은 언어 사용의 대규모 패턴이 암시적 인지에 대해 우리에게 무언가 말할 수 있다는 것이다. 그래서 (「고자 상」에서처럼) 맹자가 心이 다른 신체기관과 동일하다고 주장할지라도, 그를 비롯한 다른 고대 중국 사상가들이 습관적으로 心을 몸 용어들의 바로 근처에서 언급하고 心만을 습관적으로 언급하는 것이 발견된다면, 이것은 해당 작가(들)의 명시적인 주장이 무엇이든 간에, 心이 고대 중국의 사고방식에서 별개의 인지적 공간을 차지한다는 것을 암시한다.

연어 분석, 단계 1: 의미적 벤치마킹

연어 분석이 코퍼스언어학과 계량문체론 분석에서 널리 사용되었지만, 특별한 연어값(collocation score)의 의미적 유의미성이 무엇인지를 정확히 결정하는 것을 목표로 한 연구는 거의 없었고, 특히 고대 중국어와 관련해서는 전혀 없었다. 우리 연구의 첫 번째 목표는 상대적으로 논란의 여지가 없고 잘 이해되는 의미 관계를 가진 단어 쌍에 대한 연어값을 검토하여 의미적 벤치마크(semantic benchmark)를 얻는 것이었다. 이런 첫 연구를 위해, 우리는 마음-몸 관계에 대한 차후 분석에서 유용할 것 같은 높은 대조 쌍의 다양한 유형, 고유의 기능으로 연결되는 쌍, 부분-전체 관계로 특징지어지는 쌍과 같은 의미 관계를 선택했다(표 4.1 참조). 우리는 이런 쌍들 간에 특별히 잘 한정된 의미 관계가 상대적으로 높은 연어값으로 시작해야 한다고 예측했다. 또한 이런 의미적 쌍에 두 개의 통제 조건을 추가했는데, 여기에서 쌍의 두 번째 글자는 (1) 목표 글자와 모호하게 의미상 연결되지만, 원래의 쌍을 이룬 단어가 소유하는 정확하고 강한 의미 관계가 결핍된 또 다른 단어와 (2) 목표 글자와 의미상 전혀 무관한 단어로 교체되었다. 두 통제 조건 모두에서 원래 글자의 단어 빈도와 가능한 한 밀접하게 일치하는 방식으로 대체 글자를 선택했다. 이런 알려진 의미적 쌍을 탐구하면서, 다양한 KWIC 윈도에 대해 단순 빈도에 근거한 연어 추출의 결과를 기록했다. 문장 층위, 10L10R, 5L5R, 2L5R, 1L1R이 그러한 윈도다. 또한 이 각각의 윈도에서 MI, MI_3, t-점수뿐만 아니라 또 다른 연어 척도(collocation measure), 슬링거랜드 外(2017)에서 참조할 수 있는 조건부 확률•도 계산했다.

•**조건부 확률**(conditional probability) 조건부 확률은 두 사건에 대한 확률로서, 하나의 확률변수가 주어졌을 때 다른 확률변수에 대한 확률이다. 즉, 어떤 사건 X가 발생했을 때 사건 Y가 일어날 확률을 의미한다. 이는 다음과 같이 나타낼 수 있다.

$$P(X|Y) = \frac{P(X, Y)}{P(Y)} = \frac{P(X \cap Y)}{P(Y)}$$

가령, 한 개의 주사위를 던져서 홀수의 눈이 나왔을 때, 그 눈이 3의 배수일 확률을 구해보자. 한 개의 주사위를 던져서 홀수의 눈이 나오는 사건을 Y라고 하고, 3의 배수가 나오는 사건을 X라고 한다. $P(Y)$는 한 개의 주사위를 던져 홀수의 눈이 나올 확률이므로 3/6이고, $P(X \cap Y)$는 한 개의 주사위를 던져서 홀수이면서 3의 배수가 나올 확률이므로 1/6이다. 따라서 $P(X|Y)$는 다음과 같다.

$$P(X|Y) = \frac{P(X \cap Y)}{P(Y)} = \frac{\frac{1}{6}}{\frac{3}{6}}$$

표 4.1 의미 관계 기준 쌍(슬링거랜드 外 2017)

관계 유형	글자 쌍	의미 관계
척도 대립어		
	大-小 (크다-작다)	대조
	大-高 (크다-높다)	의미적 관련
	大-八 (크다-여덟)	의미적 무관
	上-下 (위-아래)	대조
	上-天 (위-하늘)	의미적 관련
	上-所 (위-곳)	의미적 무관
	多-少 (많다-적다)	대조
	多-重 (많다-무겁다)	의미적 관련
	多-門 (많다-입구)	의미적 무관
상보적인 사회적 관계		
	君-臣 (임금-신하)	대조
	君-國 (임금-국가)	의미적 관련
	君-何 (임금-무엇)	의미적 무관
	父-子 (아버지-자식)	대조
	父-人 (아버지-사람)	의미적 관련
	父-爲 (아버지-~를 위하여)	의미적 무관
	兄-第 (형-아우)	대조
	兄-母 (형-어머니)	의미적 관련
	兄-金 (형-금)	의미적 무관
상보적인 우주적 힘		
	日-月 (태양-달)	대조
	日-明 (태양-밝은)	의미적 관련
	日-相 (태양-서로)	의미적 무관
	夏-冬 (여름-겨울)	대조
	夏-春 (여름-봄)	의미적 관련
	夏-章 (여름-장)	의미적 무관

	陰-陽 (음-양)	대조
	陰-月 (음-달)	의미적 관련
	陰-皆 (음-모두)	의미적 무관
상보적인 물리적 힘		
	內-外 (안-밖)	대조
	內-城 (안-성곽)	의미적 관련
	內-歸 (안-돌아가다)	의미적 무관
	先-後 (전-후)	대조
	先-從 (전-따르다)	의미적 관련
	先-如 (전-만약)	의미적 무관
	無-有 (부재-존재)	대조
	無-爲 (부재-~를 위하여)	의미적 관련
	無-於 (부재-~에서)	의미적 무관
고유한 기능으로 연결된 쌍		
	鳥-飛 (새-날다)	연결
	鳥-烏 (새-까마귀)	의미적 관련
	鳥-簡 (새-간단한)	의미적 무관
	人-走 (사람-걷다)	연결
	人-性 (사람-인간성)	의미적 관련
	人-禁 (사람-금지)	의미적 무관
	水-流 (물-흐르다)	연결
	水-火 (물-불)	의미적 관련
	水-敬 (물-공경)	의미적 무관
전체적인 부분-전체 관계로 연결된 쌍		
	車-輪 (수레-바퀴)	연결
	車-軌 (수레-길)	의미적 관련
	車-汙 (수레-오염)	의미적 무관

城-門 (성곽-문)	연결
城-伐 (성곽-공격하다)	의미적 관련
城-少 (성곽-적은)	의미적 무관
軍-兵 (군대-군인)	연결
軍-令 (군대-명령하다)	의미적 관련
軍-入 (군대-들어가다)	의미적 무관

우리의 완전한 결과는 온라인 부록 5에서 이용 가능하다. 대조적이고 기능적으로 관련된 쌍과 부분-전체 쌍에 관해, 목표 글자 근처에서 밀집하기보다 그 문장과 10L10R 층위에서 1L1R 층위까지 상대적으로 고른 언어의 분포를 볼 수 있는데, 이는 유의미한 연어를 포착하기 위한 자명한 "최적의 지점(sweet spot)"이 없다는 것을 암시한다. 그렇긴 하지만, 목표 쌍과 의미상 관련된 것과 무관한 것의 쌍 간의 차이는 더 작은 윈도에서 더 뚜렷한데, 이는 2L2R이나 1L1R과 같은 윈도가 의미 관계를 더 잘 포착한다는 것을 의미하거나 우리의 목표 쌍이 종종 고대 중국어 코퍼스에서 집합 쌍으로 함께 나타난다는 사실을 반영한다. 우리의 KWIC 윈도 사이에서 특유하게도, 문장은 실제로 의미적 관련성에 대한 작가 또는 편집 결정을 반영한다. 따라서 문장은 유기적 타당성을 가지고, 우리는 그에 따라 이 척도에 집중하고자 했으며, 100개 단어나 10개 단어 연속체와 같이 임의적으로 이끌어 낸 윈도 내에서와 달리 동일한 문장 내에서 두 용어의 공기를 검토할 때 작가의 심리를 추리하는 데 가장 많은 자신감을 갖는다고 결론 내렸다. (앞서 논의한 이유로 놀라운 것이 아니었던) MI 점수는 예외로 하고, 통계 측정에 관해, t-점수, 조건부 확률, MI_3 척도는 모두 대체로 비슷한 결과를 내놓았다. 따라서

우리가 이용한 다양한 KWIC 윈도 모두에서 모든 척도가 부록 5에서 참조할 수 있긴 하지만, 우리는 문장 층위에서 t-점수에 집중했다.

기본적인 결과는 인상적이며, 표 4.2에 제시되어 있다.

표 4.2 기준 연구에서 나온 선정된 결과(슬링거랜드 外 2017)

초점	대조	초점 빈도	대조 빈도	관계	t-점수 문장
大	小	34087	7787	대조	66.21
大	高	34087	7273	의미적 관련	33.18
大	八	34087	7678	의미적 무관	30.40
上	下	23429	29160	대조	96.53
上	天	23429	29209	의미적 관련	54.54
上	所	23429	29049	의미적 무관	50.60
多	少	7892	5991	대조	35.05
多	重	7892	6086	의미적 관련	15.86
多	門	7892	6034	의미적 무관	11.87
君	臣	24319	17177	대조	82.75
君	國	24319	22193	의미적 관련	68.85
君	何	24319	17021	의미적 무관	64.05
父	子	71237	61024	대조	61.39
父	人	71237	61512	의미적 관련	32.32
父	爲	71237	60624	의미적 무관	45.44
兄	第	2475	4737	대조	39.74
兄	母	2475	4586	의미적 관련	15.00
兄	金	2475	4748	의미적 무관	3.49
日	月	13530	15416	대조	58.05
日	明	13530	11676	의미적 관련	36.93
日	相	13530	15499	의미적 무관	26.77
夏	冬	5545	3215	대조	30.11
夏	春	5545	5514	의미적 관련	27.41
夏	章	5545	3178	의미적 무관	8.66

陰	陽	7004	13532	대조	80.61
陰	月	7004	15416	의미적 관련	24.00
陰	皆	7004	13432	의미적 무관	17.64
內	外	7248	6339	대조	54.62
內	城	7248	6143	의미적 관련	53.08
內	歸	7248	6435	의미적 무관	15.03
先	後	8941	14287	대조	44.70
先	從	8941	10735	의미적 관련	24.47
先	如	8941	14783	의미적 무관	22.69
無	有	30154	48848	대조	100.08
無	爲	30154	60624	의미적 관련	95.29
無	於	30154	45678	의미적 무관	86.11
鳥	飛	1882	1153	연결	15.76
鳥	烏	1882	1143	의미적 관련	5.68
鳥	簡	1882	1156	의미적 무관	2.50
人	走	61543	2169	연결	23.42
人	性	61543	2222	의미적 관련	32.06
人	禁	61543	2172	의미적 무관	22.92
水	流	8229	3090	연결	31.59
水	火	8229	2966	의미적 관련	31.99
水	敬	8229	3083	의미적 무관	2.73
車	輪	5844	313	연결	11.33
車	軌	5844	345	의미적 관련	6.11
車	汗	5844	313	의미적 무관	3.06
城	門	6143	6034	연결	23.75
城	伐	6143	5670	의미적 관련	16.85
城	少	6143	5991	의미적 무관	9.52
軍	兵	10721	10182	연결	39.07
軍	令	10721	10747	의미적 관련	29.11
軍	入	10721	10299	의미적 무관	25.83

우선, (표 4.2에서 "대조"나 "연결"로 명명된) 특정한 관계 쌍은 모두 통제 쌍보다 t-점수가 상당히 더 높았다. 대부분의 경우, 우리는 특정적 관계 쌍의 t-점수가 매우 높고, 그 점수가 모호하게 의미상 관련된 쌍과 더 나아가서는 의미상 무관한 쌍에 대해서는 상당히 떨어지는 명확한 패턴을 보았다. 이것은 의미상 밀접하게 관련된 용어들이 가장 강력한 연어 패턴을 가질 것이라는 우리의 직관을 입증했다.[24] 다시 말해, 우리는 모호하게 의미상 관련된 용어들이 의미상 관련된 통제 쌍에서 볼 수 있는 중간 지점의 t-점수를 시작하면서 텍스트의 논리적 공간에서 서로를 중심으로 느슨하게 맴도는 것을 상상할 수 있다. 서로 특정하고 잘 한정된 의미 관계를 가진 용어 쌍은 서로에게 더 강한 인력을 발휘하므로 t-점수가 상당히 높다. 다소 실망스럽게도, 강한 의미 관계의 다양한 유형들 사이에서 t-점수의 유의미한 차이는 없었다.[25] 우리의 견해에서 t-점수와 같은 연어 척도가 두 용어 간의 의미적 연결의 정확한 본질이기보다는 그런 연결의 강도와 특이성에 대해서만 말할 수 있는 것 같다. 心과 다른 기관들에 대한 연어 패턴을 검토할 때 이 주제를 다시 다룰 것이다.

연어 분석, 단계 2: 心 vs. 다른 신체기관들에 벤치마크 적용하기
우리는 연어값이 적어도 고대 중국어 텍스트에서 의미 관계의 강도와 특이도에 대해 무엇을 말하는지를 이해하고 난 뒤, 心과 기준이 되는 세 가지 몸 용어(身, 體, 形)와 관련 있는 다른 신체기관들에 대한 연어 척도와 패턴을 결정하는 쪽으로 나아갔다. 앞의 의미적 쌍과는 달리, 우리는 또한 한 코퍼스 내의 세 가지 다른 장르 집단에 대해 이 데이터를 별도로 수집했다. 모든 텍스트, 의학 텍스트를 제외한 모든 텍스트, 의학 텍스트가 그 세 가지 장르다.[26] 이는 마음-몸 이원론에 대한 고대 중국 견해가 무엇이든 간에, 心이 몸속의 신체기관으로 묘사되는 정도에 장르 효과가 있을 것으로 기대했기 때문이고, 이것은 의학 텍스트의 전문적 본질과 생리적 목표를 간주하면 의학 텍스트에서 그러할 가능성이 높다. 특히 "정맥/동맥/경락/맥박"(脈)이라는 신체기관 용어의 빈도는 코퍼스 전체에서보다 의학 텍스트에서 훨씬 더 높다.[27] 이것은 그 결과를 왜곡할 수도 있다는 생각이 들게 한다.

의학 텍스트 장르의 잠재적 효과를 분리하는 방식으로 나뉜 우리 분석의 결과는 그림 4.5에서 볼 수 있다.

心은 다른 신체기관들과 매우 달라 보인다. 결합(Combined) 코퍼스와 비의학(Non-Medical) 코퍼스에서, 心의 t-점수는 그 다음 가장 높은 신체기관보다 거의 두 배다.

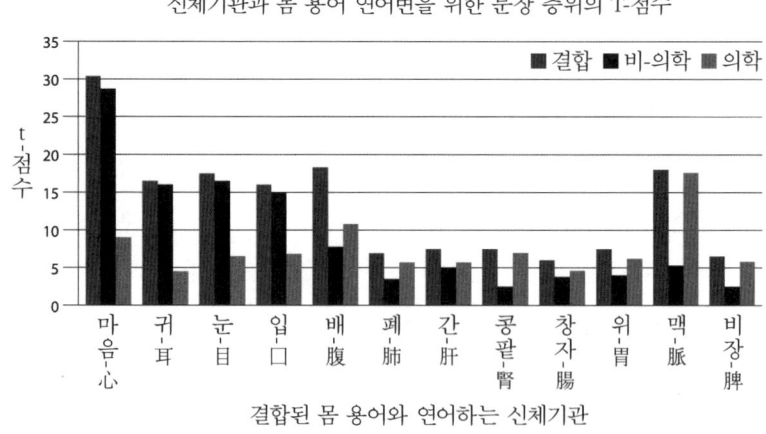

그림 4.5. 心과 다른 신체기관의 시각화: 장르 집단으로 분리된 몸(슬링거랜드 外 2017)

그렇지 않은 유일한 경우는 의학 텍스트로서, 용어 脈은 心의 자리를 이상한 신체기관으로서 제외시키고, 心이나 배/위(腹)의 t-점수의 거의 배가 되었다. 전형적으로 "정맥, 동맥, 경락, 맥박"으로 번역되는 脈은 물론 전통 중국 의학의 중심 용어이고, 중추적인 에너지[氣]가 흐르는 경로를 가리킨다. 脈이 코퍼스에서 나오는 실제 구절을 좀 더 상세히 검토하면, 이런 결과가 의학 텍스트에서 병을 진단하는 데 사용되는 "맥박의 모양"을 가리키는 합성어 脈形(맥형)에서 脈이 발생하는 것의 인공물이었다는 것이 암시되었다. 전체적으로, 우리는 脈-몸 쌍에 대해 관찰되는 연어 패턴이 이 장르의 특이한 초점 때문이라고 결론 내렸는데, 이 장르의 특이한 초점이란 환자에게서 중추적 에너지의 경로를 건강 상태로 회복시키기 위해 그것을 조작하는 것이다. 의학 텍스트가 일단 배제되면 脈에 대한 특별한 역할이 완전히 사라지고, 전체 코퍼스에서 상당히 감소된다고 지적하는 것은 가치가 있다.[28]

우리는 心으로 되돌아가서, 의학 텍스트 외의 코퍼스에서 心과 다른 신체기관 용어가 아닌 몸 용어의 연어 패턴과 단계 1의 의미적 벤치마킹 노력을 비교했다. 표 4.3에 요약되어 있듯이, 일반적으로 의미상 관련된 통제 쌍과 더욱 비슷해 보이는 다른 신체기관-몸 언어 패턴과는 달리, 心-몸 관계는 강하고 잘 한정된 의미 관계(대조나 연결)처럼 보인다.

전체적인 패턴은 모든 신체기관 용어가 몸 용어와 동일한 폭넓은 의미적 공간을 공유하긴 하지만, 心과 몸이 특정하고 의미상 단단한 관계를 공유한다는 강한 느낌을 준다.

물론 心과 몸의 강한 의미 관계의 특별한 유형은 대조나 상보적인 것이기보다는 부분-전체일 수 있으며, 이것은 다시 마음-몸 전체론 입장을 확증하는 것으로 간주할 수 있다. 우리는 이것이 다양한 이유로 우

표 4.3 心과 다른 신체기관: 의미적 벤치마킹 쌍을 가진 몸, 결합 코퍼스(슬링거랜드 外 2017)

텍스트	병음 기관 용어	중국어 기관 용어	영어 몸 용어	중국어 몸 용어	문장 층위 t-점수
결합	마음	心	body	身, 形, 體	30.18
	귀	耳	body	身, 形, 體	16.64
	눈	目	body	身, 形, 體	17.58
	입	口	body	身, 形, 體	16.14
	배	腹	body	身, 形, 體	13.33
	폐	肺	body	身, 形, 體	6.52
	간	肝	body	身, 形, 體	7.32
	신장	腎	body	身, 形, 體	7.23
	장	腸	body	身, 形, 體	5.76
	위	胃	body	身, 形, 體	7.17
	정맥	脈	body	身, 形, 體	18.07
	비장	脾	body	身, 形, 體	6.20
대조 (척도 대립어)	큰	大	small	小	66.21
	큰	大	high	高	33.18
	큰	大	eight	八	30.40
대조 (상보적 우주적)	음	陰	yang	陽	80.61
	음	陰	moon	月	24.00
	음	陰	all	皆	17.64
대조 (상보적 사회적)	형	兄		弟	39.74
	형	兄	mother	母	15.00
	형	兄	gold	金	3.49

고유한 기능	새	鳥	fly	飛	15.76
	새	鳥	black crow	烏	5.68
	새	鳥	simple, bamboo strip	簡	2.50
전체-부분	수레	車	wheel	輪	11.33
	수레	車	rail or track	軌	6.11
	수레	車	pollution	汙	3.06

리 결과에서 나온 불충분한 추리라고 믿는다. 가장 결정적으로, t-점수가 선택하는 의미 관계가 본질상 부분-전체이면, 그것은 모든 신체기관이 동등하게 공유하는 것이어야 하는데, 이것은 우리가 확인한 것이 아니다. 마음-몸 전체론 입장의 기본 원리는 心이 여러 신체기관 중에서 한 가지 신체기관일 뿐이라는 것이다. 心과 몸 간의 의미적 연결의 정확한 본질을 어떻게 해석하든 간에, 心은 전체론적 예측과는 대조적으로 명확히 어떤 다른 신체기관과는 질적으로 다른 것이다.

心-몸 관계가 본질상 부분-전체 관계일 수 있는 가능성은 몸 용어, 고유한 기능 용어, 의미상 관련된 용어, 의미상 무관한 용어라는 일련의 연어 척도에서 心과 눈 및 귀라는 다른 두 가지 일반적인 신체기관을 비교하며 수행한 후속 연구에서 한층 더 약화된다.[29] 그 결과는 그림 4.6에 제시되어 있다.

곧 보겠지만, 신체기관들의 t-점수는 의미 범주에서 상당히 균일한 집합인데, 이것은 의미상 무관한 쌍에서는 예상되듯이 줄어든다. "귀"는 한 가지 예외로서, 의미상 관련된 통제어 "알리다/말하다"[告]에 대해 연어값이 특별히 낮다. 이것은 어쩌면 "알리다"가 "귀"와 매우 밀접하게

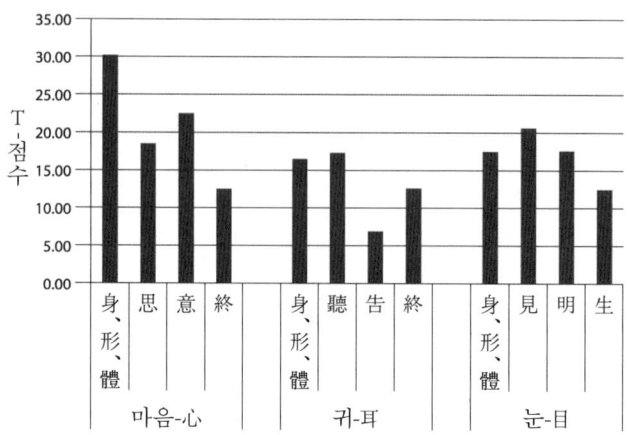

그림 4.6. 心, 귀, 눈과 선정된 비교 글자들의 T-점수(슬링거랜드 外 2017)

관련되는 것이 아니라, 단어 빈도에 관해 "듣다/경청하다/복종하다"[聽]와 일치하는 것에 가까운 좋은 후보를 찾을 수 없었다는 이유로 타협 선택이었다는 사실 때문이다. (우리는 "noise(소음)"나 "sound(소리)"와 비슷한 것을 좋아했을 것이지만, 이런 용어는 매우 흔하거나 매우 흔하지 않았다). 하지만 주목할 만한 적절한 패턴은 신체기관 중에서 心이 어떤 신체기관들에 대한 다른 연어보다 몸 용어에 대해 거의 두 배가 높은 연어값을 가진다는 것이다. 다른 신체기관처럼 心이 그저 그 자체의 특별한 기능이 있지만 질적으로 특별한 지위를 가지지 않은 신체화된 유기체의 한 부분이라면 이것은 뜻이 통하지 않을 것이다.

요컨대, 고대 중국어에서 연어값 패턴에서만 정확한 의미 관계를 식별하는 능력은 파악하기 어렵다. 물론 코퍼스에 대한 더 큰 대규모 탐구가 이런 점을 발전시킬 수 있다. 하지만 우리 연구에서 증명할 수 있는 것은 특정하고 강한 의미 관계의 t-점수가 모호한 의미 관계보다 더 높고, 신체기관들 사이에서 心만이 물리적 몸 용어에 대한 연어 윤곽으로 특징지어진다는 것이다. 강한 마음-몸 전체론의 입장이 단언하듯이, 이것은 心이 많은 신체기관 중 단 하나일 뿐이라는 주장과 화해하기 힘들다. 아래에서는 이런 결과들을 강력하게 확증하는 자동 텍스트 분석의 다른 방법으로 시선을 돌릴 것이다.

계층적 군집 분석

여기와 다음 절에서 논의할 자동 텍스트 분석 방법은 '비지도' 방법*이다. 이는 이런 방법이 전혀 분류되지 않은 데이터를 알고리즘이 탐구하고, 코퍼스 거리와 같은 하나 또는 여러 가지 매개변인에 기초해서 통계상 유의미한 다발을 식별하려는 기계학습의 한 유형을 포함한다는 의미에서다(주래프스키·마틴 2008, 마이너 外 2012). 비지도 접근법의 큰 장점은 원하는 만큼 객관적이라는 것이다. 문서 처리, 선택된 매개변인이나 매

---

*비지도(unsupervised) 방법 기존의 기계학습 알고리즘은 대부분 지도 학습에 기초한다. 지도 학습 방식은 컴퓨터에 먼저 정보를 가르치는 방법이다. 예컨대, 사진을 주고 '이 사진은 고양이'라고 알려주는 방식이다. 컴퓨터는 미리 학습된 결과를 바탕으로 고양이 사진을 구분하게 된다. 비지도 학습은 이 배움의 과정이 없다. '이 사진이 고양이다'는 배움의 과정 없이 '이 사진이 고양이군'이라고 컴퓨터가 스스로 학습하게 된다. 따라서 비지도 학습은 컴퓨터의 높은 연산능력이 요구된다. 구글은 현재 비지도 학습 방식으로 유튜브에 등록된 동영상 중 고양이 동영상을 식별하는 딥러닝 기술을 개발한 상태이다. 일반적으로 명확한 해답이 있는 경우에는 지도 학습이, 데이터 클러스터링과 데이터 마이닝(Data Mining)에는 비지도 학습이 이용된다.

개변인들, 알고리즘의 세부사항 안에 다양한 가정을 만들어 넣을 수 있지만, 이런 가정은 쉽게 다양하게 될 수 있고, 발생하는 패턴은 쉽게 비교될 수 있다. 프로그램 자체의 운영은 인간 입력이 관여하지 않고, 우리의 경우에 고대 중국어에 대한 지식이 없는 동료가 수행했다. 이것은 해석적 편견의 가능성을 상당이 줄여 준다.

슬링거랜드 外(2017)가 사용한 비지도 방법은 계층적 군집 분석(HCA)*과 토픽 모델링**이다. 계층적 군집은 구조화되지 않은 데이터에서 구조화된 정보를 추출하는 데 사용되는 비지도 정보 회수의 한 유형이다(매닝·라가반·슈츠 2008). 토픽 모델은 생성적 확률 모형이다. 이는 토픽 모델 알고리즘이 문서나 문서의 코퍼스 전체에서 함께 확실하게 이동하는 단어("토픽")의 집합을 찾는 것을 의미한다(블레이·앤드류 얀탁옹·조던 2003).[30]

> •계층적 군집 분석(hierarchical clustering analysis; HCA) 가까운 개체끼리 차례로 묶거나 멀리 떨어진 개체를 차례로 분리하여 몇 개의 집단으로 나누는 분석법을 말한다.
>
> ••토픽 모델링(topic modeling) 전체 내용물에서 일정한 패턴을 발견하는 알고리즘 기반 텍스트 마이닝(Text Mining)의 한 형태이다. 구조화되지 않은 방대한 문헌 집단에서 주제를 찾아내기 위한 알고리즘으로, 맥락과 관련된 단서들을 이용해 유사한 의미를 가진 단어들을 군집화하는 방식으로 주제를 추론하는 방법론이다. 특정한 주제들의 집합이라 여겨지는 한 내용물을 구성하는 단어들을 확률적으로 계산해 이 결과 값을 주제어들의 집합으로 추출하는 알고리즘이다. 알고리즘을 기반으로 데이터에 내재된 특징적 패턴이나 데이터 정의 자질들 간의 상호 관련성을 확률적으로 모델링하고 자동 추출한다.

비지도 방법의 큰 장점은 해당 텍스트에 대한 실험자의 잠재적 가설은 말할 것도 없고, 흥미 있는 목표 용어나 연어에 대한 단어 윈도의 크기를 두고 아무런 가정을 하지 않는다는 것이다. 따라서 이런 방법은 코퍼스 속의 어휘항목들 간의 관계에 대해 상대적으로 객관적인 척도를 제공한다. 비록 이런 방법이 방법론에서 연어 분석과 매우 다르지만, 우리는 계층적 군집과 토픽 모델링 분석(HCA)이라는 방법으로 동일한 예측을 했다. 즉, 고대 중국 사상가가 강한 몸-마음 전체론자라면, 心은 그들의 글에서 몸의 다른 신체기관들처럼 행동해야 한다는 것이다. 心과 다른 신체기관 용어가 모두 유의미한 토픽에서 동일한 빈도로 나타나야 하고, 그것들이 몸 용어나 인지나 정서의 다른 용어에 관하여 다발을 이루는 방식에서 다르지 않아야 한다.

비지도 분석의 첫 번째 유형인 계층적 군집 분석을 수행하기 위한 다양한 방법이 있다. 가장 일반적이고 우리가 이용한 것은 상향식의 병합적 계층적 군집화(bottom up, agglomerative hierarchical clustering)다.[31] 이 방법에서 코퍼스는 먼저 "벡터공간(vector space)"으로 전환된다. 이것은 본질적으로 거대한 다차원적 표로서, 각각의 행은 개별 문서를 나타내고, 각각의 열은 개별 용어를 나타낸다.[32] 알고리즘은 벡터공간에서 운영되면서 개별 용어들 간의 기하학적 거리를 측정한다. 그런 다음 알고리즘은 개별 용어를 반복적인 방식으로 군집화하기 시작한다. 즉, 거리가 가장 짧은 두 용어는 하나의 집단으로 "병합되고", 그것은 다시 병합의 다음 단계를 위한 단어가 되며, 이는 알고리즘이 계층적 군집의 집합을 구축할 때까지 계속된다(군집 내의 군집).

그 결과는 전형적으로 트리(tree) 모양 또는 "계통수(dendrogram)"로 나타낸다. 로데·고너만·플라우드(2006)가 수행한 다양한 명사 부류를 대상으로 한 광범위한 현대 영어 코퍼스에 대한 계층적 군집 분석 결과인 그림 4.7은 계층적 군집 분석이 코퍼스 속의 개별 목표 용어들이 의미상 서로 관련되는 방식을 추적하는 인상적인 작업을 할 수 있음을 보여 준다.

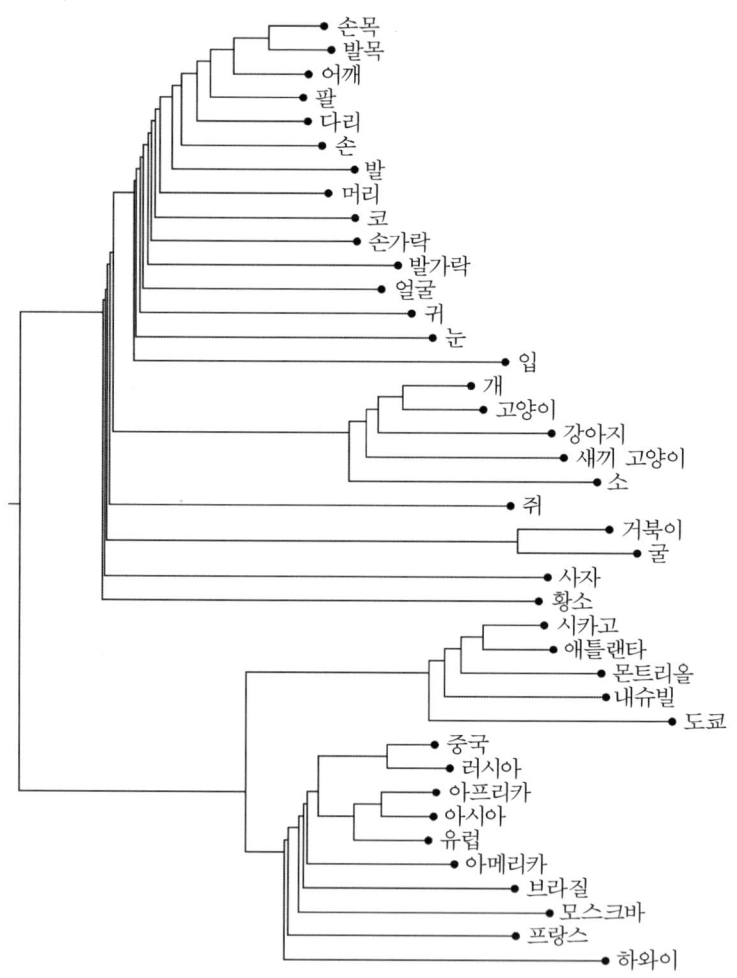

그림 4.7. 영어 코퍼스에서 벡터 거리에 기초하는 명사 부류의 계통수(로데 外 2005: 20, 그림 9)

그림 4.7을 보면, 꽤 일관된 코퍼스의 개념적 지도를 볼 수 있다. "손목"과 "발목"은 하나의 마디를 공유하고, 그런 다음에 "어깨", "팔", "다리"와 연결된다. (어쩌면 둘 다 껍질을 가지고 있고 물속에 살기 때문에?) "굴"과 "거북이" 같이 이상한 쌍도 있지만, 코퍼스의 기하학적 거리에만 기초하는 계통수를 전반적으로 구축하면 의미상 관련된 용어를 함께 군집화하는 일이 의외로 잘 이루어진다.[33]

우리는 고대 중국 코퍼스에 대한 계층적 군집 분석을 위해 의미적 벤치마킹 연구에서 나온 통제 용어들[34] 간의 관계를 나타내는 계통수를 만들었고, 그 결과는 그림 4.8에서 볼 수 있다.

다시, 몇몇 특이한 예외는 있지만, 트리 관계(tree relation)는 이런 용어들 간의 잘 이해되는 의미 관계를 간주하면 예상되는 것이다. 예컨대, 우리는 계절이 함께 군집하는 것을 보는데(그림의 꼭대기 근처에서 약간 옅은 회색으로 그려짐), 두 개의 고전적인 대립어(여름과 겨울)는 가장 기본적인 마디를 공유하고, 그리고 그 다음 마디 위에 있는 봄과 결합되고, 마지막으로 "달(moon)"과 "월(Month)" 모두를 가리키는 月과 결합된다.[35] 또한 대부분의 척도 대립어와 상보적 쌍(陰陽(음양), 天地(천지), 王臣(왕신), 上下(상하))이 단단하게 함께 군집을 이루는 것을 볼 수 있다.

이런 패턴의 예외는 대체로 공통된 합성어나 의미적 중의성의 결과로 설명될 수 있다. 예컨대, "자식"[子]은 예상되듯이 "아버지"(父)보다는 "군주"(君)와 군집을 이룬다. 하지만 이것은 고대 중국어에서 한 개 글자는 한 개 단어를 반영한다는 알고리즘에 구축된 기본 가정에 대한 문제에 따른 결과이다. 물론 고대 중국어는 君子(군자)와 같은 여러 가지 합성어를 포함하고, 계층적 군집 분석은 코퍼스에서 이 결합의 빈도를 선택했다. 향상된 알고리즘은 공통된 합성어를 그 안에 구축시켰을

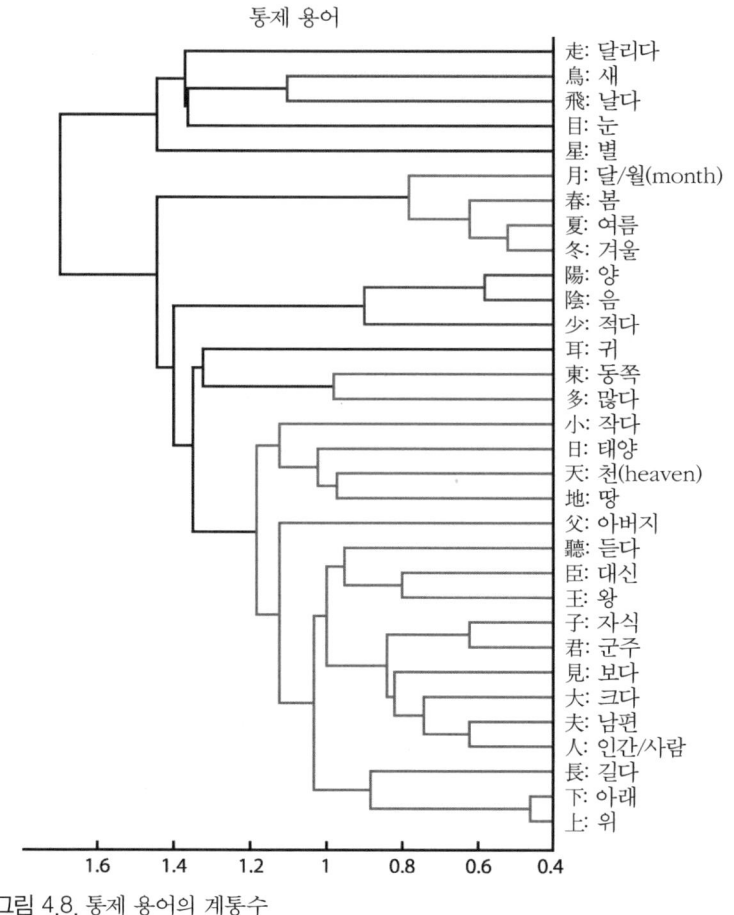

그림 4.8. 통제 용어의 계통수

것이므로, 君子와 같은 결합이 단 하나의 단어로 다루어질 것이다. "크다"[大]는 합성어 大夫(대부)(관료 등급의 이름)에서 흔히 나타나기에 "작다"[小]와의 예상되는 명확한 일치에서 나왔고, "인간/사람"[人]은 이와 비슷하게 "남편"[夫人]의 공통된 합성어 형태에서 "남편"[夫]의 궤도 안으로 들어간다. 초기 연구에서처럼 다른 경우들은 의미상 중의적인 용어를 선택한 결과인 것 같다.[36] 요컨대, 몇몇 놀라운 단단한 쌍(예를 들어, '동쪽[東]'과 '많다[多]')이나 큰 경계선(예를 들어, '눈[目]'과 '보다[見]') 외에, 우리의 계층적 군집 알고리즘은 의미 관계의 일관성 있는 개념적 지도를 제공하는 것 같다.

그 기술이 고대 중국 문서에서 작동한다는 것을 입증했기에, 이제는 논란의 여지가 있는 흥미로운 용어를 나타내는 계통수로 시선을 돌려 보자. 그것은 心과 세 가지 주된 몸 용어와 관련된 신체기관들이다. 이 트리는 그림 4.9로 나타낸다.

그림 4.9보다 마음-몸 이원론에 대한 더 명확한 시각적 표상을 생각하기란 어렵다. 중간 정도 명암의 회색으로 그려진 마디는 心이 몸 용어 중 첫 번째인 身과 특이하게 쌍을 이루고, 다음 마디에서는 다른 두 몸 용어인 形 및 體와 쌍을 이루는 것을 보여 준다. 이러한 마음-몸 연결체는 입과 눈, 귀 등 지각 및 의사소통과 가장 많이 연상이 되는 세

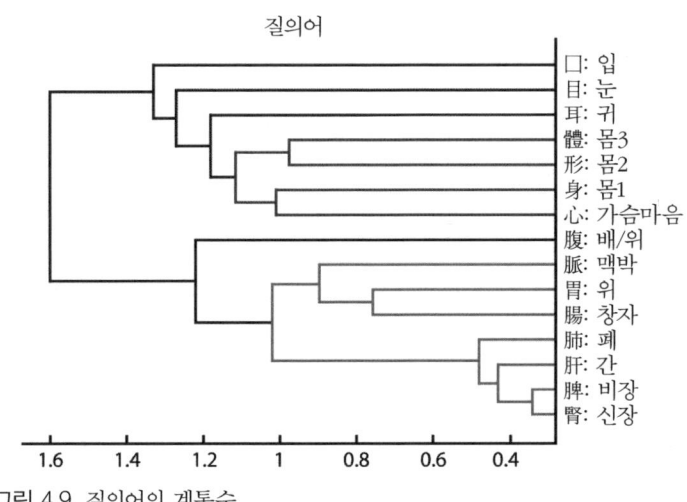

그림 4.9. 질의어의 계통수

가지 신체기관과 군집을 이룬다. 이런 신체기관은 인지와 지각의 중심지의 역할을 하는 心을 가장 직접적으로 돕는 세 가지 신체기관이다. 마지막으로, 더욱 "생리적" 기관으로 간주할 수 있는 것은 모두 많이 떨어진 곳에 위치해서 완전히 별도의 트리에서 군집을 이룬다(계통수에서 x축은 코퍼스에서 기하학적 거리를 나타낸다).

이 후자의 트리에서 "배/위"[腹]은 그 자체 가지에서 나타나는 이상점(異常點, outlier)이다. 이것은 우리의 언어 연구에서 발견되는 것과 동일한 패턴으로서, 우리의 혼합된 정량적 방법들이 비슷한 결과로 수렴된다는 중요한 확증을 제공하는 것임에 주목해 보라. 단순히 다른 생리적 기관들과 상대적으로, 腹의 유별난 위치와 t-점수는 어쩌면 『도덕경』 제12장 "성인은 배를 위할 뿐 눈을 위하지 않네(聖人爲腹, 不爲目)"[37]에서처럼 그것이 기본적인 욕망이나 간단한 욕구에 대한 환유로 간간이 사용되기 때문이다. (불용어 없이 전체 코퍼스에서 실행한) 계층적 군집 알고리즘이 전체 코퍼스에서 보고된 단어 연어 결과를 거의 정확히 재생산한다는 것을 관찰하는 것은 중요하다(그림 4.5). 그림 4.9의 계통수는 몸 용어에 상대적인 초기 t-점수 결과에 대한 시각적인 그래프 표상으로 간주할 수 있다. 거기에서 귀, 눈, 입은 약 17의 t-점수로 밀접하게 함께 군집을 이루지만, 30의 t-점수 점수를 가진 心과 구분된다. 따라서 "배/위"[腹]는 13의 t-점수로 한 단계 떨어져서 나타나고, 모든 다른 신체기관은 5~7 범위의 t-점수로 구별되고 내적으로 단단하게 통합된 군집을 나타낸다.

한 가지 예외는 脈으로서, 이것은 "생리적" 기관과 대비해 계통수에서 이상점으로 나타나지만, 18의 t-점수를 간주하면 이것이 그림의 상단에서 눈, 귀, 입과 결합할 것으로 예상된다. 여기에서 계통수와 t-점수의 차이는 코퍼스의 텍스트 벡터공간에서 脈을 거의 접할 수 없지만, 나타나면 밀집하게 군집을 이룬다는 사실을 반영할 것 같다. 그것은 2,362번 출현으로 전체 코퍼스에서 상당히 많이 표상되지만, 이것들은 거의 모두 작은 수의 의학 텍스트에 집중된다(2,135번 출현). t-점수와 계층적 군집 결과 간의 대조에서 이끌어낼 수 있는 방법론적으로 유의미한 한 가지 결과는 계층적 군집 분석이 사실 단어를 적절한 자리에 놓는 일을 더 잘하는 것처럼 보인다는 것이다. t-점수만으로는 어떤 핵심 용어의 때때로 매우 불규칙한 분포를 전달하지 못하므로 흥미로운 다른 용어와의 관계를 왜곡할 수 있다. 하지만 똑같이 중요한 또 다른 결론은 계층적 군집 결과와 t-점수 결과 간의 전체적인 단단한 일치가 적어도 이러한 고대 중국 코퍼스에서 신뢰할 만한 연어 척도로서 t-점수에 대한 우리의 자신감을 높인다는 것이다.

우리의 계층적 군집 알고리즘과 그것이 만들어낸 계통수는 〈중국철학서전자화계획〉이라는 고대 중국 코퍼스 내의 용어들 간의 기하학적 거리 패턴을 나타낸다. 이런 데이터에 대한 대안적인 의미 해석이 가능하지만, 솔직히 나는 잘 상상이 되지 않는다. 물론 계층적 군집 분석과 연어 결과를 받아들이는 한 가지 다른 방법은 그것들이 이런 텍스트의 작가들이 종종 무리하게 心과 몸이 하나의 통일된 전체론적 단위를 형성한다는 확고한 신념을 주장한다는 반성이라고 주장하는 것이다. 하지만 이것은 그저 그들이 암시적인 마음-몸 이원론자라고 말하는 또 다른 방법이다. 이것은 간이나 비장이 신체부위라고 주장하는 구절을 접하는 것이 매우 이상한 이유다. 다음 장에서 더욱 상세히 기술할 인지 능력이 있는 어떤 인간도 실제로 이것을 의심하지 않으므로, 그것에 찬성할 필요가 없다. 따라서 우리의 정량적 결과는 고대 중국 코퍼스

(그리고 내가 생각하기에 어떠한 텍스트 코퍼스)에 친숙한 우리의 정성적 직관을 확증한다. "마음"과 대략 비슷한 용어가 "몸"과 대략 비슷한 어떤 것과 관련해 논의되는 것은 마음과 몸이 다소 구분된다는 공통된 인간 직관 때문에 빈번하게 접할 수 있다.

토픽 모델링

토픽 모델링은 텍스트 코퍼스에서 규칙적으로 발생하는 용어의 잠재적인 패턴을 식별하기 위해 베이즈 확률*이라는 통계학의 한 특별한 형태를 사용하는 또 다른 비지도 방법이다.[38] 이런 패턴은 "토픽(topic)"이라고 부른다. 토픽 모델링은 주어진 코퍼스 속의 텍스트 표층 구조가 심층 주제의 산물로 간주될 수 있다는 가정으로 시작하고, 그것이 하는 일은 이런 주제(토픽)를 식별하는 것뿐만 아니라 이런 토픽에 속하는 개별 단어를 식별하는 것이다. 따라서 생산된 각 토픽은 토픽에서 "가중치"로 순서가 정해진 단어의 목록으로 구성되는데, 목록의 꼭대기에 있는 단어는 목록의 더 아래에 있는 단어보다 토픽의 형성에 더 많이 기여한다.

프로그램이 흥미있는 용어를 찾을 수 있는 트리를 자립적으로 형성하게 하는 계층적 군집 분석과는 달리, 정성적인 전문적 판단은 토픽 모델링의 결과를 실행하고 해석하는 데 결정적인 역할을 한다. 예컨대, 얼마나 많은 "토픽"이 분석에 적절한지를 결정하기 위해서는 전문지식이 필요하다. 이는 주어진 코퍼스가 10개, 50개, 100개 토픽 중 어떤 것으로 분석되어야 하는지를 결정하기 위한 널리 받아들여지는 선험적 방법이 없기 때문이다. 이것은 전문가들이 어떤 입도의 층위가 개념적으로 가장 일관성 있는 토픽을 제공하는지를 결정하면서 귀납적으로 결정된다. 이러한 토픽에 의미를 할당하기 위해서는 신중한 판단과 근원 요소에 대한 심오한 지식이 필요하다는 것은 분명하다.

인문학에서 토픽 모델링은 여전히 초기 상태이고 오늘날까지 주로 문학 연구와 정치학에서 사용되었다.[39] 종교학 내에서 주성분 분석**이라는 관련된 분석적 기술은 인도 불교 텍스트를 중국어로 옮긴 다양한 번역물의 원작자에 관한 논란을 해결하기 위해 타이완 학자들이 사용했던 것이다(홍젠조우·빙겐하이머·와일스 2010). 토픽 모델링은 또한 당나라 시에서 긍정적 정서 및 부정적 정서와 관련된 토픽을 추출하기 위해 고대 중국 코퍼스에도 적용되었다(호우위팡·프랭크 2015). 〈중국철학서전자화계획〉 코퍼스에 관해, 우리 팀은 또한 고대 중국 텍스트들 간의 관계나 『서경(書經)』과 같은 합성 텍스트를 둘러싼 연대결정과 진본 논란과 같

●베이즈 확률(Bayesian probability) 확률을 지식 또는 믿음의 정도를 나타내는 양으로 해석하는 확률론이다. 확률을 발생 빈도나 어떤 시스템의 물리적 속성으로 여기는 것과는 다른 해석이다. 이 분야의 선구자인 18세기 통계학자 토머스 베이즈의 이름을 따서 명명되었다.

●●주성분 분석(principal component analysis; PCA) 하나의 관찰 대상에 대해 많은 관측 값이 있는 경우에 하나하나의 변수별 또는 2개 변수의 상관관계별로 검토해도 전체 상을 파악할 수 없는 경우가 있다. 주성분 분석은 많은 변수의 분산 방식의 패턴을 간결하게 표현하는 주성분을 원래 변수의 선형 결합으로서 추출하는 통계 기법이다. 즉, p개의 변수가 있는 경우 거기에서 얻은 정보를 p보다 상당히 작은 k개의 변수로 요약하는 것이다. 또는 p차원 공간의 축을 회전시켜 많은 변수의 분산을 가장 잘 반영한 소수의 새로운 축을 찾아내는 기술이라고도 할 수 있다.

은 토픽을 탐구하기 위해 토픽 모델링을 사용하는 것에 대한 실험도 했다(예를 들어, 니콜스 外 2018 또는 베르게톤 外 개관중 참조).

　인문학에서 토픽 모델링의 가장 명확하고 유익한 적용은 바로 원작자, 장르, 연대결정의 논제와 관련 있다. 토픽 모델링은 전문용어의 흔치 않은 군집이나 문법적 불변화사의 변별적 집합과 같은 코퍼스 내의 개념적 지문이나 문체적 지문 또는 문법적 지문으로 생각될 수 있는 것을 알아낸다. 개념적 토픽이 가장 많이 "적재되어 있는"(즉, 가장 일반적이거나 변별적인) 어떤 텍스트나 텍스트의 부분을 주목하게 되면 적절한 지적 영향에 대해 많은 것을 알 수 있다. 이와 비슷하게, 변별적인 문법이나 단어 용법의 고정된 패턴을 선택하는 토픽은 텍스트나 텍스트의 부분에 대한 연대결정에 사용될 수 있다. 이것은 물론 흔히 정성적 직관에 의존한 전통적 텍스트 연구에서 널리 사용하는 기술이다. 하지만 그것은 지금 정량적인 디지털 방법으로 더 빠르고 엄격하게 수행할 수 있다.

　여기에서는 마음과 몸의 개념을 밝히는 데 유익한 〈중국철학서전자화계획〉 코퍼스의 토픽 모델을 생산하려는 예비 시도에 논의를 국한할 것이다. 우리가 만든 〈중국철학서전자화계획〉 코퍼스의 100개 토픽 모델에서, 心은 여섯 가지 토픽에서 나타나고, 전체 코퍼스에서 "가장 많이 적재하거나" 가장 일반적인 한 가지 화제인 토픽 97번의 주성분이다. 코퍼스에서 전체 가중치의 순서대로이고 (중요성으로 등급이 매겨진) 최고 10개 적재 단어와 함께 心이 나타나는 세 가지 개념적 토픽[40]은 표 4.4에서 목록으로 작성되어 있다.

　토픽 97번이 心에 가장 중요한 것은 그것이 전체 코퍼스 가중치에서 두 번째로 가장 많고, 心이 그것의 가장 중요한 용어를 구성하기 때문

표 4.4. 心이 등장하는 개념적 토픽

토픽 번호	가중치	이름	최고 10개 단어 (왼쪽 열이 먼저인 순서대로)
97	0.47514	인지/지각/ 우주적 운명	心(마음), 平(평화/균형), 見(보다/지각하다), 陽(양), 明(밝은/지적인/맑은), 意(의도), 合(일치하다/조화하다), 神(정신), 失(잃다/놓치다), 福(운/행운)
10	0.34877	시간적 인지와 계획	今(지금), 豈(의문), 心(마음), 朝(아침/알현), 後(뒤), 死(죽음), 力(세기/노력), 誠(성실성/정직), 憂(걱정), 棄(폐하다)
33	0.07733	인간·하늘· 정치 질서	人(사람), 得(얻다/획득하다), 大(큰/위대한), 世(세계/시대/세대), 天(천국/하늘), 一(하나/통일된), 知(알다/지식), 心(마음), 王(왕), 已(그치다/이미)

이다. 토픽 97번을 "인지/지각/우주적 운명"으로 특징짓는 것은 주제에서 가장 많은 가중치가 나가는 단어가 첫 번째 세 개인 心, 見("보다/지각하다"), 明("밝은/지적인/맑은")이기 때문이다. 그림 4.10에서 워드 클라우드(word cloud)는 각 단어의 상대적 가중치나 그것이 직관적인 방식으로 토픽에 어떤 기여를 하는지를 시각화한다.

그림 4.10. 토픽 97번에 대한 단어 시각화

토픽 97번의 주된 초점은 인지와 지각인 것처럼 보이고, 의미심장하게도 정서에 대한 언급은 전혀 없다. 우리는 또한 어떤 다른 신체기관도 언급되지 않았고, 눈[目]이나 귀[耳]와 같이 지각과 가장 밀접하게 연상되는 신체기관도 언급되지 않았다는 것에 주목해야 한다. 일치하거나 조화를 이루는 것[合], 기회를 놓치거나 실수를 하는 것[失], 평화[平], 행운[福], 의도[意]를 가리키는 이차적 지시는 세계를 계획하거나 조종하는 것과의 연결을 암시하지만, 정신[神]과 음양(陰陽)⁴¹에 대한 언급은 우주적 힘이 고려해야 할 변수라는 것을 암시한다. 어쨌든 心이 주성분을 형성하는 가장 중요한 토픽은 그것을 지각, 인지, 계획, 개인적 책임의 유일한 자리로 간주하는 세계관을 반영하는 것 같고, 그것은 다시 마음-몸 이원론 설명과 일치한다.

흥미롭게도, 心에 대한 두 번째 가장 중요한 토픽 10번은 비슷한 주제들에 집중된다. 우리는 이것을 "시간적 인지와 계획"으로 명명했다. 이 토픽은 今("지금/오늘")의 지배를 많이 받고, 그 다음이 後("뒤/미래"), 力("세기/노력"), 憂("걱정/근심/염려")가 뒤따른다(그림 4.11의 단어 시각화 참조).

토픽 97번처럼, 미래, 계획, 노력하기에 대해 생각할 때 心의 역할에 집중하는 것처럼 보인다. 흔히 사용되는 豈("의문")와 誠("성실성")에 대

그림 4.11. 토픽 10번에 대한 단어 시각화

한 언급은 마음속의 생각과 결심을 암시하지만, 死("죽음")는 불확실한 선택에서 생기는 잠재적으로 비참한 결과를 암시한다.[42] 잠재적인 위험은 또한 憂("걱정/근심/염려")가 나타나는 현상을 설명하는데, 이것은 정서 용어를 고려할 수 있는 어떠한 단어라도 心을 가진 토픽에서 나타나는 유일한 시간이다. 하지만 憂는 어쩌면 전형적으로 미래 결과나 위험에 대해 생각하거나 전체적인 삶 상황에 대해 부정적으로 심사숙고하는 문맥에서 사용되는, 상상할 수 있는 것 중에서 가장 인지적인 정서이다.

心은 토픽 33번에서 상대적으로 보다 작은 역할을 하는데, 그것은 9번째로 나타나고, 첫 번째 용어 人("사람/인간")에 대한 0.052의 가중치와 반대로 단지 0.017의 가중치를 가지고 있다. 이 토픽이 개념적으로 일관성이 있는 경우에 인간·하늘·정치 질서에 관여하는 것 같고, 지식[知] 또한 역할을 한다. 이 토픽은 주로 心의 인지적 본질을 강조하기도 한다.

우리의 100개 토픽 중 모든 곳에서 나타나는 유일한 다른 신체기관은 脈("정맥/동맥/맥박")으로서, 이것은 예상대로 매우 일관성이 있는 두 개의 "전통 중국 의학" 토픽(73번과 84번)에서 나타난다. 이런 토픽은 거의 전적으로 전문용어로 구성되어 있고, 코퍼스의 의학 텍스트 부분에 거의 전적으로 적재되어 있다.[43] 또 다른 토픽 11번은 언뜻 보면 단어 胃("위")를 포함하고, 따라서 예외인 것 같다.[44] 토픽 11번은 〈중국철학서전자화계획〉 코퍼스에서 백서본(20%)와 곽점초간(6%) 『도덕경』의 두 가지 고고학 판본에 거의 전적으로 적재되어 있다. 하지만 이런 구절 자체를 자세히 살피면 여기에서 胃가 단순히 백서본 『도덕경』에서 이용하는 謂("일컫다")에 대한 문자 변이형이라는 것이 명확해진다. 따라서 토픽 11번은 문체적 주제로서, 그 텍스트의 고고학 판본에 독특한 용어들을 선택하는 것처럼 보인다. 여기에는 "국가"를 전달하기 위해 國 대신에 邦을 사용하는데, 이것은 서기전 206년에 즉위하자마자 한나라 제1대 황제인 유방(劉邦)의 이름을 금기시하기 전에 쓰여진 텍스트의 특징이다. 이 토픽은 또는 코퍼스에서 두 개의 어휘부에도 적재되어 있는데(모두 2%인 『설문(說文)』과 『이아(爾雅)』), 이것은 확실히 고어 형태를 포함하는 것을 반영한다. 그것은 또한 시집 『초사(楚辭)』에서도 1% 나오며, 이것은 백서본와 곽점초간 묘에 있는 고대 초나라의 텍스트에서 일반적인 문체적 자질을 반영한다. 따라서 토픽 11번은 토픽 모델링이 텍스트의 연대를 결정하거나 통용 텍스트의 기원이나 전달에 대한 논쟁을 판결하는 데 유용한 변별적인 문법이나 어휘의 군집을 어떻게 손에 넣을 수 있는지에 대한 좋은 예이다. 따라서 의학 외의 코퍼스에서 心이 우리의 100개 토픽 모델에서 가장 중요한 글자들 사이에 나타나는 유일한 신체기관이라는 것은 의미심장하다. 다시 말해, 그것은 변별적인 토픽 군집에서 나타나기에 충분히 개념적이거나 문체적으로 현저한 유일한 기관이다. 그것은 또한 어떠한 정서 단어와 결합해서는 우리의 토픽 모델에서 나타나지 않으며, 유일한 예외는 憂("걱정/근심/염려)로서, 그것을 정서라고 부르고자 한다면 매우 인지적인 정서이다. 따라서 계층적 군집 분석처럼 우리의 토픽 모델링 결과도 心의 특별한 지위, 몸과의 특이한 관계, 정서적 본질이기보다는 전적인 인지적 본질, 지각 및 의사소통과의 특별한 연결을 확증하는 것처럼 보인다.

학문적 보급의 새로운 모형:
대규모 데이터베이스

디지털 인문학(digital humanities; DH)으로 가능하게 된 정량적 방법이 어떻게 큰 코퍼스에서 유의미한 대규모 단어 공기 패턴을 추출하는지를 보여 주는 몇 가지 예를 제시했기에, 이제는 학문적 일반화를 더욱 엄격하게 입증하기 위한 또 다른 디지털 인문학 방법으로 시선을 돌리고자 한다.[45] 단어 연어나 계층적 군집 분석이 "꼼꼼한" 개별 독자들이 보지 못할 수도 있는 큰 코퍼스의 패턴을 보게 하는 것과 동일하게, 학문적 견해를 보급하고 요약하기 위한 새로운 방법은 학계에 대한 우리의 통제력을 유지하게 한다. 예컨대, 역사적 기록에 대한 정보는 거의 전적으로 현재 개별 학자들의 머릿속에 있거나 학술논문이나 단행본, 책에 수록된 장의 형태를 한 정성적 매체로 보급된다. 이렇게 출간된 대부분의 정보는 유료화 벽 뒤에 숨겨져 있거나 디지털 형식으로는 접근이 불가능하다. 이것은 매우 빠르고 가속화되는 학문적 생산의 시대에 우리 분야를 정확히 포착하지 못하는 것에 고려하면 심각한 문제를 만들어낸다.

역사적 연구에서 충분히 인식되지 못한 문제는 역사적 기록에 대한 폭넓은 주장을 입증하는 효과적인 방법이 결여되어 있다는 것이다(슬링거랜드 2015). 종교학, 아시아학, 인류학과 같은 인문학 분야가 최근 수십 년 동안 상세한 사례와 "두터운" 기술*에 집중하는 경향이 있었지만, 우리는 모두 계속해서 학자와 교사로서 우리 분야에 대해 폭넓은 일반화를 밀거래한다. 예컨대, 고대 중국에서 추정된 마음-몸 전체론의 화제에 관해, 우리는 고대 중국에서는 "[몸-영혼] 이원론이 가능하지 않다"(줄리앙 2007b: 69)나 "[서양에서 전형적인] 친숙한 이원론이 고대 중국 경전을

> ●두터운(thick) 기술 현장에서 일어난 일을 그 고유한 문맥이나 상황 조건과 함께 가능한 한 생생하고 구체적이며 현장의 언어로 치밀하고 풍부하게 묘사하는 것을 말한다. 이는 연구대상의 숨은 의도나 전제, 경험내용 등을 내부자적 관점에서 있는 그대로 드러내고 그 문맥 안으로 인도함으로써 그 경험의 체험적 의미에 가까이 다가갈 수 있게 한다. 이것은 클리퍼드 기어츠(Clifford Geertz)가 상황과 문맥에 따른 인간 행동의 고유한 의미를 해석하기 위해 도입한 개념으로서, 연구자는 현상의 복잡성과 특수성을 충분히 드러내는 기술을 통해 사태의 의미를 심층적으로 해석할 수 있게 된다. 이에 반해, "빈약한 기술"(thin description)은 사태의 고유한 문맥과 상황적 조건 등이 구체적으로 드러나지 않아 사태의 의미가 탈맥락화되어 있고, 행위자의 의도나 전제 등에 대한 치밀한 기술이 이루어지지 못한 경우를 말한다.

위한 해석적 문맥의 역할을 하는 전체론적인 미학적 우주론을 싫어한다고 말하는 것은 상식이다"(에임스 2016: 37)와 같은 포괄적이고 전혀 인용되지 않는 주장을 접한다. 이와 같은 일반적인 주장은 부적당하게 참조문을 인용하거나(기껏해야 자신의 이전 연구나 그 분야의 통용 교재만을 참조한다), 참조문을 전혀 인용하지 않는 경향이 있다. 실제로, 주장이 더욱 폭넓을수록, 인용문을 볼 수 있는 가능성은 더 적다. 이는 어쩌면 진정으로 포괄적인 주장은 특별한 사실이기보다는 그 분야에 대한 일반화된 직관을 전달할 의도이기 때문이다. 나의 견해에서, 역사가들이 이를 문제로 인식하지 못했던 이유는 우리의 현재 인용 관습의 부적당함이 상대적으로 최근에 비롯된 문제이기 때문이다.

2세대 이전만큼 최근에, 진나라 이전의 중국 종교를 연구하는 충분한 교육을 받은 역사가들이 자신의 분야에 대해 폭넓은 일반화가 가능한 것은 그 분야가 작았기 때문이다. 즉, 이런 학자들은 대부분 북아메리카와 유럽에 있고 모두 개인적으로 또는 세평(世評)으로 알려져 있는 20명에서 30명 정도로 구성되어 있었다. 2세대 전에 한 역사가는 실제로 그 분야의 상태에 대해 정확하고 포괄적인 스냅사진을 머릿속에 가질 수 있었다. 1세대 전만 해도, 학문분야는 충분히 작아서, 주어진 분야의 학술적 합의를 포착하기 위한 정적이고 매우 집중적인 기술만으로 충분했다. 핸드북, 편집 단행본, 개론서는 전형적으로 매 십년마다 개정되거나 교체되므로 변화하는 학술적 견해에 매우 느리게 반응하고, 그 질은 해당 분야의 포괄적 지식을 가진 엮은이나 저자에게 전적으로 의존한다. 하지만 학문분야가 관리할 수 있을 만큼 충분히 작고, 새로운 연구 생산과 보급 속도가 다소 느릴 때, 이런 지식 유통 기술은 적당했다.

하지만 지난 10년에서 15년 동안 근본적인 변화가 있었다. 진나라 이전 중국 사상의 분야에서, 다양한 언어로 된 글자 그대로 20여 개의 인쇄된 저널과 온라인 저널이 있다. 한 개인이 그 분야를 진정으로 포괄적으로 파악하려면 그 모두를 추적해야 할 것이다. 이것이 그 자체로 가능하다면 하루 종일 매달려야 하는 작업이다. 적절한 전문가들은 더이상 대체로 남성이거나 영어나 프랑스어를 공통 언어로 공유하며, 해마다 소규모 모임에서 만나는 유대가 긴밀한 20명이나 30명의 공동체로 구성되어 있지 않다. 본토 중국에만도 수준 높은 연구를 제시하는 수백 명의 고대 중국 전공 학자들이 있고, 새로이 발굴된 텍스트는 고대 중국 사상의 풍경에 대한 우리 느낌을 급진적이고 재빨리 변형시킨다. 이러한 발굴된 텍스트를 이해하고 해석하는 것에 관한 중국어 문헌을 놓치지 않고 따라가는 것은 아주 힘든 일일 것이다. 이전 세대에서 학문의 주된 장애물 중 하나가 정보의 부족이었다면, 지금과 같은 디지털 온라인 지식 생산과 매우 빠르게 확장되는 학문의 시대에는 너무 많은 지식이 주된 문제다. 인문학자가 그 분야의 상태에 대한 정확한 스냅사진을 여과하고 얻도록 돕는 도구는 거의 없다.

브리티시컬럼비아대학교(UBC)에 본부를 두고 있지만, 전 세계의 공동 연구자와 투고자가 참여하고 큰 국제 팀이 운영하는 〈종교사데이터베이스(Database of Religious History; DRH)〉(http://religiondatabase.org)는 2012년에 만들어진 종교 역사 기록의 개방형이고 정량적이며 정성적인 데이터베이스다. 특히, 이것은 정보 과잉의 시대에 학문적 의견을 추적하는 문제를 극복하려는 것을 목표로 하는 디지털 인문학 플랫폼을 대표한다. DRH는 인간의 종교적 신앙과 실천에 대해 현재 알려진 것을 체계적으로 결합하고자 한다. 이것은 전 세계 종교적 신앙과 행동에 관한 정보를 표준화된 형식에서 체계적으로 수집하기 위해 설계한 것이다. 여기에서 질문서("여론조사(poll)"라고 부름)는 (이미지, 해설, 텍스트, 2차 자료 등의 형식을 하고 있는) 정성적 정보의 풍부한 생태계를 구축하거나 외적으로 접근할 수 있는 정량적 핵심을 형성한다.

DRH의 현재 주된 질문서는 "종교집단(Religious Group)"을 중심으로 조직되고,[46] 230개의 우선사항 질문과 220개의 비우선사항 질문으로 구성되어 있다(질문의 전체 목록을 위해서는 http://religiondatabase.org/about/questionnaire/ 참조).[47] 전문가들은 그 체계에 접속하고, 공간과 시간에서 정의되는 종교집단을 창조하며, 필요할 때는 의견, 참고문헌, 질적 내용(이미지, 텍스트 파일), 외부 온라인 자료에 대한 링크를 추가하면서 질문서를 끝까지 작성한다. 의견과 다른 링크는 질적 내용을 제공하지만, (가장 일반적으로 "예/아니요/분야는 모른다/나는 모른다" 간의 선택을 포함하는) 정답 자체는 정량적 데이터를 제공한다. 후자는 주어진 주제에 대한 의견 상태를 즉각적이고 정량적으로 평가하게 할 뿐만 아니라 통계 분석과 강력한 시각화도 가능케 한다. 내장된 도서목록 기능은 적절한 2차 자료와 1차 자료에 즉각적으로 클릭해 찾아가거나 Endnote(www.endnote.com)나 Zotero(www.zotero.org)와 같은 인용 관리 프로그램으로 내려받기를 허용한다.

명확한 정답의 분석적 유용성이 의심스럽더라도, 그 질문은 설명 상자에 있는 정성적 정보를 쉽게 찾아갈 수 있는 주제 범주로 조직하는 역할을 한다. 이것이 답하는 데 얼마나 어려운 질문이고, 그것이 왜 특정 종교집단에는 적용될 수 없으며, 그것이 어떻게 문화적으로 편협한 가정에 의존하는지에 대한 전문가의 설명을 훑어보기 위해 주어진 질문에만 제공된 모든 질문과 설명을 쉽게 뽑아낼 수 있다. 전문가 요청에 대한 반응으로 DRH는 또한 일반적인 온라인 정성적 정보를 위한 중추로 진화하고 있다. 전문가가 이미지나 텍스트에 대한 자신의 데이터베이스를 만들어서, 수록어를 통해 그것에 연결하고, 이전에 하드드라이브에 간직한 데이터를 학문 공동체가 이용할 수 있는 기능이 개발 중이다. 전문가들은 또한 텍스트나 이미지 아카이브 등의 다른 온라인 자료와 연결될 수 있다. 우리는 또한 가령, 중국 종교 사전이나 동아시아 불교 사원 주변에서 구축하려고 계획 중인 거대한 정성적 데이터베이스를 조직하고 그것에 접근하게 하는 방법으로 DRH 수록어를 사용하기 위해 디지털 인문학 연구 집단과 공동연구를 하고 있다.[48] 이런 방식으로, 우리가 정치, 생태계 등 다양한 주제를 포함하기 위해 이용 가능한 질문서의 메뉴를 확장함에 따라, 질문서는 인간의 신앙심과 어쩌면 더욱 일반적인 문화적 역사에 대한 정성적 데이터의 풍부한 생태계를 고정시키는 주제적 핵심의 역할을 할 것이다.

정확성과 출처가 의심스러운 위키피디아(Wikipedia)와 같은 자유롭게 편집 가능한 웹 자료와는 달리, DRH 투고물은 노련한 전문가에게 국한하고, 편집자 팀에 의해 동료 평가된다. 이와 관련해, 그것은 편집 단행본이나 학술 핸드북과 자질을 공유한다. 하지만 DRH 투고자는 세계 어느 곳에서 다양한 언어로 자발적으로 나설 수 있다.[49] 최종 결과는 전형적인 인쇄 자료 결과물보다 훨씬 더 다양한 학문적 견해의 수집물이어야 한다. 그리고 인쇄 자료의 경우 적극적으로 투고자를 모집해야 하는 편집자(들)의 개인적 지식은 지원활동의 범위에 제한을 둔다. 학술 단행본에 자주 투고한 투고자들은 결국 함께 대학원에 진학했거나 특별한 "학파"를 대표하는 사람들이다. DRH의 가벼운 감시와 다중 언어적 플랫폼은 가령, 영어 학문이 여전히 불균형적으로 지배하는 고대 중국학에서 공평한 경쟁의 장을 만드는 데 도움을 줄 것이다.

더욱이 각 전문가의 의견은 합의 문서로 융합되기보다는 별도의 수록어로 보존되어서, 사용자가 특별한 주제에 대한 학문적 견해 전체 범위를 보게 한다. 강력하고 직관적인 "동의/이의/설명" 기능은 동료의 수록어를 훑어보는 전문가에게 자신의 견해를 덧붙이게 하여 학문적 대화를 위한 소셜 미디어 같은 장을 만들게 한다. 많은 DRH 변수가 학문적 논란의 주제이기 때문에 이것은 중요하다. 상(商)왕조는 도덕주의자처럼 행동하는 높은 신(High God)을 숭배했는가? 고대 중국 고전을 "경전(scripture)"으로 이야기하거나 신성하게 영감을 받은 것으로 보는 것은 합당한가? 또는 이 책의 주제에 가장 적절하게, 주어진 고대 중국 종교 집단은 정신-몸 이원론의 개념을 가지고 있었는가? DRH는 이와 같은 경우 합의를 강요하기보다는 같은 변수에 대한 여러 가지 대답을 허용하게 설계된 것으로서, 학자마다 자신이 고려한 의견을 기록하고, 정성적 의견과 참고문헌을 포함할 충분한 공간이 있다. "동의/이의/설명" 기능과 결합해서, 이것은 우리에게 특별히 강렬한 학문적 의견 불일치 분야를 식별하게 한다. 의견 불일치 지대는 다시 미래 연구를 위한 우선 사항을 식별하는 데 귀중한 것으로 입증될 수 있다. 어쩌면 더욱 중요하게도, 그것은 그 분야의 직관을 배경으로 자신의 직관을 재빨리 측정하기 위해 종교적 역사 기록을 일반화하려는 학자들에게 방법을 제공할 것이다.

이 책 주제에 가장 적절한 DRH 질문은 앞서 언급했듯이, "정신-몸 구분이 존재하는가?"로서, 설명은 가능한 대답을 명확히 한다. "인간성(또는 의식)이 물리적 몸의 죽음과 함께 소멸되는 경우에만 '아니요'라고 답하라. 그런 구분이 존재한다고 답하는 것이 반드시 데카르트식 마음/몸 이원론의 존재를 암시하는 것은 아니고, 인간성(또는 의식)의 요소가 몸이 죽어도 생존한다는 것을 암시할 뿐이다." 다음의 라이브 링크는 독자에게 DRH에 있는 이 질문에 대한 모든 답의 최신 결과를 제공한다(https://religiondatabase.org/visualize/341/). 적절한 대답의 두 가지 스냅사진은 그림 4.12와 4.13이다.

그림 4.12는 답을 개관하고 그래픽 분포를 빠르게 시각화한다. 물론 단색 표상에서는 명확하지 않지만, 중복되고 때때로 불일치하는 답의 결과는 강한 부동의나 동의의 지역을 보여 주는 "적외선 열지도(heat map)"를 만들었다. 이 질문에 대한 "그렇다"라는 대답은 대략 80%이고, 이것은 전근대적 동아시아의 많은 종교집단을 포함한다. 실제로 적외선 열지도는 동아시아 종교에 관한 대다수의 전문가들이 정신-몸 이원론이 존재했다고 믿는다는 것을 명확히 하는데, 물론 일부 사람들은 그 질문에 명확하게 답할 수 없다고 느끼고 소수는 동의하지 않는다. DRH 사이트 자체에서, 사용자는 관심 있는 지역이나 분명한 논란이

149 answers found

149 answers to 1 question in 146 entries from 1 poll.
☑ draft answers (35 answers)

QUICK VISUALIZATION   TABLE VIEW

Answer distribution:

Is a spirit-body distinction present:
Yes — 87% (130 answers)
No — 5% (8 answers)
Field doesn't know — 7% (11 answers)

Show: ☑ Yes ☑ No ☑ Field doesn't know   Select all

Map results: Display as: Polygon ▼

그림 4.12. "정신-몸 구분이 존재하는가?"라는 DRH 질문에 대한 모든 결과의 빠른 시각화. (2018년 3월 15일에 내려받음)

있는 지역을 확대하기 위해, 날짜 범위와 지리적 범위를 바꿀 수 있다. 이는 더욱 상세한 시각화를 얻게 한다. 이 질문에 대한 결과의 표 개관에서 나온 발췌문은 그림 4.13에 제시했다. 대부분의 인문학자는 표 결과로 시선을 돌린다. 이것은 집단 이름, 날짜와 지리적 범위, 대답과 정성적 설명, 수록어를 준비한 전문가의 이름에 관한 세부사항을 제공한다.[50]

정신-몸 구분은 존재하는가? Poll: v5	상왕조 국교	예 참여자의 지위: 엘리트 생산시기: 서기전 1250~1046년	중간과 하단 황허강 계곡	로버트 이노
정신-몸 구분은 존재하는가? Poll: v5	후기 상왕조 종교	분야는 모른다 주석: 어떤 비물리적 특성은 물리적 몸이 죽은 이후에 정체성을 보유하지만, 케이틀라는 "분야는 모른다"라고 답하고 싶어 했다. 참여자의 지위: 엘리트 생산시기: 서기전 1200~1045년	중간과 하단 황허강 계곡	클레이튼 애쉬튼
정신-몸 구분은 존재하는가? Poll: v5	중국 국교 (상왕조와 서주)	예 참여자의 지위: 엘리트 생산시기: 서기전 1750~850년	중간과 하단 황허강 계곡	로타 본 팔켄하우젠
정신-몸 구분은 존재하는가? Poll: v5	초기 주나라 종교	분야는 모른다 주석: 분묘의 부장품은 무덤 문맥 내에서 정신의 양상에 대한 유지를 암시한다. 청동 비문은 하늘에 있는 조상신의 계급을 암시한다. 참여자의 지위: 엘리트 생산시기: 서기전 1046~771년	서주 (이풍에 기반)	콘스턴스 쿡

그림 4.13. "정신-몸 구분이 존재하는가?"라는 DRH 질문에 대한 표 결과의 발췌. (2017년 3월 15일에 내려받음)

정신-몸 구분은 존재하는가? Poll: v5	메소포타미아의 종교	예 주석: 개인적 특질은 신체화되지만, 사람의 어떤 것이지만 죽음에서 살아남는다. 참여자의 지위: 엘리트, 종교 전문가, 비-엘리트(백성, 일반 대중) 생산시기: 서기전 3300~539년	메소포타미아	카렌 소닉
정신-몸 구분은 존재하는가? Poll: v5	신아시리아 학자들	예 참여자의 지위: 종교 전문가 생산시기: 서기전 900-501년	아시리아 제국에 통합된 도시들	앤-캐롤라인 랑디 루이스
정신-몸 구분은 존재하는가?	아케메네스 종교	예 참여자의 지위: 엘리트, 종교 전문가	아케메네스 제국	아미르달란 에마미

(그림 4.13. ①계속)

정신-몸 구분은 존재하는가? Poll: v5	쿰란 운동 (또한 사해 문서를 전달하는 종파 집단으로 알려짐)	분야는 모른다 주석: 에녹서 제1부(Book of Watchers)에 기초해서, 명확히 죽은 자의 영혼의 정신에 대한 신념이 있었다. 그러나 쿰란 규칙 문서에 기초해서 판단할 때, 1QS3~4에서 두 정신의 보고서와 같은 텍스트가 "영원한 삶"과 땅에서의 지속이나 죽은 후의 존재를 지속하는 정신의 어떤 형식에 대해 이야기하는지 말하기는 어렵다. 또 다른 문제는 요세푸스에 따르면 영혼의 불멸과 어쩌면 또한 몸의 부활을 믿었던 에세네파이지만, 에세네파에 관한 근원은 이 수록어에서 의도적으로 빠뜨렸다. 참여자의 지위: 엘리트, 종교 전문가 생산시기: 서기전 150-68년	예루살렘과 주변	유타 조키란타
정신-몸 구분은 존재하는가? Poll: v5	에세네파	예 참여자의 지위: 엘리트, 종교 전문가, 비-엘리트(백성, 일반 대중) 생산시기: 서기전 165~75년	로마 팔레스타인	카슨 베이

(그림 4.13. ②계속)

정신-몸 구분은 존재하는가? Poll: v5	사도요한 기독교	아니요 주석: 요한은 실현된 종말론과 마지막 날에 부활에 대한 믿음을 결합한다. 참여자의 지위: 엘리트 생산시기: 서기 90~129년	에페수스	리카드 로이토
정신-몸 구분은 존재하는가? Poll: v5	메튜-제임스-다다케 운동	예 참여자의 지위: 비-엘리트(백성, 일반 대중) 생산시기: 서기 50~160년	시리아	보이테흐 카제
정신-몸 구분은 존재하는가? Poll: v5	중국 통속 종교	예 참여자의 지위: 비-엘리트(백성, 일반 대중) 생산시기: 서기전 350~서기 200년	진나라 경계	푸무추
정신-몸 구분은 존재하는가? Poll: v5	한나라의 고대 제사	예 참여자의 지위: 비-엘리트(백성, 일반 대중) 생산시기: 서기전 206~서기220년	동한 -서기 140년	켄 브라시어
정신-몸 구분은 존재하는가? Poll: v5	한 유가	예 참여자의 지위: 비-엘리트(백성, 일반 대중) 생산시기: 서기전 206~서기220년	동한 -서기 140년	마크 칙센트미하이

(그림 4.13. ③계속)

정신-몸 구분은 존재하는가? Poll: v5	고 노르웨이 포르세드	예 참여자의 지위: 엘리트, 종교 전문가, 비-엘리트(백성, 일반 대중) 생산시기: GOO 서기~서기 1100년	바이킹 시대 스칸디나비아	벤자민 라필드
정신-몸 구분은 존재하는가? Poll: v5	자이나교의 나체파 탄트라. 카르나타카	예 참여자의 지위: 종교 전문가 생산시기: 서기 900~1200년	마이소르	애론 울레이
정신-몸 구분은 존재하는가? Poll: v5	천태종 불교 (송나라. 양자 순회로)	아니요 참여자의 지위: 엘리트 생산시기: 서기 960~1279년	양자 순회로	중웨이 우
정신-몸 구분은 존재하는가? Poll: v5	아마마 종교	예 주석: 간단한 이분법 몸 v.s 마음/정신 없음. "영적" 실체 Ka의 심장 존재에 위치하는 마음/정서("영혼": 본질, 개성, 사람의 본질). Ka(살아 있는 힘). Ach(죽은 자의 마술적 '정신') 참여자의 지위: 엘리트 생산시기: 서기전1350~서기 1320년	아마마	토마스 슈나이더

(그림 4.13. ④계속)

정신-몸 구분은 존재하는가? Poll: v5	중앙아프리카 철기시대	예 주석: 장례식에 대한 물품과 연상되는 고고학 증거로 매장의 존재로부터 추론됨. 참여자의 지위: 엘리트. 종교 전문가. 비엘리트(백성, 일반 대중) 생산시기: 서기전 400~서기 1450년	페레그린_중앙아프리카 철기시대	페레그린 등
정신-몸 구분은 존재하는가? Poll: v5	시바파 주술	예 주석: 이 구분이 발견되지만, 그것은 구원론의 개념에서는 거의 다루어지지 않는다. 주술에 대한 대부분의 신념은 신도가 속하는 종파나 일반 힌두 다신교 중복된다. 참여자의 지위: 종교 전문가 생산시기: 서기 800-서기 1500년	남아시아(인도, 스리랑카, 파키스탄, 방글라데시, 네팔	애론 울레이
정신-몸 구분은 존재하는가? Poll: v5	아즈텍 제국 중심핵(또한 멕시카로 알려짐)	예 참여자의 지위: 비-엘리트(백성, 일반 대중) 생산시기: 서기 1325-서기 1519년	아즈텍 제국 중심핵	데이비드 카발로

(그림 4.13. ⑤계속)

정신-몸 구분은 존재하는가? Poll: v5	란나 불교	예	란나 (북타이랜드)	다니엘 베이들링거
		주석: 이 논제는 불교에서 매우 복잡하다. 경전 텍스트는 지속하는 영혼의 존재를 부인하지만, 조건적인 시작의 복잡한 과정을 통해 부활을 확인한다(연기). 백성은 종종 영혼에 의해 생각하고, 확실히 불교 관습에서 얽혀 있던 통속 전통에서 몸에 생명을 불어넣고 몸을 떠날 수 있는 정신에 대한 믿음이 있다. Collins, Steven. "Selfless Persons," Cambridge: Cambridge University Press. 1982 참조. 참여자의 지위: 엘리트, 종교 전문가, 비-엘리트(백성, 일반 대중) 생산시기: 서기 1292~1558년		

(그림 4.13. ⑥끝)

곧 볼 수 있듯이, 적절한 전문가들의 명백한 작은 표본의 의견에서 정신-몸 이원론의 어떤 형태는 동서고금을 막론하고 매우 일반적이고, 강한 마음-몸 전체론의 옹호자들이 일반적으로 주장하듯이 결코 아브라함적 신념에 국한되지 않는다. 대략 근대 중국의 경계를 덮는 다변형을 그림으로써 시각화 결과를 여과하면(날짜, 지도 지역 등을 포함해 다양한 매개변인을 사용하여 여과할 수 있다) 2018년 3월 15일에 정신-몸 이원론 질문에 답하는 22개의 수록어[51]가 나온다. 19개의 수록어는 정신-몸 이원론의 존재를 긍정하지만, 한 개는 부인하며, 다른 두 개는 '분야는 모른다'라고 주장한다. 적어도 이것은 중국인에게 정신-몸 이원론의 개념이 결핍되어 있었다는 것이 "흔히 받아들여진다"라는 주장을 반박하는 역할을 한다. 이 주제에 대한 학문적 견해를 다시 평가하기 위해 독자에게 DRH를 방문해서 이 질문이나 관련 질문을 다시 검색하기를 권한다.

현재 데이터 부족을 고려하면, 여전히 DRH는 진정으로 유용한 연구 도구와는 거리가 멀다.[52] 해당 전문가 중에서 소수만이 수록어에 기여했고,[53] 진정으로 포괄적인 적용범위는 DRH에 대한 기여가 종교학자들 사이에서 더욱 규범적인 관행이 될 때에 실현될 것이다. 출판된 수록어의 PDF 판은 지금 브리티시컬럼비아대학 도서관(UBC Library)에서 특별한 DOI(digital object identifier; 디지털 문서 식별자)가 할당되는데, 이로써 그것을 인용하고 온라인에서 찾기가 더 쉬워졌다. 향후 몇 년 내에, 예술 및 인문과학 논문 색인(Arts and Humanities Citation Index; AHCI)과 같은 주요 목록에 우리가 기재되기를 바란다. 이런 목록은 이력서에 기재된 DRH 출판물을, 특히 후배 학자들에게 더 귀중하게 되도록 한다. 2020년의 적극적인 발전, 혁신, 채용을 보장할 새로운 자금이 최근에 유입되면서,[54] DRH가 학문분야에서 합의에 대한 학자들의 직관을 확인하거나 도전하는 데 할 수 있는 역할은 계속해서 늘어나야 한다. 몇 년 내에, 의미적 주장 Y보다 "수가 많은" 의미적 패턴 X에 대한 주장이 정량적 데이터를 수반해야 하는 것과 동일한 방식으로, "~라고 일반적으로 받아들여진다"나 "대부분의 학자들은 ~라고 느낀다"와 같은 가벼운 진술문이 DRH 데이터 질문을 참조한 각주로 채워지는 것이 일반적인 관행이 되기를 희망한다.

디지털 인문학: 방법론적·이론적 반성

앞서 탐구한 디지털 인문학 방법론은 확실히 많은 인문학자들이 분개하여 거품 물게 한다. 가공되지 않은 공기(共起, raw cooccurrence; 자동화된 방식으로 찾아낸 정보)는 꼼꼼한 읽기를 결코 대체하지 못한다. 위원회에서 형식화한 질문서와 클릭박스는 인간 신앙심의 복잡성을 우격다짐으로 밀어붙인다. 나는 적어도 이런 기술의 한계를 인정하지만, 그 잠재력을 인식하고, 이상적으로는 우리의 전통적인 기술의 보충물이나 보조물로서 유용할 때 사용하는 것이 우리에게 이익이 된다고 제안하면서 마무리하고자 한다.[55]

우둔한 기계 대 영리한 사람

앞서 보고한 자동 텍스트 분석 연구에는 주목해야 할 구체적이고 더 일반적인 몇 가지 우려가 있다. 더욱 구체적으로, 확실히 어떤 연구는 후보 통제 단어나 더 잘 형식화된 불용어(인터넷 검색 시 검색 용어로 사용하지 않는 단어를 말한다. 즉, 관사, 전치사, 조사, 접속사 등 검색 색인 단어로 의미가 없는 단어이다. _역자 주) 목록을 더욱 신중하게 고려했다면 도움을 받았을 것이다. 心의 출현이 인지의 지시를 포착하는 가장 좋은 방법이라는 생각은 또한 분명 지나친 단순화다. 후속 연구에서는 知("지식")나 意("의도")와 같은 용어뿐만 아니라, 神("정신")이나 靈("신령")과 같이 정신-몸 이원론의 표현에서 함축되는 제2장에서 탐구한 몇몇 용어도 검토해야 한다.

하지만 전체적으로, 우리의 결과가 매우 확고한 것은 특히 그런 결과들이 아주 다른 방법론에서도 비슷한 결론에 도달하기 때문이다. 우리가 단어 연어 척도를 검토하든, 계층적 군집 분석이나 토픽 모델을 검토하든 간에, 心은 신체기관들 중에서 전적이고 질적으로 특유한 것으로 두드러진다. 사고, 계획, 의사결정이라는 가장 중요한 인간 능력의 중심지는 물리적 몸과의 변별적이고 매우 현저한 관계를 보여 주는데, 이것은 心이 나타나는 텍스트의 작가들이 적어도 통속적인 "약한" 마음-몸 이원론의 가정을 배경으로 작동하고 있지 않았다면 거의 뜻이 통할 수 없는 것이다. 이런 결과가 제3장에서 다룬 정성적 분석의 결론을 뒷받침하고 확장한다는 사실은 그 정확성에 대한 우리의 확신을 한층 더 높여준다.

확실히 언어 척도, KWIC 윈도, 계층적 군집 알고리즘에 대한 이야기를 과학이 인문학에 불길하게 침범했고, 인문학의 쇠퇴기가 정말 우리에게 닥쳤다는 추가적인 증거로 간주하는 동료들도 있다.[56] 서론에서 지적했듯이, 디지털 인문학의 초기 실천가와 옹호자조차 더욱 최근에 디지털 인문학 운동을 대학의 핵심 임무를 훼손하고 인문학자를 버려진 기술 추종자로 변형시키려는 "신자유주의의" 음모로 묘사하기 시작했다(앨링턴·브로이예·골럼비아 2016). 그와는 반대로 나는 디지털 인문학 기술을 현명하게 채택하는 것이 인문학자가 중요한 질문에 답하기 위해 이용할 수 있는 최고의 기술과 이론을 이용하는 방법이라 믿는다. 단지 정성적 분석의 보충물로 이용된 "원거리" 읽기는 우리에게 꼼꼼한 읽기를 하게 하고, 코퍼스에 대한 새로운 관점을 제공하며, 어쩌면 결정적으로 해석학적 논쟁에서 증거의 균형을 제공하게 도와준다. 1960년대에, 언어학자 마가렛 매스터만(Masterman, Margaret)은 컴퓨터가 새로운 관점에서 텍스트를 분석할 수 있는 잠재력을 "마음의 망원경(telescope of the mind)"으로 기술했는데, 이것은 진정한 잠재력이 아직 수집되지 않은 강력한 새로운 도구이다(1962: 38).

50년 이상이 지난 후에, 우리의 분석 능력의 주된 공백을 컴퓨터 지원 분석이 메워줌에도 불구하고, 이런 잠재력은 충분히 활용되지 않고 있다. 확실히, 토픽 모델링이 가정해야 하는 것처럼, 텍스트는 임의적으로 뒤죽박죽인 "단어 가방(bag of words)"이 아니다. 핵심 용어들의 간단한 공기는 용어들이 어떻게 의미상 관련될 수 있는지에 대해 모호한 느낌만을 제공하고, 보다 중요한 통사론의 역할은 전적으로 무시한다. 어느 누구도 자동 텍스트 분석과 반자동 텍스트 분석이 둔감한 도구라는 것을 부인하지 않을 것이다. 하지만 그것은 아주 강력한 도구이고, 그것을 즉각 거부하는 것은 우리가 가진 증거를 가장 잘 이용해야 하는 학자로서의 책임감과 모순된다. 어쩌면 소수의 인문학자만이 대규모 정량적 연구를 선도하는 경향이 있고, 여전히 극소수만이 그런 연구를 실현시키는 데 필요한 통계 전문지식을 가진 친절하고 인내심이 있으며 협력적인 동료들에게 접근한다. 하지만 우리는 적어도 고대 중국에서 '지배적인' 견해가 무엇이고, 주어진 코퍼스에서 "대다수"의 구절이 어떤 내용인지를 주장할 때 적절한 구절의 포괄적인 목록을 제공하는 것과 같은 작은 단계에서 시작할 수 있다.

이런 방향으로 가는 단계의 한 가지 예는 서양과 중국의 마음 개념에 대한 페리 링크(Link, Perry)의 최근 인기 있는 연구로서, 여기에서 링크는 명사보다는 동사에 대한 선호도가 고대 중국어의 변별적인 개념적 입장을 반영할 수 있다고 주장한다. 그는 "고대 중국어가 인도유럽 언어보다 동사로 더 많이 가득했다는 나의 직관을 테스트하고 싶어서" 다음과 같이 한다고 말한다.

나는 공자의 『논어』와 플라톤의 『소크라테스의 변론』(*Apology of*

Socrates)의 영어 번역서를 펴서 명사와 동사를 세어 보았다. 공자는 명사보다는 동사를 약간 더 많이 사용한다. 플라톤은 동사보다는 명사를 약 45%로 더 많이 사용한다. 나는 더욱 최근의 (하지만 여전히 서양 언어가 중국어에 주로 영향을 미치기 이전에 나온) 예를 찾으면서 조설근(曹雪芹)의 18세기 소설 『홍루몽』과 찰스 디킨스(Charles Dickens)의 『올리버 트위스트』(Oliver Twist)에서 각각 한 페이지를 임의적으로 선택했다. 조설근의 페이지에서는 명사가 130개이고 동사가 166개였지만(0.8 대 1의 비율), 디킨스의 페이지에서는 명사가 96개이고 동사가 38개였다(2.5 대 1의 비율). (2016)[57]

방법론적으로 이런 활동은 확실히 어느 정도의 엄격함을 사용하고, 이상적으로 영어 번역보다는 원래의 그리스어를 참조할 것이다. 그러나 그것은 시작이고, 결정적으로 링크가 말하듯이 우리의 직관을 실제로 테스트하려는 시도도 하지 않고서 하나가 또 다른 것보다 더 일반적이라고 그저 선언하는 평범한 방법보다 더 선호된다.

광대한 디지털 코퍼스가 존재한다고 간주하면 링크의 활동에 대한 더 엄격하고 확장된 버전은 오늘날 수행하기가 아주 쉽다. 수학적으로 더욱 정교한 대규모 정량적 연구를 수행할 수 있는 능력은 또한 급진적으로 대중화되고 있다. 인문학자가 인문학자를 위해 집필한 기본적인 입문서는 온라인에서 이용할 수 있고, 갈수록 많아지는 웹사이트는 자신이 선택한 코퍼스를 업로드하고 분석하기 위해 내장된 도구를 사용할 수 있는 능력을 제공한다.[58] 고대 텍스트를 공부하는 학생이 된다는 것은 흥분되는 시간이고, 우리 수중에 있는 모든 분석적 도구를 이용하는 것은 가치 있을 것이다.

이것이 특히 사실인 것은 내가 생각하기에 인문학자가 해석학적 논쟁을 해결하거나 적어도 타당한 견해의 범위를 좁히기 위해 새로운 방법을 절실히 필요로 하기 때문이다. 앞서 언급했듯이, 고대 중국 사상에 관한 권위 있는 연구에서 데이비드 홀·로저 에임스는 강한 마음-몸 이원론을 포함해 고대 중국의 폭넓은 "문화적 결정인자"가 이른바 "반례의 오류"의 대상이 되지 않아야 한다고 주장한다(1995: xv). 즉, 고대 중국 텍스트 코퍼스의 추세에 대한 합당한 일반화는 고립되어 있는 비전형적인 반례 때문에 무효화 되어서는 안 되고, 우리 스스로 일반적인 추세를 보지 못하는 정도까지 "세부사항에 빠져서는"(xv) 안 된다는 것이다. 문제는 그런 일반화가 무엇이 진정한 추세를 구성하고 무엇이 마음을 산란케 하는 부적절한 반례로 간주되는지를 결정하기 위한 명확한 기준을 제공하지 않는다는 것이다. 나는 앞서 기술한 대규모 텍스트 분석 기술이 이와 관련해 유용하다고 주장할 것이다. 이런 기술은 전체 코퍼스의 전경(全景)을 얻기 위해 개별 구절과 텍스트의 복잡성으로부터 가려내는 방법을 제공한다. 어쩌면 더욱 중요한 것은 그런 기술이 또한 권위로부터 단순한 단언이나 주장이기보다는 상대적으로 객관적인 증거로 주어진 코퍼스에 대한 일반화를 지지하게 한다는 것이다.[59]

1970년대와 1980년대 존 스미스(Smith, John B.)는 그런 분석을 수행하기 위한 첫 번째 도구를 만들었다. 그것은 아카이브 검색 및 분석 시스템(Archive Retrieval and Analysis System; ARRAS)으로서, 처음에 원격단말기를 통해 접근되는 대형 컴퓨터에서 실행되었다. 물론 스미스는 컴퓨터 과학자이긴 했지만, 인문학적 기획에 매우 예민했고, 자신의 플랫폼을 인문학적 전문지식의 대체물이기보다는 인문학자가 연구를 더 잘 수행하게 돕는 도구로 간주했다. 그는 "인문학자는 항상 탐험가였다. 그들은 물의 바다를 항해하는 것이 아니라, 색깔과 소리, 가장 특별하게는 단어의 바다에서 항해한다"(1984: 20)라고 말한다. 스미스의 유추를 확장하자면, 현대 항해자는 여전히 컴퍼스와 풍력계 같은 오래된 도구에 의존하고, 바다, 바람, 파도, 배에 대한 질적 느낌에 기초해서 많은 의사결정을 내린다. 그럼에도, 특히 긴 여행이나 해변에서 멀리 떨어져 효과적이고 안전하게 여행하는 것에 진지하게 관심이 있는 항해자 중 누구도 GPS(Global Positioning System; 위성항법장치) 장치와 성능이 뛰어난 위성 기반(또는 초정밀) 일기예보를 경멸하지 않을 것이다.

이 비유는 인문학자에게 적절하다. 컴퓨터 지원의 텍스트 해석은 거대한 텍스트 코퍼스에서 돌아다닐 때 방향을 잃지 않도록 돕고, 정량적 데이터에 비추어 정성적 직관을 평가하게 하며, 개별 독자에게는 보이지 않는 숨은 "토픽" 또는 주제를 드러내고, 대표성이 없는 반례와 폭넓은 경향의 실례를 더욱 엄격하게 구분하도록 돕는다. GPS나 해양 기상예보처럼, 이런 도구는 자격 없는 초보자가 무엇을 하는지 알고 있다는 착각을 하면서 바다로 나가게 한다면 오용될 수 있고 어쩌면 비참한 결과를 낳을 수 있다. 지식이 풍부한 전문가는 새로운 도구가 주어진 문맥에서 유용한지 평가해야 한다. 즉, 특별한 질문에 답해야 한다. 그들은 또한 분석할 자료의 복잡성이나 구조 때문에 내용을 보지 못하는 알고리즘이나 추상적인 통계 측정의 결과를 언제 무시하면 되는지를 결정할 필요가 있다. 실제로 대개 해당 코퍼스를 깊이 알고 있는 전문가의 해석적 기술이 없다면 자동 텍스트 분석 기술의 결과를 이해하기란 어렵다.

하지만 항해를 위한 것이든 학문을 위한 것이든 간에 새로운 도구는 올바르게만 사용한다면 완전무결한 선물이다. 제1장에서 보고한 연구들이 고대 중국의 마음-몸 이원론에 관한 논쟁에 비추었던 빛 외에도,

나는 이런 연구가 종교나 철학 텍스트에서 의미를 이해하고 사상할 수 있으며, 다른 점에서는 추적할 수 없는 학문적 논쟁에 결정적으로 의견을 낼 수 있는 능력을 증가시키기 위한 대규모 분석적 기술의 잠재력을 성공적으로 보여 주었기를 희망한다. 어쨌든, 앞서 보고한 정량적 결과를 고려하면, 강한 마음-몸 전체론 입장을 계속 옹호하려는 사람은 누구든 연어나 계층적 군집 분석의 결과를 다르게 설명하거나 적어도 왜 그 전체 활동이 기본적인 방법론적 또는 개념적 오류에 의해 틀린 것으로 입증된다고 생각하는지를 설명할 필요가 있다.[60] 이것만으로도 학문적 주제에 대한 우리의 대화에서 진척을 이루어내고, 희망컨대 어떤 입장을 결정적으로 배제하게 도울 것이다.

범주, 질문서, 클릭박스의 폭정

대규모 정량적-정성적 데이터베이스로 시선을 돌리면, 확실히 DRH와 같은 프로젝트에 많은 반감이 있다. 가장 근본적으로, 엄격히 형식화된 질문에 "예"나 "아니요"라고 대답하게 박스를 클릭하는 것은 가장 기본적인 우리의 학문적 본능에 반한다. 우리는 분위기를 보고, 질문이 형식화되거나 답해질 수 있는 다양한 방법을 탐구하게 훈련을 받고, 학생이 동일한 능력을 습득하게 교육시키고자 한다. 우리는 질문 자체가 고유한 가정 및 개념적 신념과 함께 나오고, 예를 들어 대승불교(大乘佛敎) 종파에 적용하면 완벽히 뜻이 통하는 질문이 토착 오스트레일리아 종교 문맥에서는 매우 부적절하다는 것을 분명히 알고 있다. 실제로 "종교" 범주의 유용성에 대한 종교학에서 경험한 수십 년 간의 이론적 고뇌를 간주하면, "종교"의 데이터베이스를 창조하는 행동은 오도되고 식민주의적 오류라고 주장할 수 있다.

그 프로젝트가 처음에 비롯된 종교인지과학(Cognitive Science of Religion)의 분야처럼,[61] DRH는 종교를 정의하는 문제에서 한 걸음 물러나, 그것을 반듯한 모양의 모서리가 없는 방사 범주로 간주한다(불불리아 外 2013, 세일러 2010, 슬링거랜드·불불리아 2011b, 스타우스버그 2010). 잠재적인 기여자에게 그들이 작업하는 공동체가 "종교" 집단으로 간주되는지를 조언하는 한 가지 지침 원리는 "그것이 오리처럼 꽥꽥 운다면, 그것은 오리이다"이다. 우리는 그들에게 질문서를 훑어보고 그것이 적어도 여론조사의 한 부분집합에 답할 수 있는지 생각하게 촉구한다. 그렇다면, 그들은 더 나아가도록 고무된다. 더욱이 질문 자체는 그 분야 전문가의 반복된 몇 차례 상담의 결과이고, 사용자에게서 나온 꾸준하고 진행 중인 피드백들은 통합한다. 정신-몸 이원론에 대한 위의 질문은 유익하고 적절한 예다. 이 질문의 어법은 종교집단 질문서의 부분이 되기 전에 여러 번 반복했고, 워크숍 참여자들이나 이 체계의 초기 검사자들은 이전의 형식화가 너무 제한적이거나 문화적으로 특정적인 것으로 거부한다. 해설은 또한 우리에게 해당되는 용어의 범위를 명확히 한다. 마지막으로, 앞서 지적했듯이 체크박스 대답은 정성적 설명을 선호하면서 완전히 무시될 수 있는데, 이런 경우에 DRH는 범주화되고 검색하기 쉬운 짧은 백과사전으로 기능할 것이다.[62]

하지만 가장 중요하게도, 우리가 전적으로 특이성, 뉘앙스, "두터운" 기술을 밀거래한다는 대부분의 종교학과 인류학 학자들의 현재 자아 개념이 정확하지 않다는 것을 인식해야 한다. 결국 가장 중요한 것은 우리가 정확히 우리의 학문과 교실에서 매일매일 DRH 질문서에 답해야 하는 사람들처럼 폭넓은 일반화를 끊임없이 한다는 것이다. DRH 여론조사의 지나친 단순화는 그것이 종교집단이나 특별한 실천, 신념,

제도에 관한 폭넓은 관점의 완전히 새로운 형태와 맞바꾸어 뉘앙스와 세부사항을 잠재적으로 희생한다는 점에서 앞서 기술한 "원거리 읽기"의 조잡함과 유익하게 비교할 수 있다. 명확하게도, 특별한 질문에 대한 범주적 답과 설명의 목록이 있는 앞의 그림 4.12를 정독한다고 해도, 이런 답을 알려주는 무수한 학회 논문과 단행본을 처음부터 끝까지 꼼꼼히 읽는 것에서 얻는 지식의 깊이 근처에도 가지 못한다. 다른 한편으로, 누구도 실제로 이렇게 하는 것은 전혀 불가능할 것이다. 새로운 1,200만 개의 단어 코퍼스를 정성적으로 정복하지도 못한다. 더욱 걱정스러운 것은, 우리가 실제로 이미 인접 분야나 완전히 별개의 분야는 말할 것도 없이, 우리 자신의 전공 분야에서 출판된 모든 논문을 꼼꼼히 읽을 수 있는 능력을 잃었다는 것이다. 학술적 정원의 특별한 귀퉁이에서 우리가 하고 있는 두텁고 미세한 정성적 연구 외에, 우리는 울타리 위로 머리를 들어 더 넓은 지평에 대한 관점을 얻기 위해 새로운 기술이 필요하다. 이런 더 넓은 관점이 특별한 분야의 최고 전문가가 제공한 더 작고 신중하게 고찰된 수많은 요약에서 구축될 때, 우리는 제공된 견해의 유용성을 확신할 수 있다.

디지털 인문학의 수용

나는 "디지털 인문학"의 촉진이 진정한 인문학 학문을 위한 지원금을 줄이거나 텍스트에 전념하고 이해하는 것이 의미하는 바를 평가절하하기 위한 연막으로 사용된다는 정당한 걱정을 다루면서 이 장을 마무리하고자 한다. 인문학에 종사하는 많은 사람은 디지털 인문학의 촉진이 지식인인 체하는 과학자와 컴퓨터 기술자의 지원금을 더 늘리기 위해 실제로 책을 읽는 인문학자에게서 관리자가 돈을 빼앗는 것의 또 다른 실례처럼 느낀다. 예컨대, 앨링턴(Allington)·브로이예(Brouillette)·골럼비아(Golumbia)(2016)는 디지털 인문학이 진정한 인문학을 훼손시키는 불길한 "신자유주의적" 음모라는 결론에 도달했다. 나는 그들의 주장이 지나치게 극적이고, 그들의 독선적 수사가 지루하다고 생각하지만, 디지털 인문학의 손쉬운 운용에 대해 걱정할 이유가 확실히 있고, 정성적 텍스트 분석이 디지털 시대에 "구식"이라는 주장이 있다. 희망컨대 이 장에서 보고하고 참조한 연구가 증명하듯이, "명시적인 주장에도 불구하고 디지털 인문학은 인문학 연구 질문에 답하기 위해 디지털이나 정량적 방법론을 사용하는 것에 관여하지 않는다"라는 앨링턴 外의 주장은 명백히 틀렸다. 그럼에도, 그들은 우리가 전통적인 학문을 평가절하하거나 인문학자를 과소평가하기 위한 도구로 대학 관리자가 디지털 인문학을 사용하는 것을 경계해야 하고, 컴퓨터 사용을 그 자체의 목적으로 맹목적으로 숭배하는 것을 피해야 한다는 중요한 주장을 한다.

대학 관리자가 기술사용과 "혁신"을 혼동하고, 덜 화려하지만 진정 지적으로 혁신적인 프로젝트나 제안서를 이해하지 못하는 것은 아쉽지만 일반적이다. 너무 많은 디지털 인문학 프로젝트가 디지털 자원을 만드는 것을 자명한 선함으로 간주하지만, 그 자원이 무엇을 위한 것이고, 누가 그것을 사용하며, 왜 그것이 필요한지에 대해 충분히 생각하지 않는 듯하다. 결국, 디지털 인문학이 성공하고 인문학에 채택되려면 그것이 그 분야에 종사하는 사람에게 실제로 중요한 학문적 질문에 답하는 데 사용될 수 있다는 것을 증명해야 한다. 우리 모두는 디지털 인문학 방법 중에서 가장 기본적인 방법, 간단한 키워드 검색, 구절 목록을 적절한 시점에 채택할 수 있고 채택해야 한다. 학생에게 적절한 참고문헌을 인용하지 않고서 특정한 학문적 주장을 해서는 안 된다고 훈련시키는 것과 동일한 방식으로, 우리는 그들과 우리 스스로에게 "진나라 이전 코퍼스 속의 대다수의 구절"이나 "[삽입 키워드] 은유의 가장 일반적인 사용"의 내용에 대한 주장을 정량적으로 입증하도록 다시 훈련시켜야 한다. 토픽 모델링이나 계층적 군집 분석과 같은 가장 정교한 방법론이 어디에 적절한가라는 질문에 관해, 우리는 적절한 기술을 가진 다른 학과의 동료를 어떻게 찾아내는지를 배워야 한다.

이 장은 정성적 분석(제3장)의 보충물로 사용되는 디지털 방법론이 어떻게 어느 한 가지 방법에서보다 코퍼스 속의 개념적 관계를 더 정확하고 포괄적으로 관찰할 수 있는지를 보여 주어, 우리 분야에서 오래된 논쟁을 해결하게 돕고자 하는 의도이다. 고대 중국 코퍼스에서 心의 개념적 지위에 관해, 여기에서 보고된 결과는 제3장의 결론을 강화하고 확장했다. 그곳에서 했던 암시적으로 정성적인 주장은 정량적 증거로 뒷받침되었다. 단어 연어와 계층적 군집 분석(HCA)은 心이 주요한 신체 용어들과 대조되고, 신체기관들의 논의에서 빠진 제3장에서 인용한 구절이 실제로 코퍼스 전체를 대표한다는 것을 보여 준다. 토픽 모델링 결과는 모든 신체기관 중에서 心만이 변별적인 개념적 군집에 참여하고, 心이 나타나는 토픽이 고등 인지와 관련되고 정서와는 아무 관련이 없다는 것을 암시한다. 이것은 슬링거랜드·추덱(2011b) 연구에서 정성적 인간 코더들이 본 패턴을 확증한다. 전체적으로 볼 때, 이 장에서 보고하는 대규모 정량적 결과는 心이 그저 다른 신체기관들과 질적으로 전혀 구분되지 않는 힘을 가진 몸속의 신체기관이라는 견해와 일치시키기가 불가능하다. 제3, 4장에서 조사한 마음-몸 이원론에 관한 텍스트 증거는 제2장에서 개관한 영혼-몸 이원론에 관한 연구와 완전히 일치한다. 나는 우리가 디지털 방법을 사용하지 않고 달성할 수 있던 것보다 心, 그것과 몸 및 다른 신체기관과의 관계를 더 잘 이해하면서 이 장을 떠날 것이다.

내적 증거에서 외적 증거로

이것으로 나는 강한 마음-몸 전체론 입장에 반대하는 내적 증거에 대한 조사를 마무리한다. 여기서 말하는 "내적"은 문화적 기록(고고학 발견물, 통용 텍스트) 자체에서 나온 것을 의미한다. 강한 마음-몸 전체론 주장이 그런 증거에도 불구하고 어떻게 계속 유지될 수 있는지 알기란 어렵다. 다음 장에서는 인지과학의 다양한 분야에서 나온 마음-몸 전체론에 반대하는 마지막이고 희망컨대 결정적인 "외적" 증거를 추가할 것이다. 이런 일군의 연구는 "약한" 마음-몸 이원론에 대한 인간의 선천적이고 보편적으로 공유하는 경향을 증명한다. 이것은 직관에 반하는 데카르트의 실체이원론이 아니라, 마음과 몸이 다소 질적으로 구분되고, 마음이 특이한 힘을 누리고, 몸을 방해하는 물리적 한계에서 다양하게 자유롭다는 견해이다. 나는 또한 생물의 기본 자질과 우리의 개념이 신체화에 의해 구조화되는 방식을 논의하는데, 이것은 우리가 정신적 내면성과 같은 마음-몸 이원론과 연결된 생각이 문화에서 보편적으로 발견되어야 한다는 생각을 강화한다. 이와 같은 외적인 과학적 증거의 취지는 앞의 세 개 장에서 개관한 고대 중국에 대한 내적 증거와 현저하게 잘 일치하고, 강한 마음-몸 전체론 입장이 증거에 기초한 학자들을 위해 간직할 수 있는 좀처럼 사라지지 않는 매력을 완전히 소멸하게 도울 것이다.

3

텍스트 코퍼스의 해석에서 방법론적 논제

5
해석학적 제약
몸속의 마음과 땅 위의 발

다양한 인지과학 분야에 종사하는 내 동료들은 지금까지 들었던 마음-몸 이원론의 보편성에 대한 명백한 예외인 중국(또는 "동양")에 대해 나에게 걱정스럽게 묻는다. 내가 중국이 왜 예외가 아니라고 생각하는지 설명하고, 강한 마음-몸 전체론 입장에 반대하는 앞서 제시한 약간의 증거를 제시하면, 그들은 바로 "그러면 왜 누구나 그렇게 말하는가?"라고 질문한다.

이것은 조금 더 긴 대답을 필요로 한다. 흔히 제1장에서 증명한 신오리엔탈리즘 입장을 빨리 살펴보면서 시작해 보자. 강한 전체론 입장을 채택하는 이데올로기적 이유가 있고, 특히 지난 수십 년 동안 인문학에서 이데올로기는 증거를 능가하는 경향이 있다. 나는 또한 제4장에서 제시한 것과 같은 대규모 정량적 증거가 최근에서야 이용 가능했다고 지적한다. 우리의 정성적 직관에 대한 정량적 점검이나 포괄적인 정성적 데이터를 제시하도록 촉구하는 규범이 없을 때, 서로 다른 이데올로기 축을 가진 학자들은 너무 쉽게 자신들의 주장과 일치하는 작은 일군의 증거를 부지런히 선별한다. 마지막으로, 나는 과학 분야에서 연구를 위한 근본적 출발점인 개인들 및 문화들에서 기본적인 신체화된 공통성의 가정이 대부분의 인문학 분야에서 사면초가에 몰린 소수 의견으로서, 어쨌든 알아채이면 지적으로 고지식하거나 정치적으로 의심스러운 것으로 조롱받는다고 지적한다. 결과로 나온 강한 사회구성주의는 다시 해석학적 진공상태를 만들어, 매우 다양한 해석을 무성하게 한다.

나는 이 책의 앞 세 개 장에서 이용 가능한 텍스트 증거와 이데올로기 증거에 의존하여 고대 중국 사상의 강한 영혼-몸 또는 마음-몸 전체론 해석에 반하는 "내적" 증거를 제시했다. 다음 두 개 장에서는 두 가지 다른 유형의 "외적" 증거를 추가하고자 한다. 이 장의 주제인 첫 번째 외적 증거는 인지과학의 다양한 분야에서 나온 일군의 연구로서, 이런 연구는 몸과 마음, 즉 기계론적 인과성의 지배를 받는 물리적 사물과 자유의지, 계획, 의도성이 가능한 행위자를 질적으로 구분하는 경향이 인간의 인지적 보편소라는 것을 암시한다. 그러한 인지적 보편소는 인간에게서 신뢰할 수 있고 일찍 발달하는데, 이는 사회적 삶의 강력한 적응적 압력에서 형성되는 유전적 형질이다. 게다가, 사물과 행위자 간의 이러한 구분이 마음-몸 이원론, 내세와 영혼 믿음, 세계에서 "의미"의 지각, 문화와 역사에 걸쳐 폭넓은 자질을 공유하는 초자연적 행위성의 개념을 신뢰할 만하게 촉발시킨다는 타당한 증거가 있다.

나의 두 번째 외적 증거는 실증적이기보다는 철학적이고 방법론적인 것으로서, 추론에 관해서 일반적인 수사적 행동이나 비약에 집중한다. 이러한 행동이나 비약은 학자들에게 텍스트 증거와 이데올로기 증거에 대한 합리적인 해석을 벗어나게 하여, 자신과 신중하지 않은 독자를 미끄러운 경사 아래로 밀어서 강한 마음-몸 전체론에 이르게 한다. 이것은 제6장의 주제다.

해석학적 출발점으로서 공유된 통속 인지

인지과학 관점에서 출발하는 사람에게, 어느 곳에 있는 어느 호모사피엔스에게도 마음-몸 이원론의 느낌이 전혀 없었다는 생각은 약간 놀라움으로 다가올 것이다. 인지과학자들은 수십 년 동안 다른 행위자나 더욱 넓게는 세계로 의도성을 투사할 수 있는 선천적인 경향이 인간에게 존재한다고 주장했었다. 이런 경향은 "이론" 같은[1] 것이므로 "정신화(mentalizing)"나 "마음 이론(Theory of Mind; ToM)"[2]이라고 부르는데, 이는 이런 경향이 사고나 욕망, 신념과 같은 관찰되지 않는 정신적 힘의 존재를 가정하기 위해 이용 가능한 데이터를 초월하기 때문이다. 폴 블룸(Bloom, Paul)(2004)이 주장했듯이, 마음 이론은 인간이 경험하는 세계에서 마음을 소유하는 의도적 행위자와 기계론적 인과성의 지배를 받는 마음이 없는 사물 간의 분리 뒤에 놓여 있다. 다니엘 데닛(Dennett, Daniel)도 이와 비슷하게, 다른 행위자의 행동을 분석하고 예측하기 위해 우리가 사용하는 "지향적 입장"과 물리적 사물의 운동 및 특성에 대한 우리의 이해를 지배하는 "물리적 입장"을 구분했다(1978).* 어떤 어휘를 선택하든 간에, 인간은 행위자와 사물 또는 마음과 몸 간의 질적 간격을 만들어내는 렌즈를 통해 세상을 관찰하는 것처럼 보인다. 결국, 이것은 통속적 마음-몸 이원론의 뿌리다.

> ●지향적 입장(intentional stance)과 물리적 입장(physical stance) 지향적 입장은 우리가 사물이나 동물/사람의 움직임을 바라볼 때 인식하고 이해하려는 세 가지 경향 중 하나다. 먼저, 당구공의 움직임 같은 단순한 물리적 움직임을 해석할 때에는 물리적 입장을 취한다. 다음으로, 새의 날개나 자동차의 바퀴 등의 움직임을 해석할 때에는 설계적 입장(design stance)을 취하는데, 이때에는 기능이나 설계 등의 관점에서 움직임을 해석하고 예측한다. 마지막으로, 지향적 입장은 사람이나 동물의 믿음, 의지 등의 관점에서 움직임을 해석하고 예측하려는 경향을 말한다.

마음 이론

1940년대 초까지 거슬러 올라가면 심리학자 프리츠 하이더(Heider, Fritz)와 메리-앤 짐멜(Simmel, Mary-Ann)은 인간이 행위성●을 세계로 투사하는 경향을 입증하였다. 그들은 삼각형이나 사각형과 같은 여러 기하학적 모양이 스크린 위에서 다양한 패턴으로 움직이는 애니메이션을 성인들에게 보여 주고, 그 참여자들이 자발적이고 압도적으로 이런 모양에 정신적 상태와 심지어는 개성을 불어넣는다는 것을 발견했다.[3] 하지만 마음 이론에 대한 현대의 연구[4]는 일반적으로 사이먼 배런-코언(Baron-Cohen, Simon)의 개척적인 연구로 특징지어진다(배런-코언 1995, 배런-코언·레슬리·프리스 1985, 배런-코언·태거-플우스버그·롬바르도 2013). 그는 "마음맹(—盲, mindblindness)"이라고 부르는 마음 이론 장애를 자폐증과 자폐 스펙트럼●● 상에 있는 장애의 세부 특징으로 식별했다. 사회적 상황에서 자폐증 환자가 경험하는 심각한 불편함과 그런 환경에서 성공적으로 생활하지 못하는 확연한 무능력은 타인의 의도나 기분, 정서를 분별하지 못하는 무능력으로 추적될 수 있다. 작동하는 마음 이론이나 "지향적 입장"에 의지하지 않는다면, 자폐증 환자는 무서울 정도로 임의적이고 예측 불가능한 방식으로 움직이는 사물, 그리고 다른 사람의 특별한 부류에 직면한다.

올리버 색스(Sacks, Oliver)는 템플 그랜딘(Temple Grandin)이라는 고기능 자폐증*** 여성 환자를 묘사하면서 신경전형적(neurotypical)인 독자에게 "화성의 인류학자(anthropologist on Mars)"가 되는 것이 무엇인지를 느끼게 한다 (1995: 244~296). 즉, 이것은 타인의 행동을 이해하고 해독하려는 마음 이론이 없는 사람을 말한다.

> 템플은 학교에서 친구를 만드는 게 소원이었다. … 하지만 그녀의 말투나 행동에는 괴리감을 갖게 하는 무언가가 있었기에 친구들은 그녀의 지능에 감탄하면서도 집단의 일원으로 받아들이지는 않았다. … 다른 아이들 사이에서는 빠르고 미묘한 무언가가 끊임없이 벌어졌다. 의미 교환, 타협, 이해의 속도가 어찌나 빠른지 모두를 텔레파시 소유자가 아닌가 하는 생각이 들 정도였다. 이제 그녀는 사회적 신호의 존재를 알고 있고, 추측할 수도 있다. 하지만 이해하거나 마법 같은 의사소통에 직접 동참하거나 그 뒤에 숨겨진 수십 가지 변화무쌍한 심리 상태를 파악하는 일은 불가능하다. (272)

템플 그랜딘이 직면하는 도전은 마음 이론이 사람들 대부분의 일상생활에 얼마나 만연하고 자동적으로 충만되어 있는지를 느끼게 한다. 이런 대부분의 사람들은 매우 빠르고 힘들이지 않고 타인의 의도와 정

●행위성(agency) 행위자의 의도나 욕구, 정신적 상태로 인해 일어난 행위의 발현을 말하며, 작인(作因)이라고도 한다. 행위(action)를 할 수 있는 능력을 가진 행위자를 동작의 주체 또는 동인(agent)이라고 한다면, 이러한 행위의 발현을 작인(agency)이라고 할 수 있다. 동인이 의도성을 가진 행위에 주목하고 있다면, 작인은 이 동인의 의도성이 어떠한 정신적 상태 또는 사건들에 의해 인과적으로 설명될 수 있는지에 주목한다.

●●자폐 스펙트럼 자폐증을 보이는 사람의 특징이 모두 똑같지는 않다는 것을 가장 잘 표현하는 용어로서, 1996년에 윙(L. Wing)이 제안했다. 스펙트럼은 일곱 색깔 무지개가 변하는 과정으로 설명 가능한데, 빨간색에서 주황색으로 변할 때 빨간색과 주황색만 구별 가능하지만 그 중간 중간에는 우리가 알 수 없는 미묘한 변화가 있다. 이와 마찬가지로 자폐증에서도 전체적으로 기능이 모두 떨어지는 전형적인 자폐증이 있고, 한 가지 특정 분야에서 탁월한 재능을 보이는 서번트증후군(Savant syndrome)도 있으며, 아스퍼거 증후군(Asperger's syndrome)도 있고 고기능 자폐증도 있다. 이렇게 구분되는 자폐 증상뿐만 아니라 이들 사이에도 어떤 기능이 모두 떨어지는 사람도 있고, 반대로 어떤 기능이 더 탁월한 사람도 있다. 따라서 이들을 구분하지 않고 모두 하나의 연속체로 보자는 것이 자폐 스펙트럼을 주장하는 사람들의 입장이다.

●●●고기능 자폐증(high-functioning autism) 저기능 자폐증은 전형적인 자폐증 또는 카너 증후군(Kanner's syndrome)이라고 부르는 반면, 고기능 자폐증은 아스퍼거 증후군과 동일시기도 하고 또 다른 특징의 자폐증이라고 주장하는 사람도 있다. 고기능 자폐증은 자폐의 증후를 보이면서 특히 화용적 언어 사용에 뚜렷한 결함을 보이는 경우이다. 그러나 두 상태 모두 정확한 원인을 단정적으로 제시할 수 없고 근본적인 표현형이 같기 때문에 이들을 위한 교육적 중재는 원인에 따른 치료적 접근보다는 행동적 증후에 따라 발생하는 다양한 교육적 요구에 개별적으로 접근하는 것이 바람직하다. 고기능 자폐인 경우에는 부모와는 서로 의사소통이 가능한 정도이며, 저기능 자폐인 경우에는 의사소통이 거의 이루어지지 않는다.

서를 읽을 수 있어서 그런 능력이 없는 사람에게는 그것이 마치 마술처럼 보인다. 그랜딘은 결국 타인의 정신적 상태에 대한 대략적인 근사치를 간접적으로 추론하기 위해 분석과 패턴 인식의 힘을 사용하여 사회적 상황에서 기능하는 법을 배웠다. 하지만 성인이 되어서도 그녀는 엄청난 노력이 들고, 최적이 아닌 결과가 달성된다는 것을 알게 되고, 이는 결국 다른 사람들과의 관계를 피하는 이유가 된다.

자폐증을 겪는 십대 아동을 위한 캠프에서 상담자로 일한 폴 블룸은 제대로 작동하는 마음 이론이 없는 개인의 눈을 통해 세계가 어떻게 보이는지를 알게 하는 흥미로운 일화를 소개한다.

> 어느 날 오후 일곱 살 된 중증자폐아 하나가 나한테로 오더니 양손을 내 어깨 위에 얹는 것이 아닌가. 놀랍기도 하고 한편으로는 감동도 받았다. 일단 겉보기에는 자연스러운 애정 표현 같으니 말이다. 하지만 이내 손을 움켜쥐더니 펄쩍 뛰어올라 양쪽 발로 내 다리를 힘주어 누르고는 이내 위로 올라서기 시작했다. 알고 봤더니 내가 서 있는 곳에 높다란 선반이 하나 있었는데, 그 아이는 나를 사다리 삼아 그 위에 놓여 있던 마음에 드는 장난감을 집으려는 것이었다. (2004: 37~38)

마음 이론이 없는 아이의 눈에는 키가 큰 캠프 상담자가 함께 이야기를 나누거나 도움을 위해 의지하는 행위자가 아니라, 바라는 장난감을 얻는 데 장애가 되는 것을 극복하기 위한 방편으로 사용될 수 있는 물리적 사물로 보인다. "그가 나에게 장난감을 달라고 요청만 했더라면 더 간단했을 텐데"라고 블룸이 지적하듯이, 이것이 사회적 세계에서 살아가는 가장 효율적인 방법이 아니라는 사실은 우리에게 마음 이론의 진화적 기능을 느끼게 해준다.

서론에서 언급했듯이, 마음 이론이 세상을 묘사하기에는 잘못된 것이라고 지적하는 것은 중요하다. 즉, 현재 인간 인지에 대한 가장 좋은 모형은 의도와 목표, 바람을 물리적인 인간의 몸에 거주하는 단지 유령 같은 "마음"에서 나오는 인과적 힘이기보다는 물리적 물질(신경 상태)의 다른 형상으로 본다.[5] 따라서 마음 이론의 파생물인 통속적 마음-몸 이원론도 똑같이 잘못된 것이다. 실제로 우리가 마음과 몸에 대한 진정한 전체론적 모습을 발견하고자 한다면, 자아에 대한 현대의 신경생물학적인 물리주의 설명●으로 시선을 돌리기만 하면 된다(예를 들어, 데닛 1991, 플래너건 2002). 그럼에도, 정신적 상태의 인과적 효력에 대한 지각과 믿음은 매우 유용한 환상처럼 보이는데, 이것은 인간과 어쩌면 다른 동물이 세계에서 더욱 빠르고 효율적으로 살아가게 하는 것이다. 다니엘 데닛이 주장했듯이, "지향적 입장"을 채택하는 것은 물론 실제로는 부정확한 것이긴 하지만 다른 복잡한 유기체를 다루고, 사회적 상황을 잘 처리하기 위한 중요한 도구다(1995: 237). 이와 비슷한 방식으로, 통속 물리학(folk physics)(아리스토텔레스 모형과 뉴턴 모형의 혼합)은 어떤 물리적인 척도에서 명확히 직관에 반하는 양자 기계론적 원리를 따르는 것으

● **물리주의(physicalist) 설명** 물리학의 언어가 과학의 보편적 언어라는 주장으로서, 사회과학을 포함한 모든 과학적 언어는 관찰가능한 사물의 특성들을 가리키는 술어로 구성되어 있고, 심리적-정신적 현상을 가리키는 말들도 궁극적으로는 물리적 언어로 설명될 수 있다는 과학적 경험주의의 주장이다.

로 입증되는 물리적 세계를 다루게 돕는다. 종 특정적 "본질(essence)"에 대한 통속적인 생물학적 생각도 이와 비슷하게 실용주의적으로 유용하지만, 신다윈의 진화 모형에서는 뜻이 통하지 않는다.

데닛은 마음 이론이 제공하는 과학적으로 부정확하지만 휴리스틱적으로는 유용한 가정이 시간 압박을 받는 유기체에게 의미심장한 연산적 수단을 제공한다고 주장한다. "지향적 입장이나 통속적인 심리적 입장에서 당신이 누군가에게 벽돌을 던지면 그가 홱 머리를 숙인다고 쉽게 예측한다. 벽돌에서 안구까지 광자와 시각신경에서 운동신경까지의 신경전달물질을 추적해야 한다면, 그것은 다루기 어렵고 항상 그럴 것이다"(1995: 237).[6] 관련된 "사회적 뇌 가설"**은 우리의 몸무게에 상대적으로 인간의 뇌가 거대한 것은 사회적 관계를 잘 다루고, 잠재적인 짝과 협력자, 적을 평가하며, 우리가 일반적인 진화의 환경에서 상호작용하는 수많은 개인의 개성과 역사를 간단히 추적하는 엄청난 복잡성 때문이라는 가장 합리적인 설명이다.[7] 따라서 마음 이론이 인간 발달에서 매우 일찍 작동한다거나, 우리 인지적 자원의 많은 부분이 정서 읽기, 사회적 기만 탐지, 충성 평가, 과거의 사회적 상호작용 기억하기, 미래의 상호작용 예측하기, 이웃사람에게 지지 않으려고 허세 부리기와 같이 마음 이론과 관련된 처리에 전념한다는 것은 놀라운 것이 아니다.

●●사회적 뇌 가설(social brain hypothesis) 인간의 언어 능력과 지능은 대뇌 발달 정도와 상관이 크고, 대뇌 발달 정도는 해당 종의 일반적인 집단 규모와 상관이 크다는 가설이다. 즉, 대뇌의 크기는 그 개체가 소속한 공동체의 규모와 상관이 있다는 것이다.

우리는 태어난 지 며칠 내에 의도적 행위자와 인간적으로 경험된 우주의 나머지 사이를 이간시키기 시작한다. 갓 태어난 유아는 무생물은 무시하면서 사람들과 얼굴을 보고, 인간의 얼굴 표정을 모방하기를 좋아한다(멜조프·무어 1977, 1995). 인간의 시각계는 또한 갓 태어난 유아에게서도 주의를 선택적으로 끄는 생물학적 운동의 단서에 극도의 민감성을 진화시켰던 것처럼 보인다(시미온, 레골린·불프 2008, 사충의 外 2010).[8] "유생성의 지각(perception of animacy)", 즉 가시 범위 내에 있는 주어진 실체가 무생물이기보다는 행위자라는 인상은 무의식적이고 재빠르고 지각적 처리의 매우 초기 단계에 발생한다. 숄(Scholl)·트레믈러(Tremoulet)(2000)가 지적하듯이, 유생성의 지각은 다음처럼 보인다.

> 유생성의 지각은 상위 층위의 인지적 처리와 전형적으로 연상되는 인상을 포함한다는 사실에도 불구하고 대개 본질상 지각적이다. 즉, 매우 빠르고, 자동적이며, 불가항력적이고, 매우 자극 유도적이다. … 시각계가 3D 모양과 같은 특성을 추리해서 세계의 물리적 구조를 회복하게 작동하는 것처럼, 그것은 또한 인과성과 유생성 같은 특성을 추리해서 세계의 인과적·사회적 구조를 회복하도록 작동하기도 한다. (299)[9]

이런 지각적 효과는 범문화적으로 발견되고, 생후 3개월 된 유아에게서도 발견된다.

또한 분명한 것은 매우 이른 나이부터 인간은 의도성이 인과성과 구분되는 것으로 생각한다. 즉, 인간은 신념, 의도와 선호도, 추론되는 목표를 고려하는 효율적인 행동이 존재한다고 적어도 암시적으로 가정하는 행위자에 대해 예측한다. 유아와 매우 어린 아이는 사물과 달리 행위자가 자체 추진식이고, 물리적인 접촉 없이 서로에게 영향을 미치며, 목표와 바람에 의해 가동되는 것으로 이해한다(스펠크·필립스·우드워드 1995, 래키슨 2003). 유아에게 새로운 실체를 단순한 사물이 아닌 "행위자"로 분류하게 하는 변별적 자질은 "그 실체가 행동을 내적으로 통제한다 (즉, 언제 어떻게 행동할지를 선택한다)는 충분한 증거"(바야르종·스콧·비안 2016: 163)처럼 보인다. 이런 증거로는 상황에서 변화를 탐지하는 것, 목표 지향적 방식으로 행동을 수정하는 것, 자체 추진식인 것이 있으며, 물론 마지막 증거인 자체 추진식만으로는 행위성 할당에 충분하지는 않다.

어떤 방식으로 움직이게 조작될 수 있는 무생물에 의도와 바람을 인상적일 만큼 심오하게 할당하는 것은 전언어적 유아에게도 자명하다. 작은 원이 큰 원 근처에 가기를 "원하는" 것처럼 보이는 애니메이션을 반복적으로 본 12개월 된 아기는 그 이후에 작은 원이 가장 빠른 길을 통해 큰 원으로 가지 않는 것을 보고는 놀란다. 그들이 놀란다는 것은 응시의 길이로 측정된다(게르게이 外 1995). 6개월 된 유아는 목적지에 도달하기 위해 장애물을 우회하는 것을 몇 번이나 보았던 행위자가 장애물이 제거된 이후에도 계속 이 우회로로 가는 것을 보고 놀란다.[10] 언덕을 올라가려고 "노력하는" 원이 번갈아 가면서 위로 밀어주는 친절한 삼각형의 도움을 "받거나" 아래로 밀치는 네모로 "손해를 입는" 애니메이션을 본 유아는 그 다음 장면에서 원이 삼각형 쪽이 아니라 네모 쪽으로 움직이는 것을 보고는 놀란다(쿠홀마이어·원·블룸 2003). 이것은 생후 1살 된 유아에게 복잡한 마음 이론의 업적이다. 원에게 목표를 할당하는 것뿐만 아니라 다른 기하학적 사물에서 나쁜 의도나 좋은 의도를 추리하는 것, 그리고 원의 입장에서 동맹이나 회피 행동에 대한 추가적인 예측이 그런 업적이다. 8개월에서 10개월 된 유아는 목표를 달성한 행위자가 부정적인 정서를 표현할 때 놀란다. 이는 유아가 실패의 경우에 부정적인 정서를 예상하기 때문이다(스컬리오·스펠크 2014). 바야르종·스콧·비안(2016)이 요약하듯이, "첫 생일 무렵에 유아는 조사하기, 도달하기, 얻기, 사물 옮기기, 그리고 행위자 위로하기, 돕기, 쫓기, 때리기, 그리고 행위자에게 장난감 주기나 훔치기를 포함해 다양한 목표를 추리할 수 있다"(165).

마음 이론의 업적은 정도가 다양하고, 그 발달 궤도는 범문화적으로 비슷한 경로를 따른다. 아이들은 12개월에서 18개월 사이에 달성하지 못한 목표를 추리할 수 있다. 즉, 사람이 하고자 노력하는 것과 실재하는 명시적 행동을 구분한다. 앤드류 멜조프(Meltzoff, Andrew)(1995)의 중요한 초기 연구에서는 18개월 된 아이에게 성인이 박스 안의 오목한 곳에 들어 있는 버튼을 막대기로 성공적으로("실연" 조건) 또는 비성공적으로("의도" 조건) 누르는 것과 같이 새로운 사물로 하는 흔치 않은 과제를 완수하려고 노력하는 장면을 보여 주었다. 중요하게도, 비성공적인 "의도" 조건에서 아이들은 결코 목표 행동이 완수되는 것을 보지 못했다. 더욱이 완전히 새로운 과제가 있었기에, 아이들이 전에 그 행동의 성공적인 수행을 보았을 가능성은 없다. 그럼에도, 사물을 가지고 노는 기회가 주어지면, 아이들은 두 조건 모두에서 성공적인 행동을 즉각적으로 내놓았고, 두 집단 간에 통계상 유의미한 차이는 없었다. 의도 조건의 아이들은 그 모형의 실제 행동을 무시하고, 그 대신에 하고자 의도하는 것에 집중했다. 이것은 매우 정교한 마음 이론의 업적이다.

고등 마음 이론 능력에 대한 권위 있는 최적표준 검사는 이른바 허위신념 과제(false belief task)이다.[11] 전형적으로 실험대상자 행위자 1이 어떤 사물을 위치 A에 두고 그 자리를 떠난다. 그런 다음 행위자 2가 도착

해서 그 사물을 위치 B로 옮긴다. 그리고 나서 그 실험대상자에게 "[행위자 1]이 다시 돌아와 어디에서 [그 사물]을 찾을 것인가?"라는 질문을 한다. 실험대상자는 여기에서 그 상황의 실재에 대한 자신의 지식(사물은 위치 B에 있다)과 행위자 1의 (허위)신념 상태의 모형을 분리하는 과제에 직면한다. 4세나 5세 미만의 아이들은 일반적으로 고전적인 언어적 허위신념 과제를 통과하지 못하면서, 그 상황에 대한 자신의 지식을 행위자 1에 할당한다.

주로 안구추적과 응시 시간을 통해 전언어적 아이를 이해할 수 있는 능력의 발달은 일부 연구자의 견해에서 허위신념을 표상하는 능력이 존재하는 나이를 생후 첫 1년까지 초기로 당겼다(사우스게이트 2013, 바야르종·스콧·비안 2016: 173~176). 뇌파(electroencephalogram) 모니터를 사용하는 사우스게이트(Southgate)·베르네티(Vernetti)(2014)의 연구에서는 6개월 된 유아가 감각운동 피질 활성화를 보여 준다는 것을 발견했는데, 이것은 한 행위자가 어떤 박스에 공이 들어있다고 잘못 믿었을 때 그 상자로 손을 뻗지만, 그 안에 공이 없다고 또한 잘못 믿었을 때는 그렇게 하지 않는다고 예측한다. 감각운동 활성화는 전형적으로 예상되는 행동의 경우에 발생한다. 즉, 인간과 다른 영장류동물은 관찰하거나 예상하는 타인의 감각운동 활동을 자신의 뇌에서 무의식적으로 반영한다. 이것은 유아가 상황의 실제 현실이라기보다는 허위신념에 근거해서 행동을 예상하고 있음을 암시한다. 오니시(Onishi, Kristine)·바야르종(2005)은 고전적인 허위신념 과제를 유아의 예상을 암시하는 관찰 시간에 의존하는 비언어적 형태로 변형시켰다. 그들은 15개월 된 유아가 행위자 1이 사물이 위치해 있을 것으로 생각했기보다는 바라는 사물의 실제 위치를 보려했던 시도에서 훨씬 더 오래 본다는 것을 발견했다. 게다가 송현주·바야르종(2008)의 연구결과는 유아가 사물의 위치에 대한 행위자의 신념뿐만 아니라 주어진 그릇의 구체적인 내용물도 표상한다고 제안한다. 유아는 속임을 당하는 행위자가 겉으로는 바라는 사물처럼 보이게 위장된 바라지 않는 사물을 선택하게 우롱당하지 않을 때 놀란다. 3세 아이에 대한 시선 과제 실험은 그런 이해가 명시적인 언어적 진술에 반영되지 않는다는 사실에도, 그들이 허위신념을 암묵적으로 이해한다는 것을 암시한다(클레멘츠·퍼너 1994, 러프맨 外 2001). 22개월에서 40개월의 아이가 허위신념 과제의 언어적 형태와 비언어적 형태 모두에서 성공한다는 것을 입증한 결과는 북서 중국, 남동 에콰도르, 북 피지의 세 가지 소규모 비서양 모집단에서 반복되었다(오르버 2009).

사우스게이트(2013: 7~12)의 견해에서, 유아가 간단한 행동 규칙에 의존하고 있다는 대안적 가설은 결정적으로 배제되었다. 이와 비슷하게 바야르종·스콧·비안(2016: 177~178)도 제안된 유아의 수행에 대한 다양한 비정신적 기술의 설명력에 반대하는 주장을 강력하게 한다.[12] 장기적인 연구에서 응시 과제에 대한 유아의 수행과 나중의 더욱 표준적인 마음 이론 과제에 대한 취학전 수행 간에 상관성이 있음을 보여 주었다는 사실은 내가 생각하기에 가장 중요하다(소르머 外 2012). 브룩스·멜조프(2015)는 15개월에 시선 추적이 2년 6개월에 정신적 용어의 사용과 5년 6개월에 허위신념 과제의 성공을 예상했다. 다른 장기적인 연구에서는 마음 이론 능력에 대한 이런 초기의 측정이 학령 아동의 사회적 가상놀이 참여와 같은 사회적 기술, 상대를 설득하는 능력, 동료에게 인기와 같은 후기 지표를 예측한다는 것을 보여 주었다(웰먼·피터슨 2013: 54~56). 이것은 의지하는 심리적 기제에서 강한 연속성을 암시한다. 그것은 또한 의미심장하게도 마음 이론의 진화적 중요성을 강조한다. 강렬한 사회적 종인 인간은 마음 이론 없이 기능하는 것을 엄청나게 어려워한다.

발달의 초창기 임에도 불구하고, 나이가 들면서 마음 이론 귀속이 훨씬 더 미묘하고 복잡해진다는 것은 명확하다. 언어적 허위신념 테스트를 통과하는 능력의 점진적 발달과 그것의 범문화적 가변성으로 인해 일부 연구자는 완전히 성숙한 마음 이론이 언어와 문화변용을 요구한다고 결론 내리게 되었다. 한 가지 가능성은 성인 수준의 마음 이론 능력이 자동적("뜨거운") 인지 과정과 의식적("차가운") 인지 과정 모두를 포함한다는 것이다. 행위성의 기본 지각과 의도 및 바람의 할당 같은 자동적 인지 과정은 훈련이 필요 없이 발달상 일찍 발생하고, 재빨리 기능하며, 의식적인 감사나 노력 없이 발생한다. 신념 상태의 여러 가지 순환적 층위를 이해할 수 있는 능력(X가 참이라고 그녀가 생각한다고 그가 믿는 것을 그녀는 안다), 복잡한 묘사에 참여할 수 있는 능력, 아이러니와 풍자를 사용하고 이해할 수 있는 능력과 같은 의식적 인지 과정은 더 복잡하고, 의식적 통제와 문화적 입력 모두를 요구하며, 천천히 기능한다.[13] 아이가 언어적 허위신념 과제를 확실하게 통과하는 시기의 사소한 변이는 범문화적으로 존재한다. 예컨대, 유카텍 마야 아이에게서, 그 능력은 미국 아이의 경우에 대략 1년 늦은 4살과 7살 사이에 확실하게 나타난다(나이트 外 2004).[14] 마음 이론 발달이 중국, 이란, 여타 "전통주의적" 사회에서는 미국과 발달 궤도가 조금 다르다는 것도 주목할 만하다. 이것은 또한 문화적 입력에 대한 역할을 암시한다(웰먼·피터슨 2013: 57~58).[15] 일종의 "자연스러운" 사회적 상호작용이 결정적인 역할을 한다는 것은 또한 청각이 정상인 부모를 둔 청각장애 아동의 경우에서 암시된다. 이런 아동은 허위신념을 이해할 수 있는 능력이 심각하게 지체되고, 전형적으로 십대에 들어설 때까지는 허위신념 과제의 명시적 형태를 통과하지 못한다. 중요한 것은 이런 차이가 모국어 수화를 사용하는 청각장애 부모를 둔 청각장애 아동에게는 존재하지 않는다는 것인데, 이들은 정신적 상태와 바람에 대한 유창한 대화와 풍부한 정보를 포함하는 사회적 환경에서 자라기도 한다. 이것은 고급 마음 이론 능력이 건전한 대화적 환경에 대한 노출을 요구한다는 것을 암시한다.[16] 어쨌든 발달 궤도에서 약간의 차이 외에, 5세나 6세경에 전 세계 아이들은 가장 어려운 "숨겨진 정서(hidden emotion)" 과제(누군가는 한 가지 정서를 느끼지만, 다른 사람들에게 다른 정서를 보여 줄 수 있다)를 포함해 허위 신념 과제의 모든 성분을 통과한다(에이비스·해리스 1991, 웰먼·피터슨 2013).

이질적인 전 세계 문화권의 성인은 완전히 성숙한 마음 이론 능력을 공유할 뿐만 아니라, 매우 미묘하고 복잡한 지향적 입장도 매우 비슷하게 이해한다. 예컨대, 아마존 에콰도르의 슈아르(Shuar) 지역의 수렵-채집자와 도시 독일인들 사이에서 실시한 한 연구에서 클라크 배럿 外(2005)은 점들이 스크린 주변을 돌아다니는 것으로만 구성된 애니메이션을 만들었는데, 이는 영어 단어 "chasing", "fighting", "courting", "guarding", "playing"이 나타내는 다양한 의도적 행동을 나타내게 설계한 것이다.[17] 슈아르와 독일 실험대상자들 모두 모국어의 상관있는 단어와 그 애니메이션을 똑같이 정확히 일치시켰다. 마음 이론 활동은 또한 뇌의 비슷한 부위에서 범문화적으로 국부화된다. 코스터-헤일(Koster-Hale)·색스(Saxe)(2013: 132)가 말하듯이, (2013년 현재) 마음 이론에 대한 400개 이상의 기능적 자기 공명 영상(Functional magnetic resonance imaging; fMRI) 연구에서는 "개인들 사이에서 작고 매우 가변적인 반응 패턴을 생산하는 경향이 있는 고등 인지의 많은 양상과 달리, 마음 이론 과제는 몹시 확고하고 신뢰할 만한 뇌 부위 집단에서 활동을 유도한다"라는 것을 보여 주었는데, 그 부위는 특히 내측 전전두피질(medial prefrontal cortex; mPFC)과 측두-두정 연접부(temporo-parietal junction; TPJ)이다. 마음 이론이 이런 부위에 의존하는 것과 의도성과 비난에 관한 도덕적 판단에서 결정적인 역할을 한다는 것은 영 리안 外(2010)의 정밀한 실험에서 증명되었다. 목표 부위에서 신경 활동을 일시적으로 붕괴시키는 경두개 자기자극법(transcranial magnetic stimulation; TMS)은 우측 측두-두정 연접부나 몇 센티미터 떨어져 있는 통제 부위에 적용되었다. 통제 집단이 아닌 실험 조건의 실험대상자들은 도덕적 비난을 하고, 결백한 사고를 비난하며, 남들에게 해를 입히려는 실패한 시도를 너그러이 봐줄 때 정신적 상태를 고려할 가능성이 높지 않았다. 마지막으로, 마음 이론은 점차 잘 이해되는 유전적 기초를 가지고서 자폐증과 같은 조건에서 선택적이고 적

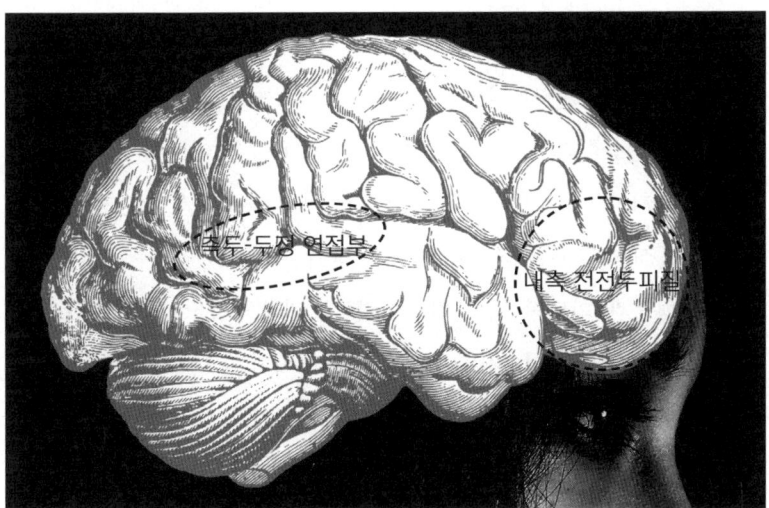

내측 전전두피질(medial prefrontal cortex; mPFC)과 측두-두정 연접부(temporo-parietal junction; TPJ)의 위치 (역자 주)

어도 부분적인 손상에 취약하고(배런-코언 1995, 태거-플우스버그 2005), 자폐증(부족한 마음 이론)에서부터 정신분열증(과도한 마음 이론)에까지 이르는 스펙트럼에서 인간 개체군에서 범문화적으로 분포되는 것처럼 보일 것이다(크레스피·배드코크 2008, 크레스피·스테드·엘리어트 2009).

비록 그것이 "인간과 모든 다른 동물을 구분하는 중심적인 심리적 과정"(배런-코언·태거-플우스버그·롬바르도 2013: v)으로 기술되었지만, 적어도 마음 이론과 기능적으로 비슷한 어떤 것이 종의 장벽을 넘을 수 있다는 증거도 있다. 이것은 놀라운 일이 아니다. 마음 이론이 복잡한 행위자를 다루는 개인에게 제공하는 진화적이고 적응적인 장점을 간주하면, 적어도 그것의 어떤 양상이 다른 사회적 종에게도 존재할 것으로 예상된다. 까마귀와 어치를 포함하는 새의 부류인 까마귀속(Corvid)은 적어도 초보적인 마음 이론을 암시하는 능력을 보여 준다는 것이 밝혀졌다. 다른 어치가 보고 있는 중에 음식을 숨겼던 한 어치는 잠재적인 경쟁자가 더 이상 보고 있지 않을 때 나중에 다시 돌아와서 그 음식을 옮기는데, 이것은 동일종의 인식적 상태를 나타내는 능력을 요구하는 것처럼 보이는 현상이다.[18] 예상되듯이, 다른 종의 마음 이론의 경우는 침팬지라는 우리의 가장 가까운 친족에게서 가장 강하다.[19] 인간들처럼, 침팬지는 음식과 같은 바람직한 사물을 찾기 위해 시선 단서를 이용하고, 우연적 행동과 의도적 행동 간의 구분에 민감하며, 사회적 기만의 정교한 행동에 참여한다. 저명한 영장류동물학자 다니엘 포비넬리(Daniel Povinelli)는 의심자 운동(doubter movement)의 수장이었고, 인간과 침팬지 간에 큰 진화적 공백이 있고, 따라서 그들의 행동을 정신적 용어로 해석하려는 우리의 경향이 침팬지 행동에서 작동할 수 있는 실제 기제보다 우리 자신의 인지적 가정에 대해 더 많은 것을 말해 준다고 주장한다.

브라이언 헤어(Hare, Brian)와 동료들로 대표되는 다른 연구자들은 생물학적 절약성(biological parsimony)과 마음 이론 과제에서 침팬지의 높은 수준의 수행이 침팬지가 적어도 일부 마음 이론의 요소를 소유한다는 것을 암시한다고 제안한다. 여기에서 말하는 수행은 마음 이론을 환기하지 않고 단지 복잡하고 외관상 강제적인 개념적 재주를 통해서만 설명될 수 있는 수행이다.[20] 영장류동물 외에, 더 최근 연구에서는 생물 행위자와 무생물 사물 간의 근본적인 구분이라는 마음 이론의 가장 기본적인 성분이 척추동물의 뇌에 깊이 뿌리고 둘 수 있고, 따라서 동물계에서 널리 공유된다는 것을 암시했다(매스캘조니·레골린·발로르티가라 2010).

평범한 사람은 데카르트가 아니다: "약한" 마음-몸 이원론

폴 블룸은 보편적인 통속적 마음-몸 이원론을 주장하면서 이런 이원론을 본질상 데카르트적인 것으로 묘사했다(2004: xii). 즉, 존재론적 물질 이원론(ontological substance dualism)으로 묘사했다. 이런 주장은 인지과학 집단의 도전을 받기 시작했고, 이것은 고대 중국의 마음-몸 개념을 검토하면 폴 블룸(2004)에서 약술했으며 통속 이원론을 일반적으로 소개했던 기본적인 도식에 미묘한 차이가 더해지는 분야이다. 이것은 또한 다른 문화에 대한 심오하고 특별한 질감의 지식인 인문학적 지식이 어떻게 인지과학 연구에 충만될 수 있고 충만되어야 하며, 이와 동시에 사회과학에서 차용한 기술이 어떻게 해석적 연구를 더 명확하고 엄격하게 수행하게 돕는지 예증한다.

중국학에서처럼 (흔히 데카르트의 이원론과 동일시되는) 마음-몸 이원론이 나머지 지구에 거주하는 더없이 행복하게 전체론적인 민족들에게 전혀 알려지지 않은 서양의 생각이라는 것은 문화인류학에서 상식이다.[21] 하지만 엠마 코헨과 동료들은 다음과 같이 지적한다.

> 이런 주장에 영향을 미치는 민족지학적 증거는 종종 해석하기가 어렵다. … 실증적 주장과 데이터는 종종 난해한 은유적 언어로 표현된다(예를 들어, "가후쿠(かふく[下腹]) 개념은 서양의 마음/몸 범주와 비슷한 것이 아니라 그것을 붕괴시킨다. 그들에게 있어서 몸은 마음을 삼키고 제약하며, 또한 그 자체가 사람의 표시가 된다"[스트레선(Strathern) 1994: 45]). 증거의 출처와 성질, 대표성 또한 빈번하게 모호하다. (2011: 1285)

고대 중국의 마음-몸 개념에 대한 평가와 같이, 특별히 어떤 능력이 영어 mind(마음)나 독일어 Geist(정신)와 가장 가까운 목표 언어의 어휘항목과 연상되고, 어떤 능력이 "몸"으로 가장 잘 표현되는 용어와 연상되는 경향이 있는지 지적하면서 그런 주장의 세부내용을 파고드는 것은 유익하다.

일단 그렇게 하면, 매우 복잡한 그림이 등장한다. 마음과 몸의 직관적이고 통속적인 개념에 관해 현대 실험대상자들에게 실시한 연구는 강한 데카르트주의가 심지어 "우리 서양인들"에게도 실제로 이상하고 반직관적인 견해라는 것을 암시한다. 영혼 빙의나 내세와 같은 주제에 대한 구체적인 질문을 받을 때, 서양 세계의 연구 참여자들은 어떤 능력이 "마음"(추상적 사고와 개인 정체성)과 명확히 어울리고, 어떤 능력이 "몸"과 명확히 어울리며(생리적 기능), 어떤 능력이 몸과 마음 사이에서 애매한 입장을 취하는 식욕과 습관 같은 중간 능력인지에 대한 직관을 가지고 있다. 나는 이런 통속적 개념을 데카르트의 실체이원론과 구분하기 위해 "약한" 이원론이라고 부른다. 약한 이원론은 마음과 몸이 질적이고 근본적으로 다른 것으로 간주하지만, 또한 다양한 방식으로 상호작용하는 것으로 간주한다. 사람들은 커피나 와인 같은 눈에 보이는 물질을 마시면 마음에 영향을 미친다는 것을 미루어 안다. 어떤 소식을 듣고 우울하거나 기분이 우쭐하는 것도 명확히 몸에 영향을 미친다. 습관과 중독은 마음과 몸 사이의 회색 지대에 존재한다. 사람이 죽어도 여전히 니코틴을 열망하는가? 여전히 배가 고픈가? 질문서, 행동 데이터, 신경영상 데이터로 하는 더욱 명확한 범문화적 연구는 마음-몸 개념이 복잡하고 종종 내적으로 일관성이 없으며, 문화마다 다르다는 것을 증명했다. 그렇긴 하지만, 이런 다양성 이면에는 정신적인 것과 육체적인 것 간에 기본적인 질적 구분은 있다.

제시 베링(Bering, Jesse)(2002b)은 이 주제에 관해 개척적인 연구를 수행했다. 베링은 미국 대학생들에게 어느 한 사람이 사랑하는 사람과 심하게 다툰 후 출근길에 자동차 사고로 죽는 이야기를 읽게 했다(한 이야기에서는 남성이고, 다른 이야기에서는 여성이다). 그런 다음 "그는 죽었기 때문에 물을 마실 필요가 있을까?"와 같은 다양한 능력, 필요, 기능의 연속성에 관해 질문을 했다. 이런 상태와 능력은 (1) 심리적인 것(예를 들어, "그녀는 여전히 배가 고픈가?"), (2) 지각적인 것(예를 들어, "그는 긴급 의료원들이 자기를 소생시키고자 애쓰는 것을 볼 수 있는가?"), (3) 인식적인 것(예를 들어, "그녀는 자기 딸을 생각하고 있는가?"), (4) 정서적인 것(예를 들어, "그는 여전히 아내에게 화가 나 있는가?"), (5)

욕망(예를 들어, "그녀는 살고 싶어 하는가?")으로 범주화되었다. 베링과 그의 팀은 참여자들이 해당 능력이 죽고 난 뒤에도 계속되었다는 연속성 판단에 어느 정도까지 찬성하는지가 그 유형에 매우 많이 의존한다는 것을 발견했다. 즉, 심리생물적 상태와 지각적 상태는 일반적으로 죽고 난 뒤에 그치지만, 정서적 상태, 욕망, 인식적 상태는 계속되는 것으로 생각되었다.[22] 더욱 최근에 황준웨이(Huang, Junwei)·쳉레화(Cheng, Lehua)·주징(Zhu, Jing)(2013)은 이런 결과를 중국 대학생에게 널리 반복했다. 흥미롭게도, 황준웨이 外(2013)는 또한 해당하는 다양한 감각기관에 따라 지각 능력을 나누고 시각적·청각적 지각이 후각이나 미각 기능보다 죽고 난 뒤에 계속될 가능성이 더 높다는 것을 발견했다(36). 이것은 시각과 청각이 미각이나 후각보다 더 "인지적인" 기능이기 때문에 그럴듯한 결과이다. 이런 연구결과는 제4장에서 제시한 고대 중국 코퍼스의 계층적 군집 분석에서 나온 계통수를 생각나게 한다. 거기에서 눈[目]과 귀[耳]는 다른 감각기관보다 心과 더 밀접하게 연결되어 있다.

엠마 코헨 外(2011)는 자아의 특정한 능력을 대상으로 하는 51개 질문을 사용해서 내세에 대한 암시적인 직관을 얻기 위해 비슷한 방법론을 사용했다. 그들은 시골 브라질과 옥스퍼드(영국)의 실험대상자들에게 자신들의 몸을 떠나 바위나 식물에 들어가는 것을 상상하게 했다. 그럼 다음 "당신은 여전히 ~할 수 있다고 생각하는가?"라는 질문을 했다(무언가를 보기 또는 배고프다고 느끼기 같은 특별한 능력이나 기능이 질문 안에 들어갔다). 연구자들은 두 집단 사이에서 많은 의견일치를 발견했는데, 이들의 대답은 그들이 능력을 "몸 의존성"의 스펙트럼을 따라 관찰한다는 것을 암시했다.[23] 몸 독립적인 것으로 간주되는 능력, 즉 바위나 식물로 쉽게 이동해 가는 능력은 또한 전형적으로 마음과 연상되는 능력이다. 이것은 다음과 같다.

 기억하기
 보기
 알기
 이해하기
 믿기

흥미롭게도, 이런 능력은 또한 슬링거랜드·추덱(2011b)에서 입증되었고 心의 의미 범위 내에 속하는 능력을 약술하려는 사람들에게 친숙해 보일 心의 기능으로 매우 잘 사상된다. 참여자들은 다음과 같이 다른 능력들이 물리적 몸에 단단하게 매어 있는 것으로 간주할 것이다.

 당신을 따뜻하게 하는 태양을 느끼다
 가렵다고 느끼다
 화장실에 가고 싶다고 느끼다
 열광적으로 느끼다
 역겹다고 느끼다
 아프다고 느끼다

사람들이 스스로를 하나의 전체론적 마음-몸 단일체로 간주한다면, 자신의 물리적 몸을 떠난다고 상상하게 할 때 어떤 능력이 자아와 함께 이동하는지에 있어서 아무런 패턴이 없어야 한다.[24] 실제로 어떤 참여자도 어떤 것이 이 사고실험에 참여하는지에 대해 문제가 없다는 사실은 우리의 선천적 이원론을 반영한다.

엠마 코헨 外(2011)의 연구에서 지적할 만한 한 가지 흥미로운 것은 대부분 정규교육을 전혀 받지 않은 시골의 브라질 실험대상자들이 영국 실험대상자들보다 더 이원론적이었다는 것이다. 코헨과 동료들은 이것이 영국 실험대상자들이 통합된 마음-몸 체계의 메시지를 가진 서양 생물의학적·신경학적 교육에 노출되었기 때문일 수 있다고 추측한다. 즉, 전형적으로 어쩌면 하나의 단위를 이루는 데카르트의 서양 마음과 연상되는 "서양" 과학의 교육은 실제로 선천적인 통속 이원론을 훼손했을 수 있다. 추덱과 동료들의 연구에서도 매우 비슷한 결과를 얻었는데, 그들은 시골 피지 실험대상자들 사이에서 마음-몸 이원론이 서양식 교육에 더 많이 노출된 실험대상자들에게서는 감소한다는 것을 발견했다(추덱 外 2013). 문화적 문맥은 또한 물리적 몸이 죽고 난 뒤에 살아남는 능력들의 정체성과 수에 관한 판단에 강한 영향을 미치는 것처럼 보인다. 해리스(Harris)·기메네즈(Giménez)(2005)는 스페인 아이들에게 실시한 조부모 죽음에 대한 인터뷰에서 세속적 문맥이기보다는 종교적 문맥에서 대화에 틀을 부여하여 실험대상자들이 내세 믿음을 지지하는 정도가 증가했다는 것을 발견했다. 자아에 대한 과학적·생물학적 설명을 점화하는 것은 사람들에게 더욱 "전체론적으로" 생각하게 만드는 것처럼 보인다. 아스투티(Astuti, Rita)·해리스(2008)는 시골 마다가스카르(Madagascar)의 베조(Vezo) 부족 사이에서 비슷한 패턴을 관찰했는데, 여기에서 종교적 문맥(조상숭배)을 의도적으로 환기하면 아이와 성인이 물리적 몸이 죽은 뒤에도 정신적 과정이 살아남는다고 주장하는 정도가 증가했다.

선험적인 개인적 신념이나 지적 신념 또한 죽은 후 특성의 생존에 대한 사람들의 직관에 명확한 영향을 미친다. 베링(2002b)의 연구에서, 사후에 개인의 의식이 생존하는 것에 관한 개인적 신념을 두고 실험대상자들에게 인터뷰를 실시했고, 이런 신념은 질문서에 대한 답변에 명확히 영향을 미쳤다. "멸종주의자(extinctionist)"(죽을 때 개인의 의식 정지)와 불가지론자(agnostic)는 모든 능력이 사후에 계속될 가능성이 낮은 것으로 간주한다. 물론 능력의 유형에서 일반적인 패턴은 "환생주의자(reincarnationist)", "불사주의자(immortalist)", "절충주의자"(환생과 불사 정신 신념의 결합), 또는 다른 신봉자들(의식은 몸에서 살아남지만, 세부내용은 불명확하다)에서 얻은 것과 비슷하다. 황준웨이 外(2013)는 중국 대학생들에게서 대략 비슷한 결과를 얻었다. 황과 동료들이 말하듯이, 내세 연속성 반응에 관한 유물론 신념이나 불가지론 신념의 이러한 기를 꺾는 효과 외에, "스스로를 내세를 믿지 않는 사람으로 명확히 분류하는 사람들도(즉, 멸종주의자) 죽은 사람의 생물학적 기능과 정신성을 구분하는 이원론 사고 형태를 보였다"(39)라는 것은 주목할 만하다.[25] 그들이 지적하듯이, 이것은 몸과 마음 간에 (데카르트식은 아니지만) 깊이 자리 잡은 직관적인 이원론이 존재한다는 것을 암시한다.

마음-몸 이원론과 통속 인지에서 드러나는 그 "약함"에 대한 또 다른 유익한 (비유적이고 문자적인) 예증은 블룸(2008)의 "선천적 데카르트주의(innate Cartesianism)" 이론을 명시적으로 비판하는 중요한 연구에서 미치 호지(Hodge, K. Mitch)가 제시한 것이다. 호지는 다양한 세계 문화에서 나온 장례식, 신화, 도상학, 종교적 교리의 예를 조사하면서 사람들의 이원론이 마음-몸 구분에 의해 명확히 구조화되지만 마음과 몸이 전혀 다르고 상호작용하지 않는 물질로 생각되는 것이 아니라고 지적한다. 활동력이 없는 몸은 계속해서 한 때 그곳에 거주했던 마음의 흔적을 포함한다. 이것은 송장이 매우 심오한 종교적·정서적 문제를 제시하는 이유다. 송장은 평범한 사물과는 다소 다른 것처럼 보이는 사물이고 짧은 시간 내에 공중보건을 위협한다. 실제로 장례식의 주된 목적은 운용 가능한 방식으로 이런 연결을 깨뜨리는 것으로서, 송장에서 마음 흔적을 점차 완전히 떼어내거나 이런 흔적을 묘석이나 위패와 같은 더욱 튼튼한 또 다른 사물로 전이하면서 송장을 안전하게 처분하게 하는 것이라고 주장할 수 있다(맥코믈 2010).[26] 비슷한 방식으로, 마음은 결코 이 세상의 고리에서 완전히 벗어나지 못한다. 죽은 자들은 삶에서 "빙의했던" 사람들과 닮았고, 전형적으로 몸이 부과하는 물리적 한계의 지배를 받는 영묘한 몸을 소유하는 것으로 계속 짐작된다.[27] 물론 우리는 호지가 입증하는 죽은 자들에 대한 물리적 표상과 비슷한 수많은 것을 고대 중국에서 발견할 수 있다. 여기에서 죽은 자는 때때로는 삶에서 빙의했던 것과 더욱 희미하거나 모호하긴 하지만 내세에서 매우 동일한 형태를 소유하는 것으로 시각적으로 표상되고, 인간 영역과 초자연 영역은 구분되지만 여전히 어떤 방식으로 연결되는 것으로 묘사된다.[28]

물론 이런 통속적 마음-몸 개념은 데카르트적이지는 않지만 여전히 확실히 이원론 도식으로 구조화되는데, 이는 "마음"이나 "몸"을 중심으로 하는 질적 군집이다. 이런 도식은 행위자와 사물에 대해 추론하는 서로 다른 인지적 체계를 간주하면 예상된다. 기독교의 성인은 기도를 들을 수 있지만, 심신을 약화시키는 통풍을 겪는 것으로는 흔히 생각되지 않는다. 니코틴과 술에 대한 욕망은 동서고금을 막론하고 죽은 자의 영혼들 사이에서 널리 공유되는 것처럼 보이듯이, 죽은 필 삼촌(Uncle Phil)(미국 시트콤 〈The Fresh Prince of Bel-Air〉에 나오는 등장인물인 필립 뱅크스(Philip Banks)를 가리킨다. 이 드라마에서 그의 조카인 윌리엄(윌 스미스)은 그를 "필 삼촌"이라고 부른다. 필립 뱅크스의 역할은 제임스 아베리(James Avery)라는 배우가 맡았으며, 그는 1945년 11월 27일 미국에서 태어나 2013년 12월 31일 사망하였다. _역자주)은 묘석의 담배와 술에 감사할 수 있지만, 지속되는 등 통증에 대해 이야기하는 것은 이상할 것이다. 행위자 체계와 사물 체계라는 세계에 대한 두 가지 적절한 추론 체계는 때때로 반직관적으로 전체론적인 실재에 직면하여 혼동된다. 우리는 이것을 도덕적·법적 추론에서 보는데, 여기에서 취함이나 정신병은 범죄자에게 판결을 내릴 때 완화 요인으로 작용하지만 (예를 들어, 공감이나 분노 통제가 결핍된) 성격 특성은 그렇지 않다. 물론 이 요인들 모두는 어쩌면 똑같이 물리적이긴 하다. 때때로 몸-뇌 체계의 물질성을 강제적으로 인정할 수 있지만, 그럼에도 우리의 선천적인 인지는 세계를 마음과 몸으로 가장 잘 구분하려 하고, 미치광이 살인자를 보호 시설에서 치료하지만 냉혹한 살인자는 고도의 보안 교도소에 가둔다.

팬 다웨이가 최근에 나의 입장을 비판하면서 우리의 유일한 선택이 철학적으로 절대적인 데카르트 마음-몸 이원론이나 강한 전체론 사이에 있고, "약한" 이원론은 개념적으로 일관성이 없다고 주장하기에 지적할 가치가 있다.

> 이원론과 전체론은 전통적으로 철학에서 나란히 놓이는 이원론적 대립어로서, 중간 지점을 허용하지 않는다. 대안적으로, 이 둘은 마음과 몸 견해의 스펙트럼에서 두 개의 반대 끝단으로 제시되고, 그 안에서 약한 이원론뿐만 아니라 똑같이 약한 전체론은 중간 형태의 기표일 뿐이다. 전자의 의미로 이원론이라는 단어를 사용하고자 한다면, 약한 이원론을 언급하는 것은 옹호할 수 없고, 그것을 옹호하는 이유를 알기란 어렵다. 이원론이라는 단어

를 후자의 의미로 사용하고자 한다면, 고대 중국 사상에 대한 약한 이원론 주장은 중국학 학자들 사이에서 유서 깊은 합의였던 전체론 주장만을 암시할 수 있다. 왜냐하면 그 둘은 동일한 것에 해당하기 때문이다. (2017: 1021)

확실히 나는 생각이 다르다. "약한" 마음-몸 이원론에서도 어떤 능력이나 현상은 결정적이고 보편적으로 마음-몸 일직선의 한쪽이나 다른 쪽에 위치한다. 죽은 정신은 무언가를 기억할 수는 있지만, 결코 가려움을 느끼지는 못한다. 정신이상은 인정된 정당방위이지만, 무도병은 그렇지 않다. 기억은 정신적이고, 타박상은 물리적이다.[29] 특히 습관이나 중독 같은 중간 경우는 그 자체로 마음과 몸의 변별적인 끝 점으로 한정되는 스펙트럼에 의해 개념화된다.

사고의 기관이 정말로 많은 기관들 중 하나로만 생각되었고, 그 능력이 결코 다른 기관들의 능력들과 질적으로 구분되지 않는 강한 전체론적 시각에서, 정신적인 것에서 물리적인 것으로 뻗어 있는 스펙트럼은 뜻이 통하지 않을 것이다. 적어도, 연구 참여자들이 스펙트럼의 어디에 다양한 능력을 두는지는 범문화적으로나 심지어 시간마다 임의적으로 달라야 한다. 참여자들이 몸이 죽고 난 뒤에나 또 다른 몸으로 전이된 후에 생존하는 것으로 판단하는 능력들에 관해 아무런 패턴이 없어야 한다. 스펙트럼의 보편성과 사람들이 능력을 스펙트럼 어디에 위치시킬지는 설명이 불가능하다. 강한 전체론은 사람들이 철저한 유물론자라고 칭하는 경우에도, 범문화적으로 그리고 전 역사에서 그 의미 범위가 영어의 mind와 body로 매우 밀접하게 사상되는 어휘 항목을 선택하고 나란히 놓는 방식으로 스스로에 대해 추론한다는 것을 설명하지 못한다. 대신에, 강한 전체론은 무한한 수의 스펙트럼이 간과 피부가 눈과 몸이라는 양극적 끝단의 역할을 하는 도식을 포함해 자아에 대한 인간 추론에 존재해야 한다고 예측할 것이다. 우리가 정량적 증거를 좋아한다면, 고대 중국에서 대안적 스펙트럼의 존재는 제4장에서 보고한 결과와 포괄적이고 명백하게 모순된다. 거기에서 광범위한 고대 중국 코퍼스에 대한 분석은 단지 心-몸(形, 體, 身) 관계가 변별적인 언어와 계층적 군집 패턴을 보인다는 것을 밝혔다. 하지만 우리는 비장이나 눈이 물리적 몸이 죽고 난 뒤에 살아남는다거나 죽은 자의 정신이 메스껍다고 느끼지만 아무것도 기억하거나 생각하지 못한다는 견해를 접하는 것이 얼마나 이상한지 말하기 위해 대규모 텍스트 분석은 필요 없다. 시골 아마존의 브라질인 미국 대학생이나 고대 중국 독자에게 그런 개념의 기이함은 아무리 "약하다" 할지라도 마음-몸 이원론이 우리 스스로를 보는 방식을 얼마나 심오하게 구조화하는지를 보여 주는 증거다.

안과 밖: 그릇 자아와 은유의 역할

따라서 약한 마음-몸 이원론은 인간의 인지적 보편소인 듯하다. 하지만 마음-몸 이원론의 통제를 받는 생명체들에게 있어서, 마음이 어디에 위치해 있는가라는 문제가 여전히 발생한다. 마음이 몸과 다소 질적으로 구분된다면, 마음은 어디에 존재하는가? 고대 중국 문화에서도 마음은 (적어도 잠재적으로) 정신적 기능을 몸속의 특별한 기관 안에 위치시키고, 이 기관과 그 작동은 다른 사람들에게는 바로 보이지 않는다. 마음의 존재는 일반적으로 외부 행동으로부터 추리된다. 즉, 특별한 운동 패턴은 인간들에게 그들이 활동력이 없는 사물이기보다는 행위자를 다루고 있다는 것을 알려준다. 비가시적인 의도나 바람, 목표와 같은 이런 움직임들이 행위자 안에서, 즉 바로 지각 가능하지 않은 어떤 근원에서 나오는 것으로 생각되는 것도 이와 비슷하게 보편적인 듯하다. 그것이 이야기를 실연하는 애니메이션의 기하학적 모양이든 프로젝트 계약의 비용과 이익을 확실히 헤아리는 잠재적 사업 파트너이든 간에, 적절한 행동은 외부인들의 시선에서 가려진 내부 장면에서 전개되는 것 같다. 고대 중국의 정신적 내면성을 뒷받침하는 텍스트 증거를 논의하면서 언급했듯이, 정신적·정서적 동기는 직접적인 방식으로는 다른 사람들에게 이용 가능하지 않은 듯하다. 물론 그 과정의 신호는 얼굴표정이나 행동에서 시작될 수는 있다. 고대 중국인이 명확히 정신적 내면성의 느낌을 가지고 있었다는 주장을 여기에서 다시 다루어 볼 것인데, 이번에는 이 주장을 이 장의 초점인 "외적" 증거에 따라서 생물학적 삶의 기본적인 자질과 물리적 몸의 기능에 근거할 것이다.

강조하기에 다소 사소한 문제일 수 있지만, 고대 중국인은 몸을 가지고 있었다. 그들은 호모사피엔스로서, 다소 유별나지만 완전히 신체화된 유인원 종이고, 음식을 소화하고, 쓰레기를 배출하며, 즐겁고 고통스러운 방식으로 다른 물리적 몸과 접촉하는 등 많은 기본적인 신체화된 경험을 현대의 동일종과 공유했다. 행동신경과학자 안토니오 다마지오(Damasio, Antonio)가 지적했듯이, 어떠한 생명 형태에게도 기본적이고 필연적인 선결조건은 내부와 외부 간의 경계이다.

하나의 세포로 이루어진 유기체에서부터 수십억 개의 세포로 이루어진 유기체에 이르기까지 살아 있는 유기체를 이해하는 한 가지 열쇠는 내부에 있는 것과 외부에 있는 것 간의 분리라는 그 경계를 한정하는 것이다. 유기체의 구조는 경계 내부에 있고, 유기체의 삶은 경계 내의 내적 상태를 유지하는 것에 의해 한정된다. 독자적인 개인성은 경계에 의존한다. (1999: 135~136)

내부-외부 경계는 생리학적 항상성에 필수적이다. 즉, 환경적 변이가 유기체 자체 내에서 과도한 변이를 유발하지 않는다는 것을 보장한다. 다마지오가 지적하듯이, 자아의 경계 내에 있는 "화학적 욕조(chemical bath)"의 윤곽이 매우 협소한 범위의 외부에서 다양하다면, 생물학적 삶은 그저 멈춘다. 그는 또한 내부와 외부 간의 규정된 경계에 대한 이러한 필요성이 유기체의 생존을 위한 상술뿐만 아니라 "생명을 유지하기 위해 안정성을 유지하는 데 전념하는 단 하나의 한정된 살아 있는 유기체의 느낌이라는 자아감의 생물학적 조상"(136)도 기술한다고 말한다. 따라서 우리는 내부-외부 은유가 자아에 대한 우리 자신의 담화만큼이나 고대 중국 담화에서 중요한 역할을 한다는 발견에 놀라지 말아야 한다.

이것은 또한 우리가 생물학적 몸을 개인주의의 느낌, 그리고 사회적 역할과 대인적 예상에서 어느 정도의 독립성을 위한 기초로 간주할 수 있음을 암시한다. 물론 다른 점에서 이런 요인은 인간의 사회적 삶에 중요할 수 있다. 다마지오는 이것을 "한 개 몸, 한 사람(one body, one person)"(1999: 142)이라는 원리로 요약한다. 이 원리의 이유는 "사람을 정의하는 마음이 몸을 요구하고, 몸, 확실히 인간의 몸은 자연스럽게 하나의 마음을 생성한다. 마음은 몸에 의해 매우 면밀하게 형성되고 몸에 봉사하도록 되어 있기에 단지 하나의 마음이 어쩌면 몸 안에서 발생할 수 있다. 어떤 몸도 아니고, 결코 마음도 아니다. 어떤 몸에 대해서도, 둘

이상의 마음은 결코 아니다"(143)라는 것이다. 그 문제에 관해 우리는 고대 중국이나 어떤 다른 곳에서도 물리적 몸과 개인의 연결이 깊은 진화적 뿌리를 가지고 있다고 예상해야 한다. 존 에머슨(Emerson, John)(1996)이 "몸의 발견"을 양주(楊朱)의 탓으로 돌리는 것이나 양주와 맹자가 유발한 "내재적 행위성을 인간의 몸 내에 위치시키는 새로운 개인주의적 방위"를 에리카 브린들리(2010: 75)가 묘사한 것은 후기 전국시대 담화에서 발생하는 것으로 간주되는 생리학과 개인적 특질에 더욱 집중하는 쪽으로 우리의 시선을 올바르게 돌린다. 하지만 몸에 기반한 개인성의 느낌과 정신적 내면성이 고대의 중국 사람들에게 전혀 알려지지 않았다는 것은 심리적이고 생물학적으로 불가능하다.

육체적인 사람의 몸으로 만들어진 기본적인 내부-외부 이분법으로 설립된 개념적 원동력에 관해, 우리는 제3장에서 그런 원동력이 고대 중국 텍스트에서 매우 친숙한 체계적인 방식으로 기능한다는 것을 보았다. 자아 내에 있는 사물(동기, 정서, 성격)은 개인의 행동을 유도하지만 반드시 외부 관찰자에게 지각 가능한 것은 아니다. 하지만 내부와 외부 간의 장벽은 밀폐된 것은 아니다. 즉, 능숙한 관찰자가 외부 모양에서 내적 상태의 신호를 보게 하는 누출이 있다. 아쉽게도, 이런 신호는 또한 날조될 수 있다. 즉, 사람들은 실제로 내부에서는 우유부단할 때도 단호한 표정[色]을 지을 수 있다. 내부와 외부 간의 이러한 잠재적인 분리는 고대 유가 글에서 중심적인 걱정거리인데, 이것은 위선적인 "향원(鄉愿)"이 제기하는 위험을 강조한다. 이러한 내적인 텍스트 증거는 기본적인 생물학의 외적 관점에서 예상되는 것과 잘 일치한다. 이것은 심리적 특성은 "내부"에 있고, 행동과 단어, 얼굴표정은 "외부"에 있는, 개인적인 물리적 몸에 기반한 자아의 개념이다.

내적인 텍스트 증거의 의의를 충분히 평가하기 위해서는, 텍스트 자체의 외부로 나가서 언어와 사고의 관계에 대한 일반적인 입장을 채택해야 한다. 이는 텍스트 증거가 정신적 내면성의 개념을 암시한다는 결론에 저항하는 한 가지 방법이 은유의 개념적 중요성을 완전히 묵살하는 것이기 때문이다. 이것은 본질적으로 허버트 핑가렛의 접근법이다. 핑가렛은 말이 난 김에 『논어』가 때때로 "내부[內]" 은유를 이용한다는 것을 지적하면서 內라는 이 단어의 발생을 공자 사상의 개념적 구조에 대해 아무것도 말하지 않는 "모호한 언급(vague allusion)"으로 묵살한다(1972: 46). 이것은 아마 틀림없이 분석철학의 표준 입장이지만, 실증적 관점에서 인지언어학과 인지과학의 다양한 분야의 연구에서 철저하게 분쇄된 입장이다. 대부분의 분석철학에 충만되어 있는 언어와 사고에 대한 비신체화된 객관주의 견해는 인지가 주로 이미지적이고 우리의 신체화된 경험에 의해 구조화된다는 의미에서 신체화된다는 견해로 대체되었다. 신체화된 인지 입장의 관점에서 은유는 중요하다. 우리는 은유와 은유적 혼성으로 생각한다.[30]

핑가렛은 신체화된 인지의 연구가 아직 순조롭게 출발하지 않은 지적 환경에서 연구했었다. 현대 학자로 시선을 돌리자면, 중국 텍스트에서 안-밖 은유의 개념적 중요성을 계속 묵살하거나 은유 사용에 있어서 신체화된 공통성을 계속 부인하는 학자는 두 가지 중에서 하나를 선택한다. 첫 번째는 단순히 신체화된 인지의 연구를 무시하고, 인간 인지에 대한 "외부" 지식이 자신의 연구를 특징짓도록 하지 않고서 고대 중국 텍스트에 대한 철학적 분석을 밀고 나가는 것이다. 이것은 가령, 스티븐 가이스(Geisz, Steven)의 접근법처럼 보인다. 「내업」에서 사용되는 용어 內에 몰두하는 한 최근 연구(2016)에서 가이스는 (물론 각주에서이긴 하지만) "나는 뒤에서 레이코프와 존슨의 개념적 은유 이론을 받아들이는 것을 피하고 싶다. 왜냐하면 그렇게 하면 분석적 힘이라고 할 만한 것에 많은 것이 더해지지 않고서 나의 주된 관심사에서 주의가 흩어지기 때문이다"(394, 각주 1번)라고 주장한다. 물론 나는 이것에 동의하지 않는다. 신체화된 입장을 채택했었다면 가이스에게 엄청난 분석적 힘이 제공되었을 것이다. 그렇게 했었다면 (아래에서 더욱 상세히 논의하겠지만) 그와 우리 모두를 "우리의" 문화적으로 특정한 안과 밖의 개념을 이 고대 중국 텍스트로 투사하지 못하게 막도록 의도된 고통스러운 수사적 지적훈련을 거쳐야 할 필요성을 덜었을 것이다. 철학적인 것이든 실증적인 것이든 간에 신체화된 인지 입장에 반대하는 원칙적 주장이 없을 때, 가이스의 접근법은 문제를 회피할 뿐이다.

또 다른 접근법은 인간이 공통적이고 직접적이며 비중재적으로 경험에 접근하지 않는다는 강한 사회구성주의 입장을 채택함으로써 신체화된 실재론과 인지언어학을 비판하는 것이다.[31] 강한 사회구성주의 입장은 적어도 주장이라는 장점을 가지고 있지만 실증적 관점에서 매우 타당하지 않아 철학적 입장이나 과학적 입장으로서 실행 가능하지 않다. 나는 "슬링거랜드(2008b: 제2~5장)"에서 상세히 이런 주장을 한다. 여기에서는 그릇 은유와 같은 기본적인 개념을 급진적으로 "낯설게 하려는 (strangify)" 사회구성주의 입장의 비타당성을 입증하여 이 논점을 예증하는 것에 국한할 것이다.

제인 기니(2012)는 한 논문에서 고대 중국과 "그릇 자아"의 관련성을 비판하면서, 고대 중국의 몸이 동적인 교환 구역으로 간주되어야 한다고 주장한다. 그녀가 말하길, "정적인 핵심-자아를 둘러싸고 있는 그릇이기보다는, 몸은 다른 것에 의해 작동되고 영향을 받는 "인터페이스"

다"(12). 이것은 몸을 "교환 구역"으로 보는 제1장에서 언급한 마크 에드워드 루이스(2006: 61)의 논의를 생각나게 한다. 강한 사회구성주의 입장에 의해 동기화되어서 급진적 타자성을 강조하는 고대 중국 자아에 대한 논의에서 이런 말을 하기에,[32] 여기에서 안/밖 은유와 일반적인 그릇 은유에 상세히 집중하는 것은 가치가 있다.

그릇 논리의 몇 가지 기본을 검토해 보자. 그것은 지구에 살고 있는 종 전형적인 감각-운동계를 가진 사람이면 누구라도 이해할 수 있고 접근할 수 있는 논리다.[33] 이런 기본적인 개관에서 명확해 지듯이, 그릇에 대한 우리 경험에서 어떤 것도 안과 밖이 "급진적으로 분리되어야 할" 필요가 있다는 것을 함의하지 않는다. 이것은 기니(2005: 17)가 주장하기로 레이코프와 존슨의 그릇 논리에 대한 개념을 채택하면 암시되는 자질이다. 다음은 그릇 논리의 몇 가지 기본 자질이다.

- 그릇에는 경계가 있는데, 이것은 일반적으로 사물을 안과 밖에 두기 위함이다.
- 그릇의 목적은 선택적 투과성이나 안과 밖 간의 교환을 열린 구멍이나 통로로 국한시킴으로써 이 경계를 가로질러 물질이나 물품이 통과하는 것을 어떻게 해서든 규제하는 것이다.
- 그릇에는 다른 그릇이 들어갈 수 있다. 포개어 넣어진 그릇은 더 큰 그릇과 동일한 흐름 규제를 받는데, 큰 그릇 안에 위치해 있지만 흔히 그 자체의 다른 여과기를 추가한다.
- 그릇의 내용물이 밖에서는 흔히 바로 보이지 않는다.
- 그릇의 내부 관점이나 그릇을 만든 사람의 관점에서, 그릇 안의 물질이나 물품은 밖의 것보다 더 중요하다.[34]

물 그릇을 예로 들어보자. 물 그릇은 닫거나 열 수 있는 특정한 구멍으로만 그 속에 담긴 물질(물)의 흐름을 규제하도록 설계되었다. 경계 물질은 물건(더 일반적으로 물이나 액체)을 안에 두고, 다른 물건(먼지, 벌레)을 밖에 두도록 설계되었다. 그것이 절연된 그릇이면, 그 그릇은 열을 (차를 위한 뜨거운 물이 들어 있다면) 안에 유지하거나 (뜨거운 스포츠 경기에서 음료수가 들어 있다면) 밖에 유지할 목적으로, 경계를 가로질러 열의 흐름을 규제하도록 설계되었다. 이런 그릇을 만든 사람이나 사용자는 누군가가 그것을 뒤집어엎거나 망쳐 내용물을 엎지른다면 속이 타게 된다. 왜냐하면 안에 있는 물은 귀중한 것이기 때문이다.

또한 집을 고려해 보자. 집은 어떤 물건은 안에 두고(난로에서 나오는 열, 거주민의 소유물 등) 다른 물건은 밖에 두며(비, 우박, 추위, 야생동물), 다른 물질의 흐름은 모른 체하고(공기, 때때로는 아쉽게도 작은 동물이나 무는 벌레), 다른 물건의 통제된 교환을 허용하도록(사람들, 물품) 설계되었다. 잘 설계된 집에는 막의 투과성을 바꾸는 다양한 통제 수단이 있다. 겨울이나 집이 악당의 공격을 받을 때는 교환 지점을 폐쇄하고, 여름이나 주인이 이웃에게 파티를 열 때는 열어 주는 것이다. 집은 적절한 내용물(그에 대한 접근을 승인하고 통제했던 사람들)을 보호하도록 설계되었다. 그리고 이런 사람들은 그릇을 만든 사람들과 사용자의 관점에서는 그릇 밖에 있는 것보다 더 중요하고 귀중하다.

인간과 우리의 오래된 인간 조상과 영장류 조상은 수천 년간 그릇을 만들거나 사용했는데, 바람직한 물질을 그 안에 저장하거나 그곳에서 피난하거나 그 안으로 침입한다. 기술 발달로 인해 종종 유입이나 유출을 규제하는 더 나은 일을 하도록 경계의 본질을 개조하기도 한다. 동굴은 비와 야생동물을 밖에 두고 열은 안에 두는 매우 훌륭한 일을 하지만, 모닥불 연기는 밖으로 내보내지 못해 성가시다. 이것은 굴뚝이 있는 집으로 개선될 수 있는 상황이다. 창문 구멍을 금속이나 직물 칸막이로 개조하면, 모기가 들어오는 것을 막으면서도 공기나 빛이 지속적으로 교환되게 한다. 고어텍스(Gore-tex)는 어떤 유형의 습기(비)는 안으로 들어오지 못하게 막으면서도 다른 유형(땀)은 밖으로 나가게 하여 특정 유형의 옷 성능을 향상시킨다.

이것에 신비한 것은 전혀 없다. 고대 중국인이 모든 인간처럼 자신의 몸을 자발적으로 그릇으로 생각했고, 실제로 "자아"를 그릇으로 생각했다는 것도 놀라운 일이 아니다. 앞서 나온 다마지오의 의견에서 명확해지듯이, 어떤 중요한 의미에서 생물학적 실체로서 우리의 존재는 그릇이다. 우리 몸의 경계는 물질이나 물건의 유입과 유출을 규제하도록 절묘하게 설계되었고, 우리의 소멸을 유발하는 가장 빠르고 가장 일반적인 방법은 가령, 없어야 하는 곳에 창을 사용해서 새로운 구멍을 하나 만드는 것과 같이 이 설계를 바꾸는 것이다. 우리의 그릇 몸은 더 작은 다른 그릇(기관, 혈관)을 덮고 있는데, 이런 그릇은 그 자체의 침투성 규칙을 가지고 있지만 또한 더 큰 몸 그릇이 만든 환경에서 이익을 얻고 그 안에서 작동하도록 설계되었다. 현대 생물학에서 보여 주었듯이, 이런 가시적인 그릇 내에는 다른 일련의 투과성 규칙을 가진 더 작은 그릇인 세포가 있고, 이런 세포 안에는 세포핵과 세포 소기관이 있다.

기본적인 통속적 그릇 논리가 무엇을 함의하는지에 대한 매우 단순하거나 있는 그대로의 개념을 가지고 있는 사람들에게, 인간의 마음속에서 활동 중인 많은 은유가 레이코프와 존슨이 집중하는 간단한 근원영역에서 목표영역으로의 사상이기보다는 실제로는 개념적 혼성이라고 지적하는 것도 중요하다(포코니에·터너 2002). 나는 다른 곳에서 개념적 혼성 이론을 길게 논의했고, 세부내용에 대해서는 슬링거랜드(2008b: 제4장)나 슬링거랜드(2005)를 참조하면 된다. 여기에서는 레이코프와 존슨의 개념적 은유에서 "근원영역"(물리적 경로)이 그 구조를 "목표영역"(인생)으로 투사하지만, 은유적 혼성은 둘 이상의 영역에서 나온 구조를 동시에 구조화하게 한다고 지적할 것이다. 예컨대, 나는 『맹자』에서 발견되는 기의 개념이 물, 자라는 식물, 장군이 이끄는 군대를 포함해 다양한 입력공간의 혼성공간으로서, 어느 한 입력공간과도 동일하지 않는 문화적으로 특유한 개념적 구조를 유발한다고 주장했다(2008b: 196~206). 기라는 문화적으로 새로운 영역은 다른 개념적 혼성공간에 대한 입력공간이 될 수 있어서, 이것은 공통되고 문화 이전의 신체화된 경험에서 우리를 몇 차례 더 멀리 데리고 간다.

우리는 자아에 대한 그릇 은유가 고대 중국 텍스트에서 이용되고 있는 적어도 몇 가지 실례에서 어느 정도의 혼성이 작동하는 것을 볼 수 있다. 도덕적 위선을 걱정하는 고대 유가들은 종종 사람의 "표정"이나 얼굴의 안색[色]으로 주의를 돌릴 것을 추천했다. 적어도 훈련받은 관찰자[35]가 그릇 표면을 조사해서 자아의 그릇 안에 흔히 숨겨져 있는 어떤 것(참된 동기)을 식별할 수 있다는 것이 그 생각이다. 이것은 적어도 투명한 플라스틱이나 유리가 출현하기 전에는 통용되는 그릇 행동이 아니다. 여기에서 우리는 개념적 혼성공간으로 작업하고 있는 것처럼 보이는데, 여기에서는 인간 얼굴의 중요하고 현저한 자질인 미세한 표정, 얼굴 붉힘, 또는 다른 표정을 통해 사고나 정서를 드러내는 능력은 **몸은 그릇이다**라는 논리의 부분이 된다. 물론 이런 자질은 평범한 그릇의 전형적 특징은 아니다.

제3장에서는 고대 중국인에게는 정신적 내면성의 느낌이 없었다는

주장을 진지하게 받아들이는 것을 어렵게 만드는 많은 텍스트 증거를 제시했다. 다른 행위자들이 눈에 보이지 않는 내면의 정신적 상태에 의해 동기화되는 것으로 간주하는 것이 진화된 보편적인 인간의 인지적 기본인 것 같은, 이 장에서 제시하고 그 텍스트들에서 수집한 증거는 핑가렛과 다른 연구들이 제시한 주장에 반대하는 마지막 치명적인 증거를 생각나게 한다. 모든 생물학적 유기체는 내부와 외부 간의 경계로 특징지어지고, 특별히 인간은 다양한 종류의 심리적 실체와 함께 자동적이고 힘들이지 않고 이런 내부에 산다. 그러하다면, 그런 개념이 가령 『논어』의 공자 사상에 충만되어 있지 않았다면 정말로 놀라운 것이고, 그가 그런 개념을 가능성으로 고려하지 않았다면 더욱 충격적일 것이다.

스티븐 가이스는 자아는 그릇이다라는 은유를 광범위하고 창의적으로 이용하는 「내업」의 개념적 구조를 다루면서 다음과 같이 말한다.

> 암시만 했고 뒤에 나올 주장과는 관련이 없는 이유로, 나는 의식과 내성이 다소 "내적인" 것을 포함하는 것으로 다루는 특징묘사를 의심하기에, 이른바 "내부 경험"과 그것과 대조되는 것 간의 구분이 실제로는 의식/내성에 이용 가능한 것과 그렇지 않은 것 간의 적절하고 옹호할 수 있는 구분으로 사상된다고 가정하고 싶지 않다. 더 중요하게도, 나는 "내부"의 경험을 이야기하기 위해 "내부" 이야기를 사용하는 것으로 간주하게 강요받지 않고서 내업을 읽을 수 있기를 희망한다. (2016: 396)

왜 가이스는 의식을 내적인 특성으로 간주하는 것을 "의심하는가"? 그는 궁극적으로 그 이유를 암시하는 것 이상을 하고, 실제로 그것은 그가 하는 주장에 매우 적절하다. 명확히 가이스는 중국 견해가 급진적으로 다름에 **틀림없다**는 가정과 결부해서 정신적 내면성을 서양적이거나 데카르트적이거나 아우구스티누스적인 개념[36]으로 간주하는 입장으로 연구하고 있다(그래서 그는 우리가 서양 개념의 "힘"에서 벗어나기를 "희망한다"). 우리가 그 텍스트에서 內 은유가 어떤 종류의 정신적인 "내부 경험"을 가리키는 것으로 읽도록 **강요되지 않는다**는 그의 말은 논리적으로 정확하다(14). 오히려 그렇게 하는 것은 인간에 대한 통속심리학의 기본적인 보편적 자질과 코퍼스 전체에서 그런 은유 용법의 일관성 있는 패턴에 대해 우리가 무엇을 알고 있는지를 알면서 그 텍스트에 접근하는 가장 합리적인 방법이다.

앞서 개관한 연구가 보여 주듯이, 우리는 동료 호모사피엔스의 문화적 생산품을 다룰 때 한 개인 속에 있고 그의 행동을 유도하는 영적인 힘인 의도나 신념, 바람을 참조하면서도, 이것들이 우리에게 고대 중국 텍스트를 체계적으로 잘못 읽게 하는 데카르트나 성(聖) 아우구스티누스가 만든 것이 아니라는 것을 확신할 수 있다. 정신적 내면성의 개념은 유기체의 기본 자질과 그릇 논리와 함께 인간의 선천적인 마음 이론으로부터 자연스럽게 흘러나온다. 한 문화와 언어에서 나온 개념을 또 다른 문화와 언어로 번역할 때 지나치게 조심하는 것은 건전한 학문적 본능이다. 우리가 광대한 벌집 같은 식민지에 살고 확장된 꿀벌통 마음을 공유하는 실리콘에 기반하는 생명형태인 알파 센타우리(Alpha Centauri)에서 온 생명체가 만든 통신이나 인공물을 해독하는 일에 언젠가 직면한다면, 최근 수십 년 동안 취한 극단적인 행위는 더욱 정당화될 것이고, 실제로는 결정적인 것으로 입증될 수 있다. 하지만 부족 생활의 보편적인 도전을 다루고자 하거나 부족 사회에서 대규모 사회로 옮겨가는 사회적 영장류동물인 동료 인간의 경우에, 우리의 신체화된 공통성은 우리를 즉각 확고한 해석학적 토대 위에 놓는다. 개념적 은유와 은유적 혼성공간의 구조를 조목조목 분석하고, 문화적으로 특정한 개념의 전달을 추적할 수 있는 우리의 능력은 그렇게 하는 것이 적절할 때 차이를 식별하기 위한 필요한 도구를 제공한다. 이것은 학자들을 해방시키는 것이다! 우리는 더 이상 정신적 내면성을 논의하기 위해 그릇 논리를 사용하는 것만큼 간단한 것에 직면할 때 몹시 고통스러운 수사적 지적훈련에 참여할 필요가 없다.[37] 우리에게는 개념적 가정의 폭넓은 목록을 미리 설치한 몸이 있다. 우리가 연구하는 텍스트를 집필하고 고고학적 사물을 만든 사람들은 다르지 않았다. 신체화된 인지의 기본을 받아들이게 되면 우리의 일은 어느 정도 더 수월해진다.

마음 이론과 종교적 신앙

최근 수십 년 동안 인지과학과 진화과학의 다양한 분야에서 나온 도구와 지식을 인간의 신앙심에 대한 연구에 적용하는 것에 관심이 높아지고 있다. 일반적으로 "종교인지과학(cognitive science of religion; CSR)"이라는 분야는 심리학자와 다른 과학자들에게서 시작되었지만, 종교학, 고전학, 고고학, 인류학 교육을 받은 인문학자들도 관여하면서 정교함과 영향력이 커져갔다.[38] 지면 제한 때문에 마음-몸 이원론 논제와 종교인지과학의 관련성은 간략하게만 다룰 것이다.[39] 이런 관련성은 종교인지과학의 연구가 초자연적 행위자에 대한 믿음, 영혼의 개념, 우주에서 의도성에 대한 일반적인 인식 같은 종교적 인지의 많은 기본 양상이 인간들 사이에서 보편적으로 공유되고, 마음 이론 및 통속 이원론과 근본적으로 연결된다는 것을 암시한다는 사실에 있다. 이것은 제2, 3장에서 제시하고 우리의 "내적인" 텍스트 증거와 고고학 증거에 기초하는, 고대 중국에서 장례 풍습, 내세 믿음, 인간 의도성의 중심성에 대한 해석이 인지과학의 외적 증거에 의해서도 뒷받침된다는 것을 뜻한다.

초자연적 행위자

초자연적 실체를 믿으려는 명확한 보편적인 인간 경향이 인간 행위성의 과잉투사에서 초래된다는 생각은 적어도 데이브드 흄(Hume, David)으로 거슬러 올라간다. 흄은 『종교에 대한 자연주의적 역사』(*Natural History of Religion*)에서 다음과 같이 말한다.

> 인류에게는 모든 존재를 자신과 같다고 인식하고, 스스럼없이 친숙하고 친밀하게 의식하고 있는 모든 사물에 그러한 성질을 전이하는 보편적인 경향이 있다. 우리는 달에서 인간의 얼굴을, 구름에서 군대를 발견하고, 경험과 사색으로 교정되는 것은 아니더라도 자연스러운 경향에 의하여 우리에게 상처를 주거나 기쁨을 주는 모든 것에 악의와 선의를 부여한다. (1875/1956: 29)

스튜어트 거스리(Guthrie, Stuart)(1993)는 『구름 속의 얼굴들: 새로운 종교 이론』(*Faces in the Clouds: A New Theory of Religion*)에서 흄의 입장을 새롭게 하고, 더욱 탄탄한 과학적 기반 위에 놓았다. 어떤 연구자는 이 책을 한 학문분야로서 종교인지과학의 기원을 여는 것으로 간주한다. 거스리는 인간이 구름 속에서 얼굴을 볼 뿐만 아니라 천둥 신과 숲의 영혼, 악의적인 악마가 있는 세계에 살면서, 주변 세계를 의인화하는 범문화적 경향을 가지고 있다고 주장했다.

거스리는 객관적으로 텅 빈 곳에서 행위성을 보는 이러한 경향이 더욱 기본적인 위험 탐지 체계의 확장이라고 주장하지만, 이것은 그 자체의 적응적 가치를 가진다. "나중에 후회하는 것보다 조심하는 것이 낫다; 안전제일" 원리 때문에 이런 경향은 인간 인지적 구조의 일부분으로 잔존하도록 허용되었다. 즉, 행위성 탐지에 관해, 위음성(false negative)*의 위험은 위양성(false positive)의 위험보다 중요하다(1993: 5). 길에 놓여 있는 나뭇가지를 독사로 오해하면 조금 놀라 몇 초 동안 가던 길을 지체하지만, 그 반대 상황이라면 당신은 죽을 수도 있다. 거스리의 연구 이후로, 저스틴 배럿(Barrett, Justin)과 같은 학자는 초자연적 행위자가 "과잉행동 행위성 탐지기(HADD)"**의 결과로 발생한다는 주장으로 이 가설을 발전시키고 진척시켰다(2000). 이론적 진화 모형화 연구에 따르면, 지나치게 신중한 것은 더 큰 적응적 가치를 제공하기에 그러한 "미신"이 존속이 잘 된다(포스터·코코 2009). 다른 연구자들은 비인간의 초자연적 행위자에 대한 믿음이 독립적인 그 자체의 기능이 없는, 마음 이론이나 무차별적 목적론***과 같은 인지적 경향의 순수한 "부산물"이라고 주장한다(예를 들어, 보이어 2001; 애트런 2006에 수록된 입장의 개관 참조).[40]

그것의 적응적 지위가 무엇이든 간에, 초기 인간 고고학 분야는 해부학적으로 현대의 인간이 적어도 3만 내지 4만 년 전에 비인간 혼을 숭배했을 것이라는 데에 의견이 일치한다. 그 당시에 남부 독일의 한 동굴에서 발견된 유명한 "사자인간" 상이나 트루아-프레르(Trois-Frères)에서 나온 "마법사(Sorcerer)"와 같은 반인반수 모양을 묘사하는 프랑스의 동굴벽화는 주술적 풍습이 존재했음을 암시한다.[41] 어떤 고고학자는 전기와

- **위음성(false negative)** 본래 양성이어야 할 검사결과가 잘못되어 음성으로 나온 경우를 말하고 세포진, 매독검사 등에서 사용되는 말이다.

- **과잉행동 행위성 탐지기(hyperactive agency detection device; HADD)** 이것은 지나치게 민감한 행위자 탐지기로서, 우리는 이 탐지기 때문에 주변에 행위자가 있을 가능성에 대해 지나칠 정도로 민감하게 반응한다. 물론 현대에는 우리가 육식동물에게 잡아먹힐 위험은 크지 않지만 이 초자연적 행위자 탐지기는 여전히 잘 작동한다. 당신이 밤에 홀로 집에 있을 때 뒷마당에서 수상한 소리가 들리면 퍼뜩 드는 생각은 "혹시 연쇄 살인범이 아닐까"라는 것이지 "바람이 또 부네"는 아니다. 이렇게 지상의 행위자를 탐지하도록 우리 몸에 내장된 성향을 우리가 초자연적 행위자를 탐지하게 된 바탕이기도 하다. 고대인들이 초자연적 행위자가 사악할 것이라고 가정한 이유는 이런 탐지기가 발달한 이유와 다르지 않다. 누군가의 의도를 추측해야 하는 상황이라면 경계심을 늦추지 말고 그가 당신을 잡으러 왔다고 가정하는 것이 일단 최선이다.

- **무차별적 목적론(promiscuous teleology)** 인간의 인식 장치는 어떤 사고에 대해서도 그 안에 목적과 의도를 가지고 있다고 사고하려는 경향이 있다. 데보라 켈러먼(Deborah Kelemen)은 어린 아이들을 상대로 연구를 하였고, 아이들은 모든 것을 목적론적인 방식으로 사고하는 경향을 지니고 있다는 것을 관찰한다. 나무는 의자를 만들기 위해 만들어졌고, 구름은 비를 위해 만들어 졌으며, 사자는 동물원에 가기 위해 만들어 졌다는 식이다. 그녀는 이 관찰결과를 확장하여 인류는 발전 초기부터 이런 식으로 자연물을 인식하였고, 이런 사고방식이 인류의 자연인식과 적응에 도움을 주었을 것이라고 가정하게 된다. 이런 식의 사고방식을 그녀는 무차별적 목적론이라고 이름 붙이게 된다.

중기 구석기시대(330만 년에서 4,500만 년 전)에 전근대적 사람과(科) 동물이 종교적 의식 행동을 한다는 증거가 있다고 주장한다(페티트 2011a, 2011b).

사자인간(Lion Man)과 마법사(Sorcerer) 반인반수 유물은 주술적 풍습이 존재했음을 암시한다. (역자 주)

근동 지역에서 고고학 기록은 서기전 7천 년경에 차탈회위크(Çatalhöyük)의 거대한 종교적 기념비에서 절정에 달하고 서기전 2만 년과 서기전 7천 년 사이에 점차 정교한 초자연적 믿음과 제식 풍습의 증거를 제공한다(스티븐 미슨 2004). 범문화적 고고학 증거는 종교적 신앙과 풍습이 기본적인 인간 보편소라는 것을 강력하게 시사한다.[42]

고대 중국과 관련된 전체론 신화의 한 가지 양상은 중국 세계가 다행히도 신이나 다른 초자연적 행위자가 없다는 점에서 다소 독특하다는 주장이다. 어쩌면 고대 중국인(또는 전형적으로 중국 문화 전체를 대표하는 "유학자")은 훌륭한 계몽주의 사상가처럼 현세의 생태학적·가족적·사회적 요인의 실제 요구에 의해서만 정치적 세계와 종교적 세계에서 살아간다. 예컨대, 헨리 로즈몬트는 "유가는 결코 초자연적 지지에 호소하지 않았다. 유가는 전적으로 세속적 철학으로서, 현세에 근거를 두고, 신성함이나 신에 호소하지 않는다"(1991: 93)라고 분명히 말했다. 로저 에임스와 로즈몬트도 이와 비슷하게 "고대 유가는 무신론적이고 동시에 심오하게 종교적이다. 그것은 신이 없는 종교성(religiousness)이고, 누적된 인간 경험 자체를 신성한 것으로 단언하는 인간 중심의 종교성이다"(2009: 60)라고 주장한다. 대부분의 학자들이 전형적으로 "하늘(Heaven)"로 번역하고, 의인화된 초자연적 행위자로 해석하는 天과 같은 힘도 에임스와 로즈몬트는 단지 현세의 "조상의 유산"(61)을 나타내는 것으로 묘사한다.[43] 물론 이런 견해는 초기 동양학자 글에서 나온다. 예컨대, 막스 베버는 "중국의 유가 윤리는 형이상학적 독단과의 모든 연결을 완전히 거부했다"(1922/1991: 72)라고 멋지게 주장했고, 자크 제르네도 이와 비슷하게 의인화되고 인격화된 기독교의 신과 "비인간적인 하늘이라는 중국의 개념"(212)을 대조했다. 양칭쿤(楊慶堃)이 지적했듯이, 그 후 20세기의 중국 학자들은 이러한 동양학자의 주장을 받아들였다. 이들은 중국이 미신을 버리고 세속적인 합리주의적 세계관을 받아들이는 것에 관해 서양보다 앞섰다는 것을 증명하고 싶어 했다(1970: 245).

고대 중국에 대한 우리의 이해가 더욱 정교해져, 고고학 증거, 다양한 대중 전통의 글, 통용 텍스트가 생산된 관습 공동체의 고려사항을 포함하도록 통용 텍스트에서 묘사된 엘리트 문학 전통을 넘어 확장되었기에, 전체론 신화의 이런 양상은 다행스럽게도 덜 빈번하게 듣게 된다. 고대 중국인(또는 유학자)이 의인화된 초자연적 행위자에 대한 개념을 갖고 있지 않았거나 그러한 행위자가 그 당시 사회적 또는 종교적 삶에서 아무런 역할도 하지 않았다는 강한 설명은 너무나 무의미해서 반박할 가치도 없다.⁴⁴ 황허강 계곡의 앙소(仰韶) 문화에 대한 초기 고고학 증거는 그런 문화가 동물의 통제나 영적 세계와 의사소통하거나 그곳으로 여행할 수 있는 능력인 "주술적" 힘이 정치적 힘과 종교적 힘을 결합하게 했던 사회 엘리트의 지배를 받았다는 것을 암시한다.⁴⁵ 인간과 물질 제물을 대규모로 두드러지게 하는 비용이 아주 많이 드는 제사는 상(商)나라 왕들의 인상적인 무덤에서 최절정에 달하는 황허강과 양자강 계곡의 신석기 시대 중국과 청동기 시대 중국의 특징이었다(리펭 2013, 리우리·첸싱칸 2012, 라인하트 2015). 이와 비슷하게, 주술적 주제와 초자연적 행위자를 중심에 두는 정성을 들인 제식 문화는 현재 쓰촨성(四川省) 삼성퇴(三星堆)의 유물에서 드러나는 청동기 시대 문명과 같은 오늘날 중국 지역의 다른 주요한 문화적 중심지의 특징이다(배글리 2001).

우리가 일단 역사적 시대에 들어가면, 上帝와 天 모두는 상왕조와 서주의 의인화된 신의 역할을 하는 것 같고, 그런 신이 『묵자』와 『논어』 같은 텍스트에서 전국시대까지 의인화된 용어로 묘사되는 것을 볼 수 있다.⁴⁶ 상왕조의 갑골 기록은 제의 생활이 왕족 조상, 다양한 자연신, 帝를 포함해 초자연적 존재의 큰 신전인 제의 제물과 소통하고 그것으

쓰촨성(四川省) 삼성퇴(三星堆)에서
발굴된 안면상 (역자 주)

로 달래야 할 필요성에 집중했다는 것을 명확히 한다(로버트 이노 2009). 초기 주나라는 이런 믿음과 풍습을 채택했던 것처럼 보이고, 신성한 힘과 그들 자신의 정치적 적법성 간의 연결을 더욱 명시적으로 만들었지만, 그들 자신의 비슷한 것을 가지고 있었다. 로버트 이노(Robert Eno)가 초기 주나라에 대해 말했듯이, "확실히 국교는 천명(天命), 즉 주나라 통치를 위한 신성한 재가의 신호라는 명확하고 핵심적인 개념을 중심으로 조직될 수 있다"(2009: 100). 신성한 목적의 이런 의미는 여전히 『논어』에서 명확히 존재한다. 이 책에서 공자는 하늘의 사명을 띠고 그것의 물리적 보호 아래에 있는 것으로 묘사된다(제3편 「팔일」 24, 제7편 「술이」 23). 묵자도 이와 비슷하게 자신의 전체 윤리적 체계를 식별된 하늘의 의지에 근간을 두었다(예를 들어, 제26편 「천지」, 존스턴 2010).

옹호할 수 있는 것은 하늘이 그리스 신이나 아브라함 신(Abrahamic God)보다 덜 정력적으로 의인화된다는 생각이다.[47] 하늘은 징조나 전조를 통해 유기체와 간접적으로만 소통하고, 명확히 시각화할 수 있는 물리적 형태를 하고 있지 않다. 예를 들어, 하늘이 구름에서 불쑥 나타나고, 누군가에게 자기 아들을 제물로 바치라고 직접 명령한다는 생각은 고대 중국 문맥에서 생각조차 할 수 없다. 하지만, 덜 의인화된 것은 전적으로 비인간적인 것과 동일하지 않다. 후기 전국시대 무렵 순자와 같은 엘리트 사상가가 天에서 의인화된 특성을 완전히 제거해서 그것을 자연의 비인간적인 힘으로 전환한다는 것도 참이다.[48] 또한 고대 중국 사상에는 부인할 수 없는 "인본주의적" 요소도 있는데, 여기에서는 사람들의 주의를 초자연적 힘에서 현세의 관심사 쪽으로 돌리려는 의식적 노력을 볼 수 있다.[49] 하지만 이러한 엘리트 인본주의는 완전한 "세속주의"가 아니고, 또한 확실히 종교적 개념이나 대다수 인구의 풍습과 거의 아무런 관련성이 없다.[50] 상나라와 주나라 왕들의 거대한 무덤에서부터 전국시대를 거쳐 한나라까지, 신이나 죽은 사람들의 눈에 보이지 않는 영혼을 달래기 위해 상당히 많은 양의 국가 재산이 땅에 묻혔거나 다른 식으로 이용할 수 없게 되었다. 로엘 스터크가 말하듯이, 고대 중국의 종교 풍습의 경제적 비용을 정확히 산정하기는 어렵지만, 어쩌면 GDP의 적어도 10%에 달했다. 그가 말하기로, 초자연적 존재에게 "재산을 교환하고 제물로 바치는 것을 중심으로 진행되었던 종교적 문화를 지지하기 위해 병참학을 조직하는 것은 전국시대와 고대 중국 황실의 사회-경제적 구조의 의미심장한 부분이었다"(스터크 2009: 840). 가장 초기의 기록과 황실 시대에서, 초자연적 존재는 살아 있는 것을 감독하고(앨런 1991: 134, 「묵자」 제31편 「명귀」, 존스턴 2010), 계약과 협정을 집행하며(루이스 1997, 푸무추 2009, 칼리노프스키 2009), 정치적·규범적 주장에 근거를 마련하는데(루이스 1997, 아이반호 2007, 케이틀리 2000, 컨 2009, 이노 2009) 결정적인 역할을 한다. 이런 기록은 또한 상대적으로 멀고 거의 관여하지 않는 하늘이나 상제와 같은 신에서부터 자연신, 조상 영혼, 지하계의 지배자, 사악한 악마, 모양을 바꾸는 여우 영혼, 집안의 신에 이르기까지 그 유형은 어리둥절할 정도로 다양하다(푸무추 1998, 2009). 이것은 정확히 마음 이론의 보편성과 인간 같은 행위성을 세계로 과잉투사하는 분명히 거침없는 경향이 주어지면 예상되는 것이다.

내세와 영혼 믿음

내세 믿음을 강력하게 암시하는, 인간이 의도적으로 죽은 사람을 묻고 시체를 공들인 제의 풍습으로 다룬다는 증거는 약 10만 년 전에 발생했다(페티트 2011a). 종교인지과학 학자들은 내세에 대한 믿음이나 인간의 부분(아무리 구체적으로 생각하더라도 영혼이나 영혼들)이 몸이 죽고 난 뒤에도 생존할 수 있다는 이와 같은 분명한 인간의 인지적 보편소가 비인간의 초자연적 존재에 대한 믿음처럼 마음 이론의 산물이라고 주장했다.

종교인지과학에서 이 주제에 관한 최초 연구를 수행한 제시 베링은 내세 믿음이 "인간 관계가 대개 오프라인 사회적 사건으로 특징지어진다"는 사실에서 발생한다고 주장하는데, 이는 우리가 보지 못하는 개인이 여전히 어딘가에서 존재하고 행동에 참여한다고 암암리에 가정하게 한다. 인간 인지는 우리의 "사회적 명부(social roster)"를 업데이트하거나 이전에 알려진 행위자의 비존재를 시뮬레이션하는 것이 어려운 것으로 생각되는 방식으로 구조화되는 듯하다. 이러한 개념적 불활동은 우리에게 알려진 행위자 중 한 명이 죽으면 "땅 아래의 그 위치에서 서서히 부패하는 무생물이 아니라, 그 대신 자신의 죽은 삶을 매우 많이 "살아가고 있는" 관찰 불가능한 장소로 다시 옮겨졌던 것으로"(2006: 456) 생각하는 것이 가장 자연스럽다는 것을 의미한다.

영혼 믿음에 대한 베링의 "시뮬레이션 제약(simulation constraint)" 설명은 그 이후로 의심을 받았다. 이는 사실인 것 같지 않지만 현세 이전에 자아의 존재에 대한 믿음인 "전생" 믿음이 내세 믿음만큼 두드러지고 널리 퍼져 있을 것으로 특히 예측하기 때문이다(로빈스·잭 2006). 내세 믿음에 대한 더욱 합리적인 설명 또한 간단하다. 즉, 통속 이원론은 우리에게 마음이 몸과 근본적으로 다른 것으로 간주하게 한다. 이는 몸의 소멸이 반드시 마음의 소거를 함의하는 것은 아님을 의미한다. 지금 분명히 마음이 전혀 없고 어떠한 행위성 탐지를 유발하지 않는 시체에 직면할 때, 우리는 마음이 어디로 갔을 수 있을지 궁금해 한다. 따라서 정확히 마음의 지속적인 존재가 어떻게 개념화되는지는 문화마다 매우 다를 것이고 특별한 하위문화 내에서도 상당히 다를 것이다. "약한" 이원론을 논의하면서 보았듯이, 전형적으로 정신적 기능 외의 어떤 기능은 몸이 소멸해도 살아남는 것으로 간주된다. 중요한 논점은 인간이 아니지만 의인화된 정신에 대한 믿음처럼 영혼 믿음과 내세 믿음도 우리의 기본적인 마음 이론 능력의 부산물로서 자동적으로 발생한다는 것이다.

초자연적 행위자에 대한 믿음처럼, 고대 중국에 대한 전체론 견해는 전형적으로 고대 중국에서 내세의 중요성을 묵살한다. 팬 다웨이는 한 가지 대표적인 예에서 "고대 중국 사상가들 사이에서 내세에 대한 호기심의 분명한 결핍이나 내세를 가리켜야 하는 드문 경우에 내세에 대한 뚜렷한 의구심을 묘사하고 설명하는 데 전체론 주장이 잘 작동한다"(2017: 1023)라고 뚜렷이 밝힌다.[51] 고대 중국 사상에 대한 이러한 세속적인 재이미지화는 고대 중국의 종교적·경제적 생활에서 내세 믿음의 중심적인 역할을 증명하는 제2, 3장의 고고학·텍스트 증거와 잘 어울리지 않는다.

앞 장들에서 보았듯이, 그런 신념들은 종종 마음-몸 구분으로 완벽하게 사상되지 않는 3자 모형을 포함하면서 때로는 아주 복잡하다. 통속적인 내세 믿음에 대한 인류학적·인지과학적 조사에서 비슷한 그림이 나왔다. 예컨대, 리커트·해리스(2008)는 자아에 대한 간단한 마음-몸 이원론보다 3자(몸-마음-영혼) 모형이 전 세계 문화에서 발견되는 가장 일반적인 모형임을 암시하는 다양한 증거를 개관한다. 예를 하나 들자면, 아스투티·해리스(2008)는 마다가스카르의 시골에서 이런 패턴을 식별하는데, 거기에서 꽤 자신 있게 "몸"으로 번역할 수 있는 한 단어 (vata)를 발견하고, 또 다른 단어 fahany를 발견하는데, 이 단어가 다양하게 특징지어지지만 마음(mind)과 정신(spirit)으로 표현될 수 있다.

제2장에서 논의한 영혼(들)의 고대 중국 개념에서 그러하듯이, "영혼"이나 개인적 본질과 같은 개념이 마음의 개념에 근본적으로 기생한다고 지적한다면, 이런 3자 도식을 여전히 통속 이원론의 보호 아래로 가져갈 수 있다. 즉, 마음이 없는 사물은 영혼을 가지지 않는 것이다. 3자 모형이나 더 복잡한 모형에서 "몸"을 가리키는 단어(들)는 상대적으로 문제가 없다. 다른 부분이나 부분들에서 복잡한 문제가 발생한다. 이것 자체는 가시적인 자아와 비가시적인 성분(들) 간의 기본적인 분기를 암시한다. 이와 관련해 세계의 종교적 전통에서 발견할 수 있는 다양한 영혼 같은 개념뿐만 아니라, 이런 영혼들 자체에 수많은 하위유형이 있을 수 있다는 사실은 더욱 근본적이고 보편적인 마음 개념에 대한 문화적 미세조정과 하위구분으로 이해될 수 있다. 그럼에도, 자아가 두 가지 성분으로만 구성되어 있다는 너무 단순한 그림은 분명 불충분하다.

또 다른 주된 메시지는 영혼 믿음과 내세 믿음을 중심으로 발전하는 문화적 믿음 체계가 아무리 복잡하더라도 그런 믿음 체계는 원래의 직관을 발생시키는 마음 이론 기능에 의해 제약된다는 것이다. 이것은 고대 중국과 오늘날 범문화적으로 관찰되는 다중 영혼에 대한 믿음이 인지적으로 처리되는 방식을 이해하게 한다. 고대 중국에서 물리적 몸[身], 정신[神], 혼[魂]과 백[魄] 영혼과 같이 인간의 개인적 특질을 이해하고자 할 때 환기되는 실체들이 이따금씩 풍부함에도 불구하고, 궁극적으로 하나의 마음(mind)이 있는데, 이것은 하나의 일관성 있는 개성이나 행위자를 말한다. 이런 행위자는 제물을 받고, 사당에서 숭배되며, 하늘로부터 몸을 받고, 지하계에서 되돌아오며, 쥐의 간으로 환생한다.[52] 이것은 마음 이론의 작동에서 자연스럽게 시작하는데, 이러한 마음 이론은 어떤 행위자가 단 한 개 마음의 통제를 받는 것으로 간주하고, 이런 마음은 다시 생물학적 삶의 조건을 추적하는 것 같다. 물리적으로 한정된 몸과 그것의 통제 기제 간의 단단한 진화적 연결에 관해 앞서 논의한 다마지오의 주장을 생각해 보라. 이러한 진화적 연결은 다마지오를 "한 몸, 한 사람; 한 사람, 한 마음"(1999: 142)의 원리로 이끌고 간다. 이는 자아나 영혼의 문화적 모형에서의 변이가 근본적인 마음-몸 이원론의 바닥에 이른다는 것이 전혀 놀라운 일이 아님을 의미한다. 단 하나의 물리적 몸은 이론적으로 하위영혼이나 다른 실체들과 얼마든지 쌍을 이룰 수 있지만, 이러한 자아의 초육체적 성분들 모두는 그럼에도 단 하나의 마음이나 개인 정체성에 의해 단일화된다.

하나의 마음이 다른 누군가의 몸에 들어가서 완전히 점거하는 영혼 빙의(憑依, spirit possession)에 대한 범문화적 분석에서 이것을 꽤 명확히 볼 수 있다. 인류학자 엠마 코헨은 현대 민족지학적 기록을 조사하면서 "빙의에 대한 사람들의 표상이 가령, 정신이 취하는 형식, 그것이 소유하는 특성, 그것이 환기되는 문맥, 그것이 수행하는 기능 등에서 두드러진 범문화적 규칙성을 보여 준다"(2007: 14)라고 지적한다. 영혼 빙의에서 마음 전이의 한 가지 결정적인 자질은 문화적 모형이나 종교 전문가들이 혼성 모형을 예상하게 유발할 때에도 그것이 융합(fusion)이나 혼성이기보다는 완전한 전치(displacement)를 포함하는 경향이라는 것이다(코헨·배럿 2008). 다시 말해, 주어진 문화에서 명시적인 신학적 모형이 소유하는 영혼과 소유된 몸-마음의 혼성에 의해 영혼 빙의를 설명할 때에도, 관여하는 사람의 실제 추론 패턴은 하나의 마음이 또 다른 마음을 완전히 점거하는 완전한 전치 모형을 반영한다. 이것은 후자가 인지적으로 더 자연스럽기 때문에(코헨 2007: 143~144), 사람들이 "가지고 생각하기가" 더 쉽다. 제2장에서 개관한 고대 중국의 영혼 빙의에 대한 실례가 영혼 개념의 변이에도 완전한 전치 모형과 일치한다는 것은 분명 사실이다.

무차별적 목적론

과도한 마음 이론이 종교적 인지의 양상을 지지하는 또 다른 방식은 "무차별적 목적론"에 관한 데보라 켈리먼(Kelemen, Deborah)의 연구(1999, 2003, 2004)에서 암시된다. 켈리먼은 나이와 교육 수준이 다양한 아이들이 비가시적이거나 초자연적인 행위성을 세계로 널리 투사한다는 것을 증명했으며, 현상에 대한 행위자 중심의 목적론적 설명(다시 말해, 마음 이론에 기반한 해석)이 인간의 인지적인 기본 입장이라고 주장한다. 성인들 사이에서 그런 설명은 어떤 현대 문화에서 단지 점진적이고 어렵고 불완전하게 기계론적 설명으로 격퇴된다. 그녀의 연구는 성인(켈리먼·로제트 2009)과 많은 교육을 받은 과학자(켈리먼·로트만·세스톤 2013, 켈리먼 2010)조차 인지적 부하(cognitive load)를 받을 때 목적론적 설명을 재빨리 선택한다는 것을 증명한다.[53] 이런 경향은 범문화적으로 발견된다. 예컨대, 로트만 外(2016)은 미국 표본과 비교해 다소 적기는 하지만 중국 성인에게서 비슷한 경향을 발견한다. 이것은 문화적 훈련이나 종교적 모형이 공유되는 인지적 경향을 기본적으로 조정할 수 있다는 것을 암시한다. 이것은 선천적인 인간 인지에서 흔히 관찰되는 현상이다.

우리의 선천적인 목적론이 (마음 이론처럼) 어쩌면 세계에 대한 객관적인 묘사로서는 **틀린** 것이라고 언급하는 것은 가치가 있다. 현대 과학적 개념을 이해하는 것에 관해 이것은 많은 문제를 유발한다. 예컨대, 목적론적 사고는 다윈의 진화 개념을 제대로 파악하는 것을 극도로 어렵게 한다. 우리는 세계에서 설계 디자인을 보게 되면 어쩔 수 없이 디자이너를 찾게 된다. 실제로, 마음이 없는 사물과 대비해서 마음을 지닌 행위자에 대한 우리의 직관적인 개념의 일부는 후자인 그러한 행위자만이 질서를 만들어낼 수 있다는 것이다. 이것은 아동 발달에서 매우 일찍이 발생하고(키엘·뉴먼 2015) 축출하기가 어려운 인지적 편견이다. 따라서 또렷한 디자인이 선택 압력이 뒤따르는 임의적인 변화에서 초래한다는 생각은 매우 직관에 반하기에, 훈련을 받은 과학자조차도 스스로가 진화 과정을 설명할 때 의도에 기반한 속기("종 X에는 포식자를 피하기 위해 이러한 착색법이 진화되었다")에 호소하는 것을 발견하고, 진화 이론을 대중화하는 사람들은 그 개념을 비전문가들이 이해할 수 있게 "눈먼 시계공"*이나 "이기적 유전자"**와 같은 허위 행위자를 어

---

*눈먼 시계공(blind watchmaker) 윌리엄 페일리가 복잡한 물건은 반드시 설계자가 있게 마련이라며 예로 든 것이 바로 시계공인데, 그걸 도킨스가 받아 진화 과정에 만일 설계자가 존재한다면 그는 필경 눈이 먼 시계공일 것이라고 꼬집은 것이다. 시계가 망가져 수리센터에 가져갔는 데 내 시계를 건네받은 수리공의 눈이 멀어 있다면 과연 그 시계가 제대로 고쳐지리라 기대할 수 있겠는가? 도킨스에 따르면, 자연선택의 결과로 태어난 오늘날의 생명체를 보면 마치 숙련된 시계공이 설계하고 수리한 결과처럼 보이지만, 실제로는 앞을 보지 못하는 시계공이 나름대로 고쳐보려 애쓰는 과정에서 번번이 실패를 거듭하다 정말 가끔 요행으로 재각거리며 작동할 때도 있다는 것이다.

**이기적 유전자(selfish gene) 자연선택의 단위는 유전자이고, 생물의 다양한 성질은 그 성질에 영향을 주는 유전자의 생존이나 증식에 유리하게 진화하였다는 견해를 설명하기 위한 비유 표현이다.

쩔 수 없이 몰래 들여오게 된다(도킨스 1976, 1987). 따라서 마거릿 에반스가 발견하듯이 아이들이 창조설을 받아들이지 않는 가정에서 자랐다고 할지라도 타고난 창조론자인 것처럼 보이고, 의도적 창조자를 포함하는 동물과 사람의 기원에 대한 설명을 선호하는 것은 놀라운 일이 아니다(에반스 2000, 2001). 교육이 미치는 영향은 제한적이고, 창조론적 사고 패턴은 진화 이론을 집중적으로 교육받고 난 후에도 지속된다(또는 진화적 개념으로 통합된다)(개관에 대해서는 에반스·레인 2011 참조).

세계에서 의미나 의도를 보려는 우리의 경향은 너무나 강력하고 기본적이라서 적어도 직관적 층위에서 지적으로 열성적인 무신론자들 사이에서도 근절할 수 없다.[54] 전 문화의 인간들과 심지어 비종교적으로 식별되는 인간들도 자신들의 삶에서 일어나는 사건들이 "어떤 이유로" 일어나는 것으로 인식하고(길버트 外 2000), "운명에 도전하는 것"을 꺼린다(라이즌·길로비치 2008). 미국과 영국의 참여자에 대한 헤이우드·베링(2013)의 연구는 자신의 삶이 목적과 의미로 전개되는 것으로 보는 목적론적 추론의 빈도가 분명한 종교적 믿음으로부터 약하게 영향을 받았음을 발견했다.

> 전체적으로, 결과는 문화적 종교성(즉, 참여자들이 상대적으로 종교적인 미국 출신인가 아니면 세속적인 영국 출신인가)의 서로 다른 층위들이 목적론적으로 추리하는 경향에 영향을 미치지 않는다는 것을 암시했다. 예측대로, 무신론자가 유신론자보다 목적론적 설명을 훨씬 더 적게 제시했다는 점에서, 분명한 종교적 믿음은 영향을 미쳤다. 하지만 무신론자들 중에서 절반(n = 17)은 적어도 하나의 목적론적 대답을 했고, 4분의 3이상(n = 26)은

목적론적 대답을 하거나 중요한 인생 사건에 대해 목적론적 직관과 더욱 합리적인 자연주의적 설명 사이에서 충돌을 느낀다는 것을 인정했다. 우리는 이런 결과가 기본적인 마음 이론 능력이 중요한 인생 사건에 대해 목적론적으로 추론하는 경향에 대한 기초임을 암시하는 것으로 해석한다. (1)

바네르지(Banerjee)·블룸(Bloom)(2014)도 이와 비슷하게 온라인 미국 참여자를 연구하면서 분명한 신도가 인생 사건에 대해 유의미한 목적론적 설명을 더 많이 신뢰하지만 신도가 아닌 사람도 그런 설명을 신뢰한다는 것을 발견했는데, 이는 인생에서 목적의 인식이 선천적인 경향에 의해 유도되는 것을 암시한다.

이것은 진화된 어떠한 경향이나 진화된 경향의 부산물에서도 볼 수 있는 패턴이다. 이런 패턴을 신경 쓰지 않기란 매우 어렵다. 제시 베링이 지적하듯이, 세계에서 의미를 보는 경향이 마음 이론과 같은 진화된 체계와 연결되어 있다면, "의미를 버리는 어떠한 철학적 입장도 자연스럽게 불리한 조건에 놓이는데, 이는 자아가 주관적인 무신론자가 되고자 "선택"하자마자 망막은 빛 에너지를 시신경이 뇌로 전달하는 신호로 전환시키지 않고자 "선택할" 수 있기 때문이다"(베링 2006: 258~259). 이런 경향은 본질상 자동적이기에, 아무리 오래 전에 살았더라도 온전한 마음 이론을 가진 호모사피엔스 종의 어떤 구성원에게도 세계에서 목적론적 의미를 보려는 추진력이 부재했을 것 같지는 않다. 종교인지과학 견해를 요약하는 한 가지 방법은 로버트 맥컬리(McCauley, Robert)가 말했듯이, "종교는 자연스럽고 과학은 그렇지 않다"(2011)이다.[55]

신앙심과 마음 이론 스펙트럼

기본적인 종교적 인지가 선천적인 인간 인지에서 자연스럽고 불가항적으로 나온다면, 종교적 믿음의 부재는 어떻게 설명하는가? 열성적인 지적 무신론자는 고대 로마(예를 들어, 루크레티우스(Lucretius))와 전국시대 중국(예를 들어, 순자) 이후로 쭉 우리와 함께 했고, 확실히 문자사용 이전 사회에서도 존재했었다.[56] 의미를 세계로 투사하는 것이 망막이 빛 에너지를 시신경 신호로 전환하는 것만큼 자동적이면, 왜 이런 경향을 거부하는 사람들이 있는가? 클리퍼드 기어츠(Clifford Geertz)는 한 때 종교연구의 진정한 과제가 무신론의 존재를 설명하는 것이라고 주장했다. 그가 분명히 말했듯이, "종교인류학은 말리노프스키(Malinowski)보다 좀 더 섬세한 누군가가 "미개 사회에서 신앙과 불신앙(또는 심지어 신념과 위선)"이라는 책을 쓸 때를 맞게 될 것이다"(기어츠 1973: 109, 각주 33).

이 영역에는 어느 정도의 진척이 있었다. 우선, 인지과학자가 말하는 (무의식적이고 직관적인) "뜨거운(hot)" 인지와 (의식적이고 합리적인) "차가운(cold)" 사고의 구분에 의존하는 것은 중요하다(카너먼 2011). 이것은 "신학적 부정확성(theological incorrectness)", 즉 명시적이거나 신학적이거나 철학적인 신념과 평범한 인지 간의 흔히 접하는 공백에 관한 주제를 논하는 제6장에서 더욱 상세히 다룰 주제다. 어쨌든 개인들이 암시적인 "뜨거운" 인지와 모순되는 지적인 입장을 받아들이는 것은 전혀 유별난 것이 아니다. 예컨대, 인종에 대해 편견이 전혀 없다고 진심으로 주장하는 사람도 종종 암시적 인지의 측정을 사용하여 평가받을 때 편견을 보인다.[57] 이와 비슷하게, 앞서 논의했듯이, 정렬적인 무신론자는 시간 압박을 받거나 다른 식으로 "뜨거운" 인지로 강요받을 때 전형적으로 목적론적 추론이나 미신, 또는 다양한 종류의 암시적으로 종교적인 믿음

으로 되돌아간다.[58]

우리가 예상하는 것은 종교적 인지의 다양한 형태가 마음 이론에 의해 어느 정도 생산된다면 그 두 인지 과정(종교적 인지와 마음 이론)은 신경학적이고 행동적이고 발달상 단단하게 연결되어야 한다는 것이다. 이 주제에 관한 연구는 아직 초기 단계이고, 서양의 유대-기독교 실험대상자에게 매우 많이 국한되는 경향이 있다. 그럼에도, 신경영상 연구는 실제로 신을 생각하거나 기도하면 뇌에서 마음 이론 부위가 활성화되는 것을 보여 주었다(카포기아니스 外 2009, 쉬조트 外 2009). 신에 관한 추론에서 사람들은 타자 마음에 대해 추론할 때와 동일한 종류의 인지적 패턴과 편견을 보여 주고(배럿 1998, 배럿·키엘 1996, 그레이·웨그너 2010), 초자연적 행위자에 대해 추론하는 아동 능력의 발달은 마음 이론 능력과 동일한 일반적인 궤도를 따른다(레인·웰먼·에반스 2010, 테일러·칼슨 1997). 또한 개인마다 다른 마음 이론의 세기와 종교적 믿음 및 행동을 진심으로 받아들이는 경향 사이에 상관성이 있을 것으로 예상된다. 이것은 우리가 발견하는 것이다(노렌자얀·저베이스 2009, 2013). 자폐 성인과 대학생, 미국과 캐나다 성인의 큰 대표 집단에 관한 연구에서는 자폐 스펙트럼 상에 있는 것(다시 말해, 축소된 마음 이론 능력을 소유하는 것)은 신에 대한 믿음을 역으로 예측해서, 마음 이론 능력은 중재 요인인 것을 발견했다(노렌자얀·저베이스·트레시냅스키 2012).[59] 후속 연구(윌러드·노렌자얀 2013)에서는 마음 이론이나 "정신화" 능력이 누군가가 정신적 또는 목적론적 신념을 받아들이는 정도를 예측하는 것을 발견했다. 저자들이 지적하기로, "그 데이터는 정신화가 먼저 온다고 제안하는 경로 모형과 가장 잘 일치하는데, 그것은 이원론과 목적론으로 이어지고, 이는 다시 종교적·초자연적·인생 목적의 믿음으로 이어진다"(379).

이 주제에 관한 연구는 마음 이론과 종교적 소속이나 참석 간의 관계를 발견하지 못하는 경향이 있다. 정신적 또는 초자연적 믿음과 형식적인 종교 풍습 간의 이러한 잠재적인 분리는 중요한데, 이는 누군가가 주어진 종교의 습관적·제의적 관습에 참여하는 정도가 그의 현지 공동체와 문화적 문맥에 매우 많이 의존하기 때문이다. 더욱이 풍습이 믿음을 요구한다는 것은 분명히 사실이 아니고, 연구에서는 자폐 스펙트럼의 개인들이 배경인 초자연적 믿음을 공유하지 않거나 공유하지 못하고서 종교의 제의에 참여하고 심지어 그것을 적극적으로 즐길 수 있다는 것을 암시했다(베링 2002a). 관습에 참여하기 위해 믿음 고백이 요구되는 문맥에서도, 이것은 자폐 개인이 상응하는 직관적 신념 없이 자신의 차가운 인지를 사용하여 확인할 수 있는 것이다. 플우스버그(Flusberg, Stephen)·태거-플우스버그(Tager-Flusberg, Helen)가 지적하듯이, "자폐증이 있는 사람은 허위신념 과제를 통과하는 법을 배우는 것과 동일한 방식으로 언어를 통해 내세에 대한 믿음을 획득할 수 있다"(2006: 473)(태거-플우스버그·조지프 2005: 311 참조).

마음 이론과 종교적 믿음의 강도 간의 또 다른 상관성은 초-신앙심을 설명할 수도 있다. 버나드 크레스피(Crespi, Bernard)·크리스토퍼 배드코크(Badcock, Christopher)(2008)는 우리가 하위 끝단에서 자폐 스펙트럼뿐만 아니라 상위 끝단에서 정신병 스펙트럼(특히 정신분열증)도 포함하는 완전한 마음 이론 스펙트럼으로 생각해야 한다고 주장한다.[60] 정신분열증의 증상으로는 목소리 듣기, 끊임없이 감시받는다는 느낌, 대부분의 사람들이 사소한 사건이나 사물로 간주하는 것에서 심오하거나 불길한 의미를 인식하는 것, 정교한 구성이 인생의 모든 양상에서 작동하는 것을 보는 것이 있다. 다시 말해, 정신분열증 개인은 모든 곳에서 마음을 본다.[61] 정신분열증과 신앙심 간의 연결은 자폐증과 신앙심 간의 연결만큼 철저하게 탐구되지 않았지만, 최근 연구에서는 "영적이지만 종교적이지는 않은 것"[62]으로 식별되는 사람들이 "신앙심이 깊거나"(준수를 잘하고, 교회에 다니는 것) 신앙심이 깊지 않은 사람들보다 정신분열 척도에서 더 높은 점수를 받는다는 것을 보여 주었다(윌러드·노렌자얀 2017).

신체화된 인지와 비교 프로젝트

이 장에서는 과학적 방법과 지식이 인간 문화를 분석하는 데 적절하다고 주장했다. 그렇게 하면서 나는 인간이 신체화되고 진화된 생명체라는 더욱 실증적으로 타당한 견해를 채택한다고 해서 인간을 홍적세(洪積世), 즉 빙하시대 이후로 변하지 않은 비역사적이고 비문화적인 동물로 묘사한 진화심리학의 초기 버전을 받아들여야 한다는 것은 아님을 강조하는 것이 중요하다고 생각한다. 인간 사고에 대한 인지언어학 접근법에서 그러하듯이, 앞서 기술한 종교인지과학(CSR) 접근법의 일반적인 비판은 종교인지과학 접근법이 문화의 역할을 무시하고, 인간을 공간과 시간에서 완전히 불변하는 것으로 본다는 것이다. 예컨대, 내서니얼 배럿(Barrett, Nathaniel)은 종교인지과학 견해가 "우리의 기본적인 감각운동 도식이 우리의 진화적 과거에 의해 고정되어서, 세상과의 연대를 위한 선천적이고 보편적이며 엄격하게 불변하는 기초를 구성한다"라고 주장하는 것으로 특징짓고, 더 나아가 이 견해를 슬링거랜드(2008b)의 것으로 추정한다(그는 분명히 제4장 정도에 이르지 못했다)(배럿 2010: 600, 각주 35번 참조). 바라라 헌스타인 스미스(Smith, Barbara Herrnstein)도 종교

인지과학에 대해 시대에 뒤떨어진 비슷한 견해를 가지고 있는데, 종교인지과학이 "유전적으로 명시되고" "대개 신석기 시대 상황을 극복하는 신석기 시대 조상의 뇌나 몸, 행동에서 가지고 있던 형태에서 고정되는"(스미스 2009: 12) 선천적 인지적 구조의 견해에 의존한다고 주장한다. 이것은 부분적으로 어떤 초기 접근법에서는 참일 수 있지만, 더욱 최근 연구, 특히 캐나다의 브리티시컬럼비아대학교의 인간인지와 문화연구센터(Center for the Study of Human Cognition and Culture; HECC)(http://www.hecc.ubc.ca/; 특히 노렌자얀 外 2016 참조)나 덴마크의 오르후스대학교(Aarhus University)의 종교인지문화(Religion, Cognition and Culture; RCC)(http://rcc.au.dk/; 특히 기어츠 2010 참조)에 소속된 연구자들의 연구에 비추어 보면 완전히 잘못된 것이다.

우리에게는 이제 인간 인지와 행동이 어떻게 문화적 정보와 유전적 정보 둘 다의 "이중적 계승"의 산물인지에 대한 매우 정교한 이론적 모형이 있고, 이런 모형은 수많은 실증적 증거로 뒷받침된다(헨리히·맥엘리스 2007). 또한 언어, 구축된 문화적 환경, 생산 양식의 형태를 하고 있는 문화가 어떻게 기본적인 인간 인지를 형성하는지, 그리고 선천적인 인간 인지가 어떻게 문화가 취할 수 있는 형태를 강력하게 제약하는지에 대한 적절한 설명도 있다(리처슨·보이드 2005, 허시펠트·겔만 1994, 커러더스·로렌스·스티치 2005, 2007, 2008). 강한 사회구성주의의 빈 서판(Blank Slate)에 대한 대안은 1990년대 진화심리학의 털 없는 원숭이가 아니라, 유전자와 문화로 형성되고, 물리학, 화학, 생물학, 문화로 함께 구조화된 물리적 세계를 처리하는, 도구를 갖추고 내장된 환경에 거주하는 유기체이다.

실제로 신체화된 인지의 관점에서 유전자와 문화 사이나 몸과 마음 사이에 뚜렷한 선을 긋는 것은 합당하지 않다. 이런 구분이 우리와 같은 마음-몸 이원론자에게 직관적으로 합당하고, 휴리스틱 목적에 유용할 수는 있지만, 인간은 궁극적으로 물리적 인과성의 단일 흐름의 산물이다. 이는 유전자처럼 문화도 그 자체의 신비한 길을 따르는 유령과 같은 뒤르켐의 Über-Geist가 아니라 물리적 체계이기 때문이다. 문화는 신체화된 체계에 의해 생산되고 전달되며 획득된다. 문화는 공기 속의 음파, 표면 위의 흔적, 건물, 도구, 교사와 동료의 신경망의 형상 같은 완전히 물리적인 구조의 형태를 취한다.[63] 문화적 체계의 진화는 너무나 놀라울 정도로 복잡한 개별 인간의 몸-마음 체계의 신경 형상의 (실제로 적어도) 전혀 예측되지 않는 변용을 포함하는데, 이러한 신경 형상은 대인적 만남과 관계맺음의 대단히 복잡한 망과의 상호작용에 동시에 반응한다. 매우 복잡한 다른 유기체를 규칙적으로 다루도록 강요받는 그러한 복잡한 유기체가 마음 이론을 개발했고, 또한 긴 시간 동안 무수히 많은 마음들의 침전물인 문화를 개별적인 몸과 마음과 근본적으로 다른 것으로 간주하는 것은 놀랍지 않다. 하지만 현실에서 몸, 마음, 문화는 간단히 구분이 되지 않는 물리적 실재의 서로 다른 국면이다.

문화에 대한 신체화된 "진화" 모형을 받아들이는 것이 발전이나 문화적 우월성이나 열등성과는 전혀 관련이 없다는 것을 인식하는 것도 중요하다. 즉, "진화"의 개념은 적절한 과학적 문맥에서 사용될 때 목적론적 함축이나 규범적 함축을 전혀 가지지 않는다. 이것이 중요한 것은 중국학 분야에서 최근까지 중국이나 "동양"에 대한 문화본질주의적 설명의 유일한 대안이 종종 축의 시대(Axial Age)의 유럽중심적이고 철학적으로 관념론적 개념과 유럽 계몽주의의 이상과 닮은 것으로 향하는 인류의 냉혹한 움직임에서 고무된 똑같이 호소력 없는 "진화적" 설명인 것처럼 보이기 때문이다. 마이클 푸엣이 말했듯이, 유가 윤리학에 관한 하이너 로츠(Roetz, Heiner)의 후기 연구처럼(18~21), 벤자민 슈워츠(Schwartz,

Benjamin)가 고대 중국 사상의 발달을 분석하기 위해 "초월(transcendence)"과 같은 개념을 사용하는 것은 분명히 야스퍼스적이었다(2002: 11~13). 미란다 브라운도 이와 비슷하게 "정신적 단일성(psychic unity)"에 대한 주장인 문화상대주의의 대안을 중국 사상이 궁극적으로 현대의 서양 사상으로 이어지는 문화 발달의 초기 "원시적" 단계라는 모형에 전념한다는 의미에서 내재적으로 "진화론적"인 것으로 간주한다(2006: 221).

서양 우월성의 문화적 편협성과 식민주의적 개념을 피하는 것은 분명 중요하다. 하지만 중국에 대한 문화본질주의적 설명이나 조잡한 진화적 설명의 대안이 어떤 것인지를 고려해야 한다. 이는 우리 분야에서 충분히 신중하게 생각하지 않았던 것이다. 예컨대, 브라운은 이전 접근법들의 단점을 분석하고 다음과 같이 결론 내린다.

> 확실히, 진화주의나 본질주의에 대해 완전히 산출된 방법론적 대안은 [그녀가 개관한 연구들]에서 발견될 수 없다. 그렇지만 질문을 제기하는 새로운 방법은 얼핏 볼 수 있다. 그것은 미래 학계가 답해야 하는 질문이다. 중국인이 그저 "원시주의자"나 "타자"가 아니면, 중국식 사고방식과 유럽식 사고방식의 차이를 어떻게 설명할 수 있는가?(2006: 249)

포스 다운(Fourth down)(미식 축구에서, 공격 팀이 공격권을 갖는 4회의 다운 중 마지막(4회째) 다운을 말한다. 이 4회에서 공격 팀이 볼을 10yd 이상 전진시키면 또다시 4회의 공격권을 획득하게 된다. -역자 주)에서 자신의 골라인에 너무 가까워 사면초가에 몰린 풋볼 코치처럼, 브라운은 그냥 그만두고자 결정하고, 구체적인 방법론적 안내 중에 수사의문문을 남길 뿐 아무것도 남기지 않는다. 마이클 푸엣은 이와 비슷하게 "본질주의" 진영과 "보편주의" 진영을 초월하고자 하여 조금 더 구체적이다. 그는 학자가 또 다른 문화에서 나온 주장들이 일관성이 있는 논쟁의 문맥을 재구성하려 시도하는 세 번째 방법을 주장하는데(2002: 22~23), 이때 그는 문화본질주의에 빠지지 않거나 "보편적 표준"을 뽑아내는 것에 의지하지 않는다(23). 이것은 한 단계 발전한 것이지만, 여전히 한 시대와 문화의 사람이 또 다른 시대와 문화의 사람의 논쟁을 재구성하고 이해하게 하는 것이 무엇인지에 대한 배경 가정을 다소 이론화하지 않은 채 둔다.

확실히 우리는 19세기나 21세기의 북유럽이나 북아메리카에 살았던 백인이며 지주인 엘리트 남성의 특별한 세계관만을 실제로 반영하는 "보편적 표준"(23)을 원하지 않는다. 그러나 적절한 문화적·언어적 배경을 고려하면 우리에게 다른 문화의 논쟁에 책임감 있게 생각에 잠기게 할 공유된 공동체의 배경이 있어야 한다. 한 분야로서 우리는 더 이상 일관성 있고 실증적으로 옹호할 수 있는 우리 연구를 위한 이론적 토대 없이 갈피를 못 잡을 여유가 없다. 우리의 현재 선택은 충분히 이론화되지 않은 "상식"이나 강한 사회구성주의의 어떤 형태에 국한되는데, 이 모두는 현대 영어권 캐나다인이 어떻게 서기전 4세기 고대 중국에서 쓰여진 텍스트를 이해할 수 있는지에 대한 만족스러운 이야기를 하게 하지 않는다.

브라운은 "정신적 단일성"이 식민주의 및 진화주의와 어쩌면 내재적으로 연결되어 있기에 하나의 가능성으로서 그것으로의 움직임을 묵살하지만(2006: 248), 이것은 보편주의의 다른 형식에 대한 타당한 반응이 아니다. 귀에 거슬리는 것처럼 들릴 수 있는 위험을 무릅쓰고서,[64] 나는 인지와 문화의 신체화된 모형에서 제공하는 이론적 공간이 앞으로 가는 최고의 길이라고 제안한다. 신체화된 인지, "핵심" 인지, 유전자-문화 공진화에 관해 이 장에서 개관하고 인용하는 증거는 철학적 관념론*이나 서양 우월성의 개념, 영국 성공회(Anglicanism)로 향하는 필연적인 역사적인 영적 행진과 아무런 관련이 없는 실증적으로 책임감 있는 정신적 단일성의 모형을 제공한다. 신체화된 인지는 인간 인지와 문화에 대한 최고의 현재 실증적 모형에 기초하는 장점이 더해져서, 인문학자에게 자신의 연구를 더욱 폭넓은 학계로 통합하게 한다.

문화적 타자로 가는 교량인 신체화된 인지는 그 본질에 대한 오해 때문에 고대 중국이나 비교 사상 학자들이 거부했었다. 보편주의적 양상에 관해, 신체화된 공통성을 찬성한다고 해서 인지 능력에서 개별적 변이의 현실을 무시해야 하는 것은 아님을 인식하는 것이 중요하다. 예를 들어, 우리는 앞서 마음 이론의 강도가 어떻게 부재(심각한 자폐증)에서부터 과잉(편집형 정신분열증)에까지 이르는 스펙트럼의 모집단에 분포되어 있는지를 논의했는데, 이때 개인들은 가운데에 군집하지만 곡선 전체에 분포한다. 이런 변이성은 마음 이론이 인간 보편소가 아니라고 결론 내리도록 결코 강요하지 않는다. 이 특별한 장애물은 로이드와

● **관념론(idealism)** 관념론은 궁극적인 실제를 관념, 정신, 마음이라고 주장한다. 이러한 사상은 플라톤에서 시작하여 데카르트와 버클리를 거쳐 칸트와 헤겔을 통해서 지금에 이어져 오고 있다. 플라톤은 인간의 정신을 이념이나 관념의 세계로부터 나온 영혼으로 본다. 그러므로 이데아(idea)는 정신의 소산으로서, 물질에 있는 것이 아니고 영구 불변하는 이념 세계에 존재한다고 보았다. 또한 헤겔에 의하면 인간은 영원한 정신세계의 일부분으로서, 인격적으로 자신의 행동에 대해 책임을 갖는 정신적인 존재인 것이다.

같이 인지과학 문헌에 풍부한 지식을 가진 비교학자들에게 보편주의 대 반보편주의 이분법을 초월한 방법을 보는 것을 힘들게 했다. 이 문제를 다루려는 단행본 분량의 시도에서(2007), 로이드는 "진리는 한 당사자나 다른 당사자에게 있는 것이 아니라," 우리가 "그러한 덤덤한 관찰을 넘어설" 필요가 있다고 주장한다(5). 그가 이와 관련해 성공적인지는 명확하지 않다. 색채 지각이나 공간 인지와 같은 논제에 관해, 그는 개인들 간의 변이성이 "모든 인간의 정신적 단일성에 대한 절대적인 단언이 보증되지 않는 것처럼 보이고, 많은 경우에 반대되는 확고한 증거와 충돌한다"(28)라는 것을 의미한다고 주장하지만, 또한 "우리가 명확한 공통성을 보지 못해서는 안 된다"(21)라고 주장한다.

    이러한 모호함[65]은 로이드가 관찰된 변이를 인간 인지에 위치시키지 못하는 것으로 유발되는 듯하다. 이것은 그가 이론적으로 가능한 변이나 명확한 실용주의적 경계의 문맥 내에서 감복할 정도로 상세히 입증하는 주제이다. 공간 인지의 경우에, 그는 범문화적으로 인간이 세 가지 다른 상대적 참조틀 중에서 하나 또는 그 이상에 의존한다는 것을 보여 주는 스테펀 레빈슨(Levinson, Stephen)의 연구를 개관한다. 이것은 로이드에게 심리적 단일성이 "보증되지 않는 것"이라고 단언하게 하는 사실이다(28). 여기에서 놓친 논점은 세 개라는 것이 꽤 작은 수라는 것이다! 공간을 인지할 수 있는 무수한 방법을 고려하면, 관찰된 실제 변이의 작은 범위는 보편주의의 확고한 형태다. 이와 비슷하게, 색채 지각에 관해 그는 "색채 지각의 변이성은 일반적으로 인식되는 것보다 더 크다"(19)라고 지적한다. 이는 명확히 정의되는 질환인 색맹이 다소 "상대적 결함의 문제"(19)라는 것을 의미한다. 이것은 또한 보편주의 입장에 대한 도전으로 묘사된다. 이것은 실용주의적으로 말해서, 익은 과일과 익지 않은 과일을 확실하게 구분하거나 녹색 신호등과 빨간색 신호등을 구분할 수 있는지의 여부처럼 "시력이 정상인" 사람과 색맹인 사람 사이에서 선을 긋는 매우 옹호할 수 있는 방법이라는 사실을 무시하는 것이다. 마음 이론으로 되돌아가자면, 마음 이론 능력의 전체 스펙트럼이 존재한다는 것은 어떤 사람들을 자폐증이나 정신분열증으로 진단하지 않으므로 그들에게 적절한 사회적 또는 의료적 지원을 제공하지 않는다는 것을 의미하지 않는다. 물론 그런 모집단과 "정상"으로 간주되는 사람들이 엄밀히 구분되지 않을 수는 있다. 적절한 요인은 일반적으로 한 개인이 인간 사회적 실재를 "성공적으로"(그 자체는 또한 개인적 의견이다!) 절충할 수 있는지의 여부이다. 우리의 인지 능력을 유도하고 형성했던 실용주의적 목표는 또한 그런 인지 능력에 한계와 경계, 구분을 부과한다.

나는 또한 여기에서 제안하고, 우리의 물리적-문화적 신체화에서 발생하는 공통된 구조에 기초하는 심리적 단일성의 모형에 대해서 문화 차이의 실재와 중요성을 무시하는 것은 아무것도 없다는 것을 강조하고 싶다. 실제로 이런 종류의 체제 밖에서 문화 차이를 이해하는 것은 어렵다. 인지언어학을 고대 중국 사상에 적용하는 나의 초기 연구에서 (그리고 대체로 이 연구에서도) 신오리엔탈리즘의 극단적인 문화본질주의에 대한 개선책으로 인간 경험에서의 신체화된 공통성을 강조했다. 하지만 특히 유전자-문화 공진화적 체제 내에서 인지에 대한 신체화된 접근법(헨리히·맥엘리스 2007)은 또한 문화적 변이와 문화가 선천적인 인지적 구조를 수정하고 형성하는 무수한 방법을 탐구하게 한다(스퍼버·허시펠트 2004). 이것은 이 접근법을 비판하는 학자들 대부분이 간과했던 것이다. 이런 비판가들은 그것이 유전적으로 고정되고 문화적 영향에 둔감한 인간 인지의 모형으로 작동하는 것으로 간주한다.[66]

자연주의적 해석학

우리 분야에 종사하는 많은 사람들은 강한 문화상대주의와 친근하기에 고대 중국 코퍼스의 구절을 이질성과 "우리의" 사고방식에 대한 도전을 최대화하는 방식으로 읽는다. 죽으면서 물리적 몸을 떠나는 비가시적이고 내적인 개인적 본질 또는 영혼이라는 고대 중국 개념을 주장하면서 제2장에서 논의한 『장자』의 한 구절을 떠올려 보라. 암컷이 죽자, 새끼 돼지들은 껴안는 것을 즉시 멈추고 시체에서 뿔뿔이 흩어진다. 장자의 대변자로 행동하는 공자는 새끼 돼지들이 어미의 시체에서 달아났는데, 이는 "어미가 자기들을 쳐다보지 않았기 때문이며, 그 모습도 전과 같지 않았기 때문입니다. 새끼 돼지들이 제 어미를 사랑한 이유는 그 어미의 몸을 사랑했다기보다는 그 몸을 주재하는 주체를 사랑했기 때문입니다. 이것이 사라졌습니다."[67]

고대 중국어를 완벽하게 읽을 줄 아는 프랑수아 줄리앙은 이 구절을 논의하면서 이것이 "물리적 존재를 그 자체의 일에 이용하는" 것의 존재를 암시한다는 것을 인정할 수밖에 없다. "이것은 아리스토텔레스가 확실히 "영혼"[qui fait oeuvrer l'être physique à son service, nul doute qu'Aristote l'aurait nommée l'<âme'>]이라고 명명한 것이다"(2007b: 65). 하지만 그런 다음 그가 이 실체의 중요성을 간단히 처리하는 것은 이 실체가 명시적으로 명명되지 않고, (그것을 기다리고) 줄리앙이 단언은 했지만 실제로는 결코 입증되지 않은 가정인 "영혼의 물질적 개념의 부재에서" 그것이 모호한 능력일 뿐이기 때문이다. 실제로 장자는 이 실체에 다양한 이름을 부여한다. 그것은 神인데, 장자 무위에서 이끄는 힘으로서(슬링거랜드 2003b: 제5장), 장자는 때때로 그것을 본질은 가지고 있지만 형태가 없는 "진정한

지도자"나 "천군(天君)"으로 부른다. 하지만 이것은 나의 논점이 아니다. 여기에 적절한 텍스트를 잘 아는 이 두 명의 중국학자는 적절한 해석에 대해 완전히 의견이 불일치하고, 이런 불일치는 상대적인 해석적 출발점의 산물이다. 언어적/문화적/역사적 차이에서 발생하는 급진적인 개념적 통약불가능성에 대한 더욱 심오한 신념과 결부해서 영혼에 대한 "우리" 개념의 완전한 부재[68]라고 하는 줄리앙의 해석적 출발점은 그에게 다른 식으로 자기 입장에 반대하는 결정적 증거일 수 있는 것을 착오로 묵살하게 한다.

이것은 물론 해석학적 동물의 본질이다. 즉, 특정한 증거는 비교 불가능한 해석의 체제에 내포되거나 다른 이해의 "수평선"에서 볼 때 다양한 중요성을 띤다(가다머 2004). 내가 이 책에서 주장하는 것은 우리가 인문학자로서 인지과학의 마음에 대한 현재의 가장 좋은 이해에 비추어 이해의 수평선을 바꿔야 한다는 것이다. 우리가 언어와 문화에 의해 새겨지거나 구성되는 비신체화된 의식이라면, 가령 그리스어에서 고무된 사고와 중국어에서 고무된 사고 간의 급진적인 차이는 합리적인 출발 가정일 것이다. 언어와 사회적 체계는 매우 다르다. 하지만 내가 알기로, 우리는 비신체화된 유령이 아니라 신체화된 문화를 지닌 동물이다.

텍스트를 신체화된 실재론자로 접근하게 되면, 우리는 인간 마음을 이해한다고 타당하게 말하고, 이것을 해석학적 출발점으로 취하게 된다. 이 출발점에서 고대 중국 코퍼스를 탐구하면, 확실히 놀라운 것을 발견할 것이지만(그래서 우리는 우선 이런 텍스트를 읽는다), 일반적인 배경은 친숙할 것이다. 몸과 마음의 관계는 걱정스러운 관계이다. 사람에게서 본질적인 것은 죽으면서 물리적 몸을 떠난다. 心이 어떤 층위에서 몸속의 기관 중 하나로 생각되지만 간과 동일한 중요성의 층위에 있는 것은 아니다. 사람들은 내적인 정신적 삶을 가지고 있고, 종종 의도를 숨기려고 하며, 어떤 경우에 경쟁자가 무슨 생각을 하고 있는지 알기 위해 (그들의 마음이 아니라!) 왼팔을 내밀 것이다. 몹시 제한된 우리 몸뿐만 아니라 기계적으로 사물로 끌리는 신체기관과 대조적으로, 마음은 자유롭다. 마음은 우주 전체에 퍼져 있고, 폭넓은 범위의 선택권을 고려하며, 따라서 자아의 올바른 군주이다. 우리의 우주에는 의인화된 초자연적 존재와 이전에 살았던 인간의 영혼이 거주하는데, 제의 풍습과 제물을 통해 이 모두와 의사소통하고 위로해야 한다. 이런 존재는 인간 일에 관심이 있고, 세계에서 우리의 행동은 신성한 내세적 힘과 연상됨으로써 의미와 중요성을 얻는다. 고대 중국 텍스트는 이 모든 것을 표현하고, 현대 독자는 이를 즉각 이해한다. 이는 우리가 매우 비슷한 몸-뇌-문화 체계를 가지고 있기 때문이다. 힘들이지 않은 이해는 그런 이해를 가능하게 만드는 신체화된 공통성의 심오한 깊이를 숨긴다. 이제는 이런 사실을 인식하고, 우리의 해석학적 발로 다시 일어서야 할 때이다.

우리는 신체화되고 공유된 현실, 그리고 우리가 연구하는 전통의 텍스트와 고고학 유물이 제시하는 내적 증거에서 얼마나 멀리까지 떠나갔는가? 이것은 마지막인 제6장의 주제이고, 나는 그 장에서 강한 마음-몸 전체론을 반대하는 두 번째 유형의 외적 증거를 논의할 것이다. 그것은 고대 중국에 대한 신오리엔탈리즘 견해를 위한 연막을 제공하는 수사적·철학적 행동을 고려한 것이다.

6
해석학적 과도함
해석학적 과실과 본질주의적 함정

우리는 고대 중국의 역사적 기록을 해석하는 쪽으로 시선을 돌릴 때 어떻게 기본적인 인간 실재에서 그렇게 멀어졌는가? 이 장 후반부에서 논의하겠지만, 우선 전체론 신화를 구성하는 많은 주장에는 진실의 일면이 있으며, 그렇지 않다면 이런 주장은 이 분야에 종사하는 지식이 풍부한 학자들의 지지를 계속 즐기지 못할 것이다. 문제는 합리적인 주장에서 풍자로 미끄러져가는 경향이다. 이것은 급진적 문화본질주의의 가정으로 유도되는 경향이다. 밥 호지(Hodge, Bob)·캄 루이(Louie, Kam)(1998)는 자신들이 명명한 "중국주의"*를 비판하면서 다음과 같이 말했다.

중국주의로 구축된 중국은 그저 서양의 발명품이 아니다. 중국주의의 핵심 가정은 편파적인 진리로서, 이는 이런 진리를 다루고 그것들이 고대 중국학에 꾸려져 있는 형태에서 풀어놓는 것

• **중국주의(Sinologism)** 서양 방법론은 중국의 실제 조건을 무시하고 중국 문명의 복잡성을 서양 문명에 근거해서 모형화된 간단한 발달 패턴으로 축소하는 경향이 있다. 이러한 서양 방법론에 의해 중국 자료에 대한 학문을 실시하고 중국 문명에 대한 지식을 생산하는 방법에 대한 선언된 것이 아니라 암묵적으로 부과된 제도화를 말한다.

을 특별히 중요하게 만든다. 중국주의는 중국 문화 내에서 주요한 경향을 취하고, 그런 경향을 절대적 가치, 즉 중국성에 대한 본질적 진리로 변형시킨다. 그것은 미래 조사와 연구를 필요로 하는 일시적이고 논쟁이 되는 가설과 일반화의 집합이 아니라 논쟁을 초월하는 이데올로기다. (13)

중국주의나 신오리엔탈리즘의 과도함에서 "편파적인 진리"를 풀어주는 연구에서는 이런 이데올로기의 영향 아래에서 해석 행위가 길을 잃을 수 있는 다양한 방법을 입증한다. 곧 보겠지만, 이런 방법은 종종 뒤얽혀 있고, 아래에서 구분할 개별 유형은 매우 엄격한 범주가 아니다.

해석적 과실

나는 내가 다소 특유하게 이런 해석적 과도함에 면역되었다고 생각하지 않는다는 것을 처음부터 명확히 하고 싶고, 이런 동일한 관찰이나 자신의 연구를 적대하게 했던 것을 예상하고 그것을 기꺼이 받아들인다. 나는 또한 이런 관찰을 지적한 첫 번째 사람은 아니다. 하지만 강한 몸-마음 전체론 주장을 비판하는 것에 관해, 결정적인 단계는 이런 현상을 명명하고 진단하며 하나의 집중된 지점에서 목록으로 작성하는 것이다. 이것은 우리 분야의 학자들이 어떻게, 그리고 왜 때때로 이용 가능한 증거에서 비합리적인 결론으로 나아가는지를 설명하는 데 도움을 준다. 그리고 명확히 전개될 때 분명히 틀린 것으로 드러나는 문화적 획일성의 암시적 가정을 가장 중요한 지점으로 가져간다. 더 중요한 것은, 희망컨대 그것이 우리 모두에게 미래에 해석적 함정과 과실을 더 잘 피하게 한다는 것이다.

차이에서 차연으로 미끄러짐

고대 중국 사상이 서양 사상과 급진적으로 다르다는 결론에 학자들이 도달하는 일반적인 방법 중 하나는 내가 말하는 "미끄러짐(slide)"이다. 미끄러짐이란 종종 특별할 것 없지만 증거에 기반한 매우 합리적인 관찰에서부터 논리적으로 관련이 없는 이국적 타자성의 주장으로 아주 매끄럽게 이동하는 것을 말한다. 예컨대, 헨리 로즈몬트·로저 에임스는 이 기술의 대가들이다. 한 가지 예를 들자면, 그들은 『효경』을 번역/해석하면서 유가적 관점에서 인간은 "권리가 아닌 역할을 지니고 있다. 인간은 독립적이라는 의미에서 자유롭지 않다. 이는 인간의 삶이 많은 타자들의 삶과 밀접하고 뒤엉킨 채로 관련되어 있기 때문이다. … 우리는 아이이고 자녀이고 부모이고 이웃이고 친구이고 학생이고 동료이고 연인 등이다"(2009: 31~32)라고 지적한다. 이것은 고대 중국 세계관을 밝힐 수 있는 완벽하게 합리적인 주장일 뿐만 아니라, 다양한 계몽주의 사상가들과 현대의 자유론자, 무뚝뚝한 미국 십대들이 퍼뜨리는 급진적이고 매우 받아들이기 어려운 개인주의에 대한 중요한 개선책이기도 하다. 이것은 정확히 고대 중국 텍스트를 연구하고 다른 사람들과 공유할 가치가 있는 것으로 만드는 건전한 "차이"이다.

하지만 로즈몬트·에임스는 이러한 개선적 차이를 지적하는 것에 만족하지 않고, 자아의 불가분한 사회적 본질에 대한 이러한 관찰에서 다음과 같은 결론으로 즉각 옮겨간다. "우리가 '하는(play)' 것이 아닌 살아가는 모든 특정한 역할들이 목록에 기입되고 그런 역할들의 상호연결이 명확해 졌을 때, 우리들 각자는 꾸밈 없고 자립적인 개별적 자아를 서로 이어 만들 것이 거의 남지 않은 사람으로 특유하게 명시되었고"(32), 따라서 "우리가 살아가는 많은 역할 이면에 개별 자아(본질, 영혼, 사람, 성격)"(45)를 단정할 필요가 없다. 주장 A("우리" 본성의 큰 부분은 사회적 역할에 의해 정의되고, 우리는 본질적으로 다른 사람들에게 의존한다)는 주장 B(자아나 본질, 사람, 내적 성격은 없다)를 결코 논리적으로 함의하지 않는다. 더욱이 주장 B는 우리가 앞서 개관한 모든 텍스트 및 고고학 증거와 완전히 모순되고, 자아에 대한 기본적이고 보편적이며 통속적인 인지적 가정에 위배된다. 과장이 심하게도, 로즈몬트와 에임스는 이 두 가지 주장을 잘못 연결하고서 급진적 차이로의 미끄러짐을 정당화하고, 독자에게 주장 B를 따르기를 피하고 싶다면 매우 합리적이고 매력적인 주장 A를 부인해야 하는 것처럼 느끼게 만든다.[1]

이와 비슷하게, 에리카 브린들리는 고대 중국의 개인주의에 대해 다른 점에서 충분한 근거로 논의하던 중 미끄러짐에 저항하지 못하고서, 고대 중국인이 완전히 비신체화된 자아에 대한 데카르트 견해를 받아들이지 못했다는 관찰로부터 모든 이원론에서 더 없이 행복하게 자유롭다는 결론으로 재빨리 미끄러져갔다.

진리/본질과 형상 간의 급진적 이분법이 전혀 없는 고대 중국의 자아는 마음과 몸 또는 "참된" 본질과 경험 간의 전반적인 분할에 의해 방해받지 않는다. 오히려 고대 중국의 자아는 자신의 환경과 상호작용하고 그것과 관련되면서 그 내부와 외부에서 발생하는 복잡한 과정으로 되어 있고 그것에서 발생하는 유기체에 더욱 가깝다. 그런 방식으로, 자아와 사람의 개념은 특정 이원론적 서양 전통보다 훨씬 더 통합되는데, 이는 그 개념이 내부와 외부에서 발생하는 것과 꾸준하고 늘 변화하는 관계를 맺기 때문이다. (2010: xxix)

여기에서 많은 것은 "전반적인 분할"이 무엇을 의미하는지에 달려 있지만, 얻을 수 있는 인상은 급진적인 본질-형상 구분이 없는 것이 고대 중국인에게 마음과 몸 간의 질적 구분에 대한 **어떠한** 느낌도 없도록 유발한다는 것이다. 더욱이 우리는 자아가 "자신의 환경과 상호작용하고 그것과 관련된다"는 것을 받아들이는 것이 마음과 몸 간의 "전반적인" 구분과 양립하지 않는다는 결론에 수사적으로 이끌리게 된다. 전자는 합리적이고 논란의 의지가 없으며 실제로 평범한 주장이기에, 전자와 후자 간에 아무런 필연적인 관련은 없지만 우리는 더욱 흥미로운 후자의 주장으로 미끄러지게 유도된다.

풍자 대 풍자: 고대 중국의 본질과 서양의 허수아비 주장

브린들리의 이 구절에서 알 수 있듯이, 미끄러짐의 배경에 잠복해 있고, 어쩌면 암시적 추진력 역할을 하는 것은 다름 아닌 문화를 마치 초시간적이고 불변하며 획일적인 단일체로 간주하는 경향이다.[2] 처음의 합리적인 주장과 우리에게 미끄러짐에서 횡단하게 요청하는 논리적으로 조리가 맞지 않는 결론 간의 텅 빈 공간은 전형적으로 하나의 꾸러미로 결합되는 특성들에 대한 ("동양"에서 강력하게 전체론적이고, "서양"에서 강력하게 이원론적인) 암시적인 가정으로 채워진다. 주장 A와 주장 B 간의 논리적 분리는 A와 B가 그저 특별하고 초시간적인 문화적 세계관의 자질로 결합된다고 가정한다면 덜 뚜렷하다.[3]

종종 서양의 마음은 특별하고 전문적인 하나의 철학적 또는 과학적 이론이 마치 유프라테스 강 서쪽과 샌프란시스코 동쪽까지 살았던 모든 사람이 어떻게 지금까지 생각했는지를 나타낸 것처럼 제시함으로써 허수아비 주장으로 전환된다. 예컨대, 로엘 스터크(2002)는 『고대 중국에서 동물과 귀신』(*The Animal and the Daemon in Early China*)에서 고대 중국인이 동물-인간 또는 자연-문화 구분에 관해 전체론 견해를 가지고 있었는데, 이는 그들의 견해가 "동물 세계를 내적이고 독립적인 생물학적 법칙이 지배하는 독특하고 구별된 실재로 분석하는 것이 아니기"(5) 때문이라고 주장한다. 그들은 "동물을 인간의 관심사와 분리된 자연계에 속하는 주체나 객체로" 간주하는 "현대 서양의 마음"[4]과는 달리 동물의 실용적 유용성에 관심을 가졌다(15). 나중에 그는 고대 중국 코퍼스에는 "권위 있는 정의나 주요한 동물 집단의 형식적·행동적 특징을 묘사하기 위한 뜻이 명료한 용어를 개발하려는 시도가 거의 없고"(19), 동물학은 고대 중국에서 "학문적 담화의 자립적인 주제"가 아니었으며, 고대 중국인에게는 자연계에 대한 "내재적인" 분석적 관심이 결핍되었다(25)는 의견을 더한다. 그는 "중국 철학자가 동물계의 실증적 데이터를 체계화하거나 분명히 표현한 텍스트를 개발하지 않았다"(24)라는 입장을 밝힌다.

스터크는 고대 중국에 대한 이러한 의견이 고대 중국인의 세계관이 서양의 세계관과 얼마나 급진적으로 다른지를 보여 준다고 느낀다. 나는 고대 중국 철학자들이 현대 동물학과에 채용되지 않았을 것임을 그가 보여 주었다고 주장한다. 이것은 놀라운 일이 아니어야 한다. 즉, 현대 과학적 방법은 세계를 바라보는 인지적으로 새롭고 매우 이상한 방법이고(맥컬리 2011), 심지어 전문 과학자들도 특별히 그들의 일상 삶에서나 시간 압박을 받을 때는 과학적 사고를 고수하는 것에 능숙하지 않다(켈리먼·로트만·세스톤 2013). 나는 어려서 꽤 많은 여름휴가를 플로리다 걸프 해변의 직업적 진지함이 다양했던 어부들 사이에서 보냈기에, 독자들에게 스터크의 고대 중국 철학자들처럼 그 어부들이 상호작용했던 해양 생물의 다양한 형태에 대한 뛰어난 실용주의적 견해가 있었다는 것을 확신시킬 수 있다. 고대 중국인처럼 그들은 비공식적인 동물학적 관찰에 많이 참여했다(30~31). 이와 비슷하게, 그 어부들은 "가시적인 실재 이면의 불변하는 원형적 본질의 구조를 구분하지 않았고" "모든 살아 있는 생명체 각각의 고정된 형식적·행동적 본질을 상세히 기술하지도" 않았다(43). 적어도 그들이 그렇게 했다면, 그것에 대해 많은 이야기를 하지 않았다. 그 어부들은 주로 물고기를 잡고 먹는 것에만 관심이 있었다. 그들은 주어진 종(또는 더욱 전형적으로 속(屬))이 "좋은 먹을거리"인지 아닌지, 또는 어디에서, 언제 그들이 먹이를 먹는 경향이 있는지와 같은 매우 비과학적인 기준에 따라 물고기를 분류한다. 먹잇감의 행동에 대한 그들의 관심은 그것을 잡거나, 일단 잡으면 적절하게 손질하여 씻거나 요리하는 것과 관련된 양상 그 이상으로 확장되지 않았다. 더욱이 그들은 물고기와 심지어 갑각류가 왜 물지 않는지를 이해하기 위해 "그들의 마음속에 들어가려" 시도하고, 잡히지 않고 가까스로 달아날 때 그들의 영리함을 존경하면서 그것들을 의인화했으며, 그렇게 하여 스터크가 특유하게 중국적이라고 우리에게 믿게 했을 방식으로 인간과 동물 간의 경계를 희미하게 했다.

나에게 낚시하는 법을 가르쳐 주었던 중년의 카프카스 남자들은 "서양인"이었지만, 현대 서양 동물학 이론은 그들이 동물 세계를 바라보고 그것과 상호작용하는 방식에 거의 영향을 미치지 않았다.[5] 고대 중국 세계관의 이국성을 스터크가 과장한 것은 한 특별한 현대 서양의 전문 이론을 가져와서 그것이 마치 "우리가" 사고하는 방식을 나타내는 것처럼 다루는 고전적인 예다. 그가 "동물과 인간을 근본적으로 구분하기보다는, 피 그리고 '피와 기'에 관한 [고대 중국] 담론이 인간과 동물 사이에 심리적·물리적 유사성이 존재한다는 것을 뒷받침하는 이론적 배경을 제공했다"(78)라고 매우 올바르게 지적할 때, 고대 중국에 대한 변별적인 것이 아니라 통속 심리학을 기술하고 있다. 확실히 그가 분명히 의도한 것은 데카르트나 기독교 신학의 기질이다. 하지만 어쨌든 어떤 것도 우리 스스로의 상황이나 실용적인 목적에 흔히 의존하는 "현대 서양의 마음"이 생각하는 방식을 결정한다고 조금도 말할 수 없다. 개를 키우는 어느 현대 서양인(또는 그 문제에 관해 현대 생물학자)도 "인간과 동물 사이에 심리적·물리적 유사성이 존재한다는 것"을 의심하지 않는다. "서양"에 사는 사람들 대부분은 동물이 영혼이 없는 자동기계 장치라는 데카르트의 개념이 별스럽고 받아들이기 어렵고 도덕적으로 혐오감을 주는 것으로 생각할 것이다. 이런 데카르트의 개념은 어쨌든 철학사 전문가 외에는 거의 누구에게도 알려지지 않은 견해다.

전문적이거나 철학적이거나 과학적인 특별한 견해, 즉 가장 일반적으로 르네 데카르트의 철학이 "우리"가 생각하는 방식을 대표하는 것으로 받아들이는 것은 중국이나 동양의 "전체론"에 관한 문헌에서 매우 일반적이다. 그것은 정말로 그만두어야 한다. 헨리 로즈몬트는 "고대 중국인은 데카르트적 몸을 가지지 않았고, 데카르트적 마음도 가지지 않았다"(1991: 78)라고 분명히 말하고, 이런 관찰만으로도 우리의 길을 이해하려면 엄청난 양의 노력이 들어갈 고대 중국 사상과 우리 자신의 사상 간의 크게 벌어진 간격을 예증한다고 생각한다. 이와 비슷하게, 로이드(2007)는 다음과 같은 입장을 밝힌다.

> 어떤 중국 철학자도 이중·삼중·다중으로 분열된 영혼에 대해 완전히 대립적인 이론을 제시하지 않는다. 우리는 플라톤이 그러했듯이 두 가지 구분되는 물질로 생각되는 영혼과 몸 간의 엄격한 이분법을 발견하지 못했다. 하나는 비가시적이고 불멸의 운명이고, 다른 하나는 가시적이고 영혼의 감옥이다. (75)

이런 말 중 어떤 것에도 이의를 제기하기 어렵다. 하지만 로즈몬트와 로이드는 "데카르트적이지 않은", "플라톤과는 다른", "서양이 아닌", "우리와 다른"이 같은 의미라고 느끼는데, 이것들은 명백히 같은 의미가 아니다.

비슷한 방식으로, 프랭클린 퍼킨스도 곽점초간 『성자명출』에서 인간 본성과 "가슴(心)"의 역할을 아주 미묘하고 신중하게 설명한다. 그는 이 텍스트에서 心이 "자유의지"의 방식으로 선택하거나 자아의 선험적 본질을 바꿀 수 있는 힘을 소유하고 있다는 것을 알 수 있다고 지적한다. 하지만 퍼킨스는 우리가 이런 유혹에 저항해야 한다고 결론 내리는데, 이런 유혹이란 "유럽 철학"을 고대 중국 텍스트에 투사함으로써 고대 중국 텍스트에 대한 우리의 이해를 왜곡시킨다는 것이다. 그가 "유럽 철학"으로 성 아우구스티누스가 발전시킨 자유의지,[6] 즉 "절대적인 자기결정과 외부 힘에서 완전한 독립"(퍼킨스 2009: 129)이라는 특별한 개념을 의미한다는 것이 즉각 명확해 진다. 그는 근본적인 개인적 책임감에 대한 아우구스티누스의 견해를 개관하면서 "그런 관심사가 서주의과대학(Xuzhou Mdeical University; XZMC)뿐만 아니라 더 폭넓게는 고대 중국 사상에도 이국적이다"(129)라고 지적한다. 어느 누구도 그것에 동의할 수 없다. 하지만 철저한 "서양" 또는 "유럽" 사람에 대한 내 자신의 의견을 말하자면, 이와 같은 급진적 자유의지에 대한 아우구스티누스 개념은 나와 내가 아는 사람들 대부분에게도 철저히 낯설다. 아우구스티누스의 자유의지를 받아들이기 위해서는 개인의 선택 자유의 범위를 정할 때 교육, 부모의 보살핌, 태어나기 전 독소 노출, 선천적 장애, 암묵적 편견, 사회경제적 지위, 제도적 인종주의, 성차별주의, 동성애 혐오가 하는 널리 퍼진 역할을 무시해야 할 것이다. 확실히 많은 열렬한 아우구스티누스 신봉자들은 자유론자에게 투표하고, 오리건주 동쪽 산악에 생존주의 공동체를 구축하면서 세상에서 활보하고 있다. 나는 나 자신을 아우구스티누스 신봉자들 사이에 포함하지 않고 내 친구들과 동료들 대부분도 그런 부류에 포함하지 않는다. 문화적 환경, 우연, 양육의 중요성을 인식하는 것은 특이한 유가적 통찰력이나 고대 중국 통찰력이 아닌 것이다.

또 다른 흔한 서양의 허수아비 주장은 북유럽 개신교*로서, 이것은 종교 집단의 구성원자격이 주로 분명한 일련의 신념에 대한 헌신으로 평가되는 정교(orthodoxy)의 고전적 예다. 그 이름에서 "protest"라는 단어가 암시하듯이 개신교는 서양 전통 전체를 역사적으로 대표하지 못하지만, 종종 서양 종교 또는 간단히 말해 "종교"가 무엇인지에 대한 실례로 제시된다. 따라서 이것은 "중국인"이 다르다는 것을 매우 쉽게 보여 준다. 예컨대, 마이클 나일랜(2001a)은 사고방식을 가리키며 "유가(Confucian)"라는 용어를 사용하는 것이 얼마나 대단히 시대착오적이고 순진한 것인지에 대해 어느 정도 목을 가다듬은 뒤에, 그럼에도 그것에 대한 일반화를 과감히 말한다. "유가 사상은 처음에 별개의 신념 집합을 강요하는 일원론적 강령이기보다는 도덕적 행동을 지지하는 느슨한 가르침이었다. 다시 말해, 그것은 바른 교리가 아니라 바른 실천이었다"(112).⁷ 그녀는 많은 서양 종교가 바른 실천이었고 여전히 매우 만족스럽게 바른 실천이라는 사실을 무시하면서, "유가의 도는 종교가 아니라 행동의 도였다"(114)라고 결론 내린다. 문화본질주의와 미끄러짐은 여기에서 함께 작동한다. 나일랜은 "종교" 또는 어쩌면 "서양 종교"와 바른 실천을 동일시함으로써 부드럽고 실질적인 논쟁 없이 고대 유가가 사람들에게 교리 문답집에 요약된 원리에 지적으로 전념하게 요구하지 않았다는 (세속적인) 관찰에서 유가의 도가 "종교가 아니라 행동의 도"였다는 더욱 흥미로운 주장으로 미끄러져 간다. 그것으로 가톨릭교와 유대교가 어디에 위치하는지 명시되지는 않지만, 우리는 고대 유가에 대해 정말로 다른 무언가가 있다는 느낌을 받는다.

> •북유럽 개신교(Protestantism) 16세기 초 북유럽에서 중세 로마 가톨릭 교의와 예법에 대한 반동으로 태동한 교파를 말한다. 1529년 독일 Speyer의 의회에서 가톨릭 다수 의원들의 반루터교 결정에 대해 종교 개혁파들이 반대한 사실에서 protestant, 즉 반대하는 자들이란 이름이 붙어 그 교파를 프로테스탄트라고 불렀다.

제6장 해석학적 과도함 _ 383

어쩌면 특별한 철학적 견해가 "우리"의 사고방식을 완전히 결정한다는 철학자의 생각은 자연스럽다. 하지만 데카르트 사상으로 되돌아가면, 그것은 평범한 사람은 말할 것도 없이 전문 철학자로 구성된 기이한 부차집단도 대표하지 않는다. 브라이언 밴 노던이 말했듯이, 철학적 데카르트 사상은 서양 철학 전통의 작은 부분일 뿐이고, 대부분의 서양 철학자는 더 이상 이 사상을 진지하게 옹호하지 않는다. 따라서 단일적 데카르트 사상만이 "서양" 철학의 특징으로 묘사하는 것은 "방법론적 이원론" 접근법의 아쉬운 예다. 이 접근법은 내가 풍자 대 풍자 접근법이라고 부르는 밴 노던의 용어이다(2002: 167~168).[8] 비교철학의 다른 신뢰할 수 있는 실천가들도 이와 비슷하게 철학적 전통의 내적 다양성을 강조한다. 예컨대, 에린 클라인(Erin Cline)은 현대 서양 철학자 중 한 명인 존 롤스(John Rawls)가 확실히 서양의 진보적 자아의 전형과 일치하지 않는다고 지적하면서, "서양"을 판에 박지 않도록 우리에게 경고한다. 우리는 롤스와 유가 사상가를 비교할 때 동양과 서양 간의 이분법을 다루는 것이 아니라, "자아의 다양한 모형이 사상되고, 서로 관련해 더 잘 이해할 수 있는 연속체"(2008: 78)를 다루는 것이다.

비-중국 전통을 형식적으로 조사해도, 특유하게 "중국적"이거나 "동양적"인 것으로 흔히 제시되는 마음과 몸, 또는 "이성"과 정서의 중복이나 상호침투가 그런 것이 결코 아니라는 것이 명확해 진다. 마음을 몸 및 물질계와 완전히 분리되어 있고 존재론적으로 다른 단일적인 알고리즘적 이성의 독점적 자리로 생각하는 것은 서양의 지배적 입장이 결코 아니다. 예컨대, 아리스토텔레스는 자신의 윤리학을 덕에 기초하는데, 덕이란 본질적으로 몸과 "기술" 또는 암묵적 지식의 한 유형에 연결된 일종의 "지적인" 정서적-육체적 능력이다(위긴스 1975/1976). 중세시대 동안 스콜라철학을 지배했던 아리스토텔레스의 자아 모형에서, 그런 능력은 추상적인 인지 능력과 더욱 거친 신체적 기능 사이의 세 번째 위치를 차지한다. 마음의 비신체화된 모형이 유럽 계몽주의 동안 서양의 철학적 견해에 광범위한 영향력을 내세웠지만, 라이프니츠와 스피노자를 포함해 두드러진 거부자들도 있었다. 니체, 하이데거, 메를로 퐁티, 듀이와 같이 서양에서 계몽주의 이후 철학의 발달은 본질적으로 비신체화된 합리주의를 넘어서고 몸과 마음을 재통합하려는 시도의 이야기였다. 실제로 니체에서 내가 가장 좋아하는 구절은 마음-몸 이원론자인 "몸을 경멸하는 사람"을 겨냥한 것이다. 아이들은 스스로가 몸과 영혼이라고 믿지만, 니체는 다음과 같은 입장을 밝힌다.

> 그러나 깨어난 자, 깨달은 자는 말한다. 나는 "전적으로 신체일 뿐, 그 밖의 아무것도 아니며, 영혼이란 것도 신체 속에 있는 그 어떤 것에 붙인 말에 불과하다"라고. 신체는 커다란 이성이고, 하나의 의미를 가진 다양성이며, 전쟁이자 평화, 가축 떼이자 목자이다. …
> 너희들은 "자아(I)" 운운하고는 그 말에 긍지를 느낀다. 믿기지 않겠지만 그 자아보다 더 큰 것이 있으니 너의 신체와 그 신체의 커다란 이성이 바로 그것이다. 커다란 이성, 그것은 자아 운운하는 대신에 그 자아를 실행한다. (1891/1961: 61~62)

이것은 철학적 견해가 그러해야 하는 것만큼 거의 전체론처럼 들린다.

신학적 부정확성

앞서 논의한 동물과 인간의 논제로 되돌아가면, 학술 분야로서의 현대 동물학과 나의 어린 시절 플로리다 어부가 동물 세계에 대해 생각했던 방식 간의 분리는 종교인지과학 연구자들이 말하는 "신학적 부정확성(theological incorrectness)"(배럿 1996, 슬론 2004)의 예다. 인간은 두 가지 구별되는 인지 양식을 가지고 있는데, 이것은 "뜨거운" 대 "차가운(cold)", 체계1 대 체계2, 상향식 대 하향식 또는 "빠른" 대 "느린"이라 다양하게 부른다(카너먼 2011).[9] "뜨거운" 인지는 빠르고 자동적이며 대체로 무의식적이고, 우리 일상 인지의 대다수를 구성한다. "차가운" 인지는 느리고 힘이 들어가며, 의식적이고, 생리적으로 비용이 든다. 차가운 인지는 또한 상대적으로 제한된 자원이다. 해당하는 기제에 대해 이 분야에서 열띤 논쟁이 있지만, 대부분의 연구자는 인지적 통제를 발휘할 수 있는 우리의 능력이 고갈될 수 있으므로, 부득이 우리의 정신적 삶의 작은 부분만 구성한다는 것에 동의한다.[10] 세상에 대한 직관적이고 자연스러운 "뜨거운" 견해와 우리가 "차가운" 방식에 있는 동안 개발하거나 받아들일 수 있는 목적론적, 철학적 또는 과학적 이론 사이에 공백이 있을 때 "신학적 부정확성"이 발생한다.

제5장에서 논의했듯이, 명확하게도 통속적 마음-몸 이원론, 즉 마음과 몸에 대한 우리의 자연스러운 직관적인 견해는 "약한" 것이다. 즉, 이러한 약한 이원론은 몸과 마음이 질적으로 구분되지만 다소간 중복되는 물질이라는 개념을 포함한다. 생명이 없는 시체는 떠난 마음이나 영혼과의 연결을 어느 정도 갖고 있는 것처럼 느껴지기에 불안감을 주고, 모든 사람은 정신적 고통이 육체적 고통을 일으킨다는 것을 인식한다. 데카르트의 엄격한 마음-몸 실체이원론은 궁극적으로 모든 사람의 평

범한 인지에 맞지 않는 차가운 인지의 과정을 통해서 도달되는 극단적으로 반직관적인 철학적 입장이다. 데카르트가 일단 신중한 차가운 철학하기에서 세상에서 움직이고 행동하는 것으로 전환하면 데카르트적일 가능성은 매우 낮다.[11]

또한 나는 제5장에서 특히 장례 풍습이나 예술작품에서 드러나는 마음-몸 관계, 내세, 초자연적 실재론의 통속 개념에 관한 미치 호지(2008)의 연구를 논의했다. 이런 개념은 명확히 현세에 대한 우리의 직관적인 지식에 의존하고, 반대되는 신학적 신조에도 불구하고 마음과 몸 또는 초월적인 것과 세속적인 것이 난잡히 뒤섞인 것을 보여 준다. 이런 종류의 예술적 묘사는 흥미롭다. 이는 그런 묘사가 형식적인 신학적 또는 철학적 설명으로 의도되지 않는다는 점에서 일반적으로 분명히 세계관에 관한 것이 아니라 간접적인 표현이고, 따라서 어쩌면 주어진 문화에서 실생활 인지의 윤곽을 더 잘 드러내기 때문이다. 일상생활에서 정말로 작용했던 내세나 정신세계에 대한 "서양" 개념과 "중국" 개념을 비교하고자 한다면, 우리에게 명시적인 철학적 또는 신학적 신조보다는 예술과 일상 관습에서 무심코 드러나는 것에 주의를 더 많이 기울이는 것은 우리의 의무다.

죽은 남자가 용을 타고 있는 것을 묘사하는, 제2장에서 논의한 자탄고(子彈庫)(서기전 4세기)에서 나온 비단 고분벽화(라이구오룽 2005)와 죽은 사람의 영혼을 담황색의 잘 차려 입은 이탈리아 귀족으로 묘사하는 임의적으로 선택한 르네상스 그림을 나란히 놓으면, 우리는 둘 중 하나를 다소 "전체론적"인 것으로 선택할 수밖에 없을 것이다. 두 경우에, 죽은 사람은 형태는 몸 같지만 무형인 것으로 추측된다. 창사시 백서본 무덤의 신추(辛追)의 옷은 대부분의 학자들이 우주가 적어도 3겹이고 위에는 천국의 영역과 아래에는 저승 사이에 끼워져 있는 내재적 영역을 나타내는(우홍 1992: 121-127) 다양한 영역으로 구성되어 있는 것으로 묘사하는데, 이런 영역에는 다소 영묘하지만 그럼에도 몸 같은 인물들이 존재한다. 이 그림과 미치 호지(2008)가 인용한 예인 파올로 베로네제(Paolo Veronese)의 『레판토 해전』(*The Battle of Lepanto*)(1572)[12]을 비교해 보라. 이것은 기독교 신성동맹의 함대가 그리스 앞 바다에서 벌어진 전투에서 오스만 제국의 함대를 쳐부순 유명한 전투를 묘사한 그림이다. 이 그림에서 아래에서는 두 함대가 전투에 에워싸여 있고, 위의 구름에서 성 유스티나가 이끄는 매우 강건해 보이는 성인들의 회합은 기독교 군대에게 승리를 안겨 달라고 성모 마리아에게 간청하고 있는 것을 볼 수 있다. 그들은 분명 그녀를 자기편에 끌어들이는데, 이는 오른쪽 상단에서 천둥이 타는 듯한 화살을 터키 군대 아래로 빗발치든 퍼붓는 것을 볼 수 있기 때문이다. 이 그림에서 묘사된 수직 도식들 중에서 어떤 것이 더 이접적인가? 묘사된 어느 한 우주를 다른 것보다 더 또는 덜 "내재적"인 것으로 보거나 내세 영역의 더 많거나 더 적은 상호침투를 포함하는 원칙적인 이유는 없다.

완전히 초월적인 무형의 신, 칼뱅주의적 예정설, 불교의 "무아(無我; no-self)" 신조와 같은 신학적 개념은 이처럼 매우 반직관적이고, 온라인의 인간 인지는 그것들의 논리에 대체로 휘둘리지 않는 것처럼 보인다(배럿 1996, 슬론 2004). 인간 마음의 큰 힘 중 하나는 증거나 논쟁, 추론(즉, 차가운 인지)의 연쇄에 기초해서 때때로는 직관적인 뜨거운 인지와 완전히 모순되는 결론에 도달할 수 있는 능력이다. 지구는 정지해 있는 것처럼 보이지만 실제로는 상상도 안 되는 속도로 태양을 돌고 있다. 신이 전지전능하다면, 인간의 자유의지를 위한 여지는 없다. 즉, 일어나는 모든 것이 예정된 것임에 틀림없기 때문이다. 문화는 심층의 인간 지각이나 인지를 전혀 손대지 않은 채로 그러한 생각을 전개하고 표현할 수 있다. 내가 갈릴레오에 대해 지적으로 알고 있는 것이 무엇이든 간에, 태양은 여전히 동쪽에서 뜨고 서쪽으로 진다. 신학적 문맥에서는 전혀 뜻이 통하지 않을지라도, 독실한 칼뱅교도조차도 자신들이 응원하는 풋볼 팀이 일요일에 승리하게 신에게 도와달라고 기도한다(슬론 2004). 다시 말해, "우리" 서양인들은 매우 유별난 것을 말하거나 유별난 것을 말한 개인이 포함된 문화적 집단에 속할 수 있지만, 그렇다고 해서 우리가 반드시 실제로 이러한 기이한 주장에 따라서 생각하거나 느낀다는 것은 아니다.

이런 관점에서 볼 때, 고대 중국인이 데카르트적 이원론자가 아니라는 사실은 특별히 내세워 언급할 것이 아니고, 어떤 종류의 마음-몸 이원론이 그들의 사고에 전적으로 이국적이었다는 것을 전혀 암시하지 않는다. 제2~4장에서 보았듯이, 고대 중국인이 마음과 몸 사이에, 또는 "마음" 속에 존재하는 "고등" 인지 능력과 몸속에 위치하는 하등 인지 능력 사이에 메스처럼 날카롭고 완벽하게 명확한 구분선을 단정하지 않았다. 그렇지만 心과 물리적 몸을 가리키는 다양한 단어를 한 스펙트럼 상의 질적으로 구분되는 두 개의 인력 점으로 간주했는데, 중간 능력이나 자질은 정확한 시대나 학파, 화용적 맥락(예를 들어, 의학적 진단과 치료[13] 대 자기수양의 방법에 대한 철학적 반성)에 따라 잠재적으로 그 선의 한쪽이나 다른 쪽에 놓여 있다. 그들은 죽은 사람의 정신이 산 사람과 어떤 자질(남아 있는 물리적 흔적, 기억, 어쩌면 음식과 술을 좋아함)을 공유하지만, 또한 질적으로 다르다고 느꼈다. 즉, 죽은 사람은 몸이 없고, 우리는 그들을 볼 수 없으며, 종교 전문가 및 제식을 통해서만 상호작용할 수 있는 것이다. 이런 의미에서 고대 중국인은 "우리"와 별단 다르지 않게 이원론적이다.

 신학적 부정확성은 또한 상관적 사유(correlative thinking)가 중국이나 동아시아 사상의 특이한 자질이라고 주장할 때 우리가 범하는 실수를 설명한다. 상관적 사유는 표면상 무관한 사물들 사이에서 체계적인 관계를 단정한다. 예를 들어, 색깔과 계절, 계절과 인간 몸속의 기관 사이에 체계적인 관계를 단정한다. 그라네(1934)에서 니덤(1956)에 이르기까지 중국학자들은 상관적 사유를 중국 사상의 특징적이고 특유한 자질로 제시했다. 하지만 그레이엄과 같은 주석가가 말했듯이, 고대 중국인은 이런 사고방식에 아무런 독점권을 가지고 있지 않았다. 그는 "모든 이론들을 제쳐놓고, 일상의 실제적 삶의 대부분은 불가항력적으로 상관적 사유에 속한다"(1989: 350)라고 말했다. 그는 다음과 같이 주장한다.

> 서구인의 음양 사유에 대한 이질성은 중국적인 것과는 관계가 없다. 그라네가 중국적 사고와 서양적 사고의 차이로 본 것은 오늘날 원과학과 근대 과학의 이종문화 간 차이로 간주될 수 있다. 고대 중국의 상관적 우주 건설은 단지 모든 사람이 사용하는 상관적 사유의 색다른 경우로 가장 손쉽게 접근할 수 있으며, 이러한 상관적 사유는 언어 작용 자체의 기초가 된다. (320)[14]

 그레이엄이 비록 "언어 작용 자체"에 관한 이 주장을 지지하는 것에 소홀했지만, 상관적 사유는 문화들에서 통속 심리학을 통합하는 많은 인지적 내정값 중 하나처럼 보인다. 파머(Farmer)·헨더슨(Henderson)·비젤(Witzel)(2000)의 중요한 논문은 상관적 사유를 인간 뇌의 구조에 바탕을 두고서, 그것이 어떻게 지형도와 피질 층위들 간의 사상에 뇌가 의존하는 것에서 자연스럽게 발생하는지를 설명한다. 그들은 그레이엄과 비슷한 결론에 도달한다. "어떤 점에서 상관적 사유가 중국에 특유하다는 주장은 비교연구를 심각하게 방해했다. 다른 이름들로 알려진 상관적 경향은 중국에 못지않게 전근대적 인도와 중동, 서양, 메조아메리카에서도 중요했다"(48). 그들은 자신의 주장을 역사적 데이터로 뒷받침하면서, 우주의 "공감적 조화"를 묘사하는 17세기 유럽의 우주 그림, 즉 그런 것이 있다고 한다면 특별히 "서양" 사상의 핫스팟을 제시한다. 이런 그림에서 천사의 종은 천체, 금속, 식물, 동물, 색깔 등의 범주와 상관성을 이룬다. 그들이 말하듯이, "이와 같은 그림은 중국과 구(舊)세계의 다른 곳에서처럼 유럽에서 마법-의학적 목적뿐만 아니라 명상적 목적을 위해서도 널리 사용되었다. 비슷한 도식은 지난 서기전 시대부터 중국, 남동아시아, 인도, 중동, 서양의 초기 근대 시대에까지 미치는 수백 개의 스콜라철학 전통에서 언어적 형태로도 표명되었다. 동일한 일반적인 유형의 원시적인 그림은 읽고 쓸 수 있는 다양한 메조아메리카 전통에서 발견할 수 있다"(52). 그래서 근대 서양의 과학적 세계관이 결정적으로 비상관적이라는 것은 사실이지만, 상관적 사유에 대한 더욱 심오하고 보편적인 인간 경향의 정상에 위치해 있다.

전문 이론과 실제 인간 인지를 혼동하는 또 다른 예는 인간 사고에 대한 은유의 역할을 중심으로 한다. 그것을 "이야기 사고(story thinking)"(우광밍 2005)라고 부르든, "독창적 이미지-생각(Original Image-Ideas)"(빈센트 셴 2005), "효력의 구조(structures of efficacy)"(묄러 2006), "이미지-사고(image-thinking)"(상사유(象思維); 왕슈렌 2005)라고 부르든 간에, 서양 사고는 획일적으로 분석적이고 문자적인 반면에, 중국 사상이 특유하게 유추적이거나 은유적이라는 생각은 전체론적 중국에 대한 주장 중에서 가장 일반적이고 오래된 것이다. 은유를 철학적이지 않은 것으로 모독하는 아리스토텔레스나 플라톤의 구절은 "서양"이 어떻게 이미 말중심주의적(logocentric) 서양 알파벳과 이미지적인 중국의 표의문자 간의 대조에 종종 연결되는 사상을 항상 가지고 있었는지에 대한 특징묘사로 제시되었다. 제1장에서 지적했고 다른 곳(특히 슬링거랜드 2011a)에서 상세히 주장했듯이, 이것은 서양의 철학적 자만이 확실히 그렇지 않아야 함에도, 액면대로 은유가 없는 것으로 간주하는 것이다. 은유와 유추*는 인

> ●은유(metaphor)와 유추(analogy) 은유는 meta(=over) + phora(=carrying)라는 어원을 가진다. '내 마음은 호수요'에서 고요한 내 마음을 잔잔한 호수에 빗대어 표현한 것과 같이 이해하기 어려운 추상적 개념이나 대상(내 마음)을 이해하기 쉬운 구체적 개념이나 대상(호수)의 특성에 간접적으로 빗대어 표현하는 비유법 중 하나이다. 은유의 형태는 A=B이지만, 은유의 의미는 A×B이다. 즉, 은유의 두 대상은 완전히 동일한 것이 아니라 부분적으로 유사하고, 그런 유사성도 처음부터 존재했던 것이 아니라 은유로 사용되면 창조되는 유사성이다.
> 유추는 일반적으로는 'A는 b, c, d, e이다'와 'B는 b, c, d이다'에서 'B도 e이다'라는 형태의 추리이다. 예를 들어, '지구에는 생물이 있다'와 '화성은 여러 점에서 지구와 유사하다'에서 '화성에도 생물이 있을 것이다'라는 추리가 유추이다. 유추는 증명이 아니라 개연성을 가질 뿐이다. 이 개연성을 강화하려면 몇 가지에 주의해야 한다. 본질적 특징에 기초하여 가능한 한 많은 공통의 성질을 비교하는 대상에 요구하는 것, 결론으로 된 성질과 비교되는 대상의 공통된 여러 성질 사이에 가장 큰 결합이 있을 수 있는 것, 일정의 관계에서만 비교되는 대상에서 같은 것이 얘기될 수 있을 뿐 모든 점에서 동일하지않는 것 등에 주의해야 한다.

간 사고에 근본적이고(바살로우 1999, 존슨 2007, 코슬린·톰슨·가니스 2006, 레이코프·존슨 1999), 논리학, 과학, 수학과 같은 매우 추상적인 영역도 은유적 구조와 유추적 추론을 포함한다(레이코프·누녜스 2000, 브라운 2003, 던바 2000). 고대 중국의 철학적 전통이 서양의 철학적 전통보다 더욱 의식적이고 개방적인 방식으로 은유를 이용했다는 것은 의미심장하다.[15] 그렇지만 중국의 철학적 전통이 완전히 특유하고 이국적인 사고 세계에 있는 것이 아니라, 은유와 사고 간의 관계에 대해 덜 자기 기만적이었다는 신호로 간주되어야 한다.

주장과 가정의 혼동

서론에서 지적했듯이, 마이클 푸엣은 고대 중국 사상을 특징짓는 것에 관해 어쩌면 학자들에게 주장(argument)과 가정(assumption)의 혼동을 경계시켰던 첫 번째 학자였다. 푸엣은 고대 중국의 자연-문화 전체론에 대한 주장을 두고 "이런 생각은 지배적인 가정으로 해석되어서는 절대 안 되고, 오히려 더욱 큰 논쟁에서 만들어진 의식적으로 형식화된 주장이었다. … 주장이 논쟁을 일으킨다는 생각은 그것이 가정이 아니라 주장이라는 것을 강력하게 암시한다"(2001: 17)라고 말한다.[16] 이와 비슷하게, 폴 골딘은 고대 중국에서 왕충(王充, 27년~약 100년)과 같은 철학적으로 일관된 "전체론적" 물리주의자가 배출되었다고 지적한다. 왕충은 귀신이나 영혼의 존재를 믿지 않는 이유를 눈에 띄게 현대적인 것처럼 보이는 말로 설명한다.

> 사람을 살아가게 하는 것은 생명의 기[精氣]다. 사람이 죽으면 생명의 기는 없어진다. 이는 생명의 기를 만드는 것이 피와 혈관[血

脈]이기 때문이다. 사람이 죽으면 피와 혈관이 마르고, 그것이 마르면 생명의 기가 없어지니, 물리적 몸은 썩게 된다. 물리적 몸이 썩으면 재와 흙이 되니, 귀신/정신[鬼]을 만드는 데 사용할 자아의 일부가 남아 있겠는가?

人之所以生者, 精氣也, 死而精氣滅, 能為精氣者, 血脈也, 人死血脈竭, 竭而精氣滅, 滅而形體朽, 朽而成灰土, 何用為鬼?[17]

우리는 이것을 "고대 중국인"이 물리주의적 일원론자였다는 증거로 간주하고 싶을 수도 있다. 그러나 골딘이 말하듯이, 주장 자체는 압도적인 대다수의 사람이 귀신과 영혼을 믿는 문화적 배경에서만 뜻이 통한다. 골딘은 "모든 중국 사람이 귀신을 믿은 것은 아니다. 모든 사람이 죽은 사람에게 의식이 있다고 믿은 것은 아니다. 어떤 사람은 그들의 수사에서 사후 존재의 비결정성을 심지어 이용했다"라고 말한다. "그러나 그러한 회의주의 입장에 도달한 모든 사람은 우리가 죽을 때 의식적 정신이 되는 것이 그 사회의 어느 누구도 그것을 모르고서 하루나 이틀을 살 수 있었기 때문이라는 주류의 견해를 거부한 후에만 그렇게 할 수 있었다"(2015: 81).

주장과 가정을 혼동하지 말라는 이러한 훈계에 아무도 귀를 기울이지 않았다. 고대 중국을 연구하는 학자들은 여전히 고대 중국 사상가의 의도적으로 급진적이고 반직관적인 주장, 즉 그들 동시대인에게 충격을 주거나 고무시키거나 설득할 의도였던 주장이 마치 동양인들의 초시간적인 가정을 나타내는 것처럼 상투적으로 지지한다. 예컨대, 로저 에임스(2015)는 "만물은 모두 내 안에 완전히 존재한다[萬物皆備於我]"라고 훌륭하게 선언하는 『맹자』「진심 상」을 중요시한다. 에임스가 주장하듯이, 이 구절은 "내부 자아와 외부 세계 간의 구분을 의심하고"(174), 그런 이분법이 유가의 마음에는 전혀 알려져 있지 않았다는 증거가 된다. 실제로는 전혀 그렇지 않다. 구절 「진심 상」은 독자나 청자에게 충격을 주어 자아와 도덕성의 근원에 대해 다르게 생각하게 하는 극적이고 놀라운 반직관적인 주장이다. 더욱이 그 구절은 철학적·도덕적 이유로 맹자가 의심하고자 하는 내부 자아와 외부 세계 간의 구분을 모든 사람이 가정했던 문맥에서만 고대 중국어에서 진술로 뜻이 통할 것이다.

한스-게오르그 묄러도 이와 비슷하게 "하늘과 땅은 어질지 않으니, 천지만물을 풀강아지[芻狗]*처럼 여긴다"[18]라는 『도덕경』 제5편의 구절을 "비인본주의(ahumanism)"에 대한 증거로 채택한다. 즉, 그것은 인간이 자연과 전혀 분리되지 않은 채 우주의 한 요소에 지나지 않는다는 가정이다(2006: 55~56).[19] 다시 이것은 논쟁적 입장과 의문의 여지가 없는 가정을 혼동하는 것이다. 『도덕경』의 저자는 동시대인이 인간을 질적으로 독특하고 가치 있는 것으로 간주한다는 것을 잘 알기 때문에 이런 주장을 하도록 동기를 받는다. 동일한 논쟁적 목표는 이상적인 "상덕(上德)"의 시대에 인간은 "새와 짐승과 함께 동등하게 살아가고, 다른 만물과 동등한 수준으로 그들 스스로를 두었다"[20]라는 『장자』의 구절에 동기를 부여 한다. 이런 입장은 의도한 독자의 세계관을 정확히 특징짓는다면, 저자(들)에 의해 신화적인 황금기에 위치하지 않아야 할 것이다.

- ●풀강아지[芻狗] 풀강아지는 옛날 중국에서 제사를 지낼 때 쓰던, 짚으로 만든 개였다. 제사가 끝나면 더 이상 쓸모가 없어 버려지는 물건이다. 온갖 것들은 그렇게 세상에 나와서 잠시 쓰이다가 추구처럼 버려진다.

이 책의 주제를 고려하면, 주장과 가정을 혼동하는 특별히 적절한 예는 다음과 같은 『맹자』「고자 상」의 유명한 구절과 관련이 있다.

> 입에 관해서 모든 미각은 동일한 것이 맛있는 것으로 알고, 귀에 관해서 모든 청각은 동일한 것이 듣기에 즐거운 것으로 알며, 눈에 관해서 모든 시각은 동일한 것이 아름다운 것으로 안다. 그렇다면, 心에 관해 그런 공통된 선호가 결핍되어 있다는 점에서 다소 독특한가? 마음은 무엇에 대해 그런 선호를 공유하는가? 나는 이를 이(理)와 의(義)라고 부른다.

이 구절은 고대 중국의 몸과 마음에 대한 전체론 견해를 주장하는 제인 기니와 같은 학자에게 핵심적인 증거다. 기니는 이 구절을 心과 다른 신체기관들이 "본질상 근본적으로 다르지"(2002: 101) 않고, 고대 중국인에게 心이 다른 몸의 기관들과 다른 것 없이 "감각처럼 행동하고, 감각 기능으로 간주되는 것처럼 보인다"(13)라는 고대 중국 관점을 특별히 명확히 표현한 것으로 이해한다.

하지만 여기에서 놓친 기본적인 요점은 이 구절의 수사적 구조가 心이 다른 신체기관들과 비슷하다고 말할 때 맹자가 가정을 표현하는 것이 아니라 주장을 하고 있다는 것을 명확히 하는 것이다. 즉, 분명 예상하기에 저항이나 의심에 부닥칠 주장을 하고 있다는 것이다.[21] 맹자가 心에 있는 것으로 생각하는 의(義)와 이(理)에 대한 "맛"은 물리적 맛에 유추해서 은유적으로 이해된다. 心이 정말로 입이나 몸과 동등한 자격을 가진 것으로 간주된다면, 맹자가 유추를 단정할 필요가 없다. 맹자의 주장은 心이 몸의 다른 신체기관들과 종류가 약간 다르다는 배경 가정을 제외하고는 사소하고 실제로는 무의미할 것이다. 즉, 맹자와 자신이 목표로 한 독자 모두가 어떤 층위에서 마음-몸 **이원론자**가 아니라면, 이 구절의 생산과 의도된 이해 모두 뜻이 통하지 않는다.[22] 명백한 주장과 심오한 가정을 혼동하는 다소 비슷한 경우에서, 장쉬에즈(張學智)는 고대 중국인이 "인간의 생명이 완전히 통일된 전체로 함께 묶여 있는 물리적 몸과 정신적 의식으로 구성되어 있다"(2005: 7)라는 결론을 뒷받침하기 위해 (제3장에서 논의한) 『묵자』의 "생명: 이것은 물리적 몸과 의식이 하나로 합쳐지는 곳이다"(生, 形與知處也; 존스턴 2010: 392)라는 정의를 인용한다. 실제로 그 구절의 수사적 구조는 몸[形]과 마음[知](여기에서는 "지식"이나 "의식") 간의 분리를 **가정한다**. 왜 그것들을 하나로 "합칠" 필요가 있는가(與 ... 處)?

두 경우 모두에서, 주장의 논점을 가동시키고, 고대 중국인과 현대 서양 독자 모두에게 그 구절을 이해하게 하는 것은 다름 아닌 선천적인 마음-몸 이원론이다. 『묵자』의 구절에서 생명이 "물리적 몸과 간이 하나로 합쳐지거나(形與肝處也)" "물리적 몸과 배뇨가 하나로 합쳐지는(形與尿處也)" 곳이라는 주장을 접하게 된다면, 우리는 한숨 쉬며, 묵자 경전의 표준판본이 얼마나 텍스트적으로 원형이 훼손되었는지를 불평하고, 등장인물의 가능한 대안적 해석을 뒤적거리며 찾을 것이다. 『맹자』「고자 상」을 "그런데, 귀에 관해, 그런 공통된 선호가 결핍되어 있다는 점에서 귀는 다소 특이한가?"로 해석하는 대안적 판본은 영어만큼이나 고대 중국어에서도 엉뚱하게 들릴 것이다. 배경 가정을 의식적으로 지적하지 않고서 주장을 따라갈 수 있는 우리의 능력인 처리 유창성(processing fluency)은 철학적 논법이 발생하는 명료함의 바로 그 문맥을 제공하는 암묵적이고 공유된 인지적 보편소의 빙산에 대해 우리에게 많은 것을 이야기한다. 우리가 이와 같은 구절 이면의 암묵적 가정을 놓치는 한 가지 이유는 우리가 그런 가정을 너무 근본적으로 공유하기에 표면으로 끌고 오는 데 어느 정도의 작업이 필요하기 때문이다.

단일 의미와 설득적 번역의 오류

혼 소시(2001)는 주제를 이국적으로 보이게 하는 아시아 학자들의 경향을 비판하면서 중국어 용어를 그 특유성을 과장하는 방식으로 영어로 표현하는 관습을 꼽았다. 그는 "번역은 고분고분한 종인이다"(63)라며 비꼬아 말한다. 번역가가 중국인이 추상성의 개념을 갖고 있지 않았다는 것을 "증명하기를" 원한다면, 소시는 그 번역가가 "완전한 구체적인 명사를 선택해서 그것을 기초적인 통사론으로 배치하여 명제를 확증하기만"(63) 하면 된다고 지적한다. 장 프랑수아 빌레터(Jean François Billeter)도 道를 "과정"으로 번역해야 한다는 프랑수아 줄리앙의 주장과 비슷한 의견을 제시한다. 이런 번역은 그에게 고대 중국 세계관을 서양의 세계관과 존재론적으로 매우 구분되는 것으로 묘사하게 한다. "이런 방식으로 프랑수아 줄리앙뿐만 아니라 다른 중국학자의 연구에서 논쟁이 있을 법한 번역을 채택하는 것을 통해 종종 이국화가 만들어진다"(2006: 50). 빌레터가 지적하듯이, 다의성은 모든 언어의 기본 자질이고, 道나 고대 중국어의 어떤 다른 용어도 항상 프랑스어나 영어에서 단일 단어로 사상되어야 한다고 요구할 이유가 없다(53). 폴 골딘 또한 정확히 이 논점에 대해 줄리앙에게 도전했는데, 그는 줄리앙이 時를 "중국 순간"으로 번역하려는 주장을 "설득적 정의의 오류"라고 부른다(2007: 177). 어떤 언어에서도 단어는 문맥, 텍스트, 저자가 집필 중인 시대에 따라 매우 다양한 의미를 가진다. 설득적 정의의 오류는 어떤 언어에서도 용어의 넓은 의미 범위를 무시하고 또한 중국어 용어를 단일 목표언어 표현으로 강요하도록 요구한다. 오리엔탈리즘 해석자의 경우에 그것은 이상적으로만 가능한 가장 이상한 것이다.

예컨대, 『맹자』와 같은 텍스트에서 心은 다양한 방식으로 사용되는데, 매우 종종 신체기관(예를 들어, 「공손추 상」), 더 일반적으로는 신체기관이 만들어내는 느낌(예를 들어, "다른 사람의 고통을 견디지 못하는 심장")이나 일반적이고 생리학적으로 비국부화된 고등 인지의 중심지를 가리킨다. 로저 에임스(2015)는 단일 의미의 오류(fallacy of the single meaning)와 많은 양의 설득적 번역을 결합하면서 心을 항상 "몸가슴마음화(bodyheartminding)"(172)으로 표현해야 한다고 주장한다. 『맹자』의 心에 대한 모든 실례 대신에 이와 같은 발음하기 어려운 긴 말을 한 번 대신해

• **설득적 정의의 오류(fallacy of persuasive definition)** 설득적 정의는 감정을 유발시켜 상대방으로 하여금 자신의 주장에 동의하게 할 목적으로 사용된다. 즉, 논쟁에서 용어를 정의할 때 부정 또는 긍정의 방향, 감정이 실린 방식으로 정의하는 것을 말한다. 부정의 예는 '신앙'을 "감정에 휩쓸려 과학적 근거나 증거가 없는 걸 맹목적으로 믿는 것"으로 정의하는 것을 들 수 있고, 긍정의 예로는 '보수주의자'를 "인간의 한계에 대해 현실적인 견해를 지닌 사람"으로 정의하는 것을 들 수 있다. 웹스터사전은 '낙태'를 "포유동물의 태아를 미숙한 상태에서 강제로 적출하는 것"으로 정의했는데, 이런 중립적인 정의를 벗어나 "낙태는 아기를 살해하는 것을 의미한다"라고 한다면 이게 바로 설득적 정의의 오류가 될 것이다. 설득적 정의는 제3자의 입장에서 오류일 뿐 설득의 주체는 늘 자신에게 유리한 쪽으로 언어를 구사하기 마련이다. 즉, 설득적 정의는 아전인수(我田引水)의 게임이다. 이는 사실상 거의 모든 사람이 알게 모르게 구사하는 기법이라 해도 과언이 아니다.

보라! 에임스와 동료들, 그리고 그의 학생들은 어쩌면 영어권 세계에서 단일 의미와 설득적 번역의 가장 악명 높은 실행가이다. 그들은 종종 글자 숭배의 기미를 더해, 어쩌면 중국어 단어의 "진짜" 의미를 드러내는 통속 어원론을 환기한다. 예컨대, (전형적으로 "믿음(trustworthiness)"으로 표현되는) 단어 信에 관해, 에임스·로즈몬트(1999)는 『논어』를 읽는 모든 독자가 단어 信이 글자 그대로 "사람"(왼쪽의 부수로 다소 다르게 쓰여진 人)이 그들이 사용하는 단어나 말[言] 옆에 서 있다는 것을 의미한다는 사실에 시각적으로 직면한다고 분명히 말한다(53). 에임스는 이와 비슷하게 仁이 "사람(亻) + 둘(二)"이라는 유서 깊은 민간어원론으로 정당화되는 ","로 표현되어야 한다고 오랫동안 주장했다.[23] 그런 주장은 중국어와 일반적인 언어의 기본 작용에 대해 우리가 알고 있는 것에 위배된다.

학문과 신학의 분리

전체론 신화가 지속된다는 것을 설명할 때 하나의 요인으로 인용하고자 하는 마지막 해석적 실수는 아마도 지적하기에 가장 논란이 되는 것이다. 이는 그것이 학자로서, 특히 종교나 철학을 연구하는 학자로서 일에 대한 본질의 핵심이기 때문이다.

이른바 "미국 중국학의 철학적 전환"을 비판하면서 확실히 좌절감을 느낀 에스키 몰가드(Møllgaard, Eske)는 채드 한센, 로저 에임스, 데이비드 홀과 같은 학자가 "중국 사상을 포괄적인 논리에 포함시키므로 특별한 중국 사상가의 특별하고 특유한 사상을 읽어내지 못하게 된다"(2005: 330)라고 주장한다.[24] 몰가드는 『장자』의 "행복한 물고기" 이야기에 대한 에임스의 해석을 비평하면서 다음과 같이 말한다.

에임스는 대화를 읽기 위해 어느 시점에서도 멈추지 않는다. 그는 자신의 이론이라는 더욱 높은 층위의 일반성에만 관심이 있다. 먼저 에임스는 『장자』의 다른 구절을 언급한 뒤에 "중국 인식론의 변별적인 특징"으로 시선을 돌린다. 다음으로 중국 의학과 고대 중국어의 독특한 자질을 고려한다. 그리고 나서 에임스는 『도덕경』과 비교를 하고, 장자와 혜자 간의 대화에서 나오지 않는 단어인 덕(德)을 길게 논의하고, 마지막으로 글자 理를 논의하고, 이것을 "고대 서양의 형이상학적 모형"의 다스림(order) 개념과 비교한다. 에임스는 『장자』에서 지식을 논의하기 위한 기초인 그 대화를 어디에서도 고려하지 않는다. (332)

무관한 텍스트들과 이국적이라고 알려진 개념적 가정에 관한 단언들 사이에서 이렇게 등 짚고 뛰어넘는 것의 결과는 에임스가 자신이 좋아하는 것은 무엇이든 "중국 전통"으로 투사할 수 있다는 것이다. 내가 생각하기에 꽤 올바르게, 몰가드는 텍스트를 그 방식대로 파악하지 못하는 것과 내가 말하고 있던 강한 사회구성주의를 연결한다.

미국 중국학에서 신실용주의적 추세와 포스터모던 추세는 중국 사상을 이해하는 데는 특별히 유감스러웠다. "초월적 위장(transcendental pretense)"과 "반정초주의(anti-foundationalism)" 같은 슬로건의 명목으로, 인간 경험의 전체 범위는 거부되거나 하찮게 되고, 어색함으로 인해 우리에게 충격을 주는 사상은 현재의 억견(臆見, doxa)과 구분되지 않게 된다. 생각에 대한 신실용주의와 포스트모던 중심지에서, 우리와 비슷하다면 모두는 다름이 허용된다. 즉,

진리가 아닌 그들 자신의 바뀌기 쉬운 욕망에 복종한다. 생각의 국제 시장에서, 우리는 매우 다양한 철학들 사이에서 선택을 하지만, 그런 철학들은 모두 같은 맛이 난다. 즉, 공자는 로티 같은 맛이 나고, 노자는 데리다 같은 맛이 난다. (333)

적어도 일종의 "보편적 척도(universal yardstick)"를 사용할 때 다른 것보다 다소 정확한 것으로 평가될 수 있는 텍스트에 대한 해석을 내놓을 수 있다는 확신을 일단 포기하면, 다른 문화들로부터 사상을 이렇게 균질화하는 것은 필연적이다.

강한 사회구성주의적 추세나 포스트모던 추세는 학자들에게 중국 사상이나 "유가" 사상의 본질에 대해 광범위한 비역사적 주장을 하게 하고, 텍스트 증거를 위해 (그렇다 하더라도) 이따금씩만 잠시 멈추며, 당황스러울 만큼 다양한 사상 학파와 역사적 시대로부터 이런 증거를 이끌어 내는 데 중요한 역할을 한다. 이런 추세는 매우 오랜 뿌리를 가진 읽기 전략으로 강화된다. 즉, 그것은 자기 종교의 특유하고 시간을 초월한 진리를 직접적으로 접근하는 것을 즐기는 종교 내부자의 전략을 말한다. 송나라 신유학자 주희는 오늘날 살아 있는 어느 학자보다 고대 중국 전통의 텍스트들에 더욱 심오하게 빠진 사람이었다. 그럼에도, 그는 엄청난 『사서장구집주(四書章句集注)』를 저술하는 과정 중에, 『논어』에 대한 (내가 생각하기에 아주 다른) 공자와 맹자의 견해를 자신만만하게 하나로 정리하고, 그런 견해를 『예기』에서 나온 그 이후의 사소한(그리고 나의 학문적 견해에서 볼 때 다소 무관한) 텍스트로 보충하며, 그런 다음 전체 꾸러미를 진나라 이전 유가 사상가에게 매우 이상하게 보였을 불교에서 도출된 형이상학에 근거를 지운다. 그는 다른 점에서는 다루기 버거운 사상체계와 뛰어나게 집필한 감탄이 절로 나오는 주석을 함께 붙이고, 『논어』에서 제기된 일부 주장은 정확히 맹자가 다른 구절에서 의도한 것이고, 『중용』에서 한층 더 분명해진다고 주장한다. 더욱이 이 모든 것은 정확히 그의 동시대인이 그 당시에 들을 필요가 있었던 것을 나타내는 것으로 묘사된다.

새로운 고전과 새로운 경전을 창작하려는 주희의 권리는 본질상 자신이 의심했던 것이 아니다. 이 권리는 신유학의 정통 주자학자들에게도 의심받지 않았다. 주희의 예는 현대 학자가 역사적 또는 문헌적 길에서 벗어나는 것처럼 보일 때 어떤 일이 진행되고 있는지에 대한 통찰력을 제공한다. 즉, 현대 학자는 적어도 이런 순간에 학술적인 종교 역사가라기보다는 신학자나 종교 내부자로 더욱 작용한다. 한 학자가 몇 페이지의 공간에서 『역경(易經)』 이면의 형이상학을 상세히 해설하는 것을 통해 공자에서부터 맹자를 거쳐 『대학(大學)』에 이르기까지, 그리고 주희와 당군의(唐君毅)(후자는 가까운 동시대 동료가 아니라 끊임없는 지혜의 원천이다)를 아우르면서 전국시대 중국 텍스트의 해석을 지지하는 것을 목격할 때,[25] 우리는 헌신적인 내부자로서 그 전통에서 의지대로 배회하는 어떤 이의 자유를 목격한다. 한 전통의 주장이 참이면, 그런 주장을 어디에서나 발견하는 것은 전혀 놀라운 일이 아니어야 한다.

어떤 전통 내적인 진리 주장을 타당한 것으로 받아들이기 위해서는 그것이 참이기 때문에 그 전통의 가장 초기의 설립 순간에 존재했었고, 그 역사 내내 변함없이 남아 있었음에 **틀림**없으며, 오늘날에도 똑같이 타당해야 한다고 믿어야 한다. 이런 방식으로, 신학적 양식과 함께 나오는 역사적 또는 언어적 정확성의 제약으로부터의 자유는 또한 특유한 제약을 가져다준다. 예언자이든 설교자이든 간에 종교 내부자는 그 전통의 신성한 텍스트를 그 자체의 특별한 방식으로 해석할 수 있는 권리와 이런 텍스트의 권위에 의존해야 할 필요성을 동시에 가지고 있다. 권리와 필요성의 이러한 결합은 고대 중국의 강한 전체론 견해의 옹호자들을 이끌고 있는 것처럼 보이는데, 그 전통의 절충적 사용을 인가하고 그곳에서 반영되는 그들의 시각을 발견할 수 있는 추진력을 생산하면서 이끌고 있다.

이러한 규범적 사명감은 중국 전통의 치료적 유용성에 대한 숙고에서 명확히 드러난다. 예컨대, 프랑수아 줄리앙(1995b)은 중국에 대한 연구가 "우리 서양 마음이 이미 곤경에 몰리는 위험에 처해 있는 범주의 체계를 손상시킬 수 있는 가능성"(13)을 제공한다고 지적한다. 헨리 로즈몬트·로저 에임스도 『효경』의 번역서 서문에서 "우리는 너무 많은 동료 인간들이 오늘날 즐기는 것보다 더 평화롭고 공정한 내일을 추구하고자 하고, 또한 지속적으로 증가한 세속적 세계에 대한 영적 통찰력을 추구하고자 하는 모든 사람들에게 할 말이 많이 있다는 확고한 신념으로 『효경』의 번역서를 내 놓는다"(2009: xiii)라고 이와 비슷하게 지적한다.[26] 자아, 또는 자아와 타자, 인간과 자연에 대한 중국 개념이 "서양" 개념과 다를 뿐만 아니라 그것보다 더 우위이기도 하다는 생각은 확실히 현대 중국에서 중국 사상에 대한 서양 언어의 전체론적 설명의 대중화를 설명하기도 한다.

본질상 신학적으로 동기화된 학계가 계속해서 고대 중국 연구 분야에 널리 퍼지는 정도는 어쩌면 그 분야가 상대적으로 활동한 지 얼마 안 된다는 사실을 반영한다. 우리의 지적 조부모, 즉 우리 지도교수의 지도교수는 많은 경우에 스스로를 신유가 전통을 퍼뜨리는 사람으로 공개적으로 간주했던, 전통적인 교육을 받은 중국의 망명 학자들이었다. 이 추세는 또한 아마 틀림없이 교외 교육의 고립된 서양에 불만이 있고, "동양"을 끊임없고 질적으로 다른 지혜의 샘으로 보고 싶은, 서양에서 태어난 영적 "추구자"의 분야로 들어감으로써 악화되었다. 종교 내부자와 외부자의 동기와 접근법 간의 이러한 긴장은 또한 물론 고대 중국 연구 외부에서도 발견된다. 그것은 여전히 신약성서나 히브리 성서 연구에서 고통스럽게 해결 중이고, 아마 명확히 종교 연구에 전념하는 가장 큰 두 개의 북아메리카 조직인 미국종교학회(American Academy of Religion; AAR)와 성서문학연구회(Society for Biblical Literature; SBL)의 연례회의를 분리하려는 논란의 여지가 있고 궁극적으로는 성공하지 못한 노력에 대한 동기가 되었다.

하지만 가장자리 주변에는 의견불일치가 있지만, 나는 종교의 학술 연구에 신학의 학술 연구와는 구분되는 자아개념(self-conception)이 있다고 말하는 것은 상대적으로 논란의 여지가 없다고 생각한다. 이런 자아개념은 (물론 이것이 단지 우리가 쓰는 몇 개의 모자들 중 하나일 뿐이지만) 학자로서 활동하고 (인문학 연구에서 "객관성"의 가능성에 대한 끊임없는 논쟁에도 불구하고) 상대적으로 객관적인 방식으로 역사적 전통을 연구할 때 개인적인 신념 책무들을 일괄하려는 의무를 중심으로 행해진다.[27] 예컨대, 고대 텍스트 연구에 관해, 참여 규칙은 전통의 텍스트가 적절한 문법과 문화적 문맥, 역사적 환경에 대해 우리가 현재 가진 가장 좋은 지식에 기초해서 그런 텍스트를 생산한 사람들에게 그럴 듯하게 무엇을 의미할 수 있었는지를 설계하기 위해 최선을 다할 것을 요구한다. 이것은 우리에게 한 가지 참되고 비시간적 의미를 가진 텍스트에 대한 소박하고 객관주의적인 태도를 채택할 것을 결코 요구하지 않는다. 로저 에임스는 다시 오리엔탈리즘의 업데이트된 형태에 참여하고 있다는 비난에 맞서, 자신과 동료들을 옹호하면서 폴 골딘과 마이클 푸엣 같은 비판가들이 소박한 실재론의 함정에 빠진다고 비난한다. 소박한 실재론이란 객관적인 '무에서 나온 견해'*에서 텍스트를 해석해서 뜻이 명료하고 편견이 전혀 없는 고대 중국 텍스트에 대한 이해에 도달할 수 있다는 신념을 말한다(에임스 2011: 21~22, 28). 이것은 무의미하다. 우리는 과격한 오리엔탈리즘과 조잡한 실증주의 사이에서 강제적인 선택에 직면하지 않는다. 골딘과 푸엣 같은 학자는 물론 에임스 자신과 마찬가지로 고대 중국 텍스트의 특별한 구절을 해석하는 다소 합리적인 방법이 있고, 역사적·텍스트 증거가 무엇을 암시하고, 세계가 어떻게 작동하는 것처럼 보이며, 인간이 어떻게 기능하는 것처럼 보이는지에 대한 우리의 더욱 폭넓은 배경 지식이 이런 해석에 역할을 해야 한다고 믿는다. 이것은 적절한 역사적 증거를 무시하는 것으로 명확히 증명되는 해석을 배제하고, 또한 전통 자체의 주장이 우리가 역사적 실재에 대해 생각할 수 있는 것에서 일탈하는 것처럼 보일 때 그런 주장들을 일괄하는 것을 포함한다.

관련된 긴장과 논란에도, 나는 신도와 학자 간의 구분이 보존하고 옹

● 무에서 나온 견해(view from Nowhere) 철학자 토머스 네이글(Thomas Nagel)이 1986년에 출간한 단행본 《*The View From Nowhere*》에서 나온 말이다. 이 책에서는 견해를 반영하는 주관적 관점이나 더욱 초연한 관점을 취하는 객관적 관점에 의존해서, 인류가 어떻게 세계와 상호작용하는지에 대해 수동적 견해와 능동적 견해를 대조한다. 네이글은 객관적 입장을 "무에서 나온 견해"로 기술하는데, 이것은 귀중한 유일한 생각이 독립적으로 나온다는 것이라는 견해이다.

호할 가치가 있는 구분이라고 주장할 것이다. 현대 학계는 고대 텍스트나 고고학적 사물을 해석하는 일에 착수할 때 우리의 신학적 또는 이데올로기적 가정을 일괄하는 것에 중요할 정도로 다르고 귀중한 무언가가 있다는 가정에 기초한다. 그래서 우리는 학생들에게 스티븐 미첼(Mitchell, Stephen)(1988)과 같은 현대 열광자의 "버전" 대신에 고대 중국어와 적절한 역사적 문맥 모두를 알고 있는 학자들이 내놓은 『도덕경』의 해석을 제공한다. 특히 "대안적 사실들"의 놀라운 새로운 시대에, 실재를 왜곡하는 병리학적 거짓말쟁이가 정치적 권력의 정점으로 올라가는 광경에 직면할 때, 전문 저널리스트와 학구적인 학자의 증거에 기초한 건전한 연구는 우리가 예전보다 더 귀중히 여기고 촉진하며 옹호해야 하는 것이다.

본질화하지 않고서 배우기

앞서 표현한 우려에도 불구하고, 우리 자료에 대한 학술적 입장을 채택한다고 해서 어떤 식으로든 다른 시대와 문화의 사상으로부터 학술적인 방식과 치료적 방식에서 이익을 얻지 못하게 방해되는 것은 아님을 강조해야 한다. 왜 우리는 굳이 그런 학술적 입장을 연구해야 하는가?

나의 경우 고대 중국 전통에 대한 학술적 관심사는 실제로 철학에 대한 관심이 생기기 시작하던 대학 시절 초창기에 읽은 임마누엘 칸트의 『도덕형이상학의 기초』(Groundwork of the Metaphysics of Morals)의 한 구절로 촉진되었다. 칸트는 "행복을 주변에 퍼뜨리는 데서 내적 즐거움을 얻는" "공감적 기질"을 가진 개인에 대해 이야기하면서, 그런 사람이 "호감을 주긴" 하지만 그들의 행동은 "진정한 도덕적 가치가 없다"라고 분명히 말한다(1785/1964: 66). 이는 그런 사람이 "의무로부터(aus Pflicht)"라기보다는 "경향성으로부터(aus Neigung)", 자발적이거나 자기를 의식하지 않고서 착하거나 친절하거나 정직하기 때문이다. 정언명령*과 의식적이고 의도적으로 일치하면서 가던 길을 멈추고 반성하며 행동하는 사람만이 진정으로 도덕적이라고 말할 수 있다는 것이다. 나는 대학생이었을 때 이것이 이상한 말이라고 생각했던 것을 기억한다. 개인적으로, 나는 음침한 합리주의적인 프로이센 사람보다는 붙임성 있는 사람과 어울리는 것을 선호할 것이다. 나는 자발적인 습관이나 기질에는 명시적으로 형식화된 원리의 객관적인 일관성이 결핍되어 있다는 칸트의 지적 논점을 이해했지만, 제안된 해결책에 대해서는 불만스러웠다. 습관이나 기질을 간단히 처리해 버리기보다는 왜 그것을 더욱 신뢰할 만하게 만드는 방법을 이해하지 않는가?

나는 그 당시에 덕 윤리나 고대 중국 사상에 대해 아무것도 몰랐지만, 칸트에 대한 이러한 불만은 나에게 그런 길을 가는 첫 추진력을 주

•**정언명령**(categorical imperative) 칸트 철학에서 행위의 결과에 구애됨이 없이 행위 그것 자체가 선(善)이기 때문에 무조건 그 수행이 요구되는 도덕적 명령을 가리킨다. 칸트는 의지에 주어지는 모든 명령을 가언명령과 정언명령으로 구별한다. 가언명령이, '가능한 행위의 실천적 필연성을 다른 사람들이 의욕하는 어떤 다른 것에 도달하기 위한 수단으로 표상하는 것'이라면, 정언명령은 '한 행위를 그 자체로서, 어떤 다른 목적과 관계없이, 객관적이고 필연적인 것으로 표상하는 명령'이다. 즉, 가언명령이 기술적인 숙련의 규칙이거나 실용적인 영리함의 충고라면, 정언명령은 그 자체로 윤리성의 법칙이다

었다. 고대 중국의 철학적 전통처럼 대안적인 철학적 전통이 철학적 막다른 길에서 벗어나는 데 엄청난 도움이 된다는 것은 부인할 수 없다. 헨리 로즈몬트가 오래 전에 지적했듯이, "비신체화되고 순수하게 논리적인 계산하는 자립적 인간에 대한 현대의 철학적 전형은 그저 인간이 무엇이라고 우리가 느끼고 생각하는 것과는 너무나 거리가 멀다"(1991: 84). 그는 이런 확신으로 동아시아의 유가 전통에 관심을 갖게 되었고, 이런 유가 전통이 비신체화된 계몽주의 모형으로 만들어진 잘못된 이분법을 우리에게 넘어서도록 하는 잠재력을 갖고 있다고 생각했다. 이와 비슷하게, 탕이지에는 고대 유가 전체론의 잠재적인 치료적 힘에 대해 이야기하면서 그런 전체론이 매우 강하게 말하자면 우리의 철학적 발전을 방해했던 몇 가지 이분법을 넘어서게 돕는다고 주장한다.

> 인간과 자연 간의 모순을 해결하기 위한 개념적 자원을 제공하기 위해 "하늘과 인간을 조화롭게 한다"라는 유가의 개념(사람과 하늘/자연은 하나라는 개념)을 사용하고, 서로 다른 사람들 사이에서 발생하는 모순을 해결하기 위해 "타자와 자아를 하나로 한다"라는 개념(다른 사람과 나 자신은 하나라는 개념)을 사용할 수 있다면, 개별 자아에 관해 몸과 마음 사이, 그리고 안과 밖 사이의 긴장을 조절하기 위해 "하나의 안과 밖"(몸과 마음은 하나다)이라는 개념도 사용할 수 있다. (2007: 1)

이런 생각은 논쟁하기가 어렵다. 우리는 문화본질주의의 과도함에 저항할 때, 인간 경험의 다양성을 단조롭게 하지 않고, 가령 고대 중국 사상이 우리에게 제공할 특유하고 중요한 통찰력을 가지고 있다는 사실을 부인하지 않는다. 이와 관련해, 고대 중국 사상을 본질화하지 않고서 그것에서 배울 수 있는 몇 가지 이분법 또는 "모순"을 간략히 개관하는 것은 가치가 있다.

개인 대 사회

많은 계몽주의 윤리학과 정치철학은 자연의 상태와 인간 문명의 기원에 대한 이상한 신화에 바탕을 두고 만들어졌다. 우리는 문명이전의 인간을 자신의 협소한 자기이익을 추구하며 세상을 돌아다니는, 단독으로 행동하는 독립적인 사람(기본적으로 어쩌면 부양가족이 딸린 남성)으로 간주해야 한다. 어떤 때에 그들은 개간지에서 만나, 사회를 형성하면 이런 이익을 가장 잘 공급할 수 있다고 결심하고, 명확히 합의된 조건에서 악수를 한다. 이런 신화는 인간이 특유하고 완전히 자립적이며 근본적으로 사리사욕을 따지는 원자적 개인(atomic individual)이라고 가정하는 극단적인 개인주의의 형태에 의해 뒷받침된다.

물론 인류학적 관점에서 이런 그림은 매우 터무니없다. 인간은 영장류동물의 이미 완전한 사회적 가지에서 가장 초사회적이다. 실제로 종으로서 우리의 기원은 개인적 자립성과 집단생활의 이익을 교환했던 진화적 도박 및 누적적 문화로 대표되는 집단적 마음을 이용할 수 있는 능력과 연결되어 있는 것처럼 보인다(헨리히 2015). 아넷 바이어(Baier, Annette)가 주장하듯이, 극단적 개인주의는 또한 분명히 엘리트이고 혼자인 남성 관점이다. 그녀는 투박한 재치로 "계약에 대한 남성적 집착"(1994: 114)이 계몽주의 후기 사상에 매우 중심적인 역할을 하는데, 이는 그저 그것의 설립 인물들이 "몇 가지 의미심장한 예외는 있지만 성직자, 여성차별주의자, 엄격한 독신남성들의 집합"이었기 때문이라고 말한다.

특히 현대에 그들이 겨우 대부분의 도덕적 행위자들을 서로 묶는 신뢰의 망을 정신적 배경으로 분류하고, 다소 자유롭고 평등한 성인 이방인들 간의, 가령 남성 전용 클럽 회원들 간의 냉정하고 거리가 떨어진 관계로 매우 한결같이 주의를 집중키는 것은 놀라운 일이 아니다. 이런 관계에서 협력의 형태는 각 구성원이 자신의 《타임스》를 평화롭게 읽을 수 있고, 어느 누구도 통풍성 발가락을 밟지 않도록 보장하는 것으로 국한되었다. (114)

사회적으로 더욱 자각 있는 인간, 즉 "부양자녀라는 것이 무엇인지 기억하거나 부모가 된다거나 부양부모나 나이가 많거나 장애가 있는 친척, 친구, 이웃이 있다는 것이 어떤 것인지 아는"(115) 우리들은 명시적이고 규칙에 기반한 계약 관계가 신뢰와 동정심, 다른 정서적 유대관계를 배경으로만 작동한다는 것을 안다.

이것은 뜻이 통한다. 개별 인간은 상대적으로 약하고 어리석다. 즉, 우리는 사회집단에 단단히 박혀 있고 계승된 문화에서 교육을 받을 때만 종으로서 우리의 힘이 완전히 실현된다. 이런 면에서 고대 중국인은 아마 명확히 근대의 자유 개인주의보다 자아와 사회에 대한 더욱 정확한 모형을 가지고 있었다. 순자는 근대의 유전자-문화 공진화 이론을 선견지명으로 예상하면서 위계적이지만 협력적인 집단에서 조화롭게 함께 할 수 있는 능력을 인간의 종 특정적 본질로 보았다.[28] 이와 비슷하게, 중국 문화의 주된 한 가지 주제는 "가족의 구심성으로서, 이것은 중국 역사의 사회정치적·경제적·형이상학적·도덕적·종교적 차원까지 구석구석 스며들었다"(로즈몬트·에임스 2009: xi). 그리고 고대 중국은 양주(楊朱)의 모형, 『장자』, 심지어 『맹자』의 모형과 같은 영적 완벽함에 대한 매우 개인주의적 모형을 만들어 냈었지만,[29] 대부분의 사상가들은 인간이 본래 사회적이고, 우리의 "자아"는 상당한 정도까지 가족 역할과 사회적 역할에 의해 정의된다는 출발 가정에서 철학적 작업을 시작한다. 에리카 브린들리가 주장했듯이, 고대 중국의 "개인"에 대한 이야기가 완전히 뜻이 통하지만, 이것은 "전체의 원자적이고 고립적이며 획일적인 부분"이기보다는 "인간적이고 사회적인 우주적 관계의 망 내에서 행위성을 발휘할 수 있는 단일 실체"라는 의미에서다(2010: xxx).

그렇긴 하지만, 인간이 내재적으로 사회적 생명체라는 생각은 서양에 전혀 용납되지 않는 개념은 아니다. 아리스토텔레스는 인간을 "정치적 동물"로 훌륭하게 정의하면서, 도시국가가 개인에 우선하는 것으로 보고, 사회적 역할이 자아를 구성하는 것으로 보았다(『정치학』(*Politics*) 1252b28~1253a40, 로드 2013: 3~4). 그는 이와 비슷하게 미덕의 발달이 교사, 역할 모형, 동료 학생들, 구체적으로 한정되는 다른 역할들을 포함해 사회적 문맥에서 반드시 발생하는 것으로 간주했으며, 이런 역할 중 어떤 것은 그 자체의 변별적인 미덕이 있다. 그래서 그에게 있어서 "정치학"은 실행 가능한 윤리학의 기초다(『니코마코스 윤리학』 1094a20~1094b13, 어윈 1999: 2~3, 쿠퍼 1980). 많은 주석가들이 말했듯이(예를 들어, 루크스 1973, 먼로 1985, 타일러 1989), 원자적 개인의 신화는 기원이 상대적으로 최근이고, 적어도 20세기까지는 대체로 북유럽과 그 식민지에 국한된다. 계몽주의 이전 서양에서 자아의 개념으로 다시 시선을 돌린다면, 그런 개념이 근대 이전 중국의 개념과 크게 다르지 않다는 것은 명확하다. 따라서 도널드 먼로(Donald Munro)는 중국의 개인주의와 전체론에 대한 획기적인 연구의 서론에서 "중국과 유럽 견해들이 항상 급진적으로 다른 세계관을 가진다고 가정할 위험"을 경고하고, 중국과 서양 간의 비교에 대해 생각할 수 있는 가장 생산적인 방법이 "과거의 유사성과 최근의 차이점을 기억하는 것"이라고 말했다(1985: 2). 이상점, 즉 본체에서 벗어난 것은 획일적인 "서양"이 아니라 계몽주의 북유럽이고, 심지어 이와 같은 자아에 대한 이상한 계몽주의 견해도 거리의 평범한 사람보다 엘리트 (그리고 대체로 남성인) 철학자, 경제학자, 정치 이론가들의 견해를 더 많이 반영한다.

문화적 비교의 프로젝트를 이런 지식에 의해 알아차릴 수 있다면, 고대 유가 글을 이해하기 위해 사회적 본성에 대한 인식이 우리에게 "역할 윤리학"이라는 전혀 새로운 윤리학의 모형을 단정하게 요구한다는 주장에 대해 에임스와 로즈몬트를 따를 필요는 없다.[30] 모범이 되는 덕 윤리학자인 아리스토텔레스는 특별한 사회적 역할의 요구에 의해 깊이 보급되는 미덕을 받아들였다. 더욱이 역할 윤리 주장을 내재적으로 받아들일 수 없는 것 외에,[31] 우리가 약간 다른 가치를 접할 때마다 새로운 윤리학 모형을 단정하는 것은 비교 윤리학 프로젝트를 불가능하게 만든다.[32] 내재적으로 많은 사회적 미덕을 포함하는 미덕의 개념만으로도 충분할 것이다. 개인과 사회에 대한 중국 견해를 이국화하려는 유혹에 저항하는 것은 또한 인권이나 언론의 자유, 민주주의와 같은 개념이 동아시아 문화에 완전히 이국적이므로 동아시아 정부에게 요구하는 것이 부적절하다는 중국 정부의 주장에 동의하는 정치적이고 도덕적으로 의심의 여지가 있는 조치를 차단하기도 한다. 프랑수아 줄리앙이 "간단한 투표로 도달되는 의사결정이 애매모호함에 의해 지배되는 정치제도에 뿌리를 박는 것은 **논리적으로** 어려운 일이다"(2000: 45)라고 기운차게 말할 때, 그의 문화본질주의는 도덕적 상대주의를 완성할 수 있는 기회를 제공한다. 우리는 다른 사람들처럼 계몽주의 철학보다는 유가 사상에 기초하는 정치적 문화에서 의미심장하고 어쩌면 교육적인 차이가 있다고 주장할 수 있다. 다니엘 벨(Bell, Daniel)(2015)은 능력주의의 유가 모형이 대표민주주의의 현대 자유 이상과는 의미심장하게 다를 뿐만 아니라 어떤 면에서는 더 우월하다고 오랫동안 주장했다. 이와 비슷하게, 인권의 개념과 동아시아나 유가 문맥에서 그것의 적절성에 관해 많은 학문적 연구가 있다.[33] 하지만 우리는 다시 사회적 우주의 기본적인 존재론에 관한 공유된 견해들을 배경으로 해서, 이러 차이를 이해하고, 이런 차이가 어떻게 미국 정치제도의 결함에 개선책을 제공하는지를 볼 수 있다는 것을 인식해야 한다.

마음 대 몸

중국 사상의 "신체화된" 또는 마음-몸의 통합적 본질과 이것이 어떻게 다양한 계몽주의 사상가들이 퍼뜨린 극단적인 비신체화된 합리성의 모형에 대한 유익한 개선책이 될 수 있는지에 관해 문헌은 많은 편이고 계속 증가 중이다.[34] 예컨대, 장자이린(張再林)은 고대 중국 사상을 "몸의 철학(philosophy of the body)"으로 특징지으면서, 몸에 기반한 일상의 행동과 윤리적 기질을 강조한다. 그는 고대 중국인이 날카로운 데카르트적 마음-몸 이분법을 단정하기보다는 유서 깊은 "물질과 기능[體用]"의 은유에 의존하면서 마음을 몸의 함수로 간주했다고 지적한다(2008). 이는 마음이 완전히 다른 존재론적 물질이기보다는 몸의 기능적 영향이라는 것이다. 황쥔졔(黃俊傑)는 대안이 되지만 그래도 관련된 은유를 이용하면서 고대 중국의 마음과 몸이 "그 자체로 완전히 밀봉된 별개의 영역이 아니라" 근본적으로 연결된 "이중 극(dual pole)"으로 간주되어야 한다고 주장한다(1991: 93). 양러빈도 다른 은유로 비슷한 주장을 하는데, 그는 "심리적 기질[心性]과 몸[身體]에 대한 유가 이론이 동전의 양면이라고 지적한다.[35] 즉, "심리적 기질이 없다면 몸이 없고, 몸이 없다면 심리적 기질이 없다"(1996: 1)는 것이다.

이런 견해의 합리적인 형태는 그래도 모두 고대 중국의 마음-몸 수양에 대한 상대적으로 "전체론적" 태도가 마음과 몸 간의 기본적이고 직관적인 (물질에 기반한 것은 아니지만) 질적 구분에 계속 의존한다는 것을 강조한다. 몸과 마음이 "물질-기능" 방식에서 관련이 있다는 모형은 여전히 이원론이다. 즉, 마음과 몸이 "이중 극"으로 연결되어 있을 때, 그래도 그 둘은 근본적으로 구분된 채로 있는 것이다(황권제 1991: 89). 양러빈은 다음과 같이 말한다.

> "몸이 마음과 융합하게" 하는 것은 몸의 완고한 저항을 변형시키기 위해 의식적 마음의 기능을 사용하는 것을 의미한다. 그러한 변형이 가능한 주된 이유는 마음이 "중추적 에너지"이고, 몸 또한 "중추적 에너지"로 구성되어 있기 때문이다. 그러나 그 둘이 비슷한 "중추적 에너지"이긴 하지만, 마음은 몸의 작동 규칙에 따라서만 기능할 수 있다. (1989/2003: 103)

양러빈이 지적하듯이, 마음과 몸의 능력에서 이러한 근본적인 분리 때문에 여러 학파와 시대의 사상가가 채택하는 자기수양 견해에서 몇 가지 핵심적인 유사성이 발견된다. "인간 몸의 구조는 일반적으로 어디에서나 동일하고, 특별한 사상 체계를 초월하는 이런 공통점은 각 진영에서 더욱 쉽게 확인되고 받아들여진다"(118).

이와 비슷하게, 궈지융(郭齊勇)은 곽점초간에서 보이는 자기수양을 논의하면서 데카르트적 이원론을 통상적으로 거부하면서 시작한다. "중국 사상은 心"과 사물 또는 心과 몸 사이의 절대적인 구분을 단정하지 않는다"(2000: 198). 하지만 그는 그 텍스트의 세부내용을 분석하면서 "약한" 이원론을 다시 그림으로 가져가는 방식으로 心의 다양한 "유형들"의 구분이 필요하다는 것을 발견한다. 그는 곽점초간에서 적어도 心의 세 가지 개념을 볼 수 있다고 주장하는데(202), "생리적 心"(血氣之心), 의도적 또는 동기적 心(意志之心), 사고적 또는 반성적 心(思慮之心)이 그것이다. 세 가지 유형의 心, 또는 어쩌면 心 활동의 양식들은 서로 영향을 미치고, 이것은 다시 몸에 영향을 미친다. 모든 논의에서 지적해야 할 중요한 것은 心이 어떻게 묘사되든지, 얼마나 많은 층위나 양상이 밝혀지든 간에, 물리적 몸은 대조로 계속 나타난다는 것이다. 결국, 이 모든 학자들은 (암시적으로나 명시적으로) 고대 중국 세계관에서 기계론적 체계로서 몸이 그 자체를 수양할 수 없다는 것을 인식한다. 몸은 마음이 제공하는 자유의지와 선택의 힘을 필요로 하는데, 이러한 마음은 물질 관점까지는 아니지만 기능적 관점에서 유형의 몸과는 질적으로 다른 종류의 인과성을 제공한다.

이성 대 정서, 노하우 대 지식

마음과 몸에 대한 황권제의 "이중 극" 견해에서, "몸은 마음-가슴의 무언가를 공유하므로, 이성은 정서를 통제하고, 개인성의 합리적 온전함을 내놓을 수 있다"(1991: 89). 헨리 로즈몬트가 지적했듯이, 이것은 서양의 많은 계몽주의 이후 사상을 특징짓는 광범위하고 날카로운 "인지/감정 분열(cognitive/affective split)"(2001: 78)을 고대 중국 사상에서 발견할 수 없다는 것을 의미한다. 많은 고대 중국 사상가들에게 心은 데카르트나 칸트와 같은 사상가가 마음과 연관시키는 추상적 사고, 자유의지, 반성이라는 "합리적" 기능의 중심지일 뿐만 아니라, 그런 사상가들이 몸의 "이명(異名)적" 영역으로 좌천시킬 열정이나 도덕적 혐오와 같은 규범적 정서의 모음이기도 하다.

心과 정서 사이에 가장 날카로운 구분을 단정하는 고대 중국 사상가인 순자도 규범적 질서와 조화를 이루도록 정서와 욕망을 재형성했던 완성된 성인의 상대적인 "전체론적" 모형을 받아들인다. 心에 대한 순자의 모형은 정서와 욕망을 감시하고 통제하는 것이 주된 한 가지 기능이라는 의미에서 아주 "합리주의적"이다. 그는 전형적인 한 구절에서 "타고난 본성의 좋아하고 싫어함, 기쁨과 분노, 슬픔과 즐거움은 정서라고 부른다"라고 말한다. "정서가 일어나고, 마음이 정서들 사이에서 선택하는 것은 사고라고 부른다"(제22편 「정명」, 휴턴 2014: 236).[36] 그럼에도, 순자의 자기수양에 대한 최종 목표는 의식적 사고와 합리적 선택의 결과를 신체화된 기질로 통합하는 것이다(태보어 2013). 그는 "군자의 배움은 귀로 들어가, 마음을 품고, 온 몸으로 펴져, 행위에서 나타난다. 아주 조금의 말과 미묘한 움직임도 모두 타인에 대한 모형이 될 수 있다."[37]

고대 중국 전체론 견해의 옹호자는 또한 잠재적으로 물리적 몸의 부분인 心이 몸 및 신체적 에너지[氣]와 여러 가지 복잡한 방식으로 상호작용한다고 적절하게 지적한다. 특히 중의학(中醫學)에서 상세히 설명되듯이,[38] 이런 관계의 기초 모형은 데카르트식 형이상학에서 몸이 기계장치라는 모형보다 더 "유기적"이다. 즉, 복잡한 역동적 상호관계에 의해 특징지어진다는 것이다. 나는 앞서 이론적 모형들의 이런 차이가 갖는 중요성을 과장해서는 안 되다고 주장했다. 하지만 그것이 또한 과소평가되어서도 안 된다고 지적해야 한다. 평범한 사람이 마음과 몸 상호작용에 대한 상식적인 "약한" 이원론 견해를 공유한다는 사실에도, 전문적 학설이나 전문가 이론의 상세한 점은 개인이 다루어지고 스스로를 바라보는 방식에 중요한 함축을 가질 수 있다. 예컨대, 어떤 학자는 더욱 명시적으로 "전체론적인" 중국 의학 견해가 육체적 건강과 정신적 건강 간의 연결에 관한 더욱 현실적인 견해를 제시한다고 주장했다. 이것은 서양 의사들이 더 주의를 기울여야 하는 주제다(밀러 2006).

마음과 몸 또는 이성과 정서 간의 이러한 강한 연결은 많은 고대 중국 사상가들이 또한 신체화된 "노하우"나 무언의 지식을 대부분 계몽주의 이후의 서양 사상에서 높이 평가하는 추상적이고 명시적인 이론적 지식보다 더 귀중히 하는 이유다(빌레터 1984, 이노 1990, 펭가렛 1972, 아이반호 1993/2000, 슬링거랜드 2003b). 양러빈은 유가의 자기수양 전략이 둘 다 몸에 기반하는 명시적 인지와 암시적 인지 모두를 포함하는 "고대 철학적 마음-몸 문제에 대하여 실천에 기반한 해결책을 제공한다"(1996: 2)라고 꽤 합리적으로 주장한다. 그는 "의식이 전의식적 자각에 기초하고, 전의식적 차원이 신체화된 차원으로 스며든다"(1996: 10)라고 지적한다.[39] 노하우와 실용주의적 숙달에 이렇게 초점을 둔다는 것은 확실히 추상적 이론이나 표상적 진리는 덜 강조한다는 것을 함의한다. 따라서 일반화로서, 프랑수아 줄리앙이 "그리스인은 진리(표상이나 논증의 기초의 진리)를 증명하지만, 중국인은 진행하는 방법(자연적·사회적 규정의 도(道))을 암시한다(2000: 275)"라고 주장하는 것이 완전히 비합리적인 것은 아니다.[40] 지식의 이상적 모형에 관해 강조점에서의 이와 같은 동일한 차이는 또한 표상적 "응시(gaze)"에 대한 서양의 초점과 신체화된 "행동(act)"에 대한 동양의 초점을 대조하는 독창적인 장 프랑수아 빌레터(1984)의 연구에서 더욱 신중하고 상세히 표현되었다.

하지만 거친 일반화가 아무리 유용할지라도, 그런 모든 진술은 절대적인 부재나 존재라기보다는 강조점의 차이를 포함하는 것으로 한정되어야 한다. 그런 진술은 모두 많은 예외를 통해서도 특징지어진다. 시종이(史忠义)(2007)와 양러빈(1996) 같은 학자는 메를로 퐁티의 현상학과 같은 서양 철학적 전통에서 신체화된 노하우의 귀중함에 필적하는 것을 지적한다. 그리고 아리스토텔레스와 같은 고대 사상가의 덕 윤리는 확실히 정서와 몸의 훈련을 포함한다. 후기 묵가나 명가* 같은 고대 중국 사상가는 논리와 언어에 관한 추상적인 논제에 엄청나게 집중했다(프레이저 2016, 그레이엄 2004). 우리는 또한 철학과 실생활 간의 공백도 항상 명심해야 한다. 예컨대, 내가 1980년대 타이완에서 영어를 가르쳤을 때, 학생들은 실용주의적 영어 교육을 받지 못했다. 많은 학생들이 이론적인 영문법 지식은 나보다 더 많았지만, "이름이 뭐예요?"라고 물었을 때 당황하고 아무 말도 못하고서 그냥 서 있었다. 이에 반해, 비신체화된

---

*명가(名家) 명가는 중국 춘추전국시대의 제자백가 가운데 하나이다. 춘추전국시대의 사회 환경이 변화함에 따라 사물이나 사물의 실태와 그 호칭과의 사이에 복잡한 엇갈림이 생기게 되었다. 예컨대 군(君)이라는 말을 보면 옛날 노예적 봉건사회의 군장(君長)을 뜻하는 경우도 있고, 유가가 주장하는 왕도적 군주를 뜻할 때도 있으며, 신흥의 봉건 지주계층의 정치적 주권자를 뜻할 때도 있다. 각각 다른 개념에 의하여 군(君)을 논한다면 갖가지의 혼란이 생기지 않을 수 없다. 그로부터 필연적으로 실태와 호명(呼名)을 바로 하려는 명실의 논의가 생겼다. 한편 또 여러 가지 발상을 하나의 논리로 구축하기 위해서는 어떤 종류의 논리학이 필요하였다. 그런가 하면 또 열국 사이를 유세하며 책모(策謨)를 안출하려면 논리를 전개해서 궤변마저 농(弄)하지 않으면 안 되었다. 그리하여 명가라고 불리는 일파의 논리학자들이 출현하였다.

서양에서 내가 받은 중국어 교육은 본질상 현저하게 실용적이었고, 실생활 듣기와 대화 기술에 집중했다. 형식철학과 종교가 일상생활에 영향을 미치지만, 직업으로 그것을 연구하는 우리들이 생각하는 것보다는 어쩌면 영향을 덜 미친다.

비교사상과 심적 통일성

계몽주의 합리성의 지배는 여전히 서양 철학에 먹구름을 드리우고, 더욱 교활하게도 경제학과 정치학의 주류 견해를 형성한다. 자아에 대한 북유럽의 계몽주의 견해를 형성했던 부유한 백인 "성직자, 여성 차별주의자, 엄격한 독신남성"(바이어 1994: 114)이 형성한 급진적 개인주의는 거의 틀림없이 현대 서양과 지금은 우연히도 오늘날 동남아시아 도시에서 계속 늘어나는 불공평과 사회적 소외의 원인이다. 실용적 노하우보다 이론적 지식을, 또는 정서적 지능보다 추상적 추론을 부수적으로 강조함으로써 우리의 교수법과 전문적·개인적 업적의 평가를 계속 비뚤어지게 하는 인간 우수성의 개념이 왜곡되었다. 이러한 계몽주의 개념적 혼합물이 굉장히 기이하고, 지금까지 살았던 행성에 사는 사람들 대부분의 경험을 대표하지 않는다는 것을 인식하는 것이 중요하다. 그리고 그것은 우리가 동시대의 세계에서 직면하는 가장 중요한 도전들 중 몇 가지를 어렵게 헤치고 나아가는 것에 심각한 장애를 초래하게 한다.

고대 중국 사상이 이와 관련해 유익하다는 것은 의심의 여지가 없다. 나는 내 연구에서 덕 윤리의 유가 모형이 윤리학의 계몽주의 모형보다 심리적으로 더 실재론적이고(슬링거랜드 2011b), 더욱 친숙한 아리스토텔레스 모형의 과도함이나 실패에 대한 유익한 교정책일 수도 있다(슬링거랜드 2011c)고 주장했다. 나는 이와 비슷하게 신체화된 인지에 대한 고대 유가와 도가의 집중과 자발성의 중요성을 칸트나 데카르트와 같은 계몽주의 사상가들이 널리 전파한 비신체화된 신화에 대한 유용한 개선책으로 묘사했다(슬링거랜드 2003b, 2014). 하지만 중국 사상으로 시선을 돌리면서 우리가 이용하고자 하는 교정적 힘은 정신성에서의 근본적인 간격이기보다는 상대적인 강조의 차이에 따른 결과다. 브라이언 밴 노던이 주장했듯이, 우리는 추상적 "진리"의 중요성과 같은 주제에서 초기 그리스 사상가와 고대 중국 사상가 간의 차이를 정도의 차이로 이해해야 한다. 그는 이렇게 결론 내린다. "일반적으로, 진리에 관한 서양 철학자와 중국 철학자 간의 차이는 강조의 문제처럼 보인다. 플라톤은 진리가 사람들에게 어떻게 하면 잘 사는지를 보여 주기에 진리를 배우도록 도와주고 싶었다. 공자는 제자들에게 어떻게 하면 잘 사는지를 보여 주고 싶어 하지만, 제자들이 그렇게 하려면 많은 진리를 알아야 한다고 생각한다"(밴 노던 2007: 14~15).

신오리엔탈리즘의 가장 극단적인 전파자도 때때로 이 점을 인정할 것이다. 예컨대, 프랑수아 줄리앙은 다른 모든 점에서 냉혹한 추상의 본보기인 초기 그리스인도 metis("숙련")와 같은 신체화되고 "노하우"와 관련된 개념이 있었다는 것을 인정한다. 물론 그것은 "사색적 사고로 저지되는 이성의 그림자 안에 남아 있었다"(2000: 42~43). 줄리앙과 같은 학자의 경우는 공유된 배경 체제 내에서 이러한 강조점의 차이를 이해하려는 진지한 시도가 부족했다. 즉, 문화본질주의를 불성실하게 거부하는 것은 어떤 형태의 보편주의라도 경멸적으로 묵살하는 것과 결부된다.[41] 문화본질주의는 궁극적으로는 비서양의 철학적 또는 종교적 전통에서 배우려는 다른 점에서는 선의의 노력을 더럽히거나 훼손시키는 더럽혀진 지하수나 서툴게 만들어진 토대와 비슷하다.

　에임스나 로즈몬트와 같은 학자들은 때때로 서양의 경제적 합리주의와 극단적 개인주의가 위험한 정도로 사회적 소외와 생태학적 재난으로 이어졌고, 유가의 형태에서 발견할 수 있는 자아와 사회에 대한 전체론적 견해가 더욱 긍정적이고 매우 필요한 시각을 제시한다고 꽤 설득력 있고 합리적으로 주장한다.[42] 그러나 그들은 또한 치료적 통찰력의 근원을 이국적인 외국 땅에서 찾으려는 유혹에 저항하지 못한다. 예컨대, 그들은 다음과 같이 말한다.

> 확실히 인종의 3분의 2 이상인 아프리카, 아시아, 중동 세계의 대다수 민족은 스스로를 근본적으로 자유롭고 자립적인 (그리고 권리를 지닌) 개인으로 정의하지 못하는 것처럼 보인다. 그들은 모두 종교적이고 세속적인 특정한 지리적 지역과 공동체와 밀접한 유대관계를 맺는 구체적으로 딸과 아들, 어머니와 아버지, 배우자, 자녀, 사촌, 이웃, 친척들이다. 이런 지역의 서양화된 도시 엘리트를 제외하고는, 이런 장소에 사는 대부분의 사람들은 계몽주의와 현대 자유적 용어라기보다는 더욱 더 관계적인 "유가" 언어로 스스로를 정의한다. (2009: 34)

　그 요점은 잘 이해가 되지만, 우리는 아인 랜드(Rand, Ayn)의 제단에 참배하지 않는 사람을 접하기 위해 불가사의한 타자의 땅("아프리카, 아시아, 중동")에 들어갈 필요는 없다. 뉴질랜드 철학자 아넷 바이어는 동양 지혜의 도움 없이도 완벽하게 계몽주의 사상의 한계를 훌륭히 꿰뚫어, 우리의 주의를 인사(人事)에서 암묵적 신뢰의 결정적인 역할로 주의를 돌릴 수 있었다(바이어 1994). 프리드리히 니체가 칸트를 기쁨에 차서 폐지한 것은 독일과 프랑스의 영토에 직접 기반한 반-계몽주의 가닥에서 일어났다. 문화적 일반화가 정당하다고 느끼는 경우에도, 그런 일반화는 "동양" 대 "서양"보다 상당히 더 미묘할 필요가 있다. 캐나다인, 유럽인, 미국중서부의 거주민은 뉴욕 사람보다 훨씬 덜 개인주의적이다. 남부 독일인은 북부 독일인보다 덜 개인주의적이다(더 친절하다!). 중국 내에는 전통으로 밀을 재배하는 지역의 사람이 쌀을 재배하는 지역의 사람보다 더 개인주의적임을 암시하는 최근의 연구가 있는데(헨리히 2014, 탈헬름 外 2014), 이는 아마도 농업 생산의 강한 집단주의적 양식과 반대로, 분산된 양식의 요구에 관한 문화적 잔존물을 반영한다. 지리적 측면 외에, 사회경제적 지위가 높은 사람은 노동계층과 가난한 사람보다 더 개인주의적이고 이기적인데, 이는 부와 직업 안정성이 가져다주는 자립성에서 유도되는 효과이다.[43]

로이드는 "집단은 생각하지 않고, 개인만 생각한다"(1990: 5)라고 말했다. 어떤 집단이나 문화도 전적으로 균일한 정신적 특징을 가진 개인으로 구성되지 않는다. 어떤 인간도 극단적으로 복잡한 요인의 상호작용의 산물로서, 이런 요인으로는 유전자질, 돌연변이, 출생전 영양섭취, 교육, 환경적 독소 노출, 문화유산, 사회경제적 지위, 음식물, 기후, 그리고 초사회적 영장류동물이 취약한 다양한 우여곡절이 있다. 확실히 폭넓은 문화적 패턴이 식별될 수 있지만, 문화를 초월하는 많은 다른 패턴도 식별될 수 있다. 이런 다양성을 생산하는 인과적 망은 모두 다시 공유된 유전자질과 약 10만 년 전부터 호모사피엔스가 아프리카에서 퍼져나가 지구의 거의 모든 환경을 지배하면서 직면했던 대략 비슷한 적응 문제에 의해 유도되고 강력한 제약을 받는다.⁴⁴ 가령, 인간과 침팬지 간의 마지막 공동 조상 이후에 경과한 시간의 양(십중팔구 6~7백만 년 전)으로 측정하는 사물의 웅장한 도식에서 지구의 여러 지역에서 인구의 분산이 최근에서야 시작되었다는 것을 기억하는 것은 가치가 있다. 전 세계의 현대 인간은 하나의 크고 확장된 생물학적 가족의 구성원들이다.

따라서 또 다른 문화에서 온 텍스트나 인공물로의 책임감 있는 해석학적 여행은 가령 전국시대 초(楚)나라의 몸-마음 체계가 현대 밴쿠버에 기반한 몸-마음 체계가 소유한 동일한 공장에서 설치된 많은 인지적 장비를 가진 세계에서 드러났다는 기본적인 가정에서 시작해야 한다. 더욱이 물론 모든 문화적 체계나 개인과 같이 다양한 면에서 특유하고 상당한 정도까지 특이할지라도, 이런 마음들이 창조하고 상호작용하게 된 물리적인 문화적 체계는 비교 불가능한 사상계를 구성할 만큼 그렇게 급진적으로 독특한 형태를 취했을 것 같지는 않다. 따라서 고대나 대안적 전통의 교정적 통찰력이나 치료적 시각을 이용하는 열쇠는 땅에 단단히 해석학적 발을 딛고 그렇게 하는 것이다.

결론
자연주의적 해석학과 오리엔탈리즘의 종말

나의 대학원 시절, 번역의 비결정성(indeterminacy)에 대한 콰인(Quine, W. V. O.)의 의견은 중요시되었다. 이전에 알려지지 않은 문화에 새로 들어간 한 언어학자는 토끼가 달려갈 때마다 현지인이 그것을 가리키면서 가바가이(gavagai)라고 한다고 지적한다. 콰인은 가바가이가 단지 "토끼의 단순한 단계나 짧은 시간적 단편"(1960: 51) 또는 "토끼의 모든 잡다한 분리되지 않은 부분들"(52)이기보다는 반드시 "토끼"를 가리킨다고 생각하는 것은 실수라고 주장한다.

언어학자가 "Gavagai"와 "Rabbit"의 자극 의미가 동일하다는 것에서 가바가이가 영속적인 토끼 전체라는 결론으로 비약할 때, 그는 원주민이 토끼 단계나 부분들을 가리키는 간략한 일반적인 용어가 아닌 토끼를 가리키는 간략한 일반적인 용어를 가지고 있

을 만큼 우리와 충분히 비슷하다는 것을 당연시 하고 있다. (52)

콰인은 개별 언어적 용어의 실제 지시물이 근본적으로 불투명하다고 결론 내린다. 즉, 정보제공자들을 아무리 많이 조사해도 가바가이가 실제로 "토끼"를 의미하는지 결정하지 못할 것이다. 물론 이러한 비결정성의 문제는 "자아"나 "마음" 같이 직접적으로 관찰할 수 없는 현상에서는 더 자명하다.

가바가이 사고실험은 언어적 지시에 대한 전문적인 철학적 논점을 예증하기 위해 콰인이 의도한 것이었다. 나의 지적 영역(중국학, 종교학, 비교사상)에서 이 사고실험은 다른 문화에서 유래한 범주에 우리 자신의 가정을 너무 많이 부여하는 것에 대한 경계의 이야기로 주로 기능했다. 프랭클린 퍼킨스는 콰인의 가바가이 사고실험이 여전히 중국 사상의 연구에 큰 영향을 미치는 최근 예를 제공하면서, 그 사고실험이 "타자가 우리 자신의 형이상학을 공유한다고 가정하는 것"(2016: 188)이 얼마나 쉬운지, 그리고 그것이 얼마나 잠재적으로 잘못된 것인지에 대한 경고 역할을 해야 한다고 주장한다. 그는 양립 불가능한 다양한 형이상학적 가정이 인간 생활과 일치한다고 지적한다. "사람들이 토끼를 먹는 것에 의존한다면, 그들은 그것을 물질을 제거하는 것으로 이론화하든, 이전에 분리되지 않은 부분을 분리하는 것으로 이론화하든, 시간적 단계의 연속을 종결시키는 것으로 이론화하든 상관없이 토끼를 사냥하는 방법을 찾을 것이다"(193).

가바가이로 충분함: 우리는 모두 호모사피엔스다

감각력이 있는 생명형태가 토끼 잡기를 시간적 단계의 연속으로 생각함으로써 토끼 잡는 문제를 해결할 수 있을 것으로 생각할 수 있다. 이것은 지구에서 지배적인 감각력이 있는 생명형태인 호모사피엔스가 그 도전을 다루게 진화했던 방식에서만 발생한 것은 아니다. 가바가이가 토끼와 다소 비슷한 개체화된 생물학적 종을 가리켜야 하는지에 대한 선험적인 이유가 없다는 콰인(그리고 퍼킨스)의 말은 맞지만, 사물 개체화, 사물 영속성, 생물학적 본질의 통속 개념에 대한 선천적인 가정으로 도구를 갖추고 있는 다른 인간들의 실증적 실재를 다루는 것에 관해서는 그들의 선험적인 관찰은 부적절하다. 1970년대 이후로, 범문화적인 많은 실증적 증거는 인간이 폭넓게 공유되는 입도의 층위에서 지각과 언어 둘 다에 관해 세계를 범주화한다는 것을 증명했다.

이런 층위는 "기본층위(basic level)" 범주화로 지칭되었다. 기본층위 범주를 가리키는 "테이블," "개," "달리기," "앉기"와 같은 단어는 어린이가 제일 먼저 학습하는 것이고, 전 세계 언어의 기본 어휘를 구성한다. 이런 단어는 범주화의 다른 층위들(예를 들어, "가구", "동물", "단거리 경주", "기대기")보다 더 쉽게 기억되고 더 중요한 것으로 간주된다. 이 연구에서 가장 중요한 초기 개척자인 엘레노어 로쉬(Eleanor Rosch)가 주장했듯이, 기본층위 범주는 우리의 기본적인 신체화와 실용주의적 목적에서 발생하는 것처럼 보인다. 그녀와 동료들은 기본층위 범주가 단 하나의 정신적 이미지로 표상될 수 있고 상호작용하기 위해 비슷한 운동 행동을 요구하는 범주화의 가장 상위 층위이라고 말했다(로쉬 外 1976). 조지 레이코프(1987)가 기본 범주에 대한 단행본 분량의 연구에서 훌륭하게 말했듯이, 기본층위 범주는 "인간만한 크기다(human-sized)"(51). 아동발달 연구가 수잔 겔만(Gelman, Susan)은 기본층위 범주를 가리키는 명사를 "일반 명사"로 명명한다. 그녀는 아동의 기본 가정이 아동이 배우는 어떤 새로운 명사도 일반 명사라고 말한다. 이것은 범문화적으로 사실이고(만하임 外 2010), 또한 자신의 자발적 수화를 즉석에서 만들게 강요받는 청각이 정상인 부모에게서 자란 청각장애 아동에게서도 사실이다(겔만 2005).

실제로 언어습득의 인지과학에서 종종 지적되었듯이, 콰인이 주장했던 것만큼 실제로 사물을 개념적으로 쉽게 손에 넣을 수 있는 것이라면, 어린이는 먼저 언어를 배우지 못할 수 있다. 인지과학에서 강한 내재주의로의 움직임은 처음에 이러한 언어학습의 문제에서 동기화되었다. 이것은 어린 아이가 문법 규칙이나 모국어의 다른 양상을 배우는데 충분한 정보를 제공받지 못한다는 "자극의 빈곤"*에 관한 노엄 촘스키(1965)의 의견으로 시작되었다. 아이가 어쩌면 이런 재주를 훌륭히 해낼 수 있는 유일한 이유는 어떤 선천적인 가정을 도구로 갖추고 있기 때문이다. 촘스키의 가정에서 이것은 완전히 발달한 선천적인 문법을 포함하는데, 이것은 여전히 논란의 여지가 있는 견해다. 우리가 모두 기본적인 세계의 존재론에 대한 어떤 가정을 갖고 세상에 나온다는 것은 논란의 여지가 훨씬 덜한데, 이런 가정은 언어와 문화 학습자에게 논리적 가능성의 공간을 다루기 쉬운 크기로 줄인다.[1]

어린이는 다른 경우보다 동물과 식물 이름을 더 쉽게 학습했다. 기본층위 범주나 일반 명사의 더욱 넓은 한계 외에, 선천적인 통속 생물학은 부가적인 제약을 부과한다. 전 세계와 매우 다른 언어와 생존 방식을 가진 사회에서 "통속 분류법"에 관한 연구는 생물학적 세계에 관해 변별적인 "통속적 일반" 분류 층위를 제안한다. 벌린(Berlin)·브리드러브(Breedlove)·레이븐(Raven)(1973)의 초기 연구는 대략 속(屬) 층위("oak(참나무)")와 비슷한 분류 층위가 과학적 분류법이 종(種) 층위("white oak(백참나무)")나 상의어 범주("나무"나 "식물")로 분류하는 것보다 멕시코 첼탈족 화자에게 더 기본적이라는 것을 보여 주었다. 스콧 애트런(Atran, Scott)과 동료들의 더욱 광범위한 연구에서는 이 현상을 더욱 다양한 문화에서 증명했다.[2] 더욱이, 기본층위의 생물학적 범주는 그 범주 구성원의 생김새, 행동, 실용주의적 유용성을 결정하는 비가시적인 선천적 "본질"로 정의되는 점에서 독특하다(케일 1994). 물론 이런 가정은 과학적 관점에서는 부정확하다. "호랑이"와 같은 속 층위 범주는 고정되고 불변하는 범주를 가리키지 않고, 현대 생물학자는 "호랑이"가 변별적이고 내적이고 목적론적인 본질에 의해 유도되는 것으로 간주하지도 않는다. 그

● **자극의 빈곤(poverty of stimulus)** 아이들이 언어 환경에서 언어의 모든 특징을 습득하기에 충분한 양의 데이터에 노출되지 않는다는 주장으로서, 언어가 경험을 통해서만 학습이 가능하다는 경험주의의 입장과 대립된다. 자극의 빈곤은 다음과 같은 특징을 지닌다. 첫째, 아동이 듣는 언어는 문법적으로 완벽한 것이 아니라, 더듬거림, 말의 오류, 완벽하지 않은 발화도 포함되어 있다. 둘째, 유아가 귀로 들을 수 있는 언어 자료는 유한하지만 이론적으로 무한한 문장을 발화하고 해석하는 힘을 갖추고 있다. 셋째, 성인 모국어 화자가 습득한 언어 지식에는 습득의 과정에서 경험한 언어 자료만으로 얻어진다고 설명할 수 없는 성질을 가진 지식이 포함되어 있다. 이와 같은 특성을 지닌 자극의 빈곤은 노암 촘스키가 말했던 '플라톤의 문제(우리는 어떻게 경험 이상의 것을 알 수 있는 것인가?)'를 설명할 수 있는 중요한 단서가 된다.

럼에도 소콧 애트런은 이 가정이 적응적 관점에서 유용하기 때문에 서서히 발전했다고 제안했다(1990: 63). 진화는 과학적으로 정확한 표상이 아니라 성공과 번식에 관심을 갖는다. 내가 이 주제에 대한 더욱 초기의 논의에서 지적했듯이, "호랑이는 진흙으로 덮여 있거나, 안개로 가려져 있거나, 귀가 하나 없거나, 특색이 없는 장소에서 배회하는 경우에도 예측 가능한 방식으로 행동하는 경향이 있다"(슬링거랜드 2008b: 127). 그래서 아이는 매우 어릴 때부터 호랑이, 개, 사슴, 참나무, 다른 비슷한 기본층위의 생물학적 범주에 대해 배운다.

이 모든 것은 특히 아이나 언어학적 비관계자에게 전해지는 가바가이가 토끼식의 공간-시간은 말할 것도 없이 일반적인 "포유동물"(상위층위 범주)이나 특별히 동부솜꼬리토끼(Eastern Cottontail)(Sylvilagus floridanus)라기보다는 거의 확실히 우리의 소박한 언어학자의 자연스러운 추론인 "토끼"에 대응한다는 것을 의미한다. 사람들이 동물이나 식물에 대해 이야기할 때 대략 속 층위의 범주를 자동적으로 선택하는 것은 동물군의 주어진 실례가 포유동물이라는 것을 아는 것이 매우 유익하지 않고(그것은 사자나 쥐일 수 있다), 그것이 동부솜꼬리토끼라는 것을 통지받는 것은 너무 많은 정보이기 때문이다. "토끼"는 생김새와 일반적인 행동, 위험하거나 맛있을 것 같은지, 또는 꼬뜨 드 본느(Côte de Beaune)라는 좋은 화이트 와인과 잘 어울리는지의 여부와 같이 사람들이 실제로 관심을 갖는 추리를 하기에 적절한 범주화의 층위다.

얻을 수 있는 메시지는 그것은 쉽게 손에 넣을 수 있는 것이 아니라는 것이다. 어떤 인간 언어도 당신이 어린 아이나 방문 중인 언어학자에게 "토끼의 간략한 시간적 단편"을 가르칠 범주로 이용하지 않는다. 보르헤스의 〈중국인 백과사전〉은 동서고금의 모든 사람들에게 똑같이 흥미로울 것이다. 이와 비슷하게 우리는 고대 중국 사상가가 농작물, 잡초 뽑기, 물대기, 수확에 대해 이야기할 때 그것이 무엇을 의미하는지 안다는 것을 꽤 확신할 수 있다. 혼란스러운 꿈, 위선적인 마을의 "평판이 좋은" 사람, 생물학적 종, 그릇, 경로 등도 마찬가지다. 공유된 유전적 유산과 꽤 안정적인 물리적 세계를 포함하여 우리의 신체화된 공통성은 일종의 개념적 교량으로 기능하면서, 우리에게 다른 시대와 문화에서 온 사람의 마음에 접근하게 하고(슬링거랜드 2004b, 2008b), 우리의 해석학적 활동에 제약을 부과한다.

그렇다고 해서 모든 언어가 세계를 동일하게 분할한다는 것은 분명 아니다. 고대 중국어 羊은 영어 화자들이 심지어 아동도서에서도 분리하고 싶어 하는 동물 유형들(염소와 양)을 함께 묶는다. 그러나 인간과 다른 동물 사이에서 공유되는 확고한 "핵심 지식(core knowledge)"(스펠크 2000), 비슷한 물리적 환경과 상호작용하는 비슷한 인간의 몸, 폭넓게 공유된 실용주의적 목표는 동서고금의 인간 문화가 공통된 개념적 범주의 제약된 팔레트에서 얻는 것임을 보장한다. 인류학자 도널드 브라운(Brown, Donald 1991)은 범문화적 민족지학의 공통성에서 "보편적 인간(Universal Human; UH)"의 기준선을 확립해야 한다고 오랫동안 주장했다. 우리는 이제 이러한 관찰적 데이터에 그런 인간 보편소가 어디에서 오는지, 왜 진화했는지, 어떻게 문화에 의해 수정되지만 또한 문화적 학습을 제약하는지, 어떻게 인간의 인지와 행동이 유전적·후성적 요인, 특히 문화의 복잡한 상호작용으로부터 발생하는지에 대한 심오하고 실증적으로 엄격한 이해를 더할 수 있다(리처슨·보이드 2005, 헨리히 2015).

다시 말해, 강한 언어 또는 문화구성주의는 개념적으로 일관성이 없고 이론상 불가능하며, 실증적으로 거짓이다(슬링거랜드 2008b). 더욱이 그것은 지적 힘이 다한 것으로서, 우리가 학자로서 하는 연구의 이론적 근거를 약화시킨다. 그것은 포스트모던적 쿨에이드(Kool-Aid)를 마시지 않은 사람을 번갈아가면서 감탄시키거나 당황케 하는 이상한 수사적 입장으로 우리를 안내한다. 인간 보편소에 관해, 확실히 그 세부사항을 두고 능동적이고 때때로 소란스런 의견 불화가 있다. 선천적 또는 "성숙할 정도로 자연스러운"³(맥쿼리 2011) 인지적 경향 대 문화적 교육의 상대적 중요성, 문화적 진화가 세대간 정보 전이의 독립적 과정으로 간주되어야 하는 정도, 진화 과정이 집단 층위에서 기능할 수 있는지의 여부는 모두 현재 논쟁의 주제이다(헨리히·맥엘리스 2003, 라랜드·오들링-스미·펠드먼 2000, 윌슨 2007, 윌슨·소버 1998). 이 시점에서 핵심 인문학 학과의 은둔적 환경 바깥에서 연구하는 학자들에게 논란의 여지가 없는 것은 극단적인 문화상대주의가 재고할 가치가 없는 생각이라는 것이다.

이 책의 주제인 고대 중국의 마음과 몸 개념에 관해, 자연주의적 해석학을 채택하는 것은 가능한 범문화적 변이의 공간을 급진적으로 줄인다. 마음 이론(Theory of Mind)에 관해, 우리가 침팬지 행동이 마음 이론에 의해 동기화되는 것으로 간주할 때 우리 자신의 정신주의적 가정을 침팬지 행동으로 단순히 투사하고 있다는 다니엘 포비넬리의 걱정을 회의론자가 계속 공유한다는 것은 사실이다. 표면상, 이것은 우리가 고대 중국인에게 마음-몸 이원론이나 정신적 내면성의 개념이 있다고 생각할 때 고대 중국인을 부적절하게 "심리학적으로 고찰하는" 죄를 범한다는 고대 중국 연구의 주장과 매우 비슷하게 들린다. 하지만 표면은 현혹시킬 수 있다. 우리는 침팬지가 우리와 전혀 다른 종이라는 것을 인식할 필요가 있다. 옳든 그르든 간에(그리고 증거의 저울은 틀렸음을 암시한다), 포비넬리의 걱정 중 어떤 것도 공간과 시간상 매우 멀리 떨어져 있다 하더라도 우리 동료 호로 사피엔스를 다루고 있을 때는 아무 상관이 없다. 동서고금을 막론하고 인간이 전형적으로 강력하고 자동적이고 널리 퍼진 마음 이론 능력을 개발한다는 것은 합리적으로 의심할 여지가 없다. 우리가 마음 이론의 근본적인 진화적 원리, 그것이 어린 시절에 확실하게 발달하는 것, 그것의 신경학적·유전적 기초와 같은 우리가 인간의 마음 이론에 대해 알고 있는 것을 고려하면, 고대 중국인에게 마음 이론이 전혀 없었다고 주장하는 것은 불가능한가? 자폐 스펙트럼의 개인이 직면하는 심각한 도전은 고대 중국인이 타자에게 정신적 상태가 없다고 주장하는 완전한 어리석음을 납득시켜야 한다. 이것은 본질적으로 모든 고대 중국인이 심각하게 자폐증을 앓고 있었다는 주장에 해당한다. 템플 그랜딘의 사례가 보여 주듯이, 고기능 자폐증 환자는 사회적 상황을 어렵사리 헤쳐 나가는 데 성공할 수 있다. 하지만 그런 환자는 거대하고 정교한 문학적·철학적 연구를 창조했던 오래 지속되는 거대한 문명을 형성하는 것은 말할 것도 없이, 꽤 작은 사회 집단 내에서도 그들의 행동을 쉽게 조정하지 못한다.

과학을 진지하게 여기기: 과학(Wissenschaft)으로서 우리의 지위를 되찾기

혹자는 독일의 기후, 요리, 거대한 연쇄적 신조어의 맹신에 불평하겠지만, 인문학(Geisteswissenschaften)과 자연과학(Naturwissenschaften)을 가리키는 용어의 그 뿌리는 같다는 사실에는 할 말이 있을 것이다. 종종 "과학"으로 번역되는 Wissenschaft는 어쩌면 더 잘 (덜 적절하긴 하지만) "교육

받은 전문가가 생성하는 엄격하고 진지한 일군의 지식"으로 표현된다. 초기 몇 세기 동안 현대의 학술적 탐구는 그에 따라 인문학과 과학 연구 사이에서 쉽게 오가는 방식으로 추구되었다. 그 이후 우리가 보는 변화의 큰 부분은 급진적 특수화의 결과이다. 즉, 과학과 인문학이 지식 기반을 향상시켰고, 그에 따라 기준을 높였기에, 팔방미인은 더 이상 어떤 특별한 분야에서도 전문가의 자격이 없다.

깊은 경계선이 있다. 그것은 거의 도덕적 함축을 띠는 구분이다. 대체로 강한 사회구성주의의 포스트모던 이론의 영향으로 인문학자는 점차 과학적 탐구의 더욱 넓은 세계에 참여하는 것에서 물러나서, 과학적 탐구를 "환원주의적(reductionistic)"(슬링거랜드 2008c)인 것으로 간단히 처리해 버렸다. "두터운 해석"이 인문학 탐구의 결정적 자질이라는 주장으로 보호받는 현대 학자는 공자나 소크라테스의 시대 이후로 크게 변화지 않은 방식으로 해석적 논점에서 계속 줄다리기를 했다. 최근까지, 이것은 어쩌면 이치에 맞지 않는 것은 아니다. 텍스트에 전념할 수 있는 우리의 능력이 또한 변하지 않았다는 것을 고려하면, 해석학적 전략의 지속성은 완벽하게 뜻이 통한다. 게다가, 자연과학의 다양한 분야가 가령, 도덕적 추론, 예술적 판단, 해석적 역동성과 같은 인간 층위의 실재들의 구조를 이해하는 데 거의 발전하지 못했기에 우리 분야의 연구로 주의를 제약하는 것을 정당화할 수 있다.

하지만 20세기 초 수십 년 동안 이런 사태는 급진적으로 바뀌었다. 우선 우리의 텍스트 코퍼스를 디지털 형식으로 전환하고 컴퓨터 도움을 받는 분석 방식이 도래했다. 이것은 일반적인 추세나 의미적 패턴에 대한 주장을 입증하기 위한 우리의 방법도 변해야 한다는 것을 의미한다. 우리는 이제 전혀 새로운 방식으로 텍스트를 "읽을" 수 있다. 그러한 원거리 읽기 기술은 명확하게 꼼꼼히 읽기나 "두터운" 해석을 대신하는 것이 아니라, 큰 코퍼스와 역사적으로 복잡한 텍스트 전통에 관한 매우 유익하고 새로운 관점을 제공한다. 적어도, 컴퓨터와 인터넷 접근이 가능한 학자가 입수할 수 있는 실제적인 정량적 증거를 수반하지 않는다면, 동료 심사자와 저널 편집자는 해석학적 논쟁에서 "대개", "일반적으로", "수가 더 많은"과 같은 수식어를 사용하는 것을 금지한다. 心이 다른 몸의 기관들 사이에서 섞여서 나타나는 것에 대한 제인 기니의 실례가 비전형적(표준 코퍼스의 2%)임을 입증하고 부록 2를 생산하는 데 매우 간단하고 완전 무료인 도구를 사용하여 오전 시간만을 할애했다. 우리 수중에 있는 자원을 간주하면 우리 주장에 더 좋은 근거를 마련하고 코퍼스 전체에 대한 더욱 객관적인 견해를 얻기 위해 디지털 텍스트와 정량적 분석을 사용하지 않는 것에 더 이상 핑계를 댈 수 없다. 특이한 구절이 매우 드물긴 하지만 특별한 영향력이 있었다고 주장하기를 원한다면, 이것 또한 후속 연구에서 그 인용을 간단히 추적함으로써 정량적 확인을 쾌히 받아들일 수 있다. 이전에 괴짜 (그리고 종종 독일!) 학자만의 영역이었던 정량적 방법과 포괄적인 구절 목록의 공급은 **정신과학적**(geisteswissenschaftliche) 논쟁에서 규범 그 이상이 되어야 한다.

또 다른 변화는 인문학 분야에서 변화의 규모와 속도다. 우리 대학원 지도교수의 지도교수는 적절한 모든 2차 문헌을 읽고 귀중한 동료의 포괄적인 명부를 기억하면서 자신의 분야를 쉽게 따라갈 수 있었다. 분야에 따라서는 우리 지도교수들도 그렇게 할 수 있었다. 하지만 우리는 학문적 과잉 세계에 살만큼 운이 좋다. 새로운 저널이 잡초처럼 우후죽순처럼 생겨나고 싹이 트며, 점차 엄격한 전 세계 대학원 프로그램은 결코 개별적으로는 추적할 수 없는 확장하는 동료 공동체를 만들어낸다.

특정 분야에서 발표되는 모든 자료를 읽을 수 있고, 주어진 주제에 대해 자격을 갖춘 모든 동료의 의견을 안다고 생각하는 오늘날의 사람은 누구든 잘못 생각하고 있다. 우리는 과학과 동일한 방식으로 인문학에서 이런 도전에 응수해야 한다. 즉, 이런 정보를 관리하고 여과하며 분석하기 위한 디지털 인문학 도구를 사용해야 한다는 것이다. 간단한 인터넷 키워드 검색과 구글 학술검색(Google scholar) 같은 도구는 우리를 적절한 학술 분야의 중간 수준 정도로 이끈다. 하지만 우리 "데이터"는 넓은 의견 패턴을 재빠르고 명확히 평가하기 위해 두터운 질적 직관을 얇은 양적인 부호화 결정으로 전환하기 위한 방법도 필요로 하는 본질이 있다. 종교사데이터베이스(DRH)와 같은 새로운 도구가 이 점에서 유익하다.

과학의 기본적인 한 가지 특징은 정량적 데이터의 준비와 효율적인 조회다. 우리의 인문학 연구를 실증적으로 책임감 있는 토대에 두고 싶다면, 인문학이 바뀌어야 할 필요가 있는 또 다른 방법은 인지과학이나 진화과학의 연구 내용이 우리 분야의 중심적인 관심사를 확증할 때 그런 연구의 내용을 참조하는 것이다. 이 연구가 더욱 발전되고 개념적으로 정교화될 뿐만 아니라 비전문가에게도 더 접근 가능하게 됨에 따라, 그렇게 하지 않는 것에 대해 점차 변호할 여지가 없다. 예컨대, 언어와 사고 간의 관계를 연구하는 크리스티안 벤젤(Wenzel, Christian)(2010)은 그 주제에 관한 광대한 실증적 문헌을 완전히 무시한다. 그는 자신의 주장을 뒷받침하기 위해 지난 1세기 반 동안 그 분야에서 지독히 활동하지 않았던 권위자(훔볼트 1835)에게 미루거나 그 주제에 관한 자신의 개인적인 직관을 자동적으로 선택한다. "내가 보기에, 어떤 언어라도 그 구조는 전형적으로 그 언어로 표현되고 그렇게 해서 그 언어에 의해 안내되고 형성되는 사고에 이런저런 종류의 영향을 미쳐야 한다"(벤첼 2010: 459).

정밀하고 끊임없이 발전하는 연구를 참조할 수 있는데도 불구하고, 왜 그것이 우리에게 "보이는" 방법에 만족하거나 그 주제에 관한 19세기 권위자의 말을 인용하는가?[4] 이것은 그런 것이 있다고 한다면 훌륭한 과학자(Wissenshaftler)인 폰 훔볼트 자신이 했었을 것이다. 따라서 에드워드 맥도널드(McDonald, Edward)는 "『논어』를 읽는 모든 독자가 단어 信이 글자 그대로 "사람"(왼쪽의 부수로 다소 다르게 쓰여진 人)이 단어나 말[言] 옆에 서 있다는 것을 의미한다"(에임스·로즈몬트 1999: 53)라는 제6장에서 언급한 표의문자 신화로 고무된 주장에 대해 에임스와 로즈몬트를 비난하는 것이 지극히 당연하다. "이 해석이 실제로 현대 중국어 독자에게 사실이라면, 확실히 이 주장을 뒷받침하기 위해 동원할 수 있는 심리언어학적 증거가 있어야 한다(에임스·로즈몬트는 그런 증거를 인용하지 않는다)"(맥도널드 2009: 1209).

이 주제에 관해, 문자에 기반한 언어의 인지적 처리에 대한 실증적 연구는 흥미롭고 실제로 중국어와 같은 활자에 대해 질적으로 다른 것이 있다는 생각을 지지한다. 1990년대로 되돌아가면, 중국 글말 언어가 표의문자라는 견해에 찬성하는 채드 한센은 이 주제에 관한 초기 신경과학 연구를 인용했다(1993: 384~387). 일본의 연구자는 유창하고 문법적인 문장을 말하는 데에 어려움이 있는 브로카 실어증* 환자가 또한 가타카나로 ink와 같은 간단한 단어도 적지 못하는 것을 발견했다. 대신

• 브로카 실어증(Broca's aphasia) 실어증의 한 유형으로 언어를 이해하고 의미를 파악하는 데는 문제가 없지만, 말을 하거나 표현하는 데 어려움을 보이는 유형이다.

에 그들은 간지로 자발적으로 전환하고, 그런 다음 완벽하게 墨을 신속하고 정확하게 만들어 내었다. 이것은 문자에 기반한 글말 문자와 반대로 음성 글말 문자가 처리되는 방식에서 의미심장한 차이가 있을 수 있음을 암시한다. 중국어 문자를 처리하는 것에 관한 신경과학의 더욱 최근 연구는 글자에 기반한 활자가 알파벳 활자나 병음보다 우뇌에서 이미지 부위를 더 많이 이용한다는 생각을 뒷받침할 수 있다. 물론 그 주제에 관한 모순되는 연구결과와 지속적인 논쟁이 있다.[5] 그런 연구에 비추어, 어쩌면 한센은 표의문자 논쟁에서 "금지론자(prohibitionist)"(1993)가 조금 더 온건해야 한다고 제안하는 것은 옳다.

과학과 연동하는 것은 우리 분야에서 논쟁을 진척시키고, 우리의 일을 더 잘하게 도울 뿐만 아니라, 우리를 더욱 폭넓고 더욱 풍부한 지적 공동체로 연결시키는 역할도 한다. 특히 우리의 주장이 결정적으로 중국어 글자의 이미지 특성이나 인간 범주화의 본질에 대한 실증적 주장에 의존할 때, 그 주제에 관한 과학적 문헌과 연동하지 못하거나 심지어 19세기의 독일인에 의존하거나 그저 자신의 직관을 고려하는 것보다 실증적 지식을 확립하는 더 좋은 방법이 있다는 것을 인식하지 못하게 되면, 우리 자신의 신뢰성과 더 넓은 학술 공동체와 의사소통하는 능력 모두 치명적으로 훼손된다. 이것은 과학에 대한 완전한 무지를 어떤 종류의 "과학주의적" 체제로 대체하는 것을 옹호하거나, 세계에 대한 모든 가치 있는 지식이 과학에서 나온다고 주장하거나, 인문학의 변별적인 방법과 장점의 중요성을 부인하는 것은 아니다. 우리 연구에 어떤 유형의 과학적 지식이 적절하다는 것을 인정하기 위해, 20세기 초 실증주의 형태를 특징짓는 완벽하게 객관적인 진리의 간단한 개념과 종종 일반 독자와 과학자 모두가 받아들이는 과학의 통속 모형을 받아들일 필요는 없다. 우리는 지금 특별히 과학과 더 일반적으로 실증적 탐구에 대한 매우 정교한 실용주의적 모형을 가지고 있으며, 이런 모형은 항상 수정의 여지는 있지만 다른 것보다 아마 명확히 우수한 실재에 대한 특정한 잠정적인 설명에 우리가 어떻게 도달하는지를 설명한다.

대부분은 아니지만 많은 과학자는 그들 방법의 객관성에 관한 소박한 견해를 가지고 있지만, 나는 과학적 방법의 실용주의적 옹호가 학술적 삶과 반대로 우리의 "실재" 삶에서 우리에게 과학적 결과를 진지하게 받아들이게 설득한다고 다른 문헌에서 길게 주장했다.[6] "서양의 민족과학(Ethnoscience of the West)"에 대한 포스트모던 비평가는 평범한 박테리아 전염을 다룰 때 대안이 되는 문화적 경로를 탐구하기보다 항생제를 얻기 위해 가장 가까운 서양 의사에게 즉각 달려가는 이유가 있다. 이것은 또한 종교적 신앙이나 이데올로기적 신념이 현대 의학을 피하도록 강요하기 때문에 자신의 미성년자 아이가 치료가 가능하지만 암으로 죽게 하는 부모를 고소해야 하는 이유이기도 하다. 우리는 모두 공유된 실용주의적 목표(암이나 전염병으로 죽지 않고, 음식과 배우자를 얻으며, 우리 아이를 양육하고 보호하는 것)의 세계에 사는데, 이런 목표는 세계에 대한 주장을 평가하기 위한 공통된 측정규준을 제공한다.[7] 이것은 과학(Wissenschaften)이 처음에 신중한 탐구의 종합적인 동일한 프로젝트의 두 가지 분파였고, 그 두 분파가 다시 하나로 결합되어야 하는 이유이다(슬링거랜드 2008b; 슬링거랜드·콜라드 2012b).

인문학을 진지하게 여기기: 학술적 논쟁의 완벽한 파트너 되기

인문학자는 인지과학이나 사회심리학 문헌에서 보고된 많은 연구가 검토되지 않은 범주 때문이든 문화적으로 편협한 주제 표본 때문이든 간에 우리가 인식하기에 아주 유리한 입장에 있는 방식에서 방법론적으로나 개념적으로 결함이 있다는 것을 알아차릴 수 있다. 실제로 나는 『과학은 인문학에 무엇을 제공하는가』(What Science Offers the Humanities)를 집필한 뒤로, 과학자가 왜 인문학에 대해 배워야 하는지 또는 적어도 인문학을 하는 동료와 교분을 쌓을 필요가 있는지를 설명하는 임무에 지난 10년 정도를 보냈다.

나는 인지과학에 종사하는 많은 친구들과 동료들의 역사, 외국어, 철학, 문학, 종교에 대한 지식이 종종 형편없을 정도로 얄팍하다는 말로 그들의 기분을 부당하게 상하게 하지 않았으면 좋겠다고 생각한다. 그들은 대학에 채용되어야 하므로 경력상 매우 일찍부터 끊임없는 성공적인 실험 연구를 대량으로 생산해야 하기에, 뒤르켐(Durkheim)이나 가다머(Gadamer)를 읽거나 심지어 자신의 연구에 이용하는 기본적인 범주에 대해 깊이 생각할 시간이 거의 없었다. 예컨대, 그들은 종교와 같은 주제에 접근할 때 "종교"가 무엇인가에 대한 반성되지 않은 통속 모형으로 그것에 접근하는 경향이 있다. 대부분의 북아메리카와 유럽 연구자에게, 이것은 전형적으로 개신교의 일반적인 형태이다. 그 결과는 실천이기보다는 신념을 강조하는 것이다. 즉, 이것은 중국에 있는 연구자가 사람들에게 어떤 종파에 "속하는지"를 암시하는 박스에 체크하게 하는 현상이다. 당신이 유학자이면 이 박스에 체크하세요.[8] 이 접근법이 종파적 연합에 대한 구체적인 개신교 견해는 아닐지라도 평범한 사회심리학자는 매우 아브라함적 견해에 의존한다는 생각을 결코 하지 못할 것이다.

인지과학자는 또한 번역에 내재한 문제에 몹시 무관심하다. 조사 도구의 외국어 번역이 그들 연구 방법 분야나 보충 자료에 거의 포함되지 않는다는 사실은 시사하는 바가 매우 크다. 그들은 이용하는 통계분석 유형과 실험실에서 사용하는 특정 소프트웨어 패키지와 하드웨어 유형을 매우 상세히 기록하지만, "God"이나 "faith"를 표준 중국어로 어떻게 번역했는지는 전혀 문제가 없는 것으로 너그럽게 생각할 것이다. 그들은 질문을 받는다면 질문서 항목을 "역 번역했다(back translate)"라고 설명할 것이다. 즉, 중국어로 번역하고, 그 다음에 중국어에서 영어로 다시 번역했다는 것이다. 역 번역된 영어가 원본과 (어느 정도) 일치한다면, 연구자는 만족한다. 질문 항목들 간에 표준이지만 오해의 소지가 매우 많은 사전 등가가 존재할 때, 중국어 어구가 원본과 동일한 의미적 함축이 전혀 없더라도 역 번역이 완벽하게 작동할 수 있다는 것을 그들은 이해하지 못하는 것 같다. 모든 영어-중국어 사전도 "God"이 표준 중국어에서 上帝(상제)라고 하지만, 이 가정이 얼마나 심오한 문제가 있는지를 알기 위해 당신은 날카로운 눈매의 언어적 상대주의자가 될 필요는 없다. 애나 순(Sun, Anna)이 말했듯이, 중국 실험대상자에게 "신을 믿는지(believe in God)" 질문만 해봐도 "God"에 대한 문제는 말할 것도 없이 "believe"를 相信(상신)으로 표현하는 것과 같은 너무 많은 미심쩍은 가정의 층이 수반되어 이 조사 문헌들 중 많은 것은 본질적으로 가치가 없다(애나 순 근간).

나는 브리티시컬럼비아대학교의 채용 과정에 있었을 때 리처드 니스벳(Nisbett, Richard)이라는 이 분야의 개척자를 기념하는, 그의 전 브리티시컬럼비아대학교 학생들이 주최한 "동양-서양" 심리학 워크숍에 참석하기 위해 밴쿠버로 갔다. 니스벳의 연구는 "동양적"인 것으로 특징지어지는 지각의 "전체론적" 스타일과 "서양적"인 것으로 특징지어지는 "분석적" 스타일 간의 차이를 광범위하게 증명했다.[9] 나는 발표 중에 손을 들고, 개인을 타자와의 관계에 의해 보았던 견해나 사고의 패턴에 특별히 "아시아적"인 것은 아무것도 없었다고 주장했다. 그것은 어쩌면 언제라도 지구 어디에서나 지금까지 살았던 대부분의 사람들이 스스로를 바라보았던 방식이다. 진짜 이상점은 계몽주의 이후 북유럽과 이전의 식민지이다. 나중에 가까운 공저자이자 훌륭한 친구가 된 심리학자 아라 노렌자얀은 실제로 자신이 최근에 모로코에서 인지의 "아시아" 패턴을 입증했다고 대답했다.

    브리티시컬럼비아대학교의 사회심리학자들로 이루어진 한 작은 단체는 이 주제를 추구하고 있었고, 이것은 〈The Weirdest People in the World(세상에서 가장 이상한 사람들)〉(헨리히·하이네·노렌자얀 2010)라는 제목의 2010년 『행동과학과 뇌과학』(*Behavioral and Brain Sciences*) 기획 논문에서 절정에 달했다. 이 논문은 사회심리학의 은밀한 스캔들을 보고하면서 시작했다. 즉, 그것은 인지심리학과 사회심리학에서 이루어진 광대한 대다수의 연구(90% 이상)가 가장 전형적으로 심리학 전공인 북아메리카나 유럽 대학의 학생으로만 구성된 실험대상자 풀에 기초한다는 것이다. 인문학에 종사하는 사람이면 거의 누구라도 가정하듯이, 그들은 계속 나아가 어떻게 이 특별한 실험대상자 풀이 어쩌면 지금까지 존재했던 가장 유별난 사람의 가장 이상한 하위집단 중에서 가장 이상한 하위집단인지를 설명한다. 그들은 계몽주의 이후이고 산업혁명 이후인 북유럽 문화의 개인주의적 거주자들이다. 다른 식으로 가정할 수 있듯이 그들은 이 특별한 하위집단이 보편적인 기본층위의 지각적 과정을 포함해 많은 심리학적 척도에 대한 극단적 이상점이 되는 방법을 체계적으로 증명한다. 예컨대, 뮐러-라이어 착시*는 길이가 같은 선분이 우측이나 좌측으로 향하는 화살표(> <)를 끝으로 끌어당김으로써 똑같지 않게 보이게 만드는 유명한 지각적 기발함이다. 이것은 전형적으로 보편적인 인간의 지각적 착시를 입증하는 것으로 가정되었다. 실제로 그것은 손으로 만든 인위적인 표면들로 구성된 환경에서 사는 것의 산물인 것처럼 보이므로 가령, 칼라하리 사막의 산(San)족 약탈자가 경험하지 못하는 것이다(헨리히·하이네·노렌자얀 2010: 64). 선호되는 심리학 연구 참여자를 명명하기 위해 내 동료들이 만든 약성어인 Western, Educated, Industrialized, Rich and Democratic(WEIRD; 산업화된 부유한 민주주의 사회에 사는 서구의 교육받은 사람들)은 그들의 2010년 논문 이후로 심리학에 산불처럼 퍼져 나갔다. 그 분야에 종사하는 연구자는 아쉽게도 여전히 대개 WEIRD 실험대상자로 연구하지만, 그렇게 하는 것이 편하기에 지금 적어도 일반적으로 그들은 이 집단을 선택한 것에 대해 사과한다. 이것은 출발이다. 과학자는 비판에 반응하고, 인문학자보다 훨씬

•뮐러-라이어 착시(Müller-Lyer illusion) 독일의 심리학자 프란츠 뮐러-라이어(Müller-Lyer, Franz Carl)에 의해 1800년대 후반에 처음 고안되었다. 동일한 길이를 가진 두 수직선이 화살표의 방향에 따라 원래 길이보다 더 짧거나 길어 보이는 착시 현상이다.

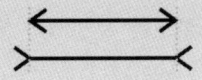

더 빠르게 그들의 방식을 개혁하는 경향이 있다.

　인지과학과 사회과학에 종사하는 연구자가 전형적으로 "종교"나 "도덕성"과 같은 인문학 주제에 접근할 때 그런 범주 자체를 조사하거나 그 주제에 관한 적절한 인문학적 학계와 연동하려는 실제적인 시도 없이 그렇게 한다는 것을 부인하기는 어렵다. 그들은 또한 종종 WEIRD 모집단을 넘어서려고 시도할 때 종종 상당히 주저하고, 인문학 학생도 곤혹스럽게 만드는 방식으로 더듬거린다. 하지만 인문학자의 입장에서 적절한 반응은 그들이 솜씨가 서툴다고 해서 조롱하고 오만하게 훌쩍 떠나는 것이 아니라 도와주려 노력하는 것이다. 인문학에 종사하는 많은 우리와 달리, 과학자는 정확히 이해하는 것을 상당히 강조하는 제도적·문화적 환경에서 연구한다.[10] 가정이나 방법론, 번역의 오류를 지적하면, 그들은 그 오류를 바로잡으려고 동기부여 되고, 일반적으로 기꺼이 추천도서를 힘들여 읽고, 오류가 있는 질문서를 수정하거나 소수(素數)를 연구하며, 필요하다고 지적될 때는 문화에 관한 지식이 있는 동료나 조교를 데리고 올 것이다.

　사실상 진화과학과 인지과학에 종사하는 학자들의 강한 사회구성주의에 대한 첫 반발은 문화와 언어가 인간 사고와 행동을 형성할 때 하는 역할을 경시하거나 심지어 무시하는 경향이 있었다. 예컨대, 윌슨(E. O. Wilson)은 악명 높게도 타고난 인간 본성을 이미 그 자체인 것을 드러내기 위해 단지 경험의 "현상액(developer fluid)"을 기다리는 사진 원판으로 특징짓는다. 초기 진화심리학의 많은 분야는 문화를 전적으로 "환기되는" 것으로 간주했다. 즉, 문화란 그 자체를 표명하기 위해 단지 국부적인 문화적 또는 생태학적 환경의 촉진제를 기다리면서, 잠재적으로 서로 다른 상태에서 미리 구조화되어 있다는 것이다. 이런 견해에서 현대 인간은 본질적으로 아이폰과 더 나은 위생시설을 가진 홍적세(洪積世)의 수렵-채집자일 뿐이다. 인문학이 실제로 무엇에 관한 것인지, 또는 인문학자가 실제로 직업상 무엇을 하는지를 논의하는 것에 관해 이런 학자들이 몹시 음감이 없다는 것은 도움이 되지 않는다.

하지만 그들의 방어에서 반-포스트모던 또는 반-인문학적 수사학의 많은 가혹함은 과학적 관점(또는 실제로 어떠한 실재 기반적 관점)에 그저 마음을 어리둥절하게 하는 인문학자의 실제 주장에 의해 동기부여 된다. 이것은 학술적 논쟁에 유별난 것이 아니다. 즉, 강한 입장은 강한 반대반응을 환기한다. 하지만 흔들리는 추는 중앙으로 겨우 다시 되돌아 왔다. 내가 과학-인문학 통섭의 "제2의 물결"로 특징지은 것(슬링거랜드·콜라드 2012b)은 과학적 탐구에 대해 변별적인 것을 성취해 내는 이론적 도전을 완전히 고려하고, 문화를 독립적인 인과적 힘으로 진지하게 생각하며, 인간 층위의 개념이 개념적 환각이나 단순한 "부수현상"이기보다는 그 자체의 설명적 힘을 소유하고 있다는 것을 더욱 의식하고 있다. 조잡한 환원 없이 설명하는 것은 가능하다. 따라서 우리는 이해(Verstehen)의 구름 속에 우리 연구를 숨김으로써, 즉 과학적 탐구를 세계에서 모든 의미와 인간성을 고갈시키려는 신자유주의적 음모로 매도함으로써 우리와 우리 학생들[11]에게 몹쓸 짓을 한다.[12] 인문학의 "위기"에서 벗어나는 길은 경비절약이나 방어가 아니다. 우리는 모두 핵심 인문학 바깥의 사람들이 요즈음 우리가 하는 것이 무엇인지를 이해하는 데 매우 어려워한다는 것을 깊이 걱정해야 한다.

신오리엔탈리즘을 넘어서

　중국학, 종교학, 비교사상이 마침내 신오리엔탈리즘을 넘어서게 하는 것에 관해, 신체화된 인지 관점을 채택하는 것이 우리에게 콰인의 가바가이 문제를 피하게 하는 방식은 유익한 사례다. 고대 중국 텍스트를 매우 이상한 방식으로 읽고, 그들이 "물동이를 막 깨뜨렸던" 동물을 기본 범주로 가지고 있었다거나 그들의 도덕적 삶에 정신적 내면성의 개념이 부족했었다고 상상하는 것은 논리적으로 가능하다. 하지만 그들이 호모사피엔스라고 한다면, 이것은 전혀 그럴듯하지 않다. 이미 푸코가 말하듯이 "또 다른 사고 체계의 이국적인 매력"에 우리가 굴복하기를 간절히 바라지 않는다면, 그들이 우리에게 남겼던 고고학·텍스트 기록 중 그 어떤 것도 그런 해석을 보장하지 않을 것이라고 고려하면 훨씬 덜 그러하다. 우리가 일단 강한 언어 또는 문화구성주의를 버리고, 그 대신에 인간과 인간 문화에 대해 더욱 실증적으로 옹호할 수 있는 신체화된 견해를 채택한다면, 중국인에 대한 강한 전체론 주장을 옹호하기 위한 마지막 길은 차단된다. 인간들 사이에서 신체화된 인지적 보편소의 기본에 대한 엉성한 친숙함조차도 제1장에서 기술한 대부분의 강한 전체론 주장에 역행한다. 강한 전체론의 옹호자가 고대 중국인, 또는 더 일반적으로 중국인에게 있다고 생각하는 인지적 가정을 받아들이려면 그들은 다른 은하계 출신으로, 우리 행성에 사는 생명 형태와 전혀 무관해야 할 것이다. 지금은 자연주의적 해석학이 어떤 것에 의해서도 설명되지 않고, 아무것도 설명하지 않으며, 완전히 독특하고 신성한 신비에 싸여 있는 마음대로 요동치는 정신(Geist)의 해석학을 교체할 때다.[13]

급진적인 문화-언어 구성주의에서 신체화된 공통성으로 일단 전이하게 되면, 비교사상의 풍경은 우리에게 매우 다른 시각으로 나타나기 시작한다. 바로 그 프로젝트로서의 비교가 실제로 뜻이 통할 뿐만 아니라(슬링거랜드 2004b), 어쩌면 비교종교에 대한 초기 개척자의 야심 또한 조금 덜 불길하거나 덜 어리석은 것처럼 보이기 시작한다. 문화적·지적 한계에 대한 프레이저(Frazer, James George)와 타일러(Tylor, Edward) 같은 학자의 인식으로 인해 "타일리언(Tylorian)"과 같은 형용사는 남용의 용어가 되어, 이론적이고 문화적으로 소박하며 식민주의적이고 "헤게모니적"이라는 것과 동의어가 되었다.[14] 아마 명확히, 그 결과는 비교연구와 종교학을 인간 문화적 패턴의 과학에서 끊임없는 해석의 과정("거북이는 항상 그 자리에 있다"[기어츠 1973: 29])으로 변형시키는 것이었다. 그런 다음 우리에게는 아무런 분석적 목표를 염두에 두지 않은 채로 광대한 양의 "두터운 기술"의 축적이 남는다. 실제로 우리의 자료를 "설명하려는" 어떠한 시도도 그 자료를 저버리는 것이라는 명시적인 가정이 남는다. 이것은 식민주의 목욕물을 버리다 비교라는 아이까지 버리면서, 우리 분야에서 초기 개척자의 진보적인 연구 프로젝트를 끽 소리내며 정지시켰다(슬링거랜드·불불리아 2011a). 이것은 또한 인간 사고의 기원과 본질을 탐구하는 과제를 매번 그 일을 잘 할 수 있는 언어적·문화적 배경이 없는 다른 분야의 학자에게 양도하는 것에 해당한다. 비교사상을 연구하는 우리 학자들은 설명 게임으로 다시 돌아가야 한다.

중국학에서 설명을 복원하기 위해 우리는 고대 중국에서 이끌어낼 수 있는 교정적 통찰력에서 신오리엔탈리즘 꾸러미를 제거해야 하고, 그런 통찰력을 공유된 철학적·종교적 토론에 변별적인 기여를 하는 것으로 간주해야 한다. 비교연구나 지역연구 문맥에서 개념적 변이는 기본적인 인간 인지적 보편소의 체제 내에서 문맥화되어야 한다. 실제로 또 다른 시대나 문화적 문맥의 텍스트나 사상가를 우선 이해하게 하는 것이 바로 그러한 체제이다.[15] 에임스·로즈몬트는 "초기 유학자가 진정으로 '우리와 비슷했던' 많은 방법을 인식하기 전에, 그렇지 않았던 방법을 깊이 이해해야 한다"(2009: 66)라고 경고했다. 실제로 이런 차이의 고찰이 문화본질주의라는 극단으로 치닫는다는 것을 제외하고는 이런 정서에 반박하는 것은 어렵다.[16] 이런 경향에 저항하는 것은 손쉬운 비교를 피하는 것만큼 중요하다. 안느 청은 중국을 연구하는 것에 관해, 우리가 "아무리 두드러지게 매력적이고 편리하게 시장성이 높을 수 있다 할지라도, 진부한 일반화를 단념하는 것이 중요하다"(2009: 25~26)라고 경고한다.[17] 이는 완전히 이국적이게 된 "타자"가 전혀 우리의 흥미를 끌 수 없기 때문이다.

고대 중국 텍스트의 개념적 도전은 인지적 보편소를 배경으로 해서만 느껴질 수 있다. 장 프랑수아 빌레터는 줄리앙을 단행본 전체에서 비판하면서 다음과 같이 말했다.

> 우리는 중국의 근본적인 "타자성(otherness)"[l'alterité foncière]의 신화에서 시작하여, 그런 다음 단지 처음에 제기된 "타자성"을 확인하는 중국의 비전을 개발할 것이다. … 이러한 차이의 선험적 가정으로 시작할 때는 공유된 토대를 놓치게 된다. 우리가 공유된 토대의 관점에서 시작할 때는 그런 차이가 자연스럽게 그 자체로 등장할 것이다. (빌레터 2006: 82; 안느 청 2009, 소시 2001: 111~112 참조)

장릉시는 더 나아가 급진적인 문화 차이에 대한 강박관념이 비교 불가능할 정도로 다른 것에 대해 실제로 아무 말도 할 수 없듯이 지적으로 무력케 할 뿐만 아니라 중국학 밖의 다른 누구도 왜 우리가 하는 것에 관심을 갖는지 알기 어렵게 되는 상황을 초래할 수 있다고 주장했다. 그는 자신의 분야에 대해 이야기하면서 중국 문학 연구가 문화적 신화에 의해 제약받는 한 "미국 대학의 학술적 환경에서 외부자에게 닫혀 있고 거의 흥미롭지 않은 문화적 고립집단으로 남아 있을 가능성이 높다"(1998: 118)라고 지적한다. 비슷한 방식으로, 유가 사상을 "역할 윤리학(role ethics)"*의 문화적으로 특정하고 독특한 형태로 이해해야 한다고 주장하는 학자들(에임스 2011, 로즈몬트 2015)은 비교 윤리학의 분야에 심각한 손해를 끼친다. 그들은 유가 윤리학을 본질화하거나 "타자화"함으로써 그것이 아리스토텔레스가 지배했거나 비실재론적인 개인주의적 자아 견해에 의해 손상될 수 있는 덕 윤리의 모형에 실제로 어느 정도까지 유익한 개선책일 수 있는지를 모호하게 한다(슬링거랜드 2011c). 그것은 또한 비-그리스나 유럽 사상을 부적절한 "산꼭대기에 있는 성인과 신봉자"나 "피의 사랑 또는 나라의 사랑"에 대한 얇게 변장된 선전으로 단순히 처리하고, 유럽 밖의 어느 누구도 지금까지 윤리학, 형이상학, 인식론, 논리학, 미학, 정치학에 대해 일관성 있는 생각을 가진 적이 없다고 확신하는 사람을 구원한다(탬피오 2016).[18]

> •역할 윤리학(role ethics) 역할 윤리학은 가족 역할에 기초하는 윤리학 이론이다. 역할 윤리학은 덕 윤리학(virtue ethics)과는 달리 개인주의적이지 않다. 도덕성은 사람이 공동체와 맺는 관계로부터 도출된다. 유가 윤리학이 역할 윤리학의 대표적인 예다.

중국 사상의 연구가 고립집단에서 벗어나서 더욱 넓은 학술계와 연동하고자 한다면, 인간 인지와 문화-인지 상호작용의 더욱 실재론적인 모형에 근거를 둘 필요가 있다. 나는 이 책에서 신체화된 인지와 유전자-문화 공진화의 이중-계승 모형에 의해 형식화된 자연주의적 해석학이 어떻게 정확히 이런 모형을 제공하는지를 증명했기를 희망한다. 과학의 도구와 특정한 내용 지식 모두는 우리에게 우리 텍스트에 대한 새로운 통찰력을 얻고, 이런 관점을 단단한 이론적·실증적 토대에 바탕을 두게 돕는다. 이것은 생산적이고 진보적인 방식으로 우리의 해석학적 활동을 제약해서, 우리에게 마침내 문화적 풍자와 오리엔탈리즘 신화를 넘어서게 할 것이다. 고대 중국을 더 잘 이해하고, 이런 지식을 광범위한 학술 공동체에게 전달하고자 한다면, 과학과 인문학 모두에서 가장 좋은 지식과 실천을 결합하는 접근법이 앞으로 나아가기 위한 가장 밝은 길이 될 것이다.

| 주석 |

서문

1 유럽의 초기 유가 수용에 관해서는 옌센(Jensen) 1998과 혼 소시(Saussy) 2001 참조.
2 라이프니츠와 그의 중국 사상 수용에 대해서는 쿡·로즈몬트 1994와 에임스 2011: 5~8 참조.
3 또한 "계몽주의의 긍정적 견해와 몽테스키외 및 독일 관념론자의 부정적 견해는 중국에 대한 서양 해석의 두 가지 이상적인 유형을 특징짓는다. 물론 다양한 연구자들이 반드시 그 유산을 인식하고 있는 것은 아닐지라도, 그 두 가지 유형은 또한 후기 평가를 위해 중요한 것으로 남아 있었다"라는 하이너 로츠(1993a: 10)의 주장 참조.
4 내가 뒤에서 의지할 비판인 현대 중국학에서 오리엔탈 문화본질주의의 지속적인 위험에 관해서는 로츠 1993a(특히 제1~2장), 푸엣 2001: 4~20, 빌레터 2006, 안느 청 2009, 맥도널드 2009, 소시 2001, 장룽시(張隆溪) 1998 참조.
5 아시아 비교연구에서 추정상의 출발점으로서 급진적인 문화 차이에 대해서는 장룽시 1998과 데이비드 벅 1991 참조. 또한 "서양 학계의 현재 포스트모던 기후"가 중국 사상 연구에 미치는 유독한 영향에 관한 에스키 몰가드(2007: 5)의 비탄 참조.
6 혼 소시(2001: 111)가 말하듯이, "줄리앙의 중국은 유럽의 역전된 이미지인 이른바 '내 안의 타자(own other)'이다". 소시는 서양에서 중국에 대한 "포스트모던 찬양과 근대의 경멸(또는 생색을 내는 방종)" 간의 교체를 기술하는데, 이것은 앞서 논의한 오리엔탈리즘의 규범적으로 긍정적인 형태와 부정적인 형태 간의 변동을 닮은 패턴이다.
7 "나는 조사 중인 텍스트에서 멀리 떨어져 보는 일군의 사고에 대한 어떤 전반적인 통일성을 추론하지 않는다고 말하겠다. 나는 그것의 극단적인 다양성이나 역사적 발달을 무시하면서 그것을 다소 영구적인 것으로 간주하지도 않는다"(줄리앙 2007b: 9~10)라는 진술 참조. 이러한 포기는 가끔씩 보이는 단일 텍스트의 단편에 기초해서 문화에 불변하는 단일 견해를 할당하는 것에 전념하는 전체 책을 선행한다. 또한 미국 선교사 아서 스미스(Smith, Arthur)에 대한 줄리앙의 논의를 고려해 보라. 여기에서 그는 스미스의 글에서 "중국인은 편리하게 서양인의 정반대 역할을 하는 특히 뛰어난 타자의 역할에 놓인다"(2000: 17)라고 비난하듯 지적한다. 물론 줄리앙의 저서에 대해서도 같은 말을 할 수 있다.
8 엉성한 통속 어원론 외에, 이것이 대단히 이상한 주장이라는 것에 주목해야 한다. 東西("사물")는 명나라 왕조 때에 표준 중국어로 소개된 신조어이다. 고대 중국어(줄리앙이 표면상 집중했던 시대)에는 탁월하게 개별화되고 심지어 셀 수 있는(그것들은 10,000개가 있다!) 용어 物(물)이 있었고, 남부 중국 방언에서는 物을 포함하는 합성어를 오늘날까지 사용한다. 더욱이 東西가 단지 "동"과 "서"의 동음이자였던 전혀 다른 단어라기보

다는 "동(東)"과 "서(西)"의 합성어로 시작되었다는 것은 전혀 명확하지 않다(이 주제에 대해 생각하게 한 제브 헨델(Zev Handel)[개인적 교신]에게 감사드린다.) 그래서 어쩌면 표준 중국어 화자만이 14세기 후반 전체론적이게 되었다. 하지만 줄리앙의 훌륭한 주장에 방해가 되는 증거는 없으며, 이 인용문은 오래된 오리엔탈리즘이 언어 상대주의의 더욱 현대 견해들과 함께 얽이는 방식에 대한 모범적인 예이다.

9 줄리앙에 대한 가장 잘 알려진 비판은 스위스 학자 장 프랑수아 빌레터의 짧고 명료하며 강력한 〈프랑수아 줄리앙에 반하여〉(Contre François Jullien)(2006)이다. 프랑스의 중국학계에서 증거와 이성을 가장 두드러지게 옹호하는 학자 중 한 명인 안느 청은 물론 전형적으로 이름을 들어서는 아닐지라도 줄리앙 연구를 완강하게 비판하기도 한다. 예컨대, 확실히 중국 사상을 박물관에 넣고 그것을 "타자"의 역할로 환원시키는 경향이 있는 오리엔탈리즘의 본질화 스타일에 대해 콜레주 드 프랑스에서 있었던 취임 후 첫 강의에서 그녀는 프랑수아 줄리앙을 불평의 대상으로 표현한다(2009: 37).

10 로이드(Lloyd 2007)가 말했듯이, 인간 인지와 지각의 많은 분야에서 우리가 발견하는 것이 간단한 보편성이 아니라 더 전형적으로 문화 간 또는 언어 간의 변이의 작은 팔레트라는 것도 사실이다. 이런 제약된 변이가 어떤 식으로든 인간 인지에 대한 "보편주의적" 주장을 무효화하지 않는다는 것은 결론에서 다시 다룰 주장이다.

11 나는 이전 연구(슬링거랜드 2008b: 제3장)에서 이런 주장을 상세히 다루었다. 나는 앞으로 다양한 지점에서 이런 주장들 중 일부를 참조하고, 적절한 주제들에 관한 문헌을 다시 찾아가지만, 이 주제에 대한 더욱 철저하고 체계적인 처리에 대해서는 슬링거랜드 2008b를 참조하면 된다.

12 슬링거랜드 2008b는 극단적 문화구성주의에 대한 초기의 영향력 있는 반발인 바르코프·코즈미다스·투비 1992와 핑커 2002 같은 연구에서 영감을 받았다. 21세기로 들어가기 거의 이십 년 전에, 인간 마음에 대한 "빈 서판(blank slate)"이나 강한 사회구성주의적 견해에 반대하는 축적된 증거는 압도적이고, 기후변화나 진화와 같은 과학의 입장만큼 결정적이다. 이 분야의 현 상태에 대한 감각은 *Journal of Cognition and Culture, Human Nature, Cognitive Science, Cognition, Human Nature, Behavioral and Brain Sciences*와 같은 전문 학회지에서 발견할 수 있다. 커러더스(Carruthers)·로렌스(Laurence)·스티치(Stich) 2005, 2007, 2008도 세 권의 편집 단행본에서 유익한 개관을 제공한다. 슬링거랜드·콜라드 2012a에 수록된 논문들은 문화와 인간 층위 개념의 설명적 힘을 이전 모형들보다 더욱 더 강조하는 과학-인문학 통섭의 "제2의 물결"에 대한 설명을 제공한다(슬링거랜드·콜라드 2012b).

13 내 입장을 최근에 비판하면서 예리한 존재론적 마음-몸 이원론만이 "이원론"으로 간주되고, 중간 경우나 현상을 참작하는 어떤 견해라도 그것은 "전체론적"인 것으로 간주해야 한다고 주장하는 팬 다웨이에게는 실례이다(2017: 1021). 한 색다른 설명에서 팬 다웨이는 "心(심)이 몸의 나머지와는 달랐지만 슬링거랜드가 가정하는 것만큼 다른 것은 아니었다"(2017: 1023)라는 주장으로 자신의 입장을 요약한다. 마음-몸 이원론이 요

구하는 것은 (고대 중국어 心의 경우에) 영어 단어 mind로 가장 잘 사상되는 어휘항목(들)이 그 용어의 지시물이 물리적으로 몸 안에 존재하는 것으로 개념화되든 그렇지 않든 간에 "몸과는 다른" 것으로 간주되어야 한다는 것이다. 이 주제는 제5장에서 다시 다룰 것이다.

14 강한 전체론 옹호자는 마음과 몸이 상호작용한다는 인식을 때때로 중국이나 전통 중국 의학에 특유한 것으로 인용하는데(예를 들어, 이시다 1989, 닝위 2009, 팬 다웨이 2017), 이것은 분명히 불합리한 것이다. 전체 문화뿐만 아니라 특정 시기에 특별한 문화를 상대적으로 강조하는 것에 관해 진실의 일면을 풍자적으로 묘사하는 위험은 제6장에서 더욱 상세히 논의할 것이다.

15 이것은 명확히 논쟁의 여지가 있는 주제로서, 어떤 철학자들과 인지과학자들(토머스 네이글, 데이비드 찰머스, 아마 명확히 그를 어떻게 읽는지에 따라 존 설)은 의식을 우주의 환원 불가능한 성분으로 계속 주장하지만, 다른 학자들(다니엘 데닛, 폴 처칠랜드, 오웬 플래너건)은 의식의 물리주의적(physicalist) 설명에 대한 아무런 원칙적 장벽을 보지 않는다. 나는 후자의 진영으로 기울어져 있고, 자아에 대한 최고의 현재 의학적 설명이 철저한 전체론적인 유물론적(materialist) 모형을 가정한다는 것은 확실히 사실이다. 이 주제에 대한 더 많은 자료는 슬링거랜드 2008b: 제6장과 그 장에서 인용한 연구 참조.

16 "수렴적 진화(convergent evolution)"는 가장 일반적으로 유전적으로 전혀 무관한 유기체들이 비슷한 적응 압력 때문에 매우 비슷한 특성이나 행동, 생김새를 발달시키는 과정을 가리킨다. 유전적으로는 전혀 무관한 유기체이지만, 물에서 빠르고 효율적으로 움직여야 하는 필요로 인해 형성된 상어와 돌고래의 육체적 모양에 대해 생각해 보라. 역사적으로 무관한 문화들이 선천적인 인지와 환경적 적응 압력의 비슷한 수렴에 반응하여 비슷하거나 동일한 도구(바느질 바늘, 배, 창)나 관습(조상에게 바치는 제물, 성인식), 사회제도(결혼, 군주제)를 발달시키며, 문화적 진화 또한 수렴할 수 있다.

17 고대 중국 사상가가 마음과 몸의 관계에 대해 다양한 견해와 또한 교육을 덜 받았거나 유복한 사회 구성원과는 상당히 다를 수도 있었던 견해를 가지고 있었다는 비슷한 주장에 대해서는 골딘 2015 참조. 또한, 변하지 않는 영구적인 중국에 대한 고정관념이 고대 중국에서 자연과 문화의 관계를 두고 많은 논쟁이 있었다는 사실을 모호하게 하는 방식에 대한 마이클 푸엣의 비판에도 주목해 보라(2001: 4~12).

18 마음-몸 전체론 신화의 증거에 저항하는 본질에 대한 예증은 15년 전에 출판되었고, 『장자』와 『순자』 같은 진나라 이전 텍스트에서 강한 마음-몸 이원론의 존재를 매우 명확히 증명하는 골딘의 책(2003)에 수록된 하나의 장이 강한 마음-몸 전체론의 옹호자들에게 설사 있다손 치더라도 거의 영향을 미치지 않았던 것처럼 보인다는 사실이다. 불교 이전 중국에서 자연과 문화 또는 전통과 혁신에 대한 푸엣의 의견에서도 비슷한 것을 관찰할 수 있다.

19 이 주제에 대한 나의 초기 연구(슬링거랜드 2013a)에 어느 정도 반대하면서 라팔스

(2017: 170)는 고대 그리스와 중국 사상가에게서 발견되는 불멸의 견해에 대한 다소 모호하고 약하게 이론화된 견해들이 "가장 강한 형태로는 아닐지라도 마음-몸 전체론과 공존할 수 있다"라고 주장하며 비슷한 결론에 도달한다. 이 책에서 내가 겨냥하는 것은 단지 마음-몸 전체론의 이런 강한 형태들이다.

20 이런 세 가지 용어의 의미 범위는 차이가 있지만, 이런 용어는 물리적 몸을 가리키는 가장 일반적인 용어이고, 몸이 자아의 어떤 다른 성분들과 대조될 때 사용되는 용어이다. 나는 이 책의 분석에서 더욱 드물고 의미적으로 더욱 전문적인 몸을 가리키는 용어는 배제했는데, 데보라 좀머가 각각 "하찮은 사람의 제대로 기능을 하지 않는 속세의 괴로움"과 "벌어진 제의 행위의 몸"으로 정의하는 軀(구)나 躬(궁)이 그런 용어이다. 전국시대 사상에서 몸을 가리키는 다양한 용어와 그것의 의미적 중복과 차이에 관해 가장 완전하고 유익한 설명은 좀머(Sommer) 2008이다. 물론 좀머는 이런 의미적 구분이 내가 보장하는 것보다 훨씬 더 강한 의미에서 개념적·형이상학적 실재를 반영하는 것으로 간주한다. 또한 시빈(Sivin) 1995b: 14와 더 최근에 폴리(Poli) 2016에 수록된 "Analysis of ti '體', shen '身', xing '形' as the notions of body and person" 참조. 形에 관해서는 프레가디오(Pregadio) 2004 참조.

제1장

1 예컨대, "동양(Orient)과 서양(Occident)은 역사, 철학, 문화, 정치적으로 비교하거나 대조하는 '실체'가 아니다. 내가 동양의 어떤 실체를 사모의 눈으로 바라보는 것도 아니다. 그 자체로서 동양은 나에게 무관심의 대상이다. 다만 동양은 일종의 특질들의 축적물만을 제공하여 내가 그 특질들을 조작하고, 즉 창의적으로 상호작용하여 서구의 특질과는 전혀 다르고 들어보지도 못한 상징체계의 개념을 '받아들이게' 할 따름이다"(바르트(Barthes) 1970/1982: 3). 이것이 실제로 사실이면, 우리는 왜 바르트가 적절한 "특질들의 축적물(reserve of features)"(une réserve de traits)을 어쩌면 파리 교외의 집에서 더 가까운 어딘가에 위치시킬 수 없었는지 궁금해 한다. 그의 반대 주장에도, 바르트가 실제로 일본에서 보는 것은 우리 자신의 것과 급진적으로 다른 문화가 제공하는 "차이점이나 변화, 상징체계의 타당성에서의 혁명 가능성"(3~4)이다.
2 데리다와 그가 중국을 사용한 것에 관해서는 또한 레이 초우 2001 참조. 또한 중국어에 대한 푸코의 특징묘사를 비교해 보라. "그 문화의 기록마저도 음성의 사라져 버리는 비행을 수평선상에서 재생하지 못한다. 그러나 그것은 수직 기둥에 사물들 자체의 부동적이자 여전히 인지 가능한 모상(模像)을 남긴다"(푸코 1966/1970: xix).
3 장룽시 1998: 19~24에서 이루어진 푸코의 이 구절과 보르헤스의 글에서 원래 문맥에 대한 논의 참조.
4 바르트와 데리다처럼, 푸코는 실제 장소에 대한 실제적인 주장을 원하지 않으면서 자신의 신오리엔탈리즘을 "우리의 꿈의 세계"(xix)로 할당함으로써 그것을 제한한다. 그리고 이 다른 두 철학자들처럼, 이것은 푸코가 그러한 주장을 열광적으로 받아들이고

5 　또한 프랑스 중국학자 프랑수아 줄리앙이나 "le mythe de l'altérnité de la Chine(중국의 이국성 신화)"(빌레터 2006: 9)에 대해 완강한 줄리앙 비판가인 장 프랑수아 빌레터가 중국을 "우리 자신에 대한 부정적 묘사"로 사용한 것에 대해서는 혼 소시(2001: 112) 참조.

6 　가수 마돈나의 모든 작품에 관해 학위논문을 쓰고 있는 한 영국 박사과정 학생은 현대와 고대 중국어, 일본어, 어쩌면 또 다른 아시아 언어에 정통해야 하는 누군가보다 이론(Theory)을 읽을 수 있는 더 많은 여가를 가지고 있다.

7 　"Le 'passage' ne cesse d'y habiter, et par là de constituer, les etres et les situations, et ceux-ci ne sont jamais envisageables que portés par leur propension." 내 생각으로는 이 행은 원본에서도 똑같이 이해하기 어렵다.

8 　이와 비슷하게 위안진메이도 독특한 중국의 시간 개념을 중국어 문법에 연결하고("중국어 동사에는 특별한 시제가 없다"[2006: 136]), 그런 시간 개념을 형이상학과 논리의 비교 불가능한 체계를 위한 토대로 묘사한다. "중국 논리는 현재 시간이나 지금(now)의 시간으로 구조화된다. 이러한 시간은 주관적 시간이고 두 가지 이상의 가능 세계로 '퍼져 나간다'"(136).

9 　서양 낭만주의에 뿌리를 두지만 다양하고 복잡한 원동력을 통해 수출되고 다시 수입되었던 서양 모더니즘에 대한 풍자와 규범적 비판인 이른바 "옥시덴탈리즘(Occidentalism)"의 역사에 대해서는 바루마(Buruma)·마갤릿(Margalit) 2004 참조. 그들이 지적하듯이, "서양은 계몽주의와 그 세속적인 자유주의적 파생물이 등장한 곳이지만, 그와 동시에 이에 대한 잘못된 해결책이 자주 등장했던 곳이기도 하다. 옥시덴탈리즘이란 어떻게 보면 프랑스에서 타이티로 수출된 색이 다채로운 옷감과도 견줄 수 있다. 곧 타이티에 수입된 이 옷감은 원주민의 의복이 되었는데, 고갱을 비롯한 여러 사람들이 이것을 적도 지대의 이국풍이 전형적으로 드러난 사례로 묘사한 것이다"(6). 또한 고대 크레타 문화가 어떻게 때때로 서양 고전 연구에서 동양화된 중국에 비슷한 역할을 했는지에 대한 흥미로운 설명에 대해서는 기어(Gere) 2009 참조.

10 　이 논문의 원본은 2007년에 중국어로 작성되었지만(탕이지에 2007), 영어로 번역해 2008년에 발표되었다(탕이지에 2008). 이 인용문은 영문판 485쪽에서 가져온 것이다.

11 　중국어는 단지 규범적인 긍정적 오리엔탈리즘자를 위한 완벽한 문자이다. 부정적 오리엔탈리즘자는 중국인이 "글쓰기의 기술을 완벽한 음성 알파벳을 창조하는 합법적인 발달까지 가져가지 않았다"(험프리스(Humphreys) 1885: 32, 크릴(Creel) 1936: 85에서 인용)라는 사실을 한탄한다.

12 　전체론 신화의 이런 특별한 양상에 대한 더욱 상세한 논의와 비판에 대해서는 슬링거랜드 2011a 참조.

13 　중국의 "도(道) 사상"이 서양의 철학적 전통을 특징짓는 논리나 본질주의와는 완전히 다르다는 생각을 참조해 보라(시프니에프스키(Sypniewski) 2001).

14　하이데거의 독일어는 분명히 서양 언어의 형이상학적 본질에 예외이다. 이는 확실히 전체론적 중국에 대한 글의 또 다른 일반적인 자질인 시적 난해함 때문이다. 하이데거가 어떻게 중국어의 도움 없이 논리중심주의(logicentrism)의 지배력에서 겨우 벗어났는지는 내가 알기에 결코 적절히 설명되지 않는다.
15　"중국의 진정한 우주론은 유기적 과정의 우주론으로서, 이것은 전체 우주의 모든 부분들이 하나의 유기적인 전체에 속하고, 그 부분들이 모두 하나의 자발적으로 자체 생성적인 생명 과정에 참여자로서 상호작용한다는 것을 의미한다"(1971: 19)라는 모트(Mote) 참조.
16　중국어에서 "문자적 언어와 은유적 언어 사이에 명확한 차이가 없다는 것"은 "우리에게 친숙한 실재/현상 구분의 부적절성"과 관련이 있다는 로저 에임스의 주장 참조(2008a: 41).
17　이와 관련된 견해는 중국인이 정의적 본질이 아니라 사물이나 용어 간의 관계의 적절성에 관심 있다는 사실이다. 예컨대, 매리 타일스(Mary Tiles)·위안진메이(2004: 141)은 "중국 논리에서 정의는 사물 자체의 본질에 대한 설명이 아니라, 다른 사물들과의 연상에 대한 설명이다"라는 것을 분명히 한다.
18　로즈몬트·에임스 2009: 81~82 참조.
19　앞서 언급하고 뒤에서 더욱 상세히 설명하겠지만, 이 연구 전체에서 "마음-몸" 전체론은 고대 중국 사상에서 마음과 몸 간에 아무런 질적 구문이 없다는 강한 견해이다. 이것은 내가 말하는 "약한" 이원론을 배제하는 것이 아니라, 내가 생각하기에 혼란스럽지만 다른 연구자들(예를 들어, 라팔스 2017: 170)이 말하는 "약한" 전체론을 선호할 수도 있다는 것을 배제한다.
20　心을 번역할 때 발생하는 문제들에 대한 더욱 최근의 합리적인 요약은 사바티니(Sabattini) 2015: 60~62 참조.
21　"고대 중국 전통의 양극적 형이상학에서, 심리적인 것과 육체적인 것 간의 상관관계는 마음/몸 문제의 발생에 불리하게 작용했다. 중국 사상가들이 이런 이분법을 '조정할' 수 있었다는 것이 아니라, 그런 이분법은 발생하지 않았다"(에임스 1993b: 163) 참조.
22　특히 에임스 2016: 49~50를 참조해 보라. 여기에서 "체험적 몸가슴마음화(lived bodyheartminding)"는 고대 중국에 대한 다른 전체론 주장들과 명시적으로 연결되어 있다.
23　에임스는 다음과 같이 상세히 설명한다. "우리는 상식적으로서 또한 무엇이 물리적인 것과 지적인 것, 즉 마음과 몸 간의 홀로그래픽적 연속성인지를 한층 더 탐구하는 방법으로서 인지적인 것과 정서적인 것 간의 분석적 분리를 저항하는 것으로 이해되는 心의 만연한 용법에 호소할 수 있다. 그렇게 이해되는 몸과 마음은 복잡한 사건으로부터의 상(相)적 추상물로서, 그런 사건에서 어떤 특별한 사람의 삶의 내용들 간의 연속성이 더욱 완벽하게 해결될 때, 이 사람의 체험은 증대된 질적 변형을 달성한다. 이런 신념과 해결을 달성할 때, 사람은 무한한 영역 내에서 의미의 초점 근원이 된다"(2015:

174). 心은 또한 나중에 "우선적으로 문맥화 장으로서의 무한한 우주의 가장 먼 범위까지 생리적·심리적·사회적 경험으로 방사적으로 확장되는 사고와 느낌의 특정한 체계적인 중심의 역동인 초점"(176)으로 정의된다.

24 또한 맹자와 장자 같은 고대 중국 사상가들을 특징짓는 독특한 Körper-Denken("몸-생각")에 관한 엔칭어(Enzinger) 2002 참조.

25 "몸/마음이나 물리적인 것/정신적인 것의 이원론은 일상생활에서는 나타나지 않는다. 유가적 관점에서 몸이 없는 의식, 감각에서 분리된 이성, 몸에서 분리된 자아는 미친 합리주의자의 독백일 뿐이다"(이승환 2008: 192) 참조.

26 하지만 루이스가 이 점에서 전적으로 일관된 것은 아니다. 그는 나중에 "반성의 힘을 가진 마음만이 사물의 인력에서 벗어나 완전한 자아를 보존할 수 있다"라는 것을 인정하는데, 이는 그것이 감각의 한계를 "초월하는" 것처럼 보인다는 것을 의미한다(2006: 28). 그는 또한 (내가 생각하기에 올바르게) 『순자』 「비상」의 요점은 "인간의 운명을 결정할 때 관상이 가슴/마음보다는 몸에 특권을 주는 것을 공격하는"(63) 것이라고 말한다. 가슴/마음이 단지 몸의 부분이라면 이 진술을 이해하는 것은 어렵다.

27 "고대 중국 철학자는 서양의 실체이원론과 같이 '몸'과 '마음'을 완전히 독립적이고 절대적으로 구분되는 실체로 보지 않았다. 대부분의 경우에 그 둘은 단 하나의 통일된 실체로 간주되었다"라는 시종이(2007: 13)의 의견 참조. 시종이의 도식에 문화 내 변이의 여지가 있다. 묵자와 같은 중국 사상가는 이원론을 지향했지만, 메를로 퐁티와 같은 서양의 실존주의 사상가는 전체론을 채택했다.

28 예컨대, 『공자: 성스러운 범속인』에 대한 초기 반응에서, 헨리 로즈몬트는 부정적 증거에만 의존한다고 해서 핑가렛에게 내면성 주장이 전혀 없다는 것을 비난했고(1976: 471), 벤자민 슈워츠도 이와 비슷하게 "주관성(subjectivity)"이나 "심적 상태(psychic state)"에 대한 어휘적 상당어구가 부족한 것이 각 개념이 텍스트에서 본질적인 역할을 하지 않는다는 것을 의미하지 않는다고 주장했다(1985: 71~75). 또한 핑가렛의 관점에서 적절한 양상에 대한 중요한 비판에 대해서는 루스콜라(Ruskola) 1992 참조.

29 예컨대, 후기 책에서 핑가렛은 『논어』의 번역이 "공자와 그 책의 주관적 방향을 심리학적으로 고찰하는 것"의 결과에 의해 왜곡되었다고 지적한다. "서양에 사는 우리는 주관적인 '내적' 삶을 심하게 당연시하여, 공자를 이런 방식으로 읽는 것은 아주 자기를 의식하지 않는 것이므로 한층 더 편견을 갖게 한다"(2008).

30 핑가렛에 의해 고무되는 "'내적 경험' 이야기를 불필요하게 그가 읽고 있는 텍스트의 안/밖 은유로 읽는 것"을 피하려는 전문적인 욕구에 의해 동기화된 가이스 2016에서 스티븐 가이스의 수사적 줄타기와 고대 중국 문맥에서 "psyche"와 "psychology" 같은 단어를 사용하는 것에 관한 에리카 브린들리의 고뇌 참조(2010: 9). 제5장에서 가이스의 염려와 주장을 더욱 상세히 다시 다룰 것이다.

31 또한 이승환 2008: 194와 브린들리 2010 참조. 브린들리는 고대 중국에는 강한 마음-몸 분열이 없다고 지적한 뒤에, 이것은 또한 "근본적으로 숨겨져 있고 정신적이며 일상

경험과 일상생활의 현상에서 떨어져 있는"(2010: xxix) 실체로서의 자아라는 개념을 배제한다. 이것은 물론 고대 그리스와 유대-기독교 사상에 깊은 뿌리를 갖고 있지만 그녀가 데카르트에게 책임을 떠넘기고 데카르트 이후의 모든 서양 사상에 있는 것으로 생각하는 이분법이다.

32 이 주제에 대한 로즈몬트의 마지막 단행본 분량의 논의 참조(2015).
33 "멜라네시아나 고대 중국과 같은 전통 사회에서, '개인'은 약하게 정의된다 … 사람은 존재론적으로 다양한 참여와 정체성의 합이고, 그런 것이 있다면 '자아'는 특정한 타자들과의 전이하는 관계의 망에 의해 정의된다."(1996: 535)라는 존 에머슨(John Emerson)의 주장 참조.
34 이것은 "중국에서 자연, 국가, 몸의 개념은 너무 서로 의존적이어서 그것들은 단 하나의 복합체로 가장 잘 간주된다"(1995b: 5)라는 네이선 시빈(Nathan Sivin) 같은 학자의 더욱 초기 주장을 반영한다.
35 하지만 루이스는 자신의 역사적 계획의 철학적 취지에 대해 특징적으로 불명확하다. 그는 단 하나의 단락(2006: 16)에서 번갈아가면서 완전히 새로운 개념의 창조를 암시하는 고대 중국의 "개인의 발견"과 덜 극적인 "개인에 대한 새로운 관심"을 이야기한다.
36 그레이엄 2004: 293에서 나온 인용; 존스턴 2010: 407 ~409 참조.
37 프랑수아 줄리앙의 태도와 대조해 보라. 그는 시간에 관한 이론적 입장을 채택하는 후기 묵가의 시간 낭비를 지적하지만, 그것이 자연과 실재에 대한 "일반적인"(globalement) 중국 태도와 너무 급진적으로 벗어나기에 "더 이상 발달하지 못했을 수 있다"라고 분명히 한다(2001: 19).
38 이것은 편집자들의 중국에 대한 신오리엔탈리즘 견해가 그들 단행본의 논문 기고자들에게서 반박되는 유일한 주제는 아니다. "정량화에 대한 특이한 중국적 무관심"(황권제·취르허 1995: 7)이 존재한다는 주장은 고대 중국인에게 달력과 수리 천문학이 중요하다는 캐서린 자미(Catherine Jami)의 논의와 어울리지 않는다. 자미가 지적하듯이, "정량화에 의한 시간과 공간의 통제는 실제로 우수한 기능의 전형으로 간주할 수 있다"(1995: 169). 즉, (심지어 자신이 엮은 단행본 기고자에게서 나온!) 반증은 신오리엔탈리즘 주장에 거의 영향을 미치지 않는다.
39 정의를 사랑하는 『묵경』은 또한 공간의 논제에 꽤 유익하다. 앞서 인용한 "확장"이나 "공간"(宇)의 정의 외에, 권10 「경」 상에서 "한계는 측정된 길이에 의해 더 이상의 발전을 허용하지 않는 경계이다"(존스턴 2010: 409)라고 적고 있다. 이 두 가지 주석은 모두 공간과 물리적 경계에 대한 "우리" 서양 개념과 매우 잘 일치하는 것 같다.
40 가령, 자연-문화에 대한 푸옛, 표의문자에 대한 마셜 웅거(J. Marshall Unger) 2004, 맥도널드 2009, 이른바 중국의 "베버식 담론(Weberian discourse)" 모형에 대한 로츠 1993a, 창조 개념의 결핍에 대한 골딘 2008, 본질주의 개념의 결핍에 대한 드 제수스(De Jesus) 2010 참조.
41 표의문자적 신화를 더 큰 "이국적 동양 증후군(Exotic East Syndrome)"의 부분으로

비난한 드프란시스(DeFrancis) 1984: 37, 마셜 웅거 2004, "character fetishization"에 관한 에드워드 맥도널드의 더욱 최근 연구(2009) 참조. 데이비드 루리(David Lurie)의 학위논문(2006)은 그 논쟁을 학문적 조정의 문맥에 위치시키는데, 이는 확실히 그것을 지속시키는데 어느 정도 역할을 한다.

42 댄 로빈스(Dan Robins)는 질량명사 가설에 대한 다소 약한 형태를 옹호한다. 그것은 모든 고대 중국어 명사가 질량명사라는 주장과는 달리, 모든 고대 중국어 명사가 질량명사로 자유롭게 기능하고, 일반적으로 영어에서 명사보다는 가산명사로는 덜 자유롭게 기능한다는 것이다(2000). 이런 합리적 입장에 대한 어떤 것도 우리에게 한센이 강조하는 극적인 존재론적 주장을 채택하도록 하지 않는다. 로빈스는 질량명사나 가산명사로 기능하는 자유에서 그 차이가 무엇이든 간에, "개별화의 원리가 두 언어에서 차이가 나는 방식에 어떤 중요한 차이도 없는 것처럼 보인다"(2000: 184)라고 결론 내린다.

43 "모국어" 화자가 아닌 사람은 누구든 성인이 되면 문법에 의식적으로 주의를 기울이지 않고서 해당 언어를 배울 수 없다. 고대 중국어의 문법이 상대적으로 최근에 혁신되었다는 사실은 전통적으로 매우 이른 나이에 완전한 몰입을 통해 교육을 받은 중국인들이 고대 중국어를 모국어로 효율적으로 학습했다는 사실과 관련이 있다. 고대 중국어에 문법이 없다는 주장이 틀렸음을 철저히 밝히는 그레이엄(1989: 부록 2: 393~395)과 로츠 1993 참조.

44 『논어』 제12편 「안연」 참조. 여기에서 (개나 양과는 달리) 아름다운 털을 생산하는 호랑이와 표범의 종 특정적 목적인(目的因)을 가정하는 것은 공자가 토착 물질/문화적 정제(질문(質文)) 은유의 사용을 이해하는 데 핵심이다(슬링거랜드 2003a: 129).

45 예컨대, 「고자 상」에 나오는 우산(牛山)에는 식물이 없는 것처럼 보이지만, 이것은 그것의 참된 본질(情)이 아니다(슬링거랜드 2003b: 137~138 참조).

46 夢, 臥而以爲然也(존스턴 2010: 394).

47 번역은 휴턴의 영향을 받아서 내가 한 것이다.

48 슬링거랜드 2003b, 2004a, 2004b, 2005. 은유, 혼성, 중국 사상에 관한 나의 가장 최근 진술은 슬링거랜드 2008b: 제4장, 슬링거랜드 2011a, 슬링거랜드2017에서 찾을 수 있다.

49 예를 들어, 바살로우 2008, 바살로우 1999, 코슬린·톰슨·가니스 2006, 존슨 2018, 레이코프·존슨 1999 참조. 이 분야의 일차적인 논쟁은 모든 인간 개념이 이미지적이라는 주장에 관한 것으로서, 어떤 연구자들은 통합양식적인 추상적 개념도 인간 인지에 중요한 역할을 한다고 주장한다. 특히 이 주제에 대한 과학적 의견의 범위 감각에 대해 바살로우 1999에 수반된 주석을 보라. 이것은 (적어도 내가 생각하기에) 지난 수 십 년 간 모든 이미지적 분야로 더욱 결정적으로 편향되어 있었다.

50 로엘 스터크는 통속 생물학에 관한 애트런이나 댄 스퍼버와 같은 인류학자와 인지과학자의 연구에 정통하기 위해 시간을 내었고(2002: 69~71), 그것에서 주로 통속 민족생물학이 (중국어처럼!) 실용주의를 지향한다는 논점을 주로 폄하한다. 그는 고대 중

국에서 동물/인간 전체론에 대한 그의 더욱 강한 주장들을 심각하게 손상시킬 생물학적 종에 관한 선천적인 통속 본질주의에 대한 실증적 연구결과를 침묵으로 넘긴다. 폴 골딘 또한 스터크가 증거를 위해 의지하는 고대 중국 구절 이면의 더욱 깊은 배경 가정을 무시하는 많은 방법들을 지적한다(2004).

51 기본적인 선천적 통속 인지에 관한 적절한 연구의 더욱 철저한 개관에 대해서는 슬링거랜드 2008b: 105~147 참조.

제2장

1 예컨대, 영혼에 대한 불교 이전 개념에서 불교 개념으로의 전이에 관해서는 로유에창(勞悅強) 2008 참조.
2 앙소시대 옹관의 해석에 관한 회의론은 푸무추 1998: 18 참조. 물리적 증거 자체로 정당화되는 것 이상을 전가하는 것을 피하는 푸무추의 엄격한 태도는 칭찬할 만하지만, 후기 황허강 장례 풍습에서 이런 종류의 "영혼 문(soul door)"과의 유사물을 간주하면, 우흥의 해석은 전혀 이상하지 않다.
3 상왕조 고고학과 장례 풍습에 관한 더 많은 것은 배글리(Bagley) 1999와 토트(Thote) 2009 참조.
4 『시경』「모시」 209. 상대적으로 실체가 없는 이런 영혼이 적어도 음식과 마실 것의 비가시적 본질을 다 먹어 버릴 수 있다는 사실은 제5장에서 논의할 통속 이원론의 "약점"을 표명한 것이다. 또한 아래에서 『범물유형』이라는 상하이박물관 텍스트에 대한 나의 논의를 보라. 이것은 전국시대의 사람들이 다른 점에서는 무형의 정신이 어떻게 먹거나 마실 수 있는지에 대해 당혹스러워 했다는 것을 명확히 한다.
5 서한의 주석가 리우샹(劉向)은 之를 전치사라기보다는 완전한 동사로 해석하면서 이것을 죽은 사람을 "보내는 것"[往送]으로 이해하는 것에 주목하는 것은 가치가 있다(애나 순 1998: 216). 여기에 관여하는 여행 또는 이동 은유는 죽은 사람이 물리적으로 어딘가로 가고 없는 것으로 생각되었다는 것을 명확히 한다.
6 『예기』「단궁 상」(레지(Legge) 1885/2010, 1권: 148, 애나 순 1998: 216). 또한 이 텍스트에서 묘사되는 내세의 견해에 관해서는 푸엣 2009: 708 참조.
7 예컨대, 인공 1년 참조. 여기에서 장공은 그들 모두가 "황천에 도달할" 때까지 자기 어머니를 다시는 보지 않을 것이라고 맹세한다(듀란트(Durrant)·리와이이(李惠仪)·쉐버그(Schaberg) 2016: 1권: 13).
8 마쳉위안(马承源) 2008: 219~300. 상하이박물관 죽간 텍스트의 7권에서 출판된 텍스트의 두 가지 판이 있다. 이것은 이전에 알려지지는 않았지만 널리 유통되었다는 것을 암시한다. 그것이 출간된 이후로 학자들은 편집자 차오진얀(曹錦炎)이 처음에 제안한 글 순서의 변화를 암시했다. 나는 그 텍스트를 해석할 때 대개 쿡 2009a, 2009b에서 배열한 수정된 글의 순서와 글자의 해석을 따랐지만, 퍼킨스 2015의 제안도 채택했는데, 그는 다시 차오진얀 2010의 연구에 의존한다. 이 텍스트의 영어 연구에 대해서

는 퍼킨스 2015와 챈 설리 2015를 보면 되는데, 그 번역은 대개 내가 한 것이지만 나는 이 둘을 참조했다. 몇 행의 표현에 대해 나는 황콴윤(黃冠雲)(개인적 교신)에게 큰 은혜를 입었다. 그는 또한 이 텍스트와 『장자』 제23편(「경상초」)과 같은 일반적으로 인정되는 작품 간의 연결을 이해하게 도왔다.

9 이것은 어쩌면 (역시 아래에서 인용된) 『시경』 「모시」 256(抑 -Yi)를 잘못 참조한 것이다: 神之格思, 不可度思("신이 다가오심을 헤아릴 수 없다!").

10 이것은 이 장의 결론에서 간략히 다시 다루고, 제6장에서 상세히 다룰 논점이다.

11 더욱 유익한 소개에 대해서는 푸무추 1998와 라이구오룽(来国龙) 2005 참조; 고대 중국의 매장 풍습에 집중한 뛰어난 최근 연구에 대해서는 토트 2009를 참조하고, 또한 "초나라 매장 풍습"에 대한 라이의 단행본 분량의 논의도 참조해 보라(라이구오룽 2015).

12 湖北省文物考古研究所 1995; 또한 푸무주 2009: 300~301의 논의 참조.

13 푸무추 1990와 라이구오롱 2015 참조.

14 진나라와 한나라의 매장 풍습과 관련된 고고학 증거에 관한 연구(Pirazzoli-t'Serstevens 2009)에서 피라조리는 이와 비슷하게, 내세 믿음에서 분명히 상당한 변이에도 불구하고 한나라가 시작될 무렵에 "무덤을 고인의 궁극적이고 유일한 안식처로 생각했다고 상상하기는 어렵다"(978)라고 결론 내린다.

15 골딘 2015의 번역을 참고하여 약간의 수정을 더했다.

16 나는 수사의문문을 죽은 사람의 배우라기보다는 『시경』 작가의 말로 간주하면서, 골딘이 사용인 인용부호를 약간 수정했다.

17 이런 설명들에 대한 추가 논의는 칼리노프스키 2009 참조.

18 소공 8.1년(듀란트·리와이이·쉐버그 2016: 1437); 쉐버그 2001: 119에서 있었던 논의 참조.

19 골딘 2015: 84의 번역을 참고하여 약간의 수정을 더한 「명귀 하」," 존스턴 2010: 285~286.

20 『춘추좌씨전』의 "신생(申生) 귀신 이야기에 대한 골딘의 논의 참조. 여기에서 그는 "이 시대의 중국 철학자가 '일원론'과 '이원론'에 대응하는 전문용어가 없었을지라도(이는 그들이 그 문제를 동일한 방식으로 형식화하지 않았기 때문이다), 심층의 세계관은 이원론인데, 이는 '신생'이라고 부르는 실체가 명백히 그 왕자의 썩고 있는 물리적 유해와 형이상학적으로 경계가 접해 있지 않기 때문이다. 오히려 '신생'은 몸이 소멸된 이후에 어떤 다른 형태로 계속 살 수 있는 것으로 생각된다. 그것은 이원론이다"(골딘 2015: 61)라고 결론 내린다.

21 골딘은 또한 내가 처음에 슬링거랜드 2013a에서 제시했고 제5장에서 더욱 상세히 논의할 마음 이론에 관한 인지과학 연구와의 연결을 예상하면서 그러한 마음-몸 이원론을 "통속심리학"에 연결한다(2003: 232, 2015: 60).

22 동일한 장의 더 앞부분에 나오는 한 구절은 정신적으로 무능한 사람의 문제를 비슷한

용어로 묘사한다. "잠이 들면, 그들의 영혼[魂]은 다니며 서로 사귀고, 깨어있을 때, 그들의 몸은 (대상의 영향에) 확짝 열려있다. 그들은 마주하는 모든 것과 얽혀있고, 그 갈등을 풀기 위해 매일같이 그들의 마음을 사용한다"(其寐也魂交, 其覺也形開, 與接爲搆, 日以心鬪)(왓슨 1968: 37). 여기에서 혼(魂)으로 식별되는 "영혼(soul)"은 육체적인 몸[形]과 대조된다. 후자가 잠 때문에 움직이지 않을 때, 전자는 자유롭게 무형의 세계를 돌아다닌다. 또한 제22장의 한 구절을 비교해 보라(「지북유」). 이것은 마음-몸 이원론의 문맥 바깥에서는 그 자체로 이해하기 불가능한 장 제목이다. 왓슨 1968: 238). 여기에서 몸은 하늘과 땅에 의해 사람에게 "빌려주거나" "맡기는"[委] 것으로 특징지어진다.

23 吾所以有大患者, 爲吾有身; 及吾無身, 吾有何患?(제13편). 이 구절을 지적해 준 장룽시에게 감사드린다. 장룽시 1999: 110~111, 114에서 이 구절에 대한 콴종슈(錢鍾書)의 의견에 대한 그의 논의와 그것에 내재히는 역설을 참조해 보라.
24 民人流形, 奚得而生? 流形成體, 奚失而死. (조각 1~2)
25 여기에서는 플라톤이라는 서양 철학의 전형적인 이원론자에게서 나온 한 구절을 강하게 환기한다. "우리 자신의 본질"(ti pot' esmen autoi)은 물리적 몸이 아니라 "몸의 사용자"(tōi sōmati khrōmenon)라는 psychē으로 식별된다(라팔스 2017: 164에서 인용되고 번역된 알키비아데스(Alcibiades) 1: 128e~130a). 고대 그리스와 고대 중국 간의 이원론 경쟁에서, 중국이 질 것이라는 것은 전혀 명확하지 않다. 하지만 아마 『장자』와 『회남자(淮南子)』 같은 텍스트에서 이원론의 가장 강한 형태를 볼 수 있다는 것을 주목하는 것은 가치가 있다.
26 若有真宰, 而特不得其朕. 可行己信, 而不見其形, 有情而無形(왓슨 1968: 38).
27 "Âme et souffle sont donc indispensables à la vie et en sont les éléments clés: vidé de son souffle, l'homme meurt, mais sans l'âme comme guide et coordinateur, il ne peut pas plus vivre."
28 하퍼(Harper) 1994, 컴퍼니(Campany) 1996 참조. 로유에창 2008가 지적하듯이, 중세 시대의 영혼-몸 이원론은 중국 종교 사상에서 매우 확고히 자리를 잡고 있다.
29 이 구절에 주의를 기울이게 한 웨인 크리거(Wayne Kreger)에게 감사드리고, 이 특별한 구절은 거의 확실히 불교 이후이지만, 제프리 리치(Jeffrey Ritchie)(2011)가 『열자』의 더 이른 형태를 입증했다고 지적한 폴 골딘에게 감사드린다. 이 구절과 그 문맥에 대한 더욱 철저한 논의에 대해서는 크리거 2016: 90~93를 참조하고, 한나라와 그 이후 텍스트에서 "기계 은유"에 대한 논의에 대해서는 리치 2011를 보라. 크리거는 이 이야기가 남아시아 불교 근원에 선례가 있는 『열자』에서 어쩌면 인도 사상의 차용 중 하나를 나타낸다고 주장한다.
30 데카르트의 글에 친숙한 사람은 누구든 자동기계에 대한 데카르트 자신의 강박관념과 비슷한 것을 알아차릴 것이다.
31 하지만 고고학적 일기에서 神이 때로로 단지 "초자연적"을 의미하는 완전히 규범적으

로 중립적인 형용사로 사용되고, 악의가 있는 악마에 적용된다는 푸무추의 의견을 참조해 보라(1998: 79). 이와 비슷하게, 『산해경(山海經)』에서 神은 "신성한(divine)"나 "신성스러운(sacred)"이라는 함축을 가지지 않고서 "기괴한(monstrous)"보다 그 이상을 의미하는 것 같다(98). 물론 그것이 여전히 "초자연적"이라는 의미가 있다.

32 傷形費神, 愁心勞意, 然國逾危, 身逾辱(제3편 「소염」, 존스턴 2010: 21).
33 제17편 「천론」, 휴턴 2014: 176 참조. 나는 제4장에서 神과 몸 용어를 포함하는 구절들을 더욱 폭넓게 개관한다.
34 虛其欲, 神將入舍, 掃除不潔, 神乃留處(제13편 「심술」, 리켓 2001: 72).
35 제7편(「정신훈」); 메이저 외 2010: 240~241. 암시적이긴 하지만 더욱 복잡한 모형은 『장자』의 유명한 구절에 충만되어 있는 것처럼 보인다. 여기에서 백정 포정은 그의 굉장한 기술을 설명한다. "저는 [소를] 정신으로 만나고, 저의 눈으로 보지 않습니다. 저의 감각과 의식적 마음은 멈추고, 영적인 욕망이 넘겨받게 됩니다(臣以神遇, 而不以目視, 官知止而神欲行)"(제3편 「양생주」, 왓슨 1968: 50~51). 백정 포정은 여기에서 다소 행위성의 중심지(동사 以, "취하다, 조작하다, 이용하다"의 주어)인 것 같고, 깃들어 있는 정신의 욕망이 해방될 수 있게 자신의 "눈"(몸)을 사용하기보다는 정신을 통제하고, 그런 다음 자신의 감각(몸)과 의식적 지식(마음)을 침묵시킨다. 여기에서 행위성의 중심지는 정신(영혼), 몸, 그리고 마음과 구분되는데, 이것은 네 개의 부분으로 이루어진 자아와 같은 것을 제공한다. 이런 복합체는 제5장에서 더 논의할 것이다.
36 제1편(「원도훈」), 메이저 외 2010: 74.
37 30쪽에서 로유에창은 "이 초기 배경에서 魂과 魄 모두 영구적인 개인 정체성으로 각인된 불멸의 영혼을 의미하는 것으로 해석되어서는 안 된다"라는 유언비어를 반복한다. 이것은 앞서 논의한 『춘추좌씨전』의 31쪽의 차후 논의와 잘 일치하지 않는다. 그 구절에서 추방되어 암살당하고 그의 영혼이 "제물을 빼앗긴" 『춘추좌씨전』 이야기는 개인 정체성으로 각인된 비신체화된 영혼의 개념이 없다면 뜻이 통할 수 없다. 로유에창의 이 진술은 고대 중국 사상의 특유성을 과장하려는 우리 분야의 더욱 폭넓은 경향과 고대 중국의 "영혼" 개념에서 세 가지 명확한 시간적 단계를 포함하는 이야기로 그가 논의하는 자료를 일치시키려는 로유에창의 욕망 모두와 관련이 있는 것처럼 보인다.
38 人生始化曰魄, 既生魄, 陽曰魂. (처음 형체가 갖추어 질 때 형체의 영을 백(魄)이라고 하고, 백이 생긴 뒤에 백 속에서 스스로 생긴 양기의 신을 혼(魂)이라고 한다)
39 125쪽 인용, 소공 7년.
40 魂魄將往, 乃身從之, 乃大歸乎(왓슨 1968: 240).
41 간단한 魂/魄 이원론은 사이들(Seidel) 1982과 푸무추 1993에서도 도전을 받았다.
42 "魄은 사람의 영혼, 즉 하늘이 가져가버리면 그 사람이 지능을 잃게 되는 것이다"라고 지적하는 『춘추좌씨전』에 대한 유잉시(余英時) 1987: 371의 논의 참조.
43 제20편(「해로」); 리아오(Liao, W. K.) 1959, 1권: 186~187.
44 스터크는 『서경』 「태서」의 한 구절을 인용하는데, 이것은 인간은 "초자연적인 영

혼"[靈]을 소유한 만물 중에서 유일한 생명체라고 분명히 말한다(레지 1865/1994: 283).
45 이런 주제는 제3장에서 다시 다룰 것이다.
46 라이구오룽 2005의 설명을 보라. 라이는 고유명사가 예상되는 곳에 글자 某("아무")가 있다고 지적하는데, 이것은 어떤 이유 때문인지는 몰라도 아직 채워지지 않은 형식 텍스트라는 것을 암시한다.
47 예컨대, 단(丹) 이야기의 살아 있는 친척이 관료들의 빚을 전부 갚아 주었거나 다른 식으로 위로했다는 것을 지적하는 것은 가치가 있다. 이것은 내세의 관료주의가 현세만큼 타락한 것으로 간주되었다는 것을 암시한다.
48 골딘 2015: 85의 번역 사용.
49 이것은 매우 불가사의한 행이다. 體物而不可遺. 나는 번역할 때 챈 설리를 따르고, 그는 다시 주희를 따르고 있었다. 쿠브레는 그것을 "Ils sont en toutes choses, et ne peuvent en être séparés"로 표현한다(1895/1950: 1권, 39).
50 듀란트·리와이이·쉐버그 2016: 1495, 그들의 번역. 또한 칼리노프스키 2009: 350의 논의 참조.
51 예컨대, 팬 다웨이는 최근에 나의 입장을 비판하면서 "영혼이 내세에서 계속 '살' 수 있게 '먹이고' 다른 일상의 필요물을 공급해야 할 예상된 필요와 결부해서, 신성한-초자연적 세계와 인간 세계 사이에서 여행하거나 살아 있는 것과 상호작용할 수 있는 능력"(2017: 1020)에 대한 고대 중국 신념을 그들의 세계관이 다소 변별적으로 유물론적이고 전체론적이었다는 증명으로 간주한다. 하지만 『범물유형』의 앞서 인용한 구절이 명확히 하듯이, 어떻게, 그리고 정확히 왜 영혼에게 먹이를 주고 술잔치를 베푸는지는 실제로 고대 중국인에게 수수께끼였고, 어쨌든 성체의 신비, 삼위일체의 국면, 초기 기독교 신앙에서 그렇게 많은 분열과 이교도를 불태우게 했던 사후 물리적 몸의 상태에 대한 논쟁과 전혀 다르지 않다.

제3장

1 사바티니 2015. 또한 팬 다웨이 2017: 6~7 참조.
2 슬링거랜드 2008b: 196~206에 있는 이 구절에 대한 세부적인 논의 참조.
3 윤리적 덕을 물리적 몸에 기반을 두려는 이런 바람에도 불구하고, 『맹자』나 『오행』에서 묘사된 자기수양의 과정은 여전히 단순한 생리적인 것과 어느 정도 독립을 누리는 마음에 의해 이끌어지고 결정적으로 마음에 의존한다. 정신적 내면성의 중요성과 후자 텍스트에서 "가장 깊숙한 마음"(中心)의 주도적인 역할에 대해서는 칙센트미하이 2004: 81~86 참조.
4 슬링거랜드 2013a에서 나는 心에 대해 이런 말을 했다. "心-몸 관계에 관해, 고대 중국의 心 개념은 명백히 데카르트의 esprit(정신)이나 칸트의 Geist(정신)와는 다르다. 이는 心이 정서와 욕망 또는 적어도 어떠한 정서와 욕망의 중심지인 몸속의 구체적인 기

관뿐만 아니라 '이성'과 언어 능력도 가리킨다는 점에서이다"(36~37). 프랭클린 퍼킨스가 지적했듯이, 이것은 물리적 영역과 정신적 영역 간의 가능한 연속성에 대한 나의 의견과 결부해서 내가 "존재하는 모든 것은 물리적이다"라는 강한 몸-마음 전체론자들과 의견을 같이 한다는 것을 암시한다(2016: 195). 이것은 내 입장에서의 엉성한 사고와 표현 모두의 결과이다. 퍼킨스에게서 적절히 잘못을 지적받고, 이것에 대해 생각해 볼 수 있는 몇 년 간의 더 많은 시간의 혜택과 정독할 수 있는 새로운 정량적 데이터의 큰 더미에 접근할 수 있다. 그래서 나는 제2~4장에서 검토한 증거가 내가 2013년에 제공한 것과는 다른 心에 대한 특징묘사를 요구한다고 생각한다. 心이 잠재적으로 몸 속의 구체적 기관을 가리킨다고 말하는 것이 더 정확한데, 이것은 어떤 은유(心이 몸 속에 있는 것처럼 지도자는 국가에 있다)로 부각되고, 맹자와 같은 학자들이 수사적으로 상당히 효과적으로 의존하는 의미적 차원이다. 하지만 이런 신체기관 지시가 전국시대나 후기 독자들이 처리하는 心의 기본 의미였던 것 같지는 않다. 나는 또한 지금 心이 "정서와 욕망의 중심지"라는 2013년에 했던 주장을 강력하게 누그러뜨릴 것이다. 맹자는 예외로 두고, 우리가 일단 전국시대 중기나 후기에 들어가면 실제로 心이 (근심이나 걱정과 같은 "인지적" 정서 외의) 정서와 연상되는 것은 매우 드물다. 실제로 다음에서 보겠지만, 心의 특유한 힘은 전형적으로 정서와 욕망 모두와 대조된다.

5   이 세 가지 용어가 모두 물리적 몸을 가리키고, 아래에서 논의할 문맥에서 "몸(body)"으로 가장 잘 번역되지만, 이 용어들은 의미 범위가 전적으로 중복되는 것은 아니다. 예컨대, 身는 종종 더욱 대략적으로 "자아"를 가리키고, 形은 많은 문맥에서 "형태"로 표현된다. 파브리지오 프레가디오(Fabrizio Pregadio)가 말하듯이, "體, 즉 '몸'이 구체적으로 인간과 다른 생명이 있거나 생명이 없는 실체들의 물질적 틀과 물리적 물질을 구체적으로 가리키지만, 形, 즉 '형태'는 단일 실체들을 그러한 것으로 식별하고 한정하며, 그 실체들을 서로 구분하는 것이다"(2004: 98). 이 주제에 관해서는 또한 폴리(Poli) 2016 참조.
6   제10편 「상현 하」; 존스턴 2010: 89의 번역을 따랐다.
7   제48편 「공맹」; 존스턴 2010: 691의 번역을 따랐다. 또 다른 『묵자』 구절에서 心과 "야심"이나 "의도"[志]는 귀와 눈[耳目]과 대조되는데, 후자는 명확히 물리적 감각을 환유적으로 대표한다. "이전에는 삼대의 폭군이 그들 감각[耳目]의 과함을 억제하지 않았고 그들 마음[心志]의 타락을 조정하려 하지 않았다"(제36편 「비명 중」; 존스턴 2010: 333~334; 번역 수정).
8   이 패턴이 정확히 얼마나 일반적이고, 心이 이와 관련해 얼마나 특유한가라는 논제는 제4장에서 더욱 상세히 논의할 것이다.
9   遠慮用素, 心白身釋. 마쳉위안2003: 307 (조각 6).
10 제1,4장 「정욕」; 놉록·리겔 2000: 89.
11 心을 번역하지 않고 둔 것을 제외하고는 휴턴 2014: 28의 번역을 따른다.
12 존스턴 2010: 307의 번역을 따른다.

13 휴턴 2014: 27.
14 『여씨춘추』 제9.4편(「순민」)을 비교해 보라. 여기에서 패배한 월(越)왕은 굴욕에 견디기 힘들어서 "그의 몸(身)을 편안한 배게나 침구에서 쉬게 하지 않고, 그의 입이 풍부한 맛을 즐기게 하지 않고, 그의 눈이 날씬한 미인을 쳐다보지 않게 하거나 그의 귀가 종과 북소리를 즐기게 하지 않았던" 것으로 묘사된다(놉록·리겔 2000: 211; 번역 수정).
15 『순자』, 제22편「정명」참조. 여기에서 心은 다른 기관들과 함께 목록에 기재되고, 물리적 몸은 그 자체의 적절한 구별 대상을 가지고 있지만 목록의 맨 마지막에 나온다(휴턴 2014: 238).
16 나는 제4장에서 이 주장을 정량적으로 보조한다.
17 로스 1999: 82의 번역을 조금 수정한 것이다.
18 제12편「상동」, 존스턴 2010: 113의 번역을 따랐다.
19 아쉽게도, 이 장은 이 텍스트의 곽점초간 판에서 나오지 않는다.
20 이것은 또한 "다섯"에 대한 언급을 처음에 함께 유지하는 장점이 있는데, 이것은 더 나은 운율을 주고 문체적으로 더 유쾌한 것이므로, 어쩌면 이 텍스트의 원래 행 순서를 더 잘 반영한다.
21 마쳉위안 2005: 254~255.
22 生, 形與知處也; 존스턴 2010: 392.
23 제9편(「왕제」), 휴턴 2014: 76.
24 『순자』에서 義를 인위적인 문화적 인공물로 이해하는 것에 대해서는 휴턴 2000 참조.
25 『순자』의 더 앞선 구절에서 지적하듯이, "땔나무를 고르게 펼치나 불은 언제나 바짝 마른 조각을 태울 것이고, 땅을 평평하게 할 수 있으나, 물은 언제나 가장 낮은 곳을 적실 것이다. 풀과 나무는 풍성함을 이루며 자라고, 동물은 와서 무리를 이룬다. 이 모든 경우, 사물은 그들 스스로 부류의 본성을 따른다"(施薪若一, 火就燥也, 平地若一, 水就溼也. 草木疇生, 禽獸群焉, 物各從其類也); 제1편(「권학」), 휴턴 2014: 3. 이 구절의 더욱 폭넓은 문맥은 결과를 결정하는 데 있어서 환경의 중요성과 관련이 있다. 인간의 독특한 점은 그들의 환경을 의식적으로 선택하고 형성할 수 있는 능력이다.
26 白은 몇몇 통용 텍스트와 고고학 텍스트에서 영적-인지적 완벽함을 가리킬 때 사용되고, 이것은 앞서 인용한 상하이 텍스트 팽조(彭祖)에서처럼 이상적인 물리적 상태를 묘사하는 것과 쌍을 이룬다. 고고학 텍스트와 통용 텍스트에서 白의 용법과 유사점에 관해서는 퍼킨스 2015: 223~225 참조.
27 어떤 학자들은 이 글자를 察("검사하다, 조사하다, 고찰하다")로 읽어야 한다고 주장한다.
28 제2장에서 지적한 재구성을 따름.
29 이 주제, 그리고 이 주제와『도덕경』과 같은 통용 텍스트의 관계에 관해서도 퍼킨스 2015 참조.

30 차오펑(曹峰) 2010이 증명했듯이, 이것은 이 구절과 『관자』 「심술 하」 및 「내업」 간의 많은 언어적·개념적 유사물 중 하나일 뿐이다. 이런 장들은 이와 비슷하게 心에서 달성되는 개념적·영적 돌파구를 물리적 몸과 궁극적으로 세계에 정통하기 위한 열쇠로 묘사한다. 이 주제에 대해서는 또한 로스 1999 참조.

31 心이 군주라는 상세한 논의와 그것을 정치적 은유로 사용하는 것에 대해서는 사바티니 2015 참조.

32 정치 지도자와 자아의 군주 간의 유추는 두 가지 방식으로 진행된다. 『관자』의 또 다른 구절은 다음과 같이 지적한다. "국가 지도자의 지위는 물리적 몸 안의 心과 같다. 도와 덕이 위의 지도자에게 확고할 때, 아래의 백성들이 변화하게 될 것이다"(제11편 「군신 하」, 리켓 2001: 420).

33 조각 45~46, 쿡 2012, 1권: 516~517.

34 『관자』(「심술 상」, 리켓 1998: 71)이나 『예기』 「대학」의 거의 동일한 구절을 비교해 보라("마음을 쏟지 않으면, 보아도 볼 수 없고 들어도 들을 수 없다"[챈 설리 1963: 90]). 여기에서 心은 눈과 귀의 기능을 통제하는 것으로 묘사된다.

35 心의 리더십에 대한 비슷한 느낌은 『도덕경』(제55편)에서도 표현된다. "마음이 기를 명령하면/통제하면(使), 이것을 '그것을 강압하는'이라 한다"(心使氣曰强).

36 刑을 形으로 해석하는 것은 리켓과 중국 주석가들을 따른다(리켓 2001: 420, 주석 30).

37 리켓이 進退를 "대상을 앞뒤로 고찰하다"(2001: 420)라고 해석하는 것을 따르지만, 어법은 수정했다.

38 리켓이 지적하듯이, 이 행의 문장 구조는 이전 것과 다르고, 마지막 부분은 손상된 것 같다(2001: 382, 주석 19).

39 또한 魂의 변별적인 "이동성과 유동성"에 관해서는 로유에창2008: 30 참조. 물론 이것은 실제로 비신체화된 心과 단단히 연결되고 확실히 그것에 의해 구성된다. 로유에창은 또한 『초사(楚辭)』에 관한 한나라 주석가인 왕일(王逸)(대략 150년대에 활약)은 神("spirit")과 魂魄을 동일시하고, 그 둘 다를 단순한 물질적인[質] 물리적 몸[身體]과 대조한다(28).

40 『관자』에서 말하듯이, "심은 지식/지혜[智]가 거하는 곳이다"(心也者, 智之舍也)(제36편 「심술 상」, 리켓 1998: 79).

41 또한 아마 동한(東漢) 텍스트인 『공총자(孔叢子)』의 구절을 비교해 보라. 이 구절에서는 心의 초자연적인 성인 같은 힘이 어떻게 현상과 환상을 구별하고, 진리와 허위를 구별할지를 설명한다(또한 우연히도 고대 중국인들에게는 환상-현실 구분의 개념이 없다는 주장에 반하는 것으로도 유용하다). 자사(子思)는 공자께 이렇게 묻는다. "물리적 사물에 모양과 유형을 부여하고, 일에 있어서 참과 거짓을 구분한다. 이를 위해 구별이 필요하다. 구별하는 능력의 근원은 무엇인가?" 공자는 이렇게 대답한다. "근원은 心이다. 心의 신비한 본질은 성스럽다 하는 것이다. 그것은 규칙을 넓히고, 이치를 궁

리하고(推數究理), 사물에 의해 혼동되지 않는다"(제5편 「기문」).

42 특히 니콜스 2006과 주석과 대답 참조. 또한 라그나도·차논 2008, 니콜스 2006, 니콜스·노브 2007, 보스·스쿨러 2008 참조.

43 睨(예); 존스턴의 설명(376, 주석 5) 참조. 물론 나는 그가 이 텍스트의 다음 구절에서 언급되는 힘들이지 않는 지각[見]과는 달리 "곁눈질로 보기"가 노력을 요구하고 성공하지 못할 수 있다는 이 유추의 논점을 놓친다고 생각한다.

44 제22편 「정명」, 휴턴 2014: 236. 아래에서 지적하듯이, 팡푸 2000은 心 부수를 가진 몇몇 글자들이 진나라 때 문자를 통일하면서 소실되었다고 제안했다. 나는 "의식적 행동"[僞]의 첫 번째 실례가 실제로 心 부수와 함께 적혔고, 두 번째 실례는 사람 부수와 함께 적혔다고 생각한다. 이런 경우에 후자는 또한 "인공적인 기질"로 표현할 수도 있다.

45 어떤 학자들은 이 견해가 『순자』에 특유하다고 주장했지만(예를 들어, 이어리 1980, 이장희 2005: 12, 40), 우리는 앞서 인용한 『관자』나 『오행』의 구절에서 心에 대한 똑같이 강한 주의주의적 관점(voluntarist view)을 발견할 수 있다. 누구라도 이와 관련해 문외한이면, 그것은 맹자인 것처럼 보일 것이다. 그의 견해의 중요성은 신유학 종합으로 전국시대 사상을 봄으로써 과장되었다.

46 예를 들어, 『맹자』 「양혜왕 상」 7, 「공손추 상」 6, 「고자 상」 10, 「고자 상」 11, 「고자 상」 14 참조. 또한 데이비드 니비슨의 논문 〈4세기 중국에서 철학적 주의설(Philosophical Voluntarism in Fourth Century China)〉(1996) 참조.

47 이것은 제6장에서 더욱 상세히 논의할 문제의 한 가지 실례로서, X에 대한 "우리의" 개념과 아우구스티누스나 데카르트의 견해와 같은 획일적인 "유럽" 또는 "서양" 견해를 동일시하는 문제이다. 특별한 중국 텍스트가 아우구스티누스나 데카르트적이지 않다는 것을 증명하는 것은 그 세계관이 "우리" 자신의 것과는 매우 다름에 틀림없다는 증거로 받아들여진다.

48 퍼킨스 2009: 126에서 인용됨. 또한 퍼킨스(127)에서 인용한 정사신(Ding Sixin; 丁四新)의 의견 참조. 그것은 "심장이 자체로 존재하고 자체로 행동하며, 몸을 초월하는 절대성과 통제를 소유한다"(2000: 303~304)라는 것이다.

49 귀지융은 또한 백서본 『오행』 텍스트에 대한 이케다 토모히사(池田知久)의 연구를 인용한다. 이 연구에서 그는 心이 이중적 역할을 하는 것으로 특징짓는다. 한편으로는 물리적 몸의 다양한 기관들을 지지하고 그것들과 함께 작동하지만, 동시에 적어도 일단 그것이 완벽한 덕의 단계에 이르면 몸과 물질적 세계 모두를 초월한다(이케다 1994의 귀지융 2000: 206). 양러빈은 비록 『장자』나 『관자』와 같은 텍스트에서 몸과 마음의 궁극적 통합에 더 집중하지만, 이와 비슷하게 心의 "초월적" 층위를 자기수양의 필연적인 첫째 발의자로 보고, 心의 "실증적" 층위를 재형성자로 보는데, 후자는 물질적 몸과 기와 더 단단히 연결되어 있다(양러빈 1989/2003: 104; 양러빈 1996 참조).

50 이 주제에 관해서는 특히 『순자』의 내부 정신적 극장 개념에 대한 골딘 2003: 235 참조.

51 예를 들어, 로즈몬트 1976, 슈워츠 1985: 73~75, 루스콜라 1992, 아이반호 2008, 풍유

밍(馮耀明) 2010 참조.

52 이 절의 많은 자료는 슬링거랜드 2013b에서 나온 것이다. 또한『시경』의 비슷한 구절들에 대한 풍유밍의 논의를 참조해 보라. 그의 결론은 그런 구절들이 "마음[心]과 몸[身], 그리고 안[內]과 밖[外] 간의 대조를 예증하고, 중심적 가슴[中心]을 물질이나 정신적 힘이나 능력의 기원으로 묘사하고, 주관적인 정신적 상태를 때때로 추측할 수 있고 때때로는 다른 사람이 알 수 없다는 것을 강조한다"라는 것이다(2010: 303).
53 괄호 속의 두 해석 모두는 팡부 2002이 제안한 것이다. 리링 2002: 제1장에서 이루어진 이 구절에 대한 논의도 참조해 보라.
54 有心哉! 擊磬乎; 직역하면, "확실히 心이 그곳에 존재한다!" 그가 공자의 손가락이나 손에 대해서 침묵하는 것에 주목해 보라. 물론 이런 몸의 부위도 그가 듣고 있는 음악의 가까운 원인이다. 그는 물리적 인과성을 넘어서 음악을 제작하게 하는 내부의 정신적 힘을 보고 있다.
55 공자는 노(魯)나라의 관직을 내려놓은 뒤 잠시 머물렀던 위나라에 있었다고 한다(슬링거랜드 2003a: 170). 공자가 음악으로 표현하고 있는 좌절된 목적은 확실히 같은 책의 좀 더 앞부분(제14편「헌문」35)에서 그가 인정하기로 하늘을 제외하고는 "나를 이해하는 이가 아무도 없다"라는 그의 불평과 관련이 있다. 또한 제14편「헌문」38 참조.
56 우연하게도 이것은 자아에 대한 그릇 은유의 또 다른 실례이다(슬링거랜드 2004a): 由는 글자 그대로 "~에서 나오는"이나 "~에서 비롯하는"을 의미하고, 글자 그 자체의 형태는 그릇에서 나오는 무언가를 묘사하다.
57 특히 고대 유가 텍스트에서 관상학과 덕에 대한 마크 칙센트미하이의 논의 참조(2004: 127~141).
58 Hsu 2009: 120의 번역을 따른다.
59 조각 3, 마쳉위안 2002: 244; 칙센트미하이: 300~301 참조.
60 로스 1999는 이 텍스트에 대한 최고의 논의이고 번역이다. 일부러 정신적 내면성의 개념을 피하는「내업」과 "마음 내의 마음" 은유에 대한 스티븐 가이스의 최근 논의(가이스 2016)는 제6장에서 더욱 상세히 논의한다.
61 "가장 깊은 마음"[中心]과 같은 구는 또한 곽점초간『오행』과 같은 텍스트에서 중요한 역할을 한다.
62 발굴된 그릇에 새겨진 후자는 1977년에 발견되었고, 곽점초간처럼 어쩌면 서기전 4세기 후반으로 거슬러 올라간다.
63 이것이 또한 仁이 "people + two"라는 전통적인 통속 어원을 심각하게 훼손한다는 것은 적어도 진나라 이전 문맥에 관해 그 분야에서 아직 적절하게 설득되지 않았다.
64 또한 "유가 윤리학의 일반적인 구조"(로스 2009: 368)는 자유 선택과 도덕적 행동에 대한 요체를 제공하는 정신적 내면성 없이는 이해할 수 없다는 하이너 로츠의 주장을 보라. 나의 견해에서 로츠는 이것이 급진적 자립성이라는 칸트의 개념과 동일시되는 정도를 지나치게 강조하지만, 그는 인간의 통속 심리학의 유사한 자질을 식별한다. 데

카르트의 실체이원론이 궁극적으로 상식을 넘어서는 선천적인 "약한" 통속 이원론의 순화로 간주할 수 있는 것과 동일한 방식으로, 칸트의 (또는 그 문제에 관해 아우구스티누스의) 자립성은 도덕적 책임과 행위성이라는 통속 개념의 요소를 문화 특정적으로 과장한 것으로 간주할 수 있다.

65 특별히 제5편「공야장」5, 제11편「선진」25, 제12편「안연」3, 제13편「자로」27, 제15편「위령공」11, 제16편「계씨」4, 제17편「양화」18 참조.

66 입심 좋은 말과 피상적인 외형에 대한 이러한 막연한 느낌은 이 텍스트 전체에서 발견된다. 제1편「학이」3에서 발견되는 말은 제17편「양화」7에서 반복되고, 비슷한 생각은 제5편「공야장」5, 제11편「선진」25, 제12편「안연」3, 제16편「계씨」4에서 발견된다. 제15편「위령공」11에서 "입심 좋은 사람"[佞人]이 제기하는 위험은 정나라의 음악이 유발하는 도덕의 장애와 비교된다. 이것은 확실히 제12편「안연」3("선한 사람은 말을 삼가한다")와 제13편「자로」27("과묵함은 선에 가깝다")과 같은 구절뿐만 아니라 언어와 눈에 보이는 과시에 대한 공자의 의심 이면에 있는 정서이다.

67 色厲而內荏, 譬諸小人, 其猶穿窬之盜也與.

68 『순자』는 또한 도덕적 위선과 내적 성실(誠)의 결핍에 대해 걱정했다. 예를 들어, 제3편을 보라. "사람이 도를 따라 행하는 것에 능숙해도, 그가 진실하지 않으면 홀로 있을 때 [주의 하지] 않을 것이고, 홀로 있을 때 주의하지 않으면 [도는] 형태를 갖지 않을 것이다. 도가 형태를 갖지 않으면, 비록 도가 心에서 일어나 표정에 드러나고, 그의 말에 나타나도, 백성은 그를 따르려 하지 않을 것이다. 그들을 따르게 강요한다면, 오직 불안함으로 그렇게 할 것이다"(제3편「불구」, 휴턴 2014: 20).

69 人藏其心, 不可測度也; 美惡皆在其心, 不見其色也. 제7편, 레지 1885/2010, 1권: 380.

70 이 텍스트의 상하이박물관 판에서, 이 爲는 心 부수로 적는다(조각 32, 마쳉위안 2001: 265).

71 곽점초간에서 도덕적 자발성이나 그것의 결핍의 문제는 슬링거랜드 2008a 참조. 또한 이 특별한 구절과 그것이 어떻게 "안과 밖" 간의 잠재적으로 걱정스러운 관계와 관련이 있는지, 그리고 그 둘을 이를 비롯한 다른 고대 유가 텍스트에서 일관성 있게 유지해야 할 필요성은 귀지융(2000: 201~202) 참조.

72 마이클 나일랜이 『장자』의 자아 개념을 논의하면서 말하듯이, 자아는 근본적으로 이원론적인 것으로서, 구체적이고 가시적인 "형태"[形]는 "사물에 가치를 부여할 때 형태가 행동하게 자극하는 대개 비가시적인 능력과 대조된다. 이런 능력은 느슨하게 心이라고 부른다"(2008: 120).

제4장

1 일반인처럼 인문학자도 통계적 사고의 가장 기본적인 원리를 전혀 몰랐다는 것은 이상한 일이 아니다. 이해하기 쉬운 유익한 소개에 대해서는 권위 있는 애빌슨(Abelson) 1995가 널리 제안된다. 나는 또한 개인적으로 필드(Field) 2009를 추천하는데, 이것

은 명목상 특별한 통계 소프트웨어 패키지를 사용하는 소개이지만, 실제로는 통계 추론의 기본을 위한 매우 재미있고 읽기 쉬운 개론서이다(이 책의 부제는 "and sex and drugs and rock 'n' roll(섹스와 마약과 로큰롤)"로서, 이것은 분위기를 더한다).

2 동료들과 나는 분석 목적으로 코퍼스 전체의 다운로드를 허용한 하버드대학교의 중국학 페어뱅크 센터(Fairbank Center for Chinese Studies) 중국 디지털 인문학과 사회과학(Chinese Digital Humanities and Social Sciences)의 박사후 과정 연구원인 스터전 박사에게 감사드린다. 〈중국철학서전자화계획〉은 또한 연구자들에게 매우 유익한 내장된 분석 도구가 있으며, 그 데이터베이스 전체를 다운로드하기 위해서는 구독해야 한다.

3 〈한적전자문헌자료고(Scripta Sinica)〉 소유권 인터페이스가 또한 주어진 텍스트 윈도 내에서 검색을 수행하고, 그것이 유료 접근을 즐기는 학자들이 선호하는 도구라고 지적한 동료 브루스 러스크(개인적 교신)에게 감사드린다.

4 이 책의 모든 부록은 인터넷에 있다. http://eslingerland.arts.ubc.ca/mindandbody-onlinematerials/

5 두 번째 예외는 제3장에서 언급하고 기니가 인용한 고고학적인 백서본 『도덕경』 제12장이다. 〈중국철학서전자화계획〉 코퍼스가 『도덕경』의 곽점초간과 백서본 고고학적 판본을 포함하지만, 이 구절은 나의 검색에서 나온 것이 아닌데, 이는 대부분의 학자들이 동의하기로 〈중국철학서전자화계획〉 판(http://ctext.org/dictionary.pl?if=en&id=83045)이 심발광(心發狂; "가슴-마음에 야생을 유발하다")으로 받아들일 수 있는 글자들을 해독 불가능한 것으로 만들기 때문이다. 우리가 표준 글자로 표현하는 데 논란이 되고 어려움이 있는 고고학 텍스트에 관심이 있다면 대규모 코퍼스 조사는 명확히 문제가 있다.

6 이것은 매우 넓은 "진나라 이전" 그물을 던지는 것이므로, 확실히 서한(西漢)까지 거슬러 올라가는 자료를 포함한다.

7 독창적인 결과는 슬링거랜드·추덱 2011b에서 보고되었고, 독자는 더욱 전문적인 세부 사항과 통계 분석에 대해서는 이 책을 참조하면 된다. 또한 클라인 에스더·클라인 콜린 2011의 비판과 슬링거랜드·추덱 2011a에서 내놓은 우리의 반응을 보라. 그 데이터를 분석하고 시각화하며 해석하는 데 결정적인 역할을 한 마치에이 추덱뿐만 아니라 코더 클레이튼 애쉬튼, 제니퍼 룬딘 리치에게 감사드리고, 그 프로젝트에 자금 지원을 해 준 존템플턴재단에 감사드린다.

8 이 특별한 연구에서 우리는 대만 국립고궁박물원에서 제공하는 온라인 데이터베이스에 의존했다(http://210.69.170.100/s25/index.htm).

9 온라인 데이터베이스는 홍콩 중문대학교(Chinese University of Hong Kong)에서 제공하고 있다(http://bamboo.lib.cuhk.edu.hk/). 곽점초간 코퍼스는 온라인에서 접근하고 검색하기 쉽기 때문에 선택했다. 하지만 폴 골딘(개인적 교신)이 말했듯이, 이것은 지금 이용 가능한 많은 것들 중에서 한 특별한 고고학 코퍼스의 선정이라는 잠재적이고 새롭고 더욱 피할 수 있는 편견의 근원을 도입한다. 이것은 이 연구를 앞으로 반복

10 이 연구 전체에서 사용하는 形, 身, 體라는 평범한 신체 용어 외에, 우리는 力(후기 전국시대에서 한 가지 실례인 "물리적 세기")과 氣(생리학적 에너지의 의미로 사용됨)도 "몸"에 대한 지시로 포함시켰다.

11 『맹자』「이루 상」. 여기에서 부모님을 육체적으로 돌보는 것은 "단지 부모님의 입과 손발을 봉양하는 것"(養口體)으로 특징지어진다. 이것은 아마 틀림없이 대조라기보다는 조정을 표현한다.

12 마지막 분석의 목적으로, 내용 코드 13~15(모두 이른바 "고등 인지"의 다양한 양상을 가리킴)로 하나의 코드로 붕괴되었다는 것에 주목해 보라.

13 현대 자료는 말할 것도 없이 진나라 이후에 관해 이런 종류의 체계적인 연구는 아직 수행되지 않았지만, 정성적 분석은 일단 불교가 서력기원에 중국에 도입되면서 心의 개념은 오히려 몸에서 더욱 벗어난다는 것을 암시한다. (일시적으로 그리고 장르에 관해) 훨씬 더 큰 〈중국철학서전자화계획〉 코퍼스를 이용하는 앞으로 보고할 연구들은 고대 중국 사상에서 불교의 영향을 탐지할 수 있지만, 그 데이터에 대한 통시적 분석은 해당되는 텍스트에 대한 엄격하고 적절히 상세한 시대구분을 확립하는 것이 복잡하기 때문에 미루어졌다. 그리고 이런 텍스트들 중 많은 것은 명확히 매우 다른 연대순의 자료들을 담고 있다.

14 예컨대, 클라인 에스더·클라인 콜린 2011이 『인지과학』(*Cognitive Science*)에서 제기한 우리 연구의 비판 참조.

15 루터 마틴(Martin, Luther)(개인적 교신)이 말했듯이, 한 가지 두드러진 예외는 성경학자들의 연구였는데, 이들은 19세기 이후부터 예를 들어, "진정한" 바울로 서간과 제2바울로 서간 문학을 구분하는 것을 목표로 하는 단어-집계 연구를 수행하기 위해 콘코던스를 사용했다.

16 영장류동물 행동의 코딩은 대단히 어렵고 개인 편견이 수반되거나, 하버드대학교 마크 하우저(Hauser, Marc)의 실험실에서 분명히 그러했듯이 적극적 기만 행위의 지배를 받는다. 하우저 실험실 논란에 대해서는 존슨 2012 참조.

17 이것은 고대 중국에서 초자연적 형벌의 개념에 관한 연구에서 사용되는 접근법이다 (니콜스·로건 2017, 니콜스 外 제출중).

18 예를 들어, 현대 중국어의 계량문체론 분석에 대해서는 후버(Hoover) 2002, 그리브 (Grieve) 2007, 또한 후렌퀴(Hou, Renkui)·장밍후(Jiang, Minghu) 2016 참조.

19 이 절의 자료들 대부분은 슬링거랜드 外 2017에서 바로 가져온 것이고, 나와 라이언 니콜스, 크리스토퍼 니엘보(Nielbo, Kristoffer), 카슨 로건(Logan, Carson) 간의 집중적인 공동 연구의 산물이다. 나는 연구 설계와 실행에서부터 데이터 분석과 시각화에 이르기까지 모든 것을 도와준 공동 연구자들과 자금을 지원해 준 캐나다의 인문사회과학연구회(Social Sciences and Humanities Research Council; SSHRC)에 깊이 감사드린다.

20 실제로 불리나리아(Bullinaria)·레비(Levy) 2007이 말하듯이, 단어 사용에서 경험한 언어 패턴으로부터 생성되는 의미적 추리는 어쩌면 유아가 언어를 습득하는 데 중심 역할을 한다(510). 다시 말해, 이러한 "재래식" 기법은 인간이 실제로 우선 언어를 이해하는 법을 배우는 방법인 것처럼 보인다.

21 이것은 "로그 변환(log transformation)"이라 부르고, 편향되거나 균등하지 않은 데이터를 정정한다(예를 들어, 어떤 이상치는 다른 이상치들보다 더 크다). 데이터 변형과 왜 그렇게 하는지에 대한 유익한 설명에 대해서는 필드 2009: 153~156 참조.

22 〈중국철학서전자화계획〉 코퍼스는 각 분야와 그것이 포함하는 텍스트의 시대 모두에 관한 메타데이터를 포함한다. 나는 〈중국철학서전자화계획〉이 할당한 모든 장르 명칭을 옹호하고 싶지는 않으며, 이런 텍스트들 중 많은 것의 연대를 추정하는 것은 논란의 여지가 있는 과정이다. 앞으로 보고하는 연구의 목적에 대해, 시각화된 이런 메타데이터의 유일한 양상은 내가 옹호하고자 하는 의학 텍스트와 비의학 텍스트 간의 구분이었다.

23 우리의 불용어 목록은 그 한계와 미래 연구에서 어떻게 재형식화할 수 있는지에 대한 반성과 함께 온라인 부록 4에서 제시된다.

24 (물론 여전히 하락이 있었지만) 특정한 관계에서 의미상 관련된 쌍으로 나아갈 때 급격한 하락이 없는 유일한 두 가지는 summer::winter에서 summer::spring로 나아가고, inside::outside에서 inside::city wall로 나아가는 경우이다. 첫 번째 경우는 단순히 의미상 관련된 단어에 대한 언어 척도를 인위적으로 증가시키면서 사계절이 빈번하게 목록에 함께 나타나기 때문에 초래되었을 수 있다. 후자의 경우는 더 중의적이었다. 내가 "inside"(일반적으로 포함을 위한 개념)와 관련이 있을 것 같은 용어로 선택하는 "city wall"이 불충분하게 선택된 의미상 관련된 통제였을 수 있다. 어떤 경우이든, 이 쌍은 우리의 관찰된 패턴에는 이상점으로 남아 있었다.

25 하지만 수렴함수(Endemic Function)에 관해 우리가 의미적 구체성을 읽을 때 급격한 하락의 패턴이 조금 애매하다는 것에 주목하는 것은 가치 있다. "鳥"를 포함하는 우리의 첫 번째 용어 집합은 그 패턴을 매우 명확히 보여 주었다. 하지만 그 패턴은 다른 두 쌍인 人::走(사람::걷다)와 水::流(물::흐르다)에서는 무너진다. 이는 수렴함수가 대조 쌍이나 부분-전체 쌍만큼 명확히 표시되지 않기 때문이었을 수도 있다. 우리 생각에 그것은 슬링거랜드 外 2017에서 더욱 상세히 묘사되는 방법론적 오류의 결과였을 가능성이 높았다.

26 의학 텍스트에는 모두 226,071개 글자, 즉 우리 코퍼스의 5,740,000개 글자 중에서 3.94%가 들어있고, 『황제내경(黃帝內經)』, 『황제팔십일난경(黃帝八十一難經)』, 『상한론(傷寒論)』, 『금궤요략(金匱要略)』을 포함한다.

27 脈은 네 권의 의학 텍스트에서 2,135번 나오지만, 전체 〈중국철학서전자화계획〉 코퍼스의 다른 곳에서는 227번만 나온다.

28 우연히, 의학 텍스트의 비전형적 본질은 이시다 1989나 팬 다웨이 2017 같이 그런 텍

스트가 마음과 몸 관계에 대한 진정한 중국 견해를 표현하는 것으로 보는 사람들의 열정을 무디게 하는 역할을 해야 한다.

29 이런 용어들은 心에 대해서는 "생각하다/집중하다"(思), "의도/생각"(意), "마무리/결론 내리다"(終)이고, 귀에 대해서는 "듣다/경청하다"(聽), "말하다/알리다"(告), "마무리/결론 내리다"(終)이며, 눈에 대해서는 "보다/지각하다"(見), "밝은/깨끗한"(明) "살아 있다/낳다"(生)였다.

30 특히 종교 텍스트를 연구 목적으로 한 이런 기법들의 개관에 대해서는 니콜스 外(검토 중) 참조.

31 특히, Unweighted Pair Group Method with Arithmetic Mean(UPGMA). 이를 비롯한 관련된 기법들에 대한 전문적인 논의에 대해서는 앤드루스(Andrews)·폭스(Fox) 2007 참조.

32 반드시 필수는 아니지만, 사전에 처리된 코퍼스는 그것을 1,000개 글자 조각으로 자름으로써 정상화되었다. 연상 확고함을 입증하기 위해 추가적인 시도를 비-정규화된 텍스트와 100개와 500개의 조각 길이로 실시했다. 모든 시도는 거의 동일한 질문 용어의 군집을 생산했는데, 이것은 우리의 결과가 매우 확고하다는 것을 암시한다.

33 이것이 얼마나 놀라운 것이거나 놀라운 것이어야 하는지 잠시 생각해 보는 것은 가치 있다. 계층적 군집 분석(HCA)은 코퍼스를 휘젓고 기하학적 거리에만 기초해서 단어들을 함께 뭉치는 단지 매우 조잡하고 완전히 무지한 알고리즘이다. 그럼에도, 그것은 지적인 인간 독자의 활동과 적어도 대략적으로 닮은 관계들의 망을 생산할 수 있다. 이것은 인간 지능의 기초가 되는 기제나 자연계에서 분명히 절묘한 디자인의 창조를 깊이 조사하고 이해했을 때 나타났던 더욱 일반적인 추세의 실례이다. 즉, 매우 정교한 업적은 더 작고 지성이 없는 수많은 알고리즘들이 함께 작동하고 서로에게 의존하는 것의 산물인 것으로 입증된다. 관련된 일반적인 역학에 대한 명료하고 읽기 쉬운 개관에 대해서는 데닛 1995 참조.

34 위계적 군집 알고리즘은 벤치마킹 연구의 세부사항을 마무리하기 전에 실행되었으며, 통제 용어는 내가 앞서 보고한 것과는 다소 다르다. 요점은 단지 의미상 일관성 있는 군집을 식별할 수 있는 방법론의 능력을 확인하는 것이기에, 우리는 엄청난 시간과 전산 능력이 요구된다는 점을 감안해서 그 연구를 다시 실행하지 않았다.

35 거기에서 "가을"(秋)도 볼 수 있을 것으로 예상되지만, 우리 분석가는 무심코 이 용어를 빠뜨렸다.

36 예컨대, 처음에 "인간/사람"(人)에 대한 고유한 기능 쌍으로 생각했던 "달리다/걷다"(走)는 트리에서 꽤 멀리 떨어져 나타난다. 이것은 거의 확실히 (1) 인간 외의 많은 종이 走 "걷다, 달리다"이고, (2) 人이 실제로 일반적인 "사람들"을 흔히 가리키면서 별개의 종으로서 "인간"을 거의 가리키지 않기 때문이다. 더욱 협소하게 정의되고 명확한 고유한 기능 쌍 "새-날다"(鳥-飛)는 예상대로 첫 번째 마디에 단단하게 연결된 채로 나타난다. 적절한 기관 耳 "귀"와 쌍을 이룰 것으로 예상했던 聽 "듣다"는 대신에 부하

와 왕과 군집을 이룬다. 聽의 일반적인 대안적 의미가 부하-왕 관계의 중심적인 규범인 "복종하다"라는 것을 고려할 때까지는 이것은 이상하게 보인다.

37 위계적 군집 알고리즘의 반복적인 실행은 腹을 예외로 하고는 동일한 트리를 계속해서 생산했다. 이것은 때때로 감각과 의사소통 기관인 心과 몸을 포함하는 트리에까지 이어졌다(크리스토퍼 닐보(Kristoffer Nielbo), 개인적 교신). 腹이 그림 4.9에서 제시한 트리의 아래에서 이상점이라는 것을 고려하면 이것은 합당하다.

38 인문학에서 토픽 모델링에 관해 가장 일반적으로 사용되는 방법(그리고 우리가 이용한 방법)은 잠재 디리클레 할당(Latent Dirichlet Allocation; LDA)이라 불린다. 창안자 데이비드 블레이(Blei, David)의 LDA에 대한 (적어도 처음에!) 꽤 비전문적인 소개는 블레이 2012에서 발견할 수 있다. 대부분의 인문학자들에게 아마 더욱 유익한 것은 브레트 2012와 디지털 인문학의 개척자 중 한 명이 운영하는 블로그인 Ted Underwood(https:// tedunderwood.com/2012/04/07/topic-modeling-made-just-simple-enough/)이다. 도움이 되는 특별 논문집은 *Journal of Digital Humanities*의 2권, 1호(겨울 2012)인데, 여기에는 브레트 2012와 블레이 2012 외에 몇 가지 응용 논문들이 수록되어 있다. 또한 *Poetics* 41.6(December 2013)의 특별 발행 호에 수록된 논문들도 보라. 특히 모어(Mohr)·보그다노프(Bogdanov) 2013의 토픽 모델링에 대한 소개를 보라.

39 예컨대, Texas newspaper article archive(토제트(Torjet)·크리스텐슨(Christensen) 2012), 18세기의 산파의 일지(http://www.cameronblevins.org/posts/topic-modeling-martha-ballards-diary/), 19세기 문학에서 문학 주제(조커스(Jockers)·밈노(Mimno) 2013)의 분석을 보라. 토픽 모델링은 또한 광대하고 상대적으로 알려지지 않은 코퍼스에 있는 흥미로운 주제를 조사하기 위한 간단한 키워드 검색보다 더 효과적인 방법으로 사용되었다(탱거리니(Tangherlini)·레너드(Leonard) 2013).

40 心이 등장하는 다른 세 가지 주제는 "문체적" 주제들로서, 이것은 특별한 텍스트의 특유한 것인 특수한 용어나 문법적 불변화사의 특유한 군집을 선택한다. 이것들은 온라인 부록 6에서 묘사되고 논의된다. #97과 #10 모두 코퍼스 전체에서 매우 널리 분포되어 있지만, #33은 그만큼 널리 퍼져 있지 않다는 것에 주목하는 것은 가치가 있다.

41 陽만이 최상위 10개 글자들에서 나타나지만, 陰은 14번째 자리에서 크게 뒤처지지 않는다.

42 "범죄/유죄"(罪) 또한 주제에서 13번째에서 나타난다.

43 토픽 73번은 상위 층위에서 네 권의 의학 텍스트들 중에서 두 권에 실리고, 『황제내경』에서 60%와 『황제팔십일난경』에서 70%이고, 다른 두 텍스트인 『상한론』(9%)와 『금궤요략』(6%)에서 사소한 적재가 있다. 다른 한편으로, 토픽 #84은 80%로 『상한론』과 『금궤요략』에 적재되는데, 『황제팔십일난경』으로 단지 4%, 『상한론』으로 1%가 적재된다. 전자의 텍스트들은 일반적으로 후기 전국시대나 한왕조(서기전 206~220) 초기의 것으로 생각되고, 후자의 텍스트는 후반기의 것으로 생각되므로, 우리의 토픽 모델은

44 토픽 11, 73, 84번은 부록 6에서 볼 수 있다.
45 이 절의 많은 부분은 슬링거랜드·설리반 2017에서 바로 가져온 것이고, 나는 DRH와 그 개념화에 관한 연구에 기여한 내 동료(그리고 전 박사후 연구원)인 브렌트 설리반에게 감사드린다.
46 전문 의견에 대한 반응으로, DRH는 현재 몇 가지 새로운 여론조사 유형을 개발하고 있는데, 질문서는 특별한 종교장소(Religious Place)(예를 들어, 고고학 유적지, 사원, 풍경), 텍스트(Text), 제의(Ritual), 초자연적 존재(Supernatural Being)를 중심으로 조직된다. 예를 들어, 학자들은 공식 집단이나 심지어 비공식 집단의 존재에 대해 심사숙고할 필요 없이 곧 고고학적으로 찾아낸 텍스트에 집중하거나 현장을 발굴할 수 있을 것이다. 이와 비슷하게, 특정한 제의의 세부사항과 원동력에 관심이 있는 학자들은 그 목적으로 설계된 질문서에 답할 수 있다. 이런 다른 여론조사는 또한 공간과 시간에서 고정될 것이고, 일반적인 종교(Religion) 태킹 체계에서 나온 태그로 특징지어지는 것에 확고히 기반할 것인데, 이것은 질문들이 여론조사들 사이에서 공유되게 한다. 이것은 또한 분석가들이 가입 이름, 종교 태그, 지리적 태그를 통해, 또한 공간과 시간 고정화를 통해 데이터를 탐구하게 한다. 이것은 인간의 종교적 경험, 신념, 풍습에 대한 대단히 풍부하고 상세한 기록을 분석하고 이해하고 탐구하는 것을 쉽게 만든다.
47 이런 변수들은 3년 동안 역사가와 과학자의 자문을 받아 UBC의 연구 네트워크 회원들이 설계한 것이었고, 변수 목록의 주기적인 수정과 확장을 위한 기제들이 준비되었다.
48 예컨대, 우리는 DRH를 UBC의 "From the Ground Up" 프로젝트(http://frogbear.org/)에서 수집하고 출판한 동아시아 불교 사원에 관한 광대한 양의 정성적 데이터로 들어가는 문으로 사용할 계획을 하고 있다.
49 DRH는 현재 단순화된 중국어와 프랑스어에서 이용 가능하지만, 스페인어, 러시아어, 아랍어, 한국어, 일본어를 비롯한 다른 언어들로의 확장이 계획 중이다.
50 "후기 상왕조 종교"의 경우, 나타나는 이름은 PhD RA, 클레이튼 애쉬튼으로서, 그는 고 데이비드 케이틀리(Keightley, David)를 대신해서 "전문가 출처(Expert Source)" 수록어를 준비했다(이것은 우리가 해결 중인 시스템 결함이다. 미래에 준비자와 전문가 모두의 이름이 나올 것이다. 애쉬튼은 케이틀리가 출판한 연구를 사용해서 질문서에 답했으며, 수록어의 인쇄출력은 물리적으로 케이틀리에게 배송되었고, 그런 다음 몇 개월 뒤에 나는 그와 함께 부엌 식탁에 앉아서 그의 교정과 추가내용을 기록했다. 이 특별한 질문에 관해, 애쉬튼은 처음에 "그렇다"라고 답했지만, 케이틀리의 의견에서 암시되듯이 그것을 "분야는 모른다"로 바꾸어야 한다고 생각했다.
51 이것은 아직 사이트에 발표되지 않은 초고 수록어를 포함한다.
52 우리는 DRH의 기술적 플랫폼을 완벽하게 하는 데 2년을 보내고, 최근에서야 그 프로젝트를 발표하고, 전문 투고자들을 적극적으로 모집하기 시작했다.

53 현재 수록어가 어떤 프로그램의 학문이나 대학원생의 너무 많은 특별한 학문의 계보를 반영한다고 느끼는 사람들은 자유롭게 등록해서 그들 자신의 수록어를 제공할 수 있다.

54 DRH는 처음 2012년에 나와 공동 연구원들에게 수여된 "종교와 도덕성의 진화(The Evolution of Religion and Morality)"에 관한 SSHRC 제휴 보조금의 부분으로 만들어지고 발달된 것이었다. 우리는 그 이후로 존템플턴재단으로부터 추가로 자금을 지원받았고, DRH는 또한 브리티시컬럼비아대학교로부터 후원을 받는다. 더욱 상세한 내용은 우리 자금 페이지 참조(http://religiondatabase.org/about/funding/).

55 이런 방향에 낙관하는 한 가지 이유는 개념적 은유 분석과 다른 인지언어학적 접근법들에 대한 그 분야의 태도의 예 때문이다. 그런 기술들의 분석력에 대한 슬링거랜드 2003의 주장은 고대 중국 사상 분야에서 많은 비판을 받았다. 이런 분야의 저명한 학자들은 신체화된 이미지적 함의보다는 추상적인 철학적 주장이 우리 주의의 초점이어야 한다는 전통적인 견해를 옹호한다(예를 들어, 프레이저 2007, 쾽로이 슌 2004). 그 이후 몇 년 동안, 이런 동일한 인물들 중 일부는 의심쩍게도 개념적 은유 분석처럼 보이는 접근법을 조용히 채택했고(예를 들어, 프레이저 2008, 쾽로이 슌 2006), 이것은 다시 이 분야에서 널리 사용되고 논란의 여지가 없는 기술이 되었다(예를 들어, 카뮈 2017, 루 루이스 웨이룬(Lu, Louis Wei-lun)·치앙웬유(Chiang, Wen-yu) 2007, 매티스(Mattice) 2014, 마이어(Meier) 外 2007, 쉴리터(Schlieter) 2013).

56 예컨대, 이 책을 집필할 당시에 슬링거랜드 外 2017에 대한 출판된 유일한 비평은 팬다웨이 2017으로서, 그는 논의도 없이 그 결과를 묵살하면서, "인문학에서 매우 귀중한 인간 의식의 풍부함과 깊이를 희생하면서" 과학 기법에 의존하는 "일시적 유행"으로 특징짓는다(1023).

57 *New York Review of Books*의 이 연구는 링크(Link) 2013을 개작한 것이고, 조설근-디킨스 예는 처음에 그곳(219)에서 나왔다.

58 대규모 텍스트 분석에 대한 라이언 니콜스의 소개(http://www.hecc.ubc.ca/quantitative-textual-analysis/)와 맥길대학교의 우리 동료들이 만든 Voyant 플랫폼(http://voyant-tools.org/) 참조.

59 문학 학자들이 종종 "There is a lot more discussion in Frankenstein about technology than other novels(어떤 다른 소설에서보다 『프랑켄슈타인』에는 기술에 대해 더 많은 논의가 있다)"에서처럼 "more"나 "less"와 같은 "반-정량적 단어"를 자주 사용한다는 설명 참조. 그들은 "이와 같은 주장이 옳든 그르던 간에, 우리는 단어를 세기 위해 정량적 도구를 사용하여 조사할 수 있는 주장을 한다. 그래서 우리는 해석학적 방법과 정량적 방법 간의 단단한 구분을 경계해야 한다"라는 록웰(Rockwell)·싱클레어(Sinclair)(2016: 41)의 설명 참조.

60 이와 관련해, 슬링거랜드 2013a에 있는 특별한 구절에 대한 나의 정성적 분석이 다소 전체 표준 고대 중국 코퍼스에 대한 대규모 분석(슬링거랜드·추덱 2011b, 슬링거랜드

外 2017)과 결부되어 있다는 사실에도, 나는 팬 다웨이가 나의 연구를 최근에 비판하면서(팬 다웨이 2017: 1029) 내가 선택한 구절을 "선택적 편향"이라 한 것은 다소 불합리하다고 생각한다. 팬은 이런 정량적 결과를 다루는 어떤 시도도 하지 않는다.

61 "Evolution of Religion and Morality" Partnership Grant(PI: Slingerland)와 2012년부터 2018년까지 재정을 지원한 Cultural Evolution of Religion Research Consortium(CERC, http://www.hecc.ubc.ca/cerc/project-summary/).

62 DRH가 그것을 만든 사람들에 의해 전혀 예상 밖으로 사용될 것이라는 것도 점차 명확해지고 있다. 예컨대, 뉴욕대 상해캠퍼스(NYU Shanghai) 동료들은 이분법적인 정량적 여론조사 답의 유용성에 대해 매우 회의적이었지만, DRH가 특별한 분야에서 지적 계보를 추적하는 데 뛰어난 도구라고 생각했다.

제5장

1 마음 이론의 "이론적" 본질을 어떻게 이해할 것인가는 그 분야에서 논란이 되는 주제로서, 일부 학자들(예를 들어, 고프닉·웰만1994)은 마음 이론이 일종의 암시적 이론으로 간주되어야 한다고 주장하지만, 다른 연구자들은 마음 이론이 우리의 거울뉴런계로 촉진되는 감각운동 시뮬레이션의 결과이거나(고든 1986, 칼리스·골드만 1998, 골드만·조던 2013), 마음 이론이 지각에 기반한 "몸-읽기"의 결과라고(갤러거 2005) 주장한다.

2 마음 이론에 대한 가장 읽기 쉬운 개론서는 폴 블룸 2004이지만, 배런-코언·태거-플우스버그·롬바르도 2013는 다양한 관점에서 그 분야에 대한 가장 전문적이고 합리적인 최근의 개관을 제공한다. 하지만 후자는 발달신경과학과 사회신경과학에 집중한다. 최근에 출간된 바야르종·스콧·비안2016은 유아와 아동의 마음 이론에 관한 실험 문헌을 유익하게 개관한다.

3 그들이 사용한 한 가지 비디오는 https://www.youtube.com/watch?v=n9TWwG4SFWQ에서 이용 가능하다.

4 슬링거랜드 2008b: 129~136에서는 마음 이론의 구조와 중의성을 좀 더 상세히 논의했다.

5 또한 나는 서론에서 많은 철학자들과 인지과학자들이 물리주의 입장을 강력하게 논쟁하고 있다고 언급했다. 어쨌든, "마음"이 실재로 우주의 환원불가능한 성분이든 아니든 간에, 뇌가 제 기능을 하는 정상적인 인간은 확실히 적어도 뜨거운 인지나 암시적 인지에 관해서 그럴 것 같다고 느낀다.

6 행동주의가 유기체의 행동을 밖으로부터, 즉 비정신적 용어로 예측하고자 한다는 것이 "거대하고 거의 가망 없는 과제"(1986: 67)이기 때문에 그것은 연구 프로젝트로서 실패했다는 니콜라스 험프리(Humphrey, Nicholas)의 관찰 참조.

7 험프리 1986, 번(Byrne)·화이튼(Whiten) 1988, 던바(Dunbar) 1992, 2003, 에일로(Aiello)·휠러(Wheeler) 1995 참조.

8 얼굴과 생물학적 이동의 지각은 행위성을 지각하는 데 공동으로 기여하는 두 가지 구

분되는 선천적인 과정인 듯하다(톰슨·하디 2008).
9 또한 유생성 지각의 매체가 속도나 방향에서 어떤 종류의 변화를 포함하며 매우 간단하다고 말하는 트레뮬레(Tremoulet)·펠드먼(Feldman) 2000 참조.
10 치브라 2008; 바야르종·스콧·비안 2016: 161~162에서 반복의 개관과 인용 참조.
11 허위신념을 마음 이론에 대한 리트머스 테스트로 사용하는 것은 다니엘 데닛 1978이 처음 제안한 것이었다.
12 반대 견해에 대해서는 헤이즈(Heyes) 2014 참조.
13 예컨대, 마음 이론 능력의 "체계 1"(뜨거운, 자동적) 모형 대 "체계 2"(차가운, 의식적) 모형에 대해서는 레슬리 1994를 참조하고, 마음 이론의 지각적 성분 대 개념적 성분에 대해서는 숄·트레뮬레(2000)를 참조하며, 힘들이지 않는 마음읽기 체계 대 힘들이는 마음읽기 체계에 관해서는 애필리 2013를 참조해 보라.
14 허위신념 과제에 대한 아이의 수행이 왜 변화하는지를 두고 많은 논쟁이 있는데, 어떤 연구자들은 그것을 이론적-개념적 전이의 탓으로 보고, 다른 연구자들은 경험에서 발생하는 능력의 단순한 향상의 탓으로 본다. 이 주제에 대한 다양한 견해는 웰먼·크로스·왓슨 2001과 야즈디 外 2006 참조.
15 웰먼·피터슨은 허위신념 과제를 미세하게 구분하고, 발달 순서에서 유일한 범문화적 차이가 중국과 이란 아이들이 어떤 것이 참일 수 있다는 것을 이해하는 능력을 획득하지만("지식 접근"), 어떤 사람은 사람들이 동일한 상황에 대해 다른 신념을 가질 수 있다는 것을 이해하기 전에 그것을 모를 수 있다("다양한 신념")는 것임을 발견한다. 그들은 이런 차이를 동료의 말을 듣거나 그들 자신의 의견을 자유롭게 표현하기보다는 전통주의적 사회에서 권위 있는 성인을 흉내 내기를 더 많이 강조하는 것의 탓으로 돌린다(2013: 57. 58). 어쨌든, 이것은 사소한 변이이고(5단계 과정의 2와 3 단계의 전환), 모든 아이는 범문화적으로 동일한 마음 이론 능력을 결국 갖게 된다.
16 정상 부모에게서 태어난 청각장애 아동이 모국어 수화자나 심지어 신념과 정신상태 용어를 포함하는 그들 자신의 크리올 수화를 발견한 수화자들에게 노출될 때 완전한 마음 이론 능력을 재빨리 습득한다는 사실은 초기 유년시절에 그러한 환경을 접하지 못하는 것이 영구적인 영향을 미친다는 것에 대한 반대 주장이다. 웰먼·피터슨 2013: 58-63에 수록된 문헌의 견해와 논의 참조.
17 실제로 사용된 애니메이션의 퀵타임 샘플은 주저자의 웹사이트(www.hclark barrett.com)에서 이용 가능하다.
18 예를 들어, 댈리·에머리·클레이턴 2006와 페니시 2006의 조사 참조.
19 영장류동물에게서 마음 이론에 대한 증거를 초기에 요약한 연구는 체니·세이파스 1990: 253~254에서 발견할 수 있다. 그들은 원숭이에게는 마음 이론이 결핍되어 있는 것처럼 보이지만, 침팬지는 그것의 제한된 형태를 가지고 있는 듯하며, 물론 (유아처럼) 침팬지는 허위신념을 추정하지 못하는 것처럼 보인다고 결론내린다. 침팬지가 인간 마음 이론의 전부는 아니지만 많은 요소를 소유한다는 것을 암시하는 "침팬지 정치"의 연

구에 관해서는 드 발 1983/1998뿐만 아니라 헤어·캘·토마셀로 2006에서 침팬지 기만과 크록포드 外 2012에서 경고성 울부짖음에 관한 현장 연구 참조. 마틴·산토스 2016은 마음 이론 연구를 최근에 조사하면서, 영장류동물이 마음 이론의 많은 자질을 소유하지만 결정적으로 허위신념을 표상하는 능력은 결핍되어 있다고 결론 내린다.

20 토마셀로·캘·헤어 2003과 포비넬리·폰크 2003에서는 침팬지의 마음 이론에 대한 찬반 주장을 유익하고 짧게 제시한다. 엘리자베스 페니시(2006)의 연구에서, 포비넬리는 허위신념 테스트를 통과하지 못하는 것이 침팬지에게 인간의 완전한 마음 이론 같은 것이 없다는 것을 보여 준다고 주장하지만, 헤어는 마음 이론이 반드시 흑백 모듈이 아니고, 침팬지가 마음 이론의 어떤 자질을 소유하지만 다른 자질은 부족하다고 지적한다.

21 예를 들어, 램벡·스트래선 1998에 수록된 논문 참조.

22 또한 베링·비요클룬드 2004가 수행한 아이와 성인을 대상으로 하는 후속 연구 참조. 이런 연구에서는 아이와 성인에 대해 비슷한 패턴을 발견했지만, 아주 어린 아이들(4세에서 6세까지의 아이들)에게서 인지적 상태와 정신생물학적 상태 간의 구분은 덜했다.

23 두 실험대상자 집단의 판단은 능력들의 등급에서 다소 차이가 났고, 몇 가지 능력은 "불일치"로 분류될 만큼 충분히 달랐다. 즉, 영국 참여자들에 의해 몸 의존적인 것에 속하지만, 브라질 참여자들에 의해서는 몸 독립적인 것에 속하는 것으로 통계상 판단되었다.

24 모든 능력이 몸 의존적인 것이나 몸 독립적인 것으로 분류되었지만, 실험대상자들 간의 의견일치 정도나 개별 실험대상자들의 대답에서 자신감의 정도는 feel disgust/se sentir com nojo, feel scared/se sentir com medo, hate things/odiar coisas, feel sleepy/se sentir com sono, desire things/desejar coisas, feel pleased/se sentir agradado(a)와 같은 특정한 능력들에 섞여 있었다. 몸 의존적인 것과 몸 독립적인 것 간의 경계 주변에서 맴도는 이런 능력들은 예를 들어, 그 자체로 합리적인 것이 아니라 아리스토텔레스가 이성에 반응하는 인간 자아의 욕구 또는 감각 부분으로 보았던 욕망, 특별한 정서, 규범적인 반응의 유형들에 대응하는 것처럼 보인다(『니코마코스 윤리학』(*Nicomachean Ethics*) 1102a30. 1103a; 어윈(Irwin) 1999: 31~32).

25 그들은 또한 "공식적인 마르크스 이데올로기와 정규교육에서 유물론의 지배적인 학설에도 불구하고, 여전히 우리의 두 연구에서 중국 대학생들 중에서 50% 이상은 스스로 내세를 믿는 사람으로 식별했다"(39)라고 지적한다.

26 「예론」(휴턴 2014: 제19장)에서, 순자는 중국 장례식이 이런 심리적 기능을 수행하기 위해 어떻게 설계되는지를 매우 상세하고 정교하게 설명한다.

27 추정상 전지전능한 초자연적 존재의 인식론적·물리적 한계에 관한 개념 참조(배럿 1996, 1998, 배럿·케일 1996).

28 고대 중국의 장례용품과 장례기술에 관한 뛰어난 개관에 대해서는 라이구오롱 2005, 2015, 쳉란잉(曾藍螢) 2011 참조.

29 물론 우리는 "근육 기억(muscle memory)"이나 "정서적 타박상(emotional bruise)"에 대해 은유적으로 이야기할 수 있지만, 마음과 몸이 매우 다른 것으로 생각되지 않는다면 이것은 은유 표현이 아닐 것이다. 농담이 아니면 어느 누구도 정서적 타박상에 얼음을 문자적으로 놓을 것을 제안하지 않는다.

30 예를 들어, 바살로우 1999, 포코니에·터너 2002, 깁스 2006, 코슬린·톰슨·가니스 2006, 레이코프·존슨 1999 참조. 나는 이미 몇 권의 단행본 분량의 연구(슬링거랜드 2003b, 2008)뿐만 아니라 고대 중국 사상의 분야에 종사하는 동료들을 위한 더욱 간결한 요약(슬링거랜드 2011a)에서 이 점을 주장했으며, 독자는 완전한 참고문헌과 더욱 상세한 논의에 대해서 이런 연구를 참조하면 된다.

31 예는 기니 2012와 명시적으로 그것을 받아들이지는 않지만 아마 틀림없이 실제로 가이스 2016이 있다.

32 예를 들어, 이시다 1989, 쿠리야마 1994, 지토(Zito) 1994, 나일랜 2001, 브린들리 2010: xxix.

33 이것들은 신체화된 실재론의 옹호자들이 심도 있게 제시했지만(예를 들어, 깁스 1999, 킴멜 2005), 강한 구성주의적 지향의 비평가들이 완전히 무시했던 중요한 조건들이다. 예컨대, 기니는 임산부와 십대 남자처럼 장애가 있는 사람들이 세계를 다르게 경험할 것이라고 몇 군데에서 지적한다. 그녀는 이런 의견을 신체화된 실재론 입장에 대한 반증으로 간주하는 것처럼 보인다. 실제로 그것은 정확히 그 입장이 주장하는 바이다. 즉, 문화들 간의 개념적 구조는 신체화된 행동유도성과 물리적-문화적 환경의 결합으로부터 발생한다. 이것들 중 어떤 것이 변화한다면 구조도 변화할 것이다. 이는 다른 기술과 사회적 관습에 노출된 사람처럼 다르게 신체화된 사람들이 세계를 다르게 경험할 것임을 의미한다(예를 들어, 시계와 시급은 명확히 우리의 시간 개념을 바꾼다).

34 물론 나는 그들의 분석을 더 자세히 설명했지만 레이코프·존슨(1999: 31~32, 274~275) 참조.

35 예컨대, 『여씨춘추』에서 어떻게 "인간의 의도와 관련해 지각력은 성인신분에 대한 리트머스 테스트로 다루어지는지"에 대한 미란다 브라운·우페 베르제톤의 논의 참조(2008: 650). 멀리서 볼 수 있는 제스처로부터 정신적 상태를 읽어낼 수 있는 능력과 같이 이 텍스트에서 성인에게 있는 것으로 생각되는 힘은 근본적으로 마음 이론과 그릇 논리 모두에 달려 있다.

36 그의 논문 거의 끝에서, 가이스는 "이 텍스트나 그 저자들에게 종종 '내부 경험' 구분과 관련 있는 데카르트의 심리철학이나 아우구스티누스의 언어 개념에 대한 신념을 할당할 필요는 없다"(412)라고 지적하는데, 이것은 뒤에서 언급하듯이 내면성이나 내부 경험에 대한 "우리의" 개념이 반드시 특정한 서양의 철학적 개념에 대한 신념을 함의한다고 가정하는 문제의 예이다.

37 앞서 인용한 가이스의 예 외에, "psyche"와 "psychology"를 사용할 때 그것을 광대한 방지책과 완화로 둘러싸는 에리카 브린들리(2006: 9) 참조.

38 CSR의 현대 실례에서 초기 개척자로는 심리학자 파스칼 보이어와 저스틴 배럿이 있다. 수년 동안 CSR의 연구는 American Academy of Religion Annual Meeting과 같은 주류 인문학 중심지에서 받아들이는 데 어려움을 겪었다. 하지만 2007년에 앤 테이브스(Ann Taves)와 나는 AAR에서 Cognitive Science of Religion Group를 설립했으며, 이것이 지금은 CSR 전문가들과 더욱 전통적인 인문학자들 간의 번창하고 있는 매우 능동적인 상호작용의 중심지이다. CSR에 기반한 연구는 또한 Journal of the American Academy of Religion이나 Religion과 같은 출판물에서 등장하고 있다.

39 CSR의 분야에 대한 소개와 개관에 대해서는 배럿·랜먼 2008, 쿨로타 2009, 기어즈 2010, 슬링거랜드·불불리아 2011b, 슬론 2006, 테이브스 2010 참조. 이 분야의 상태는 〈Religion, Brain & Behavior〉와 〈The Journal of the Cognitive Science of Religion〉 같은 저널에서 추적되고, CSR에 관한 소개 강좌는 나와 아짐 샤리프(Azim Shariff)가 교육하는 edX 플랫폼 "Science of Religion," UBCx을 통해 온라인에서 자유롭게 이용가능하다(https://www.edx.org/course/science-religion-ubcx-religionx).

40 종교적 신앙과 풍습의 적응적 지위를 두고 이 분야에서 상당히 많은 논쟁이 있다. 순수한 부산물이나 위험 탐지 견해와 결합된 부산물 외에, 다니엘 데닛과 다른 연구자들은 종교적 생각과 행동이 스스로를 복제하기 위해 인간의 마음에 본질적으로 기생하여 숙주에게 부정적인 영향을 미치는 독립적인 문화적 "밈(meme)"이라고 주장했다(데닛 2006). 다른 연구자들은 그 경비(잃어버린 시간, 음식과 짝짓기 기회, 비싼 물질적 제물 등), 종교가 인간 인지에서 그 기원이 무엇이든 간에 개별 층위이든 집단 층위에서든 적응적 기능을 가져야 한다고 주장한다(스터렐니 2007). UBC에 있는 우리 연구 단체는 유전자-문화 공진화 가설을 옹호하는데, 이 가설로 폭넓게 이해되는 종교적 신앙과 풍습은 마음 이론의 부산물로 비롯되었지만, 전 세계를 지배했던 크고 "친사회적" 세계 종교를 유발했던 문화적 집단 선택 압력의 지배를 받았다. 종교인지과학(CSR)에서 다양한 현대 입장들의 세부사항, 우리 자신의 가설에 대한 설명, 우리 입장에 대한 이 분야의 다른 연구자들의 비판은 노렌자얀 外 2016 참조.

41 인간의 "인지적 유동성(cognitive fluidity)"의 문맥에서 이런 발견물에 관해서는 스티븐 미슨(Mithen, Steven) 1996: 155, 164~167 참조. 반(Bahn) 2011은 후기구석기시대 발견물에 대한 대부분의 "샤머니즘적" 해석을 실제 데이터 그 자체보다 연구자들 자신이 좋아하는 이론이나 의심스러운 민족지학적 유사물에 의해 더욱 유도되어서 "심오하게 결함이 있는"(354) 것으로 처리한다. 하지만 그 자신조차도 의도한 독자 역할을 하는 초자연적 행위자에 대한 신념을 단정하지 않고서는 이해하기 힘든 특히 동굴 예술에 숨겨진 이런 발견물들 중 일부에 대해 "세속적인 설명을 상상하는 것은 매우 어렵다"(354)라고 결론 내린다.

42 예를 들어, 인솔(Insoll) 2011에 수록된 논문 참조.

43 "天이 개인적 신성이라고 생각되는지의 여부를 결정하기 위한 서면 기초가 없다"라는 홀·에임스(1987: 202)의 주장 참조.

44 그 문헌에 친숙하지 않은 독자는 양러빈 1970, 푸무추 1998 또는 라거웨이·칼리노프스키 2009에 수록된 논문을 참조하면 된다.
45 특히 공상적인 동물 친구나 용을 타고 있는 사람 형상을 포함하는 푸양시 남쪽에 있는 무덤의 유물을 보라(리우리·첸싱칸 2012: 196~197, 니켈2011: 443~444). 고대 중국에서 샤머니즘 주제에 대한 일반적인 논의에 대해서는 린푸시(林富士) 2009 참조.
46 클라크·윈슬렛 2011은 이 주제를 유익하게 개관하고 논의한다.
47 아브라함 신이 신학적으로 비의인화된 것으로 간주되지만, 나는 제6장에서 이것이 He가 일상 인지에서 개념화되는 방식과는 거의 관련이 없다고 주장한다.
48 하지만 혹자는 여전히 종교적 숭배나 종교적 신앙이 순자의 윤리적 비전에 계속해서 근본적인 역할을 한다고 주장한다. 매클 1976과 아이반호 1991 참조.
49 『춘추좌씨전』만큼 초기에 발견할 수 있는 고대 중국 사상에서 이런 종류의 "인본주의(humanism)"에 대한 합리적인 최근 옹호에 대해서는 칼리노프스키 2009: 372~373 참조.
50 특히 고대 중국에서 "통속" 종교에 대한 뛰어난 소개에 대해서는 푸무추 1998 참조.
51 팬 다웨이는 공자가 『논어』 제11편 「선진」에서 내세에 대한 제자의 관심을 무시하는 것을 증거로 받아들인다. 이것은 세속주의자들이 가장 좋아하는 구절이다. 그것이 내세에 대한 "호기심의 결핍"으로 특징지어지는 일반적인 고대 중국 세계관을 반영한다는 생각은 제6장에서 더욱 상세하게 논의할 철학적 입장을 의심할 수 없는 보편적인 문화적 가정으로 혼동하는 고전적인 경우이다. 왜 공자가 제자에게 분수를 알게 해야 하는지를 알기 어렵고, 일반적인 중국 철학자들은 내세가 그 당시 사람들 사이에서 관심이 되는 일반 주제가 아니라면 내세를 "언급해야 한다"(팬이 인정하듯이 그들은 그렇게 한다).
52 범문화적 문맥에서 심리적 본질주의에 관한 연구(가령, 폴 블룸·갤만 2008, 메이어) 外 2013)는 영혼의 통속 개념이 정신적 속성에 중심을 두지만 또한 욕망이나 습관과 같은 능력들과 때로는 심지어 물리적 특성을 끌어당길 수 있다고 암시한다. 예컨대, 달라이 라마나 티베트 불교에서 다른 영적 지도자들의 환생은 부분적으로 물리적 기호나 닮음에 기초해서 식별된다. 이것은 앞서 논의한 베링이나 코언 外의 것과 같은 결과들을 고려하면 놀라운 일이 아닌데, 이런 결과들은 어떤 능력과 특성이 몸과 독립적인지에 관해 사람들 간의 의견불일치와 종종 있는 개인들의 확실성 결핍을 증명한다. 유명한 (또는 악명 높은) 사람들이 소유하거나 다루는 물리적 인공물에 이따금씩 부여되는 가치나 원본 그림이 심지어 물리적으로 완벽한 복사본과 질적으로 다르다는 확신 또한 개인적 본질이나 영혼의 어떤 양상이 계속해서 물리적 사물에 부착되거나 그것에 존재할 수 있다는 직관을 암시하는 것처럼 보인다(프레이저 外 2009). 이런 직관은 또한 가령, 위패, 비석, 신성한 개인의 물리적 유물(손가락 뼈, 의복)에 부착되는 신성한 지위를 설명한다.
53 "인지적 부하"는 한 개인에게 시간 압박을 받게 하거나 한 번에 여러 가지 일을 하게 강요함으로써 그의 실시간 인지 능력을 압도하는 것을 가리킨다. 인지적 기본치로서의

목적론적 설명에 관해서는, 다른 점에서는 신비롭고 원인이 없는 사건을 설명하기 위해 성인과 아이들이 초자연적 행위성을 귀속시키는 것을 다루는 제시 베링의 연구 참조(베링 2002, 베링·파커 2006).

54 이것은 나도 들어가고 싶은 집단이다. 우주의 물리주의적인 기계론적 모형을 완전하고 직관적으로 받아들이지 못하는 인간의 무능력에 관해 더 많은 내용은 슬링거랜드 2008b: 제7장 참조.

55 또한 바네르지·블룸 2012에서 문화적 입력의 중요성을 더욱 강조하는 비슷한 주장뿐만 아니라 수정에 대해서는 폴 블룸 2007과 블룸·와이즈버그 2007 참조.

56 고대 중국 문맥에서 무신론에 관해서는 푸무추 1998: 45~46 참조.

57 암시적 인종차별주의에 관한 문헌 개관을 포함해 인지의 암시적 측정의 유익한 개관에 대해서는 파지오(Fazio)·올슨(Olson) 2003 참조.

58 또한 신앙심이 직관적 과정에 기반하지만 의식적인 힘을 쓰는 과정에서 무효화될 수 있음을 암시하는 윌러드·노렌자얀 2013: 380에 수록된 연구의 개관 참조.

59 자폐 스펙트럼 장애와 초자연성의 개념에 관해서는 또한 샤프-존커(Schaap-Jonker) 外 2013 참조.

60 또한 마음 이론 스펙트럼의 반대 끝단의 자폐증과 정신분열증에 관한 비슷한 주장에 대해서는 애부-애켈(Abu-Akel) 1999, 프리스(Frith) 2004, 네틀(Nettle) 2006 참조.

61 자연스럽게도, 정신분열증 환자는 뇌가 제 기능을 하는 정상적인 통제 집단보다 다양한 마음 이론 과제를 더 잘 수행한다는데(크레스피(Crespi)·배드코크(Badcock) 2008: 256), 이것은 자폐 스펙트럼의 사람들이 더욱 불충분하게 수행하는 방식의 거울영상이다. 또한 자폐증과 정신분열증 환자가 행위성을 다르게 투사하는 것에 관해서는 커트 그레이(Kurt Gray) 外 2011 참조.

62 "영적이지만 종교적이지는 않은 사람들"은 조직적인 종교를 거부하지만 그럼에도 다양한 초자연적 믿음을 믿는 사람들을 말한다. 그런 초자연적 믿음으로는 지구는 모체령(Mother Spirit)의 지배를 받는다거나 자연계에는 어떤 사람들이 함께 의사소통할 수 있는 의식적이고 의인화된 영혼들이 거주한다는 것이 있다.

63 문화의 신체화된 개념에 대한 소개에 대해서는 특히 보이드·리처슨 2006, 리처슨·보이드 2005, 스퍼버 1996, 스퍼버·허시펠트 2006뿐만 아니라 슬링거랜드 2008b: 제4장 참조.

64 브라운(Brown)은 주석(2006: 248, 주석 117번)에서 "정신적 단일성" 입장의 옹호자들이 데이비드 니비슨 아이반호, 그리고 그들의 학생들이라고 밝히고, 나의 연구를 이 입장에 대한 "특별히 귀에 거슬리는" 형태의 표본으로 선택한다.

65 조엘 리치아이머(Richeimer)가 주장했듯이, 로이드는 스스로를 보편주의 입장과 반-보편주의 입장 사이의 온건주의자로 위치시키지만, 결국 그는 두 입장 모두 "그들이 질문하는 방식의 인공물"(2008: 341)이라 주장하는데, 이는 정확히 우리가 넘어서야 하는 "온후한 관찰"이다.

66   이것은 앞서 논의한 바라라 헌스타인 스미스 또는 내서니얼 배럿과 같은 CSR의 비판가들에게 적용된다. 이 주제에 대해 더 많은 것에 대해서는 슬링거랜드 2008b: 제4장과 슬링거랜드 2017뿐만 아니라 문화와 문화의 무수한 변이형의 중요성을 강조하는 과학-인문학 통섭의 "제2의 물결"의 예에 대해서는 슬링거랜드·콜라드 2012a에 수록된 논문 참조.
67   「덕충부」, 왓슨 1968: 73, cited on p. [ms20].
68   가령, "우리 사고의 직물은 인도유럽 언어들로 짜진 것인데 반해"(쥴리앙 1995b: 18), "고대 중국어의 구조는 한 과정 내에서 끊임없는 변이의 표현을 유발했던 상관성과 교체의 상호작용을 일으켰다"(2007: 111)라는 사실.

제6장

1   이런 미끄러짐은 공자에게는 "별개의 고립된 자아라는 개념"(에임스 1991: 105)이 결핍되어 있었다는 에임스의 의견에서처럼 단 하나의 구절 내에서도 발생할 수 있다. "별개의" 자아는 반드시 "고립적"인 것은 아니지만, 에임스는 이런 다른 개념들을 독자가 전체로 받아들이거나 거부해야 하는 하나의 개념적 꾸러미로 섞어버린다.
2   혹자는 위의 인용문에서 "이원론적 서양 전통"과 관련해 수식어 "certain"이 그 구절의 취지인 추가 생각이라고 느끼고, 일반적으로 브린들리 2010의 서론은 "그" 서양 견해와 대조적으로 "그" 고대 중국 자아관에 대해 매우 다른 것이 있다는 것이다.
3   예컨대, 心에 대한 전체론 주장에 관해 이시다 1989와 닝위 2009의 주장은 이와 관련해 대표적인 것으로서, "그" 중국의 가슴-마음 견해의 그림을 그리기 위해 매우 다양한 장르와 대단히 넓은 시기의 중국 텍스트들에서 널리 표본화한다.
4   스터크는 때때로 "modern"과 같은 형용사로 서양에 대한 자신의 특징묘사를 한정하지만, 그가 근대이전의 서양 사상가들을 고대 중국 사상가들과 함께 분류하지 않는다는 사실은 문화 차이의 더욱 심오한 느낌이 작동하는 것을 드러낸다. 고대 중국 세계관은 내가 생각하기에 더 적절한 것이지만 근대 서양의 과학적 견해라기보다는 이상점으로서 제시된다.
5   이와 비슷하게, 북 캘리포니아에 있는 나의 성인 어부들은 일반적으로 "얼굴이 원숭이 같은 뱀장어(monkey-faced eel)"(Cebidichthys violaceus)로 알려진 종에게 살그머니 접근한다. 물론 대부분은 그 생명체가 전문적으로는 뱀장어가 아니라 육봉어라는 것을 어렴풋이 알고 있다. 중요한 것은 그것이 뱀장어처럼 보이고 느껴지고, 뱀장어의 습관을 가지고 살며, 뱀장어처럼 손질해서 요리된다는 것이다. 우연히 이런 특성들은 뼈만 앙상한 물고기가 비슷한 생태적 적소에서 잘 자라기 위해 "뱀장어" 같은 특징을 발달시켰던 수렴적 진화의 좋은 예이다.
6   "그" 유럽의 자유의지 견해와 성 아우구스티누스를 동일시하는 것에 미묘한 차이를 덧붙이려는 퍼킨스의 한 가지 시도는 시작하지도 못한다. "명확히, 유럽 전통에서는 자유의지에 대한 많은 다른 이론들을 개발했으며, 이 중에서 어떤 이론은 아우구스티누

스의 개념과는 분명히 반대되는 것이었다. 그럼에도, 자유의지를 궁극적인 개인적 책임에 연결하는 기본적인 궤도 바깥에서 생각하는 것은 어렵다"(2009: 129). 아우구스티누스의 사상과 순자라는 특별한 유가 사상가의 사상 간의 공통점과 차이점에 대한 신중한 논의에 대해서는 스탤낵커(Stalnacker) 2006 참조.

7 그녀는 더욱 최근에 나일랜 2016: 104에서 이런 주장들을 반복하는데, 여기에서 모든 고대 중국은 더욱 칸트에게 영향을 미쳤던 "유대-기독교" 전통으로 명시되는 정교에 기반한 "서양"과는 대조된다.

8 따라서 그는 내가 여기에서 비판하는 풍자의 종류 대 풍자 접근법이라는 "방법론적 이원론"과 그가 말하듯이 "플라톤, 예수, 부처 모두가 '같은 말을 했다'"라는 생각인 "다년생 철학(perennialist philosophy)"(168) 간의 절충안으로 나아갈 것을 추천한다.

9 어떤 연구자는 그 두 양식이 뒤얽혀 있고 명확히 함께 작동하게 진화되기에 서로 다른 "체계들"의 언어에 반대하지만, 뜨거운-차가운 구분은 유익한 발견법이고, 우리의 현상학적 경험에 대응하며, 하나의 체계가 다른 체계는 손대지 않고 두면서도 선택적으로 파괴될 수 있다는 의미에서 신경생리학에 기초한다. 그 두 가지 체계 모형에 관해서는 르두(LeDoux) 1996: 179~182, 에반스(Evans) 2008, 카너먼(Kahneman) 2011, 페소아(Pessoa) 2005 참조.

10 최근까지 표준 이론인 로이 바우마이스터와 동료들(예를 들어, 바우마이스터 外 1998, 갈리어트 外 2007)이 제안하는 "제한된 자원(limited resource)" 모형은 과제 우선권 기반 모형(task priority-based model)을 주장하는 인즐릿(Inzlicht)·슈마이켈(Schmeichel)·맥레이(Macrae) 2014와 같은 연구자에게서 비판을 받았다. 어쨌든, 인지적 통제에 개입하는 인간 능력이 제한되어 있다는 것에 일반적으로 의견이 일치한다. 물론 이런 제한은 분명히 훈련과 연습을 통해 확장될 수는 있다. "자아 고갈(ego depletion)"의 현상을 반복하는 것에 대한 고립적 실패에도, 최근에 전 세계적으로 엄청나게 지속한 노력은 작지만 효과적인 것을 발견했다(보스 2018).

11 이것은 데카르트의 비공식적 글을 철저하게 분석하려는 나의 연구 프로젝트 목록에 있는 것이다.

12 이제는 베니스의 아카데미아 미술관(Gallerie dell'Accademia)에 소장되어 있다.

13 앞서 지적했듯이, 중국의 마음-몸 전체론 옹호자들이 전통적인 중국 의학 견해를 그들의 중심적인 사례로 드는 것은 일반적이고(예를 들어, 이시다 1989, 닝위 2009, 팬 다웨이 2017), 실제로 적어도 지나가는 말로 중국 의학 견해를 언급하지 않는 중국 전체론에 대한 옹호를 찾기는 어렵다. 이와 관련해, "의학은 마음-몸 문제에 관해서 대개 탐구되지 않았던 분야이다"라는 팬 다웨이의 주장(2017: 1019)은 다소 이상하다. 나는 이것에 분명 반대한다. 중의학(TCM)에서 나온 개념들은 빈번하게 "중국인"이 생각하는 방식을 특징짓는 것으로 자랑삼아 보여 진다. 실제로, 전문적인 의학 텍스트에서 발견되는 몸과 신체적 에너지에 대한 특별한 전문 견해들이 오히려 평범한 사람이나 심지어 글을 읽고 쓸 수 있는 엘리트의 개념과 많은 관련이 있다고 생각할 이유는 없다. 제4장

에서 보고한 대규모 텍스트 분석 결과는 한 장르로서의 의학 텍스트가 고대 중국 코퍼스 전체와 비교할 때 매우 많이 개념적 이상점이라는 것을 보여 준다. 어쨌든, 제2, 3장에서 보았듯이, 『황제내경』과 같은 의학 텍스트에서도 이원론 개념이 작동하는 것을 발견할 수 있다고 지적하는 것은 가치가 있다.

14 또한 "하나의 문명이 실제로 인과적 사고를 사용하는 정도와 그 과학의 이론에서 인과적 사고를 사용하는 정도 간에는 별로 관련이 없는 것 같다"(1989: 318)라는 그레이엄의 의견 참조.
15 슬링거랜드 2011a: 27. 이 의견은 이 주제에 대한 어떤 선행연구도 공식적으로 참조하지 않고서 매티스 2016: 152에서 반복된다.
16 "인간 문화가 그저 자연계의 부분이고, 참된 성인이 무언가를 창조한 것이 아니라 자연계 속의 패턴을 반복했을 뿐이라는 생각은 고대 중국의 특정 시기에 발생했고, 단지 긴 논쟁이 끝나고 나서 두드러지게 되었다. 그런 생각을 고대 중국의 널리 퍼진 가정으로 읽는 것 대신, 그런 생각이 발생한 논쟁을 이해하고, 왜 연속성에 대한 강조가 초기 한나라에서 두드러졌는지를 설명하는 것이 목표여야 한다"(푸엣 2001: 3)라는 그의 의견 참조.
17 왕충의 『논사(論死)』에 대한 나온 골딘 2015: 82의 인용(번역은 수정함).
18 "짚으로 만든 개"는 사용하고 난 뒤에 버리는 제의 용품이었다. 따라서 그것은 "처분 가능한 잠깐 쓰고 버리는 것(disposable ephemera)"이다.
19 이런 주장은 『도덕경』에 따르면, "인간 사회는 자연에서 가장 변덕스럽고 불안정한 조각이다"나 "인간은 방해받지 않는 도의 작용에 가장 큰 장애물이다"(56)라는 그의 추가 의견과 잘 일치하지 않는다. 이것은 인간과 나머지 자연 간의 질적 구분인데, 이는 묄러가 다른 곳에서 부인하듯이 이 책 저자들의 세계관의 부분인 것이다.
20 夫至德之世, 同與禽獸居, 族與萬物並. 제9편 「마제」, 왓슨 1968: 105. 이 문맥에서, "만물"(萬物)은 세계의 다양한 생물학적 종을 가리키는 것으로 간주해야 한다.
21 『맹자』 「진심 상」 참조. 여기에서 배고픔과 갈증은 사람의 물리적일 뿐만 아니라 心에 기반한 은유적 "맛"을 왜곡시킬 수 있는 것으로 묘사된다. 또한 수사적으로 매우 비슷한 『장자』의 구절을 보라. 이 구절은 저자가 독자의 마음속에서 메우려는 공백이 물리적 능력과 정신적 능력 사이에 있다는 것을 명확히 한다. "소경은 문양과 색채의 아름다움에 대해 말할 수 없고, 귀머거리는 종이나 북과 같은 악기 소리의 아름다움에 대해 말할 수 없다. 그러나 어찌 몸(形骸)에만 소경과 귀머거리와 같은 장애가 있겠는가? 우리의 이해[知]에도 소경이나 귀머거리와 같은 장애가 있다"(제1편 「소요유」, 왓슨 1968: 33, 번역 수정). 이런 논쟁적 주장은 정신적 능력과 육체적 능력이 전형적으로 질적으로 다르다는 가정에 기반하지 않는다면 뜻이 통하지 않는다.
22 "유가에서 몸과 마음은 분리할 수 없으므로, 자아는 숨을 수 없다"라는 이승환(2008: 194)의 주장 참조. 그리고 이 주장은 우리가 다른 사람의 눈동자를 들여다보면 그의 마음속 성격을 분별할 수 있다고 맹자가 주장하는 한 인용구로 뒷받침된다(「이루 상」

15). 이것은 맹자의 말이 가정이 아니라 잠재적 위선자에게 하는 경고라는 사실을 무시한다. 즉, 바로 그 진술 자체는 적어도 안과 밖, 또는 적어도 잠재적으로 분리 가능한 몸과 마음 간의 잠재적인 구분을 가정한다.

23 제1장에서 논의한 표의문자 접근법의 내재적인 문제 외에, 이것은 또한 곽점초간과 상해 박물관 코퍼스에 있는 전국시대 죽간 텍스트에서 仁이 실제로 "자아"나 "몸"(身)을 가리키는 단어 아래에 마음 부수(心)나 때때로 千(직역: "천"이지만 이 경우에는 단지 음성적 성질을 위해 사용된다)으로 쓴다는 사실을 편의상 무시한다.

24 줄리앙이 어떤 것으로부터도 직접 인용하지 않고, 장르와 시대의 차이를 무시하며 이 텍스트에서 저 텍스트로 옮겨 다니는 것에 대한 장 프랑수아 빌레터의 불만 참조. "그의 선택의 자의성은 그것들이 받아들여지는 담화의 통일성 아래에서 사라진다"(2006: 38).

25 신학에 바탕을 둔 단어 선택은 이와 관련해 흥미롭다. "모든 중국식 사고"가 "존재론적으로 일차적인 '사물'이 아니라 오히려 사건들이 머무는 형상적 에너지의 세계에 바탕을 둔다"라고 주장할 때, 제임스 베후니악(2005)은 그의 주된 증거로 탕준이(唐君毅)의 1935년 논문을 인용하고, "탕준이가 확인하듯이(강조 추가), 중국 견해에서 '기능이 형태를 표명하고, 형태는 기능으로 유출된다'"(17)라고 말을 맺는다. 우리는 보통 20세기의 한 동료가 고대 중국 사상에 대한 논점을 "주장하거나" "논한다"라고 말하지만, 이 인물이 신학적 전도의 행렬에서 임명된 권위자가 될 때 그의 말은 확증으로 간주될 수 있다.

26 또한 로즈몬트의 축하 논문집 서론에서 헨리 로즈몬트의 학문을 이끌었던 동기에 대한 마르트 챈들러(2008)의 의견 참조. 그녀가 지적하기로, 로즈몬트는 자신이 나중에 말하듯이, "동아시아 문화는 그 자체로 오래되고 신비롭고, 아름다웠고, 다른 사람에게 그들 자신의 문화(들)를 매우 다른 방식으로 직면하게 강요했기에 매력적이었다"(1993: 130)라는 확신을 가지고 한국의 군복무에서 돌아왔다.

27 나는 과도한 신학적 접근법의 실천가들이 학문과 옹호 간의 구분을 인식하지 못한다고 주장하는 것이 아니다. 예컨대, 작고한 헨리 로즈몬트는 가장 최근 연구의 서문에서 이렇게 설명한다. "나는 기본적으로 『논어』와 관련 글에 대한 가장 철학적인 해석을 제출할 것이므로, 유학자의 모자를 쓸 것이다. 그러나 나는 똑같이 관련이 있지만 다른 모자의 형태인 유가 철학자로서 유가 신념을 추진할 것이다"(2015: 4). 오히려 나의 입장은 옹호 측면에 대한 다른 점에서 존경할 만한 열정이 우리에게 종종 그러해야 하듯이 모자를 바꾸어 써야 하는 것을 무시하거나 망각하게 유발할 수 있다는 것이다.

28 특히 제9편(「왕제」, 휴턴 2014: 76)의 "인생의 사다리"에 관한 그의 유명한 진술과 휴턴 2000에서 나오는 논의 참조.

29 이와 관해서는 특히 그레이엄 1985과 브린들리 2010: 54~76 참조.

30 에임스 2011, 램지 2016, 로즈몬트 2015.

31 가령, 아이반호와 같은 학자는 사회적 역할을 적절히 수행한다는 바로 그 개념이 덕의 개념이 없다면 뜻이 통하지 않는다고 설득력 있게 주장했다. 그가 지적하듯이, "우리를

훌륭한 지도자, 부하, 아버지, 어머니, 아들로 만드는 것은 그 자체의 역할이 아니라, 이런 다양한 역할들을 통해 표현하는 덕이다"(2008: 39). 또한 역할 윤리 주장에 대한 적절한 비판에 대해서는 클라인 2008과 이하라·니콜스 2012를 보고, 고대 유가의 덕이나 역할 윤리 모형을 주장하는 사람들 간의 논쟁에 대한 최근 논의에 대해서는 코닐리(Connolly) 2016를 참조해 보라.

32 이런 비판은 유가가 "돌봄의 윤리(ethics of care)"라는 주장에도 적용될 것이다. 슬로트 2007.

33 예를 들어, 에임스 1988, 벨 2000, 클라인 2007, 로즈몬트 1988, 앤서니 유 2000 또는 데이비스 1995, 드 베리·투웨이밍(杜維明) 1998, 바우어·벨 1999에 수록된 논문 참조.

34 표본에 대해서는 에임스 1993a, 칙센트미하이 2004, 기니 2002, 닝위 2009, 우쾅밍 1996, 양러빈 1996, 장룽시 2008 참조.

35 직역하면 "한 사물의 두 면/표면"(一體의 兩面)이다. 이것을 관계적인 영혼의 부분과 그렇지 않은 부분이 "곡면 안에 볼록함과 오목함이 있는 것처럼 정의상으로는 둘이지만 실제로는 나눌 수 없게 되어 있다"(『니코마코스 윤리학』 1102a 30~43, 어윈 1999: 30)라는 아리스토텔레스의 의견과 비교해 보라.

36 순자의 마음 모형에 관해 더 많은 논의는 이어리 1980 참조.

37 入乎耳, 箸乎心, 布乎四體, 形乎動靜; 端而言, 蝡而動, 一可以為法則(제1편 「권학」, 휴턴 2014: 5).

38 시빈 1987, 하퍼 1998, 포코트 1974는 의학 문헌을 유익하게 논의한다.

39 『춘추좌씨전』의 자기수양 전략에 대한 마크 에드워드 루이스의 설명 참조: "『춘추좌씨전』은 『맹자』가 마음에 할당한 역할을 제의화된 몸에 할당했다. 제의의 안내를 받는 몸은 도덕성과 질서의 근원이지만, 의도는 몸과 그 에너지에 종속되었다"(2006: 35).

40 또한 고대 그리스와 고대 중국 사상 간의 차이에 대한 합리적이고 균형 잡힌 요약에 대해서는 밴 노던 2007: 125~126 참조. 여기에는 이론이 아닌 실용에 대한 중국을 더 강조한다는 것이 들어 있다.

41 가령, "차이는 (중국인에게 뛰어난 타자의 역할을 하게 강요함으로써) 부과되는 것이 아니고, (너무 즉각적이고 너무 게으른 인문학적 보편주의의 이름으로) 대가를 치르고서도 평준화되어야 하는 것도 아니라, 이해할 수 있게 되는 것이다"(줄리앙 2000: 33~34) 참조.

42 이 주제에 관해서는 로즈몬트·에임스 2009와 에임스 2008b에 수록된 로즈몬트의 연구에 대한 에임스의 사려 깊은 칭찬 참조.

43 마이클 크라우스·니콜 스티븐스가 말하듯이, "최근 연구에서는 환경의 물질적·사회적 조건에서 사회계층 차이가 자아와 타자와의 관련 패턴에 대한 서로 다른 개념들을 촉진한다는 것을 암시한다. 예컨대, 하위 사회계층 환경에서, 자아는 타자와 연결되고 상호 의존하는 것으로 가정된다. … 자원 부족과 낮은 계급이라는 낮은 사회계층 환경에서, 개인은 종종 개인적 영향이나 선택, 통제에 도움이 되지 않는 상황을 경험한

다. … 시간이 지나면서 그들은 줄어든 자원, 불확실성, 생활 환경의 예측 불능성 때문에, 낮은 사회계층 환경의 개인은 스스로가 타자와 연결되어 있는 것으로 이해하고, 사회적 환경에 반응을 보이는 것으로 이해하게 된다"(2012: 645~646). 노동계층 참여자들이 중산계층 참여자들보다 사회적 환경에서 다른 사람들의 선택에 집중하고 그런 선택을 흉내 내는 경향이 더 많다는 연구결과에 대해서는 이 논문에 인용한 연구뿐만 아니라 예를 들어, 스티븐스·프라이버그·마커스 2011도 참조. 또한 개인주의, 그리고 개인주의와 사회경계적 계층의 관계, 87개 나라의 병원균과 환경적 스트레스에 관한 범문화적 데이터에 대한 최근 개관에 대해서는 산토스·바눔·그로스만 2017 참조. (이 주제에 대한 참고문헌을 소개해 준 크리스틴 라우린에게 감사드린다.)

44 지금 대부분의 연구자들이 특히 최근의 유전적 데이터에 비추어 인간 분산에 대한 "아프리카 바깥(out of Africa)" 모형을 받아들이지만, 다양한 세계 지역에서 인구의 정확한 타이밍에 관해 상당한 논란이 남아 있고, 새로운 발견들이 그 분야를 끊임없이 뒤집고 있다. 아프리카 바깥(out of Africa) 모형의 유전적 증거를 다루는 세 가지 중요한 연구가 2016년에 ⟨*Nature*⟩에서 발표되었다. 투치·아케이 2016와 짐머 2016에 수록된 연구에서 이루어진 논의 참조(전자는 그런 연구 자체와 관련이 있을 것이다). 인간의 진화적 역사라는 주제에 대한 유익하고 접근하기 쉬운 소개에 대해서는 보이드·실크 2003 참조.

결론

1 겔만은 인지적 보편소에 관해 생득주의로 특징지어지지만, 로쉬와 레이코프는 인지적 보편소가 신체화되고 경험된 공통성에서 발생하는 것으로 보고 선천적인 내용을 중요시하지 않는 반-생득주의 학파에 속한다. 이론적 고찰과 실증적 고찰 모두는 가장 합리적인 모형이 꽤 강건한 생득주의를 포함한다고 제안한다. 예를 들어, 촘스키 1975, 1980, 캐리·겔만 1991, 핑커 2002, 깁스 2006, 커러더스·로렌스(Laurence)·스티치 2005, 2007, 2008, 슬링거랜드 2008b, 캐리 2011, 마골리스·로렌스 2015 참조. 또한 투비·코즈미다스(Cosmides) 1992: 94~97에서 이루어진 "해결 가능성(solvability)"과 자연적 능력에 대한 논의와 이것이 서론 역할을 하는 편집 단행본(바르코프(Barkow) 外 1992)에 수록된 논문 참조.
2 애트런 1987, 1990, 1998, 메딘·에트런 2004, 메딘 外 2006과 메딘·에트런 1999에 수록된 논문들.
3 어떤 능력이 태어나면서 존재하는 것이 아니라(예를 들어, 이차적 성징), 일반적으로 건강하고 전형적인 종의 개체에서 성숙 단계에 나타난다는 것을 명확히 하기에, 맥컬리는 이 용어를 선호한다.
4 언어와 사고에 관한 좋은 출발점은 바살로우 1999, 포코니에 1997, 포코니에·터너 2002, 고프닉·멜조프 1997, 존슨 2017, 맥네일 1992, 오르토니 1993, 핑커 1997일 것이다. 인간 인지의 다양한 양상에 대한 최고의 실증적 지식의 현 상태에 대한 감각은

인문학자들에게 가장 적절한 주제를 다루는 저널 〈*Cognition*〉, 〈*Cognitive Science*〉, 〈*Cognition and Culture*〉, 〈*Behavioral and Brain Sciences*〉의 최근호에서 얻을 수 있다. 마지막 저널을 특별히 추천하는데, 이는 폭넓고 짧은 주석과 결부해 긴 목표 논문의 그 형식이 포유동물의 공감(프레스턴·드 발 2002)에서부터 거울신경세포(쿡 外 2014)와 인간 사고의 이미지적 본질(바살로우 1999)이나 종교의 문화적 진화(노렌자얀 外 2016)에 이르기까지 어떤 주제에 관해서도 과학적·학문적 견해의 스냅사진을 얻을 수 있는 최고의 방법이기 때문이다.

5 가령, 차이를 암시하는 연구나 메타연구에 대해서는 탄리하이 外 2005, 우차오위·호문호 링고·첸셴싱 에너벨 2012과 주린린(朱林林) 外 2014를 보고, 언어의 공통되고 보편적인 신경 처리를 암시하는 연구결과에 대해서는 나카무라 外 2012와 루클 外 2015 참조.

6 더욱 상세한 논의와 참고문헌에 대해서는 슬링거랜드 2008b: 제5장 참조. 또한 문화적 형태의 과학적 탐구에 대한 모리스 블로흐의 신랄한 회의주의를 겨냥한 수전 캐리(2015)의 최근 응수 참조.

7 물론 어떤 가치 체계에 따르면, "아이를 양육하고 보호하는 것"은 현대 의학과의 접촉으로 오염되기보다는 그들에게 신의 은총으로 죽거나 하늘로 떠나게 하는 것을 포함할 수 있다. 샘 해리스(2010)와 같은 계몽주의 옹호자와는 달리, 나는 종교 역사가로서 우리가 한 가치 체계가 다른 가치 체계보다 우월하다고 결정적으로 선언할 수 있는 객관성의 마법 같은 중심은 없다는 것을 잘 안다. 하지만 이것은 결코 인간이 다른 인간들(그리고 실제로 많은 비인간 동물들)과 폭넓게 공유하는 실용주의적 목표의 세계에 있다는 생각을 반박하지는 않는다.

8 본토 중국에 사는 거의 어느 누구도 이 박스를 클릭하지 않아서, 연구자는 중국에는 유학자가 없다고 결론 내리게 된다. 이 주제에 대한 뛰어난 분석과 인지과학과 사회과학에 종사하는 대부분의 연구자가 그것에 제공하는 미심쩍은 가정에 대해서는 애나 순(2013: 제5장) 참조.

9 니스벳 2003, 니스벳 外 2001, 2000; 노렌자얀·최인철·니스벳 1999.

10 과학에 종사하는 연구자도 인간이기에 마음에 드는 가설을 완강하게 옹호하고, 자신들의 직관을 지지하는 데이터를 선택적으로 찾으며, 지적 게으름이나 바쁜 스케줄로 인해 기존의 방법론이나 지침 가설에 대해 필요한 수정을 연기하거나 무시하게 된다. 하지만 그들이 적어도 이론상 자기 교정에 전념하고, 이런 기본적인 인간 경향을 경계하게 과학적 연구 기관이 설계되었다는 것은 중요하다. 1960년대 이후로 모든 이용 가능한 증거를 고려하고, 부정확한 편견과 가정을 경계하려는 비슷한 제도적·문화적 신념은 인문학에서 다소 희박해졌다.

11 가령, 인문학 학과들을 50%로 줄이려는 회의적인 캘리포니아 주립대학교 교무처장의 경향에 종교학이나 철학과가 그 존재성을 정당화해야 할 때, 다른 학문분야들과 연동하지 못하는 이러한 무능력은 특별한 약점이다. 엘리트 기관에서 정년이 보장된 선임

교수들은 어쩌면 걱정할 것이 없고, 바위처럼 단단한 고용 보장을 받은 학자는 인문학 비판가를 고등교육의 목적을 놓치는 통계에 의존하는 속물로 묵살해 버리면서 출세제 일주의에 대해 불평하는 호사를 누린다. 하지만 우리들 대부분에게 주된 관심사는 우리 학생이 직장을 얻을 수 있고, 젊은 동료 교수가 정년을 보장받으며, 그들의 정년이 전체 학과와 함께 사라지지 않을 것이라는 확신을 얻는 것이다.

12 내 생각으로는 앨링턴(Allington)·브로이에(Brouillette)·골럼비아(Golumbia) 2016는 이런 과민반응의 좋은 예이다. 생물인류학자 마크 콜라드와 공동으로 엮은 과학-인문학 통섭에 관한 편집 단행본(슬링거랜드·콜라드 2012b)에 대한 제프리 갤트 하픔(Geoffrey Galt Harpham)이라는 전국인문학센터(National Humanities Center)의 전 총장 겸 장의 반응도 역시 그러하다. 이 책에서 과학적 방법론과 지식을 인문학에 통합하는 것은 반이상향적이고 "심오하게 빈곤하며 흐리고 풍미가 없고 또한 무시무시하고 애처로운" 미래로 가는 첫 단계로 묘사된다(2012: 429).

13 로버트 컴퍼니가 최근에 주장했듯이, "국부적" 용어의 맹목적 숭배와 문화 횡단적인 분석적 범주로 또 다른 문화의 텍스트에 접근하려는 것에 대한 저항은 근본적으로 반-지적이고, 그것에는 결정적인 신학적 저류가 있다. 그가 지적하듯이, "우리는 우리의 것이고, 명확히 우리가 이해하고 나타내고자 노력하는 다른 세계에게는 이국적인 언어, 질문, 범주, 문화적 가정으로 고대 텍스트에 접근한다. 그것을 나타내기 위해 단지 '국부적 용어'를 사용해야 한다는 환상은 그 자체로 본질적으로 신학적이다. 그것은 그 앞에서 유일한 적절한 반응이 그 정신에 휩싸이고 언어로 말하기 시작하거나 『논리철학논고』(Tractatus) 주장 7 '말할 수 없는것에 대해서는 침묵해야 한다(Wovon man nicht sprechen kann, darüber muß man schweigen)'에서 길 끝에 도달하는 비트겐슈타인처럼 침묵의 숭배로 그저 머리를 숙이는 일종의 초자연적인 사물 자체(Ding an sich)로서의 흠 없는 문화적 타자(Immaculate Cultural Other)이다"(2018: 337). 컴퍼니가 말하듯이, 조너선 스미스(Jonathan Z. Smith)가 "이차적(second-order)" 학술적 분석의 목적을 위한 영역인 지도의 유용성에 대해 비슷한 설명을 했지만(1998: 281), 내가 생각하기에 컴퍼니는 올바르게 우리 종교학자가 "지도는 우리가 소유하고 있는 모든 것이다"라는 스미스(1978: 309)의 결론에 저항해야 한다고 덧붙인다.

14 가령, "인간의 종교적 신앙을 죽음, 꿈, 기억상실, 화산폭발, 부부 간의 불륜 같은 변칙적 사건이나 경험을 최소한 잠재적으로라도 설명 가능한 것의 범주에 넣으려는 시도로 간주하는 것은 타일러주의(Tyloreanism)이거나 또는 그것보다 못한 것으로 보인다"라는 클리퍼드 기어츠(1973: 100; 강조 추가)의 설명 참조. 혹자는 타일러주의보다 더 못한 것을 생각만 해도 몸서리를 친다. 어쩌면 기어츠의 최악의 두려움은 종교인지 과학에 의해 실현되었다.

15 벤자민 슈워츠가 말했듯이, "번역의 비결정성과 문화 한정성의 실제 문제에도 불구하고, 다른 문화의 담화 이면에 놓여 있는 관심사를 포착하는 것은 가능하다. 차이가 있지만, 그것은 궁극적으로 접근 불가능한 것은 아니다"(1996: 7).

16 프랑수아 줄리앙은 한 때 "위험한 것은 중국인을 타자의 절대적 역할로 제한해서, 정신이나 정신성의 차이에 대한 단순하고 이데올로기적으로 의심할 수 있는 비전을 형성하는 것이다"(2000: 249)라고 지적하고, 이후에 "문화적 일반화가 환상이 되거나 너무 많은 예외에 의해 훼손되기 전에 얼마나 멀리까지 문화적 일반화를 추구할 수 있는가?"(374)라고 수사적으로 질문한다. 그가 이런 경고들을 심장에 더욱 가까이 가져갔으면 좋을 텐데!

17 안느 청은 또한 "우리에게 중국을 단색적 숲으로 지각하게 하는 것은 어쩌면 다름 아닌 문화적 거리를 두는 것이지만, 우리는 더욱 친숙하다고 느끼는 문화를 다루고 있을 때 나무의 가장 작은 잎의 가장 사소한 상세한 뉘앙스를 재빨리 잘 이용한다"(2009: 26)라고 지적한다.

18 중국 철학은 마침내 학계에서 진지하게 생각되기 시작했다. 이것은 오랫동안 늦어진 발달이다(밴 노던 2017). 이런 경향은 북아메리카와 유럽의 철학 학과에서 실제로 비-서양 철학을 고용하는 것을 고려하고 있고, 중국 철학에 관한 연구가 마침내 주요한 주류의 철학 저널에서 출판되고 있다는 사실(예를 들어, 올버딩 2016, 슬링거랜드 2011c)로 특징지어진다. 중국 사상이 전혀 다른 사상계에 속하는 것으로 분명히 말함으로써 중국 사상에 대해 자금 사용을 제한하는 것은 (실제로 부정확하다는 더욱 기본적인 결함 외에) 이와 관련해 완전히 역효과를 낳는 것이다.

| 참고문헌 |

Abelson, Robert. (1995). *Statistics as Principled Argument*. New York: Taylor & Francis.
Abu-Akel, Ahmad. (1999). Impaired Theory of Mind in Schizophrenia. *Pragmatics and Cognition, 7*, 247~282.
Aiello, L. C., & Wheeler, P. (1995). The Expensive-tissue Hypothesis: The Brain and the Digestive System in Human and Primate Evolution. *Current Anthropology, 36*(2), 199~221.
Allan, Sarah. (1991). *The Shape of the Turtle: Myth, Art and Cosmos in Early China*. Albany: State University of New York Press.
Allington, Daniel, Brouillette, Sarah, & Golumbia, David. (2016, May). Neoliberal Tools (and Archives): A Political History of Digital Humanities. *LA Review of Books*.
Ames, Roger. (1988). Rites as Rights: The Confucian Alternative. In Leroy Rouner (Ed.), *Human Rights and the World's Religions* (pp. 199~216). Notre Dame, IN: University of Notre Dame Press.
Ames, Roger. (1991). Reflections on the Confucian Self: A Response to Fingarette. In Mary Bockover (Ed.), *Rules, Rituals and Responsibility: Essays Dedicated to Herbert Fingarette* (pp. 103~114). La Salle, IL: Open Court.
Ames, Roger. (1993a). The Meaning of the Body in Classical Chinese Philosophy. In Thomas Kasulis, Roger Ames, & Wimal Dissanayake (Eds.), *Self as Body in Asian Theory and Practice* (pp. 157~177). Albany: State University of New York Press.
Ames, Roger. (1993b). On Body as Ritual Practice. In Thomas Kasulis, Roger Ames, & Wimal Dissanayake (Eds.), *Self as Body in Asian Theory and Practice* (pp. 149~156). Albany: State University of New York Press.
Ames, Roger. (2008a). Paronomasia: A Confucian Way of Making Meaning. In David Jones (Ed.), *Confucius Now: Contemporary Encounters with the Analects* (pp. 37~48). Chicago: Open Court.
Ames, Roger. (2008b). Rosemont's China: All Things Swim and Glimmer. In Marthe Chandler & Ronnie Littlejohn (Eds.), *Polishing the Chinese Mirror: Essays in Honor of Henry Rosemont Jr.* (pp. 19~31). New York: Global Scholarly Publications.
Ames, Roger. (2011). *Confucian Role Ethics: A Vocabulary*. Hong Kong: Chinese University of Hong Kong Press.
Ames, Roger. (2015). "Bodyheartminding" (心): Reconceiving the Inner Self and the Outer World in the Language of Holographic Focus and Field. *Frontiers of Philosophy in*

China, 10(2), 167~180. doi: http://dx.doi.org/10.3868/s030-004-015-0013-1.
Ames, Roger. (2016). Philosophizing with Canonical Chinese Texts: Seeking an Interpretative Context. In Sor-hoon Tan (Ed.), *The Bloomsbury Research Handbook of Chinese Philosophy Methodologies* (pp. 37~55). New York: Bloomsbury.
Ames, Roger, & Hall, David. (2003). Dao De Jing: *A Philosophical Translation*. New York: Ballantine Books.
Ames, Roger, & Rosemont, Henry. (1999). *The Analects of Confucius: A Philosophical Translation*. New York: Ballantine Books.
Andrews, Nicholas O., & Fox, Edward A. (2007). Recent Developments in Document Clustering.
Apperly, Ian. (2013). Can Theory of Mind Grow Up? Mindreading in Adults, and Its Implications for the Development and Neuroscience of Mindreading. In Simon Baron-Cohen, Helen Tager-Flusberg, & Michael Lombardo (Eds.), *Understanding Other Minds: Perspectives from Developmental Social Neuroscience* (pp. 72~103). New York: Oxford University Press.
Astuti, Rita, & Harris, Paul. (2008). Understanding Mortality and the Life of the Ancestors in Rural Madagascar. *Cognitive Science, 32*(4), 713~740. doi: 10.1080/03640210802066907.
Atran, Scott. (1987). Origin of the Species and Genus Concepts—An Anthropological Perspective. *Journal of the History of Biology, 20*(2), 195~279.
Atran, Scott. (1990). *Cognitive Foundations of Natural History*. Cambridge: Cambridge University Press.
Atran, Scott. (1998). Folk Biology and the Anthropology of Science: Cognitive Universals and Cultural Particulars. *Behavioral and Brain Sciences, 21*, 547~609.
Atran, Scott. (2006). Religion's Innate Origins and Evolutionary Background. In Peter Carruthers, Stephen Laurence, & Stephen Stich (Eds.), *The Innate Mind: Culture and Cognition 2* (pp. 302~317). New York: Oxford University Press.
Avis, M., & Harris, P. (1991). Belief-desire Reasoning among Baka Children: Evidence for a Universal Conception of Mind. *Child Development, 62*, 460~467.
Bacon, Francis. (1605/1998). The Advancement of Learning. Retrieved July 30, 2009, from http://darkwing.uoregon.edu/%7Erbear/ren.htm.
Bagley, Robert. (1999). Shang Archaeology. In Michael Loewe & Edward Shaughnessy (Eds.), *The Cambridge History of Ancient China: From the Origins of Civilization to 221 B.C.* (pp. 124~231). Cambridge: Cambridge University Press.
Bagley, Robert (Ed.). (2001). *Ancient Sichuan: Treasures from a Lost Civlization*. Princeton, NJ: Princeton University Press.

Bahn, Paul. (2011). Religion and Ritual in the Upper Palaeolithic. In Timothy Insoll (Ed.), *The Archaeology of Ritual and Religion* (pp. 344~357). New York: Oxford University Press.

Baillargeon, Renée. (2004). Infants' Physical World. *Current Directions in Psychological Science, 13*(3), 89~94.

Baillargeon, Renée, Li, Jie, Gertner, Yael, & Wu, Do. (2011). How Do Infants Reason about Physical Events? In U Goswani (Ed.), *Wiley-Blackwell Handbook of Childhood Cognitive Development* (2nd ed., pp. 11~48). Oxford: Blackwell.

Baillargeon, R., Scott, R. M., & Bian, L. (2016). Psychological Reasoning in Infancy. *Annual Review of Psychology, 67*, 159~186. doi: 10.1146 annurev-psych-010213-115033.

Baier, Annette. (1994). *Moral Prejudices: Essays on Ethics*. Cambridge, MA: Harvard University Press.

Banerjee, Konika, & Bloom, Paul. (2012). Would Tarzan Believe in God? Conditions for the Emergence of Religious Belief. *Trends in Cognitive Sciences*. doi: 10.1016/j.tics.2012.11.005.

Banerjee, Konika, & Bloom, Paul. (2014). Why Did This Happen to Me? Religious Believers' and Non-believers' Teleological Reasoning about Life Events. *Cognition, 133*(1), 277~303. doi: http://dx.doi.org/10.1016/j.cognition.2014.06.017.

Barkow, Jerome H., Cosmides, Leda, & Tooby, John (Eds.). (1992). *The Adapted Mind: Evolutionary Psychology and the Generation of Culture*. New York: Oxford University Press.

Baron-Cohen, Simon, Leslie, Alan, & Frith, Uta. (1985). Does the Autistic Child Have a "Theory of Mind"? *Cognition, 21*, 37~46.

Baron-Cohen, Simon, Tager-Flusberg, Helen, & Lombardo, Michael. (2013). *Understanding Other Minds: Perspectives from Developmental Social Neuroscience* (3rd ed.). New York: Oxford University Press.

Barrett, H. Clark, Broesch, Tanya, Scott, Rose M., He, Zijing, Baillargeon, Renée, Wu, Di, Bolz, Matthias, Henrich, Joseph, Setoh, Peipei, Wang, Jianxing, & Laurence, Stephen. (2013). Early False-belief Understanding in Traditional Non-Western Societies. *Proceedings of the Royal Society B: Biological Sciences, 280*(1755).

Barrett, H. Clark, Todd, Peter, Miller, Geoffrey, & Blythe, Philip. (2005). Accurate Judgments of Intention from Motion Cues Alone: A Cross-cultural Study. *Evolution and Human Behavior 26*, 313~331.

Barrett, Justin L. (1996). *Anthropomorphism, Intentional Agents, and Conceptualizing God* (PhD dissertation), Cornell University.

Barrett, Justin L. (1998). Cognitive Constraints on Hindu Concepts of the Divine. *Journal* for the Scientific Study of Religion, 37, 608~619.

Barrett, Justin L. (2000). Exploring the Natural Foundations of Religion. *Trends in Cognitive Sciences, 4*, 29~34.

Barrett, Justin L., & Keil, Frank C. (1996). Conceptualizing a Nonnatural Entity: Anthropomorphism in God Concepts. *Cognitive Psychology, 31*(3), 219~247.

Barrett, Justin L., & Lanman, Jonathan A. (2008). The Science of Religious Beliefs. *Religion, 38*(2), 109~124.

Barrett, Nathaniel F. (2010). Toward an Alternative Evolutionary Theory of Religion: Looking Past Computational Evolutionary Psychology to a Wider Field of Possibilities. *Journal of the American Academy of Religion, 78*(3), 583~621. doi: 10.1093/jaarel/lfq019.

Barsalou, L. W. (2008). Grounded Cognition. *Annual Review of Psychology, 59*, 617~645. doi: 10.1146/annurev.psych.59.103006.093639.

Barsalou, Laurence. (1999). Perceptual Symbol Systems. *Behavioral and Brain Sciences, 22*, 577~609.

Barthes, Roland. (1970/1982). *The Empire of Signs* (Richard Howard, Trans.). New York: Hill and Wang.

Bauer, Joanne, & Bell, Daniel (Eds.). (1999). *The East Asian Challenge for Human Rights*. Cambridge: Cambridge University Press.

Baumeister, Roy, Bratslavsky, Ellen, Muraven, Mark, & Tice, Dianne. (1998). Ego Depletion: Is the Active Self a Limited Resource? *Journal of Personality and Social Psychology, 74*, 1252~1265.

Behuniak, James. (2005). *Mencius on Becoming Human*. Albany: State University of New York Press.

Bell, Daniel. (2000). *East Meets West: Human Rights and Democracy in East Asia*. Princeton, NJ: Princeton University Press.

Bell, Daniel. (2015). *The China Model: Political Meritocracy and the Limits of Democracy. Princeton*, NJ: Princeton University Press.

Bergeton, Uffe, Nichols, Ryan, Nielbo, Kristoffer, Slingerland, Edward, Logan, Carson, & Kleinman, Scott. (Under review). Theories of Statecraft as Focus of Top Themes in Early Chinese Texts: Distant Reading with Machine Learning. *Digital Scholarship in the Humanities*.

Bering, J. M., & Parker, B. D. (2006). Children's Attributions of Intentions to an Invisible Agent. *Developmental Psychology, 42*(2), 253~262.

Bering, Jesse. (2002a). The Existential Theory of Mind. Review of General Psychology, 6, 3~24.

Bering, Jesse. (2002b). Intuitive Conceptions of Dead Agents' Minds: The Natural Foundations of Afterlife Beliefs as Phenomenological Boundary. *Journal of Cognition & Culture, 2*(4), 263~308.

Bering, Jesse. (2006). The Folk Psychology of Souls. *Behavioral and Brain Sciences, 29*(5), 453~498.

Bering, Jesse, & Bjorklund, David. (2004). The Natural Emergence of Reasoning about the Afterlife as a Developmental Regularity. *Developmental Psychology, 40*(2), 217~233.

Berlin, Brent, Breedlove, Dennis, & Raven, Peter. (1973). General Principles of Classification and Nomenclature in Folk Biology. *American Anthropologist, 75*, 214~242.

Biber, Douglas, & Jones, James. (2009). Quantitative Methods in Corpus Linguistics. In A. Lüdeling & M. Kytö (Eds.), *Corpus Linguistics: An International Handbook* (pp. 1286~1304). Berlin: De Gruyter.

Billeter, Jean François. (1984). Pensée occidentale et pensée chinoise: le regard et l'acte. In Jean-Claude Galey (Ed.), *Differances, valeurs, hierarchie* (pp. 25~51). Paris: Ecole des Haut Etudes en Sciences Sociales.

Billeter, Jean François. (2006). *Contre Francois Jullien*. Paris: Editions Allia.

Blaisdell, Aaron, Sawa, Kosuke, Leising, Kenneth, & Waldmann, Michael. (2006). Causal Reasoning in Rats. *Science, 311*, 1020~1022.

Blei, David M. (2012). Topic Modeling and Digital Humanities. *Journal of Digital Humanities, 2*.

Blei, David, Ng, Andrew Y., & Jordan, Michael I. (2003). Latent Dirichlet Allocation. *Journal of Machine Learning, 3*, 993~1022.

Bloom, Irene. (2002). Biology and Culture in the Mencian View of Human Nature. In Alan Chan (Ed.), *Mencius: Contexts and Interpretations* (pp. 91~102). Honolulu: University of Hawai'i Press.

Bloom, P., & Weisberg, D. S. (2007). Childhood Origins of Adult Resistance to Science. *Science, 316*(5827), 996~997.

Bloom, Paul. (2004). *Descartes' Baby: How the Science of Child Development Explains What Makes Us Human*. New York: Basic Books.

Bloom, Paul. (2007). Religion is natural. *Developmental Science, 10*(1), 147~151. doi: 10.1111/j.1467-7687.2007.00577.

Bloom, Paul, & Gelman, Susan A. (2008). Psychological Essentialism in Selecting the 14th Dalai Lama. *Trends in Cognitive Sciences, 12*(7), 243~243.

Bodde, Derk. (1967). *China's First Unifier*. Hong Kong: Hong Kong University Press.

Boltz, William. (1986). Review of The *Chinese Language: Fact and Fantasy* by John DeFrancis. *Journal of the American Oriental Society, 106*(2), 405~407.

Boroditsky, L., Fuhrman, O., & McCormick, K. (2011). Do English and Mandarin Speakers Think about Time Differently? *Cognition, 118*(1), 123~129. doi: 10.1016/j.cognition.2010.09.010.

Botz-Bornstein, Thorsten. (2006). Ethnophilosophy, Comparative Philosophy, Pragmatism: Towards a Philosophy of Ethnoscapes. *Philosophy East & West, 56*(1), 153~171.

Boyd, Robert, & Richerson, Peter. (2006). Culture, Adaptation and Innateness. In Peter Carruthers, Stephen Laurence, & Stephen Stich (Eds.), *The Innate Mind: Culture and Cognition* (Vol. 2, pp. 23~38). New York: Oxford University Press.

Boyd, Robert, & Silk, Joan. (2003). *How Humans Evolved* (3rd ed.). New York: W. W. Norton.

Boyer, Pascal. (2001). *Religion Explained: The Evolutionary Origins of Religious Thought*. New York: Basic Books.

Brashier, K. E. (1996). Han Thanatology and the Division of "Souls." *Early China, 21*, 125~158.

Brett, Megan. (2012). Topic Modeling: A Basic Introduction. *Journal of the Digital Humanities, 2*(1).

Brindley, Erica. (2010). *Individualism in Early China: Human Agency and the Self in Thought and Politics*. Honolulu: University of Hawai'i Press.

Brooks, E. Bruce, & Brooks, A. Taiko. (1998). *The Original Analects: Sayings of Confucius and His Successors*. New York: Columbia University Press.

Brooks, Rechele, & Meltzoff, Andrew N. (2015). Connecting the Dots from Infancy to Childhood: A Longitudinal Study Connecting Gaze Following, Language, and Explicit Theory of Mind. *Journal of Experimental Child Psychology, 130*, 67~78. doi: http://doi.org/10.1016/j.jecp.2014.09.010.

Brown, Donald E. (1991). *Human Universals*. New York: McGraw-Hill.

Brown, Miranda. (2006). Neither 'Primitives' nor 'Others,' But Somehow Not Quite Like 'Us': The Fortunes of Psychic Unity and Essentialism in Chinese Studies. *Journal of the Economic and Social History of the Orient, 49*(2), 219~252.

Brown, Miranda, & Bergeton, Uffe. (2008). "Seeing" like a Sage: Three Takes on Identity and Perception in Early China. *Journal of Chinese Philosophy, 35*(4), 641~662.

Brown, Theodore. (2003). *Making Truth: Metaphor in Science*. Urbana: University of Illinois Press.

Buck, David D. (1991). Forum on Universalism and Relativism in Asian Studies: Editor's Introduction. *Journal of Asian Studies, 50*(1), 29~34.

Bulbulia, Joseph, Geertz, Armin, Atkinson, Quentin, Cohen, Emma, Evans, Nicholas, François, Pieter, Wilson, David Sloan et al. (2013). The Cultural Evolution of Religion.

In Peter Richerson & Morton Christiansen (Eds.), *Cultural Evolution: Society, Technology, Language and Religion* (pp. 381~404). Cambridge, MA: MIT Press.

Bullinaria, John, & Levy, Joseph. (2007). Extracting Semantic Representations from Word Co-occurrence Statistics: A Computational Study. *Behavioral Research Methods, 39*(3), 510~526.

Buonomano, Dean. (2007). The Biology of Time across Difference Scales. *Nature Chemical Biology, 3*(10), 594~597.

Buruma, Ian, & Margalit, Avishai. (2004). *Occidentalism: A Short History of Anti-Westernism*. London: Atlantic Books.

Byrne, Richard W., & Whiten, Andrew (Eds.). (1988). *Machiavellian Intelligence: Social Expertise and the Evolution of Intellect in Monkeys, Apes, and Humans*. Oxford: Clarendon Press.

Campany, Robert. (1996). *Strange Writing: Anomaly Accounts in Early Medieval China*. Albany: State University of New York Press.

Campany, Robert. (2018). "Religious" as a Category: A Comparative Case Study. *Numen, 65*, 333~376.

Camus, Rina Marie. (2017). Comparison by Metaphor: Archery in Confucius and Aristotle. *Dao*. doi: 10.1007/s11712-017-9545-y.

Cao, Feng(曹峰). (2010). 上博楚簡《凡物流形》的文本結構與思想特徵. 学灯, 14.

Carey, Susan. (2011). *The Origin of Concepts*. New York: Oxford University Press.

Carey, Susan. (2015). The Science of Cognitive Science. *Social Anthropology, 23*(2), 204~207. doi: 10.1111/1469-8676.12119.

Carey, Susan, & Gelman, Rochel (Eds.). (1991). *The Epigenesis of Mind: Essays on Biology and Cognition*. Hillsdale, NJ: Lawrence Erlbaum.

Carey, Susan, & Spelke, Elizabeth. (1994). Domain-specific Knowledge and Conceptual Change. In Susan A. Gelman & Lawrence A. Hirschfeld (Eds.), *Mapping the Mind: Domain Specificity in Cognition and Culture*. (pp. 169~200). New York: Cambridge University Press.

Carruthers, Peter, Laurence, Stephen, & Stich, Stephen (Eds.). (2005). *The Innate Mind: Structure and Contents* (Vol. 1). New York: Oxford University Press.

Carruthers, Peter, Laurence, Stephen, & Stich, Stephen (Eds.). (2007). *The Innate Mind: Culture and Cognition* (Vol. 2). New York: Oxford University Press.

Carruthers, Peter, Laurence, Stephen, & Stich, Stephen (Eds.). (2008). *The Innate Mind: Foundations and the Future* (Vol. 3). New York: Oxford University Press.

Chaibong, Hahm(함재봉). (2001). Confucian Rituals and the Technology of the Self: A Foucaultian Interpretation. *Philosophy East & West, 51*(3), 315~324.

Chan, Shirley. (2015). Oneness: Reading the "All things Are Flowing in Form (Fan Wu Liu Xing) 凡物流形" (with a translation). *International Communication of Chinese Culture, 2*(3), 285~299.

Chan, Wing-Tsit. (1963). *A Source Book in Chinese Philosophy*. Princeton, NJ: Princeton University Press.

Chandler, Marthe. (2008). Introduction. In Marthe Chandler & Ronnie Littlejohn (Eds.), *Polishing the Chinese mirror* (Vols. 1~15). New York: Global Scholarly Publications.

Cheney, Dorothy L., & Seyfarth, Robert M. (1990). *How Monkeys See the World: Inside the Mind of Another Species*. Chicago: University of Chicago Press.

Cheng, Anne(程艾蘭). (2009). *La Chine, pense-t-elle?* Paris: Éditions Fayard.

Cheng, Shude(程樹德). (1990). 論語集釋. 北京: 中華書局.

Chomsky, Noam. (1965). *Aspects of the Theory of Syntax*. Cambridge: MIT Press.

Chomsky, Noam. (1975). *Reflections on Language*. New York: Random House.

Chomsky, Noam. (1980). *Rules and Representations*. New York: Columbia University Press.

Chow, Rey. (2001). How (the) Inscrutable Chinese Led to Globalized Theory. *PMLA, 116*(1), 69~74.

Chudek, Maciek, McNamara, Rita, Burch, Susan, Bloom, Paul, & Henrich, Joseph. (2013). Developmental and Cross-cultural Evidence for Intuitive Dualism. *Psychological Scienc, 23*(10), 1239~1245

Church, Kenneth, Gale, William, Hanks, Patrick, & Kindle, Donald. (1991). Using Statistics in Lexical Analysis. *Lexical Acquisition: Exploiting On-line Resources to Build a Lexicon, 115*.

Church, Kenneth Ward, & Hanks, Patrick. (1990). Word Association Norms, Mutual Information, and Lexicography. *Computational Linguistics, 16*, 22~29.

Clark, Kelly, & Winslett, Justin. (2011). The Evolutionary Psychology of Chinese Religion: Pre-Qin High Gods as Punishers and Rewarders. *Journal of the American Academy of Religion, 79*(4), 928~933.

Clements, Wendy, & Perner, Josef. (1994). Implicit Understanding of Belief. *Cognitive Development, 9*, 377~397.

Cline, Erin. (2007). Two Senses of Justice: Confucianism, Rawls, and Comparative Political Philosophy. *Dao: A Journal of Comparative Philosophy, 6*, 361~381.

Cline, Erin. (2008). Rawls, Rosemont, and the Debate over Rights and Roles. In Marthe Chandler & Ronnie Littlejohn (Eds.), *Polishing the Chinese Mirror: Essays in Honor of Henry Rosemont Jr.* (pp. 77~89). New York: Global Scholarly Publications.

Cohen, Emma. (2007). *The Mind Possessed: The Cognition of Spirit Possession in an Afro-Brazilian Religious Tradition*. Oxford: Oxford University Press.

Cohen, Emma, & Barrett, Justin. (2008). When Minds Migrate: Conceptualizing Spirit Possession. *Journal of Cognition and Culture, 8*, 23~48.

Cohen, Emma, Burdett, Emily, Knight, Nicola, & Barrett, Justin. (2011). Cross-Cultural Similarities and Differences in Person-Body Reasoning: Experimental Evidence from the United Kingdom and Brazilian Amazon. *Cognitive Science, 35*, 1282~1304.

Connolly, Tim. (2016). Virtues and Roles in Early Confucian Ethics. *Confluence: Online Journal of World Philosophies, 4*.

Cook, Constance. (2006). *Death in Ancient China: The Tale of One Man's Journey*. Leiden: Brill.

Cook, Daniel, & Rosemont, Henry, Jr. (Eds.). (1994). *Gottfried Wilhelm Leibniz, Writings on China*. La Salle, IL: Open Court.

Cook, Richard, Bird, Geoffrey, Catmur, Caroline, Press, Clare, & Heyes, Cecilia. (2014). Mirror Neurons: From Origin to Function. *Behavioral and Brain Sciences, 37*(2), 177~192. doi: 10.1017/S0140525X13000903.

Cook, Scott. (2009a). 上博簡〈凡物流形〉初探. 國立臺灣大學哲學論評, 38, 1~32.

Cook, Scott. (2009b). 上博七《凡物流行》下半篇試解. 復旦大學出土文獻與古文字研究中心 (Ed.), 出土文獻與傳世典籍詮釋 (pp. 333~359). 上海: 上海古籍.

Cook, Scott. (2012). *The Bamboo Texts of Guodian: A Study and Complete Translation*. Ithaca, NY: Cornell University Press.

Cooper, John. (1980). Aristotle on Friendship. In Amélie Oksenberg Rorty (Ed.), *Essays on Aristotle's Ethics* (pp. 301~340). Berkeley: University of California Press.

Couvreur, Séraphin. (1895/1950). *Les Quatre Livres*. Paris: Cathasia.

Creel, Herrlee. (1936). On the Nature of Chinese Ideography. *T'oung Pao, 32*(85~161).

Creel, Herrlee. (1938). On the Ideographic Element in Ancient Chinese. *T'oung Pao, 34*(265~294).

Crespi, Bernard, & Badcock, Christopher. (2008). Psychosis and Autism as Diametrical Disorders of the Social Brain. *Behavioral and Brain Sciences, 31*, 284~320.

Crespi, Bernard, Stead, Philip, & Elliott, Michael. (2009). Comparative Genomics of Autism and Schizophrenia. *Proceedings of the National Academy of Science, 107*, 1736~1741.

Crockford, Catherine, Wittig, Roman M., Mundry, Roger, & Zuberbuehler, Klaus. (2012). Wild Chimpanzees Inform Ignorant Group Members of Danger. *Current Biology, 22*(2), 142~146. doi: 10.1016/j.cub.2011.11.053.

Csibra, Gergely. (2008). Goal Attribution to Inanimate Agents by 6.5-Month-Old Infants. *Cognition, 107*(2), 705~717. doi: http://doi.org/10.1016/j.cognition.2007.08.001.

Csikszentmihalyi, Mark. (2004). *Material Virtue: Ethics and the Body in Early China*. Leiden: Brill.

Culotta, Elizabeth. (2009). On the Origin of Religion. *Science, 326*(5954), 784~787. doi: 10.1126/science.326_784.

Dally, Joanna, Emery, Nathan, & Clayton, Nicola. (2006). Food-caching Western Scrub Jays Keep Track of Who Was Watching When. *Science, 312*, 1662~1665.

Damasio, Antonio. (1999). *The Feeling of What Happens: Body and Emotion in the Making of Consciousness*. New York: Harcourt.

Davis, Michael (Ed.). (1995). *Human Rights and Chinese Values: Legal, Philosophical, and Political Perspectives*. Oxford: Oxford University Press.

Dawkins, R. (1976). *The Selfish Gene*. New York: Oxford University Press.

Dawkins, Richard. (1987). *The Blind Watchmaker: Why the Evidence of Evolution Reveals a Universe without Design*. New York: W. W. Norton.

De Bary, William Theodore, & Tu, Weiming(杜維明) (Eds.). (1998). *Confucianism and Human Rights*. New York: Columbia University Press.

Defoort, Carine. (1997). Causation in Chinese Philosophy. In Eliot Deutsch & Ronald Bontekoe (Eds.), *A Companion to World Philosophies* (pp. 165~173). London: Blackwell.

DeFrancis, John. (1984). *The Chinese Language: Fact and Fantasy*. Honolulu: University of Hawai'i Press.

De Jesus, Abraham. (2010). *The Foundations of Chinese Logic* (Master of Arts thesis), University of British Columbia, Vancouver. Retrieved from https://circle.ubc.ca/bitstream/handle/2429/23495/ubc_2010_spring_dejesus_abraham.pdf?sequence=1.

Dennett, Daniel. (1978). *Brainstorms: Philosophical Essays on Mind and Psychology* (1st ed.). Montgomery, VT: Bradford Books.

Dennett, Daniel. (1991). *Consciousness Explained*. Boston: Little, Brown.

Dennett, Daniel. (1995). *Darwin's Dangerous Idea: Evolution and the Meaning of Life*. New York: Simon & Schuster.

Dennett, Daniel. (2006). *Breaking the Spell: Religion as a Natural Phenomenon*. New York: Viking.

Derrida, Jacques. (1967/1998). *Of Grammatology* (Gayatri Chakravorty Spivak, Trans.). College Park, MA: John Hopkins University Press.

Despeux, Catherine. (2007). Âmes et animation du corps: La notion de shen dans la médecine chinoise antique. *Extreme-Orient, Extreme-Occident, 29*, 71~94.

de Waal, Frans. (1983/1998). *Chimpanzee Politics: Power and Sex among the Apes* (2nd ed.).

Baltimore: Johns Hopkins University Press.

Ding, Sixin(丁四新). (2000). 郭店楚墓竹簡思想研究. 北京: 東方出版社.

Dunbar, Kevin. (2000). The Scientist in Vivo: How Scientists Think and Reason in the Laboratory. In Lorenzo Magnani, Nancy Nersessian, & Paul Thagard (Eds.), *Modelbased Reasoning in Scientific Discovery* (pp. 89~98). New York: Plenum Press.

Dunbar, Robin. (1992). Neocortex Size as a Constraint on Group Size in Primates. *Journal of Human Evolution, 20*, 469~493.

Dunbar, Robin. (2003). Evolution of the Social Brain. *Science, 302*(5648), 1160~1161.

Du Ponceau, Peter Stephen. (1838). *A Dissertation on the Nature and Character of the Chinese System of Writing*. Philadelphia: American Philosophical Society.

Durrant, Stephen, Li, Wai-yee(李惠仪), & Schaberg, David. (2016). *Zuo Tradition: Commentary on the "Spring and Autumn Annals."* Seattle: University of Washington Press.

Emerson, John. (1996). Yang Chu's Discovery of the Body. *Philosophy East and West, 46*(4), 533~566.

Eno, Robert. (1990). *The Confucian Creation of Heaven*. Albany: State University of New York Press.

Eno, Robert. (2009). Shang State Religion and the Pantheon of the Oracle Texts. In John Lagerwey & Marc Kalinowski (Eds.), *Early Chinese Religion* (Part I): *Shang through Han* (1250 BC~22 AD) (pp. 41~102). Leiden: Brill.

Enzinger, Irmgard. (2002). Bedeutungen des Begriffs "Herz": Das Körper-Denken in Mengzi und Zhuangzi. *Monumenta Serica, 50*, 95~170.

Evans, Jonathan. (2008). Dual-Processing Accounts of Reasoning, Judgment, and Social Cognition. *Annual Review of Psychology, 59*, 255~278.

Evans, E. Margaret. (2000). The Emergence of Beliefs about the Origins of Species in School-age Children. *Merrill-Palmer Quarterly, 46*(2), 221~254.

Evans, E. Margaret. (2001). Cognitive and Contextual Factors in the Emergence of Diverse Belief Systems: Creation versus Evolution. *Cognitive Psychology, 42*, 217~266.

Evans, E. Margaret, & Lane, Jonathan. (2011). Contradictory or Complementary? Creationist and Evolutionist Explanations of the Origin(s) of Species. *Human Development, 54*, 144~159.

Farmer, Steve, Henderson, John, & Witzel, Michael. (2000). Neurobiology, Layer Texts, and Correlative Cosmologies: A Cross-Cultural Framework for Premodern History. *Bulletin of the Museum of Far Eastern Antiquities, 72*, 48~90.

Fauconnier, Gilles. (1997). *Mappings in Thought and Language*. Cambridge: Cambridge University Press.

Fauconnier, Gilles, & Turner, Mark. (2002). *The Way We Think: Conceptual Blending and the Mind's Hidden Complexities*. New York: Basic Books.

Fazio, Russell H., & Olson, Michael A. (2003). Implicit Measures in Social Cognition Research: Their Meaning and Use. *Annual Review of Psychology, 54*(1), 297~327. doi: doi:10.1146/annurev.psych.54.101601.145225.

Fennellosa, Ernest, & Pound, Ezra. (1920). *The Chinese Written Character as a Medium for Poetry*. San Francisco: City Lights.

Field, Andy. (2009). *Discovering Statistics Using SPSS* (3rd ed.). Los Angeles: Sage.

Fingarette, Herbert. (1972). *Confucius: Secular as Sacred*. New York: Harper Torchbooks.

Fingarette Herbert. (2008). Discovering the Analects. In David Jones (Ed.), *Confucius Now: Contemporary Encounters with the Analects* (pp. 1~12). Chicago and La Salle, Ill.: Open Court.

Flanagan, Owen. (2002). *The Problem of the Soul: Two Visions of Mind and How to Reconcile Them*. New York: Basic Books.

Flusberg, Stephen, & Tager-Flusberg, Helen. (2006). Autism, Language, and the Folk Psychology of Souls. *Behavioral and Brain Sciences, 29*(5), 473.

Foster, K. R., & Kokko, H. (2009). The Evolution of Superstitious and Superstitionlike Behaviour. *Proc Biol Sci, 276*(1654), 31~37. doi: 10.1098/rspb.2008.0981.

Foucault, Michel. (1966/1970). *The Order of Things*. New York: Pantheon Books.

Fraser, Chris. (2007). On Wu-Wei as a Unifying Metaphor. *Philosophy East & West, 57*(1), 97~106.

Fraser, Chris. (2008). Psychological Emptiness in the Zhuangzi. *Asian Philosophy, 18*(2), 123~147.

Fraser, Chris. (2016). *The Philosophy of the Mozi: The First Consequentialists*. New York: Columbia University Press.

Frazier, Brandy N., Gelman, Susan A., Wilson, Alice, & Hood, Bruce M. (2009). Picasso Paintings, Moon Rocks, and Hand-Written Beatles Lyrics: Adults' Evaluations of Authentic Objects. *Journal of Cognition and Culture, 9*, 1~14.

Frith, Chris. (2004). Schizophrenia and Theory of Mind. *Psychological Medicine, 34*, 385~389.

Gadamer, Hans-Georg. (1960/2004). *Truth and Method* (J. Weinsheimer & D. G. Marshall, Trans. 2nd revised ed.). New York: Crossroad.

Gailliot, Matthew, Baumeister, Roy, DeWall, C. Nathan, Maner, Jon, Plant, E. Ashby, Tice, Dianne, Brewer, Lauren, & Schmeichel, Brandon. (2007). Self-Control Relies on Glucose as a Limited Energy Source: Willpower Is More Than a Metaphor. *Journal of Personality and Social Psychology, 92*(2), 325~336.

Gallagher, Shaun. (2005). *How the Body shapes the Mind*. New York: Oxford University Press.

Gallese, Vittorio, & Goldman, Alvin. (1998). Mirror Neurons and the Simulation Theory of Mind-reading. *Trends in Cognitive Science, 2*, 493~501.

Geaney, Jane. (2002). *On the Epistemology of the Senses in Early Chinese Thought*. Honolulu: University of Hawai'i Press.

Geaney, Jane. (2010). Grounding "Language" in the Senses: What the Eyes and Ears Reveal about Ming (Names) in Early Chinese Texts. *Philosophy East & West, 60*(2), 251~293.

Geaney, Jane. (2012). Self as Container? Metaphors We Lose By in Understanding Early China. *Antiquorum Philosophia, 5*, 11~30.

Geertz, Armin W. (2010). Brain, Body and Culture: A Biocultural Theory of Religion. *Method & Theory in the Study of Religion, 22*, 304~321.

Geertz, Clifford. (1973). *The Interpretation of Cultures: Selected Essays*. New York: Basic Books.

Geisz, Steven. (2016). Understanding the Heart-Mind within the Heart-Mind of the Neiye (Inward Training). *Dao, 15*(3), 393~412. doi: 10.1007/s11712-016-9503-0.

Gelman, Susan. (2005). Two Insights about Naming in the Preschool Child. In Peter Carruthers, Stephen Laurence & Stephen Stich (Eds.), *The Innate Mind: Structure and Contents* (pp. 198~215). New York: Oxford University Press.

Gere, Cathy. (2009). *Knossos and the Prophets of Modernism*. Chicago: University of Chicago Press.

Gergely, Gyoergy, Nadasdy, Zoltan, Csibra, Gergely, & Biro, Szilvia. (1995). Taking the Intentional Stance at 12 Months of Age. *Cognition, 56*(2), 165~193.

Gernet, Jacques. (1985). *China and the Christian Impact: A Conflict of Cultures* (Janet Lloyd, Trans.). Cambridge: Cambridge University Press.

Gibbs, Raymond. (1999). Taking Metaphor Out of Our Heads and Putting It into the Cultural World. In Raymond Gibbs & Gerard Steen (Eds.), *Metaphor in Cognitive Linguistics* (pp. 145~166). Philadelphia, PA: John Benjamins.

Gibbs, Raymond. (2006). *Embodiment and Cognitive Science*. Cambridge: Cambridge University Press.

Gilbert, Daniel, Pinel, Elizabeth, Brown, Ryan, & Wilson, Timothy. (2000). The Illusion of External Agency. *Journal of Personality and Social Psychology, 79*(5), 690~700.

Goldin, Paul. (2003). A Mind-Body Problem in the Zhuangzi? In Scott Cook (Ed.), *Hiding the World in the World: Uneven Discourses on the Zhuangzi* (pp. 226~247). Albany: State University of New York Press.

Goldin, Paul. (2004). Review of Roel Sterckx, The Animal and the Daemon in Early China. *Journal of Chinese Philosophy, 31*(2), 309~312.

Goldin, Paul. (2007). Review of Eske Møllgaard, An Introduction to Daoist Thought: Action, Language, and Ethics in Zhuangzi. *Journal of Chinese Religions, 35*, 176~178.

Goldin, Paul. (2008). The Myth That China Has No Creation Myth. *Momumenta Serica, 56*, 1~22.

Goldin, Paul. (2011). *Confucius and His Disciples in the Analects, or: Why the Traditional Chronology Is Right*. Paper presented at the The Analects: A Western Han Text?, Princeton.

Goldin, Paul. (2015). The Consciousness of the Dead as a Philosophical Problem in Ancient China. In R. A. H. King (Ed.), *The Good Life and Conceptions of Life in Early China and Greek Antiquity* (pp. 59~92). Berlin: De Gruyter.

Goldman, Alvin, & Jordan, Lucy. (2013). Mindreading by Simulation: The Roles of Imagination and Mirroring. In Simon Baron-Cohen, Helen Tager-Flusberg, & Michael Lombardo (Eds.), *Understanding Other Minds: Perspectives from Developmental Social Neuroscience* (pp. 448~466). New York: Oxford University Press.

Gopnik, A., & Meltzoff, A. N. (1997). *Words, Thoughts and Theories*. Cambridge, MA: MIT Press.

Gopnik, A., & Wellmann, H. (1994). The Theory Theory. In L. A. Hirschfeld & S. A. Gelman (Eds.), *Mapping the Mind: Domain-Specificity in Cognition and Culture* (pp. 257~293). New York: Cambridge University Press.

Gordon, Robert. (1986). Folk Psychology as Simulation. *Mind and Language, 1*, 158~171.

Graham, A. C. (1985). The Right to Selfishness: Yangism, Later Mohism, Chuang Tzu. In Donald Munro (Ed.), *Individualism and Holism: Studies in Confucian and Taoist Values* (pp. 73~84). Ann Arbor: University of Michigan Press.

Graham, A. C. (1986). *Yin-Yang and the Nature of Correlative Thinking*. Singapore: Institute of East Asian Philosophies.

Graham, A. C. (1989). *Disputers of the Tao*. La Salle, IL: Open Court.

Graham, A. C. (2004). *Later Mohist Logic, Ethics and Science*. Hong Kong: Chinese University of Hong Kong Press.

Granet, Marcel. (1934). *La Pensee chinoise*. Paris: La Renaissance du livre.

Gray, K., & Wegner, D. M. (2010). Blaming God for Our Pain: Human Suffering and the Divine Mind. *Personality and Social Psychology Review, 14*(1), 7~16. doi: 10.1177/1088868309350299.

Gray, Kurt, Jenkins, Adrianna, Heberlein, Andrea, & Wegner, Daniel. (2011). Distortions of Mind Perception in Psychopathy. *Proceedings of the National Academy of Science, 108*(2), 477~479.

Gries, Stefan Th. (2013). 50-Something Years of Work on Collocations: What Is or Should Be Next. *International Journal of Corpus Linguistics, 18*(1), 137~165.

Grieve, Jack. (2007). Quantitative Authorship Attribution: An Evaluation of Techniques. *Literary and Linguistic Computing, 22*(3), 251~270.

Guo, Jue. (2011). Concepts of Death and the Afterlife Reflected in Newly Discovered Tomb Objects and Texts from Han China. In Amy Olberding & P. J. Ivanhoe (Eds.), *Mortality in Traditional Chinese Thought* (pp. 85~115). Albany: State University of New York Press.

Guo, Qingfan(郭慶藩). (1961). 莊子集釋. 北京: 中華書局.

Guo, Qiyong(郭齊勇). (2000). 郭店楚簡身心觀發微. 武漢大學中國文化研究院 (Ed.), 郭店楚簡國際研討會議論文集 (pp. 198~209). 武漢: 湖北人民出版社.

Guo, Qiyong(郭齊勇). (2003). 論中國古代人的生存輪智慧. 學術月刊, 9, 95~103.

Guthrie, Stuart. (1993). *Faces in the Clouds: A New Theory of Religion*. New York: Oxford University Press.

Hahm, Chae-bong(함재봉). (2001). Confucian Rituals and the Technology of the Self: A Foucaultian Interpretation. *Philosophy East & West, 51*(3), 315~324.

Hall, David, & Ames, Roger. (1987). *Thinking through Confucius*. Albany: State University of New York Press.

Hall, David, & Ames, Roger. (1995). *Anticipating China: Thinking through the Narratives of Chinese and Western Culture*. Albany: State University of New York Press.

Hansen, Chad. (1983). *Language and Logic in Ancient China*. Ann Arbor: University of Michigan Press.

Hansen, Chad. (1993). Chinese Ideographs and Western Ideas. *Journal of Asian Studies, 52*(2), 373~399.

Harbsmeier, Christoph. (1991). The Mass Noun Hypothesis and the Part-whole Analysis of the White Horse Dialogue. In Henry Rosemont (Ed.), *Chinese Texts and Philosophical Contexts* (pp. 49~66). La Salle, IL: Open Court.

Harbsmeier, Christoph. (1995). Some Notions of Time and of History in China and the West. In Chun-Chieh Huang & Erik Zürcher (Eds.), *Time and Space in Chinese Culture* (pp. 49~71). Leiden: Brill.

Hare, Brian, Call, Josep, & Tomasello, Michael. (2006). Chimpanzees Deceive a Human Competitor by Hiding. *Cognition, 101*(3), 495~514.

Harper, Donald. (1994). Resurrection in Warring States Popular Religion. *Taoist Resources,*

5(2), 13~28.

Harper, Donald. (1998). *Early Chinese Medical Literature: The Mawangdui Medical Manuscripts*. New York: Kegan Paul International.

Harpham, Geoffrey Galt. (2012). Two Points about Two Cultures. In Edward Slingerland & Mark Collard (Eds.), *Creating Consilience: Integrating the Sciences and the Humanities* (pp. 424~430). New York: Cambridge University Press.

Harris, Paul L., & Giménez, Marta. (2005). Children's Acceptance of Conflicting Testimony: The Case of Death. *Journal of Cognition and Culture, 5*, 143~164.

Harris, Sam. (2010). *The Moral Landscape: How Science Can Determine Human Values*. New York: Free Press.

Hegel, G. W. F. (1899/2007). *The Philosophy of History*. New York: Cosimo.

Henrich, Joseph. (2014). Rice, Psychology and Innovation. *Science, 344*, 593~594.

Henrich, Joseph. (2015). *The Secret of Our Success: How Culture Is Driving Human Evolution, Domesticating Our Species, and Making Us Smarter*. Princeton, NJ: Princeton University Press.

Henrich, Joseph, Heine, Steven J., & Norenzayan, Ara. (2010). The Weirdest People in the World? *Behavioral and Brain Sciences, 33*, 61~83. doi: 10.1017/S0140525X0999152X.

Henrich, Joseph, & McElreath, Richard. (2007). Dual Inheritance Theory: The Evolution of Human Cultural Capacities and Cultural Evolution. In Robin Dunbar & Louise Barrett (Eds.), *Oxford Handbook of Evolutionary Psychology* (pp. 555~570). Oxford: Oxford University Press.

Heyes, C. (2014). False Belief in Infancy: A Fresh Look. *Developmental Science, 17*(5), 647~659. doi: 10.1111/desc.12148.

Heywood, Bethany T., & Bering, Jesse M. (2013). "Meant to Be": How Religious Beliefs and Cultural Religiosity Affect the Implicit Bias to Think Teleologically. *Religion, Brain & Behavior, 1~19*. doi: 10.1080/2153599x.2013.782888.

Hirschfeld, Lawrence A., & Gelman, Susan A. (Eds.). (1994). *Mapping the Mind: Domain-Specificity in Culture and Cognition*. New York: Cambridge University Press.

Hodge, Bob., & Louie, Kam. (1998). *The Politics of Chinese Language and Culture: The Art of Reading Dragons*. New York: Routledge.

Hodge, K. Mitch. (2008). Descartes' Mistake: How Afterlife Beliefs Challenge the Assumption that Humans Are Intuitive Cartesian Substance Dualists. *Journal of Cognition and Culture, 8*, 387~415.

Hoover, David. (2002). Frequent Word Sequences and Statistical Stylistics. *Literary and Linguistic Computing, 17*(2), 157~180.

Hou, Renkui, & Jiang, Minghu. (2016). Analysis on Chinese Quantitative Stylistic Features Based on Text Mining. *Digital Scholarship in the Humanities, 31*(2), 357~367.

Hou, Yufang, & Frank, Anette. (2015). *Analyzing Sentiment in Classical Chinese Poetry*. Paper presented at the Proceedings of the 9th SIGHUM Workshop on Language Technology for Cultural Heritage, Social Sciences, and Humanities, Beijing.

Hsu, Elisabeth. (2009). Outward Form (*xing*) and Inward Qi: The "Sentimental Body" in Early Chinese Medicine. *Early China, 32*, 103~124.

Huang, Chun-Chieh(黃俊傑). (1991). On Five Activities from Ma-wang-tui: The Mind-Body Unity and Its Manifold Signficance. *Proceedings of the National Science Council, Part C: Humanities and Social Sciences, 1*(1), 87~100.

Huang, Chun-Chieh(黃俊傑). (2006). "Time" and "Supertime" in Chinese Historical Thinking. In Huang Chun-chieh & John Henderson (Eds.), *Notions of Time in Chinese Historical Thinking* (pp. 19~41). Hong Kong: Chinese University of Hong Kong Press.

Huang, Chun-Chieh(黃俊傑), & Zürcher, Erik (Eds.). (1995). *Time and Space in Chinese Culture*. Leiden: Brill.

Huang, Junwei., Cheng, Lehua., & Zhu, Jing. (2013). Intuitive Conceptions of Dead Persons' Mentality: A Cross-Cultural Replication and More. *International Journal for the Psychology of Religion, 23*, 29~41.

Hume, David. (1875/1956). *The Natural History of Religion* (H. E. Root, Ed.). Stanford, CA: Stanford University Press.

Humphrey, Nicholas. (1986). *The Inner Eye*. London: Farber and Farber.

Humphreys, H. (1885). *The Origin and Progress of the Art of Writing* (2nd ed.). London: Day and Son.

Hung, Jen-Jou(洪振洲)., Bingenheimer, Marcus., & Wiles, Simon. (2010). Quantitative Evidence for a Hypothesis Regarding the Attribution of Early Buddhist Translations. *Literary and Linguistic Computing, 25*(1), 119~134.

Hutton, Eric. (2000). Does Xunzi Have a Consistent Theory of Human Nature? In T. C. Kline & P. J. Ivanhoe (Eds.), *Virtue, Nature and Moral Agency in the Xunzi* (pp. 220~236). Cambridge, MA: Hackett.

Hutton, Eric. (2014). Xunzi: *The Complete Text*. Princeton, NJ: Princeton University Press.

Ihara, Craig K., & Nichols, Ryan. (2012). Ames, Roger, Confucian Role Ethics: A Vocabulary. *Dao, 11*(4), 521~526. doi: 10.1007/s11712-012-9297-7.

Ikeda, Suetoshi(池田末利). (1981). 中國古代宗教史研究. 東京: 東海大學出版會.

Ikeda, Tomohisa(池田知久). (1994). 〈马王堆汉墓帛书五行篇〉所见的身心问题. 湖南省博物馆编 (Ed.), 马王堆汉墓研究文集－1992 年马王堆汉墓国际学术讨论会论文选.

长沙: 湖南出版社.

Insoll, Timothy (Ed.). (2011). *The Oxford Handbook of the Archaeology of Ritual and Religion*. Oxford: Oxford University Press.

Inzlicht, Michael, Schmeichel, Brandon, & Macrae, C. Neil. (2014). Why Self-control Seems (but May Not Be) Limited. *Trends in Cognitive Science, 18*(3), 127~133. doi: 10.1016/j.tics.2013.12.009.

Irwin, Terence (Trans.). (1999). *Nicomachean Ethics* (2nd ed.). Indianapolis: Hackett.

Ishida, Hidemi. (1989). Body and Mind: The Chinese Perspective. In Livia Kohn (Ed.), *Taoist Meditation and Longevity Techniques* (pp. 41~71). Ann Arbor: University of Michigan Center for Chinese Studies.

Ivanhoe, Philip J. (1991). A Happy Symmetry: Xunzi's Ethical Thought. *Journal of the American Academy of Religion, 59*(2), 309~322. doi: 10.1093/jaarel/LIX.2.309.

Ivanhoe, Philip J. (1993/2000). *Confucian Moral Self-Cultivation* (2nd ed.). Indianapolis: Hackett.

Ivanhoe, Philip. (2007). Heaven as a Source for Ethical Warrant in Early Confucianism. *Dao, 6*(3), 211~220.

Ivanhoe, P. J. (2008). The Shades of Confucius: Social Roles, Ethical Theory, and the Self. In Martha Chandler & Ronnie Littlejohn (Eds.), *Polishing the Chinese Mirror: Essays in Honor of Henry Rosemont Jr.* (pp. 34~49). New York: Global.

Jensen, Lionel. (1998). *Manufacturing Confucianism: Chinese Traditions and Universal Civilization*. Durham, NC: Duke University Press.

Jiang, Guanghui(姜廣輝). (2000/2001). The Guodian Chu Slips and Early Confucianism. *Contemporary Chinese Thought, 32*(2), 6~38.

Jochim, Chris. (1998). Just Say No to "No-self" in Zhuangzi. In Roger Ames (Ed.), *Wandering at Ease in the Zhuangzi* (pp. 35~74). Albany: State University of New York Press.

Jockers, Matthew L., & Mimno, David. (2013). Significant Themes in 19th-Century Literature. *Poetics, 41*(6), 750~769. doi: 10.1016/j.poetic.2013.08.005.

Johnson, Carolyn. (2012, September 5). Ex-Harvard Scientist Fabricated, Manipulated Data, Report Says. *Boston Globe*.

Johnson, Mark. (2007). *The Meaning of the Body: Aesthetics of Human Understanding*. Chicago: University of Chicago Press.

Johnson, Mark. (2018). *The Aesthetics of Meaning and Thought: The Bodily Roots of Philosophy, Science, Morality, and Art*. Chicago: University of Chicago Press.

Johnston, Ian. (2010). *The Mozi: A Complete Translation*. New York: Columbia University Press.

Jullien, François. (1995a). *Le Detour et l'acces: Strategies du sens en Chine, en Grece* (Sophie Hawks, Trans.). Paris: Editions Grasset.

Jullien, François. (1995b). *The Propensity of Things: Toward a History of Efficacy in China* (Janet Lloyd, Trans.). New York: Zone Books.

Jullien, François. (2000). *Detour and Access: Strategies of Meaning in China and Greece* (Sophie Hawkes, Trans.). Cambridge, MA: Zone Books.

Jullien, François. (2001). *Du "temps": Elements d'une philosophie du vivre*. Paris: Bernard Grasset.

Jullien, François. (2007a). *La Pensee chinoise dans le miroir de la philosophie*. Paris: Seuil.

Jullien, François. (2007b). *Vital Nourishment: Departing from Happiness* (Arthur Goldhammer, Trans.). New York: Zone Books.

Jurafsky, Daniel, & Martin, James. (2015). Vector Semantics. In Daniel Jurafsky & James Martin (Eds.), *Speech and Language Processing: An Introduction to Natural Language Processing, Computational Linguistics, and Speech Recognition* (3rd edition draft).

Jurafsky, Daniel, & Martin, James H. (2008). *Speech and Language Processing* (2nd ed.). Upper Saddle River, NJ Prentice Hall.

Kahneman, Daniel. (2011). *Thinking, Fast and Slow*. New York: Farrar, Straus & Giroux.

Kalinowski, Marc. (2009). Diviners and Astrologers under the Eastern Zhou. In John Lagerwey & Marc Kalinowski (Eds.), *Early Chinese Religion: Part One: Shang through Han* (1250 BC~22 AD) (pp. 341~396). Leiden: Brill.

Kant, Immanuel. (1785/1964). *Groundwork of the Metaphysic of Morals* (H. J. Paton, Trans.). New York: Harper Torchbooks.

Kapogiannis, Dimitrios, Barbey, Aron, Su, Michael, Zamboni, Giovana, Krueger, Frank, & Grafman, Jordan. (2009). Cognitive and Neural Foundations of Religious Belief. *Proceedings of the National Academy of Science, 106*(12), 4876~4881.

Keightley, David. (2000). *The Ancestral Landscape: Time, Space, and Community in Late Shang China*. Berkeley: University of California Press.

Keil, Frank C. (1994). The Birth and Nurturance of Concepts by Domains: The Origins of Concepts of Living Things. In Lawrence A. Hirschfeld & Susan A. Gelman (Eds.), *Mapping the Mind: Domain Specificity in Cognition and Culture*. (pp. 234~254). New York: Cambridge University Press.

Kelemen, D., Rottman, J., & Seston, R. (2013). Professional Physical Scientists Display Tenacious Teleological Tendencies: Purpose-based Reasoning as a Cognitive Default. *Journal of Experimental Psychology: General, 142*(4), 1074~1083. doi: 10.1037/a0030399.

Kelemen, Deborah. (1999). Why Are Rocks Pointy? Children's Preference for Teleological Explanations of the Natural World. *Developmental Psychology, 35*(6), 1440~1452.

Kelemen, Deborah. (2003). British and American Children's Preferences for Teleofunctional Explanations of the Natural World. *Cognition, 88*(2), 201~221.

Kelemen, Deborah. (2004). Are Children "Intuitive Theists"? Reasoning about Purpose and Design in Nature. *Psychological Science, 15*(5), 295~301.

Kelemen, Deborah. (2010). On Purpose: Teleological Beliefs about Nature and Adults. *Paper presented at the Theology and Cognition conference*, Merton College, Oxford.

Kelemen, Deborah, & Rosset, Evelyn. (2009). The Human Function Compunction: Teleological Explanation in Adults. *Cognition, 111*, 138~143.

Kern, Martin. (2009). Bronze Inscriptions, the Shijing and the Shangshu. In John Lagerwey & Marc Kalinowski (Eds.), *Early Chinese Religion: Part One: Shang through Han (1250 BC~22 AD)* (pp. 143~200). Leiden: Brill.

Kiel, Frank, & Newman, George E. (2015). Order, Order Everywhere, and Only an Agent to Think: The Cognitive Compulsion to Infer Intentional Agents. *Mind and Language, 30*(2), 117~139.

Kimmel, Michael. (2005). Culture Regained: Situated and Compound Image Schemas. In Beate Hampe (Ed.), *From Perception to Meaning: Image Schemas in Cognitive Linguistics* (pp. 285~311). Berlin: Mouton de Gruyter.

Klein, Esther, & Klein, Colin. (2011). Did the Chinese Have a Change of Heart? *Cognitive Science*, 36, 179~182.

Knight, Nicola, Sousa, Paulo, Barrett, Justin, & Atran, Scott. (2004). Children's Attributions of Beliefs to Humans and God: Cross-cultural Evidence. *Cognitive Science, 28*(1), 117~126.

Knoblock, John, & Riegel, Jeffrey. (2000). *The Annals of Lu Buwei: A Complete Translation and Study*. Stanford, CA: Stanford University Press.

Kosslyn, Stephen, Thompson, William, & Ganis, Giorgia. (2006). *The Case for Mental Imagery*. New York: Oxford University Press.

Koster-Hale, Jorie, & Saxe, Rebecca. (2013). Functional Neuroimaging of Theory of Mind. In Simon Baron-Cohen, Helen Tager-Flusberg, & Michael Lombardo (Eds.), *Understanding Other Minds: Perspectives from Developmental Social Neuroscience* (pp. 132~163). New York: Oxford University Press.

Kraus, Michael, & Stephens, Nicole. (2012). A Road Map for an Emerging Psychology of Social Class. *Social and Personality Psychology Compass*, 6(9), 642~656.

Kreger, Wayne. (2016). *Echo of the Master, Shadow of the Buddha: The Liezi 列子 as a Medieval Masters Text* (PhD dissertation), University of British Columbia,

Vancouver, BC.

Kuhlmeier, Valerie, Wynn, Karen, & Bloom, Paul. (2003). Atrribution of Dispositional States by 12-Month-Old Infants. *Psychological Science, 14*, 402~408.

Kuriyama, Shigehisa. (1994). The Imagination of Winds and the Development of the Chinese Conception of the Body. In Angela Zito & Tani Barlow (Eds.), *Body, Subject, and Power in China* (pp. 23~41). Chicago: University of Chicago Press.

Lagerwey, John, & Kalinowski, Marc (Eds.). (2009). *Early Chinese Religion (Part I): Shang through Han* (1250 BC~22 AD). Leiden: Brill.

Lagnado, David A., & Channon, Shelley. (2008). Judgments of Cause and Blame: The Effects of Intentionality and Foreseeability. *Cognition, 108*(3), 754~770.

Lai, Guolong(来国龙). (2005). Death and the Otherworldly Journey in Early China as Seen through Tomb Texts, Travel Paraphernalia, and Road Rituals. *Asia Major, 18*(1), 1~44.

Lai, Guolong(来国龙). (2015). *Excavating the Afterlife: The Archaeology of Early Chinese Religion*. Seattle: University of Washington Press.

Lakoff, George, & Johnson, Mark. (1999). *Philosophy in the Flesh: The Embodied Mind and Its Challenge to Western Thought*. New York: Basic Books.

Lakoff, George. (1987). *Women, Fire and Dangerous Things: What Categories Reveal about the Mind*. Chicago: University of Chicago Press.

Lakoff, George, & Núñez, Raphael. (2000). *Where Mathematics Comes From: How the Embodied Mind Brings Mathematics into Being*. New York: Basic Books.

Laland, Kevin N., Odling-Smee, John, & Feldman, Marcus W. (2000). Niche Construction, Biological Evolution, and Cultural Change. *Behavioral and Brain Sciences, 23*, 131~175.

Landauer, Thomas, & Dumais, Susan. (1997). A Solution to Plato's Problem: The Latent Semantic Analysis Theory of Acquisition, Induction, and Representation of Knowledge. *Psychological Review, 104*(2), 211~240.

Lambek, Michael, & Strathern, Andrew. (1998). *Bodies and Persons: Comparative Perspectives from Africa and Melanesia*. Cambridge: Cambridge University Press.

Lane, Jonathan, Wellman, Henry, & Evans, E. Margaret. (2010). Children's Understanding of Ordinary and Extraordinary Minds. *Child Development, 81*(5), 1475~1489.

LeDoux, Joseph. (1996). *The Emotional Brain: The Mysterious Underpinnings of Emotional Life*. New York: Simon & Schuster.

Lee, Janghee. (2005). *Xunzi and Early Chinese Naturalism*. Albany: State University of New York Press.

Lee, John, & Wong, Tak-sum. (2012). *Glimpses of Ancient China from Classical Chinese*

Poems. Paper presented at the Proceedings of COLING 2012, Posters, Mumbai, India.

Lee, Seung-Hwan(이승환). (2008). The Confucian Body and Virtue Education: On the Balance between Inner Authenticity and Outer Expression. In Roger Ames & Peter Hershock (Eds.), *Educations and Their Purposes: A Conversation among Cultures* (pp. 190~206). Honolulu, HI: University of Hawaii Press.

Legge, James. (1865/1994). *The Chinese Classics* (Vol. 3): *The Shoo King*. Taipei: SMC.

Legge, James. (1885/2010). *Li Chi: Book of Rites*. Whitefish, MT: Kessinger.

Leslie, Alan M. (1994). Pretending and Believing: Issues in the Theory of ToMM. *Cognition, 50*(1~3), 211~238.

Lévy-Bruhl, Lucien. (1922). *La mentalité primitive*. Paris: Alcan.

Lévy-Bruhl, Lucien. (1926/1985). *How Natives Think* (Lilian Clare, Trans.). Princeton, NJ: Princeton University Press.

Lewis, Mark Edward. (1997). The Ritual Origins of the Warring States. *Bulletin de l'Ecole française d'Extrême-Orient, 84*(2), 73~98.

Lewis, Mark Edward. (2006). *The Construction of Space in Early China*. Albany: State University of New York Press.

Leys, Simon. (1997). *The Analects of Confucius* (translation and notes). New York: W. W. Norton.

Li, Chenyang. (2006). The Confucian Ideal of Harmony. *Philosophy East and West, 56*(4), 583~603. doi: 10.1353/pew.2006.0055.

Li, Feng(李峰). (2013). *Early China: A Social and Cultural History*. New York: Cambridge University Press.

Li, Ling(李零). (2002). 上博楚簡三篇校讀記: 萬卷樓.

Li, Xueqin(李學勤). (1990). 放馬灘簡中的志怪故事. 文物, 4, 43~44.

Liao, W. K. (1959). *The Complete Works of Han Fei Tzu* (Vol. 1). London: Arthur Probsthain.

Lin, Fu-shi(林富士). (2009). The Image and Status of Shamans in Ancient China. In John Lagerwey & Marc Kalinowski (Eds.), *Early Chinese Religion (Part I): Shang through Han* (1250 BC~22 AD) (pp. 397~458). Leiden: Brill.

Link, Perry. (2013). *An Anatomy of Chinese: Rhythm, Metaphor, Politics*. Cambridge, MA: Harvard University Press.

Link, Perry. (2016, June 20). *The Mind: Less Puzzling in Chinese*. New York Review of Books.

Liu, Chengji. (2008). The Body and Its Image in Classical Chinese Aesthetics. *Frontiers of Philosophy in China, 3*(4), 577~594.

Liu, Li(刘莉). (1996). Mortuary Ritual and Social Harmony in the Longshan Culture. *Early*

China, 21, 1~46.
Liu, Li(刘莉), & Chen, Xingcan. (2012). *The Archeology of China: From the Late Paleolithic to the Early Bronze Age*. New York: Cambridge University Press.
Lloyd, G. E. R. (1990). *Demystifying Mentalities*. Cambridge: Cambridge University Press.
Lloyd, G. E. R. (2007). *Cognitive Variations: Reflections on the Unity and Diversity of the Human Mind*. Cambridge: Cambridge University Press.
Lo, Yuet Keung(勞悅強). (2008). From a Dual Soul to a Unitary Soul: The Babel of Soul Terminologies in Early China. *Monumenta Serica, 56*, 23~53.
Lord, Carnes. (2013). *Aristotle's Politics* (2nd ed.). Chicago: University of Chicago Press.
Lu, Louis Wei-lun, & Chiang, Wen-yu. (2007). Emptiness We Live By: Metaphors and Paradoxes in Buddhism's Heart Sutra. *Metaphor and Symbol, 22*(4), 331~355. doi: 10.1080/10926480701528287.
Lukes, Steven. (1973). *Individualism*. New York: Harper and Row.
Lurie, David B. (2006). Language, Writing, and Disciplinarity in the Critique of the "Ideographic Myth": Some Proleptical Remarks. *Language & Communication, 26*(3~4), 250~269. doi: 10.1016/j.langcom.2006.02.015.
Ma, Chengyuan(马承源) (Ed.). (2001). 上海博物館藏戰國楚竹書 (一). 上海: 上海古籍.
Ma, Chengyuan(马承源) (Ed.). (2002). 上海博物館藏戰國楚竹書 (二). 上海: 上海古籍.
Ma, Chengyuan(马承源) (Ed.). (2003). 上海博物館藏戰國楚竹書 (三). 上海: 上海古籍.
Ma, Chengyuan(马承源) (Ed.). (2005). 上海博物館藏戰國楚竹書 (五). 上海: 上海古籍.
Ma, Chengyuan(马承源) (Ed.). (2008). 上海博物館藏戰國楚竹書 (七). 上海: 上海古籍.
Machle, Edward J. (1976). Hsün Tzu as a Religious Philosopher. *Philosophy East and West, 26*(4), 443~461.
Major, John, Queen, Sarah, Meyer, Andrew, & Roth, Harold. (2010). *The Huainanzi: A Guide to the Theory and Practice of Government in Early Han China*. New York: Columbia University Press.
Mannheim, Bruce, Gelman, Susan A., Escalante, Carmen, Huayhua, Margarita, & Puma, Rosalía. (2010). A Developmental Analysis of Generic Nouns in Southern Peruvian Quechua. *Language Learning and Development: The Official Journal of the Society for Language Development, 7*(1), 1~23. doi: 10.1080/15475441003635620.
Manning, Christopher D., Raghavan, Prabhakar, & Schütze, Hinrich. (2008). *Introduction to Information Retrieval*. New York: Cambridge University Press.
Manning, Christopher, & Schütze, Hinrich. (1999). *Foundations of Statistical Natural Language Processing*. Cambridge, MA: MIT Press.
Margolis, Eric, & Laurence, Stephen (Eds.). (2015). *The Conceptual Mind: New Directions in the Study of Concepts*. Cambridge, MA: MIT Press.

Martin, A., & Santos, L. R. (2016). What Cognitive Representations Support Primate Theory of Mind? *Trends in Cognitive Sciences, 20*(5), 375~382. doi: 10.1016/j.tics.2016.03.005.

Mascalzoni, Elena, Regolin, Lucia, & Vallortigara, Giorgio. (2010). Innate Sensitivity for Self-propelled Causal Agency in Newly Hatched Chicks. *Proceedings of the National Academy of Science, 107*(9), 4483~4485.

Masterman, Margaret. (1962). The Intellect's New Eye. In D. J. Foskett (Ed.), *Freeing the Mind: Articles and Letters from the Times Literary Supplement during March~June, 1962* (pp. 38~44). London: Times.

Mattice, Sarah. (2014). *Metaphor and Metaphilosophy: Philosophy as Combat, Play, and Aesthetic Experience*. New York: Lexington Books.

Mattice, Sarah. (2016). Methodological Inspiration from Teaching Chinese Philosophy. In Sor-hoon Tan (Ed.), *The Bloomsbury Research Handbook of Chinese Philosophy Methodologies* (pp. 143~153). New York: Bloomsbury.

Mautner, Gerlinde. (2007). Mining Large Corpora for Social Information: The Case of Elderly. *Language in Society, 36*(01), 51~72.

McCauley, Robert. (2011). *Why Religion Is Natural and Science Is Not*. New York: Oxford University Press.

McCorkle, William Lee. (2010). *Ritualizing the Disposal of the Deceased: From Corpse to Concept*. New York: Peter Lang.

McDonald, Edward. (2009). Getting over the Walls of Discourse: "Character Fetishization" in Chinese Studies. *Journal of Asian Studies, 68*(4), 1189~1213. doi:10.1017/S0021911809990763.

McLeod, Alexus. (2015). *Theories of Truth in Chinese Philosophy: A Comparative Approach*. New York: Rowman & Littlefield.

McNeill, David. (1992). *Hand and Mind: What Gestures Reveal about Thought*. Chicago: University of Chicago Press.

Medin, D. L., & Atran, S. (2004). The Native Mind: Biological Categorization and Reasoning in Development and across Cultures. *Psychological Review, 111*(4), 960~983.

Medin, D. L., Ross, N. O., Atran, S., Cox, D., Coley, J., Proffitt, J. B., & Blok, S. (2006). Folkbiology of Freshwater Fish. *Cognition, 99*(3), 237~273.

Medin, Douglas, & Atran, Scott (Eds.). (1999). *Folkbiology*. Cambridge, MA: MIT Press.

Meier, B. P., Hauser, D. J., Robinson, M. D., Friesen, C. K., & Schjeldahl, K. (2007). What's "Up" with God? Vertical Space as a Representation of the Divine. *Journal of Personality and Social Psychology, 93*(5), 699~710. doi: 10.1037/0022-

3514.93.5.699.

Mendes, N., Rakoczy, H., & Call, J. (2008). Ape Metaphysics: Object Individuation without Language. *Cognition, 106*(2), 730~749. doi: 10.1016/j.cognition.2007.04.007.

Messner, Angelika. (2006). Emotions, Body, and Bodily Sensations within an Early Field of Expertise Knowledge in China. In Paolo Santangelo & Ulrike Middendorf (Eds.), *From Skin to Heart: Perceptions of Emotions and Bodily Sensations in Traditional Chinese Culture* (pp. 41~63). Wiesbaden: Harrassowitz Verlag.

Meltzoff, Andrew N. (1995). Understanding the Intentions of Others: Re-enactment of Intended Acts by 18-Month-Old Children. *Developmental Psychology, 31*(5), 838~850.

Meltzoff, Andrew N., & Moore, M. Keith. (1977). Imitation of Facial and Manual Gestures by Human Neonates. *Science, 198*(4312), 75~78.

Meltzoff, Andrew N., & Moore, M. Keith. (1995). Infants' Understanding of People and Things: From Body Imitation to Folk Psychology. In Jose Luis Bermudez, Anthony J. Marcel et al. (Eds.), *The Body and the Self* (pp. 43~69). Cambridge, MA: MIT Press.

Meyer, M., Leslie, S. J., Gelman, S. A., & Stilwell, S. M. (2013). Essentialist Beliefs about Bodily Transplants in the United States and India. *Cognitive Science*. doi: 10.1111/cogs.12023.

Miller, Greg. (2006). China: Healing the Metaphorical Heart. *Science, 311*(5760), 462~463.

Miner, Gary, Elder, John, Hill, Thomas, Nisbet, Robert, Delen, Dursun, & Fast, Andrew. (2012). *Practical Text Mining and Statistical Analysis for Non-structured Text Data Applications*. Waltham, MA: Academic Press.

Mitchell, Stephen. (1988). *Tao Te Ching: A New English Version*. New York: Harper Collins.

Mithen, Steven. (2004). From Ohalo to Çatalhöyük: The Developmnent of Religiosity during the Early Prehistory of Western Asia, 20,000~7000 BCE. In Harvey Whitehouse & Luther Martin (Eds.), *Theorizing Religions Past: Archaeology, History and Cognition* (pp. 17~43). Walnut Creek, CA: AltaMira Press.

Mithen, Steven. (1996). The Prehistory of the Mind. London: Thames & Hudson.

Moeller, Hans-Georg. (2006). *The Philosophy of the Daodejing*. New York: Columbia University Press.

Mohr, John W., & Bogdanov, Petko. (2013). Introduction—Topic Models: What They Are and Why They Matter. *Poetics, 41*(6), 545~569. doi: 10.1016/j.poetic.2013.10.001.

Møllgaard, Eske. (2005). Eclipse of Reading: On the 'Philosophical Turn' in American Sinology. *Dao: A Journal of Comparative Philosophy, 4*(2), 321~340.

Møllgaard, Eske. (2007). *An Introduction to Daoist Thought: Action, Language, and Ethics in Zhuangzi*. London: Routledge.

Moretti, Franco. (2013). *Distant Reading*. London: Verso.

Mote, Frederick. (1971). *Intellectual Foundations of China*. New York: Knopf.

Munro, Donald. (1985). Introduction. In Donald Munro (Ed.), *Individualism and Holism: Studies in Confucian and Taoist Values* (pp. 1~32). Ann Arbor: University of Michigan Press.

Nakamura, Kimihiro, Kuo, Wen-Jui, Pegado, Felipe, Cohen, Laurent, Tzeng, Ovid J. L., & Dehaene, Stanislas. (2012). Universal Brain Systems for Recognizing Word Shapes and Handwriting Gestures during Reading. *Proceedings of the National Academy of Sciences, 109*(50), 20762~20767. doi: 10.1073/pnas.1217749109.

Needham, Joseph. (1956). *Science and Civilisation in China* (Vol. 2): *History of Scientific Thought*. Cambridge: Cambridge University Press.

Needham, Joseph. (1974). *Science and Civilization in China: Spagyrical Discovery and Invention: Magisteries of Gold and Immortality* (Vol. 5.2). Cambridge: Cambridge University Press.

Nettle, Daniel. (2006). Schizotypy and Mental Health amongst Poets, Visual Artists, and Mathematicians. *Journal of Research in Personality, 40*(876~890).

Nichols, Shaun. (2006). Folk Intuitions on Free Will. *Journal of Cognition and Culture, 6*, 57~86.

Nichols, Shaun, & Knobe, Joshua. (2007). Moral Responsibility and Determinism: The Cognitive Science of Folk Intuitions. *Nous, 41*, 663~685.

Nichols, Ryan, & Logan, Carson. (2017). High Gods, Low Gods, and Morality in Ancient China: Developing New Methods, Answering Old Questions. In Ryan G. Hornbeck, Justin L. Barrett & Madeleine Kang (Eds.), *Religious Cognition in China: "Homo Religiosus" and the Dragon* (pp. 161~177). Cham: Springer International.

Nichols, Ryan, Slingerland, Edward, Nielbo, Kristoffer, Bergeton, Uffe, Logan, Carson, & Kleinman, Scott. (2018). Modeling the Contested Relationship between Analects, Mencius, and Xunzi: Preliminary Evidence from a Machine-Learning Approach. *Journal of Asian Studies, 77*(1), 19~57. doi: 10.1017/S0021911817000973.

Nichols, Ryan, Slingerland, Edward, Nielbo, Kristoffer, Logan, Carson, & Lynn, Justin. (Under review). Supernatural Agents and Morality in an Ancient and Medieval Chinese Corpus: Exploring Cognitive Science of Religion in the Humanities with Micro-modeling. *Religion, Brain & Behavior*.

Nickel, Lukas. (2011). The Prehistory of Religion in China. In Timothy Insoll (Ed.), *The Archaeology of Ritual and Religion* (pp. 442~456). New York: Oxford University Press.

Nietzsche, Friedrich. (1891/1961). *Thus Spoke Zarathustra* (R. J. Hollingdale, Trans.). New York: Penguin.

Nisbett, Richard E. (2003). *The Geography of Thought: How Asians and Westerners Think Differently . . . and Why*. New York: Free Press.

Nisbett, Richard E., Peng, Kaiping, Choi, Incheol, & Norenzayan, Ara. (2001). Culture and Systems of Thought: Holistic versus Analytic Cognition. *Psychological Review, 108*(2), 291~310.

Nivison, David. (1996). T*he Ways of Confucianism*. La Salle, IL: Open Court.

Norenzayan, Ara, Choi, Incheol, & Nisbett, Richard E. (1999). Eastern and Western Perceptions of Causality for Social Behavior: Lay Theories about Personalities and Situations. In Deborah A. Prentice, Dale T. Miller et al. (Eds.), *Cultural Divides: Understanding and Overcoming Group Conflict* (pp. 239~272). New York: Russell Sage Foundation.

Norenzayan, Ara, & Gervais, William. (2009). *Autism and Atheism: Associations between Theory of Mind and Belief in God*. Unpublished manuscript.

Norenzayan, Ara, & Gervais, William. (2013). The Origins of Religious Disbelief. *Trends in Cognitive Science, 17*(1), 20~25.

Norenzayan, Ara, Gervais, William, & Trzesniewski, Kali. (2012). *Mentalizing Deficits Constrain Belief in a Personal God*. PLoS ONE, 7, e36880.

Norenzayan, Ara, Shariff, Azim, Gervais, William, Willard, Aiyana, McNamara, Rita, Slingerland, Edward, & Henrich, Joseph. (2016). The Cultural Evolution of Prosocial Religions. *Behavioral & Brain Sciences, 39*, e1 (19 pages). doi: http://dx.doi.org/10.1017/S0140525X14001356.

Nylan, Michael. (2001a). Boundaries of the Body and Body Politic in Early Confucian Thought. In David Miller & Sohail Hashmi (Eds.), *Boundaries and Justice* (pp. 112~135). Princeton, NJ: Princeton University Press.

Nylan, Michael. (2001b). *The Five "Confucian" Classics*. New Haven, CT: Yale University Press.

Nylan, Michael. (2008). Beliefs about Seeing: Optics and Moral Technologies in Early China. *Asia Major, 21*(1), 89~132.

Nylan, Michael. (2016). Academic Silos, or "What I Wish Philosophers Knew about Early History in China." In Sor-hoon Tan (Ed.), *The Bloomsbury Research Handbook of Chinese Philosophy Methodologies* (pp. 91~114). New York: Bloomsbury

Oakes, Michael. (1998). *Statistics for Corpus Linguistics*. Edinburgh: Edinburgh University Press.

Oberle, Eva. (2009). The Development of Theory of Mind Reasoning in Micronesian

Children. *Journal of Cognition and Culture, 9*, 39~56.

Olberding, Amy. (2016). Etiquette: A Confucian Contribution to Moral Philosophy. *Ethics, 126*, 422~446.

Onishi, Kristine, & Baillargeon, Renée. (2005). Do 15-Month-Old Infants Understand False Beliefs? *Science, 308*(5719), 255~258.

Ortony, Andrew (Ed.). (1993). *Metaphor and Thought* (2nd ed.). Cambridge: Cambridge University Press.

Pan, Dawei. (2017). Is Chinese Culture Dualist? An Answer to Edward Slingerland from a Medical Philosophical Viewpoint. *Journal of the American Academy of Religion, 85*(4), 1017~1031. doi: 10.1093/jaarel/lfx028.

Pang, Pu(龐樸). (2000). 郢燕書說 : 郭店楚簡中山三器心旁文字試說. 武漢大學中國文化研究院 (Ed.), 郭店楚簡國際學術研討會 (pp. 37~42). 湖北: 湖北人民出版社.

Pang, Pu(龐樸). (2002). 上博藏簡零箋 (一). 簡帛研究 jianbo.org. http://www.bamboosilk.org/Wssf/2002/pangpu01.htm.

Paperno, Denis, Marelli, Marco, Tentori, Katya, & Baroni, Marco. (2014). Corpus-based Estimates of Word Association Predict Biases in Judgment of Word Co-occurrence Likelihood. *Cognitive Psychology, 74*, 66~83. doi: 10.1016/j.cogpsych.2014.07.001.

Pennisi, Elizabeth. (2006). Social Animals Prove Their Smarts. *Science, 312*, 1734~1738.

Perkins, Franklin. (2009). Motivation and the Heart in the Xing Zi Ming Chu. *Dao, 8*(2), 117~131.

Perkins, Franklin. (2015). All Things Flow into Form 凡物流形 and the "One" in the Laozi. *Early China, 38*, 195~232.

Perkins, Franklin. (2016). Metaphysics and Methodology in a Cross-cultural Context. In Sor-hoon Tan (Ed.), *The Bloomsbury Research Handbook of Chinese Philosophy Methodologies* (pp. 183~198). New York: Bloomsbury.

Pessoa, Luiz. (2005). To What Extent Are Emotional Visual Stimuli Processed without Attention and Awareness? *Current Opinion in Neurobiology, 15*, 188~196.

Peterson, Willard. (1982). Making Connections: 'Commentary on the Attached Verbalizations' of the Book of Change. *Harvard Journal of Asiatic Studies, 42*(1), 67~116.

Pettitt, Paul. (2011a). Religion and Ritual in the Lower and Middle Palaeolithic. In Timothy Insoll (Ed.), *The Archaeology of Ritual and Religion* (pp. 329~343). New York: Oxford University Press.

Pettitt, Paul. (2011b). *The Palaeolithic Origins of Human Burial*. New York: Routledge.

Pinker, Steven. (1997). *How the Mind Works*. New York: W.W. Norton.

Pinker, Steven. (2002). *The Blank Slate: The Modern Denial of Human Nature*. New York:

Viking.

Pirazzoli-t'Serstevens, Michele. (2009). Death and the Dead: Practices and Images in the Qin and Han. In John Lagerwey & Marc Kalinowski (Eds.), *Early Chinese Religion* (Part I): *Shang through Han* (1250 BC~22 AD) (Vol. 2, pp. 949~1026). Leiden: Brill.

Poli, Maddalena. (2016). *Me, Myself and I: The Notion of Self in the Zhuangzi* (Master of Arts thesis), Universita Ca'Foscari, Venezia, Italy.

Poo, Mu-Chou(蒲慕州). (1990). Ideas concerning Death and Burial in pre-Han and Han China. *Asia Major, 3*(2), 25~62.

Poo, Mu-Chou(蒲慕州). (1993). 墓葬與生死— 中國古代宗教之省思. 臺北: 聯經出版事業公司.

Poo, Mu-Chou(蒲慕州). (1998). *In Search of Personal Welfare: A View of Ancient Chinese Religion*. Albany: State University of New York Press.

Poo, Mu-Chou(蒲慕州). (2004). The Concept of Ghost in Ancient Chinese Religion. In John Lagerwey (Ed.), *Religion and Chinese Society* (Vol. 1, pp. 173~191). Hong Kong: Chinese University of Hong Kong Press.

Poo, Mu-Chou(蒲慕州). (2009). Ritual and Ritual Texts in Early China. In John Lagerwey & Marc Kalinowski (Eds.), *Early Chinese Religion* (Part 1): *Shang through Han* (1250 BC~22 AD) (pp. 281~313). Leiden: Brill.

Porkert, Manfred. (1974). *The Theoretical Foundations of Chinese Medicine: Systems of Correspondence*. Cambridge, MA: MIT Press.

Povinelli, Daniel J. (2000). *Folk Physics for Apes: The Chimpanzee's Theory of How the World Works*. New York: Oxford University Press.

Povinelli, Daniel, & Vonk, Jennifer. (2003). Chimpanzee Minds: Suspiciously Human? *Trends in Cognitive Science, 7*, 157~160.

Pregadio, Fabrizio. (2004). The Notion of 'Form' and the Ways of Liberation in Daoism. *Cahiers d'Extreme-Asie, 14*, 95~130.

Preston, Stephanie, & de Waal, Frans. (2002). Empathy: Its Ultimate and Proximate Bases. *Behavioral and Brain Sciences, 25*, 1~72.

Puett, Michael. (2001). *The Ambivalence of Creation: Debates concerning Innovation and Artifice in Early China*. Stanford, CA: Stanford University Press.

Puett, Michael. (2002). *To Become a God: Cosmology, Sacrifice, and Self-Divination in Early China*. Cambridge, MA: Harvard University Press.

Puett, Michael. (2009). Combining the Ghosts and Spirits, Centering the Realm: Mortuary Ritual and Political Organization in the Ritual Compedia of Early China. In John Lagerwey & Marc Kalinowski (Eds.), *Early Chinese Religion* (Part I): *Shang through*

Han (1250 BC~22 AD) (Vol. 2, pp. 695~720). Leiden: Brill.

Pulleyblank, Edwin. (1995). *Outlines of Classical Chinese Grammar*. Vancouver: University of British Columbia Press.

Quine, W. V. O. (1960). *Word and Object*. Cambridge, MA: MIT Press.

Raphals, Lisa. (2017). Body and Mind in Early China and Greece. *Journal of Cognitive Historiography, 2*(2), 132~182.

Rakison, David H. (2003). Parts, Motion, and the Development of the Animateinanimate Distinction in Infancy. In David H. Rakison & Lisa M. Oakes (Eds.), *Early Category and Concept Development: Making Sense of the Blooming, Buzzing Confusion* (pp. 159~192). London: London University Press.

Ramsey, John. (2016). Confucian Role Ethics and Relational Autonomy in the Mengzi. *Philosophy East & West, 66*(3), 903~922.

Reinhart, Katrinka. (2015). Religion, Violence, and Emotion: Modes of Religiosity in the Neolithic and Bronze Age of Northern China. *Journal of World Prehistory, 28*(2), 113~177. doi: 10.1007/s10963-015-9086-4.

Richeimer, Joel. (2008). Review: Lloyd, G. E. R., Cognitive Variations: Reflections on the Unity and Diversity of the Human Mind. *Dao: A Journal of Comparative Philosophy, 7*(3), 339~342.

Richerson, Peter J., & Boyd, Robert. (2005). *Not by Genes Alone: How Culture Transformed Human Evolution*. Chicago: University of Chicago Press.

Richert, Rebekah A., & Harris, Paul L. (2008). Dualism Revisited: Body vs. Mind vs. Soul. *Journal of Cognition and Culture, 8*, 99~115.

Rickett, W. Allyn. (1998). *Guanzi: Political, Economic and Philosophical Essays from Early China* (Vol. 2). Princeton, NJ: Princeton University Press.

Rickett, W. Allyn. (2001). *Guanzi: Political, Economic and Philosophical Essays from Early China* (Vol. 1). Boston, MA: Cheng and Tsui.

Risen, Jane, & Gilovich, Thomas. (2008). Why People Are Reluctant to Tempt Fate. *Journal of Personality and Social Psychology, 95*(2), 293~307.

Ritchie, Jeffrey. (2011). I, Robot: Self as Machine in the Liezi. In Ronnie Littlejohn & Jeffrey Dippman (Eds.), *Riding the Wind with Liezi: New Perspectives on the Daoist Classic* (pp. 193~208). Albany: State University of New York Press.

Robbins, Philip, & Jack, Anthony. (2006). An Unconstrained Mind: Explaining Belief in the Afterlife. *Behavioral & Brain Sciences, 29*(5), 484.

Robins, Dan. (2000). Mass Nouns and Count Nouns in Classical Chinese. *Early China, 25*(147~184).

Rockwell, Geoffrey, & Sinclair, Stéfan. (2016). *Hermeneutica: Computer-Assisted*

Roetz, Heiner. (1993a). *Confucian Ethics of the Axial Age*. Albany: State University of New York Press.
Roetz, Heiner. (1993b). Validity in Chou Thought: On Chad Hansen and the Pragmatic Turn in Sinology. In Han Lenk & Gregor Paul (Eds.), *Epistemological Issues in Classical Chinese Philosophy* (pp. 69~112). Honolulu: University of Hawai'i Press.
Roetz, Heiner. (2009). Tradition, Universality, and the Time Paradigm of Zhou Philosophy. *Journal of Chinese Philosophy, 36*(3), 359~375.
Rohde, Douglas, Gonnerman, Laura, & Plaut, David C. (2006). An Improved Model of Semantic Similarity Based on Lexical Co-Occurrence. *Communications of the ACM, 8*, 627~633.
Rosch, Eleanor, Mervis, Carolyn, Gray, Wayne, Johnson, David, & Boyes-Braem, Penny. (1976). Basic Objects in Natural Categories. *Cognitive Psychology, 8*, 382~439.
Rosemont, Henry Jr. (1976). Review: Confucius—The Secular as Sacred by Herbert Fingarette. *Philosophy East and West, 26*(4), 463~477.
Rosemont, Henry Jr. (1988). Why Take Rights Seriously? A Confucian Critique. In Leroy Rouner (Ed.), *Human Rights and the World's Religions* (pp. 167~182). Notre Dame, IN: University of Notre Dame Press.
Rosemont, Henry Jr. (1991). Rights-bearing Individuals and Role-bearing Persons. In Mary Bockover (Ed.), *Rules, Rituals and Responsibility: Essays Dedicated to Herbert Fingarette* (pp. 71~101). La Salle, IL: Open Court.
Rosemont, Henry Jr. (1993). The Education of a Philosopher of Sorts. In David Karnos & Robert Shoemaker (Eds.), *Falling in Love with Wisdom* (pp. 129~131). New York: Oxford University Press.
Rosemont, Henry Jr. (2015). *Against Individualism: A Confucian Rethinking of the Foundations of Morality, Politics, Family, and Religion*. Lanham, MD: Lexington Books.
Rosemont, Henry, Jr., & Ames, Roger. (2009). *The Chinese Classic of Family Reverence: A Philosophical Translation of the Xiaojing*. Honolulu: University of Hawai'i Press.
Roth, Harold. (1989). The Early Taoist Concept of Shen: A Ghost in the Machine? In Kidder Smith (Ed.), *Sagehood and Systematizing Thought in the Warring States and Early Han* (pp. 11~32). Brunswick, ME: Bowdoin College Press.
Roth, Harold. (1999). *Original Tao: Inward Training (Nei-yeh) and the Foundations of Taoist Mysticism*. New York: Columbia University Press.
Rottman, Joshua, Zhu, Liqi, Wang, Wen, Seston Schillaci, Rebecca, Clark, Kelly J., & Kelemen, Deborah. (2016). Cultural Influences on the Teleological

Stance: Evidence from China. *Religion, Brain & Behavior, 1~10.* doi: 10.1080/2153599x.2015.1118402.

Rueckl, Jay G., Paz-Alonso, Pedro M., Molfese, Peter J., Kuo, Wen-Jui, Bick, Atira, Frost, Stephen J., Frost, Ram et al. (2015). Universal Brain Signature of Proficient Reading: Evidence from Four Contrasting Languages. *Proceedings of the National Academy of Sciences, 112*(50), 15510~15515. doi: 10.1073/pnas.1509321112.

Ruffman, Ted, Garnham, Wendy, Import, Arlina, & Connoly, Dan. (2001). Does Eye Gaze Indicate Knowledge of False Belief? *Journal of Experimental Child Psychology, 80*, 201~224.

Ruskola, Teemu. (1992). Moral Choice in the Analects: A Way without Crossroads? *Journal of Chinese Philosophy, 19*(3), 285~296.

Sabattini, Elisa. (2015). The Physiology of Xin (Heart) in Chinese Political Argumentation. *Frontiers of Philosophy in China, 10*(1), 58~74.

Sacks, Oliver. (1995). *An Anthropologist on Mars: Seven Paradoxical Tales.* New York: Alfred Knopf.

Said, Edward. (1978). *Orientalism.* New York: Pantheon Books.

Saler, B. (2010). Theory and Criticism: The Cognitive Science of Religion. *Method & Theory in the Study of Religion, 22*(4), 330~339.

Sampson, G., & McCarthy, D. (Eds.). (2005). *Corpus Linguistics: Readings in a Widening Discipline.* New York: Continuum.

Santangelo, Paolo. (2007). Emotions and Perception of Inner Reality: Chinese and European. *Journal of Chinese Philosophy, 34*(2), 289~308.

Santos, Henri, Varnum, Michael, & Grossmann, Igor. (2017). Global Increases in Individualism. *Psychological Science, 1~12.*

Saussy, Haun. (2001). *Great Walls of Discourse and Other Adventures in Cultural China.* Cambridge, MA: Harvard University Press.

Schaap-Jonker, Hanneke, Sizoo, Bram, van Schothorst-van Roekel, Jannine, & Corveleyn, Jozef. (2013). Autism Spectrum Disorders and the Image of God as a Core Aspect of Religiousness. *International Journal for the Psychology of Religion, 23*(2), 145~160. doi: 10.1080/10508619.2012.688005.

Schaberg, David. (2001). *A Patterned Past: Form and Thought in Early Chinese Historiography.* Cambridge, MA: Harvard University Press.

Schjoedt, Uffe, Stoedkilde-Joergensen, Hans, Geertz, Armin, & Roepstorff, Andreas. (2009). Highly Religious Participants Recruit Areas of Social Cognition in Personal Prayer. *Social Cognitive and Affective Neuroscience, 4*(2), 199~207.

Schlieter, Jens. (2013). Checking the Heavenly "Bank Account of Karma": Cognitive

Metaphors for Karma in Western Perception and Early Theravāda Buddhism. *Religion, 1~24*. doi: 10.1080/0048721x.2013.765630.

Scholl, Brian J., & Tremoulet, Patrice D. (2000). Perceptual Causality and Animacy. *Trends in Cognitive Sciences, 4*(8), 299~309.

Schwartz, Benjamin. (1985). *The World of Thought in Ancient China*. Cambridge, MA: Harvard University Press.

Schwartz, Benjamin. (1996). *China and Other Matters*. Cambridge, MA: Harvard University Press.

Seidel, Anna. (1982). *Review: Tokens of Immortality in Han Graves*. Numen, 29(1), 79~122.

Setoh, P., Wu, D., Baillargeon, R., & Gelman, R. (2013). Young Infants Have Biological Expectations about Animals. *Proceedings of the National Academy of Sciences USA, 110*(40), 15937~15942. doi: 10.1073/pnas.1314075110.

Shaughnessy, Edward. (1991). *Sources of Western Zhou History: Inscribed Bronze Vessels*. Berkeley: University of California Press.

Shen, Vincent. (2005). Metaphor and Narrative in Taoism and Buddhism. In Warayuth Sriwarakuel, Manuel Dy, J. Haryamoto, Nguyen Trong Chuan, & Yiheang Chhay (Eds.), *Cultural Traditions and Contemporary Challenges in Southeast Asia: Hindu and Buddhist* (pp. 11~37). Washington, DC: Council for Research in Values and Philosophy.

Shi, J., Weng, X., He, S., & Jiang, Y. (2010). Biological Motion Cues Trigger Reflexive Attentional Orienting. *Cognition, 117*(3), 348~354. doi: 10.1016/j.cognition.2010.09.001.

Shi, Zhongyi(史忠义). (2007). 西方感知现象学与中国感物说. 深圳大学学报, 24(6), 5~16.

Shun, Kwong-loi. (1997). Mencius on Jen-Hsing. *Philosophy East & West, 47*(1), 1~20.

Shun, Kwong-loi. (2004). Review of Effortless Action. *Harvard Journal of Asiatic Studies, 64*(2), 511~516.

Shun, Kwong-loi. (2006). Purity in Confucian Thought: Zhu Xi on Xu, Jing, and Wu. In Kim-Chong Chong & Yuli Liu (Eds.), *Conceptions of Virtue: East and West* (pp. 195~211). Singapore: Marshall Cavendish.

Simion, Francesca, Regolin, Lucia, & Bulf, Hermann. (2008). A Predisposition for Biological Motion in the Newborn Baby. *Proceedings of the National Academy of Sciences, 105*(2), 809~813. doi: 10.1073/pnas.0707021105.

Sivin, Nathan. (1987). *Traditional Medicine in Contemporary China*. Ann Arbor: University of Michigan Press.

Sivin, Nathan. (1995a). *Medicine, Philosophy and Religion in Ancient China*. Aldershot, UK: Variorum.

Sivin, Nathan. (1995b). State, Cosmos and Body in the Last Three Centuries B.C. *Harvard Journal of Asiatic Studies, 55*(1), 5~37.

Skerry, A. E., & Spelke, E. S. (2014). Preverbal Infants Identify Emotional Reactions That Are Incongruent with Goal Outcomes. *Cognition, 130*(2), 204~216. doi: 10.1016/j.cognition.2013.11.002.

Slingerland, Edward. (2000). Review: Why Philosophy Is Not "Extra" in Understanding the Analects. [The Original Analects by Brooks, E. Bruce; Brooks, A. Taeko]. *Philosophy East and West, 50*(1), 137~141.

Slingerland, Edward. (2003a). *Confucius: Analects: With Selections from Traditional Commentaries*. Indianapolis: Hackett.

Slingerland, Edward. (2003b). *Effortless Action: Wu-wei as Conceptual Metaphor and Spiritual Ideal in Early China*. New York: Oxford University Press.

Slingerland, Edward. (2004a). Conceptions of the Self in the Zhuangzi: Conceptual Metaphor Analysis and Comparative Thought. *Philosophy East and West, 54*(3), 322~342.

Slingerland, Edward. (2004b). Conceptual Metaphor Theory as Methodology for Comparative Religion. *Journal of the American Academy of Religion, 72*(1), 1~31.

Slingerland, Edward. (2005). Conceptual Blending, Somatic Marking, and Normativity: A Case Example from Ancient Chinese. *Cognitive Linguistics 16*(3), 557~584.

Slingerland, Edward. (2008a). The Problem of Moral Spontaneity in the Guodian Corpus. *Dao: A Journal of Comparative Philosophy, 7*(3), 237~256.

Slingerland, Edward. (2008b). *What Science Offers the Humanities: Integrating Body & Culture*. New York: Cambridge University Press.

Slingerland, Edward. (2008c). Who's Afraid of Reductionism? The Study of Religion in the Age of Cognitive Science. *Journal of the American Academy of Religion, 76*(2), 375~411.

Slingerland, Edward. (2011a). Metaphor and Meaning in Early China. *Dao, 10*(1), 1~30. doi: 10.1007/s11712-010-9198-6.

Slingerland, Edward. (2011b). 'Of What Use Are the Odes?' Cognitive Science, Virtue Ethics, and Early Confucian Ethics. *Philosophy East & West, 61*(1), 80~109.

Slingerland, Edward. (2011c). The Situationist Critique and Early Confucian Virtue Ethics. *Ethics, 121*(2), 390~419.

Slingerland, Edward. (2013a). Body and Mind in Early China: An Integrated Humanities-Science Approach. *Journal of the American Academy of Religion, 81*(1), 6~55.

Slingerland, Edward. (2013b). Cognitive Science and Religious Thought: The Case of Psychological Interiority in the Analects. In Dimitris Xygalatas & Lee McCorkle

(Eds.), *Mental Culture: Classical Social Theory and the Cognitive Science of Religion* (pp. 197~212). London: Acumen.

Slingerland, Edward. (2014). *Trying Not to Try: Ancient China, Modern Science and the Power of Spontaneity*. New York: Crown.

Slingerland, Edward. (2015). Big Gods, Historical Explanation, and the Value of Integrating the History of Religion into the Broader Academy. *Religion, 45*(4), 585~602. doi: 10.1080/0048721x.2015.1073487.

Slingerland, Edward. (2017). Metaphor, Blending, and Cultural Variation: A Reply to Camus. *Dao: A Journal of Comparative Philosophy, 16*(3), 431~435.

Slingerland, Edward, & Bulbulia, Joseph. (2011a). Evolutionary Cognitive Science and the Study of Religion. *Religion, 41*(3), 1~23.

Slingerland, Edward, & Bulbulia, Joseph. (2011b). Introductory Essay: Evolutionary Science and the Study of Religion. *Religion, 41*(3), 307~328. doi: 10.1080/0048721x.2011.604513.

Slingerland, Edward, & Chudek, Maciej. (2011a). The Challenges of Qualitatively Coding Ancient Texts. *Cognitive Science, 36*, 183~186.

Slingerland, Edward, & Chudek, Maciej. (2011b). The Prevalence of Mind-body Dualism in Early China. *Cognitive Science, 35*, 997~1007.

Slingerland, Edward, & Collard, Mark (Eds.). (2012a). *Creating Consilience: Integrating the Sciences and the Humanities*. New York: Oxford University Press.

Slingerland, Edward, & Collard, Mark. (2012b). Creating Consilience: Toward a Second Wave. In Edward Slingerland & Mark Collard (Eds.), *Creating Consilience: Integrating the Sciences and the Humanities* (pp. 3~40). New York: Oxford University Press.

Slingerland, Edward, Nichols, Ryan, Nielbo, Kristoffer, & Logan, Carson. (2017). The Distant Reading of Religious Texts: A "Big Data" Approach to Mind-Body Concepts in Early China. *Journal of the American Academy of Religion, 85*(4), 985~1016.

Slingerland, Edward, & Sullivan, Brenton. (2017). Durkheim with Data: The Database of Religious History (DRH). *Journal of the American Academy of Religion, 85*(2), 312~347.

Slone, D. Jason. (2004). *Theological Incorrectness: Why Religious People Believe What They Shouldn't*. Oxford: Oxford University Press.

Slone, Jason (Ed.). (2006). *Religion and Cognition: A Reader*. London: Equinox.

Slote, Michael. (2007). *The Ethics of Care and Empathy*. New York: Routledge.

Smith, Barbara Herrnstein. (2009). *Natural Reflections: Human Cognition at the Nexus of*

Science and Religion. New Haven, CT: Yale University Press.

Smith, John B. (1984). A New Environment for Literary Analysis. *Perspectives in Computing, 4*(2/3), 20~31.

Smith, Jonathan Z. (1978). *Map Is Not Territory: Studies in the History of Religions*. Leiden: Brill.

Smith, Jonathan Z. (1998). Religion, Religions, Religious. In Mark Taylor (Ed.), *Critical Terms for Religious Studie*s (pp. 269~284). Chicago: University of Chicago Press.

Song, Hyun-joo(송현주), & Baillargeon, Renée. (2008). Infants' Reasoning about Others' False Perceptions. *Developmental Psychology, 44*(6), 1789~1795.

Southgate, Victoria. (2013). Early Manifestations of Mindreading. In Simon Baron-Cohen, Helen Tager-Flusberg & Michael Lombardo (Eds.), *Understanding Other Minds: Perspectives from Developmental Social Neuroscience* (pp. 3~18). New York: Oxford University Press.

Southgate, Victoria, & Vernetti, Angelina. (2014). Belief-based Action Prediction in Preverbal Infants. *Cognition, 130*, 1~10.

Spelke, E. S., Phillips, A., & Woodward, A. L. (1995). Infants' Knowledge of Object Motion and Human Action. In D. Sperber, D. Premack, & A. James-Premack (Eds.), *Causal Cognition: A Multidisciplinary Debate* (pp. 44~78). Oxford: Clarendon Press.

Spelke, Elizabeth. (2000). Core Knowledge. *American Psychologist, 55*(11), 1233~1243.

Spelke, Elizabeth, & Kinzler, Katherine. (2007). Core Knowledge. *Developmental Science, 10*(1), 89~96.

Spelke, Elizabeth, & Lee, Sang Ah. (2012). Core Systems of Geometry in Animal Minds. *Philosophical Transactions of the Royal Society B, 367*, 2784~2793.

Sperber, Dan, & Hirschfeld, Lawrence A. (2004). The Cognitive Foundations of Cultural Stability and Diversity. *Trends in Cognitive Sciences, 8*(1), 40~46.

Sperber, Daniel. (1996). *Explaining Culture: A Naturalistic Approach*. Oxford: Blackwell.

Sperber, Daniel, & Hirschfeld, Lawrence. (2006). Culture and Modularity. In Peter Carruthers, Stephen Laurence, & Stephen Stich (Eds.), *The Innate Mind: Culture and Cognition* (Vol. 2, pp. 149~164). New York: Oxford University Press.

Stausberg, Michael. (2010). Distinctions, Differentiations, Ontology, and Non-humans in Theories of Religion. *Method and Theory in the Study of Religion, 22*(4), 354~374. doi: 10.1163/157006810x531139.

Stalnacker, Aaron. (2006). *Overcoming Our Evil: Human Nature and Spiritual Exercises in Xunzi and Augustine*. Washington, DC: Georgetown University Press.

Stephens, Nicole, Fryberg, Stephanie, & Markus, Hazel. (2011). When Choice Does Not Equal Freedom: A Sociocultural Analysis of Agency in Working-Class American

Contexts. *Social Psychological and Personality Science, 2*(1), 33~41.

Sterckx, Roel. (2002). *The Animal and the Daemon in Early China*. Albany: State University of New York Press.

Sterckx, Roel. (2007). Searching for Spirit: Shen and Sacrifice in Warring States and Han Philosophy and Ritual. *Extrême-Orient, Extrême-Occident, 29*, 23~54.

Sterckx, Roel. (2009). The Economics of Religion in Warring States and Early Imperial China. In John Lagerwey & Marc Kalinowski (Eds.), *Early Chinese Religion* (Part I): *Shang through Han* (1250 BC~22 AD) (Vol. 2, pp. 839~880). Leiden: Brill.

Sterelny, Kim. (2007). SNAFUS: An Evolutionary Perspective. *Biological Theory, 2*(3), 317~328.

Strathern, Andrew. (1994). Keeping the Body in Mind. *Social Anthropology, 2*(1), 43~53.

Sun, Anna. (2013). *Confucianism as a World Religion*. Princeton, NJ: Princeton University Press.

Sun, Anna. (Forthcoming). Prayers for Blessed Happiness. In Richard Madsen & Becky Hsu (Eds.), *Habits of the Heart in China*.

Sun, Xidan(孫希旦). (1998). 禮記集解. 北京: 中華書局.

Sypniewski, Bernard. (2001). Notes Comparing Aristotelian Reasoning with That of the Early Confucian School. *Journal of Chinese Philosophy, 28*, 257~274.

Tager-Flusberg, Helen. (2005). What Neurodevelopmental Disorders Can Reveal about Cognitive Architecture. In Peter Carruthers, Stephen Laurence, & Stephen Stich (Eds.), *The Innate Mind: Structure and Content* (pp. 272~288). New York: Oxford University Press.

Tager-Flusberg, Helen, & Joseph, Robert. (2005). How Language Facilitates the Acquisition of False Belief Understanding in Children with Autism. In Janet Astington & Jodie Baird (Eds.), *Why Language Matters for Theory of Mind* (pp. 298~318). Oxford: Oxford University Press.

Talhelm, T., Zhang, X., Oishi, S., Shimin, C., Duan, D., Lan, X., & Kitayama, S. (2014). Large-Scale Psychological Differences within China Explained by Rice Versus Wheat Agriculture. *Science, 344*(603), 603~608.

Tampio, Nicholas. (2016). Not All Things Wise and Good Are Philosophy. *Aeon*. September 13, 2016.

Tan, Li Hai, Laird, Angela R., Li, Karl, & Fox, Peter T. (2005). Neuroanatomical Correlates of Phonological Processing of Chinese Characters and Alphabetic Words: A Meta-analysis. *Human Brain Mapping, 25*(1), 83~91. doi: 10.1002/hbm.20134.

Tang, Yijie(汤一介). (2007). 儒学的现代意义. 江汉论坛 1, 1~14.

Tang, Yijie(汤一介). (2008). The Contemporary Significance of Confucianism. *Frontiers of*

Philosophy in China, 3(4), 477~501.

Tangherlini, Timothy R., & Leonard, Peter. (2013). Trawling in the Sea of the Great Unread: Sub-corpus Topic Modeling and Humanities Research. *Poetics, 41*(6), 725~749. doi: 10.1016/j.poetic.2013.08.002.

Taves, Ann. (2009). *Religious Experience Reconsidered: A Building-Block Approach to the Study of Religion and Other Special Things*. Princeton, NJ: Princeton University Press.

Taves, Ann. (2010). No Field Is an Island: Fostering Collaboration between the Academic Study of Religion and the Sciences. *Method & Theory in the Study of Religion, 22*(2), 170~188. doi: 10.1163/157006810x512356.

Tavor, Ori. (2013). Xunzi's Theory of Ritual Revisited: Reading Ritual as Corporal Technology. *Dao, 12*(3), 313~330. doi: 10.1007/s11712-013-9331-4.

Taylor, Charles. (1989). *Sources of the Self: The Makings of Modern Identity*. Cambridge, MA: Harvard University Press.

Taylor, Marjorie, & Carlson, Stephanie M. (1997). The Relation between Individual Differences in Fantasy and Theory of Mind. *Child Development, 68*(3), 436~455.

Teubert, W., & Čermáková, A. (2007). *Corpus Linguistics: A Short Introduction*. New York: Continuum.

Thoermer, Claudia, Sodian, Beate, Vuori, Maria, Perst, Hannah, & Kristen, Susanne. (2012). Continuity from an Implicit to an Explicit Understanding of False Belief from Infancy to Preschool Age. *British Journal of Developmental Psychology, 30*(1), 172~187. doi: 10.1111/j.2044-835X.2011.02067.x.

Thompson, James C., & Hardee, Jillian E. (2008). The First Time Ever I Saw Your Face. *Trends in Cognitive Sciences, 12*(8), 283~284.

Thote, Alain. (2009). Shang and Zhou Funeral Practices: Interpretation of Material Vestiges. In John Lagerwey & Marc Kalinowski (Eds.), *Early Chinese Religion* (Part I): *Shang through Han* (1250 BC~22 AD) (pp. 103~142). Leiden: Brill.

Tiles, Mary, & Yuan, Jinmei. (2004). Could the Aristotelian Square of Opposition Be Translated into Chinese? *Dao, 4*(1), 137~149. doi: 10.1007/BF02871087.

Tomasello, Michael, Call, Josep, & Hare, Brian. (2003). Chimpanzees Understand Psychological States: The Question Is Which Ones and to What Extent. *Trends in Cognitive Science, 7*, 153~156.

Tooby, John, & Cosmides, Leda. (1992). The Psychological Foundations of Culture. In Jerome Barkow, Leda Cosmides, & John Tooby (Eds.), *The Adapted Mind: Evolutionary Psychology and the Generation of Culture* (pp. 19~136). New York: Oxford University Press.

Torjet, Andrew, & Christensen, Jon. (2012). Building New Windows into Digitized Newspapers. *Journal of Digital Humanities, 1*(3).

Tremoulet, Patrice, & Feldman, Jacob. (2000). Perception of Animacy from the Motion of a Single Object. *Perception, 29*, 943~951.

Tseng, Lillian Lan-ying(曾藍瑩). (2011). *Picturing Heaven in Early China*. Cambridge, MA: Harvard University Press.

Tucci, Serena, & Akey, Joshua M. (2016). Population Genetics: A Map of Human Wanderlust. *Nature, 538*(7624), 179~180. doi: 10.1038/nature19472.

Unger, J. Marshall. (2004). *Ideogram: Chinese Characters and the Myth of Disembodied Meaning*. Honolulu: University of Hawai'i Press.

Van Norden, Bryan. (2002). The Dao of Kongzi. *Asian Philosophy, 12*(3), 157~171.

Van Norden, Bryan. (2007). *Virtue Ethics and Consequentialism in Early Chinese Philosophy*. New York: Cambridge University Press.

Van Norden, Bryan. (2008). *Mengzi: With Selections from Traditional Commentaries*. Cambridge, MA: Hackett.

Van Norden, Bryan. (2017). *Taking Back Philosophy: A Multicultural Manifesto*. New York: Columbia University Press.

Vohs, Kathleen. (2018) *The Depletion Replication Project: Overview and Differences from Existing Approaches*. Paper presented at the Society for Personality and Social Psychology Annual Meeting, March 3, 2018, Atlanta, GA.

Vohs, Kathleen, & Schooler, Jonathan. (2008). The Value of Believing in Free Will: Encouraging a Belief in Determinism Increases Cheating. *Psychological Science, 19*(49~54).

von Falkenhausen, Lothar. (1995). Reflections on the Political Rôle of Spirit Mediums in Early China: The Wu Officials in the Zhou Li. *Early China, 20*, 279~300.

von Falkenhausen, Lothar. (2006). *Chinese Society in the Age of Confucius (1000~250 BC): The Archeological Evidence*. Los Angeles: Cotsen Institute of Archeology, University of California at Los Angeles.

Wang, Huaiyu(王向斌). (2007). On Ge Wu: Recovering the Way of the Great Learning. *Philosophy East & West, 57*(2), 204~226.

Wang, Li(王力). (1989). 王力文集 (Vols. 14, 15). 濟南: 山東教育出版社.

Wang, Shuren(王树人). (2005). 回歸原創之思 : "象思維" 視野下的中國智慧. 南京: 江蘇人民出版社.

Watson, Burton. (1968). *The Complete Works of Chuang Tzu*. New York: Columbia University Press.

Weber, Max. (1922/1991). *The Sociology of Religion* (Ephraim Fischoff, Trans.). Boston, MA:

Beacon Press.
Weber, Max. (1951). *The Religion of China* (Hans Gerth, Trans.). New York: Macmillan.
Wellman, Henry, Cross, David, & Watson, Juanne. (2001). Meta-analysis of Theory-of-Mind Development: The Truth about False Belief. *Child Development, 72*, 655~684.
Wellman, Henry, & Peterson, Candida. (2013). Theory of Mind, Development and Deafness. In Simon Baron-Cohen, Helen Tager-Flusberg, & Michael Lombardo (Eds.), *Understanding Other Minds: Perspectives from Developmental Social Neuroscience* (pp. 51~71). New York: Oxford University Press.
Wenzel, Christian Helmut. (2010). Isolation and Involvement: Wilhelm von Humboldt, François Jullien, and More. *Philosophy East & West, 60*(4), 458~475.
Wierzbicka, Anna. (2006). On Folk Conceptions of Mind, Agency and Morality. *Journal of Cognition and Culture, 6*, 165~179.
Wiggins, David. (1975/1976). Deliberation and Practical Reason. *Proceedings of the Aristotelian Society, 76*, 29~51.
Willard, Aiyana, & Norenzayan, Ara. (2013). Cognitive Biases Explain Religious Belief, Paranormal Belief, and Belief in Life's Purpose. *Cognition, 129*, 379~391.
Willard, Aiyana, & Norenzayan, Ara. (2017). "Spiritual but not Religious": Cognition, Schizotypy, and Conversion in Alternative Beliefs. *Cognition, 165*, 137~146.
Wilson, David Sloan. (2007). *Evolution for Everyone: How Darwin's Theory Can Change the Way We Think about Our Lives*. New York: Delacorte Press.
Wilson, David Sloan, & Sober, Elliott. (1998). Reintroducing Group Selection to the Human Behavioral Sciences. *Behavioral and Brain Sciences, 21*(2), 304~306.
Wu, Chiao-Yi, Ho, Moon-Ho Ringo, & Chen, Shen-Hsing Annabel. (2012). A Meta-analysis of fMRI Studies on Chinese Orthographic, Phonological, and Semantic Processing. *NeuroImage, 63*(1), 381~391. doi: https://doi.org/10.1016/j.neuroimage.2012.06.047.
Wu, Hung(巫鴻). (1992). Art in a Ritual Context: Rethinking Mawangdui. *Early China, 17*, 111~144.
Wu, Hung(巫鴻). (1994). Beyond the "Great Boundary": Funerary Narrative in the Cangshan Tomb. In John Hay (Ed.), *Boundaries in China: Critical Views* (pp. 81~104). London: Reaktion Books.
Wu, Kuang-ming(吳光明). (1995). Spatiotemporal Interpenetration in Chinese Thinking. In Chun-Chieh Huang & Erik Zürcher (Eds.), *Time and Space in Chinese Culture* (pp. 17~44). Leiden: Brill.
Wu, Kuang-ming(吳光明). (1996). *On Chinese Body Thinking: A Cultural Hermeneutic*.

Leiden: Brill.

Wu, Kuang-ming(吳光明). (2005). Chinese Philosophy and Story-thinking. *Dao, 4*(2), 217~234.

Xiang, Chengdong(项成东). (2010). "心为主"隐喻的认知分析. 语言教学与研究 (1), 80~87.

Xu, Fei, & Carey, Susan. (1996). Infants' Metaphysics: The Case of Numerical Identity. *Cognitive Psychology, 30*(2), 111~153.

Xu, Yuangao(徐元誥) (Ed.). (2002). 國語集解. 北京: 中華書局.

Yang, Bojun(楊伯俊). (2007). 列子集釋. 北京: 中華書局.

Yang, C. K(楊慶堃). (1970). *Religion in Chinese Society*. Berkeley: University of California Press.

Yang, Rur-bin(楊儒賓). (1989/2003). From "Merging the Body with the Mind" to "Wandering in Unitary *Qi* 氣": A Discussion of Zhuangzi's Realm of the True Man and Its Corporeal Basis (Scott Cook, Trans.). In Scott Cook (Ed.), *Hiding the World in the World: Uneven Discourses on the Zhuangzi* (pp. 88~127). Albany: State University of New York Press.

Yang, Rur-bin(楊儒賓). (1996). 儒家身體觀. 臺北: 中央研究院.

Yates, Robin. (1994). Body, Space, Time and Bureaucracy: Boundary Creation and Control Mechanisms in Early China. In John Hay (Ed.), *Boundaries in China* (pp. 56~80). London: Reaktion Books.

Yazdi, Amir Amin, German, Tim P., Defeyter, Margaret Anne, & Siegal, Michael. (2006). Competence and Performance in Belief-desire Reasoning across Two Cultures: The Truth, the Whole Truth and Nothing but the Truth about False Belief? *Cognition, 100*(2), 343~368.

Yearley, Lee. (1980). Hsun Tzu on the Mind. *Journal of Asian Studies, 39*(3), 465~480.

Yiu-ming, Fung(馮耀明). (2010). Disposition or Imposition? Remarks on Fingarette's Lunyu. *Journal of Chinese Philosophy, 37*(2), 295~311.

Young, Liane, Camprodon, Joan Albert, Hauser, Marc, Pasqual-Leone, Alvaro, & Saxe, Rebecca. (2010). Disruption of the Right Temporoparietal Junction with Transcrania Magnetic Stimulation Reduced the Role of Beliefs in Moral Judgments. *Proceedings of the National Academy of Science, 107*(15), 6753~6758.

Yu, Anthony(余國藩). (2000). Enduring Change: Confucianism and the Prospect of Human Rights. *Lingnan Journal of Chinese Studies, 2*, 54~60.

Yu, Ning. (2007). Heart and Cognition in Ancient Chinese Philosophy. *Journal of Cognition and Culture, 7*, 27~47.

Yu, Ning. (2009). *The Chinese HEART in a Cognitive Perspective: Culture, Body, and Language*. Berlin: Mouton de Gruyter.

Yü, Ying-Shih(余英時). (1987). "O Soul, Come Back!" A Study in the Changing Conceptions of the Soul and Afterlife in Pre-Buddhist China. *Harvard Journal of Asiatic Studies, 47*(2), 363~395.

Yuan, Jinmei(袁勁梅). (2006). The Role of Time in the Structure of Chinese Logic. *Philosophy East & West, 56*(1), 136~152.

Yuasa, Yasuo(湯淺泰雄). (1987). *The Body: Toward an Eastern Mind-Body Theory*. Albany: State University of New York Press.

Yuasa, Yasuo(湯淺泰雄). (2005). Image-Thinking and the Understanding of "Being": The Psychological Basis of Linguistic Expression. *Philosophy East & West, 55*(2), 179~208.

Zhang, Longxi(張隆溪). (1998). *Mighty Opposites: From Dichotomies to Differences in the Comparative Study of China*. Stanford, CA: Stanford University Press.

Zhang, Longxi(張隆溪). (1999). Qian Zhongshu on Philosophical and Mystical Paradoxes in the Laozi. In Mark Csikszentmihalyi & P. J. Ivanhoe (Eds.), *Religious and Philosophical Aspects of the Laozi* (pp. 97~126). Albany: State University of New York Press.

Zhang, Longxi(張隆溪). (2010). The Complexity of Difference: Individual, Cultural, and Cross-Cultural. *Interdisciplinary Science Reviews, 35*(3~4), 341~352.

Zhang, Xuexhi(张学智). (2005). 中國哲學中身心關系的幾種形態. 北京大學學報 (哲學社會科學版), 42(3), 5~14.

Zhang, Zailin(張再林). (2008). 作爲身體哲學的中國古代哲學. 北京: 中國社会科學出版社.

Zhang, Zheng-sheng. (2009). Myth, Reality and Character Instruction in the 21st Century. *Journal of the Chinese Language Teachers Association, 44*(1), 69~89.

湖北省文物考古研究所, (Ed.). (1995). 江陵九店東周墓. 北京: 科学出版社.

Zhu, Linlin(朱林林), Nie, Yaoxin, Chang, Chunqi, Gao, Jia-Hong, & Niu, Zhendong. (2014). Different Patterns and Development Characteristics of Processing Written Logographic Characters and Alphabetic Words: An ALE Meta-analysis. *Human Brain Mapping, 35*(6), 2607~2618. doi: 10.1002/hbm.22354.

Zimmer, Carl. (2016, September 21). *A Single Migration from Africa Populated the World, Studies Find*. New York Times.

Zito, Angela. (1994). Silk and Skin: Significant Boundaries. In Angela Zito & Tani Barlow (Eds.), *Body, Subject and Power in China* (pp. 103~130). Chicago: University of Chicago Press.

| 찾아보기 |

【ㄱ】

가설 몰이해적 코딩 228
가슴-마음 157, 226
감각기관 166
감각-운동계 335
감각운동 도식 105
감각운동 시뮬레이션 478
감각운동 활성화 313
강한 문화구성주의 64
강한 문화상대주의 369
강한 사회구성주의 49, 64, 302, 334, 365
강한 전체론 견해 87
개념적 은유 이론 105
개념적 지문 266
개념적 혼성 196, 337
개념적 혼성공간 338
개념적 혼성 이론 105, 337
개인 대 사회 410
개인적 편견 213, 230
개인 정체성 157
개인주의 75, 93, 331, 410, 412, 420
결합확률분포 240
계량문체론 237
계몽주의 345, 409
계몽주의 사상 422
계몽주의 윤리학 410
계층적 군집 분석 255, 256, 264, 297, 322
계층적 군집 알고리즘 262, 288
계통수 ☞ 트리 모양
고등 인지 161
고상한 야만인 68
공간과 시간 65

공간 인지 367
공감적 조화 391
공통된 구조 368
과잉투사 342
과잉행동 행위성 탐지기 343
과학적 방법 230, 361, 439
곽점초간 174
관찰 빈도 239
교환의 구역 92
구글 학술검색 436
구체 대 추상 72
귀신 133
그릇 논리 103, 192, 335, 341
그릇 은유 192
근거리 읽기 → 꼼꼼히 읽기 236
급진적 사회구성주의 32, 56
급진적 통약불가능성 39
기계론적 인과성 176, 303
기계 속의 유령 38, 133
기계학습 255
기계학습 알고리즘 238
기대 빈도 239
기본층위 범주 427
기하학적 거리 259
꼼꼼히 읽기 236

【ㄴ】

내세 93, 115, 133, 360, 387
내세 믿음 351
내재 대 초월 73, 148
노하우 418, 421
노하우 대 지식 416

논리 59
높은 신 276
눈먼 시계공 355
능력주의 414

【ㄷ】

다의성 398
단어 가방 289
단어 대조 237
단어 목록 235
단어 연어 271, 297
단일 의미의 오류 399
대규모 데이터베이스 271
대등적 사유 58
대응 진리의 모형 100
덕의 도둑 98, 201, 202
데이터베이스 219, 241
데이터세트 213
데이터 코딩 213
데이터 포인트 213
데카르트 이원론 87
도교 사상 181
도덕성 55, 160, 178, 395
도덕적 책임 157
동물-인간 구분 378
동물적 신체성 163
두터운 기술 271, 294
두터운 질적 직관 436
두터운 해석 434
디지털 인문학 46, 233, 271, 295, 436
디지털 코퍼스 233
디지털 텍스트 435
뜨거운 인지 358, 386

【ㄹ】

로고스중심주의 31

【ㅁ】

마음 대 몸 414
마음맹 304
마음-몸 이원론 59, 182, 329
마음-몸 전체론 271, 371
마음-영혼-몸 모형 142
마음의 망원경 288
마음 이론 50, 304, 342, 343, 352, 359, 368, 432
명기 118
모호한 언 333
몸 161
몸가슴마음화 399
몸-기-마음 구분 142
몸-뇌-문화 체계 371
몸-마음 전체론 375
몸의 철학 414
무아 388
무언의 지식 418
무에서 나온 견해 406
무위 145, 369
무차별적 목적론 343, 354
무형의 주동자 178
문법적 지문 266
문체적 지문 266
문화구성주의 36, 431, 446
문화본질주의 30, 31, 383, 421
문화상대주의 32, 49, 364, 432
문화적 진화 40, 432
문화적 타자 366
문화적 통약불가능성 61, 104
문화 차이 368
물리적 몸 181
물리적 인과성 36
물리적 입장 303
물리주의 설명 308

물리주의적 일원론자 394
물질적 덕 160
뮐러-라이어 착시 443
미끄러짐 53, 375, 383

【ㅂ】

반과학주의 56
반례의 오류 291
반성 416
반자동 기술 235
방사 범주 294
범문화적 가변성 315
범문화적 변이 432
범문화적 분석 353
범문화적 비교 232
범문화적 연구 321
범주화 27
법적 추론 327
베이즈 확률 264
벡터공간 257
보편적 인간 431
보편적 척도 402
보편적 표준 365
본질 대 과정 79
본질 대 현상 98
부분-전체 관계 253
분석 60
불교 402
불멸 43, 93, 381
불용어 262, 287
브로카 실어증 437
비교 사상 366
비신체화된 객관주의 견해 333
비신체화된 마음 36, 158
비신체화된 유령 370
비유 178

비유법 194
비인본주의 395
비지도 방법 255
비행동 145
빅데이터 212
빈 서판(Blank Slate) 362

【ㅅ】

사고 157
사물의 질서 30
사회심리학 440
사회적 뇌 가설 309
상관적 사유 390
상향식의 병합적 계층적 군집화 257
상호정보량 234, 238
색채 지각 367
생리학 160
생물학 332
생물학적 목적론 108
생물학적 본질 98, 108, 183, 427
서양 이원론 68
설득적 정의의 오류 398
세속 대 신성 148
수렴적 진화 453, 486
수사적 틀 부여 228
시간 60
시간과 공간 27, 107
시뮬레이션 제약 350
식민주의 365, 447
신다윈의 진화 모형 309
신비화 32
신앙심 361
신오리엔탈리즘 43, 61, 368, 421
신유가 404
신체 162
신체기관 165, 177

신체화 298
신체화된 견해 446
신체화된 공통성 53, 106, 160, 302, 333, 368, 431, 447
신체화된 노하우 419
신체화된 동물 36
신체화된 마음 87
신체화된 문화 370
신체화된 인지 39, 333, 341, 366, 421
신학적 부정확성 358, 386
실재 대 현상 77
실증적 지식 438
실체이원론 37
심리언어학적 증거 437
심리화 190
心-몸 구분 163

【ㅇ】

아날로그 이미지 105
안-밖 은유 333
알고리즘 255
약한 이원론 43, 321, 327, 386
약한 전체론 327
양극론 69
언어-문화구성주의 28
언어상대주의 32
언어습득 428
언어의 감옥 36
역할 윤리학 449
연어 234
연어값 242
연어 분석 237
연어 윈도 235
연어 척도 243
영혼 133
영혼-몸 이원론 43, 113, 127, 136, 173, 216, 298
영혼 믿음 351
영혼 빙의 133, 353
예감 함축 70
오리엔탈리즘 28, 58, 405
오리엔탈리즘 신화 450
온라인 데이터베이스 220
온라인 콘코던스 214
왕필본 168
원거리 읽기 236, 288, 435
원시주의자 364
원인 대 공명 75
원자적 개인 410
윈도 216
유가 윤리학 363
유가의 도 182
유가적 도덕성 185
유미주의 69
유생성의 지각 310
유전자-문화 공진화 52, 366
육체적 형태 161
윤리학 384
은유 176, 184, 333, 391
은유적 혼성 333
의도 38
의도성 303, 310, 342
의도적 행위자 303
의미 관계 234, 249, 253, 259
의미 범주 235, 236, 253
의미적 벤치마크 242
의미적 벤치마킹 242, 259
의미적 전이 204, 227
의미적 중의성 259
의미적 함축 237
의식적(차가운) 인지 과정 315
의학 텍스트 135, 159, 251

이기적 유전자 355
이미지적 본질 105
이상점 262
이성 대 정서 416
이소성 31
이원론 327
이중 극(dual pole) 414
이중적 계승 362
이항로그 239
인간-동물 구분 35, 210
인간 인지 169
인간 행위자 236
인과성 27, 45, 59, 310
인권 414
인문학 210, 229, 233, 288, 301, 433
인종차별주의 31
인지/감정 분열 416
인지과학 95, 157, 370, 436, 440, 444
인지와 지각 262, 268
인지적 보편소 87, 170, 302, 329, 397, 448
인지적 부하 354
일반성 205

【ㅈ】

자극의 빈곤 428
자동 기술 235
자동적(뜨거운) 인지 과정 315
자립적 영혼 114
자발성 421
자아개념 405
자아의 군주 176
자연과학 213, 229, 433
자연-문화 구분 58, 378
자연주의 오류 102
자연주의적 해석학 53, 369, 446, 450
자연-초자연 이원론 155

자유의지 38, 157, 165, 183, 382, 388, 416
자폐증 305, 317, 433
잠재 디리클레 할당 475
장례식 325
장례 풍습 119
전자동 기술 236
전체론 28, 327, 412, 446
전체론 신화 41, 68, 73, 345, 373, 400
전체론적 오리엔탈리즘 28
전체론적 중국 58
전치(displacement) 353
정량적 분석 45, 157, 435
정량적 주장 211
정량적 텍스트 분석 157
정보 과부하 48
정보 과잉 274
정서적 지능 420
정성적 데이터베이스 275
정성적 분석 45, 214, 288
정신과학적 논쟁 435
정신분열증 361
정신세계 387
정신적 내면성 93, 190, 333, 446
정신적 단일성 364, 365
정신적 인과성 36
정신화 303
정신화 능력 359
제2의 물결 445
조건부 확률 243
조상숭배 114, 324
존재론적 균열 75
존재론적 물질이원론 319
존재론적 이원론 82
종교사데이터베이스 436
종교성 346, 356
종교인지과학 294, 341

종교적 인지 *341, 359*
주성분 분석 *265*
주장과 가정의 혼동 *393*
중국주의 *373*
중국 철학 *70*
지배적인 비유법 *205*
지향적 입장 *303, 305, 308*
진리의 대응 이론 *77*
진정한 자아 *193*
진화과학 *436, 444*
진화론 *52*
진화 이론 *139*
진화적 공백 *318*
진화주의 *365*
질량명사 가설 *76, 97*
집단적 마음 *410*

【ㅊ】

차가운 사고 *358*
차가운 인지 *386*
차연 *31*
처리 유창성 *397*
체리피킹 *45, 209*
초물질적 지위 *161*
초사회적 유인원 *50*
초-신앙심 *360*
초월 *155, 364*
초자연적 믿음 *115*
초자연적 존재 *235*
초자연적 행위성 *302*
초자연적 행위자 *51, 236, 342*
최적의 지점 *246*
추상 *60, 68, 155, 421*
추상성 *154, 398*
추상적 사고 *416*
추상적 추론 *420*

추상화 *78*
축의 시대 *363*

【ㅋ】

카르마 *143*
컴퓨터 지원 분석 *233, 289*
코더간 신뢰도 *213*
코퍼스언어학 *236*
콘코던스 *46, 212, 215*
키워드 검색 *436*
키워드 목록 *212*

【ㅌ】

타자 *30, 364, 433, 448*
타자 마음 *359*
타자성 *170, 335, 448*
타자의 신화 *63*
토픽 *264*
토픽 모델링 *256, 264*
통계적 사고 *470*
통계적 유의미성 *223*
통계적 청정도 *229*
통속 물리학 *308*
통속 분류법 *428*
통속 생물학 *428*
통속 심리학 *340, 380, 390*
통속 이원론 *37, 224, 227, 324, 342, 352*
통속적 마음-몸 이원론 *303, 386*
트리 관계 *259*
트리 모양 *257*
팀기반 정성적 코딩 *220*
팀기반 코딩 *212, 233*

【ㅍ】

포스트모더니즘 *32*
표본조사 *214*

표본추출 방법 *230*
표상적 진리 *418*
표의문자 대 표어문자 *71*
풍자 대 풍자 *377*
풍자 대 풍자 접근법 *384*

【ㅎ】

하늘의 도 *189*
합리적 기능 *417*
합성어 *259*
해석적 과도함 *374*
해석적 과실 *374*
핵심 인지 *366*
핵심 지식 *107, 431*
허위신념 과제 *312, 360*
현상액 *444*
형이상학적 마음 *159*
혼과 백 *143*
혼백 이원론 *144*
화제 *234*
환유 *149, 262*
회상 편견 *212*
회의주의 *394*
후기구조주의 *30*

【T】

t-점수 *240*